1471

1.15 — 3.0
2.80 — 2.80

IX 7
19200

(Manquent les pages 275 et 276
qui 21 Xbre 98)

# PARIS
## ET
## SES ENVIRONS

## TABLEAU DES MONNAIES.

*Valeurs approximatives.*

| France, Belgique, Italie, Suisse, Grèce | | Amérique | | Angleterre | | | Allemagne | | Autriche | | Russie | | Hollande | |
|---|---|---|---|---|---|---|---|---|---|---|---|---|---|---|
| Francs | Centimes | Dollars | Cents | L. St. | Shillings | Pence | Marks | Pfennigs | Florins | Kreuzer | Roubles | Kopecks | Florins | Cents |
| — | 5 (1 sou) | — | 1 | — | — | ½ | — | 4 | — | 2 | — | 1¼ | — | 2.4 |
| — | 25 (5 sous) | — | 5 | — | — | 2½ | — | 20 | — | 10 | — | 6¼ | — | 12.9 |
| — | 50 (10 - ) | — | 10 | — | — | 4¾ | — | 40 | — | 20 | — | 12½ | — | 23.8 |
| — | 75 (15 - ) | — | 15 | — | — | 7¼ | — | 60 | — | 30 | — | 18¾ | — | 36.7 |
| 1 | — (20 - ) | — | 20 | — | — | 9¾ | — | 80 | — | 40 | — | 25 | — | 47.6 |
| 1.25 | — | — | 25 | — | 1 | — | 1 | — | — | 50 | — | 31¼ | — | 60.5 |
| 2 | — | — | 40 | — | 1 | 7 | 1 | 60 | — | 80 | — | 50 | — | 95.2 |
| 2,50 | — | — | 50 | — | 2 | — | 2 | — | 1 | — | — | 62½ | 1 | 19 |
| 3 | — | — | 60 | — | 2 | 4¾ | 2 | 40 | 1 | 20 | — | 75 | 1 | 43 |
| 4 | — | — | 80 | — | 3 | 2½ | 3 | 20 | 1 | 60 | 1 | — | 1 | 90 |
| 5 | — | 1 | — | — | 4 | — | 4 | — | 2 | — | 1 | 25 | 2 | 38 |
| 6 | — | 1 | 20 | — | 4 | 9¾ | 4 | 80 | 2 | 40 | 1 | 50 | 2 | 85 |
| 7 | — | 1 | 40 | — | 5 | 7¼ | 5 | 60 | 2 | 80 | 1 | 75 | 3 | 33 |
| 8 | — | 1 | 60 | — | 6 | 4¾ | 6 | 40 | 3 | 20 | 2 | — | 3 | 80 |
| 9 | — | 1 | 80 | — | 7 | 2½ | 7 | 20 | 3 | 50 | 2 | 25 | 4 | 28 |
| 10 | — | 2 | — | — | 8 | — | 8 | — | 4 | — | 2 | 50 | 4 | 76 |
| 11 | — | 2 | 20 | — | 8 | 9¾ | 8 | 80 | 4 | 40 | 2 | 75 | 5 | 23 |
| 12 | — | 2 | 40 | — | 9 | 7¼ | 9 | 80 | 4 | 80 | 3 | — | 5 | 70 |
| 13 | — | 2 | 60 | — | 10 | 4¾ | 10 | 40 | 5 | 20 | 3 | 25 | 6 | 18 |
| 14 | — | 2 | 80 | — | 11 | 2¼ | 11 | 20 | 5 | 60 | 3 | 50 | 6 | 65 |
| 15 | — | 3 | — | — | 12 | — | 12 | — | 6 | — | 3 | 75 | 7 | 12 |
| 16 | — | 3 | 20 | — | 12 | 9¾ | 12 | 80 | 6 | 40 | 4 | — | 7 | 60 |
| 17 | — | 3 | 40 | — | 13 | 7¼ | 13 | 60 | 6 | 80 | 4 | 25 | 8 | 10 |
| 18 | — | 3 | 60 | — | 14 | 4¾ | 14 | 40 | 7 | 20 | 4 | 50 | 8 | 57 |
| 19 | — | 3 | 80 | — | 15 | 2½ | 15 | 20 | 7 | 60 | 4 | 75 | 9 | 04 |
| 20 | — | 4 | — | — | 16 | — | 16 | — | 8 | — | 5 | — | 9 | 52 |
| 25 | — | 5 | — | 1 | — | — | 20 | — | 10 | — | 6 | 25 | 11 | 90 |
| 100 | — | 20 | — | 4 | — | — | 80 | — | 40 | — | 25 | — | 47 | 60 |

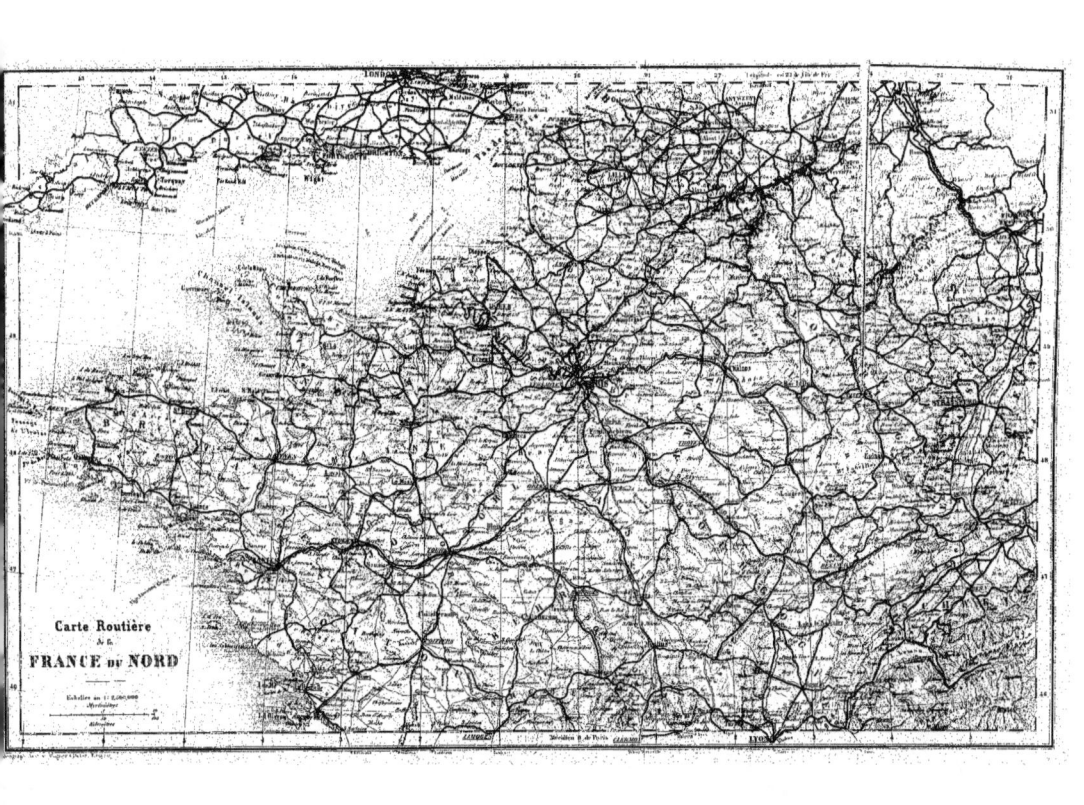

# PARIS

ET

# SES ENVIRONS

AVEC LES

PRINCIPAUX ITINÉRAIRES

ENTRE LES

PAYS LIMITROPHES DE LA FRANCE ET PARIS

MANUEL DU VOYAGEUR

PAR

**K. BÆDEKER**

---

CINQUIÈME ÉDITION

REVUE ET AUGMENTÉE

AVEC 10 CARTES ET 23 PLANS

LEIPZIG

KARL BÆDEKER, ÉDITEUR

1878

*Tous droits réservés*

# PRÉFACE

Le but de ce manuel est de garantir autant que possible l'indépendance du voyageur, et de le soustraire à la tutelle aussi désagréable que dispendieuse des guides, domestiques de louage, etc., dont la société et les remarques oiseuses suffisent déjà à elles seules pour empêcher de jouir pleinement des merveilles de Paris. L'auteur a voulu donner au visiteur les indications nécessaires pour voir en peu de temps et à peu de frais tout ce qui mérite d'être vu.

Une description complète de Paris dépasserait naturellement les limites et le but d'un ouvrage de ce genre. Bien des choses d'un intérêt secondaire y sont passées sous silence, tandis que les curiosités principales y sont désignées par des astérisques. On y a ajouté, par contre, la description des environs, qui ne sont pas seulement intéressants au point de vue historique et riches en monuments et en œuvres d'art, mais qui présentent encore des beautés naturelles charmantes. Des renseignements sur les itinéraires que les voyageurs suivent ordinairement pour se rendre à Paris ou pour en revenir, sont enfin le complément de ce Guide pratique.

Une partie essentielle d'un manuel du voyageur, ce sont les cartes et les plans. Cette partie a été pour la présente édition l'objet d'un soin tout spécial; la plupart des cartes et plans ont été refaits et leur nombre presque triplé. Pour en faciliter l'emploi au visiteur, les principaux plans de Paris ont été réunis, à la fin du volume, en un cahier à part qu'on peut détacher. Le grand plan de Paris qui s'y trouve, est coupé en trois parties; on se convaincra bientôt de l'avantage de cette forme. Rien de plus gênant que d'être obligé de déployer une grande feuille au milieu de la rue, tandis que ce plan se laisse feuilleter comme un livre.

Les hôtels et restaurants ont été aussi l'objet d'une attention toute spéciale de la part de l'auteur. Il a marqué d'un astérisque ceux qu'il a cru particulièrement dignes de recommandation, soit après y avoir été, soit après avoir pris connaissance des nombreuses notes que lui ont communiquées des voyageurs de différentes nationalités. Il ne faudrait pas cependant oublier que ces établissements sont soumis à des changements continuels, et que de plus la manière dont on y est reçu et traité, dépend d'une foule de circonstances qu'il est impossible de prévoir. L'absence du signe convenu ne devra pas non plus toujours faire conclure qu'une maison ne mérite pas d'être recommandée. Les prix indiqués sont ceux des notes, des tarifs imprimés, des affiches et des annonces des maisons en question; mais comme nous l'avons dit p. 3, ils ne sont plus qu'approximatifs, l'exposition ayant amené des augmentations considérables dont il restera toujours quelque chose.

Ce Guide a été revu, on pourrait presque dire refait, avec le plus grand soin et à Paris même. Les nombreux changements survenus dans les derniers temps, à l'approche de l'ouverture de l'exposition universelle, ont rendu la tâche encore plus difficile et retardé la publication. Il reste néanmoins toujours trop à désirer: l'infaillibilité est impossible quand il s'agit de choses si multiples et sujettes à de continuels et de rapides changements. L'auteur continue donc de prier les voyageurs de vouloir bien lui signaler les erreurs et les omissions qu'ils constateraient dans ce livre; chaque nouvelle édition prouve avec quel soin il est tenu compte de telles rectifications.

# TABLE DES MATIÈRES

## Introduction

| | Pages |
|---|---|
| I. Monnaie. Frais de voyage | XI |
| II. Chemins de fer. Passe-port. Douane | XII |
| III. Aperçu de l'histoire de France | XIII |
| IV. Un peu de statistique | XXI |

## PARIS
### Renseignements généraux

| | |
|---|---|
| 1. Arrivée à Paris | 1 |
| 2. Hôtels | 3 |
| 3. Restaurants | 10 |
| 4. Cafés. Glaciers. Pâtisseries. | 18 |
| 5. Voitures de remise (fiacres) | 21 |
| 6. Omnibus. Tramways | 24 |
| 7. Bateaux-omnibus | 26 |
| 8. Chemin de fer de ceinture | 28 |
| 9. Chemins de fer et gares | 30 |
| 10. Poste. Télégraphe | 31 |
| 11. Magasins. Marchés | 34 |
| 12. Librairies. Cabinets de lecture. Journaux | 39 |
| 13. Hygiène et santé. Cabinets inodores | 40 |
| 14. Ambassades et légations. Ministères. Temples. Synagogues | 42 |
| 15. Théâtres. Cirques | 43 |
| 16. Concerts et bals publics | 50 |
| 17. Cris de Paris | 53 |
| 18. Course d'orientation | 53 |
| 19. Emploi du temps | 55 |

### Guide dans Paris
#### Rive droite

| | |
|---|---|
| 1. Les grands boulevards et les environs | 61 |
|    I. Origine et caractère des boulevards | 61 |
|    II. Place de la Bastille. Colonne de Juillet. Place des Vosges | 64 |
|    III. De la Bastille au boulevard des Italiens. Porte St-Martin. Porte St-Denis | 67 |

## TABLE DES MATIÈRES.

|  |  | Pages |
|---|---|---|
| IV. | La Bourse | 71 |
| V. | Boulevards des Italiens et des Capucines | 72 |
| VI. | L'Opéra | 73 |
| VII. | Colonne Vendôme | 77 |
| VIII. | Boulevard et église de la Madeleine. Rue Royale. Saint-Roch | 79 |
| 2. | Le Palais-Royal. Place des Victoires | 83 |
| 3. | Le Louvre et ses musées | 86 |
| I. | Le palais | 86 |
| II. | Les musées | 89 |
|  | Musée égyptien | 90 |
|  | Musée assyrien | 93 |
|  | Antiquités de l'Asie-Mineure | 94 |
|  | Musée des marbres antiques | 95 |
|  | Musée des sculptures du Moyen-Age et de la Renaissance | 101 |
|  | Musée des sculptures modernes | 105 |
|  | Musée de Chalcographie | 105 |
|  | Musée de peinture | 106 |
|  | Collection la Caze | 137 |
|  | Bronzes antiques | 138 |
|  | Musée des dessins | 132 |
|  | Musée du Moyen-Age et de la Renaissance | 140 |
|  | Musée des antiquités grecques | 142 |
|  | Musée Campana | 142 |
|  | Musée de marine | 146 |
|  | Musée ethnographique | 147 |
|  | Musée chinois | 148 |
| 4. | Les Tuileries. Arc de triomphe du Carrousel. Palais et jardin des Tuileries | 148 |
| 5. | Place de la Concorde. Obélisque de Louqsor. Fontaines | 154 |
| 6. | Champs-Elysées. Palais de l'Elysée et de l'Industrie. Panorama. Maison de François 1er. Maison Pompéienne. Pont de l'Alma | 157 |
| 7. | Arc de triomphe de l'Etoile. Fortifications. Neuilly. Chapelle St-Ferdinand | 161 |
| 8. | Bois de Boulogne. Jardin d'acclimatation | 164 |
| 9. | Rue de Rivoli. St-Germain-l'Auxerrois. Tour St-Jacques. Place du Châtelet. St-Merri | 169 |
| 10. | Hôtel-de-Ville. St-Gervais | 173 |
| 11. | Bibliothèque Nationale. Fontaines Richelieu et Molière | 176 |
| 12. | Saint-Eustache. Halles Centrales. Fontaine des Innocents. Tour de Jean-sans-Peur | 181 |
| 13. | Conservatoire des Arts et Métiers | 184 |
| 14. | Monuments au nord des grands boulevards. Chapelle expiatoire. St-Augustin. La Trinité. Notre-Dame-de-Lorette. St-Vincent-de-Paul. St-Laurent | 187 |
| 15. | Archives et Imprimerie Nationales. Musée Carnavalet | 191 |
| 16. | Cimetière du Père-Lachaise. La Roquette | 195 |
| 17. | Les Buttes-Chaumont. St Jean-Baptiste | 203 |
| 18. | Montmartre. Cimetière Montmartre | 205 |
| 19. | Parc de Monceaux. Eglise russe. St-Philippe-du-Roule | 208 |
| 20. | Place du Trône. Vincennes | 210 |

## La Cité

|     |                                                                                                          | Pages |
| --- | -------------------------------------------------------------------------------------------------------- | ----- |
| 21. | Notre-Dame                                                                                               | 215   |
| 22. | Palais-de-Justice et Sainte-Chapelle. Tribunal de commerce. Pont-Neuf. Préfecture de police.             | 219   |

## Rive gauche

| 23. | Boulevard St-Michel. Le Luxembourg. Odéon. Fontaine de l'Observatoire | 225 |
| --- | --- | --- |
| 24. | Le Panthéon. Bibliothèque Sainte-Geneviève. Saint-Etienne-du-Mont | 234 |
| 25. | Hôtel et musée de Cluny. Les Thermes. Sorbonne. Collège de France. Ecole de Médecine | 239 |
| 26. | Jardin des Plantes | 249 |
| 27. | Les Gobelins. Val-de-Grâce. Cimetière du Montparnasse. Parc de Montsouris | 254 |
| 28. | St-Sulpice. St-Germain-des-Prés | 260 |
| 29. | Hôtel des Monnaies. Institut | 263 |
| 30. | Ecole des Beaux-Arts | 266 |
| 31. | Palais du Corps-Législatif. Ste-Clotilde. St-Thomas-d'Aquin. Fontaine de Grenelle. Missions étrangères | 270 |
| 32. | Hôtel des Invalides. Musée d'artillerie. Tombeau de Napoléon I<sup>er</sup>. Institution des jeunes aveugles | 273 |
| 33. | Ecole-Militaire. Champ-de-Mars. Pont d'Iéna. Palais du Trocadéro | 280 |
| 34. | Catacombes. Egouts | 283 |

## Environs de Paris

| 35. | De Paris à Versailles | 287 |
| --- | --- | --- |
| 36. | De Paris à St-Cloud et Sèvres | 306 |
| 37. | De Paris à St-Germain-en-Laye | 309 |
| 38. | De Paris à St-Denis. Enghien. Montmorency | 313 |
| 39. | De Paris à Fontainebleau | 323 |
| 40. | De Paris à Compiègne, par Chantilly. Pierrefonds | 330 |

## Principaux itinéraires
### entre les
### pays limitrophes de la France et Paris

| 41. | De Bruxelles à Paris, par Mons et Maubeuge | 337 |
| --- | --- | --- |
| 42. | De Cologne à Paris, par Verviers et Erquelines | 339 |
| 43. | De Metz à Paris, par Pagny et Frouard | 340 |
| 44. | De Paris à Nancy et à Strasbourg | 341 |
| 45. | De Bâle à Paris | 345 |

# TABLE DES MATIÈRES.

|  |  | Pages |
|---|---|---|
| 46. | De Neuchâtel à Paris, par Pontarlier, Dôle et Dijon | 347 |
| 47. | De Genève à Paris, par Culoz, Bourg, Mâcon et Dijon | 349 |
| 48. | De Paris à Boulogne et à Calais, par Amiens | 351 |

## Cartes et plans
### Cartes.

1. *Carte routière de la France*, à la fin du volume.
2. *Carte routière de la France du Nord*, avant le titre.
3. *Les Environs de Paris* jusqu'à Beauvais, Compiègne, Soissons, Nogent-sur-Seine, Fontainebleau, Chartres et Dreux . . . . . . . . . . . . . . . . 322
4. *Paris et ses environs.* . . . . . . . . . . . . . . . 286
5. *Vincennes, Charenton et Nogent-sur-Marne* . . . . . 210
6. *Asnières et le Mont-Valérien* . . . . . . . . . . . 288
7. *St-Cloud et Sèvres* . . . . . . . . . . . . . . . 306
8. *Les environs de St-Germain.* . . . . . . . . . . . 312
9. *Forêt de Fontainebleau* . . . . . . . . . . . . . 328
10. *Forêt de Compiègne* . . . . . . . . . . . . . . 332

### Plans hors texte.

1. *Plan général de Paris.* ⎫
2. *Grand plan de Paris*, en trois bandes. ⎪
3. *Plan spécial « Arc de l'Etoile - Champ-de-Mars. »* ⎪
4. —— *« Boulevards (ouest) - Champs-Elysées - Louvre. »* ⎬ Dans le supplément
5. —— *« Les Grands Boulevards (est). »* ⎪
6. —— *« Invalides-Luxembourg. »* ⎪
7. —— *« Bastille - Cité - Jardin-des-Plantes. »* ⎪
8. *Itinéraires des omnibus et des tramways.* ⎭
9. *Plan historique du Louvre et des Tuileries* . . . . . 86
10. *Bois de Boulogne.* . . . . . . . . . . . . . . . 164
11. *Cimetière du Père-Lachaise* . . . . . . . . . . . 194
12. *Jardin des Plantes* . . . . . . . . . . . . . . . 248
13. *La ville et le parc de Versailles* . . . . . . . . . 290
14. *St-Germain-en-Laye.* . . . . . . . . . . . . . . 310

### Plans dans le texte.

15. *Louvre, rez-de-chaussée.* . . . . . . . . . . 92, 93
16. — *premier étage* . . . . . . . . . . . 113, 135
17. — *second étage* . . . . . . . . . . . . 144
18. *Le Salon, au palais de l'Industrie* . . . . . . . . 159
19. *Musée du Luxembourg* . . . . . . . . . . . . 228
20. — *de Cluny* . . . . . . . . . . . . . . 242
21. — *de Versailles* . . . . . . . . . . . . . 293
22. *Cathédrale de St-Denis* . . . . . . . . . . . . 317
23. —— —— *crypte* . . . . . . . . . . . . 321

# INTRODUCTION

### I. Monnaie. Frais de voyage.

**Monnaie.** — Les pièces d'or et d'argent frappées conformément au système monétaire du franc, telles que celles de Belgique, de Suisse, d'Italie (lira) et de Grèce (drachm), sont les seules qui circulent en France. Cependant l'Autriche ayant fait des pièces de 8 et de 4 florins en or, qui valent exactement 20 fr. et 10 fr., elles sont maintenant reçues partout. Les pièces belges et suisses en nickel et en billon n'ont pas cours en France, tandis qu'on y reçoit les pièces de bronze italiennes. Le penny et le demi-penny anglais, qui correspondent à 10 et à 5 c., s'y rencontrent aussi quelquefois dans la circulation. Les seules pièces françaises existantes sont de 100, 50, 20, 10 et 5 francs en *or*, de 5, 2 et 1 fr., 50 et 20 c. en *argent*, et de 10, 5, 2 et 1 c. en *bronze*. Le peuple compte encore de préférence par *sous* (5 c.).

Les *billets* de la Banque de France, les seuls qui aient cours dans le pays, sont de 5,000, 1,000, 500, 200, 100, 50, 25 et 20 fr.

Il est toujours possible de changer à Paris l'argent étranger, (v. p. 35) mais jamais sans perte; il vaut généralement mieux le faire avant de partir.

Les valeurs et effets de commerce, de même que les quittances supérieures à 10 fr., doivent être munis de timbres français. On s'en procure au Timbre National, rue de la Banque, 13, chez les débitants de tabac et au besoin chez les banquiers et les personnes avec lesquelles on a affaire.

**Frais de voyage.** — On nous demandera peut-être combien d'argent il faut pour faire un voyage à Paris. Le chapitre des renseignements généraux donnera une réponse à cette question. En temps ordinaire, 10 fr. environ peuvent suffire pour couvrir la dépense journalière; mais il est très-facile de dépenser 50 fr. et même beaucoup plus par jour, surtout, par ex., lors d'une exposition comme celle de 1878. Paris est, du moins pour les étrangers et vu les mille occasions qui se présentent de faire des dépenses, une des villes les plus chères de l'Europe. Nous conseillons en tout cas d'emporter, outre son budget largement calculé, quelques centaines de francs de plus. Les frais s'accroissent encore à mesure qu'on approche du moment de repartir, lorsqu'il faut songer aux cadeaux qu'on doit rapporter.

Il est bon d'avoir toujours de la *petite monnaie*, les gens auxquels il faut donner des pourboires n'ayant jamais de quoi rendre; nous en avons même rencontré de ce genre lorsque nous avons acheté des catalogues dans les musées.

## II. Chemins de fer. Passe-port. Douane.

**Chemins de fer.** — Le réseau des chemins de fer français s'est considérablement accru dans ces derniers temps et mesure aujourd'hui près de 24,000 kilom. de longueur. Les étrangers noteront que les trains y suivent toujours la voie de *gauche* par rapport au point de départ, et que, par conséquent, le côté du *départ* est *à gauche* lorsqu'on va monter en voiture, de même que le côté de l'arrivée lorsqu'on descend. Le voyage coûte, par kilomètre, environ 11 c. pour la 1re, 8 c. pour la 2e et 6 c. pour la 3e classe, plus un impôt de 10 % établi temporairement à la suite de la dernière guerre, et qui est compté dans les prix actuels des billets. Les *trains express* n'ont en général que des voitures de 1re classe. Celles de la 2e classe, ont ordinairement 10 places par coupé. Les banquettes de cette classe sont souvent étroites et mal rembourrées. Il n'y a pas toujours de coupés pour les fumeurs, et pour fumer dans les autres, il est d'usage d'en demander la permission à ses compagnons de route.

Pour les départs des trains, voir l'*Indicateur des chemins de fer*, paraissant toutes les semaines. On peut l'acheter dans toutes les gares (60 c.). Cet indicateur étant assez volumineux et incommode, beaucoup de voyageurs préfèrent ceux qui sont publiés séparément, en petit format *(Livrets-Chaix)*, pour les réseaux du Nord, de l'Est, de l'Ouest, d'Orléans et du Midi (30 c.).

Les horloges des chemins de fer sont toutes réglées sur l'heure de Paris. On fera attention à la différence entre cette heure et celle des stations frontières; elle est par exemple de 8 min. en moins sur celle de Bruxelles à Feignies et à Jeumont; de 25 sur celle de l'Allemagne (Francfort) à Avricourt, de 26 sur celle de Berne à Pontarlier.

Les voyageurs restent généralement dans les salles d'attente jusqu'au moment où le train étant composé ou arrivant en gare, un employé vient ouvrir les portes. Nul n'est admis à l'intérieur d'une gare s'il n'est muni d'un billet, qu'il faut montrer. Les billets sont contrôlés en route et se rendent à l'arrivée, le plus souvent à la sortie de la station. On a droit au transport gratuit de 30 kilogr. de bagages à l'intérieur de la France et de 25 seulement si l'on se rend à l'étranger; mais on paie 10 c. pour les faire enregistrer. Les *facteurs* des chemins de fer portent les effets gratis; néanmoins il est d'usage de leur donner quelques sous.

Il y a souvent dans les gares un bureau de *consigne*, où les voyageurs qui le préfèrent peuvent laisser leurs bagages. Ils reçoivent un bulletin spécial et paient 5 c. par jour pour chaque colis, sans toutefois que la somme due puisse être inférieure à 10 c. Là où il n'y a pas de consigne, les employés refusent rarement de garder les effets moyennant un pourboire; dans ce cas, on conserve le bulletin qu'on a reçu au départ. On peut aussi mettre des colis à la consigne en attendant le départ.

Un **passe-port** n'est plus demandé aujourd'hui à la frontière, où l'on est seulement interrogé sur son nom et sa profession, par un agent qui en prend note. Mais comme il y a des musées, des édifices, etc., qui ne peuvent être visités à certains jours que sur présentation du passe-port, et que la prudence conseille en outre d'être porteur d'une pièce de légitimation, on fera bien de s'en procurer un et de l'avoir toujours sur soi. Il n'est pas nécessaire de le faire viser.

La **visite douanière** à la frontière, ou à Paris, si les bagages sont enregistrés directement pour cette ville, est assez rigoureuse, mais les employés se distinguent par leur politesse. Leur attention porte particulièrement sur les cigares; on peut en entrer 6 sans payer de droit, au-dessus de 6, chaque cigare paie 10 centimes d'entrée. Les cigares sont tout aussi bons à Paris qu'ailleurs, seulement un peu plus chers (v. p. 38). Nous conseillons de déclarer d'avance tous les objets passibles de droits dont on serait porteur; la visite est alors rapidement terminée. Les livres et les journaux peuvent occasionner des difficultés. En général, n'emporter que le nécessaire en vêtements et en linge. Si l'on a des visites à faire, ne pas oublier un chapeau noir.

### III. Aperçu de l'histoire de France.

Il ne sera pas inutile de rappeler ici sommairement les principaux événements historiques, les dates, etc., dont tant de choses, à Paris, supposent la connaissance.

A l'époque de la conquête de la Gaule par Jules César, les *Parisii* étaient une tribu établie sur les bords de la *Sequana* ou Seine, et leur ville principale était *Lutetia* ou *Lutèce*, située sur l'île nommée aujourd'hui *la Cité*.

Le premier événement digne d'être mentionné fut l'introduction du christianisme par St Denis, qui, selon la tradition, souffrit le martyre à Montmartre, vers l'an 250. — On attribue à Constance Chlore la construction du palais des Thermes, entre 292 et 306. — Julien résidait à Lutèce en 360. La cité changea dans ce temps son nom en *Parisii*, et obtint des franchises. — En 383, Gratien fut défait et assassiné par Maxime dans les environs de Paris.

CLOVIS, fils de Childéric, roi de Tournay, expulsa enfin les Romains vers 496, embrassa le christianisme et fonda la dynastie des **mérovingiens**. Il éleva une église à St Pierre et St Paul et la dédia ensuite à Ste Geneviève, qui mourut sous son règne. Peu de monarques de sa dynastie et de la suivante résidèrent à Paris.

Pépin, dit *le Bref*, roi en 752, fut la souche de la dynastie des **carlovingiens**.

Charlemagne monta sur le trône en 768.

Louis Ier, *le Débonnaire*, en 814.

Charles II, *le Chauve*, en 840. C'est sous lui, en 857, que Paris fut saccagé par les Normands. Ses successeurs négligèrent la ville, et l'abandonnèrent à ses propres ressources quand elle fut de nouveau attaquée par les Normands, en 885. La dynastie fut en conséquence déposée et la couronne donnée au comte Eudes, qui avait puissamment contribué à repousser les envahisseurs.

Hugues Capet fonda en 987 la troisième dynastie, celle des **capétiens**. Dès lors la ville s'agrandit rapidement et il s'y élève des palais; on commence entre autres le Palais-de-Justice actuel.

Robert II, *le Pieux*, monte sur le trône en 996.

Henri Ier, en 1031. Première croisade, commandée par *Godefroy de Bouillon*, 1096.

Philippe Ier, roi en 1060. Le duc *Guillaume de Normandie* fait la conquête de l'Angleterre sous le règne de ce prince, en 1066.

Louis VI, *le Gros*, roi en 1108, fonde un palais sur l'emplacement du Louvre.

Louis VII, *le Jeune*, lui succède en 1137. Il répudie *Eléonore*, héritière de Guyenne et de Poitou, qui se remarie avec *Henri Plantagenet d'Anjou*, plus tard roi d'Angleterre sous le nom d'Henri II. *Suger*, abbé de St-Denis, est ministre de Louis VII.

Philippe II, *Auguste* (1180), agrandit considérablement la ville de Paris, et l'entoure de murs. Il entreprend en 1189 une croisade avec *Richard Cœur-de-Lion*, attaque à son retour les possessions anglaises en France, occupe la Normandie, le Maine et le Poitou, et bat en 1214, à *Bouvines*, en Flandre, les armées réunies de l'Angleterre, de la Flandre et de l'Allemagne.

Louis VIII, *le Lion*, roi en 1223.

Louis IX ou *St Louis*, en 1226. Il entreprend deux croisades, l'une en Egypte, la seconde contre Tunis. Paris obtient sous lui divers privilèges municipaux. Son chapelain, Robert Sorbon, fonde en 1250 l'*Université* ou *Congrégation de la Sorbonne*.

Philippe III, *le Hardi*, en 1270.

Philippe IV, *le Bel*, en 1285. Il fonde différentes cours de justice, provoque la translation du siége pontifical à Avignon et supprime, en 1307, l'ordre des Templiers.

Louis X, *le Hutin*, roi en 1314.

Philippe V, *le Long*, en 1316.

Charles IV, *le Bel*, en 1322. Il meurt sans postérité. Il a pour successeur un membre de la

**Maison de Valois.** — Philippe VI, en 1328. Commencement de la guerre dite de Cent-Ans, contre l'Angleterre (1339 à 1453), par suite des rivalités et des prétentions résultant du second mariage d'Eléonore de Guyenne (v. ci-dessus). Philippe remporte à *Cassel*

une victoire sur les Flamands révoltés, en 1328, mais il perd la bataille décisive de *Crécy* (1346), contre Edouard III d'Angleterre.

Jean II, *le Bon*, en 1350. Ce prince est battu et fait prisonnier à *Maupertuis* (1537) par les Anglais, et de là emmené à Londres. Traité de paix de *Brétigny* (1360).

Charles V, *le Sage*, en 1361. Fondation de la Bibliothèque, de la Bastille et du palais des Tournelles. Agrandissement de la ville qui est refortifiée. Les Anglais sont expulsés du royaume par le connétable *Bertrand du Guesclin*.

Charles VI, roi en 1380, devient fou douze ans après son avénement. Victoire de *Rosbeck*, remportée sur les Flamands commandés par Artevelde (1382). Guerre des Armagnacs. Les Français, commandés par le connétable *d'Albret*, sont battus à *Azincourt* par les Anglais sous les ordres de Henri V (1415). Paris occupé par ces derniers en 1421.

Charles VII, en 1422. *Jeanne d'Arc* fait lever aux Anglais le siège d'Orléans en 1429. Couronnement du roi à Reims; Jeanne brûlée par les Anglais en 1431. Bataille de *St-Jacques*, près de Bâle, contre les Suisses, en 1444.

Louis XI, en 1461. Introduction de l'imprimerie et établissement des postes.

Charles VIII, roi en 1485, fait en 1495 la conquête de Naples, sur laquelle il a des droits héréditaires; mais il est bientôt obligé de l'abandonner. Paris désolé par la famine et la peste.

Louis XII, *le Père du peuple*, en 1489, est le premier prince de la *branche cadette* de la maison de Valois. Il conquiert le Milanais, sur lequel il a des droits du chef de son aïeule, s'empare de Naples avec l'aide des Espagnols, se brouille avec ses alliés à l'occasion du partage de cette conquête, et est battu par eux sur les bords du *Garigliano*, 1503. *Bayard* prend part à cette action. C'est Louis XII qui provoque la ligue de Cambrai, ayant pour but l'expulsion des Vénitiens du continent italien. Ceux-ci sont battus à *Agnadel* en 1509, mais ils parviennent à rompre la ligue, forment la Ligue Sainte pour chasser les Français d'Italie, et les battent à *Ravenne*, 1512.

François Ier (1515) rentre en possesion du duché de Milan par la victoire qu'il remporte sur les Suisses à *Marignan*, en 1515. Quatre guerres contre Charles-Quint à propos de la Bourgogne et du Milanais. Défaite de Pavie, où le roi est fait prisonnier, en 1525. Paris subit probablement plus de changements et d'améliorations sous ce roi que sous aucun des précédents. De nombreux édifices nouveaux sont alors bâtis, des églises restaurées, les fortifications étendues, le palais du Louvre et l'Hôtel-de-Ville commencés.

Henri II (1547), marié avec *Catherine de Médicis* et tué par accident dans un tournoi. Metz, Toul et Verdun sont incorporés à la France, en 1556. Les Anglais totalement expulsés de France.

François II, roi en 1559, marié à *Marie Stuart*.

Charles IX (1560), frère du précédent, sous la régence de sa mère, *Catherine de Médicis*. Commencement des *guerres de religion*. Louis de Condé, Antoine de Navarre et l'amiral Coligny sont à la tête des huguenots, François de Guise et Charles de Lorraine commandent l'armée catholique. Nuit de la *St-Barthélemy*, 24 août 1572. Construction des Tuileries.

Henri III (1574), frère des deux précédents. Il s'enfuit de Paris révolté, sur le conseil de sa mère Catherine de Médicis (m. 1588). Il périt assassiné par le dominicain Jacques Clément.

**Maison de Bourbon.** — Henri IV (1589). Il défait d'abord la Ligue catholique à *Arques*, en 1589, puis à *Ivry*, 1500; se convertit au catholicisme, 1593, et prend Paris, 1594. Il met ensuite fin aux guerres de religion par l'édit de Nantes, en 1599, répudie la même année sa première femme, Marguerite de Valois, et épouse en 1600 Marie de Médicis. Il est assassiné en 1610 par Ravaillac. Ministère de *Sully*. Embellissements considérables dans Paris; achèvement du Pont-Neuf et additions faites au Louvre.

Louis XIII (1610), sous la régence de sa mère, *Marie de Médicis*. Cette princesse, exilée par son fils, va mourir à Cologne, en 1642. Le cardinal de Richelieu (m. 1642) dirige ensuite les affaires de l'Etat. Victoire navale de *Ré*, en 1627, sur la flotte anglaise envoyée au secours des huguenots, et prise de *la Rochelle*. La France prend part à la guerre de Trente-Ans contre l'Autriche. Le palais Cardinal, aujourd'hui le Palais-Royal, est commencé par Richelieu, et le Luxembourg par Marie de Médicis. Construction de nouveaux ponts, de quais et de rues. Création du Jardin des Plantes.

Louis XIV monte sur le trône à cinq ans, 1643, sous la régence de sa mère, *Anne d'Autriche*. Ministres: Mazarin (m. 1661), Louvois (m. 1691), Colbert (m. 1683). Généraux: Turenne (m. 1675), Condé (m. 1686), Luxembourg (m. 1695).

Guerre de la *Fronde* contre la Cour et Mazarin. Défaite des Espagnols à *Rocroi*, en 1653, par le duc d'Enghien (Condé).

Turenne bat les Bavarois à *Fribourg* et à *Nœrdlingen*, 1644.

Victoire de Condé sur les Espagnols, à *Lens*, 1645. Répression de la Fronde. Paix des Pyrénées avec l'Espagne, 1659. Mort de Mazarin (m. 1661); le roi gouverne lui-même.

Mariage avec *Marie-Thérèse*, 1660. Après la mort de son beau-père, Louis XIV fait valoir ses droits sur les Pays-Bas. Turenne prend une partie des Flandres et le Hainaut (1667): *Charleroi, Tournai, Douai, Lille*. Condé occupe la *Franche-Comté*. Paix d'*Aix-la-Chapelle* (1668), par suite de la Triple Alliance.

Invasion des Pays-Bas. Passage du Rhin, 1672. Occupation des provinces d'Utrecht et de Gueldre. Victoires de Turenne sur les Impériaux à *Sinsheim*, *Ensisheim*, *Mulhouse* (1674) et *Türkheim* (1675). Mort de Turenne à l'affaire de *Sasbach*, 1675.

L'amiral Duquesne défait la flotte hollandaise près de *Syracuse*, 1676. Victoire du maréchal de Luxembourg à *Montcassel*, sur Guillaume d'Orange, 1677. Paix de *Nymègue*, 1678.

## APERÇU DE L'HISTOIRE DE FRANCE.

Occupation de *Strasbourg*, 1681. Occupation du Luxembourg. Révocation de l'Edit de Nantes, 1685. Dévastation du *Palatinat*, 1688. Victoires du maréchal de Luxembourg, à *Fleurus* sur les Impériaux (1690), à *Steenkerke* (1682) et à *Neerwinden* (1693) sur Guillaume d'Orange. Défaite de l'amiral Tourville par les Anglais, à *la Hogue*, 1692.

Commencement de la guerre de la Succession d'Espagne, 1701. Victoire de Vendôme à *Vittoria* (1702) et de Tallard à *Spire* (1702). Prise de *Landau*, 1702. Victoire d'*Hœchstædt* (1703) et défaite au même endroit (1704). Défaites du maréchal Villars par le prince Eugène de Savoie, à *Turin* (1705), *Oudenarde* (1708) et *Malplaquet* (1709). Paix d'*Utrecht* et de *Rastadt*, 1714.

Pendant le règne de Louis XIV, Paris s'augmente de plus de quatre-vingt rues et de trente-trois églises; l'hôtel des Invalides, l'observatoire et la colonnade du Louvre sont achevés; le collège Mazarin, les Gobelins, des arcs de triomphe commencés, et les fortifications converties en boulevards.

Louis XV, de 1715 à 1725, sous la *régence du duc d'Orléans*. Mariage avec *Marie Leczinska* de Pologne. Guerre de la Succession d'Autriche (1740 à 1748); défaite de *Dettingen*, par George II d'Angleterre. Victoires de *Fontenoy*, sur les Hollandais et les Anglais, 1744; de *Rocoux*, 1746, sur les Autrichiens commandés par Charles de Lorraine, et de *Lœffeldt (Laewfeld)* près de Maestricht, sur les alliés, 1746; prise de *Maestricht* et paix d'Aix-la-Chapelle, 1748. Guerre maritime contre les Anglais.

Guerre de Sept-Ans; le maréchal d'Estrées remporte d'abord une victoire sur le duc de Cumberland, 1757; mais les Français, sous les ordres du prince de Soubise, sont battus la même année par Frédéric le Grand, à *Rosbach*, puis à *Créfeld*, 1758, par le duc Ferdinand de Brunswick, lequel est défait à son tour par le maréchal de Broglie à *Bergen*, 1760. Défaite de *Minden*, etc.

Le Panthéon, l'Ecole Militaire, le palais du Corps-Législatif, l'hôtel des Monnaies et beaucoup d'autres édifices importants sont élevés sous ce règne, et le Jardin des Plantes est agrandi.

Louis XVI (1774), marié à *Marie-Antoinette*, fille de l'empereur François Ier et de Marie-Thérèse. Guerre d'indépendance dans l'Amérique du Nord contre l'Angleterre, de 1777 à 1783. Epuisement des finances; Vergennes, Turgot, Necker, Calonne, Brienne et Necker pour la seconde fois, ministres des finances.

1789. Ouverture des *Etats-Généraux* à Versailles, le 5 mai. Leur transformation en *Assemblée Nationale* ou *Constituante*, le 27 juin. Création de la garde nationale, 13 juillet. Prise de la Bastille, 14 juillet. Les femmes de la Halle à Versailles, 5 oct. Confiscation des biens du clergé, 2 nov.

1790. Fête Nationale au Champ-de-Mars.

1791. Emigration. Fuite du roi, arrêté à Varennes, 20 juin. Serment à la Constitution, 14 sept. *Assemblée Législative*.

BÆDEKER, Paris, 5e édition.

# APERÇU DE L'HISTOIRE DE FRANCE.

1792. Guerre déclarée à l'Autriche, 20 avril. Prise des Tuileries, 10 août. Arrestation du roi, 13 août. Massacres de septembre. Canonnade de *Valmy* contre les Prussiens, 20 sept. Ouverture de la *Convention* et abolition de la royauté, 21 sept.

**République** proclamée le 25 sept.; Entrée de Custine à *Mayence*, 21 oct. Bataille de *Jemmapes* contre les Autrichiens, 9 nov. Conquête de la Belgique.

1793. Exécution du roi, 21 janv. Calendrier républicain, 22 sept.* Terreur. Exécution de la reine, 16 oct. Culte de la Raison, 10 nov. Perte de la Belgique.

1794. Chute et exécution de Robespierre (9 thermidor), 28 juillet. Victoire de l'armée française à *Fleurus*, sous Jourdan. La Belgique reconquise.

1795. Conquête de la Hollande par Pichegru. Traité de paix avec la Prusse, à Bâle, 22 juin. Le général Bonaparte commande les troupes de la Convention contre les Royalistes insurgés sous les ordres de Danican, 3 oct. Création du DIRECTOIRE, 28 oct.

1796. Victoires de Bonaparte en Italie, à *Montenotte*, 12 avril, et à *Millesimo*, 13-15 avril. Bataille de *Lodi*, 10 mai. Entrée à Milan. Siège de *Mantoue*. Batailles de *Castiglione*, 5 août; de *Bassano*, 10 sept.; d'*Arcole*, 15 nov.

1797. Victoire de *Rivoli*, 17 janv.; prise de *Mantoue*, 2 févr. Les Autrichiens, commandés par l'archiduc Charles, d'abord victorieux en Allemagne, sont repoussés par Bonaparte. Paix de *Campo-Formio*, 17 oct. Transformation du Directoire le 18 fructidor (4 sept).

1798. Expédition de Bonaparte en Egypte. Victoire des *Pyramides*, 21 juillet; bataille navale d'*Aboukir*, 1er août.

1799. Expédition en Syrie. Siège d'Acre. Victoire d'*Aboukir*, 25 juillet. Les armées françaises sont repoussées en Allemagne, en Suisse et en Italie. Retour de Bonaparte en France. Chute du Directoire, 18 brumaire (9 nov.). Etablissement du CONSULAT, 25 déc.; Bonaparte Premier-Consul.

1800. Bonaparte passe le St-Bernard, 13 mai; victoires sur les Autrichiens à *Plaisance*, 7 juin; *Montebello*, 9 juin; *Marengo*, 14 juin. Victoire de Moreau à *Hohenlinden*, 3 déc. Attentat contre la vie de Napoléon, à Paris, 24 déc.

---

* L'année avait douze mois, savoir: *vendémiaire* (vendange), du 22 sept. au 21 oct.; *brumaire* (brume), du 22 oct. au 20 nov.; *frimaire* (frimas), du 21 nov. au 20 déc., les mois d'automne; — *nivose* (neige), du 21 déc. au 19 janv.; *pluviôse* (pluie), du 20 janv. au 18 févr.; *ventôse* (vent), du 19 févr. au 20 mars, les mois d'hiver; — *germinal* (germe), du 21 mars au 19 avril; *floréal* (fleur), du 20 avril au 19 mai; *prairial* (prairie), du 20 mai au 18 juin, les mois de printemps; — *messidor* (moisson), du 19 juin au 18 juillet; *thermidor* (therme, chaleur), du 19 juillet au 17 août; *fructidor* (fruit), du 18 août au 16 sept., les mois d'été. Chaque mois avait trente jours et était divisé en 3 *décades* au lieu de semaines. A la fin de l'année, il y avait cinq *jours complémentaires*, du 17 au 21 septembre.

1801. Paix de Lunéville avec l'Allemagne, 9 févr.

1802. Paix d'Amiens avec l'Angleterre, 27 mars. Bonaparte (Cambacérès, Lebrun) élu consul à vie.

1804. **Premier empire.** NAPOLÉON 1ER Bonaparte, proclamé empereur par le Sénat, le 18 mai, et sacré à Notre-Dame par Pie VII, le 2 déc.

1805. Nouvelle guerre avec l'Autriche, capitulation d'*Ulm*, 17 oct. Bataille d'*Austerlitz*, 2 déc. Paix de *Presbourg*, 28 déc.

1806. Création de la Confédération du Rhin, 12 juillet. Guerre contre la Prusse. Batailles d'*Iéna* et d'*Auerstædt*, 14 oct. Entrée à Berlin, 27 oct. Blocus continental.

1807. Guerre contre la Russie et la Prusse. Bataille d'*Eylau*, 8 févr. ; bataille de *Friedland*, 14 juin ; paix de *Tilsitt*, 8 et 9 juillet.

1808. Guerre en Espagne, pour y maintenir Joseph Bonaparte sur le trône.

1809. Prise de *Saragosse*, 21 février. Nouvelle guerre contre l'Autriche. Bataille d'*Eckmühl*, 19-23 avril. Entrée à *Vienne*, 13 mai. Batailles d'*Aspern* ou d'*Essling*, 21 et 22 mai ; de *Wagram*, 5 et 6 juillet. Paix de Vienne, 14 oct. Abolition du pouvoir temporel du pape.

1810. Mariage avec l'archiduchesse *Marie-Louise*, fille de l'empereur François II, le 11 mars. Napoléon au faîte de sa puissance.

1812. Nouvelle guerre contre la Russie. Passage du *Niémen*, 23 août. Bataille de *Smolensk*, 16 et 17 août ; bataille de la *Moskowa*, 7 sept. Entrée à *Moscou*, 15 sept. ; retraite de Moscou, 19 oct. Passage de la *Bérésina*, 26 et 27 nov. — Défaite de *Salamanque*, 21 juillet.

1813. Batailles de *Lützen*, 2 mai ; *Bautzen*, 20 mai ; *Wurschen*, 21 mai ; *Grossbeeren*, 23 août ; *Dresde*, 26 et 27 août ; *Katzbach*, 26 août ; *Culm*, 30 août ; *Dennewitz*, 6 sept. ; *Leipzig*, 16 et 18 oct. ; *Hanau*, 30 oct.

1814. Batailles de *Brienne*, 28 janv. ; *la Rothière*, 1er févr. ; *Montmirail*, 11 févr. ; *Laon*, 9 et 10 mars ; *Arcis-sur-Aube*, 20 et 21 mars ; *Paris*, 30 mars. Les alliés à Paris, 31 mars. Abdication de Napoléon, 11 avril. Départ pour l'île d'*Elbe*, 4 mai. Première paix de Paris, 30 mai.

Les terribles scènes de dévastation qui eurent lieu durant la révolution, spécialement en 1793, n'ont guère besoin d'être rappelées ; elles eurent cependant l'avantage, en faisant disparaître les nombreux couvents qui en occupaient les meilleures parties, de contribuer jusqu'à un certain point à l'embellissement de la ville. Le musée du Louvre fut commencé sous le Directoire. De grandes améliorations furent faites sous Napoléon. Les chétives constructions qui occupaient la place du Carrousel furent démolies, on commença l'aile du N. entre le Louvre et les Tuileries et la jolie rue de Rivoli ; de nouvelles rues, de vastes marchés, trois ponts, des quais, des canaux, etc., furent construits ; un grand nombre de fontaines et de monuments érigés, des églises restaurées et embellies, la Bourse et d'autres édifices publics fondés.

1814. La **Restauration.** Louis XVIII, roi.

1815. Retour de Napoléon de l'île d'Elbe; à *Cannes* le 1 mars, à Paris le 20. Bataille de *Ligny*, 16 juin ; bataille de *Waterloo*, 18 juin. Deuxième entrée des alliés à Paris, 7 juillet.

1821 Napoléon, exilé à *Ste-Hélène*, y meurt le 5 mai.

1823. Expédition en Espagne contre les Cortès, en faveur du roi Ferdinand VII, sous le commandement du duc d'Angoulême, fils de Charles X.

1824. Charles X, roi.

1830. Prise d'*Alger*. *Révolution de juillet*, du 27 au 29.

Louis-Philippe, duc d'Orléans, élu par les Chambres roi des Français, 7 août 1830. Guerres continuelles en Afrique, consolidation de la domination française dans cette colonie.

Les embellissements de Paris, qui ont marché lentement sous Louis XVIII et Charles X, sont poursuivis avec une nouvelle ardeur sous Louis-Philippe. Beaucoup de jolies rues sont ouvertes, des églises et d'autres édifices publics achevés, d'immenses travaux d'assainissement (égouts) entrepris, de nouveaux ponts et des quais construits, des jardins et des squares établis, etc. : les dépenses s'élèvent à plus de 100 millions de francs.

1848. *Révolution de février*, 23 et 24. **République.** Insurrection à Paris, du 23 au 26 juin. Louis Napoléon, fils de l'ancien roi de Hollande, neveu de Napoléon Ier, élu par le peuple président de la République, 10 déc.

1851. Dissolution de l'Assemblée, Coup d'Etat du 2 déc.

1852. **Second empire.** 2 déc. Louis Napoléon, élu empereur par un *plébiscite*, arrive au trône sous le nom de Napoléon III.

1854. Guerre avec la Russie. Campagne de Crimée.

1859. Guerre avec l'Autriche. Bataille de Solférino. Paix de Villafranca. — 1861. Expédition du Mexique.

1870. Guerre avec la Prusse. Déclaration le 19 juillet. Batailles de *Wissembourg*, 4 août ; de *Wœrth*, 6 ; de *Spicheren*, 6 ; de *Borny*, *Rezonville* et *Gravelotte*, 14, 16 et 18 ; de *Beaumont*, 30 août. 1er sept. bataille de *Sedan*. Napoléon prisonnier.

**République,** 4 sept. Capitulations de *Strasbourg*, 27 sept.; de *Metz*, 27 oct. Batailles près d'*Orléans*, du 2 au 4 déc.

1871. Bataille de *St-Quentin*, 19 janv. Capitulation de *Paris*, 28 janv. Les Allemands à Paris, 1er mars. Le 18, commencement de l'insurrection de la commune. Second siège de Paris, 2 avril. — 10 mai. *Paix de Francfort*. — 25 mai. Occupation de Paris par les troupes du gouvernement. — 31 août. M. Thiers, chef du pouvoir exécutif depuis le 17 fév., nommé président de la République.

1873. 9 janv. Mort de Napoléon III. — 24 mai. Démission de M. Thiers, remplacé par le maréchal de Mac-Mahon. — 16 sept. Évacuation définitive du territoire par les troupes allemandes. —

20 novembre. Prorogation de la présidence de Mac-Mahon pour sept ans.

1875. 25. févr. Constitution définitive de la république.

Comme nous l'avons dit, il n'est probablement aucune ville au monde qui ait subi d'aussi grandes améliorations que Paris depuis vingt-cinq ans. Des agglomérations considérables de maisons et de nombreuses rues tortueuses ont été remplacées par de larges boulevards, de vastes squares et des constructions semblables à des palais. Des travaux publics d'une importance extraordinaire ont été entrepris, et ceux qui avaient été commencés précédemment, à peu près achevés. Des embellissements ont été réalisés sur la plus grande échelle dans les parcs et les jardins publics, et, ce qui est d'une valeur incalculable, la ville s'est vue dotée d'un système d'égouts à peu près complet (p. 284), bien éclairée, bien pavée et pourvue d'eau dans toutes ses parties, etc.

### IV. Un peu de statistique.

Paris a une superficie de 7,802 hectares et 34 kilomètres de circuit. On y compte 860 kil. de voies publiques, dont le nombre est en chiffre rond de 3,000, avec à peu près 780 kil. d'égouts (le réseau entier doit être de 974 kil.) et de 95 à 100,000 arbres d'alignement. Il y a environ 65,000 maisons, 80 places, 28 ponts sur la Seine, 80 églises, 14 palais, 35 à 40 théâtres, 18 hôpitaux, 13 hospices, 8 grandes bibliothèques publiques (2,375,000 vol.), 6 lycées, et un peu plus de 2,000 établissements publics ou libres d'instruction primaire, salles d'asile ou écoles.

Depuis l'extension de la ligne d'octroi jusqu'aux fortifications en 1860 (v. p. 62), Paris est divisé en 20 arrondissements : 1, du Louvre ; 2, de la Bourse ; 3, du Temple ; 4, de l'Hôtel-de-Ville ; 5, du Panthéon ; 6, du Luxembourg ; 7, du Palais-Bourbon ; 8, de l'Elysée ; 9, de l'Opéra ; 10, de l'Enclos St-Laurent ; 11, de Popincourt ; 12, de Reuilly ; 13, des Gobelins ; 14, de l'Observatoire ; 15, de Vaugirard ; 16, de Passy ; 17, de Batignolles-Monceaux ; 18, de la Butte-Montmartre ; 19, des Buttes-Chaumont ; 20, de Ménilmontant.

La population de Paris s'élevait lors du recensement de 1876 à 1,988,806 hab. (1,667,841 en 1861 ; 540,000 en 1675), non compris les étrangers. La grande majorité de la population est catholique ; on porte à 45,000 le nombre des protestants, à 25,000 celui des israélites, et à 29,000 celui des habitants qui professent d'autres cultes. Un peu plus de 87 personnes sur cent savent lire et écrire. Le nombre des naissances était en 1876 de 55,016, celui des décès de 48,579, celui des mariages de 18,317. La même année, les naissances illégitimes dépassaient un peu la proportion de 26 pour cent, et la mortalité atteignait le chiffre de 26 pour mille. Il y a environ 111,750 indigents secourus par l'assistance publique, plus de 100,000 domestiques et 440 à 450,000 ouvriers, dont la plupart gagnent de 3 à 6 fr. par jour, un certain nombre jusqu'à 20 fr.

Le budget de Paris s'élève pour 1878, à 254,837,132 fr., recettes et dépenses. Parmi ces dernières, nous relevons les chiffres suivants : intérêt de la dette municipale, 106,450,611 fr.; instruction publique, 10,487,317; assistance publique, 13,520,300; voie publique, 15,429,150; promenades, plantations et éclairage, 7,827,205; eaux et égouts, 7,356,136; préfecture de police, 19,595,082; dépenses extraordinaires, 22,577,093 fr. La principale source de revenu de la ville est l'octroi, pour 121,000,000 de fr. Les centimes communaux, les impositions spéciales et la taxe sur les chiens figurent au budget pour 24,509,238 fr., le produit des halles et marchés pour 11,308,800, celui des abattoirs pour 4,780,000, celui des voitures publiques pour 4,119,804, celui des eaux pour 8,924,577, et la compagnie du gaz paie une redevance de 8,500,000 fr. La consommation annuelle de Paris en nourriture est évaluée à plus de 1 milliard. Voici les chiffres principaux : vin, 436 millions de litres; eau-de-vie et liqueurs, 16 millions $1/2$; bière, 20 millions $1/2$; lait, environ 125 millions; pain, plus de 300 millions de kilogr.; viande, près de 165 millions; poisson, près de 43 millions; volaille et gibier, près de 21 millions; beurre, 4,114,318; œufs, 3,088,420 kilogr.; fromages secs, 4,178,000 kilogr.; légumes, 145 millions de francs; huîtres, 3,275,000; entremets et pâtisserie, 35 millions; fruits et conserves, 8,750,000 fr.

On a brûlé en 1877 : 763,000 stères de bois, 5,064,063 hectolitres de charbon de bois et 790,594,466 kilogr. de charbon de terre, coke et tourbe.

Paris consomme en gaz plus de 160 millions de m. cubes par jour, dont 30 millions employés par les machines fonctionnant par le gaz, et le reste distribué entre 38,500 becs pour l'éclairage public et environ 600,000 appartenant à des particuliers. Les théâtres en consomment annuellement 2,500,000 m. cubes ou pour 750,000 fr.

La quantité d'eau fournie par les aqueducs, les pompes à feu et les puits artésiens est de près de 13 milliards de litres par mois.

# PARIS

## RENSEIGNEMENTS GÉNÉRAUX

### 1. Arrivée à Paris.

Selon le chemin de fer par lequel on arrive (v. p. 30), on remet son billet à un employé à la *sortie*, ou bien il vous est demandé avant l'entrée en gare. Les voyageurs qui ont des bagages à réclamer, passent ensuite dans une *salle d'attente*, où ils restent jusqu'à ce qu'on leur ouvre les portes de la *salle des bagages*, dans laquelle sont déchargés les colis. Comme cette opération demande toujours quelque temps (8 à 10 min.), on en profitera pour aller retenir une voiture, de préférence une *voiture de remise*, appelée communément *fiacre* (v. p. 21); on demandera au cocher son numéro et on lui dira d'attendre les bagages. Ceux-ci sont placés dans la salle spéciale sur des espèces de longues tables, où les voyageurs ont à les reconnaître (présenter le bulletin) et à les faire visiter par les employés de la douane et de l'octroi, qui se présentent déjà d'eux-mêmes, et qui peuvent se contenter de la simple affirmation qu'on n'a rien à déclarer ou bien que l'on a telle ou telle chose (v. p. XIII).

La visite terminée, on fait emporter ses effets par un *facteur* (20 à 30 c.), pour les charger sur le fiacre, dont on lui indique le numéro, et montant en voiture, on dit au cocher le nom de l'hôtel où il doit vous mener. Pour les prix, v. p. 22. On paie à l'heure si l'on a fait attendre la voiture pendant $1/4$ d'h. Si l'on n'est pas sûr de trouver de la place dans le premier hôtel où l'on se fait conduire, il vaut mieux prendre le fiacre à l'heure, pour ne pas être obligé de payer plusieurs fois le prix de la course.

Les *omnibus ordinaires* (p. 24) ne sont pas pratiques pour ceux qui ne connaissent pas encore Paris; du reste ces voitures ne prennent pas de bagages. Même remarque au sujet des *omnibus réguliers* des lignes de Lyon et d'Orléans; ils prennent sans doute des bagages, mais ils suivent des itinéraires déterminés; pour s'en servir, demander au conducteur s'il passe à l'hôtel où l'on veut descendre. — Mais il existe des *omnibus de la Compagnie géné-*

## 1. ARRIVÉE.

rale *des voitures* (v. p. 22) et des *omnibus de famille* des chemins de fer, très-commodes pour les voyageurs auxquels ne suffirait pas une voiture de remise. Quant à ces derniers omnibus, il s'en trouve bien à l'arrivée, mais il est plus sûr de les commander d'avance, en s'adressant au chef du bureau des omnibus, à la gare, et en indiquant l'heure de l'arrivée. Ces voitures sont aussi très-commodes pour le départ lorsqu'on est nombreux ou qu'on a beaucoup de bagage. Les prix varient selon les gares.

A la *gare du Nord*. Omnibus à 7 places, en location: pour 1 ou 2 personnes, 3 fr.; 3 ou 4 pers., 4 fr.; 5 à 7 pers., 6 fr.; — à 12 places: 1 à 4 pers., 4 fr.; 5 à 8 pers., 8 fr.; 9 à 12 pers., 10 fr. Bagages: franchise de 30 kilogr. par voyageur; au-dessus de ce poids, 1 cent. par kilogr. Une place dans la voiture commune, 70 c. Omnibus pour prendre à domicile, à 7 places, 6 fr.; à 12 places, 10 fr.

A la *gare de l'Est*. De 7 h. du matin à minuit: pour 1 à 3 pers., 3, 4 ou 5 fr., selon le quartier. De minuit à 7 h., 1 fr. de plus. Au-dessus de 3 pers., 1 fr. par place. Bagages: franchise de 60 kilogr. pour 1 à 3 pers., de 100 pour 4 ou 5 pers., de 160 pour 6 à 10 pers.; 1 cent. par kilogr. d'excédant. Omnibus pour prendre à domicile, 7 fr. pour 1 à 5 voyageurs.

Aux *gares de l'Ouest*. Pas d'omnibus à la gare St-Lazare. A la gare Montparnasse: pour 1 ou 2 pers., 2 fr.; au-dessus de 2 pers., 1 fr. par place. Bagages: franchise de 30 kilogr. par pers. et 20 c. par 10 kilogr. d'excédant. Omnibus pour se faire conduire à l'une ou l'autre gare (1 à 7 places): de 6 h. du mat. à min., 5 fr.; la nuit, 6 fr.

A la *gare d'Orléans*, pour conduire ou prendre à domicile. Omnibus à 7 places: de 6 h. du mat. à min., pour 1 à 3 pers., 4 ou 5 fr., selon le quartier; de min. à 6 h., 5 ou 6 fr.; au-dessus de 3 pers., 50 c. en sus par place. Omnibus à 18 places, le jour, 8 ou 10 fr. Bagages: franchise de 150 ou de 300 kilogr.; pour l'excédant, 60 c. par 50 kilogr.

A la *gare de Lyon*, comme à celle d'Orléans, sauf pour les voitures à 7 places, qui coûtent 1 fr. de plus lorsqu'elles vont prendre à domicile.

En arrivant de nuit, si l'on ne veut pas aller dans l'une des grandes maisons mentionnées p. 5, le mieux est de rester à un hôtel près du chemin de fer, en laissant le gros de son bagage à la gare (garder le bulletin); le lendemain, on choisit son logement et l'on s'y rend avec ses bagages.

Près de la GARE DU NORD (pl. R. 23, 24†): *hôtel Cailleux*, en face de la sortie, au coin des rues de Dunkerque et de St-Quentin; *Gr.-Hôt. du Chemin de fer du Nord*, au coin de la rue de Dunkerque et du boulevard de Denain.

Près de la GARE DE L'EST ou *de Strasbourg* (pl. R. 24): rue de Metz (côté de l'arrivée), *Gr.-Hôt. St-Laurent*, nº 4; — boulevard de Strasbourg, en face de la gare, *Gr.-Hôt. de Strasbourg*, 78; *hôt. de Champagne et de Mulhouse*, 87; *de Paris*, 72; *\*de l'Europe*, 74. Plus près, rue de Strasbourg, 11, *hôt. du Chemin de fer*.

Près de la GARE ST-LAZARE (*Ouest, rive droite*; pl. R. 18): *hôt. de Londres et de New-York*, place du Havre, 13, en face de la gare; *Gr.-Hôt. Anglo-Américain*, rue St-Lazare, 113; de petits hôtels rue d'Amsterdam, 30, 24, 22, 20, 16 et 4.

---

† Pour les renvois à nos plans de Paris et pour la manière de s'en servir, voir les remarques en tête de l'Indicateur des rues mis à la fin du volume.

## 2. HÔTELS.

Près de la GARE MONTPARNASSE (*Ouest, rive gauche*; pl. B, 16): *Gr.-Hôt. de France et de Bretagne*, du côté du départ ou à g.; *hôt. de la Marine et des Colonies*, du côté de l'arrivée.

Près de la GARE DE LYON (pl. B, 28): *hôtel de l'Univers*, rue de Châlons, 46, du côté du départ.

Près de la GARE D'ORLÉANS (pl. B, 25): *hôtel du Chemin de fer*, boulevard de l'Hôpital, 8, en face du côté de l'arrivée.

---

Pour s'épargner une perte de temps, le voyageur devrait préparer avant son départ, si c'est possible, les demandes par écrit pour obtenir de visiter certaines curiosités (v. p. 57 et suiv.); seulement il ne faudrait pas les cacheter d'avance, par la raison que les lettres fermées, dont le transport est le privilège de la poste, peuvent être confisquées par les employés qui visitent les effets.

Si vous avez besoin de renseignements, adressez-vous à un *gardien de la paix* ou *sergent de ville*, qui vous répondra avec la plus grande complaisance. On en rencontre dans tous les quartiers. Le service de la police est si bien réglé à Paris, qu'on y entend bien moins souvent parler de vols et d'attaques que dans d'autres grandes villes. Malgré cela, l'étranger sera toujours sur ses gardes; l'adroite légion de filous et de voleurs qui y cherchent aventure, sait parfaitement distinguer la physionomie de l'étranger de celle du Parisien, et ne néglige pas de tenter d'en profiter.

Malheur aussi à la bourse de celui qui prêtera une oreille complaisante aux invitations des sirènes des boulevards et d'autres lieux, car elles ne sont pas moins habiles à exploiter l'étranger qui ne connaît pas leurs «trucs».

On trouvera du reste presque toujours le vrai Parisien disposé à donner des renseignements; il est même connu pour son empressement à être agréable aux étrangers sous ce rapport. On pourra aussi consulter le Dictionnaire des adresses, appelé communément le *Bottin*, du nom de son premier auteur. Il se compose de deux énormes volumes, comprenant, l'un, les adresses de Paris; l'autre, les principales adresses du reste de la France et un grand nombre de l'étranger. On le trouve dans les cafés et les hôtels et à certains étalages de libraires, où l'on paie 10-15 c. pour le consulter.

## 2. Hôtels.

Le choix d'un hôtel, à Paris comme ailleurs, se règle d'abord sur les ressources pécuniaires†. Ceux qui viennent ici pour leur plaisir et

---

† La plupart des hôtels, des restaurants, etc. ont augmenté leurs prix de 50% et plus à l'occasion de l'exposition universelle de 1878. Ces augmentations seront-elles maintenues plus tard? Il est du moins probable qu'il en restera quelque chose, car les propriétaires de ces maisons ont l'habitude de profiter de telles circonstances pour faire un pas de plus en avant, même lorsqu'il n'y a pas nécessité. Cette explication est nécessaire ici, parce que les prix indiqués sont les prix ordinaires du commencement de 1878, et non les prix exceptionnels de l'exposition.

qui ne sont pas trop obligés de compter, préféreront ordinairement, surtout s'ils sont avec des dames, les hôtels des boulevards ou des rues voisines, tandis que les hommes seuls seront aussi fort bien logés, et à meilleur compte, dans les rues latérales moins fréquentées et moins élégantes.

Les prix varient entre 3 et 30 fr.; ils dépendent de la situation et de l'organisation des hôtels, des circonstances particulières comme celle de l'affluence des étrangers lors d'une exposition, etc.

Dans les hôtels des boulevards Montmartre, des Italiens, des Capucines et de la Madeleine, de l'avenue de l'Opéra, de la rue de la Paix, de la place Vendôme, de la rue de Castiglione et de la rue de Rivoli, on ne paiera pas moins de 5 fr. une chambre fort simple au 3e et au 4e étage au-dessus de l'entre-sol, c'est-à-dire en réalité au 4e et au 5e étage; au 1er ou au 2e étage, elle coûtera déjà 10 fr. On trouvera des hôtels un peu moins chers (3 fr. au 3e et au 4e; 5 à 7 fr. au 1er et au 2e) dans les rues également bien situées entre la rue de Rivoli et les boulevards, comme la rue St-Honoré, la rue de Richelieu, la rue Vivienne, la rue Neuve-des-Petits-Champs, la rue Neuve-St-Augustin, etc., ainsi qu'à l'E. du Palais-Royal. Les prix sont encore moins élevés (2 fr. 50 à 3 fr.) dans les rues de troisième ordre qui relient ces dernières, ainsi que dans les divers quartiers de la rive gauche de la Seine, qui sont toutefois moins bien situés: rue des Sts-Pères, rue Bonaparte, rue de Lille, rue de l'Université, rue Jacob, etc.

Nous ferons cependant encore remarquer que les prix que nous indiquons sont ceux d'une chambre fort simple, et qu'ils s'augmentent toujours des prix de la bougie et du service.

Il y a dans chaque grand hôtel un salon pour les réceptions, qui sert souvent aussi de salon de lecture et qui, dans les plus grands hôtels, est meublé avec luxe.

Pour s'épargner des surprises désagréables, on se renseignera en arrivant, ou du moins le lendemain de l'arrivée, sur les prix de la chambre, de la bougie et du service; il est même d'usage de le faire pour une seule nuit. Le premier déjeuner (café ou thé avec pain et beurre, 1 fr. 25 à 2 fr.) se prend de préférence à l'hôtel, le second déjeuner (vers midi) et le dîner, là où il plaît: la table d'hôte est à 6 h. dans la plupart des hôtels.

En cas de séjour, si l'on ne paie pas immédiatement ses «consommations», demander sa note tous les 3 ou 4 jours, et à la fin, si l'on veut partir de bon matin, se la faire donner la veille.

Quand le *service* est porté en compte, on donne encore, selon qu'on est resté plus ou moins longtemps, 1 à 3 fr. au premier garçon, s'il vous a rendu des services, autant au concierge et à l'homme de peine. Dans certaines maisons, surtout dans les maisons meublées, le voyageur est libre de donner ce qu'il veut; il faut alors compter 50 c. à 1 fr. par jour pour le service, et distribuer proportionnellement le total entre les domestiques. Une pièce de 50 c.

## 2. HÔTELS.

donnée par-ci par-là, pendant la durée du séjour, ne sera pas inutilement dépensée.

Le mieux est de garder dans sa malle son *argent* et ses *valeurs*; les meubles n'offrent pas une sûreté suffisante. Si l'on a de grosses sommes, on les confiera, contre un reçu, au maître de la maison, ou mieux encore à un banquier ou à un ami.

Nous donnons ci-après la liste des principaux hôtels des quartiers particulièrement habités par les étrangers, en les classant d'après leur situation et en rappelant que, lorsqu'il n'y aura pas d'indication particulière sur leur caractère, on devra s'en rapporter à ce que nous avons dit ci-dessus, si l'on désire loger dans un hôtel de 1er, de 2e ou de 3e rang.

### Hôtels de la rive droite.

Les trois plus grands hôtels de la ville sont: le \**Grand-Hôtel du Louvre*, Rue de Rivoli, à côté du Louvre et du Palais-Royal (pl. Bl. 20; pl. spécial *II*); le \**Grand-Hôtel*, boulevard des Capucines, à côté de l'Opéra (pl. Bl. 18; *II*), avec sa dépendance l'hôtel Scribe, et l'*hôtel Continental*, tout nouveau, rue de Castiglione, 3 (†) et rue de Rivoli, en face du jardin des Tuileries et près de la place de la Concorde, bâti sur une partie de l'emplacement du Ministère des finances qui fut brûlé par les Communards en 1871. Ils ont chacun de 600 à 800 pièces, depuis les plus petites chambres jusqu'aux plus beaux salons; ce sont des constructions grandioses tout entourées de rues, et ils sont organisés d'après le système américain. On se présente au bureau de réception, qui est aussi celui où l'on reçoit sa note, se fait indiquer les chambres disponibles, avec leurs prix, choisit celle qui convient et en prend possession avec ses bagages. On est ensuite complétement libre; on n'est pas obligé de déjeuner ni de dîner à l'hôtel, ce qu'on y prend se paie immédiatement. Les dépenses en pourboires y sont moindres que dans les autres hôtels, parce qu'il n'y a guère rien à donner aux garçons: 1 à 2 fr. à celui qui fait les chaussures, autant à la domestique qui fait la chambre et 1 fr. aux gens qui descendent les bagages. Néanmoins, vu les prix élevés des chambres, ces hôtels conviennent peu pour les familles qui veulent séjourner à Paris. Les prix du Grand-Hôtel du Louvre sont: ch., à partir de 4 fr.; boug., 1 fr.; serv., 1 fr.; 1er déj., 1 fr. 50 au restaur., 2 fr. dans l'appartement; 2e déj., à la carte; dîn., vin compris, 6 fr. au restaur., 8 fr. à part au restaur., 10 fr. dans l'appartement. Prix analogues au Grand-Hôtel; 2e déj., 4 fr. Pension: 20, 25 et 30 fr. par jour. Mêmes remarques pour l'hôtel Continental, qui a un

---

† Les rues de Paris sont classées en rues perpendiculaires et en rues parallèles à la Seine. Dans les premières, les numéros partent de l'extrémité la plus rapprochée du fleuve; dans les secondes, ils commencent à l'est, tous les nombres pairs étant à droite et les impairs à gauche.

restaurant à la carte, un café donnant sur le jardin des Tuileries et un café-terrasse sur l'hôtel même, desservi par un ascenseur et jouissant d'une très-belle vue. Tout est bon dans ces maisons et l'on est toujours sûr d'y trouver de la place.

Place du Palais-Royal, entrée rue de Rivoli, 170, *hôtel de la Place du Palais-Royal* (ch., 4 à 6 fr. ; serv., 1 fr. ; boug., 75 c. ; dîn., 5 fr.). — Même rue, *hôtel du Pavillon de Rohan*, 172 ; *hôtel du Jardin des Tuileries*, 206, recommandé. — En face du jardin des Tuileries, aussi rue de Rivoli, des hôtels chers, spécialement fréquentés par des Anglais : *\*Meurice*, 228 ; *\*Windsor*, 226 ; *\*Brighton*, 218 ; *\*Wagram*, 208 ; *\*Rivoli*, 202.

A l'E., rue de Rivoli, n° 83, non loin du Louvre, une maison modeste, l'*\*hôtel Ste-Marie* (ch., 2 à 6 fr. ; déj., 3 fr. ; dîn., 4 fr. 50 ; pens. pour 8 jours, 90 fr. tout compris).

Dans la rue St-Honoré (pl. Bl. 18 ; *II*) : les hôt. : *de Normandie*, 256, et rue de l'Echelle, 7 (ch., 4, 5 et 6 fr. ; serv., 1 fr. ; boug., 1 fr. ; dîn., 4 fr.) ; *Choiseul*, 241 ; *de France et de Bath*, 239 ; *de Lille et d'Albion*, 223 (ch. à partir de 4 et 5 fr., serv., 1 fr. ; boug., 75 c. ; dîn., 5 fr.) ; *Gr.-Hôt. St-James*, 211 (et 202 rue de Rivoli). — Plus modestes, dans la même rue, les hôt. : *d'Oxford et Cambridge*, 221, entrée rue d'Alger ; *de Londres et de Brighton*, 300, entrée rue St-Roch. Au 338, une *maison meublée*.

Bons hôtels de 2ᵉ rang entre les rues de Rivoli et St-Honoré : rue du Dauphin, *Gr.-Hôt. de Paris et d'Osborne*, 4 et 6 ; les hôt. : *de la Couronne*, 3 ; *St-Romain*, 5 et 7 ; *du Dauphin*, 12. — Rue d'Alger, 12, *hôt. de la Tamise*. — Rue de Luxembourg, 8, *Metropolitan Hôtel*. Au 37, des *appartements meublés*.

Rue Boissy-d'Anglas (pl. Bl. 18 ; *II*), 15, près de la place de la Concorde, *hôt. Vouillemont*.

Dans les Champs-Elysées, loin des curiosités de Paris : *hôt. du Palais*, Cours-la-Reine, 28 (ch., 5 fr.) ; *Gr.-Hôt. d'Albe*, avenue de l'Alma, 71.

Place Vendôme (pl. Bl. 18 ; *II*), les hôt. : *\*Bristol*, 3 et 5 ; *\*du Rhin*, 4 et 6 ; *Vendôme*, 1.

Dans les deux belles et larges rues qui relient cette place à la rue de Rivoli et aux boulevards, d'autres grands hôtels beaucoup fréquentés par les Anglais : rue de Castiglione, outre l'hôtel Continental (p. 5), les hôt. : *Balmoral*, 2 ; *Walther*, 4 ; *de Londres*, 5 ; *de Liverpool*, 11 ; *Castiglione*, 12 ; — rue de la Paix, les hôt. : *\*Mirabeau*, 8 ; *de Westminster*, 11 et 13 ; *de Hollande*, 20 ; *des Iles Britanniques*, 22 ; et le *Splendide-Hôtel*, place de l'Opéra, 1, et avenue de l'Opéra, 49 (ch., 4 à 25 fr.).

Avenue de l'Opéra (pl. Bl. 18, 21 ; *II*), les hôt. : *Bellevue*, 39 ; *des Deux-Mondes*, 22 ; *de Paris et de Nice*, 41.

Dans la rue Neuve-St-Augustin (pl. Bl. 18 ; *II*), qui traverse l'avenue de l'Opéra et la rue de la Paix, quelques bonnes maisons moins chères ; les hôt. : *de l'Empire*, 57 ; *d'Orient*, 46, 48 ; *de l'Amirauté*, 55 ; *\*Chatham*, 67.

Rue Neuve-des-Capucines (pl. Bl. 18; *II*), entre le boul. du même nom et la rue de la Paix, *\*hôtel de Calais*, 5 (ch., de 3 à 10 fr.). — Rue de St-Arnaud, 11, dans le voisinage, *hôt. de l'Alma*.

Rue Neuve-des-Petits-Champs (pl. Bl. 18, 21; *II*), faisant suite à la rue Neuve-des-Capucines: *hôtel des Trois-Princes*, 78, plus simple.

Rue Louis-le-Grand (pl. Bl. 18; *II*), au S. du boul. des Capucines et traversée par l'avenue de l'Opéra, les hôt.: *de Boston*, 22; *Louis-le-Grand*, 2, au coin de la rue Neuve-des-Petits-Champs. — Dans la rue d'Antin, qui est parallèle, les hôt.: *des Etats-Unis*, 16; *d'Antin*, 18; *de France*, 22. Au 20, une *maison meublée*. — Rue de Port-Mahon, 9, *Gr.-Hôt. de Port-Mahon*.

Boulevard des Capucines (pl. Bl. 18; *II*), vis-à-vis du Grand-Hôtel 25 et 29, deux grandes *maisons meublées*; 5, l'*hôt. de l'Opéra*; 37, *Gr.-Hôt. des Capucines* (ch. à partir de 4 fr.).

Place de la Madeleine, 18, et rue de la Ferme-des-Mathurins, 1, avec vue sur les boulevards (pl. Bl. 18; *II*), *Gr.-Hôt. du Parlement* (ch. à partir de 3 fr.; dîn., 5 fr.).

Les rues au S. du boul. de la Madeleine renferment des hôtels moins prétentieux. Rue Richepanse, les hôt.: *du Danube et de Glascow*, 11; *Richepanse*, 14, avec vue sur le boulevard. Au 13, une *maison meublée*. — Rue Duphot, les hôt.: *Britannique*, 22; *de l'Amirauté*, 20; *Burgundy*, 8; *de la Mayenne*, 6.

En se rapprochant de l'Opéra, rue de Caumartin: *Gr.-Hôt. de la Grande-Bretagne*, 14; les hôt.: *de St-Pétersbourg*, 35; *de Paris et de Londres*, 41, plus simple. — Rue Scribe, près de l'Opéra, outre l'hôt. Scribe (p. 5), le *Gr.-Hôt. de l'Athénée*, 15 (ch., 4 à 20 fr.). — Boul. Haussmann, 44, derrière de l'Opéra, *hôt. de Canterbury*. — Rue Gluck, 4, *hôt. Clarendon*.

Boul. des Italiens (pl. Bl. 21; *II*), 32, et rue du Helder, 6, *\*hôt. de Bade* (ch., 4 à 6 fr.); même boul., 5, et rue de Richelieu, 101, *Gr.-Hôt. de Castille*.

Au N. du boul. des Italiens: rue du Helder, les hôt.: *du Helder*, 9 et 10 (ch., 4 fr. et au-dessus); *\*Richmond*, 11, recommandé aux familles; *du Tibre*, 8, pas trop cher; *\* du Brésil*, 16 (prix modérés; restaur.). Au 2, une *maison meublée*. — Rue Taitbout, à côté de la précédente, les hôt.: *d'Espagne et de Hongrie*, 4 et 6, bonne maison; *Taitbout*, 12, plus simple. — Dans la rue Laffitte, qui débouche sur le boul. des Italiens, les hôt.: *\*Byron*, 20 (ch., 3 à 5 fr.); *\*Laffitte*, 40 (ch. depuis 4 fr.); *de Dunkerque et de Folkstone*, 32; *Gr.-Hôt. de France*, 33; *de l'Amiral* (Dreyfus), 26; *Mecklembourg*, 38; *de Finlande*, 16, plus simple; *d'Alexandrie*, 34, maison meublée. — Rue le Peletier, parallèle à la rue Laffitte, *Gr.-Hôt. de l'Europe*, 5; *hôt. Victoria*, 7; *de Nelson*, 13 et 15 (ch., 2 fr. et au-dessus). — Rue Drouot, 1, et boul. des Italiens, 2, *hôt. de Russie* (ch. et boug., 4 à 5 fr.). — Dans les rues latérales: rue Rossini, 16, *hôt. Camoës et Rossini*, modeste; — rue de la Grange-Batelière: *Gr.-Hôt. de Jersey*, 3; *hôt. du Liban*, 4.

Dans la rue Lafayette, parallèle aux boul., au N. (pl. R. 21): *hôt. d'Angleterre et des Antilles*, 60; *Gr.-Hôt. d'Espagne et d'Amérique*, 56; *Gr.-Hôt. Suisse*, 5.

Plus loin, rue de Châteaudun, 31, *Gr.-Hôt. de Châteaudun*.

Au S. du boulevard des Italiens (pl. Bl. 21; *II*), quantité d'hôtels bien situés: rue de la Michodière, les hôt.: *de Gand et de Germanie*, 9, bonne maison; *de Paris*, 27; *de Bade et de Florence*, 25, ces derniers modestes, mais tout près du boulevard. — Rue de Hanovre, 9, *hôt. de Belgique et de Hanovre*. — Rue de Choiseul, 23, *hôt. du Canada et des Familles* (ch., 2 à 5 fr.; pens., 7 à 10 fr.; restaur., v. p. 16). — Rue Marivaux, les hôt.: *Richelieu*, 9 (ch., 3 à 5 fr.); *Favart*, 5. — Rue de Grammont, *Gr.-Hôt. de Périgord*, 2 (ch., 4 fr.; dîn., 4 fr.); *hôt. de Manchester*, 1; *hôt. de Grammont*, 22. — Rue d'Amboise, 4, *hôt. des Princes*.

Il y a encore beaucoup d'hôtels plus modestes dans les autres rues latérales de ce quartier: rue Gaillon, 19 et 23, r. St-Roch, 13 et 39; r. des Moulins, 26; r. Ste-Anne, 61 et 36; r. Villedo, 12; r. du Hasard, 5 et 6; r. Molière, 21 et 26.

Au S. du boul. des Italiens et du boul. Montmartre, rue de Richelieu (pl. Bl. 21; *II, III*), *Gr.-Hôt. d'Orléans*, 17; les hôt.: *de Malte*, 63 (ch., 3 à 5 fr.); *de Valois*, 69; \**de Strasbourg*, 50, recommandé aux familles (ch. depuis 2 fr. 50; serv., 50 c.; boug., 50 c.); *des Hautes-Alpes*, 12. — Place Louvois, en face de la Bibliothèque Nationale, *Gr.-Hôt. Louvois*, maison ancienne et tranquille, ayant beaucoup de petites chambres à partir de 4 fr.

Rue Vivienne (pl. Bl. 21; *II*), près de la Bibliothèque Nationale et du Palais-Royal, \**hôt. des Étrangers*, 3 (ch., 3 fr. et au-dessus); *hôt. Vivienne*, près des boulevards.

Derrière la Bourse, rue Notre-Dame-des-Victoires, *Gr.-Hôt. de Nice*, 36; *Gr.-Hôt. de la Bourse et des Ambassadeurs*, 17; *Gr.-Hôt. Suisse*, 23, près de la rue Montmartre. Plus bas, même rue, les hôt.: *de Rouen*, 13; *National*, 11, etc.

Rue Croix-des-Petits-Champs, au S. de la précédente, entre la place des Victoires et la rue St-Honoré, près du Palais-Royal (pl. Bl. 20, 21; *II, III*): *Gr.-Hôt. de la Marine française*, 48; les hôt.: *du Levant*, 27, bonne maison (ch. à partir de 3 fr.); *de l'Univers et du Portugal*, 10; *du Globe*, 4. — Dans les rues latérales: rue Montesquieu, 5, *hôt. Montesquieu*; rue Radzivill, 31, \**Gr.-Hôt. de Hollande*, entrée rue de Valois, 46. — Au Palais-Royal même, entrée rue de Beaujolais, 15, *hôt. Beaujolais*, modeste.

Ce quartier bien situé possède encore une foule de petits hôtels de 2e et de 3e rang (ch., 2 à 4 fr.). Rue J.-J.-Rousseau, les hôt.: *du Rhône*, 5; *de la Martinique*, 15; *des Empereurs*, 20; *de Bordeaux*, 33. — Rue du Bouloi, 11, *Gr.-Hôt. des Empires*. — Rue Coquillère, 21, \**hôt. Coquillère*. — Rue Coq-Héron, *Gr.-Hôt. du Coq-Héron*, 3, derrière la Poste; *hôt. des Gaules et d'Orient*, 17. — Rue Radzivill (v. ci-dessus), les hôt.: *de Normandie*, 13

## 2. HÔTELS.

(maison hollandaise); *de Boulogne et de Calais*, 15; *de Bruges*, 19; *du Dauphin*, 23. — Rue Feydeau, de l'autre côté de la Bourse, assez près du boulevard, *hôt. des Étrangers-Feydeau*, 3. — Rue du Mail, 33, *hôt. de Bruxelles*.

Rue Montmartre (pl. Bl. 21; *II*), 132, près de la Bourse, *\*hôt. de France et de Champagne*; 56 et 58, *Gr.-Hôt. d'Angleterre*.

Boulevard Montmartre (pl. Bl. 21; *II*): *Gr.-Hôt. Doré et des Panoramas*, 3, ayant une vue magnifique (ch. à partir de 3 fr.); *Gr.-Hôt. de la Terrasse-Jouffroy*, 10, entrée passage Jouffroy, 10 (prix analogues).

Boulevard Poissonnière (pl. Bl. 21; *II*), les hôtels: *\*Beau-Séjour*, 30, ayant une belle vue (ch., 3 à 20 fr.); *St-Phar*, 32; *Rougemont*, 16, et rue du même nom, 2 (très-bon restaur.).

Au N. de ce boul., cité Bergère, des maisons un peu moins chères; les hôt.: *de France*, 2bis; *du Rhin*, 3; *Bernaud*, 4; *Lacombe*, 6; *des Arts*, 7; *de la Haute-Vienne*, 8; *de Moscou*, 10; *des Deux-Cités*, 12, à l'extrémité, un peu mieux. — Rue Bergère, les hôt.: *\*Bergère*, 34, ancienne et bonne maison avec dépendance (ch. depuis 3 fr.). — Rue Geoffroy-Marie, les hôt.: *des Provinces*, 2; *Geoffroy-Marie*, 12; *de Lausanne*, 13; *de la Plata*, 14; *des Deux-Amériques*, 15, au coin de la rue Richer. — Rue Richer: *Gr.-Hôt. Richer*, 60, au coin de la rue du Faub.-Montmartre; *hôt. Brésilien*, 3.

Rue de Trévise, une rue calme (pl. R. 21), les hôt.: *de Belgique et de Hanovre*, 7; *\*de Cologne*, 10 et 12 (ch., 2 à 6 fr.); *de Trévise*, 18; *\*de la Havane*, 44 (ch., 2 à 5 fr.).

Rue du Conservatoire, parallèle à celle de Trévise et aussi calme, les hôt.: *de Bavière*, 17 (ch., 3 fr. et au-dessus); *de Lyon et de New-York*, 7, recommandé.

Au N. du boul. Bonne-Nouvelle (pl. R. 21), rue Mazagran, les hôt.: *Mazagran*, 4; *de Nice et de Savoie*, 12. — Impasse Mazagran, 4, une bonne *maison meublée*. — Plus au N., rue de l'Echiquier, 36, *Gr.-Hôt. du Pavillon de l'Echiquier*, au coin de la rue d'Hauteville (ch., 2 à 10 fr.). — Passage Violet, entre les rues du Faub.-Poissonnière et d'Hauteville, *\*hôt. Violet*, composé de 7 maisons différentes (ch. 3 fr. et au-dessus).

Les hôtels au S. au delà du boul. Poissonnière sont un peu écartés du centre fréquenté par les étrangers, mais se trouvent plus dans le quartier des affaires; nous citerons encore: le *Gr.-Hôt. de Mars et de Normandie*, rue du Croissant, 10, près de la rue Montmartre, vieille et bonne maison; les hôt.: *de Rouen*, rue St-Denis, 155, près de la rue de Turbigo, simple, mais bon; *de France*, rue du Caire, 4, près du square des Arts-et-Métiers; *Vauban*, vis-à-vis du théâtre de la Gaîté; *de France et d'Algérie*, boul. de Sébastopol, 112; *Gr.-Hôt. Européen*, rue de Turbigo, 67; *Gr.-Hôt. Turgot*, id., 76, non loin des boulevards; *Gr.-Hôt. de Sébastopol*, boul. de Strasbourg, 20, et les autres indiqués p. 2.

#### Hôtels de la rive gauche.

Les hôtels de la rive gauche sont également éloignés des boulevards et du Palais-Royal, et par conséquent moins bien situés pour les étrangers qui ne veulent rester à Paris que quelque temps. Il faut mentionner d'abord l'*hôt. Voltaire*, quai Voltaire, 19 (pl. Bl. 17; *IV*), en face des Tuileries (ch. à partir de 3 fr.). Non loin de là, rue de Beaune, les hôt.: *de France*, 5; *de Lorraine*, 7, deux hôtels garnis. — Viennent ensuite, en s'éloignant de la Seine, rue de Lille, les hôt.: *des Ambassadeurs*, 26; *de Béarn*, 38, un hôt. garni. — Rue de l'Université, les hôt.: *des Ministres*, 32; *de l'Université*, 22. — Rue Jacob, les hôt.: *d'Isly*, 29; *d'Angleterre*, 22; *de Saxe*, 12. Même rue, 58, près de la rue des Sts-Pères, la *maison meublée* Pilloud, recommandable. D'autres maisons meublées rue de Seine, à l'extrémité E. de la rue Jacob, rue Bonaparte, 27, etc. — Rue des Sts-Pères, 65, *hôt. des Sts-Pères* (ch., 2 fr. 50 et 3 fr.); rue du Bac, 127, *hôt. des Missions Etrangères* (ch., 2 à 4 fr.; dîn., 3 fr. avec le vin); rue de Grenelle, 16, *hôt. du Bon Lafontaine* (ch. et serv., 2 à 4 fr.; boug., 50 c.), trois maisons fréquentées surtout par le clergé. — Rue Bonaparte, 3, près du palais des Beaux-Arts (pl. Bl. 17, 20; *IV*), *hôt. de Londres*, préféré par les gens d'étude. Rue de Tournon, près du palais du Luxembourg, *Gr.-Hôt. du Sénat*, 7; *hôt. de l'Empereur Joseph II*, 33.

Dans le QUARTIER LATIN, boulevard St-Michel (pl. Bl. 19; *V*), les hôt.: *d'Harcourt*, 3 (ch. à partir de 4 fr.); *des Américains*, 14; *du Musée de Cluny*, 18; *de Suez*, 31 (déj., 1 fr. 50 et 2 fr.; dîn., 2 fr. et 2 fr. 50; pens. 90 à 110 fr.), et des maisons meublées aux num. 14, 21, 32, 41 et 43. — Rue Racine, près du boul. St-Michel, les hôt.: *des Etrangers*, 2 (ch., 2 à 4 fr., 30 à 60 fr. par mois); *Michelet* (St-Valéry), 1. — Rue de l'Ecole-de-Médecine, 4, *hôt. St-Pierre*, modeste (pens. 100 à 110 fr. par mois). — Rue Casimir-Delavigne, 7, *hôt. St-Sulpice*. — Rue Corneille 5, à côté de l'Odéon, *hôt. Corneille*, modeste.

### 3. Restaurants.

Paris est la haute école de l'art culinaire. Les tables d'hôte ne donnent qu'une faible idée de la perfection à laquelle cet art y est porté; pour s'en convaincre, il faut aller dans les restaurants de première classe. Mais ces raffinements coûtent cher, et il n'est pas rare qu'il faille payer pour un seul plat le même prix que pour la table d'hôte des premiers hôtels de province et de l'étranger. Une dépense de 15 à 20 fr. pour un dîner, sans le vin, est chose fort commune dans ces grands établissements. Mais, par contre, un palais moins difficile peut parfaitement se contenter d'un dîner de 2 à 3 fr.

On trouvera ci-après les noms de quelques-uns des meilleurs restaurants, surtout de ceux qui sont dans les endroits les plus fréquentés: le Palais-Royal, les boulevards, etc. L'auteur ne pré-

## 3. RESTAURANTS.

tend pas naturellement dire que tous soient irréprochables ni qu'il n'y en ait pas de fort recommandables en dehors de ceux-là; son intention est seulement d'aider les étrangers à s'orienter les premiers jours; ensuite, chacun trouvera ce qui lui convient. Les prix seront indiqués avec autant d'exactitude que possible, mais ils sont, bien entendu, sujets à varier, comme ceux des hôtels.

Nous ferons encore observer qu'on mange tout aussi bien et à meilleur compte dans certains restaurants à l'écart des rues fashionables, que dans ceux du Palais-Royal et des boulevards; cela s'explique par la diminution des frais de loyer.

Le second déjeuner se fait ordinairement entre 10 h. et 1 h., et on ne trouve guère à dîner avant 5 h. ni après 8 h. C'est entre ces dernières heures que le Parisien a coutume de prendre son principal repas. Le mieux est de ne pas trop attendre, et de se mettre à table entre 5 et 6 h.; de cette manière, on évite la cohue qui encombre souvent les restaurants entre 6 et 7 h.

Dans les restaurants à la carte, on demandera l'addition par écrit. On paie au garçon ou à la « dame de comptoir », et on ajoute, dans les grands restaurants, environ 25 à 30 c. de pourboire; dans les petits, 15 ou 20 c., ordinairement 5 c. par franc de dépense. Cependant en dînant à trois, on n'a besoin tout au plus que de doubler le pourboire pour un. Si l'on veut revenir au même restaurant, on a intérêt à contenter le garçon sous ce rapport.

RESTAURANTS A LA CARTE. — Ces restaurants (v. p. 12 et suiv.) servent de fortes portions, de sorte qu'un seul plat suffit souvent pour rassasier un estomac ordinaire. On fera donc bien de n'y aller qu'à trois, ou au moins à deux, et on demandera, par ex., une portion de potage pour deux personnes, un beefsteak ou un filet de bœuf pour deux, ou deux portions pour trois, et une seule portion de tous les mets suivants. On aura de cette manière un menu varié, sans trop se charger l'estomac. Les prix des plats varient entre 1 fr. 50 et 2 fr. 50; celui du vin ordinaire entre 1 fr. 50 et 2 fr.

La *carte*, généralement un élégant livret de plusieurs feuilles, relié en maroquin ou en velours, offre toujours une grande variété de mets. Dans les grandes maisons, quelque chose qu'on choisisse, on est sûr d'être bien servi; mais dans les petites, on se fera donner la *carte du jour*, à laquelle seule on peut se fier; ce qui en dépasse les bornes devient douteux. Si vous demandez au garçon ce qu'il y a, il commence par vous nommer les plats les plus chers.

Les *hors-d'œuvre* (beurre, radis, saucisson, etc.) qu'on vous sert souvent sans que vous les ayez demandés, sont portés en compte si vous y avez touché, et grossissent singulièrement l'addition.

Le *vin* de table ordinaire est rouge; on le boit généralement avec de l'eau, surtout dans les petits restaurants. Les vins fins se boivent naturellement purs. On vous sert d'habitude une bouteille entière; mais si vous n'en avez demandé qu'une demie, et que vous n'en ayez pas bu d'avantage, vous n'en avez que la moitié à payer. Par précaution, on répète dans ce cas au garçon, lorsqu'il sert le vin, qu'on n'en a demandé qu'une demi-bouteille.

Les restaurants à la carte, surtout ceux des boulevards, ont des *cabinets particuliers*, ayant leurs entrées, leur service propre, etc., et destinés surtout aux parties fines; il est bon de savoir qu'ils ont aussi leurs prix particuliers et que les louis y fondent quelquefois, dit-on, comme le beurre dans la poêle. Nombre de ces restaurants sont ouverts la nuit, nous l'indiquerons à l'occasion.

On peut aussi dîner à table d'hôte dans les hôtels (ordinairement entre 5 et 6 h.), sans y demeurer; mais il faut quelquefois commander son couvert d'avance. Nous recommandons en particulier les tables de l'hôtel du Louvre et du Grand-Hôtel (p. 5).

RESTAURANTS A PRIX FIXE. — Les restaurants à prix fixe (p. 15 et suiv.) ont cela de commun avec les tables d'hôte, qu'on y peut avoir un repas complet pour un prix déterminé (1 à 5 fr.), selon la qualité et le nombre des plats. Les mets y sont ordinairement bons et les portions suffisantes, mais le choix est moins grand que dans les autres maisons. C'est précisément pour cela, parce qu'ils ont moins de pertes, que ces restaurants peuvent donner leurs déjeuners et leurs dîners à un bon marché qu'on ne retrouve pas ailleurs dans les mêmes conditions.

Dans les maisons de ce genre, aux heures des repas (p. 11), on est servi tout de suite. Le garçon qui est chargé de votre service, a soin, dès que vous avez achevé un plat, d'apporter le suivant, si vous l'avez commandé. On est donc absolument maître d'allonger ou d'abréger son repas, de n'y mettre que 20 min. ou d'y passer une heure. Vous pouvez en outre commencer quand il vous convient. Ce sont là des avantages que n'ont pas les tables d'hôte; mais, par contre, on peut faire un repas plus copieux à table d'hôte.

Partout où une bouteille de vin est comprise dans le prix du repas, on peut se faire servir à la place une demi-bouteille de vin de meilleure qualité. Le déjeuner se compose en général d'un hors-d'œuvre, deux plats et un dessert; le dîner, d'un potage, trois plats au choix et un dessert.

Comme il s'agit, dans ces restaurants, de donner le plus possible pour un prix fixe, la qualité des mets peut laisser à désirer, et on fera bien de ne pas manger trop souvent dans de petits établissements de ce genre. En ce qui concerne la qualité, les maisons Duval (p. 17) sont préférables. Celui à qui ses ressources le permettront, préférera naturellement les restaurants à la carte.

### Restaurants à la carte du Palais-Royal.

Galerie Montpensier (ouest), 1-13, *Café Corazza* (n'est qu'un restaurant); 9, *restaur. Doux* (A. Blot jeune), au 1er.

Galerie Beaujolais, au N., en face du théâtre du Palais-Royal, 79-82, *\*maison du Grand-Véfour*, l'une des mieux connues de Paris. — Le restaurant des Frères-Provençaux n'existe plus.

## 3. RESTAURANTS.

Galerie de Valois, à l'autre bout de l'aile du N.: 106-109, *Petit Véfour* (Guibert et Duchesne); 105, *Janodet*, restaur. du Grand-Vatel.

Galerie d'Orléans, 30-40, 208-213 du côté du jardin, *Café d'Orléans* (Pérot jeune).

On remarque avant d'arriver à la galerie Montpensier en venant du côté du Louvre, galerie de Chartres, 12 et 15, la maison *Chevet*, célèbre marchand de comestibles, dont l'étalage attire toujours une foule de curieux. Celui qui veut donner un dîner hors ligne, s'adresse à Chevet. Cette maison n'est pas un restaurant.

Rue de Valois, 8, à la sortie de la galerie d'Orléans (sud), *Au Bœuf à la Mode* (fortes portions et bons vins).

### Restaurants à la carte des boulevards.

Le numéros pairs, sur les boulevards, sont du côté nord, et les numéros impairs, du côté sud.

Place de la Madeleine: 2, *Durand*, restaurant calme.

Boulevard des Capucines: 39, *Tavernier* (Hill); 12, *café de la Paix*, au Grand-Hôtel; 4, *café Américain*, tous trois ouverts la nuit.

Boulevard des Italiens: 38, *J. Bignon*, l'ancien *café Foy*, au coin de la Chaussée-d'Antin (v. aussi p. 14); 20, la *Maison Dorée* (fleur du monde galant); 16, *café Riche* (Bignon aîné), magnifique local (même clientèle et des boursiers); 13, *café Anglais* (même genre, mais plus sérieux); maisons de 1er ordre et chères; — 29, *café du Helder* (Em. Catelain), déjeuner au rez-de-chaussée, dîner à l'entre-sol; assez cher. — Dans le passage des Princes, qui aboutit à la rue de Richelieu, le restaur. *Noël-Peters*, 24 à 30; sérieux. Tous ces restaurants sont aussi ouverts la nuit.

Boulevard Montmartre: 8, *London-House*, restaur. anglais; 4, *Bonnefoy* (ouv. la nuit).

Boulevard Poissonnière: 32, *Vachette-Brébant*, restaurant célèbre comme celui de Véfour, au Palais-Royal (ouv. la nuit); 26, *Béjot* (Désiré Beaurain), rendez-vous des artistes et des gens de lettres; 9, *restaur. de France* (Guillet; prix assez modérés); 2, *restaur. Poissonnière* ou *Notta*. — Au coin de ce boul. et de la rue Rougemont, l'*hôtel et restaur. Rougemont* (prix modérés).

Boulevard Bonne-Nouvelle: 36, à côté du théâtre du Gymnase, *Marguery*, avec terrasse, fréquenté par les négociants.

Boulev. St-Denis, 14, et de Strasbourg, 1, *Maire* (bons vins).

Boulevard St-Martin ou plutôt dans la rue de Bondy (50), qui en est en quelque sorte le côté N., *restaur. Lecomte*, fréquenté par le monde galant du quartier.

Boulevard du Temple, 29, *Bonvalet* (Herbomez), restaur. pas trop cher, dont dépend le beau *café du Jardin Turc*.

Boulevard Beaumarchais, 3, près de la place de la Bastille: *Aux quatre sergents de la Rochelle*.

## 3. RESTAURANTS.

### Autres restaurants à la carte sur la rive droite.

Avenue de l'Opéra: 49 (Splendide Hôtel), *restaur. du High Life*; 32, \*Café Foy (J. Bignon, v. aussi p. 13); 41, *Café de Paris*, à l'entre-sol.

Près du boul. des Capucines, rue Neuve-St-Augustin, 62, le restaur. *Vian*, bon; même rue, 30, à la place Gaillon, *restaur. Gaillon* (Gossetête), réputé maison sérieuse.

Au S. du boul. des Italiens, près de l'Opéra-Comique, rue Marivaux, 9, *restaur. de l'Opéra-Comique*; rue Grétry, 1, *Taverne de Londres*; rue Favart, 8, *Morel*.

Rue de Richelieu, 100, *Lemardelay*, dans la cour (noces, etc.).

Place de la Bourse, 13, \*Champeaux (Catelain), avec jardin.

Rue St-Honoré, 261, *Voisin*, renommé pour les truffes.

Aux Champs-Elysées. — A l'entrée, à g., avant le palais de l'Industrie, le restaur. *Ledoyen*, ayant une belle terrasse. — Du même côté, au delà du palais, avenue d'Antin, 23, \*Gaudin, sérieux; même avenue, 19, le *Moulin-Rouge*, pour les parties fines, près du concert des Champs-Elysées.

Avenue du Bois-de-Boulogne, *Ory*, 2 (prix modérés); le *Moulin-Vert*, près de la station du chemin de fer de ceinture.

Au Bois de Boulogne. — A l'entrée, à côté de la porte Maillot, le restaur. *Gillet*. — Près du Jardin d'acclimatation, le *Pavillon d'Armenonville*, dans un beau site. — A côté de la cascade et du champ de course, le *restaur. de la Cascade*, également bien situé, de même que le *restaurant de Madrid*, à la porte du même nom (p. 167). — En dehors du bois, à Passy, *Ducret*, Chaussée de la Muette, 2, non loin de la station.

Au Bois de Vincennes, le *restaur. de la Porte-Jaune*, dans la petite île du lac des Minimes (p. 212).

Restaurants à la carte à bon marché: surtout les établissements de bouillon (p. 17), et nombre de maisons convenables comme les *restaur. Besson*, rue Bergère, 12; *Constant*, rue Mazagran, 7; *A la Ville de Corinthe*, rue de la Chaussée-d'Antin, 52; *Mustory*, boul. Poissonnière, 12, dont les prix sont affichés au dehors.

### Restaurants à la carte sur la rive gauche.

Rue de Lille, 33, \*Blot, maison recommandable.

Rue des Sts-Pères, 20, au coin de la rue Jacob, *Caron*.

Rue Mazet, la première à dr. de la rue Dauphine, en venant du Pont-Neuf, n° 3, \*Magny, restaur. des gourmets de ce côté. — Près de là, quai des Grands-Augustins, 51, \*Lapérouse.

Le quartier latin possède aussi des centaines de restaurants de toute espèce; on peut citer, parmi les plus recommandables, celui de *Foyot-Lesserteur*, rue de Tournon, 33, vis-à-vis de l'entrée du palais du Luxembourg et rue de Vaugirard, 22 bis.

Boul. St-Michel, près du carrefour de l'Observatoire, le *restaur. du Chalet*.

## 3. RESTAURANTS.

Quai de la Tournelle, 15, et boul. St-Germain, 10, *Mercier*.

On pourra aussi avoir des rafraîchissements au *chalet du Jardin des Plantes*, à l'entrée du jardin, vis-à-vis du pont d'Austerlitz.

### Restaurants à la carte avec cuisine spéciale.

CUISINE ANGLAISE: *Richard-Lucas*, place de la Madeleine, 9, et rue Boissy-d'Anglas, 28; *Hill's Tavern*, boulevard des Capucines, 39; *Weber* (brasserie), rue Royale, 21; *Taverne de Londres*, place Boïeldieu, en face de l'Opéra-Comique; *Taverne Britannique*, rue de Richelieu, 104, avec jardin; *London-House*, boul. Montmartre, 8.

CUISINE AMÉRICAINE: *café Américain*, boulevard des Capucines, 4; *New-York-House*, boul. St-Denis, 10, avec jardin.

CUISINE RUSSE: *restaur. de l'Opéra-Comique*, rue Marivaux, 9.

CUISINE ITALIENNE: *Beretta*, passage des Panoramas, galerie Montmartre, 12.

---

### Restaurants à prix fixe au Palais-Royal et aux environs.

*Pour le second des prix, à dîner, on a du vin de meilleure qualité.*

Galerie Montpensier (ouest), la plus agréablement située en été, vu que celle de l'est est exposée au soleil; en commençant du côté du Louvre: 33, *Laurent Catelain*: déj., 1 fr. 75; dîn., 2 fr. 25 et 2 fr. 75 †; — 36, *Dîners du Palais-Royal* (ancien café des Mille Colonnes), mêmes prix; — 40 et 41, *Trappe*, mêmes prix; — 65, *Aux Cinq Arcades* (Tavernier jeune), mêmes prix.

Galerie Beaujolais (N.): 88, *Tissot*: déj., 1 fr. 75; dîn., 2 fr. 25.

Galerie de Valois (est), en redescendant: 116, *Demory*: déj., 1 fr. 75; dîn., 2 fr. 25; — 137, *Richard*, mêmes prix; — 142 et 145, *Tavernier aîné*, mêmes prix; — 167, *Richefeu, Aux Mille Colonnes*: déj., 1 fr. 75; dîn., 2 fr. 25 et 2 fr. 75; — 173, *restaur. National* (Catelain aîné): déj., 3 fr.; dîn., 5 fr. (on paie en entrant).

*Nota.* Ces restaurants ont généralement une seconde entrée sur les rues qui entourent le Palais-Royal.

Rue de Rivoli, 19, et place des Pyramides, à l'entrée du jardin des Tuileries, *restaur. de la Poissonnerie Anglaise*: déj., 1 fr. 75; dîn., 2 fr. 25, 2 fr. 50 et 2 fr. 75.

Dans le passage Vivienne, derrière le Palais-Royal, n° 18, le *restaur. Fellieon*: déj., 1 fr. 50; dîn., 1 fr. 60.

TABLES D'HÔTE modestes, de 5 à 7 h.: *Escoffier*, 7, rue Vivienne, près de la Bibliothèque Nationale: déj., 1 fr. 60; dîn., 2 fr. 10 et 2 fr. 60; — *Mercier*, 6, rue du Mail, près de la place des Victoires, mêmes prix; — *Lecœur*, rue Notre-Dame-des-Victoires, 16: déj., 1 fr. 75; dîn., 2 fr. 25; — *Mathon*, rue Coquillère, 20: déj., 1 fr.; dîn., 1 fr. 35, etc.

---

† Voir la remarque générale sur les prix, p. 3.

## 3. RESTAURANTS.

### Restaurants à prix fixe sur les boulevards et aux environs.

Boulevard Montmartre, 12, entrée par le passage Jouffroy, 11 (pl. Bl. 21 ; *III*), *Dîner de Paris*, maison jouissant d'une vieille réputation : déj., 3 fr. ; dîn., 5 fr. On paie en entrant. Le dîner se compose d'un potage, 2 hors-d'œuvre, 3 plats de poisson et viande, légume, salade, glace, 2 desserts et une bouteille de vin ordinaire ou une demi-bouteille de vin supérieur. — Dans le même genre, passage Jouffroy : 10, *restaur. de la Terrasse-Jouffroy :* déj., 3 fr. ; dîn., 5 fr. ; 16, *\*Dîner du Rocher* : déj., 2 fr., café et cognac compris; dîn., 3 fr. 25 (ouvert jusqu'à 10 h.) ; — 44, *Dîner du Passage Jouffroy :* déj., 1 fr. 75 ; dîn., 2 fr. 25 et 2 fr. 75.

Dans le passage des Panoramas, dont le précédent est la continuation, au S. du boul. Montmartre, le *Dîner du Commerce*, n° 24, au 1er : déj., 2 fr. 25, avec le café ; dîn., 3 fr. 25. On paie aussi en entrant. — Il y a encore dans le passage des Panoramas, galerie Montmartre, la 2e à g., au n° 6, la *table d'hôte Bouillod*, à 1 fr. 75 pour le déj. et 3 fr. pour le dîner.

Boulevard des Italiens, 14, et rue le Peletier, 2, le *Dîner Européen* (beau local) : déj., 3 fr. ; dîn., 5 fr. — Un peu plus près de l'Opéra, rue du Helder, 16, *Taverne Anglaise* : déj., 1 fr. 75 ; dîn., 2 fr. 50. — Près du boul. Montmartre, passage de l'Opéra (ancien), galerie de l'Horloge, 21, *\*restaur. Garny :* déj., 1 fr. 60 ; dîn., 2 fr. 25 et 2 fr. 75.

Boulevard Bonne-Nouvelle, 3, *restaur. du Commerce :* déj., 1 fr. 50 et 1 fr. 90 ; dîn., 1 fr. 60 et 2 fr.

Boulevard du Temple, 23, *Au Cadran Bleu* : déj., 1 fr. 40 ; dîn., 1 fr. 50 et 1 fr. 90.

Boulevard de Sébastopol, 115, en face du square des Arts-et-Métiers, *restaur. du Square :* déj., 1 fr. 40 ; dîn., 1 fr. 50.

### Restaurants à prix fixe dans d'autres quartiers.

Près de la Madeleine : rue Royale, au coin de la rue St-Honoré, *Darras :* déj., 2 fr. 50 ; dîn., 4 fr. ; — boulevard Haussmann, 11, *restaur. du Nouvel-Opéra :* déj., 2 fr. 50 ; dîn., 3 fr.

Rue de Choiseul, 23, *restaur. des Familles :* déj., 1 fr. 75 ; dîn., 2 fr. 25.

Rue de la Bourse, 3, *Au Rosbif*, restaurant simple mais recommandable : déj. et dîn. à 1 fr. 40.

Rue Montmartre, 158, près des boulev., *Dîner Français :* déj., 1 fr. 50 ; dîn., 1 fr. 75.

Près de la tour St-Jacques, boulevard de Sébastopol, 5, et rue St-Denis, 6, le *\*Grand-Restaur. du Commerce :* déj., 1 fr. 50 ; dîn., 2 fr. ; — à côté, rue St-Denis, 4, au 1er, *Chauveau :* déj., 1 fr. 50 ; dîn., 1 fr. 75.

*Table d'hôte Blond*, rue du Faub.-Montmartre, 17 : déj., 1 fr. 50 ; dîn., 2 fr. et 2 fr. 25.

## 3. RESTAURANTS.

Sur la rive gauche : Place de l'Odéon, 2, en face du théâtre, *Héroux* (Dufrane): déj., 1 fr. 50 ; dîn., 1 fr. 75 et 2 fr. 10.

Dans le voisinage de l'Ecole des Beaux-Arts, plusieurs restaur. fréquentés par les artistes et décorés de diverses peintures : *restaur. des Rochers*, rue Benoît; *Taverne alsacienne*, rue Jacob, 23.

Boulevard St-Michel, 10, *Baucour jeune*: déj., 1 fr. ; dîn., 1 fr. 20 et 1 fr. 60. Près de Ste-Clotilde, *restaur. Ste-Clotilde*: déj., 1 fr. 60 et 1 fr. 80; dîn., 1 fr. 80 et 2 fr.

*Table d'hôte*, rue Jacob, 27 : déj., 2 fr. ; dîn., 2 fr. 50 ; pens., 110 fr. — Dans le quartier latin, rue des Poitevins, 6, *Maison Laveur:* déj., 1 fr. 15 ; dîn., 1 fr. 55 ; la bouteille, 1 fr.

### Etablissements de bouillon.

Les établissements de bouillon, fondés par le boucher *Duval*, qui a trouvé des imitateurs, sont un genre de restaurants tout particulier. Comme dans les dîners à prix fixe, on n'y trouve qu'un nombre limité de mets, parmi lesquels on peut choisir ce que l'on veut, chaque chose étant comptée séparément. La nourriture y est bonne, surtout la viande, mais les portions ne sont pas fortes. Ces établissements sont très-fréquentés, et ceux des boulevards, en particulier, sont remarquables aussi par leur élégance. Il règne dans tous une très-grande propreté. Le service y est fait d'une manière fort convenable, souvent par des dames, vêtues d'un costume uniforme sévère. En entrant, on reçoit une carte, où est inscrit au fur et à mesure ce qu'on a commandé.

Les prix ordinaires sont: serviette, 5 c. ; pain, 10 c.; vin, le carafon, 20 c.; la $^1/_2$ bout., 45 c. ; eau de Seltz ($^1/_2$ siphon), 15 c. ; potage, 25 c.; légumes, 25 c.; rôti, poisson, etc., 30 à 60 c. Un repas y revient à environ 2 fr.-2 fr. 50. En partant, on laisse sur la table 15 ou 20 c. de pourboire, et l'on se présente à la caisse, près de la sortie, avec la carte qu'on a reçue. Lorsqu'elle est acquittée, on la remet au contrôleur qui se tient à la porte. Le plus grand de ces restaurants se trouve rue Montesquieu, 6, à l'est du Palais-Royal. Il y a de nombreuses succursales: boul. de la Madeleine, 27, et place de la Madeleine, 10; boulevard Poissonnière, 11; boul. Montmartre, 21; rue de Turbigo, 45, à l'angle de la rue St-Martin; boul. de Sébastopol, 141, à l'angle du boul. St-Denis; rue Lafayette (place Cadet), 63; rue de Rivoli, 47; rue des Filles-St-Thomas, 7; rue du 4 Septembre, 1, ces deux maisons près de la Bourse; rue du Pont-Neuf, 10; rue Sartine, 10; rue Beauregard, 2; boul. St-Michel, 26, à l'angle de la rue de l'Ecole-de-Médecine, et rue de Buci, 18.

### Crèmeries.

Les crèmeries, qui se trouvent surtout dans les petites rues, sont des espèces de *restaurants-cafés* d'un ordre inférieur, fréquentés par les ouvriers et souvent aussi par des personnes des classes plus élevées qui veulent vivre à bon marché. On y trouve surtout des mets dont la base est le lait. La tasse de café au lait ou de chocolat, qu'on y va particulièrement prendre le matin, coûte 25 c. et même moins. Ces choses ne sont pas mauvaises, et le pain est de même qualité que partout ailleurs. La viande, vu le prix des portions (beefsteak, 50 c.), est naturellement moins bonne. Comme spécimen, parmi ces maisons, nous citerons la *crèmerie Rivoli* (Tategrain), rue de Rivoli, 55.

### Marchands de vin.

Les innombrables établissements de marchands de vin, qu'on rencontre par tout Paris, notamment aux coins de rues, ne sont guère fréquentés que par les ouvriers. Ils ont généralement un dîner à heure fixe pour leurs clients, mais leur but principal est la vente des boissons, le plus souvent sur le comptoir. Bien des hommes de la bonne société ne se gênent pas cependant pour y entrer se rafraîchir d'un verre de vin (15-25 c.) qui vaut ordinairement mieux que le breuvage pâteux vendu à maint endroit sous le nom de bière; on transpire moins avec du vin qu'avec de la bière.

## 4. Cafés. Glaciers. Pâtisseries.

**Cafés.** — Les cafés de Paris se comptent par milliers. Comme le café est généralement bon, et que le prix de la demi-tasse ne varie ordinairement que de cinq ou dix centimes, il suffira de nommer dans ce chapitre les principaux cafés des boulevards et du Palais-Royal et quelques autres des mieux situés. Ils ferment pour la plupart après minuit. On y trouve un grand choix de journaux français, mais peu de feuilles étrangères.

Dès que vous entrez, un garçon se présente pour savoir ce que vous désirez et s'empresse de vous servir. Si vous demandez du café, il apporte sur un plateau une tasse et ses accessoires et il appelle le garçon chargé de verser le café (*versez!*). Le matin, on sert habituellement le café au lait (*une tasse*), avec pain et beurre (1 fr. 50 et 10 c. de pourb.).

L'après-midi, on ne sert que la *demi-tasse*; elle coûte généralement de 35 à 40 c., plus 10 c. de pourboire. Le *verre de cognac* (*petit verre*), se paie 30 à 40 c.; le *kirsch*, 40 c. Si le cognac est apporté sur le plateau avec la tasse, dans un carafon gradué, on paie en proportion de ce que l'on a pris, 10 c. et au delà. Si l'on n'aime pas le café fort ou si l'on veut se rafraîchir, on demande un *mazagran*, c'est-à-dire du café dans un verre et une carafe d'eau. Les glaces sont encore une des spécialités des cafés de Paris (v. p. 21).
— Un *thé complet* coûte d'ordinaire 1 fr. à 1 fr. 50. Il est également possible de se faire servir le second déjeuner dans la plupart des cafés, à raison de 2 fr. 25 ou 2 fr. 50, et un souper composé de viande froide.

## 4. CAFÉS.

On peut avoir dans presque tous les cafés de la **bière** de toute sorte, généralement bonne : de Bavière, de Strasbourg, de Vienne, etc., à 30 ou 40 c. le verre *(bock)* ; 50 à 80 c. la *canette* ; mais il y a aussi des établissements qui ne débitent guère que de la bière.

Les boissons favorites des Parisiens sont, outre le café (mazagran) et la bière : l'*absinthe*, le *vermout*, le *cognac*, la *chartreuse*, le *curaçao* (pron. «kuraço»), le *bitter*, etc., et, en été, avec de l'eau, les *sirops de groseille* et de *framboise*, la *grenadine*, l'*orgeat* (préparé avec des amandes), le *sorbet* (v. p. 21), etc.

Lorsqu'il fait beau, les larges trottoirs d'asphalte des boulevards sont en majeure partie occupés, devant les cafés, par des tables et des chaises. L'étranger ne saurait choisir un plus agréable passe-temps que de s'établir ainsi le soir, en fumant son cigare et en prenant sa demi-tasse, devant l'un des cafés les plus fréquentés, et de voir défiler devant lui la foule des promeneurs. Le soir, on peut *fumer* dans presque tous les cafés, surtout dans l'espace réservé et sans vitres qui précède plusieurs de ces établissements. Nous devons ajouter qu'on ne saurait guère recommander aux familles les cafés du côté N. du boulevard Montmartre et du boulevard des Italiens, parce que la société y est trop mêlée ; mais ceux du côté S. sont mieux fréquentés.

### Cafés du Palais-Royal et des environs.

Galerie Beaujolais (côté N.), \**café de la Rotonde*, 89 à 92, l'un des plus célèbres de Paris (beaucoup de journaux), le seul qui ait le droit de mettre des chaises dans le jardin. — Galerie d'Orléans (côté S.), *café d'Orléans* (v. p. 13).

Rue St-Honoré : 161, vis-à-vis du Palais-Royal, \**café de la Régence*, rendez-vous des joueurs d'échecs, célèbre dans toute l'Europe ; 159, *café de l'Univers*. Puis le *café de Rohan*, à l'angle de la rue St-Honoré et de la place du Palais-Royal.

Place de la Bourse, 31, *café de la Bourse* (journaux étrangers) ; 11, *Estaminet café des Arcades*.

### Cafés des boulevards.

Place de la Madeleine, 2, et rue Royale, 26, *café Durand* (p. 13).

Boulevard de la Madeleine, 25, *café de Londres*.

Boulevard des Capucines. Au nord : *Grand-Café*, 14, très-élégant ; *café de la Paix*, 12, au rez-de-chaussée du Grand-Hôtel. — Au sud : *café du Congrès*, 43 ; *café Napolitain*, 1 (glaces v. p. 21). Avenue de l'Opéra : \**café de Paris*, 41 ; *café St-Roch*, 31.

Boulevard des Italiens. Au N. : *Bignon*, 38 ; \**Tortoni*, 22, de premier rang ; \**Riche*, 16 ; *Grétry*, 14, ces deux derniers cafés, près du passage de l'Opéra, fréquentés par les agents de change ; et le *café Américain*, 4, presque tous aussi des restaurants (p. 13). — Au S., le \**café du Helder*, 29, fréquenté par les artistes ; le *café Anglais*, 13, surtout restaurant et cher; le *café Cardinal*, 1 et 3.

Boulevard Montmartre. Au N., les cafés *Mazarin*, 16; *du Cercle*, 14; *Garen*, 12; *des Princes*, 10; *de Madrid*, 8. — Au S., les cafés *Véron*, 13; *de Suède*, 5; *de la Porte-Montmartre*, 1 (journaux anglais, allemands, italiens et russes).

Boulevard Poissonnière: *C. du Pont-de-Fer*, 14; *C. Frontin*, 6.

Boulevard Bonne-Nouvelle. Au N.: \*café *Français*, 44; \*café *de la Terrasse*, 30 (beaucoup de journaux, bon déj. à la fourchette); *café Séruzier* (Blondeau), 26; *Grand-Café de Bordeaux*, 10. — Au S., 39, le *Déjeuner de Richelieu* (demi-tasse, 50 c.; tasse de thé, 60 c.; chocolat, excellent, 75).

Boulevard St-Martin, au S., *café de Malte*, 55. — Au N.: *café de la Renaissance*, théâtre de ce nom; *Grand-Café Parisien*, de fait rue de Bondy, 26, derrière les Ruches (p. 68), le plus grand café de Paris (22 billards), qui mérite une visite à cause de ses dimensions et aussi à cause de son caractère, car c'est le café de famille du quartier.

Boulevard du Temple, au S., 31 et 33, le *Jardin Turc*.

Boulevard Beaumarchais, 10, *Grand-Café de l'Epoque*.

Boulevard de Strasbourg, 8, *Grand-Café du Globe*.

Boulevard de Sébastopol, en descendant vers la rue de Rivoli, les cafés *Roy*, 83; *du Phénix*, 34. — *Café de la Place du Châtelet*, à g. du théâtre de ce nom.

### Cafés de la rive gauche.

*Café d'Orsay*, en face du Pont-Royal. — \**Café Procope* (Guichon), rue de l'Ancienne-Comédie, 13 (pl. Bl. 19; *IV, V*), le plus ancien de Paris, jadis fréquenté par Voltaire, Rousseau et Diderot. — *Café Voltaire*, place de l'Odéon, 1. — Les nombreux cafés du boulevard St-Michel, parmi lesquels on remarque le *café d'Harcourt*, 47 (place de la Sorbonne), sont surtout fréquentés par les étudiants et les «étudiantes».

---

Outre les cafés ci-dessus mentionnés, qui sont tous situés au centre de Paris, les *cafés-chantants* des Champs-Elysées offriront à l'étranger une agréable distraction pendant les belles soirées d'été. Les chants et les représentations n'y sont rien moins que de premier ordre, mais ils ne laissent pas d'avoir une certaine originalité et ils restent dans les bornes des convenances. Le plus célèbre est l'*Alcazar d'Eté*. Il y a encore là dans le même genre le *café de l'Horloge*, à g. de l'avenue, près du pavillon Ledoyen (p. 158), et le *café des Ambassadeurs*, le 1er à dr. de l'avenue. L'entrée est libre, mais on est tenu de prendre au moins une «consommation», qui coûte, le soir, 1 fr. 50 ou 3 fr., selon la place. Il y a aussi de ces cafés-concerts dans d'autres parties de la ville, tels que l'*Eldorado*, l'*Alcazar d'Hiver*, etc. (v. p. 51), mais ce n'est pas pour le café qu'on y va.

## 4. GLACIERS.

**Glaciers.** — On peut avoir des glaces dans presque tous les cafés, les meilleures chez *Tortoni* (p. 19); puis chez *Imoda*, rue Royale, 3; chez *Rouzé*, même rue, 25, près de la Madeleine; chez \**Poiré et Blanche*, dans le faubourg St-Germain, non loin de la rue des Saints-Pères, rue St-Dominique, 10 et 12; — des \**tutti-frutti*, au *café Napolitain*, boulevard des Capucines, 1 (1 fr. 25).
— Le *sorbet* est une boisson à demi glacée, composée avec des liqueurs ou des jus de fruits sucrés.

Les *fruits à l'eau-de-vie* se débitent chez les liquoristes et dans les cafés, à 15 c. le verre. Les maisons des liquoristes ne sont généralement fréquentées que par le peuple.

---

**Pâtisseries.** — Les plus célèbres sont celles de \**Guerre*, au coin des rues de Rivoli et de Castiglione, vis-à-vis du jardin des Tuileries; *Dubois*, rue de Richelieu, 92; *Mignot*, place de la Bourse, au coin de la rue du 4 Septembre; *Julien frères*, rue de la Bourse, 3 (confitures et bonbons); *Favart* (Julien jeune), boul. des Italiens, 9; *Frascati*, boul. Montmartre, 23; *Lefèvre*, rue St-Honoré, 163; *Cabialavetta*, rue Neuve-des-Petits-Champs, 42; *Gondolo*, même rue, 4; *Aux Palmiers*, avenue de l'Opéra, 3, près du Palais-Royal; *Ravaux*, rue de Luxembourg, 8. — Enfin, dans un autre genre, des espèces de buffets où se vendent des gâteaux tout chauds: la *Galette du Gymnase*, près du théâtre de ce nom, la *Renommée de la brioche*, boul. Bonne-Nouvelle, à dr. avant la porte St-Denis, etc.

### 5. Voitures de remise (fiacres).

Les *fiacres* proprement dits ou *voitures de place* (numéros jaunes) n'existent plus à peu près que de nom; on ne voit plus guère sur la voie publique que des **voitures de remise**, portant des numéros rouges. Leurs lanternes ont des verres de couleur différant selon les quartiers où se trouvent leurs remises, ce qui est à observer la nuit, par ex., pour le retour du théâtre: *bleu*, Popincourt-Belleville (N.-E.); *jaune*, faub. Poissonnière et Montmartre (centre); *rouge*, Passy-Batignolles (O.); *vert*, Invalides-Observatoire (S.). Le nombre des voitures de remise et de place circulant dans Paris est d'environ 12,000. Celles qui portent les num. de 1 à 5000 appartiennent à la *Compagnie générale des voitures*, dont le siège est place du Théâtre-Français, 1, et qui a aussi un bureau boul. Montmartre, 17; les autres appartiennent à des entreprises diverses.

Les voitures sont à 2 et à 4 places, ou, si l'on veut, à 3 et à 5 en comptant celle qui est à côté du cocher. Les voitures à 4 places sont les seules qui aient au-dessus une «galerie» où l'on peut mettre les bagages. Cependant la Compagnie vient de mettre en circulation des *omnibus* à 6 ou 7 places, dans le genre des omnibus de famille des chemins de fer (p. 2).

# VOITURES DE REMISE.

Avant de monter dans une voiture, ayez soin d'en demander le *numéro* au cocher, qui doit vous remettre un bulletin portant ce numéro et indiquant le tarif, qu'il lui est interdit de dépasser. Si vous le prenez à l'heure, il faut le lui dire et contrôler l'heure de votre montre sur celle de la sienne. Il est utile de garder le numéro pour les réclamations en cas de perte ou de contestation avec le cocher. Pour les réclamations, s'adresser au premier agent de police venu, ou mieux encore à l'un des bureaux qui se trouvent à chaque station de fiacre.

### Tarif maximum des voitures de place et de remise.

| Dans l'intérieur de Paris. | De 6 h. du m. en été (31 mars-1er oct.) et de 7 h. du m. en hiver (1er oct.-31 mars) à min. 30. | | De min. 30 à 6 h. du m. en été (31 mars-1er oct.) et 7 h. du m. en hiver (1er oct.-31 mars). | |
|---|---|---|---|---|
| | La course. | L'heure. | La course. | L'heure. |
| *Prises sur la voie publique ou dans une gare:* | | | | |
| A 2 places | 1 fr. 50 c. | 2 fr. — c. | 2 fr. 25 c. | 2 fr. 50 c. |
| A 4 places | 2 fr. — c. | 2 fr. 50 c. | 2 fr. 50 c. | 2 fr. 75 c. |
| Omnibus à 6 places | 2 fr. 50 c. | 3 fr. — | 3 fr. — | 3 fr. 50 c. |
| *Prises au remisage:* | | | | |
| A 2 places | 1 fr. 80 c. | 2 fr. 25 c. | } 3 fr. — | } 3 fr. — |
| A 4 places | 2 fr. 25 c. | 2 fr. 75 c. | | |
| Omnibus à 6 places | 2 fr. 50 c. | 3 fr. — | 3 fr. — | 3 fr. 50 c. |

| Au delà des fortifications. | De 6 h. du m. à min. en été ou à 10 h. du s. en hiver. | |
|---|---|---|
| | Lorsque le voyageur rentrera dans Paris avec la même voiture. | Lorsque le voyageur laissera la voiture en dehors des fortificat. |
| *Prises sur la voie publiq.:* | La course ou l'heure: | Indemnité de retour: |
| A 2 places | 2 fr. 50 c. | } 1 fr. — |
| A 4 places | 2 fr. 75 c. | |
| Omnibus à 6 places | 3 fr. — | 2 fr. — |
| *Prises au remisage:* | | |
| A 2 places | } 3 fr. — | } 2 fr. — |
| A 4 places | | |
| Omnibus à 6 places | | |

La première heure se paie toujours entière; mais le temps excédant se compte par fractions de la manière suivante:

| Minutes: | 5 | 10 | 15 | 20 | 25 | 30 | 35 | 40 | 45 | 50 | 55 |
|---|---|---|---|---|---|---|---|---|---|---|---|
| | fr.c. | fr.c. | fr.c. | fr.c. | fr.c. | fr.c. | fr.c. | fr.c. | fr.c. | fr.c. | fr.c. |
| Si le prix de l'heure est de: 2 fr. | -20 | -35 | -50 | -70 | -85 | 1 - | 1 20 | 1 35 | 1 50 | 1 70 | 1 85 |
| 2 fr. 25 | -20 | -40 | -60 | -75 | -95 | 1 15 | 1 35 | 1 50 | 1 70 | 1 90 | 2 10 |
| 2 fr. 50 | -25 | -45 | -65 | -85 | 1 05 | 1 25 | 1 50 | 1 70 | 1 90 | 2 10 | 2 30 |
| 2 fr. 75 | -25 | -50 | -70 | -95 | 1 15 | 1 40 | 1 60 | 1 85 | 2 10 | 2 30 | 2 55 |
| 3 fr. | -25 | -50 | -75 | 1 - | 1 25 | 1 50 | 1 75 | 2 - | 2 25 | 2 50 | 2 75 |
| 3 fr. 50 | -30 | -60 | -90 | 1 20 | 1 50 | 1 75 | 2 05 | 2 35 | 2 65 | 2 95 | 3 20 |

Avec des bagages, on paie en sus, n'importe avec quelle voiture: pour 1 colis, 25 c.; 2 colis, 50 c.; 3 colis et plus, 75 c. Le cocher

## 5. VOITURES DE REMISE.

est obligé de charger et de décharger les effets. Les petits objets qu'on peut porter à la main et qu'on prend avec soi dans la voiture ne comptent pas comme bagages.

Sont situés en dehors des fortifications : le bois de Boulogne, le bois de Vincennes et les communes voisines : Charenton, les Prés-St-Gervais, St-Mandé, Montreuil, Bagnolet, Romainville, Pantin, Aubervilliers, St-Ouen, St-Denis, Clichy, Neuilly, Boulogne, Issy, Vanves, Montrouge, Arcueil, Gentilly, Ivry et Vincennes. — Il est bien entendu que les cochers doivent vous conduire jusqu'à l'entrée du bois de Boulogne, à la porte Maillot, à la porte Dauphine, etc., sans avoir droit à un surplus de taxe ni à une indemnité de retour.

Il y a des stations de voitures, entre autres : à côté de la Madeleine, sur les principaux boulevards, sur les places de la Bourse, de la Bastille, du Palais-Royal, St-Sulpice, de la Concorde, Louvois, du Louvre; sur les quais, notamment sur le quai du Louvre; près des gares, etc., etc.

Voici les principales dispositions du règlement, dont chaque cocher doit être porteur :

Tout cocher qui sera pris pour aller charger à domicile et qui aura attendu plus de 15 min., peut réclamer le prix de l'heure ; s'il est renvoyé sans être employé, il a droit à la moitié du prix de la course ; s'il attend plus de 15 min., au prix de la course entière.

A la course, le cocher peut choisir son chemin ; à l'heure, il est tenu de prendre le chemin que lui indique le voyageur. Si l'un des voyageurs descend en chemin d'une voiture prise à la course, le cocher ne peut réclamer que le prix de la course simple, à moins qu'on lui ait fait faire un détour, mais s'il faut décharger des bagages placés sur la voiture, il a droit au prix de l'heure.

Les cochers sont tenus de faire marcher leurs chevaux de manière à parcourir 8 kilomètres à l'heure pour les voitures de place et 10 pour les voitures de remise, sauf les cas où, étant pris à l'heure, ils sont requis par les voyageurs d'aller plus lentement.

Si un cocher a été pris avant minuit 30, on ne lui doit, pour la course ou la première heure, que le *prix de jour*, même s'il n'arrive à destination qu'après cette heure ; de même, on lui doit le *prix de nuit* si on le prend avant 6 ou 7 h. du matin.

Nul cocher, s'il n'est pris à l'heure, n'est obligé d'aller hors des fortifications entre 10 h. du soir en hiver, ou minuit en été, et 6 h. du matin.

Si les chevaux ont marché 2 h. consécutives en dehors des fortifications, le cocher peut exiger 20 min. de repos aux frais du voyageur.

Si la voiture est prise en dehors des fortifications pour aller en ville, le cocher ne peut réclamer que le prix de la ville ; en sens inverse, on paie à l'heure à partir du moment où l'on franchit les fortifications.

En allant au théâtre, au bal, etc., il faut payer d'avance.

*Il est défendu aux cochers de réclamer des pourboires;* mais il est d'usage de leur donner 20 ou 25 c. par course ou par heure.

Celui qui voudra voir Paris le plus rapidement et le plus agréablement possible ou qui aura besoin d'une voiture plus convenable, par ex. pour des visites, louera une *voiture de grande remise* à la demi-journée ou à la journée, à la semaine, etc. (40 fr. et plus par jour). S'adresser pour cela et pour de plus amples renseignements aux bureaux de la Compagnie générale des voitures (v. p. 21).

## 6. Omnibus. Tramways.

Les moyens de transport à bon marché dans Paris (omnibus, tramways, bateaux à vapeur, chemin de fer de ceinture) sont si bien organisés et si avantageux, par la double économie de temps et d'argent qu'ils permettent de faire, qu'on ne saurait trop recommander de prendre particulièrement connaissance de leur organisation et du parcours de leurs différentes lignes. Le plan spécial qui se trouve dans le supplément mis à la fin de ce volume, aidera beaucoup à s'orienter dans le réseau des omnibus et des tramways.

Les omnibus parcourent la ville dans toutes les directions. Leur service est divisé en 32 lignes, désignées par les lettres de l'alphabet, de A à Z, et de AB à AH. Les lanternes, les caisses et les écriteaux de toutes les voitures sont marqués de ces lettres. On y lit de plus, sur les écriteaux de l'impériale, de chaque côté, les noms des stations extrêmes, et par derrière, celui de la station où la voiture se rend (ce dernier écriteau est mobile et se change pour le retour). Les principaux points de l'itinéraire sont en outre indiqués tout autour de la caisse. Enfin les voitures se distinguent encore par la couleur de leurs caisses et les feux de leurs lanternes. Voir le tableau du supplément.

Tous les omnibus appartiennent à une même compagnie. Ils sont très-commodes, grâce au système de *correspondance* qui permet de changer au besoin de ligne, pour se rendre dans n'importe quelle direction. Les voitures elles-mêmes sont aussi fort convenables; il en circule plus de 700 (1000 avec les tramways de la compagnie), de 7 h. du matin en été, 7 h. $^1/_2$ en hiver, jusqu'à minuit 20, et il en passe à bien des endroits toutes les cinq minutes. Les omnibus offrent encore plus de commodité depuis la création des tramways (p. 26), car ils correspondent avec eux, de sorte qu'on peut même se rendre ainsi en voiture, moyennant une légère augmentation dans le prix de la course, aux localités environnantes, comme Versailles, St-Cloud, Vincennes, St-Denis, etc.

Le plan indiquera vite à l'étranger la ligne qui pourra le conduire au lieu où il voudra se rendre. En prenant une voiture qui se rend directement à l'endroit voulu, on fait un *trajet simple*, sans descendre en route. Si au contraire la ligne qu'on est à portée de prendre va dans une autre direction, il faut descendre au bureau où elle croise la ligne directe, pour y changer de voiture; c'est alors un *trajet par correspondance*.

Vous voulez, par ex., aller en omnibus du boulevard des Italiens au bois de Boulogne. Comme l'indique le plan, aucune des trois lignes *E*, *H* et *AB* qui passent sur ce boulevard, ne mène directement au bois; mais en examinant le parcours de ces lignes, vous voyez que la ligne H passe au Palais-Royal, d'où la ligne *C* conduit directement à la porte Maillot, à l'entrée du bois de Boulogne. Vous prenez donc l'omnibus se rendant au Palais-Royal, demandez une correspondance (v. ci-dessous) et changez de voiture au Palais-Royal. Il faut avoir soin, bien entendu, de descendre au bureau où a lieu la correspondance, où s'arrête du reste chaque voiture et que le conducteur annonce à haute voix pour tout le monde. Si l'on ne sait pas à quel endroit se fait la correspondance, on peut demander au conducteur de vous prévenir.

Les omnibus se prennent au passage (on peut les faire arrêter, il suffit d'un signe de la main) ou bien aux bureaux, qui se trouvent assez rapprochés les uns des autres. S'il y a un certain nombre de personnes qui attendent l'omnibus à un bureau, et que l'on craigne de ne pas avoir de place, demander un *numéro* (il n'y a rien à payer) pour l'endroit où l'on veut aller ; on sera sûr alors de passer à son tour. Les places se paient seulement lorsqu'on est monté, sur la demande du conducteur. Si l'on a besoin d'une *correspondance*, il faut la demander en payant ; au cas où l'on ne sait pas s'il en faut une, il est plus simple de se renseigner auprès du conducteur. En descendant pour changer de ligne, entrer immédiatement au bureau et demander encore un *numéro* comme ci-dessus. Si l'on ne se présente pas à l'appel du numéro au passage de l'omnibus, on perd son droit à l'usage de la correspondance. En montant, on donne son numéro au contrôleur, et l'on remet en paiement au conducteur, avant le départ, le billet de correspondance qu'on a reçu dans l'autre voiture. Pour descendre en route ailleurs qu'à un bureau, on peut demander au conducteur de vous prévenir ; on a toujours le droit de faire arrêter l'omnibus.

Chaque course, de quelque longueur qu'elle soit, coûte 30 c. dans l'intérieur, et 15 c. à l'impériale (30 avec correspondance). On ne donne pas de pourboire. Pour les hommes agiles, les places d'*impériale* sont agréables, lorsqu'il fait beau, tant à cause de la vue, que parce qu'on y peut fumer, ce qui est défendu dans les voitures. Les dames ne sont admises que dans l'intérieur, sauf sur les lignes de tramways qui ont des impériales.

Les dimanches et les jours de fête, il y a des lignes qui ne donnent pas de correspondance. De 3 h. à 6 dans la semaine et de 2 à 7 les dimanches et fêtes, les Champs-Élysées sont interdits aux voitures des lignes A et C, qui suivent alors les rues latérales, en particulier la rue du Faubourg-St-Honoré.

Un écriteau avec le mot *complet* indique au public que toutes les places de l'omnibus sont occupées, ce qui arrive souvent en temps de pluie, de sorte qu'on voit quelquefois passer un grand nombre de voitures sans pouvoir s'y réfugier.

En montant dans l'intérieur ou en descendant, on se soutiendra aux barres de fer qui sont adaptées à l'entrée et au plafond. De l'*impériale*, on descendra à *reculons* et en commençant du *pied droit*.

Il faut une certaine habitude pour descendre d'un omnibus en marche sans tomber ; le plus sûr, en mettant pied à terre, est de ne pas quitter immédiatement la barre, mais de suivre un instant la voiture en s'y tenant.

**Tramways.** — Jusque dans ces derniers temps, Paris n'avait que deux lignes de tramways, dits chemins de fer américains, mais on vient d'y créer un réseau de lignes de ce genre qui est maintenant l'un des plus complets qui existent.

Ce réseau de tramways se divise en trois parties: les *tramways de la Compagnie des Omnibus*, les *tramways Nord* et les *tramways Sud*, se rattachant les uns aux autres et correspondant entre eux, ainsi qu'avec les omnibus (v. le plan).

Les voitures des tramways de la Compagnie des Omnibus sont d'énormes omnibus, sur l'ancien modèle, avec une plate-forme à l'extrémité, où le prix est le même qu'à l'intérieur, et une impériale où les dames peuvent monter. Celles des lignes du N. et du S. ressemblent plus ou moins à des wagons, comme dans les autres villes qui ont des tramways, et elles ont aussi des impériales ou seulement des plates-formes. Dans l'intérieur de Paris, les *prix* sont les mêmes que ceux des omnibus, 30 et 15 c.; pour les endroits situés hors des fortifications, ils varient suivant la distance (v. le tableau annexé au plan). Tramways et omnibus correspondent entre eux de la façon indiquée p. 24; mais lorsqu'on sort de l'enceinte, on paie un petit supplément, qui varie suivant la distance, souvent 10 c. pour l'intérieur.

### 7. Bateaux-omnibus.

Un autre moyen de locomotion fort pratique, très-peu dispendieux et agréable, ce sont les bateaux-omnibus circulant sur la Seine et connus sous les noms de *Mouches* et d'*Hirondelles*, appartenant aujourd'hui à une même compagnie. Le service des Mouches se divise en trois parties: 1° le trajet de Charenton au Pont-National ou de Bercy-Ceinture; 2° la traversée de Paris; 3° le trajet du Pont-Royal à St-Cloud et à Suresnes, *en été* seulement.

Les places se paient sur les bateaux mêmes. Il y a un prix uniforme pour chacun des deux premiers parcours, quelle que soit la station où l'on monte, tandis que le tarif varie suivant la distance sur le troisième parcours.

#### I° De Charenton au Pont-National.
*Prix:* 10 c. dans la semaine et 20 c. le dimanche.
*Stations* ou *escales*: 1, Charenton (rive dr.; p. 214); 2, Alfort (rive g.); 3, les Carrières (rive dr.); 4, Ivry (rive g.); 5, Pont-National (rive dr.; p. 29).

#### II° Traversée de Paris.
Du Pont-National ou *pont de Bercy-Ceinture à Auteuil, Point-du-Jour*. *Prix des places:* 20 c. dans la semaine et 25 le dimanche. Départ toutes les 10 min., de 7 ou 8 h. du matin, selon la saison, à 8 h., 8 h. ½ ou 9 h. du soir.

*Stations* et principaux points à proximité de ces stations:

5. *Pont-National* (rive dr.); chemin de fer de ceinture.
6. *Quai de la Gare* (rive g.); gare d'Orléans (marchandises).

7. *Pont de Bercy* (rive dr.); Bercy, gare de Lyon (marchandises).
8. *Pont d'Austerlitz* (rive g.); gares de Lyon et d'Orléans (p. 30), Jardin des Plantes (p. 249).
9. *Pont Sully*, à l'extrémité E. de l'île St-Louis (p. 215).
10. *Pont de la Tournelle* (rive g.); halle aux vins (p. 38), boulevard St-Germain (p. 270).
11. *Hôtel-de-Ville* (rive dr.); Hôtel-de-Ville (p. 173), Notre-Dame (p. 216).
12. *Quai de la Mégisserie* (rive dr.); place du Châtelet (p. 172), boul. de Sébastopol (p. 171), Palais-de-Justice (p. 219).
13. *Pont du Carrousel* ou *des Saints-Pères* (rive g.); Institut (p. 264), Louvre (p. 86), Palais-Royal (p. 83).
14. *Pont-Royal* (rive dr.), en aval; Tuileries (p. 148), rue du Bac (p. 269). C'est de ce pont, mais en amont, que partent les bateaux de St-Cloud et de Suresnes (v. ci-dessous).
15. *Pont de la Concorde* (rive dr.); Champs-Elysées (p. 157), Corps-Législatif (p. 270).
16. *Pont des Invalides* (rive dr.); Champs-Elysées, hôtel des Invalides (p. 273).
17. *Pont de l'Alma* (rive g.); Champ-de-Mars (p. 281), école militaire (p. 280).
18. *Pont d'Iéna* (rive g.); Champ-de-Mars, Trocadéro (p. 282).
19. *Quai de Passy* (rive dr.); Trocadéro (p. 282), Passy (p. 29).
20. *Pont de Grenelle* (rive dr.); Auteuil (p. 29), Passy, bois de Boulogne (p. 164).
21. *Quai de Javelle* (rive g.); Grenelle.
22. *Auteuil, Point-du-Jour* (rive dr.); bois de Boulogne, chemin de fer de ceinture (p. 28).

**III° Du Pont-Royal à Sèvres, St-Cloud et Suresnes (en été).**
*Prix des places:* entre le Pont-Royal ou le pont de la Concorde et Suresnes ou Longchamp (les jours de courses), 50 c. dans la semaine, 75 c. les dimanches et jours de fête; — d'Auteuil et des stations suivantes, 25 et 60 c.; — entre St-Cloud et Suresnes, 15 ou 25 c.
*Départs* toutes les heures, le dimanche au moins 2 fois, du Pont-Royal, de 9 h. du matin à 7 h. du soir; de Suresnes, à partir de 2 h. 20.
*Stations:* Pont-Royal, pont de la Concorde et pont des Invalides, quai de Passy, pont de Grenelle, Auteuil, Billancourt, Bas-Meudon, Sèvres (p. 309), St-Cloud (p. 307), Longchamp (p. 166), Suresnes (p. 287).

Les bateaux *Hirondelles Parisiennes* vont aussi de Charenton jusqu'à Suresnes. Il y a un départ d'abord toutes les $1/_2$ h. à partir de 5 h. $1/_2$ du matin, puis toutes les 20 min. à partir de 9 h. 20 jusqu'à 9 h. du soir. Stations: *Alfortville, les Carrières, Ivry, Pont-National, Quai de Bercy, P. d'Austerlitz, P. Sully, Quai des Tuileries, P. de la Concorde, P. de l'Alma, Quai de Passy, P. de Grenelle, Point-du-Jour, Billancourt, Bas-Meudon, Sèvres, St-Cloud, Longchamp* (jours de courses) et *Suresnes*.

### 8. Chemin de fer de ceinture.

Le chemin de fer de ceinture, qui fait le tour de Paris à l'intérieur des fortifications, a pour point de départ et d'arrivée la gare St-Lazare (p. 30). Sa longueur est de 37 kilomètres et le nombre de ses stations, avec la gare, de 29. Le trajet entier dure 2 h. 5 min.

Cette ligne peut être utile pour des excursions dans les environs, par ex. au bois de Boulogne, et aussi pour achever de s'orienter dans Paris; cependant elle n'est intéresante que dans la partie occidentale, ailleurs elle passe généralement entre des murs, dans des tranchées et des tunnels.

Tous les wagons ont des impériales, mais on fera bien de n'y pas monter par un temps frais, à cause des courants d'air.

GARES ET DIVISIONS DE LA LIGNE. La gare centrale pour la ligne de ceinture est la *gare de l'Ouest rive droite*, dans la rue St-Lazare, nommée ordinairement *gare St-Lazare*; mais on peut aussi naturellement monter à chacune des stations, ainsi qu'aux gares des autres lignes, c.-à-d. du Montparnasse (p. 30), de Sceaux (p. 31), d'Orléans (p. 31), de Lyon (p. 31), de Vincennes (p. 30), de l'Est (p. 30) et du Nord (p. 30), de sorte que, par ex., on n'a pas besoin, pour se rendre du haut du boulevard de Magenta au bois de Boulogne, d'aller prendre le train à la gare St-Lazare, mais qu'on peut le prendre à la gare du Nord. La ligne est divisée pour le service en *trois parties :* 1°, de Paris-St-Lazare à Courcelles-Ceinture, par Auteuil et la Rapée-Bercy, trajet circulaire en tournant sur la gauche où à l'O. ; 2°, le trajet en sens inverse ; 3°, de Paris-St-Lazare à Auteuil, la partie la plus ancienne de la ligne, qui a conservé son service particulier, prolongé même jusqu'à la stat. d'Ouest-Ceinture.

DÉPARTS, pour les trajets circulaires, toutes les $1/2$ h., dans la 1re direction de 6 h. du matin à 9 h. du soir, dans la 2e direction de 6 h. 15 à 6 h. 15, puis à 7 h., 7 h. 30 et 8 h. et enfin à 8 h. 30 et 9 h. seulement jusqu'à la Rapée-Bercy. — Sur la section de St-Lazare à Auteuil et la stat. d'Ouest-Ceinture, les mêmes trains que pour le 1er trajet, puis des trains spéciaux au $1/4$ et aux $3/4$, au moins de 10 h. 45 à 3 h. 45 et de 7 h. 15 à 10 h. 15, de sorte qu'il y a alors sur cette partie de la ligne un train tous les $1/4$ d'h. dans chaque direction. Consulter toutefois l'Indicateur des chemins de fer (v. p. 30). Il y a des trains supplémentaires les jours de fête.

Les PRIX sont très-peu élevés ; on paie, par ex., pour tout le parcours, dans la semaine, 85 c. en 1re cl. et 55 en 2e ; les dim. et fêtes, 1 fr. 10 et 70 c. Jusqu'à Auteuil : 45 et 30 c. ou 70 et 45.

Voici l'ITINÉRAIRE de cette ligne par Auteuil ou à l'O.

2 kil. *Les Batignolles*, station d'où se détachent les lignes de Versailles, de St-Germain et de Normandie.

3 kil. *Courcelles-Levallois*. Le village de *Levallois* est en dehors des fortifications. Les voyageurs allant dans la direction de Clichy et de Belleville changent de voitures.

5 kil. *Porte-Maillot-Neuilly*, station pour Neuilly (p. 163).

## 8. CHEMIN DE FER DE CEINTURE.

6 kil. *Avenue du Bois-de-Boulogne*, à l'entrée du bois (porte Dauphine), non loin des lacs. La voie longe le parc du château de *la Muette*.

6 kil. ½. *Avenue du Trocadéro*, station pour le palais du Trocadéro, mais qui en est toutefois à environ 1 kil.

7 kil. *Passy*, où se trouvent beaucoup de jolies villas, à côté du bois de Boulogne. Plus loin, la *villa Montmorency*.

9 kil. *Auteuil*, non moins riche en villas, à l'une des extrémités du bois de Boulogne, près du nouveau champ de courses (p. 166). La voie est ensuite établie sur un magnifique *viaduc*, long de 2 kil., construit en pierre et sous lequel se trouvent des galeries à arcades. Belle vue: à dr., au delà des fortifications, le bois de Boulogne, le Mont Valérien (p. 287), St-Cloud (p. 307) avec son parc, les hauteurs boisées de Sèvres (p. 300) et de Meudon (p. 288), Issy (p. 288), etc.

10 kil. *Point-du-Jour*. La *vue est encore plus belle après cette station, elle s'étend au loin sur la Seine, à g., dans l'intérieur de Paris; à dr., du côté de l'île de Billancourt et de Sèvres. Mais ce qui n'est pas moins curieux c'est le magnifique pont-viaduc sur lequel on franchit le fleuve (p. 289).

11 kil. *Grenelle*, où s'embranche la ligne du Champ-de-Mars. La voie court ensuite sur un remblai, d'où la vue s'étend toujours sur Paris et sa banlieue, en particulier sur le village de Vanves (p. 288), avec son lycée.

12 kil. *Vaugirard-Issy*. A peu de distance à g., dans la rue de Vaugirard, le grand *collège de l'Immaculée-Conception*, dirigé par les jésuites. Vient ensuite un petit tunnel.

13 kil. *Ouest-Ceinture*, station où l'on passe sous le chemin de fer de l'Ouest rive gauche, changement de voitures pour Versailles (p. 288).

15 kil. *Montrouge*. Un tunnel à travers les catacombes. On croise la ligne de Sceaux.

16 kil. *La Glacière-Gentilly*. Changement de voitures pour cette dernière ligne. A g., le parc de Montsouris (p. 259), l'hospice Ste Anne (p. 259) et le dôme du Val-de-Grâce (p. 257). Le convoi traverse ensuite les deux bras de la Bièvre (p. 254).

17 kil. *La Maison-Blanche*, non loin des Gobelins (p. 254).

19 kil. *Orléans-Ceinture*, au point de croisement avec la ligne d'Orléans. On franchit la Seine sur le Pont-National (p. 26).

20 kil. *La Rapée-Bercy*, à côté du nouvel entrepôt des vins. On traverse la ligne de Lyon et l'avenue Daumesnil sur un viaduc. A dr., le bois de Vincennes (p. 212) et le lac de Charenton.

21 kil. *Bel-Air*, au-dessus de la ligne de Vincennes.

22 kil. *Avenue de Vincennes*. A g., la place du Trône (p. 214).

24 kil. *Charonne*. Quartier industriel. Un long tunnel à l'E. du Père-Lachaise (p. 195).

25 kil. *Ménilmontant*. Encore un long tunnel, sous une partie de Belleville, et une tranchée dans le parc des Buttes-Chaumont (p. 203).

27 kil. *Belleville-Villette*. De cette station se détache un petit embranchement sur le marché aux bestiaux et les abattoirs de la Villette, qu'on aperçoit ensuite en traversant le *canal de l'Ourcq*. — Les *abattoirs*, une de curiosités de Paris, que les étrangers peuvent visiter (s'adresser au portier; pourboire), se composent de 64 pavillons et couvrent une superficie de 27 hectares. Tout y est tenu avec la plus grande propreté. Un millier de personnes y sont occupées, et il s'y tue en moyenne près de 3,000 bœufs ou vaches, 1,000 veaux et 10,000 moutons par semaine. — Le *marché aux bestiaux*, qui a remplacé ceux de Poissy et de Sceaux, a aussi des pavillons comme ceux des halles, couvrant une surface de 100 hectares. Il peut aisément contenir 5 à 6,000 bœufs, 2 à 3,000 veaux et 15 à 20,000 moutons. — Le *canal*, qui est en même temps un des principaux aqueducs de Paris, épargne un grand détour à la petite navigation, en reliant l'Ourcq, affluent de la Marne, avec la Seine. Il prend après le bassin de la Villette, situé à l'O. du chemin de fer, le nom de canal St-Martin, et il va passer sous le boulevard Richard-Lenoir (p. 66) et sous la colonne de Juillet. Il a pour ramification, au N.-O., entre la voie ferrée et les abattoirs, le canal de St-Denis (p. 321).

28 kil. *Pont-de-Flandre.* — 28 kil. ½. *Est-Ceinture*, seulement une station de correspondance pour la ligne de l'Est. On aperçoit Montmartre.

30 kil. *La Chapelle-St-Denis*, *Nord-Ceinture*, en correspondance avec le chemin de fer du Nord pour la ligne d'Enghien (p. 322), Argenteuil (p. 313), etc. A g., la gare aux marchandises du chemin de fer du Nord, dont on croise la voie sur un viaduc.

31 kil. *Boulevard Ornano.*

32 kil. *Avenue de St-Ouen.* Embranch. à dr. sur les docks de St-Ouen.

32 kil. *Avenue de Clichy.* On passe sous la ligne de l'Ouest.

35 kil. *Courcelles-Ceinture.* A cet endroit, où se soudent les deux extrémités du chemin de fer de ceinture, les voyageurs descendent de voiture pour prendre, à la station voisine, *Courcelles-Levallois*, le train qui doit les ramener, par les *Batignolles* (p. 28), à la *gare St-Lazare* (37 kil.).

## 9. Chemins de fer et gares.

Paris a *huit gares*. Pour les localités desservies par chaque ligne, etc., voir l'*Indicateur des chemins de fer*, qu'on peut se procurer moyennant 60 c. aux gares, à tous les bureaux d'omnibus, etc., et qu'on peut consulter à l'hôtel et dans les cafés (v. p. XII).

Nous avons parlé p. 1 et 2 des omnibus spéciaux des chemins de fer. Toutes les gares, sauf celles de l'Ouest, ont à différents endroits de la ville des *bureaux succursales*, d'où partent d'autres omnibus, et où l'on peut remettre ses bagages et quelquefois même prendre son billet, mais il faut généralement y être 55 min. avant le départ du train.

**I. Chemin de fer du Nord.** — GARE DU NORD, place Roubaix, 18 (pl. R. 24), pour les *lignes de Banlieue* menant à *St-Denis*, *Enghien*, etc., et pour les *lignes du Nord*, allant sur *Soissons*, *Reims*, etc.; sur *Chantilly*, *Creil*, *Amiens*, *Boulogne*, *Calais* et *Londres*; sur *Compiègne*, *Bruxelles*, *Cologne*, etc.

*Bureaux succursales:* rue de Rivoli, 168, à l'hôtel du Louvre; 170, hôt. de la Place du Palais-Royal; 202, hôt. Rivoli; 226, hôt. Windsor; 228, hôt. Meurice; Rue St-Honoré, 211, hôt. St-James; 223, hôt. de Lille et d'Albion; rue de l'Arcade, 14, hôt. Bedford; boul. des Capucines, Grand-Hôtel; rue Montmartre 56, Grand-Hôtel d'Angleterre.

**II. Chemins de fer de l'Est.** Deux gares.

1° GARE DE L'EST OU DE STRASBOURG, place de Strasbourg (pl. R. 24), pour la *ligne de Nancy-Strasbourg*, et pour les embranchements sur *Reims*, *Metz*, *Troyes*, *Mulhouse*, *Bâle*, etc. La ligne directe de Mulhouse a sa propre gare de départ, à g., derrière le bâtiment principal.

*Bureaux succursales:* rue du Bouloi, 9; boulevard de Sébastopol, 34; rue Quincampoix, 47 et 49; place de la Bastille, à la gare du chemin de fer de Vincennes; place St-Sulpice, 6; rue Basse-du-Rempart, 50 (boul. des Capucines, près du    id-Hôtel).

2° GARE DE VINCENNES, place de la Bastille (pl. B. 25; *V*), pour la *ligne de Vincennes* et *Brie-Comte-Robert*.

*Bureaux succursales:* place de la Bourse (billets pour cette ligne); rue Basse-du-Rempart, 50 (boul. des Capucines).

**III. Chemins de fer de l'Ouest.** Deux gares.

1° GARE ST-LAZARE, rue St-Lazare, 110, et rue d'Amsterdam, 9, à l'angle (plan R. 18), pour les *lignes de banlieue* et les *lignes de Normandie*. Pour la banlieue, c.-à-d. le *chemin de fer de* ceinture, *St-Germain*, *Auteuil*, *St-Cloud*, *Versailles* (rive dr.), *Argenteuil* et *Ermont*, l'entrée est rue St-Lazare; pour la Normandie, c.-à-d. *Cherbourg*, *Rouen*, *le Havre*, *Dieppe*, etc., elle est rue d'Amsterdam. — Quant au chemin de fer de ceinture, qui part de la gare St-Lazare, v. p. 28.

2° Gare Montparnasse, boulevard Montparnasse, 44 (pl. B. 16), pour la *ligne de banlieue Paris-Sèvres-Versailles* (rive gauche) et les *lignes de Bretagne*, desservant *le Mans*, *Angers*, *Nantes*, *Rennes*, *Brest*, etc.

IV. **Chemin de fer d'Orléans.** Deux gares.

1° Gare d'Orléans, quai d'Austerlitz (pl. B. 25), pour les lignes d'*Orléans*, de *Tours*, de *Bordeaux*, etc.

2° Gare de Sceaux, boulevard d'Enfer (pl. B. 20), pour les lignes de *Sceaux* et d'*Orsay-Limours*.

*Bureaux succursales* pour ces deux gares: rue St-Honoré, 130; rue J.-J.-Rousseau, 18; rue N.-D.-des-Victoires, 28; rue de Londres, 8; rue le Peletier, 5; rue N.-D.-de-Nazareth, 30; rue de Babylone, 17; place St-Sulpice, 6; place de la Madeleine, 7.

V. **Chemin de fer de Paris à Lyon et à la Méditerranée.**

Gare de Lyon, boulevard Mazas (pl. B. 25, 28), pour les lignes de *Fontainebleau*, *Dijon*, *Châlon-sur-Saône*, *Mâcon*, *Neuchâtel*, *Genève*, *Lyon*, *Marseille*, etc.

Au N., vis-à-vis de la gare, la *prison Mazas*, prison modèle, ayant 1260 cellules. C'est là que furent incarcérés les généraux et les représentants du peuple arrêtés lors du coup d'Etat du 2 décembre 1851. Il en a été aussi beaucoup parlé pendant les affaires de la Commune, en 1871.

*Bureaux succursales:* rue de Rambuteau, 6; rue Coq-Héron, 6; rue de Rennes, 45; rue St-Lazare, 88; rue des Petites-Ecuries, 11.

## 10. Poste. Télégraphe.

**Poste.** — La *poste centrale* en *rue du Louvre* ~~ou l'hôtel des Postes se trouve rue Jean-Jacques-Rousseau, 55~~, non loin de l'église St-Eustache (pl. Bl. 21; *III*). Il y a en outre 40 bureaux d'arrondissement dans les différentes parties de la ville proprement dite et 21 bureaux dans les communes annexées.

Bureaux d'arrondissement. *1er arrond.* (Louvre): \*\*place du Théâtre-Français, 4; \*r. de Luxembourg, 9; \*r. du Pont-Neuf, 17; quai des Orfèvres, 14. — *2e arrond.* (Bourse): \*\*place de la Bourse, 4; \*\*r. de Cléry, 28; \*r. d'Antin, 19. — *3e arrond.* (Temple): \*r. de Turbigo. 47; \*boul. Beaumarchais, 83; \*r. des Vieilles-Haudriettes, 4 et 6. — *4e arrond.* (Hôtel-de-Ville): r. de la Tacherie, 4; r. St-Antoine, 170. — *5e arrond.* (Panthéon): \*r. Cardinal-Lemoine, 18; r. Monge, 88; r. des Feuillantines, 91. — *6e arrond.* (Luxembourg): \*r. Serpente, 18; \*r. Bonaparte, 21; r. de Vaugirard, 36; r. du Cherche-Midi, 53. — *7e arrond.* (Palais Bourbon): \*r. St-Dominique, 56 et 164; r. de Bourgogne, 2. — *8e arrond.* (Elysée): \*place de la Madeleine, 28; \*r. d'Amsterdam, 19; r. Montaigne, 26; avenue Joséphine, 42. — *9e arrond.* (Opéra): \*r. Taitbout, 46; \*r. Milton, 1. — *10e arrond.* (St-Laurent): \*r. d'Enghien, 21; boul. de Magenta, 8; r. des Ecluses-St-Martin, 4. — *11e arrond.* (Popincourt): boul. Richard-Lenoir, 136; boul. Voltaire, 105. — *12e arrond.* (Reuilly): r. d'Aligre, 32; boul. Mazas, 19. — *13e arrond.* (Gobelins): boul. de l'Hôpital, 20 (gare d'Orléans), etc.

Les bureaux sont ouverts de 8 h. du matin à 8 h. du soir, les dimanches et fêtes seulement jusqu'à 5 h. Les lettres chargées ne sont plus reçues pour les départs du soir après 4 h. 30, sauf à l'hôtel des Postes et aux bureaux marqués ci-dessus de deux astérisques, où l'on a jusqu'à 4 h. 45, et aux bureaux des gares, qui en reçoivent jusqu'au départ des trains. Pour les derniers départs de lettres (bureaux marqués de un et deux astérisques), v. p. 33.

La poste ne se charge en France que du transport des lettres, des journaux et autres imprimés, des papiers de commerce ou d'affaires, ne pesant pas plus de 3 kilogr. (1 pour l'étranger), et, à titre d'échantillons, avec une marque imprimée (en-tête de facture, timbre, etc.), des objets dont le poids ne dépasse pas 300 gr., et les dimensions 25 centim. Le transport des objets plus considérables est fait par les *Messageries Nationales*, rue Notre-Dame-des-Victoires, 28; la *Compagnie Générale des Messageries*, rue du Bouloi, 21, et rue Coquillière, 31; les *Messageries Parisiennes*, rue Montmartre, 47, et place des Victoires, 2; la *Compagnie des Transports Parisiens*, rue Ste-Anne, 4-10; rue Molière, 7, etc.

Les lettres *poste-restante* peuvent être adressées à la poste centrale, où le guichet spécial est au coin des rues Pagevin et Coq-Héron, ou bien à un bureau de quartier au choix, mais dans ce dernier cas, il faut naturellement que le bureau soit indiqué sur l'adresse. Les guichets sont ouverts de 8 h. du matin à 8 h. du soir; le dimanche, seulement jusqu'à 5 h. On présente sa carte de visite à l'employé, ou bien on lui montre son passe-port, pour les lettres chargées.

*Taxe des lettres, cartes postales, imprimés, etc.*

I. Pour la France et l'Algérie: *lettres ordinaires*, affranchies, 15 c.; non affranchies, 25 c. par 15 gr., le poids de 15 c. ou de 3 francs.

*Lettres chargées* (recommandées), 50 c. en plus. — Lettres chargées contenant des *valeurs déclarées* (inscrites en toutes lettres sur l'enveloppe, qui doit être fermée avec cinq cachets de cire), même tarif, plus un droit de 10 c. par 100 fr. ou fraction de 100 fr. *Maximum de déclaration*, 10,000 fr.

*Cartes postales* (affranchissement obligatoire), 10 c.

*Journaux et publications périodiques* paraissant au moins une fois par trimestre: 2 c. par exemplaire jusqu'à 25 grammes; au-dessus, 1 c. par 25 gr. ou fraction de 25 gr. Cette taxe est réduite de moitié pour les journaux circulant dans un même département, et le poids peut même atteindre alors 50 gr. pour le même prix, sauf toutefois dans les départements de la Seine et de Seine-et-Oise.

*Autres imprimés sous bande:* 1 c. par 5 gr. jusqu'à 20 gr., 5 c. de 20 à 50 gr., puis 5 c. par 50 gr. ou fraction de 50 gr. Les bandes ne doivent pas dépasser un tiers de la surface, sinon la taxe est la suivant, celle des

*Échantillons et papiers d'affaires:* 5 c. par 50 gr. ou fraction de 50 gr.

II. — Pour les pays de l'Union des Postes, c'est-à-dire: 1° pour tous les pays d'Europe, l'Egypte, la Turquie d'Asie, la Russie d'Asie, la Tunisie et le Maroc; 2° pour les Etats-Unis de l'Amérique du Nord et autres pays d'outre-mer faisant partie de l'Union.

| | Europe, etc. | | Etats-Unis, etc. | |
| --- | --- | --- | --- | --- |
| | affr. | non af. | affr. | non af. |
| Lettres ordinaires, par 15 grammes | 25 c. | 50 c. | 35 c. | 60 c. |
| Lettres recommandées | 50 c. en plus | | 50 c. en plus | |
| Cartes postales ordinaires | 15 c. | | 20 c. | |
| Cartes postales recommandées | 40 c. | | 45 c. | |
| Journaux et autres imprimés, papiers d'affaires et échantillons — ordin. | 5 c. par 50 gr. | | 8 c. par 50 gr. | |
| — recom. | 25 c. en plus | | 25 c. en plus | |

*Lettres chargées* contenant des valeurs déclarées (v. ci-dessus): 1° Pour l'Allemagne, la Belgique, le Luxembourg et la Suisse, 30 c. par 15 gr., droit fixe de 50 c. et droit proportionnel de 20 c. par 100 fr. ou fraction de 100 fr. déclarés. — 2° Pour les Pays-Bas: 30 c. par 15 gr. et 1 fr. 80 à titre de droit fixe et de droit proportionnel réunis, lorsque les valeurs n'excèdent pas 800 fr.; dans le cas contraire, 20 c. en plus par 100 fr. ou fraction de 100 fr. au dessus de 800 fr. *Maximum de déclaration*, 10,000 fr. pour l'Allemagne, la Belgique, les Pays-Bas et la Suisse, et 2,000 fr. pour le Luxembourg. — On peut avoir un avis de réception d'un envoi recommandé et d'une lettre chargée en payant d'avance un droit fixe de 20 c.

*Mandats de poste* pour l'Allemagne, l'Angleterre, la Belgique, l'Italie, le Luxembourg et la Suisse, 20 c. par 10 fr. ou fraction de 10 fr. Le *maximum* d'un mandat est de 200 fr. pour la Belgique, l'Italie et le Luxembourg, de 252 fr. pour l'Angleterre, de 300 fr. pour la Suisse et de 375 fr. pour l'Allemagne et l'Autriche.

Les *timbres-poste* se vendent dans tous les bureaux de l'administration et dans les débits de tabac.

Des *boîtes aux lettres* se trouvent aussi à Paris aux bureaux de tabac (en dehors), à certains édifices publics, aux gares des chemins de fer; on les désigne sous le nom de *boîtes de quartier*, et il y en a dit-on, jusqu'à 650. Quelquefois ce sont des espèces de colonnes tronquées placées sur le trottoir dans la rue.

*Levées et distributions des lettres.*

Il y a chaque jour *sept levées* générales aux boîtes de quartier, *huit* aux bureaux de poste, et *huit distributions*. Toutefois les dimanches et les jours de fête, la dernière levée ne se fait qu'aux bureaux et il n'y a que cinq distributions. Voir les affiches dans les bureaux de poste et le calendrier almanach des Postes, qui se trouve dans chaque maison.

Pour les trains du soir, on vide (6e levée) à 4 h. 30 les boîtes de quartier des communes annexées. — A 5 h. celles des bureaux ordinaires des communes annexées et les boîtes de quartier de la ville proprement dite. — A 5 h. 30, les boîtes des bureaux ordinaires de la ville. — A 5 h. 45, celles des 15 bureaux désignés p. 31 par un astérisque. — A 6 h., celles de l'hôtel des Postes et des 3 bureaux désignés par deux astérisques.

Passé l'heure de la dernière levée, les lettres sont encore reçues pour le courrier du soir, moyennant un *affranchissement supplémentaire* de 20 c., jusqu'à 6 h. aux bureaux marqués d'un astérisque, jusqu'à 6 h. 15 à ceux qui le sont de deux; moyennant 40 c. de supplément jusqu'à 6 h. 15 aux premiers de ces bureaux privilégiés et jusqu'à 6 h. 30 aux autres, ainsi qu'à l'hôtel des Postes, enfin moyennant 60 c. de supplément jusqu'à 7 h. à l'hôtel des Postes seulement.

*Nota.* Les lettres partent cependant encore le soir même sans affranchissement supplémentaire si elles sont mises à la poste avant le départ des trains-poste aux bureaux des chemins de fer par lesquels elles doivent partir: à la gare du Nord, pour les lignes du Nord; rue de Strasbourg, 10, pour les lignes de l'Est; boul. Beaumarchais, 83, et boul. Mazas, 19, pour les lignes de Lyon, Marseille, Clermont et St-Etienne; à la gare d'Orléans et boul. Beaumarchais, 83, pour les lignes d'Agen, Bordeaux et Nantes; rue du Cherche-Midi, 53, pour la ligne de Brest; place de la Madeleine, 28, pour les lignes du Hâvre et de Cherbourg.

Les lettres mises aux boîtes de quartier avant la 7e levée, aux boîtes de bureaux depuis la 6e levée jusqu'à 4 h. du matin, à l'hôtel des Postes jusqu'à 4 h. 30, partent par les trains du matin, car il y a une levée spéciale du nuit à ces bureaux.

**Télégraphe.** — Il y a des bureaux du télégraphe dans tous les arrondissements. Les mieux situés sont: à côté de l'hôtel des Postes, rue Jean-Jacques-Rousseau, 53; rue de Rivoli, 17 (Hôtel-de-Ville); à la Bourse (au 1er), le jour; place de la Bourse, 12, la nuit; avenue de l'Opéra, 4; place Vendôme, 15; au Luxembourg;

au Ministère de l'Intérieur, rue de Grenelle St-Germain, 103 (nuit et jour; direction); rue St-Lazare, 112; avenue des Champs-Elysées, 33 (jusqu'à minuit); rue de Lafayette, 35, au coin de la rue Laffitte; au Grand-Hôtel; boulevard St-Denis, 16 (jusqu'à minuit); à la gare du Nord, etc.

Les tarifs des dépêches sont l'objet d'une réforme qui n'est pas encore terminée. Tarif unique pour toute la France: 5 c. par mot, avec un minimum de 50 c. Pour l'Algérie, 20 c. par mot, avec un minimum de 2 fr. Pour l'Allemagne, même tarif, mais sans minimum. Pour les autres pays, se renseigner dans un bureau.

## 11. Magasins. Marchés.

**Magasins.** — Il y a peu de maisons au centre de Paris dont le rez-de-chaussée ne soit occupé par des magasins. Les plus élégants se trouvent sur les boulevards, surtout dans la partie ouest; au Palais-Royal, dans la rue de la Paix, la nouvelle avenue de l'Opéra, la rue du 4 Septembre, la rue de Richelieu, la rue Vivienne, et la rue de Rivoli.

Il est à peu près impossible de faire dans la multitude un bon choix de magasins recommandables. Les Parisiens sont très-habiles pour faire valoir leur marchandise vis-à-vis des étrangers et la surfont généralement, même lorsqu'ils affichent la prétention d'avoir des prix fixes et les marquent en chiffres connus. Il nous est arrivé d'obtenir pour 12 fr., dans la rue de Rivoli, un objet qu'on nous avait fait 18 fr. Une observation attentive et la comparaison vous aideront mieux que nous ne saurions le faire, à découvrir le magasin qui vend à un prix raisonnable. Un article de fantaisie vient d'être mis en vente au moment où nous écrivons ces lignes, il est affiché dans la même rue à 1 fr. 25, 1 fr. 50 et 2 fr. 50.

On devra naturellement, à Paris comme ailleurs, se défier des mots *liquidation*, *vente forcée* et autres réclames; il y a des maisons qui sont à peu près toujours en liquidation et ne font d'affaires que comme cela.

Ce n'est certainement pas dans les magasins luxueux qu'on trouve le meilleur marché, mais nous devons cependant aussi les signaler, au moins comme curiosités.

Une des particularités de nos jours, amenées par le progrès, ce sont les GRANDS MAGASINS DE NOUVEAUTÉS, où se vendent tous les articles possible d'une branche de commerce et d'autres encore. Ils sont fort en faveur à cause du choix extraordinaire qu'ils offrent, de la qualité de leurs articles et de leurs prix modérés. Aussi font-ils de plus en plus disparaître les petits magasins avec leurs spécialités. Le plus grand de ces établissements, ce sont les *Grands Magasins du Louvre*, au rez-de-chaussée du Gr.-Hôt. du Louvre (p. 5), où l'on trouve surtout du linge, des étoffes, des soieries, des dentelles, de la confection pour dames, et une variété inouïe d'autres articles d'utilité et de fantaisie. Il y a un salon de lecture et de correspondance et un buffet gratuit au premier. Viennent ensuite les magasins: *A la Ville de Paris, rue Montmartre, 170; A St-Joseph, même rue, 117; A la Ville de Londres, rue du Faubourg-Montmartre, 18; Aux Trois-Quartiers, boul. de la Madeleine, 21, 23; Grands Magasins de la Paix, rue du 4 Septembre, 23-29; A Pygmalion, au coin des rues St-Denis et de Rivoli, et boul. de Sébastopol, 9-13; Au Petit-St-Thomas, rue du Bac, 27-35; *Au Bon Marché, rue du Bac, 135, 137, et rue de Sèvres, 18-24, aussi avec un salon de lecture, une exposition d'œuvres d'art et un buffet gratuit; Au Coin de Rue, rue Montesquieu, au coin de la rue des Bons-Enfants, etc. — Cependant l'aristocratie parisienne n'aime pas beaucoup ces grandes maisons; elle a ses magasins préférés, comme ceux de Chevreux-Aubertot, boul. Poissonnière, 7; Jodon et C$^{ie}$ (Au Sauvage), boul. des Italiens, 34, etc.

Il y a des BAZARS de deux espèces. Les uns sont des entreprises du même genre que les grands magasins; on y trouve réunis toutes sortes d'articles de ménage et d'objets de luxe. Les autres, des étalages qu'on rencontre partout et qui sont les anciennes «boutiques à 13 sous», ont pour spécialité les articles à bon marché de toute catégorie. On peut entrer et circuler librement dans les uns comme dans les autres sans rien acheter. Les plus remarquables parmi les grands bazars sont: *A la Ménagère, boul. Bonne-Nouvelle, 20; Bazar de l'Industrie, boul. Poissonnière, 27; Galerie Orientale, boul. Montmartre, 12, à g. du passage Jouffroy. Parmi les autres, nous citerons surtout le bazar de l'Hôtel-de-Ville, à côté de cet édifice, rue de Rivoli, 54.

Voici maintenant des adresses pour divers articles d'utilité et de luxe, etc., dans l'ordre alphabétique.

ALFÉNIDE: Christofle et C$^{ie}$, boul. des Italiens, 33.

ARTICLES DE VOYAGE: *Bazar du Voyage, boul. des Capucines, 17, et place de l'Opéra, 3, l'un des plus beaux magasins dans ce genre à Paris; Au Départ, avenue de l'Opéra, 29; Dock du Campement, boul. Poissonnière, 14; Moynat, place du Théâtre-Français, 3, et dans les bazars.

BIJOUTERIE. Les promeneurs n'auront que l'embarras du choix en présence des splendides magasins du Palais-Royal, des boulevards, de la rue de la Paix, etc. Il n'y a pas à craindre d'être trompé sur le titre du métal, qui est garanti par le poinçon de la Monnaie sur chaque article de bijouterie. — Imitation: aux numéros 36, 68, 69, 84, 125, 132-133, du Palais-Royal.

BRONZES D'ART: *Barbedienne, boul. Poissonnière, 30; *Susse frères, place de la Bourse, 31; Giroux, boul. des Capucines, 43 (v. Jouets); Lévy, boul. Montmartre, 5.

CACHEMIRES: Compagnie des Indes, rue de Richelieu, 80; un autre magasin à côté, 82.

CHANGE. Il y a des boutiques de changeurs au Palais-Royal,

près de la Bourse, rue Vivienne, et sur les boulevards; celle de *Ch. Monteaux*, boul. Montmartre, 25, reste ouverte même le soir.

Chapeaux, pour hommes: *Gibus*, rue Vivienne, 20; *Delion*, passage Jouffroy, 21 et 23; *A. Berteil*, rue du 4 Septembre, 10, rue de Richelieu, 79, et boul. St-Germain, 134; *Pinaud et Amour*, au coin des rues de Richelieu et St-Marc; *R. Pineau*, rue de Richelieu, 94. — Pour dames, c'est surtout en voyant les étalages qu'on se décide; les magasins sont innombrables, chers dans les rues fashionables, cela se comprend, moins chers, par ex., dans le passage du Saumon (pl. Bl. 21; *III*), 68, 60, 58, 63.

Chaussures sur mesure, pour hommes: *Roche*, rue de Richelieu, 69; *Delail*, passage Jouffroy, 46; — pour dames: *Jordan*, place de la Madeleine, 13; *Ferry*, rue Scribe, 11, et rue Auber, 2; *Chapelle*, rue de Richelieu, 85.

Chaussures toutes faites: *A la Favorite*, rue de Lafayette, 1; *Tucker*, rue St-Honoré, 340, et boul. des Italiens, 25; *Dupuis*, rue Neuve-des-Capucines, 22; *Docks de la Cordonnerie*, rue de Rivoli, 144; *Au Prince Eugène*, rue de Turbigo, 29, près du boul. de Sébastopol; *A. Tretin*, rue de Rennes, 64 (manufacture; réparations).

Chemises: *May*, boul. des Italiens, 14; *Daniel*, idem, 38; *Grande Maison de Blanc*, boul. des Capucines, 6 (chem., 11 à 15 fr.).

Chocolat: *Marquis*, passage des Panoramas, 57, 58, 59, et rue Vivienne, 44; *Masson*, boul. de la Madeleine, 9, et rue de Rivoli, 91; *Lombart* (Meunier), avenue de Choiseul, 75; *Compagnie coloniale*, rue de Rivoli, 132, et avenue de l'Opéra, 19; *Compagnie française*, boul. de Sébastopol, 18; *Suchard*, rue de Turbigo, 41; *Menier*, *Ibled*, etc.

Comestibles: *Chevet* (v. p. 13); *Corcelet*, galerie de Valois, aussi au Palais-Royal; *Grenet et Lhermitte* (Potel et Chabot), boul. des Italiens, 25, et rue Vivienne, 28; *Cuvillier*, rue de la Paix, 16; *F. Potin*, boul. de Sébastopol, 101 et 103.

Confiserie: *\*Boissier*, boul. des Capucines, 7; *\*Gouache*, boul. de la Madeleine, 17; *\*Siraudin*, rue de la Paix, 17; *Achard et Weise*, boul. des Italiens, 17; *Bonnet*, rue Vivienne, 31, place de la Bourse; *Seugnot*, rue du Bac, 28.

Les célèbres *fruits confits* de Paris, se vendent 2 fr. 50 c. le demi-kilogr. On peut aussi les acheter en boîtes. Si l'on a quelque petit cadeau à faire à son retour de Paris, on ne peut mieux choisir que dans les articles de confiserie. La maison *Jourdain*, rue de la Michodière, 2, et rue Neuve-St-Augustin, 28, est une des meilleures pour les fruits confits.

Gants et cravates: *Société Veuve Xavier Jouvin*, boul. des Italiens, 23, au coin de la rue de Choiseul; *Jouvin et C$^{ie}$*, boul. des Italiens, 6, près de la rue Drouot, etc.

Gravures: *\*Goupil et C$^{ie}$*, boul. Montmartre, 19, et place de l'Opéra, 2; *\*Martinet* (gravures et photographies), rue de Rivoli, 172, en face du Louvre, et boul. des Capucines, 12.

Jouets: *Giroux, boul. des Capucines, 43, grand et beau magasin d'objets d'art et de fantaisie, transformé à l'époque des étrennes en un vaste bazar; Guilon, passage Jouffroy, 13 et 15; Guillard, galerie Vivienne et rue Neuve-des-Petits-Champs, 4; Simonne, rue de Rivoli, 188, et passage Delorme, près des Tuileries; *Au Paradis des enfants, rues de Rivoli, 156, et du Louvre, 1.

Maroquinerie: *Klein, boul. des Capucines, 6, magnifique magasin d'articles de Paris et de Vienne, de bronzes, d'objets d'art, etc.; Giroux (v. ci-dessus).

Modes et confections pour dames: Adolphe, boul. des Italiens, 15; Worth, rue de la Paix, 7; M$^{me}$ Cavally, boul. des Capucines, 8; — un peu moins chères, M$^{mes}$ Collet et Danzel, rue Louvois, 10; E. Pingat, rue Louis-le-Grand, 30, et dans les Grands Magasins (v. p. 34).

Nouveautés: v. aussi l'article Grands Magasins, p. 34.

Opticiens: A. Chevalier, au Palais-Royal, galerie de Valois, 158; Bunoust, id., galerie Montpensier, 43; Maison Soleil (Normand), galerie Vivienne, 21 et 23; Louchet, passage des Panoramas, 44.

Parfumerie. Les produits les plus célèbres sont ceux des maisons suivantes, qui ont quantité de dépôts: Société hygiénique, rue de Rivoli, 55; Piver (A la Reine des fleurs), boul. de Strasbourg, 10; Pinaud et Meyer (Aux Violettes de Parme), boul. de Strasbourg, 37; Violet (A la Reine des abeilles), rue St-Denis, 225; Rimmel (parfumerie anglaise), boul. des Italiens, 17; Guerlain, rue de la Paix, 15; Botot (eau et poudres dentifrices), boul. des Italiens, 18, et rue St-Honoré, 229; Docteur Pierre (id.), place de l'Opéra, 8; J.-V. Bully (vinaigre de toilette), rue Montorgueil, 67, etc.

On trouve des coiffeurs dans toutes les rues, souvent à l'entresol. Prix ordinaires: taille des cheveux, 30 à 50 c.; coup de fer (friser), 25 à 50 c.; barbe, 25 c.; friction (nettoyer la tête), 50 c. Se tenir en garde contre des offres trop pressantes de parfums, etc.

Pharmacies: Normale, rue Drouot, 19; des Panoramas, rue Montmartre, 151; Brou, rue de Richelieu, 102; Laroze, rue Neuve-des-Petits-Champs, 26.

Photographes: Disdéri, boul. des Italiens, 6; Numa Blanc, même boul., 29; Mulnier, idem, 25; Braun (Pierson), boul. des Capucines, 3, avenue de l'Opéra, 55; Fontaine, boul. des Capucines, 35; Reutlinger, boul. Montmartre, 21; Franck, rue Vivienne, 18; Pierre-Petit, place Cadet, 31, près de la rue Lafayette.

Soieries: Compagnie lyonnaise, boul. des Capucines, 37; Cavally, id., 8, et dans les grands magasins de nouveautés.

Tabac. Le tabac au détail ou en paquets (caporal ordinaire ou supérieur) et les cigares ne se vendent que dans les débits de la régie, reconnaissables à leurs lanternes rouges; ils sont partout des mêmes qualités et aux mêmes prix. Ceux qui aiment faire la cigarette, achètent ordinairement leur tabac au détail, afin de l'avoir plus frais; on peut même en demander pour 5 c.

On trouve dans tous les débits des cigares de 5 à 50 c. la pièce. Pour les cigares de luxe (en boîtes ou en paquets), de 30 c. à 1 fr. 50 c. la pièce, les seuls débits sont: au dépôt principal, quai d'Orsay, 69, et au Grand-Hôtel, boulevard des Capucines. Principales espèces de cigares: *bordelais*, à 5 c.; *étrangers*, 10 c.; *médianitos*, 20 c.; *régalias*, 25 c.; *conchas*, 1 fr. 60 le paquet de 6; *londrès*, 30 c.; *londrès extra*, 2 fr. 10 le paquet de 6.

On vend aussi des *cigarettes* en paquets; elles coûtent 2 à 5 c. la pièce. Les amateurs de tabacs et de cigarettes d'Orient en trouveront au boulevard des Italiens, n° 32; les cigarettes s'y vendent en boîtes de 25, de 50 et de 100.

Dans tous les bureaux de tabac, il y a une lumière qui brûle à la disposition des passants; chacun y peut entrer pour allumer son cigare, sans être obligé de rien acheter.

Tailleurs en renom, pour hommes: *Dusautoy*, boul. des Capucines, 14; *Renard*, boul. des Italiens, 2; *Lejeune*, même boul., 8; *Laurent Richard*, idem, 18, etc.; *Kerckhoff*, galerie d'Orléans, au Palais-Royal; — à prix fixe, à la *maison du Bon-Pasteur*, rue St-Honoré, 32; — pour enfants: *Vivier*, boul. des Italiens, 28; *A l'Eclair*, boul. Haussmann, 37.

Tapis: *Braquenié, rue Vivienne, 16; *Chocqueel*, à côté, 18.

Vêtements tout faits, pour hommes: *A la Belle Jardinière*, rue du Pont-Neuf, 2, vaste magasin et bonne maison où l'on trouve tout ce qui concerne l'habillement; *Au Palais de cristal*, au coin des rues Vivienne et des Filles-St-Thomas, près de la Bourse, etc.

Vins et liqueurs, à l'entrepôt de Bercy; *Compagnie des Grands vins de Bourgogne* (bordeaux et liqueurs), rue Royale, 6; *Société œnophile*, rue Montmartre, tout près du boulevard; *Rœderer et Cie*, rue Lafayette, 44; *Veuve Cliquot-Ponsardin* (dépôt), rue Taitbout, 5; *Bordier fils*, avenue Montaigne, 6; chez les marchands de comestibles (p. 36), etc.

*Nota.* Les personnes qui voudraient envoyer leurs achats à destination par l'intermédiaire d'un expéditeur, pourront s'adresser aux maisons: M. *Hofmann*, rue du Mail, 18; *Camus et Cie*, rue du Faubourg-Poissonnière, 25; Fr. *Kloubert*, rue de Rocroy, 3; J. *Zébaume*, rue de Trévise, 35 bis.

**Marchés.** — Outre que ce sont des constructions remarquables (v. p. 182), les *Halles Centrales* méritent aussi une visite comme marché. Il faut voir cet établissement unique en son genre dans les premières heures de la matinée, pour se faire une idée de la consommation, en aliments, d'une ville de deux millions d'habitants (v. l'Introd., iv). Il se traite en ce seul endroit pour des millions d'affaires par semaine. Les approvisionnements commencent à y arriver vers minuit. Les revendeurs peuvent faire leurs emplettes jusqu'à 9 heures; le son d'une cloche les avertit alors de céder la place aux particuliers. — Presque tous les quartiers de Paris ont aujourd'hui leurs marchés couverts, généralement dans le genre des Halles Centrales.

Les bouchers s'approvisionnent maintenant au *marché général aux bestiaux*, qui se trouve à la Villette, près des abattoirs (p. 29).

La *halle aux vins*, le grand entrepôt de vins de Paris, à côté du Jardin des Plantes, occupe tout un quartier sur l'emplacement de l'ancienne abbaye de St-Victor. Sa longueur est d'environ 800 m.

du côté du quai, et sa superficie de 134,000 m. Elle se compose d'une série de caves, contenant près de 450,000 pièces de vin de toutes sortes, franches d'octroi jusqu'à leur vente. La pièce est de 225 litres, ou 300 bouteilles de Bordeaux. On construit un nouvel entrepôt beaucoup plus vaste (1,110,000 hectol.) à Bercy, en amont sur la rive dr. Voir p. 38 quelques adresses de marchands de vin.

Les principaux *marchés aux fleurs* sont : derrière le Tribunal de commerce (mercredi et samedi); sur l'esplanade de la Madeleine (mardi et vendredi); sur la place du Château-d'Eau, et la place St-Sulpice (lundi et jeudi).

Le principal *marché aux chevaux* est au S. du Jardin des Plantes, sur le boulevard de l'Hôpital (pl. B. 22). Il se vend des chevaux de luxe, aux enchères, le jeudi de 1 à 4 h., et à l'amiable les autres jours, au *Tattersall Français*, rue Beaujon, 24, près des Champs-Elysées.

Le dimanche, de midi à 2 h., a lieu, sur le Marché aux chevaux, le *marché aux chiens*. La *fourrière aux chiens*, dans le voisinage, rue de Poliveau, est destinée à recevoir les chiens égarés, qui y sont gardés pendant huit jours, puis tués, s'ils ne sont réclamés.

Le *marché aux oiseaux* se tient sur le marché St-Martin, derrière le Conservatoire des Arts-et-Métiers.

Pour le *marché du Temple*, v. p. 68.

### 12. Librairies. Cabinets de lecture. Journaux.

**Librairies:** *Librairie internationale* (Lacroix, Verboeckhoven et Cie), boulevard Montmartre, 15, au coin de la rue Vivienne; *Librairie moderne*, même boul., 17; *Arnaud et Labat*, au Palais-Royal, entre les galeries d'Orléans et Montpensier; *Galignani*, rue de Rivoli, 224 (v. ci-dessous), presque uniquement pour la littérature anglaise; *Haar et Steinert*, rue Jacob, 9, et *Vieweg*, rue de Richelieu, 67, pour la littérature allemande; *Paul Ollendorff*, Rue de Richelieu 28bis. — Pour les adresses des libraires-éditeurs, consulter le Bottin (v. p. 3). La grande librairie *Hachette et Cie* se trouve au boul. St-Germain, 79.

**Cabinets de lecture.** — Le *Salon littéraire*, au boul. des Italiens, côté N., passage de l'Opéra, galerie du Baromètre, 11 et 13, tient une foule de journaux français et étrangers. Il est ouvert de 9 h. du matin à 11 h. du soir. Entrée, pour une fois, 25 c. Abonnement: un mois, 6 fr. (livres à emporter, 5 fr.), 15 jours, 3 fr. 50; 8 jours, 2 fr. — Sont dans le même genre : le *Cabinet littéraire* du passage Jouffroy, boul. Montmartre, 12, rendez-vous des correspondants de journaux étrangers; le *Salon littéraire national*, rue de Méhul, 1, près du Théâtre-Italien. — Sur la rive gauche: rue Casimir-Delavigne, 10, près de l'Odéon; rue de la Sorbonne, 6. Les *salons littéraires de Galignani* (v. ci-dessus), sont plus chers (entrée, 50 c.) et presque uniquement fréquentés par des Anglais.

Si l'on veut travailler ou écrire quelque lettre, on peut très-bien le faire dans un cabinet de lecture ou encore dans une bibliothèque publique. Bien des personnes sont aussi dans l'usage de faire leur courrier au café; les garçons donnent papier, plumes, encre et enveloppe dès qu'on le demande (pourboire).

**Journaux.** — Le plus ancien des journaux de Paris est la « Gazette de France », fondée en 1631; mais la presse périodique française ne commença à se développer réellement qu'à la Révolution. Il parut 150 nouvelles feuilles en 1789, 140 en 1790 et 85 en 1791. Toutefois les divers partis qui arrivèrent au pouvoir en réduisirent le nombre, et il n'y en avait plus que 13 sous Napoléon 1er. Sous la Restauration, il en paraissait 150, mais seulement 8 journaux politiques. Depuis, leur nombre n'a fait que s'accroître, et Paris compte aujourd'hui plus de 750 publications quotidiennes et hebdomadaires, dont près de 50 journaux politiques. La plupart se vendent sur la voie publique, notamment dans les kiosques des boulevards (p. 63), 10, 15 et 20 c.; les petits, 5 c. Nous citons les principaux.

JOURNAUX DU MATIN, Républicains: la *République Française*, le *Siècle*, le *XIXe Siècle*, l'*Evénement*, le *Rappel*, le *Réveil* (radical, rédigé sous l'inspiration de Henri Rochefort), le *Peuple* (rad.); le *Petit Journal* (tirage de 500,000 exemplaires), la *Petite République*, la *Lanterne*, le *Petit National*. — Légitimistes: l'*Assemblée Nationale*. — Orléanistes: le *Soleil*, le *Petit Moniteur*, la *Petite Presse*. — Bonapartistes: le *Gaulois*, *Paris-Journal*, le *Petit Caporal*. — Sans couleur précise: le *Figaro*, le *Constitutionnel*. — En outre, le *Journal officiel*.

JOURNAUX DU SOIR. Républicains: la *France*, le *Temps*, le *National*, la *Presse*, le *Soir*, le *Télégraphe*, la *Dépêche*, le *Républicain* (rad.). — Légitimistes: la *Défense sociale*, la *Gazette de France*, l'*Univers* (ultram.), le *Monde* (cléric.), l'*Union*. — Orléanistes: le *Français*, le *Moniteur Universel*. — Bonapartistes: l'*Ordre*, la *Patrie*, le *Pays*. — Sans couleur précise: la *Liberté*, le *Messager de Paris*, le *Bulletin Français*.

Il y a en outre, parmi les publications quotidiennes ou périodiques, un certain nombre de revues, dont la principale est la *Revue des Deux Mondes*; puis viennent le *Correspondant*, la *Revue Britannique*, etc., et une foule de feuilles illustrées: l'*Illustration*, l'*Univers illustré*, le *Monde illustré*, le *Journal amusant*, la *Vie parisienne*, le *Charivari*, le *Journal pour rire*, et beaucoup de journaux littéraires avec ou sans illustrations, des feuilles à caricatures coloriées, etc.

## 13. Hygiène et santé. Cabinets inodores.

S'il est prudent, en voyage, de prendre des précautions pour la santé, c'est surtout lorsqu'on vient à Paris, où l'on sort plus qu'ailleurs de ses habitudes et mène presque forcément une vie agitée, sans s'accorder le repos suffisant. Les bains seront une excellente ressource pour se remettre de ses fatigues.

**Bains.** — BAINS CHAUDS (50 c. à 1 fr., linge non compris): \*de la *Samaritaine*, sur la Seine, en aval du Pont-Neuf, du côté de la rive droite; *des Tuileries*, près du Pont-Royal, du même côté; *Rivoli*, rue de Rivoli, 202; *Feydeau*, rue des Colonnes, 3; *Cantal*, rue St-Marc, 16; tous les deux près de la Bourse; *Ste-Anne*, rue Ste-Anne, 63, et passage Choiseul, 58; *de Jouvence*, boul. Poissonnière, 30 (hôtel Beau-Séjour); *de la Chaussée-d'Antin*, dans la rue de ce nom, 46; *du Havre*, rue St-Lazare, 120, près de la gare; d'autres rue du Faub.-Montmartre, 4, et rue du Faub.-Poissonnière, 28; *St-Sulpice*, sur la place du même nom, 12; *Racine*, rue Racine, 5.

Il y a aussi un grand nombre d'établissements de *bains d'eau minérale*, de bains turcs, de bains russes et de vapeur, etc.; tels sont: *le Hammam (bains turco-romains à 5 fr.), rue Neuve-des-Mathurins, 18, au coin de la rue Auber (entrée pour les dames boul. Haussmann, 47), établissement superbe et parfaitement organisé; les *bains Vivienne*, rue Vivienne, 15; les *bains de mer et de Seine de la Frégate*, en aval du Pont-Royal, sur la rive g.; les *bains Goffinon*, boulevard de Strasbourg, 85; *le Hammam-Monge*, sur la rive g., rue Cardinal-Lemoine, 63 (1 fr. 50 à 2 fr. 50), etc.

BAINS FROIDS de Seine: *Deligny*, quai d'Orsay, près du pont de la Concorde, grand établissement modèle; *du Pont-Royal* (entrée du côté du quai Voltaire); *Henri IV* (entrée près de la statue, sur le Pont-Neuf); *Petit*, établissement recommandé aux dames, quai de Béthune (île St-Louis); *Bains des Fleurs*, aussi pour dames, quai de la Mégisserie, à dr. du Pont-Neuf.

Les prix ordinaires des bains froids sont: entrée, 50 ou 60 c.; caleçon, 15 c.; peignoir, 25 c.; serviette, 10 c., à quoi on ajoute d'habitude 10 c. pour le garçon. Il y en a toutefois de moins chers, où l'entrée n'est que de 20 c. — Nous ferons observer que dans les écoles de natation, une moitié du bassin est très-peu profonde et planchéiée pour ceux qui ne savent pas nager, et que l'autre moitié n'a souvent pas plus de 2 à 3 m. de profondeur.

**Médecins. Maisons de santé.** En cas de maladie, on se fera indiquer par le propriétaire de l'hôtel le meilleur docteur du quartier. Les visites se paient ordinairement de 3 à 10 fr. Il y a des consultations gratuites à certaines heures aux hôpitaux. Si la maladie se prolonge, faites vous transporter à l'excellente *maison municipale de santé (Dubois)*, rue du Faubourg-St-Denis, 200, où l'on paie de 4 à 15 fr. par jour, tout compris, même les honoraires du médecin et les médicaments. Il existe plusieurs autres maisons de santé bien dirigées, où les malades sont reçus à raison de 150 à 1,000 fr. par mois, tout compris. On peut recommander, entre autres, l'*établissement hydrothérapique d'Auteuil*, du Dr. Beni-Barde, rue Boileau, 12; la *Villa des Dames*, rue Notre-Dame-des-Champs, 77, près du Luxembourg.

**Dentistes**: *Taveau, Dugit et Mouton*, rue du 29 Juillet, 6; *Rogers*, rue St-Honoré, 270; *Aubert*, même rue, 279; *Duchesne fils*, rue Lafayette, 45; *Reinvillier*, boul. des Italiens, 11; *Luis*, même boul., 25; *Adler*, rue Meyerbeer, 4, près de l'Opéra.

**Cabinets inodores** ou *water-closets* (10 ou 15 c.). Au *Palais-Royal*: galerie de Chartres, 7 (ouest); péristyle Joinville, 77 et 78; galerie de Beaujolais, 2, 10 et 21 (côté nord). — Dans le *jardin des Tuileries*, à l'extrémité de l'allée des Orangers (côté de la rue de Rivoli). — *Aux boulevards:* boul. des Italiens, 17; passage de l'Opéra, galerie du Baromètre, 9; passage des Princes, 14 bis; — passage Jouffroy, 43, près du boul. Montmartre; passage des Panoramas, galerie Montmartre, 27; boul. Bonne-Nouvelle, 11; boul. St-Martin, dans les Ruches; boul. de Sébastopol, dans le passage en face du square des Arts-et-Métiers. — *Dans les Champs-Elysées :* carré des Champs-Elysées, à dr. en allant vers l'arc de triomphe; rue Montaigne, 23. — *Dans d'autres quartiers :* passage Choiseul, 28, près de la rue Neuve-des-Petits-Champs; passage du Saumon, galerie des Bains, 5, près de la rue Montmartre. — *Dans les quartiers de la rive gauche :* au jardin du Luxembourg, dans un petit bâtiment entre la grande allée et le boul. St-Michel. Il y en a aussi naturellement dans les *gares.*

## 14. Ambassades et légations. Ministères. Temples. Synagogues.

**Ambassades et légations.** — *Allemagne,* rue de Lille, 78 (bureaux ouverts de midi à 1 h. ½). — *Angleterre,* rue du Faubourg-St-Honoré, 39 (10 h. à 3). — *Autriche-Hongrie,* rue Las-Cases, 9 et 7 (1 h. à 3). Consulat, rue Laffitte, 21 (Rothschild). — *Bavière,* rue de Berri, 5 (1 h. à 3). — *Belgique,* rue du Faubourg-St-Honoré, 153 (midi à 2 h.). — *Brésil,* rue de Téhéran, 13 et 17 (midi à 2 h). — *Danemark,* rue de Courcelles, 29 (1 h. à 3). Consulat, rue d'Hauteville, 53. — *Espagne,* quai d'Orsay, 25 (1 h. à 4). — *Etats-Unis d'Amérique,* avenue Josephine, 45 (10 h. à 3). Consulat, rue Scribe, 3. — *Grèce,* avenue de Messine, 14 et 17. Consulat, rue Taitbout, 20. — *Italie,* rue St-Dominique, 119 (1 h. à 3). Consulat, rue de Lisbonne, 74. — *Pays-Bas,* avenue Bosquet, 2 (midi à 2 h.). — *Russie,* rue de Grenelle-St-Germain, 79 (midi à 2 h.). — *Saint-Siège,* rue St-Dominique, 102 (11 h. à 1 h.). — *Suède et Norvège,* rue de Rovigo, 22 (midi à 2 h.). Consulat, rue Scribe, 2. — *Suisse,* rue Blanche, 3 (10 h. à 3). — *Turquie,* rue Laffitte, 17 (1 h. à 3). — Ces adresses et les heures où les bureaux sont ouverts changent quelquefois.

**Ministères** (autres bureaux au palais de Versailles). — *Affaires étrangères,* rue de l'Université, 130 (11 h. à 4). — *Agriculture et commerce,* rue St-Dominique, 60 (mardi et vendr., 2 h. à 4). — *Finances,* au Louvre, rue de Rivoli (10 h. à 4). — *Guerre,* rue St-Dominique, 90 (mardi et samedi, midi à 2 h.). — *Instruction publique et Beaux-Arts,* rue de Grenelle-St-Germain, 110 (lundi, mercr. et vendr. de 2 h. à 4). — *Intérieur,* place Beauveau; rue de Grenelle, 99-103; rue de Varennes 78bis. — *Justice et cultes,* place Vendôme, 11 et 13. Bureaux sur le derrière, rue de Luxembourg, 36 (vendr., 2 h. à 4). Bureau des légalisations ouvert tous les jours de midi à 2 h — *Marine et colonies,* rue Royale, 2 (2 h. à 4). — *Travaux publics* rue St-Dominique, 60-64 (lundi, 4 h. à 6; autres jours, 10 h. ½ à 11)

**Temples protestants.** — EGLISES ANGLAISES. — *Eglise Episcopale*, rue d'Aguesseau, 5 (bel édifice). — *Eglise anglaise*, rue Boissy-d'Anglas, 35, cité du Retiro, 7. — *Chapelle Marbeuf*, avenue de Marbeuf, 10bis. — *Chapelle Congrégrationnaliste*, rue St-Honoré, 23. — *Chapelle Wesleyenne*, rue Roquépine, 4. — *Eglise écossaise*, rue de Rivoli, 162.

EGLISES AMÉRICAINES. — *Chapelle Américaine*, rue de Berry, 21. — *Eglise épiscopale américaine*, rue Bayard, 17.

EGLISES CALVINISTES. — *L'Oratoire*, rue St-Honoré, 157 (serv. en français à 11 h. ½). — *Ste-Marie*, rue St-Antoine, 216, non loin de la Bastille (service en français à 11 h. ½). — *Eglise de Pentemont*, rue de Grenelle-St-Germain, 106. — *Eglise du St-Esprit*, rue Roquépine, 5.

EGLISES LUTHÉRIENNES. — *Temple des Billettes*, rue des Billettes, 18. — La *Rédemption*, rue Chauchat, 16.

EGLISE INDÉPENDANTE *(culte évangélique)*, rue des Petits-Hôtels, 17. Service à midi.

EGLISES GRECQUES. — *Eglise russe*, v. p. 210. — *Chapelle de l'ambassade de Russie*.

**Synagogues:** rue Notre-Dame-de-Nazareth, 15; rue de la Victoire, 44 (bel édifice nouvellement reconstruit); rue des Tournelles, non loin de la place des Vosges; rue Buffault, 28, également nouvelle (rite portugais).

### 15. Théâtres. Cirques.

**Théâtres.** — Paris compte actuellement plus de 40 théâtres ou près de 68 avec ses faubourgs; aucune autre ville du monde n'en possède autant. Les représentations commencent entre 6 et 8 h. et durent généralement jusqu'à minuit, ce qui les rend un peu fatigantes vers la fin. Comme les heures d'ouverture varient souvent, on fera bien de consulter toujours les journaux ou les affiches. Il y a sur les boulevards des colonnes spéciales pour les affiches de théâtres, concerts, bals, etc.

Plusieurs théâtres donnent le dimanche après-midi, en hiver, des représentations extraordinaires dites *matinées*. Elles doivent leur origine aux *matinées littéraires* fondées en 1869 par M. Ballande, et qui avaient pour but d'expliquer par des conférences, et de représenter des pièces de théâtre en dehors des répertoires ou d'auteurs inconnus, même d'auteurs étrangers.

Les théâtres présentent la population et la vie parisiennes sous un de leurs aspects les plus caractéristiques; l'étranger devrait donc faire connaissance au moins avec les principaux d'entre eux, dont le public varie comme le genre de représentations.

Le *texte* de la pièce se vend quelquefois au théâtre, pour 1 ou 2 fr. On trouve toutes les pièces qui se jouent à Paris à la *librairie Tresse*, au Palais-Royal, Théâtre-Français, 8-11, et au *Magasin théâtral*, boul. St-Martin, 12. Les «programmes détaillés», tels que l'*Entre-Acte*, l'*Orchestre*, *Vert-Vert* (20 c.) et autres feuilles, que des crieurs vous offrent dans la salle, ne contiennent que les programmes des théâtres, quelques articles spéciaux, ordinairement de peu de valeur, et des annonces.

Les meilleures places sont d'abord les *fauteuils d'orchestre*, puis les *stalles d'orchestre* (derrière l'orchestre), le *parterre* (v. ci-après), pour les petites bourses, et, notamment avec des dames, les *fauteuils de balcon*, ceux des *premières* ou *galeries*, les *premières* et les *deuxièmes loges de face*. Sauf à l'Opéra, les plus mauvaises sont les *stalles d'amphithéâtre*, où l'on ne peut ni bien entendre ni bien voir. Dans la plupart des théâtres, les dames ne sont pas admises à l'orchestre; les fauteuils y sont souvent si étroits que même des hommes ont peine à s'y asseoir, et il y est très-difficile de sortir dans les entr'actes, quand on est placé au milieu. La disposition des places n'est pas la même dans toutes les salles (il y en a dans certains théâtres jusqu'à 25 catégories); mais on devra se défier en général des *places de côté*, des deux dernières galeries, et, à l'Opéra, des stalles de parterre derrière l'orchestre.

Dans les théâtres les plus fréquentés, les meilleures places sont ordinairement prises avant le soir. Pour être sûr d'en avoir, il faut en prendre le jour au *bureau de location* du théâtre, ordinairement ouvert de 11 h. du matin à 6 h. Il y a à côté du guichet un modèle de la salle, à l'aide duquel on peut choisir parmi les billets encore disponibles. Les billets pris ainsi d'avance coûtent 1 à 2 fr. de plus que le soir au bureau. Il y a bien sur les boulevards, au Grand Hôtel, dans l'avenue de l'Opéra, etc., des *Offices des Théâtres* qui font commerce de billets, mais ils demandent souvent 5 fr. et davantage en sus du prix d'un billet. Les *loges*, ordinairement de 4, 5 ou 6 places, ne se louent guère d'avance qu'*en entier*; le soir, au bureau, on peut en avoir des billets séparés. Se défier des billets offerts par des marchands sur la voie publique. Nous indiquons plus bas les prix ordinaires des meilleures places, mais nous faisons observer que, depuis la liberté des théâtres, les prix sont susceptibles de varier, selon la saison et la vogue d'une pièce; les chiffres donnés ci-dessous ne le sont donc qu'à titre de renseignements.

Le *parterre* est toujours rempli. Les places ne sont pas numérotées, sauf à l'Opéra. Pour en avoir une bonne, il faut se rendre au théâtre au moins une heure avant le commencement de la représentation, et *faire queue*, en tenant à la main le prix du billet, afin d'éviter les retards, car le bureau n'ouvre que $1/2$ h. avant le commencement, et la queue se compose souvent de plusieurs centaines de personnes. Les dames ne vont point au parterre, excepté à l'Opéra et dans les petits théâtres.

Un billet pris le soir au bureau ne donne pas droit à une place déterminée dans le rang pour lequel il est valable. L'ouvreuse vous indique une place non louée; si l'on suppose qu'elle y met de la mauvaise volonté, on a toujours le droit de se faire montrer la feuille de location, et de choisir parmi les places qui ne sont pas louées.

Une particularité désagréable de la plupart des théâtres de Paris, c'est la troupe de claqueurs payés, vulgairement appelée *la claque*. Ces hommes placés au milieu d'autres spectateurs, ne font que trop bien usage de leurs vigoureux bras pour applaudir, dès que le *chef de la claque* leur en donne le signal. Il serait imprudent et dans tous les cas inutile de vouloir leur imposer silence; ils font consciencieusement ce pour quoi ils sont payés. La claque est même devenue l'objet de spéculations: il existe des *entrepreneurs de succès dramatiques*, qui passent des contrats avec les directeurs des théâtres, et qui sont obligés de fournir un nombre convenu de claqueurs. Il y a, dit-on, un tarif d'après lequel chaque applaudissement coûte, selon la circonstance, de 5 à 50 fr. Les spectateurs voisins de la claque feront bien de s'abstenir autant que possible de toute marque d'approbation, afin d'éviter de se voir confondus avec cette troupe bruyante et désagréable.

Parmi les espèces d'impôts forcés auxquels le public se résigne, il faut mentionner ici celui du *petit banc*, lorsque vous allez au théâtre avec une dame. L'ouvreuse place un petit banc sous les pieds de madame: pourboire de 10 à 50 c. à la fin de la représentation. Il va sans dire que le système du *vestiaire* y est aussi parfaitement organisé au profit des ouvreuses, car elles ne se gênent pas pour vous demander de reprendre vos effets au dernier entr'acte: autre pourboire de 25 à 50 c.

Les principaux théâtres sont indiqués ci-après dans l'ordre habituel des programmes.

**Opéra** (pl. R. et Bl. 18; *II*). La salle de la rue le Peletier, où furent joués d'abord beaucoup des grands opéras composés de nos jours, a été détruite par un incendie en 1873. Elle est maintenant remplacée par celle du boulevard des Capucines, dont nous reparlerons plus loin comme édifice (p. 73). \*\*L'intérieur est d'une magnificence éblouissante, quand tous les becs de gaz sont allumés; si l'on n'est pas pour revenir et que les entr'actes ne suffisent pas pour le voir, il vaut mieux renoncer à un acte de la pièce (v. p. 58). La mise en scène et le ballet sont splendides. Le Gouvernement accorde à ce théâtre une subvention annuelle de 800,000 fr. 250 acteurs environ en composent le personnel ordinaire. Un bon ténor reçoit jusqu'à 100 et 120,000 fr. Le compositeur et l'auteur d'un opéra touchent l'un et l'autre 500 fr. pour chacune des 40 premières représentations, et 200 fr. pour les suivantes. — Les places sont commodes, même au parterre. Prix au bureau: fauteuils d'orchestre, 13 fr.; stalles de parterre (v. p. 44), 7; 1$^{res}$ de face, 15; 2$^{es}$, 12; 3$^{es}$, 8 fr.

Le **Théâtre-Français** ou la *Comédie Française* (pl. Bl. 21; *II*), place du Théâtre-Français, au sud-ouest du Palais-Royal, est toujours le représentant du genre classique: nulle autre scène ne l'égale pour la tragédie ni pour la comédie. Il peut contenir 1380 spectateurs. — Fondé en 1600, ce théâtre fut dirigé par Molière de 1658 jusqu'à sa mort, en 1673. Il reçoit 240,000 fr. de subvention. L'édifice lui-même n'a rien de particulièrement remarquable. Mentionnons cependant dans le vestibule, d'ordre dorique, la statue du tragédien Talma (m. 1826), celles de la Tragédie et de la Comédie, sous les traits des fameuses actrices Mlle Rachel (m. 1858) et Mlle Mars (m. 1847), et une cheminée monumentale ornée d'un bas-relief, les Acteurs de la Comédie couronnant l'image de Molière, par Lequesne. Le foyer du public contient la statue de Voltaire, par Houdon; les bustes et des représentations en camaïeu de scènes des principaux auteurs dramatiques français; celui des artistes, des portraits des plus célèbres comédiens de la troupe. — Au bureau : avant-scènes des 1$^{res}$ loges, 10 fr. ; loges du rez-de-chaussée et du 1$^{er}$ rang, 8; fauteuils de balcon, 7; fauteuils d'orchestre, 6; parterre, 2 fr. 50. — Les dames ne sont pas admises à l'orchestre.

Le **Théâtre-Italien** (pl. R. 21 ; *II*), nommé aussi *salle Ventadour*, où se donnent les opéras italiens, est situé près de l'avenue de l'Opéra et non loin du boulevard des Italiens, sur la place Ventadour. On y entre du côté de la rue Neuve-St-Augustin, ou du côté de la rue Neuve-des-Petits-Champs. La salle est semi-circulaire et compte 1550 places. Au foyer, les bustes de la célèbre basse Lablache (m. 1858) et d'Adélina Patti. Représentations les mardi, jeudi et samedi, quelquefois aussi le dimanche et le lundi. Vacances du 1$^{er}$ mai au 1$^{er}$ octobre. Ce théâtre, un peu déchu aujourd'hui, est surtout fréquenté par le grand monde; on y entend des artistes de premier ordre. La claque (p. 45) y a été heureusement supprimée. — En location et au bureau : avant-scènes du rez-de-chaussée, entre-sol et 1$^{res}$, 25 fr. ; loges du rez-de-chaussée, 1$^{res}$ fermées et découvertes, 20 ; faut. d'orchestre et de balcon, 15 ; 2$^{es}$ de face, 10 ; 3$^{es}$ de face, 6 fr. — Les dames sont admises à l'orchestre.

L'**Opéra-Comique** (pl. R. 21 ; *II*), place Boïeldieu, est destiné aux petits opéras avec dialogues, comme la Dame Blanche, le Postillon de Lonjumeau, Fra Diavolo, le Domino Noir, la Fille du Régiment, Mignon, etc. Il renferme 1800 places. Subvention de 140,000 fr. Certaines loges ont de petits salons. — Au bureau : avant-scènes de balcon et du rez-de-chaussée, 10 fr. ; avant-scènes des 1$^{res}$, 8; 1$^{res}$ loges avec salon, 9 ; loges sans salon, 7 ; faut. de balcon et des 1$^{res}$, faut. d'orchestre, 8; stalles d'orchestre, 4 ; parterre, 2 fr. 50. — Les dames ne sont pas admises à l'orchestre.

L'**Odéon** (pl. Bl. 19 ; *IV*), place de l'Odéon, près du palais du Luxembourg (v. p. 232), est le deuxième théâtre classique de Paris. Il reçoit une subvention de 60,000 fr. On y joue la tragédie, la comédie et le drame, devant un public composé en grande partie d'étudiants. 1467 places. Casimir Delavigne, Ponsard et George Sand y ont fait jouer pour la première fois quelques-unes de leurs pièces. L'Odéon reste fermé pendant les mois de juin, de juillet et d'août. — Au bureau: avant-scènes des 1$^{res}$ et du rez-du-chaussée, baignoires d'avant-scène, 10 fr.; fauteuils d'orchestre, baignoires et 1$^{res}$ de face, 6; parterre, 2 fr. — Les dames sont admises à toutes les places, excepté au parterre.

Le **Gymnase** (pl. Bl. 24; *III*), boulevard Bonne-Nouvelle, 38, est un des bons théâtres de Paris; il n'est pas rare d'en voir les pièces jouées au Théâtre-Français. Il renferme 1050 places. On y donne des vaudevilles, des comédies et des drames. — Scribe a écrit la plupart de ses pièces pour le Gymnase; Émile Augier, Octave Feuillet, Victorien Sardou et Alex. Dumas fils y ont également obtenu de brillants succès; c'est toujours un théâtre à la mode. — Avant-scènes et 1$^{res}$ de face, 8 fr.; faut. d'orchestre et balcon, 7; stalles d'orchestre, 5 fr. — Les dames sont admises aux fauteuils et aux stalles d'orchestre.

Le **Vaudeville** (pl. Bl. 18, 19; *II*), au coin de la Chaussée-d'Antin et du boulevard des Capucines, est une jolie salle ouverte en 1869, admirablement aménagée, aux places commodes, et éclairée d'après un nouveau système. On y joue aussi des vaudevilles, des drames et des comédies. Ce théâtre compte à son répertoire: la Dame aux Camélias, les Faux Bons-Hommes, Nos Intimes, la Famille Benoîton, etc. 1300 places. — Au bureau: avant-scènes du rez-de-chaussée et des 1$^{res}$, 12 fr. 50; 1$^{res}$ loges de face, 7; faut. d'orchestre et de balcon, 9; faut. de foyer et loges de foyer de face, 5; stalles de la 2$^e$ galerie, 4 fr. — Les dames sont admises à l'orchestre.

Les **Variétés** (pl. Bl. 21; *III*), boulevard Montmartre, excellent dans le vaudeville et la pièce d'à-propos bouffonne et grivoise. C'est en même temps le théâtre aux opérettes comme la Belle Hélène, la Grande Duchesse, etc. 1250 places. — Au bureau: avant-scènes des 1$^{res}$ et du rez-de-chaussée, 10 fr.; 1$^{res}$ loges, 8; faut. d'orchestre et de la galerie, 6; stalles d'orchestre, 4 fr.

Le **théâtre du Palais-Royal** (pl. Bl. 21; *II*), petit théâtre très-fréquenté, donne des vaudevilles et des farces d'une moralité souvent peu rigoureuse; mais ses acteurs sont excellents. Il n'est sorte de plaisanteries, de saillies spirituelles, de calembours, assaisonnés de sel gaulois, qu'on n'y entende tous les soirs; on y rit beaucoup et de bon cœur. Cette salle, qui compte 850 places, est située au coin N.-O. du Palais-Royal, n$^{os}$ 74 et 75. — Au bureau: avant-scènes, 1$^{res}$ loges, faut. de balcon, de 1$^{er}$ rang, d'orchestre et de 1$^{re}$ galerie, 6 fr.; 2$^{es}$ loges de face, 4; parterre, 2 fr. — Les dames ne sont pas admises à l'orchestre.

Les **Bouffes-Parisiens** (pl. Bl. 21; *II*), petite salle du passage Choiseul, tout près des Italiens, ont la spécialité des opérettes-bouffes et des parodies. Offenbach en fut pour un temps le directeur et y donna entre autres, pour la première fois, le Chanson de

Fortunio et Orphée aux Enfers. Ce théâtre est, pour la musique, le pendant de celui du Palais-Royal; on s'y amuse toujours. 1100 places. — Au bureau: avant-scènes du rez-de-chaussée et des 1res, 8 fr.; faut. d'orchestre, 1res loges et faut. des 1res, 6; avant-scènes de la galerie, 4 fr. — Les dames ne sont pas admises à l'orchestre.

Le **théâtre de la Porte-St-Martin** (pl. Bl. 24; *III*), sur le boulevard St-Martin, complétement brûlé pendant la commune, en mai 1871, et rebâti aussitôt après, donne des drames de Casimir Delavigne, de Victor Hugo, d'Alexandre Dumas, etc., et aussi des pièces à tableaux comme le Tour du monde. 1800 places. — Au bureau: avant-scènes du rez-de-chaussée et des 1res, 8 fr.; 1res de face, faut. de balcon 1er rang, 7; faut. d'orchestre, 6; stalles d'orchestre, 4; parterre, 2 fr. — Les dames sont admises à toutes les places.

La **Renaissance** (pl. Bl. 24; *III*). En reconstruisant le théâtre précédent et les maisons qui avaient été détruites en même temps, au coin du boulevard St-Martin et de la rue de Bondy, on a créé une nouvelle et jolie petite salle, avec une élégante façade du côté de la porte St-Martin, le théâtre de la Renaissance, où se jouent de petits opéras comiques et des vaudevilles. 1200 places. — Au bureau: avant-scènes du rez-de-chaussée et du 1er balcon, 12 fr.; loges de balcon de face, 8; faut. d'orchestre et de balcon, 7; stalles d'orchestre, 4 fr. — Les dames sont admises à toutes les places.

Le **théâtre du Châtelet**, sur la place du Châtelet (pl. Bl. 24; *V*), est une scène spéciale pour les féeries et les ballets. 3,352 places. La salle n'a pas de lustre, mais un plafond en cristal sur lequel un réflecteur projette la lumière produite dans les combles. — Au bureau: loges de face, 6 fr.; faut. de balcon et d'orchestre, baignoires, 8; stalles d'orchestre, 3; parterre, 1 fr. 50. — Les dames sont admises à toutes les places.

Le **théâtre de la Gaîté** (pl. Bl. 24; *III*), au square des Arts-et-Métiers, donne des drames, des mélodrames et des féeries. 1800 places. — Au bureau: avant-scènes, 8 fr.; baignoires, loges de la 1re gal., 7; faut. d'orchestre et de 1re galerie, 6; loges et stalles de 2e gal., 5; stalles d'orchestre, 4 fr. — Les dames sont admises à toutes les places.

Le **Théâtre-Historique** ou *Théâtre-Lyrique* (pl. Bl. 23; *V*), place du Châtelet, a été incendié par les communards, le 24 mai 1871, mais il est maintenant restauré. Cette scène fut fondée en 1847 par *Alex. Dumas*, sur le boulevard du Temple, puis transférée sur la place du Châtelet. On n'y a donné pour un temps que de petits opéras; mais il est revenu maintenant à son premier genre. 1800 places. — Au bureau: avant-scènes du rez-de-chaussée et de balcon, 8 fr.; loges de balcon, 5; faut. de balcon et d'orchestre, 4; stalles d'orchestre, 3 fr.

L'**Ambigu-Comique** (pl. Bl. 24; *III*), boul. St-Martin, 2, joue aussi des drames, des mélodrames et des féeries. 1900 places. — Au bureau: avant-scènes du rez-de-chaussée et de balcon, 6 fr.; 1res loges de face, baignoires grillées, faut. d'orchestre et de balcon,

1er rang, 5 ; stalles d'orchestre et faut. de la 2e galerie, 3 fr. — Les dames sont admises à toutes les places.

Les **Folies-Dramatiques** (pl. Bl. 27 ; *III*), boulevard St-Martin, ou plutôt rue de Bondy, 40, près du Château-d'Eau, sont un bon théâtre secondaire, représentant des vaudevilles, des féeries, des opérettes, etc., et où fut applaudie tant de fois la Fille de Madame Angot. 1600 places. — Au bureau: avant-scènes du rez-de-chaussée, 8 fr. ; avant-scènes du théâtre et des 1res, 6 ; faut. d'orchestre, loges de face et de la 1re galerie, 5 ; stalles de balcon, 2 fr. — Les dames sont admises à toutes les places.

Le **théâtre des Nouveautés**, boul. des Italiens, 28, nouvelle salle : avant-sc. du rez-de-ch. et des 1res, 10 fr. ; faut. d'orch. et de balcon, loges de face, 8 et 7 ; stalles d'orch. et 2es, 5 et 4 fr.

Le **théâtre de Cluny**, boulevard St-Germain, 71, près du musée de Cluny, joue le drame, la comédie et le vaudeville ; c'est le gymnase-dramatique de la rive gauche. 1100 places. — Au bureau : avant-scènes, 5 ; loges, baignoires et faut., 3 fr.

Viennent ensuite des théâtres de troisième rang, dont un certain nombre méritent encore d'être mentionnés : *Athénée-Comique*, rue Scribe, 17 : avant-sc. du rez-de-ch. et des 1res, 6 fr. ; loges de balcon de face, faut. d'orchestre, 5 ; stalles d'orch., 3 fr. — *Théâtre des Arts*, boulevard de Strasbourg, 14 : avant-sc. du rez-de-ch. et des 1res, 7 fr. ; faut. d'orch., 5 ; loges de face et faut. de balcon, 4 fr. — *Théâtre Beaumarchais*, boul. Beaumarchais : avant-sc., 3 fr. 50 ; loges des 1res, 2 fr. 50 ; faut. d'orch., 2 fr. — *Troisième Théâtre-Français* (ancien théâtre Déjazet), boul. du Temple, 47 : avant-sc. et 1res loges de face, 5 fr. ; loges, 4 et 3 fr. ; faut., 3 fr. — *Théâtre du Château-d'Eau*, rue de Malte, 50 : avant-sc., 5 fr. ; loges de balcon, 4 fr. ; faut. d'orch., 3 fr. — *Folies-Marigny*, dans les Champs-Elysées : avant-sc. des 1res et 1res loges, 3 fr. ; faut. d'orch., 2 fr. 50.

---

**Cirques.** — Les cirques de Paris, fort bien organisés, sont:

Le **cirque d'Eté** ou *des Champs-Elysées* (3,500 places), dans les Champs-Elysées, près du rond-point, à dr. en montant (pl. Bl. 15 ; *II*). Représentations tous les soirs, du 1er mai au 30 oct. Prix des places : 1res, 2 fr. ; 2es, 1 fr. Les écuries méritent une visite.

Le **cirque d'Hiver**, boul. des Filles-du-Calvaire (pl. Bl. 27 ; *III*). 3,800 places. Représentations comme au précédent, du 1er novembre au 30 avril. Prix : 2 fr., 1 fr. et 50 c.

L'**Hippodrome**, entre l'avenue de l'Alma et l'avenue Joséphine, aux Champs-Elysées (pl. Bl. 12 ; *I*). C'est un vaste cirque pouvant contenir 6,000 personnes. Il s'y donne l'après-midi et le soir toute sorte de représentations équestres, des pantomimes, des ballets ; on y fait des exercices de gymnastique, etc. Places, de 5 fr. à 1 fr.

Le **cirque américain** (*Myers*), place du Château-d'Eau (pl. Bl. 27 ; *III*). Places, de 5 fr. à 50 c.

Le cirque **Fernando**, boulevard Rochechouart et rue des Martyrs (pl. R. 20) : de 3 fr. à 50 c.

Restent à nommer des *spectacles divers*, comme :

Le *théâtre Robert-Houdin*, boulevard des Italiens, 8 ; où se donnent surtout des scènes de physique, de magie, de prestidigitation. Prix, de 5 fr. à 2 fr.

Le *Théâtre Miniature*, boulevard Montmartre, 12, pour les enfants : ombres chinoises, marionnettes, etc., tous les soirs. Les dimanches et jours de fête, une autre représentation à 2 h.

Les *Funambules*, boulevard de Strasbourg, 17, théâtre du même genre ; prix le plus élevé, 2 fr.

Pour les *cafés-chantants*, le *Panorama*, etc., v. p. 51, 160 etc.

## 16. Concerts et bals publics.

**Concerts.** — Les concerts du *Conservatoire de Musique*, rue du Faubourg-Poissonnière, 15, ont une réputation européenne. Ils n'ont lieu que depuis le deuxième dimanche de janvier jusqu'au mois d'avril, tous les quinze jours. On n'y exécute que des chefs-d'œuvre de Haydn, Gluck, Hændel, Mozart, Beethoven ; des anciens maîtres italiens et français, etc. L'exécution des différents morceaux est parfaite. Il y a en outre, également au Conservatoire, trois *concerts spirituels* durant la semaine sainte et la semaine de Pâques. Comme presque toutes les places sont prises par des abonnés, ces concerts ne sont que difficilement accessibles aux étrangers. Si l'on veut néanmoins tenter d'y trouver une place, il faut s'adresser, le vendredi qui suit un concert, au bureau dans la rue du Faubourg-Poissonnière, 15. Prix : balcon et 1$^{res}$ loges, 9 fr. ; stalles d'orchestre, loges du rez-de-chaussée, couloirs de l'orchestre et du balcon, 2$^{es}$ loges, 6 fr. ; 3$^{es}$ loges et stalles d'amphithéâtre, 3 fr. 50 ; parterre et amphithéâtre, 3 fr. ; loges sur le théâtre, 2 fr.

Les *concerts populaires* ou *Pasdeloup*, fondés en 1861 par M. Pasdeloup, pour propager le goût de la musique classique, sont vraiment bien nommés et toujours très-suivis. On y entend aussi des chefs-d'œuvre exécutés par un très-bon orchestre. Ils ont lieu en hiver, le dimanche, à 2 h., au cirque d'Hiver (p. 49). Prix des places : parquet, 5 fr. ; en location : places numérotées, 3 fr. ; premières, 2 fr. 50 ; secondes, 1 fr. 25 ; troisièmes, 75 c.

Les *concerts des Champs-Elysées* ou *Besselièvre* qui se donnent durant l'été, derrière le palais de l'Industrie, offrent l'occasion de passer agréablement la soirée en entendant de bonne musique. Ces concerts sont bien fréquentés ; les dames seules n'y sont pas admises. Ils ont lieu de 8 h. à 11 h., minuit le vendredi, et encore le dimanche de 2 h. à 5 du soir. Entrée : 1 fr., 2 fr. le vendredi.

Il se donne en outre une foule de concerts de circonstance dans certaines salles spéciales, comme celles de *Herz*, rue de la Victoire,

38 ; *Erard*, rue du Mail, 13 ; *Pleyel*, rue Rochechouart, 22 ; au *théâtre du Châtelet*, etc. ; les affiches et les journaux donnent les détails à ce sujet. Le carême est la saison des concerts à Paris.

Des concerts ont encore lieu l'été au bois de Boulogne : au *Jardin d'acclimatation* (p. 167), au *Pré-Catelan* (p. 166), au *chalet des Iles* (p. 165), etc. Il ne faut pas oublier non plus de citer ceux des *jardins publics* : au Palais-Royal, aux Tuileries, au Luxembourg, etc.

Puis viennent les *concerts Arban*, le vendredi, dans la *salle Frascati*, rue Vivienne, 49, près des boulevards (3 fr.), durant l'été de 1878, à l'orangerie du jardin des Tuileries (p. 152), etc.

Les *cafés-chantants* et les *spectacles-concerts* ont des orchestres inférieurs. Les plus fréquentés, en été, sont ceux des Champs-Elysées : le *café des Ambassadeurs*, le premier à dr., avant le cirque ; l'*Alcazar d'Eté*, le second ; le *café de l'Horloge*, à g. — Nous citerons en outre l'*Eldorado*, boul. de Sébastopol, près du boul. St-Denis ; la *Scala*, en face (jolie salle) ; l'*Alcazar d'Hiver*, rue du Faubourg-Poissonnière, 10, aussi près des boulevards ; le *Grand Concert Parisien*, faub. St-Denis, 37, etc. — Les mots *entrée libre*, qu'on lit sur les affiches et aux portes des cafés-chantants, ne sont qu'une ruse pour attirer le public, car on est obligé de prendre au moins une *consommation*, qui coûte, selon la place et la vogue du local, de 1 à 3 fr. — Le local de ce genre le plus fréquenté, moitié théâtre, moitié café-chantant, est celui des *Folies-Bergères*, rue Richer, 32, dans le voisinage du boul. Montmartre. On y fume et l'on s'y promène dans le pourtour. La société y est des plus mêlées. Entrée : 2 fr.

**Bals publics.** — Durant le carnaval ont lieu dans plusieurs théâtres (v. les affiches et les journaux) des *bals masqués* publics, dont les plus curieux sont les *bals de l'Opéra*, une particularité parisienne et tout ce qu'il y a de plus excentrique. Ces bals commencent à minuit et durent jusqu'au jour. Entrée : 20 fr. Les hommes doivent être masqués ou en costume de bal, les dames n'y vont que masquées. Pour des étrangers en compagnie de dames, le mieux est de prendre une loge. Le premier bal de ce genre eut lieu en 1716 à l'instigation du Régent Philippe d'Orléans (p. 83). — Un autre bal masqué célèbre à cause de l'élégance des costumes est le *bal des artistes*, à l'Opéra-Comique ; il faut, pour y assister, demander son billet 8 à 15 jours d'avance (10 fr.).

Les *bals publics* ordinaires sont encore des particularités de Paris et nul étranger ne devrait négliger de voir un de ces établissements. Le décorum y est du moins observé dans le voisinage des agents de police qui y sont de garde, mais ils ne peuvent être partout, et il est bien entendu que tout le monde n'y peut pas aller. Il y a *bals d'été* et *bals d'hiver*.

Bals d'été. — Le plus fréquenté est le *Jardin Mabille*, près du rond-point des Champs-Elysées, avenue Montaigne, 87-93 (pl. Bl. 15 ; II), réuni à l'ancien *Château des Fleurs*. Cet établissement est fréquenté par la fleur du demi-monde et se distingue par son illumination brillante, la richesse de sa décoration et son excellent orchestre. Les mardi, jeudi et samedi, ont lieu de «grandes fêtes de nuit» et l'entrée coûte 5 fr. ; les autres jours, elle est de 2 fr.

La *Jardin Bullier*, nommé *Prado* en hiver, l'ancienne *Closerie des Lilas*, à la sortie du jardin du Luxembourg, carrefour de l'Observatoire, 9 (pl. B. 19 ; p. 233), est un établissement non moins fameux, mais d'un autre genre. C'est là que l'étudiant conduit son «étudiante», l'ouvrier son «ouvrière», et que s'exécutent des danses échevelées, des quadrilles bachiques, qui ne sont rien moins que gracieux. La jeunesse va réellement chez Bullier pour s'amuser. Bals les dimanches, lundis et jeudis. Prix d'entrée : 1 fr.

Le *Château-Rouge*, avenue de Clignancourt, 42 et 44, à Montmartre, est aussi un joli bal. On y danse, hiver comme été, les lundi, jeudi et vendredi. Entrée : 2 fr.

*Tivoli-Wauxhall*, rue de la Douane, 12-16, non loin du Château-d'Eau. Prix : 1 fr., 2 fr. les mercr. et samedi.

BALS D'HIVER : *Frascati*, rue Vivienne, 49 (concerts, v. p. 51), un des premiers bals d'hiver. Soirées dansantes les dimanche, lundi, mardi, jeudi et samedi. Fête de nuit et bal masqué le samedi. Entrée : 3 fr. dans la semaine, 2 fr. le dimanche.

*Valentino*, rue St-Honoré, 251, le Mabille d'hiver. Bals les dimanche, lundi, mercr., vendr. et sam., fêtes de nuit les mercr. et sam. ; prix : 2 et 3 fr. Bal masqué le samedi.

Le *Casino-Cadet*, rue Cadet, 16. Bals les lundi, mercr., vendr. et dim. Bal masqué le mercr. Entrée : 2 fr.

Pour le *Prado*, v. plus haut. Fête de nuit le mardi pendant le carnaval ; prix d'entrée : 2 fr.

Les bals des *fêtes champêtres* qui ont lieu alternativement en été dans les villages des environs de Paris, attirent aussi beaucoup de monde.

---

**Courses.** — Des courses de chevaux ont lieu depuis le mois de février jusqu'au mois de novembre à Auteuil (p. 165), Longchamp (p. 166), Chantilly (p. 331), la Marche, le Vésinet (p. 309), Fontainebleau (p. 324), etc. De grandes affiches les annoncent et donnent des détails longtemps d'avance.

Les **Skating-Rinks**, qui sont devenus à la mode depuis quelques années, sont surtout fréquentés par des dames. On pourra à l'occasion en visiter un des plus importants, comme le *Skating-Palais*, avenue du Bois-de-Boulogne, 55 ; le *Skating de la Chaussée-d'Antin*, rue Blanche, 13, près de la Trinité. — Le *patinage*, quand la saison le permet, est aussi un des plaisirs favoris du beau monde parisien, surtout au bois de Boulogne.

## 17. Cris de Paris.

L'animation extraordinaire qui règne dans Paris en fait une ville bruyante. Outre le roulement incessant des voitures, on y entend retentir du matin au soir des cris de toute sorte, souvent

## 17. CRIS DE PARIS.

discordants, presque toujours inintelligibles pour celui qui n'y est pas habitué, mais dont plusieurs ne manquent pas d'une certaine originalité.

Les fripiers crient: «*Habiits! vieux habiiits! marchand d'habiiiits!*»

Les marchands de légumes : «*Poois verts, poois verts!*» «*V'là d's artichauts, de beaux aartichauauts!*» «*Ma botte d'asperges, ma botte d'asperges!*» «*Tous les p'tits radis roses, six liards la botte!*» etc.

Les marchandes de poisson: «*Il arrive, il arrive, l' maquereau!*» «*Hareng qui glace, qui glaace, hareng nouveau!*» «*Merlan frais, là, frais; j'ai du beau merlan, beau!*» «*A la crevette, fraîche et bonne, à la bonne crevette!*» «*Sardines de Nantes, sardines nouvelles!*» «*Qui veut d'la sole à frire!*» etc.

Les marchands de fruits : «*Fraises, fraises, oh! les belles fraises!*» «*C'rise à la douce!*» «*Chasselas de Foontainebleau!*» etc.

Les étameurs et les raccommodeurs de faïence, pour la plupart des Auvergnats, avec un accent provincial très-prononcé : «*V'là l'étameur, v'là rrrac-commodeur, v'là l'étameur!*»

Les fontainiers, qui réparent les filtres : «*V'là foontainier, mesdames, v'là foontainier!*» Et ils s'évertuent à jouer le «Roi Dagobert» ou un air populaire du jour avec un cornet qui produit un son unique en son genre.

Les marchandes de plaisir, espèces d'oublies, pâtisserie légère roulée en cornets : «*Voilà l'plaisir, Mesdames, réegaalez-vous, Mesdames! Voilà l'plaisiiir!*» Et elles vont secouant une planchette sur laquelle est attachée une poignée mobile en fer.

### 18. Course d'orientation.

Rien n'est plus propre à donner une idée de la physionomie générale de Paris au voyageur, à qui le plan de cette ville immense ne paraît être d'abord autre chose qu'un labyrinthe inextricable; aucun moyen n'est plus efficace pour le délivrer du sentiment de gêne qui opprime l'étranger au milieu de ce monde nouveau, que de prendre une voiture pour se faire conduire à travers les principaux quartiers, et aussi par les rues qu'il n'aura plus guère l'occasion de visiter plus tard.

Une *voiture découverte* est surtout recommandable à cet effet (omnibus, v. ci-dessous). On en prendra une bonne, n'importe où, sur les boulevards, au Palais-Royal, au Louvre, on dira au cocher que l'on veut être conduit *à l'heure* (p. 22), constatera avec lui l'heure du départ, et on lui indiquera au fur et à mesure l'itinéraire suivant. Un homme seul pourrait s'asseoir sur le siège, à côté du cocher, qui lui donnerait toutes sortes de renseignements précieux, que le meilleur plan du monde ne serait pas capable de remplacer.

En partant, par exemple, du *Palais-Royal* (p. 83), on ira par la rue de Rivoli (p. 169) à la place de la Concorde (p. 154), aux Champs-Elysées (p. 157), au palais de l'Industrie (p. 158), à l'arc de triomphe de l'Etoile (p. 161). Puis on passera par le pont de d'Alma (p. 161), le Champ-de-Mars (p. 281), l'hôtel des Invalides (p. 273), la rue de Grenelle, Ste-Clotilde (p. 271), le boul. St-Germain jusqu'à St-Germain-des-Prés (p. 261), la rue Bonaparte jusqu'à St-Sulpice ; on ira de là au palais du Luxembourg (p. 226) et par la rue de Médicis et la rue Soufflot au Panthéon (p. 234). Ensuite on descendra le boulevard St-Michel (p. 224), du côté de la Seine, en laissant à dr. la Sorbonne (p. 246) et le palais des Thermes (p. 239), à g. la fontaine St-Michel (p. 224) ; on suivra plus loin le boulevard du Palais, dans la Cité, où l'on remarquera, à dr. Notre-Dame (p. 215), à g. le Palais-de-Justice (p. 219), et l'on se retrouvera sur la rive droite à la place du Châtelet (p. 172). Enfin l'on prendra à droite la rue de Rivoli (p. 169), en passant devant la tour St-Jacques (p. 171), et l'Hôtel-de-Ville (p. 173), et on suivra plus loin la rue St-Antoine jusqu'à la place de la Bastille (p. 64) et la colonne de Juillet (p. 65), pour revenir le long des grands boulevards (p. 61 et suiv.) jusqu'à la Madeleine (p. 79).

Cette course demande environ 3 h. et coûte, selon la voiture (2 fr. ou 2 fr. 50 l'heure), de 7 à 8 fr., y compris 1 fr. de pourboire. On peut l'abréger un peu en quittant la voiture à la place du Château-d'Eau (p. 68), afin de commencer là immédiatement la visite des boulevards, en s'y promenant lentement pour en jouir.

Un homme peut faire à peu près la même course en *omnibus* et en *tramway* (p. 24-26), à l'impériale, de la façon que nous allons indiquer. Elle demande naturellement plus de temps, surtout parce qu'il faut attendre quelquefois qu'il y ait de la place, mais elle a l'avantage de coûter beaucoup moins. Prendre sur les grands boulevards l'omnibus de la Madeleine (p. 79) à la Bastille, ligne *E*, sans correspondance (15 c.), jusqu'à la place de la Bastille (p. 64), monter là sur le tramway venant de Vincennes (15 c.), descendre au Louvre (p. 86) pour continuer par la ligne *C*, du Louvre à la porte Maillot, jusqu'à l'arc de triomphe de l'Etoile (p. 161) ; redescendre par la même ligne, sans correspondance, jusqu'à la place de la Concorde (p. 154) ; aller prendre sur le quai la ligne *AF*, venant de Courcelles et menant au Panthéon (p. 234), sans correspondance ; revenir de là, l'espace de 5 min. environ, à pied, par la rue Soufflot, en face du monument et en traversant le boul. St-Michel, jusqu'au jardin du Luxembourg (p. 232) et à l'Odéon (p. 232), où se trouve l'omnibus de l'Odéon à Clichy *(H)*, lequel ramène, sans correspondance, au Palais-Royal (p. 83) ; ou mieux, prendre sur le boul. St-Michel le tramway de Montrouge à la gare de l'Est pour aller descendre à la rue de Rivoli (p. 169), ou plus loin sur les grands boulevards, ou même à la gare de l'Est (p. 190).
— En suivant ce parcours, on peut voir presque les mêmes choses et peut-être plus que sur le précédent, et les dépenses en voitures, à l'impériale, ne s'élèvent qu'à 90 c. L'itinéraire est loin d'être aussi compliqué qu'il le paraît à première vue,

car les points de départ et les bureaux sont toujours faciles à trouver. En route, on aura toujours un voisin complaisant qui saura vous dire les noms des édifices devant lesquels on passera.
— On pourra modifier cet itinéraire à partir de l'arc de Triomphe en ne redescendant pas à la place de la Concorde, mais en allant par le tramway de la place de l'Etoile à la gare Montparnasse jusqu'au delà du pont de l'Alma et de là par le tramway de ce pont à la Bastille jusqu'au square Cluny, où l'on descendra pour monter à pied en quelques minutes à la rue Soufflot et au Panthéon, comme ci-dessus.

La première curiosité se trouve ainsi satisfaite, on s'est fait une idée générale de Paris, et l'on peut se livrer tout à son aise à l'examen des détails, à la visite des monuments, des musées, etc.

### 19. Emploi du temps.

**Plan général.** — Quinze jours suffisent à peine pour voir Paris et ses environs, même en ne perdant pas de temps et en se contentant d'une visite tout à fait superficielle; il vaut même mieux compter trois semaines. La division du texte dans ce livre peut être prise comme programme pour la distribution du temps dans la visite de Paris. L'aperçu suivant pourra aussi servir de guide; nous avons eu égard, en le composant, à la situation des diverses curiosités, aux heures où elles sont visibles et au temps qu'on met ordinairement à les visiter. Il faudra naturellement intervertir l'ordre des visites indiquées ci-dessous quand les choses à voir ne seront pas visibles le jour où, dans l'ordre de ce programme, on devrait les visiter, par ex. si le deuxième jour du séjour à Paris était un lundi, où l'on ne peut voir les collections du Louvre.

Le matin, de bonne heure, et le soir, on visitera les églises et les cimetières, qui sont ouverts toute la journée, ou bien on se promènera aux Champs-Elysées, au jardin des Tuileries, au Luxembourg, au Jardin des Plantes; le soir, on ira au spectacle ou au bal. Ces occupations rempliront aussi fort bien les lundis, où les galeries les plus importantes restent fermées (Louvre, Luxembourg, Versailles, Conservatoire des Arts et Métiers, musée d'Artillerie). Les heures de 4 à 6, avant le dîner, seront le mieux employées à se promener sur les boulevards, dont les splendides magasins et la vie très-animée sont toujours un spectacle fort curieux; c'est l'heure de l'absinthe de beaucoup de Parisiens.

*1er jour.* — Course d'orientation (p. 53). — Promenade sur les *boulevards Montmartre (p. 70), des Italiens (p. 72) et des Capucines (p. 73). *Opéra (p. 73). *Colonne Vendôme (p. 77). *La Madeleine (p. 79). Par la rue de Rivoli (p. 169) au *Palais-Royal (p. 83).

*2e jour.* — **Le Louvre (p. 86). — *Place du Carrousel (p. 148). Palais et *jardin des Tuileries (p. 149 et 152). *Place de la Concorde (p. 154).

*3e jour.* — *St-Germain-l'Auxerrois (p. 170). Nouvelle visite aux **musées du Louvre (p. 89). — *Champs-Elysées (p. 157). Panorama (p. 160). *Arc de triomphe de l'Etoile (p. 161). **Bois de Boulogne (p. 164).

*4e jour.* — *Notre-Dame (p. 215). *Palais-de-Justice (p. 219) et **Ste-Chapelle (p. 221). — *Tour St-Jacques (p. 171). Hôtel-de-Ville (p. 173). Musée Carnavalet (p. 194). Colonne de Juillet (p. 65). Retour par les boulevards (p. 67 et suiv.).

*5e jour.* — Halles Centrales (p. 182). *St-Eustache (p. 181). St-Merri (p. 154). Musée des Archives (p. 192). *Conservatoire des Arts et Métiers (p. 184). — Parc de Monceaux (p. 208).

*6e jour.* — *Panthéon (p. 234). *St-Etienne-du-Mont (p. 238). — *Palais (p. 226), *musée (p. 228) et *jardin du Luxembourg (p. 232). — Val de Grâce (p. 257). — Gobelins (p. 254).

*7e jour.* — La Sorbonne (p. 246). *Musée de Cluny (p. 239) et palais des Thermes (p. 245). — *St-Sulpice (p. 259). St-Germain-des-Prés (p. 261). Par le boulevard St-Germain (p. 226) à la place de la Concorde.

*8e jour.* — Palais du Corps-Législatif (p. 270). *Ste-Clotilde (p. 271). — *Hôtel des Invalides (p. 273). *Musée d'artillerie (p. 275). *Tombeau de Napoléon 1er (p. 278). École militaire, Champ-de-Mars et Trocadéro (p. 280 et suiv.). Retour en bateau (p. 26).

*9e jour.* — Chapelle expiatoire (p. 187). St-Augustin (p. 187). *La Trinité (p. 188). Notre-Dame-de-Lorette (p. 188). *St-Vincent-de-Paul (p. 189). — *Buttes-Chaumont (p. 203).

*10e jour.* — St-Roch (p. 81). Cabinet des médailles et des antiques à la Bibliothèque Nationale (p. 178). *Fontaines Molière et Richelieu (p. 181). — *Cimetière du Père-Lachaise (p. 195).

*11e jour.* — École des Beaux-Arts (p. 266). Palais de l'Institut (p. 264). La Monnaie (p. 263). Le Pont-Neuf (p. 223). — *Jardin des Plantes (p. 249). — Château et bois de Vincennes (p. 210 et 212). Retour par le tramway.

*12e jour.* — ***Versailles (p. 289). Sèvres (p. 309), St-Cloud (p. 307).

*13e jour.* — *St-Denis (p. 313). Enghien (p. 322) et Montmorency (p. 322). — Cimetière Montmartre (p. 206).

*14e jour.* — *St-Germain-en-Laye (p. 310). Préparatifs pour le retour (achats, etc.).

En ajoutant à cela deux jours pour visiter *Fontainebleau* (p. 324) d'une part, *Compiègne* (p. 332) et *Pierrefonds* (p. 335) de l'autre, et quelques jours de repos, dont on éprouvera bientôt le besoin, trois semaines seront bien vite écoulées, quand même on ne serait pas contrarié par le mauvais temps.

On profitera des premières belles journées pour se rendre au Père-Lachaise, à Versailles, à St-Germain, à St-Denis, à Fontainebleau, etc., et on se gardera de remettre ces excursions à la fin du séjour à Paris. Sans cela, on pourrait facilement se voir empêché par la pluie de visiter ces endroits charmants. Les journées où le ciel est couvert et où il pleut, s'emploient le plus convenablement à visiter les collections et les musées.

**Heures d'admission.** — L'aperçu ci-dessous indique les jours et les heures où sont ouverts les principaux musées, édifices, etc.

Un visiteur muni d'un passe-port fera bien de le porter toujours sur lui; il lui servira pour obtenir de voir certaines collections et certains monuments les jours où le public n'y est pas admis.

Les curiosités du jour sont ordinairement indiquées par les journaux et par des affiches. On trouve aussi dans les hôtels et dans les cafés des feuilles spéciales donnant des renseignements à ce sujet; mais on ne saurait trop s'y fier, vu les changements qui peuvent avoir lieu. Le porteur de ce Guide nous excusera pour la même raison, si, lors de son voyage, nos propres indications ne sont plus parfaitement exactes. La liste qui suit, comprend seulement les choses qui ne sont visibles que certains jours ou à certaines heures; pour les autres, voir la table, à la fin du volume.

*Archives (palais et musée des):* publics le dimanche de midi à 3 h.; visible le jeudi avec une autorisation. Voir p. 191.

*Beaux-Arts (Ecole des):* musée des études, Hémicycle de Delaroche, musée des copies, etc., publics le dimanche de midi à 4 h., visibles en partie les autres jours moyennant un pourboire, tous de 10 h. à 4 h., 3 h. le samedi. V. p. 266.

*\*Arts et Métiers (Conservatoire des):* collections, de 10 h. à 4, publics les dimanche, mardi et jeudi; moyennant 1 fr. les autres jours; — bibliothèque, tous les jours excepté le lundi. V. p. 184.

*Bibliothèque de l'Arsenal:* les jours non fériés, de 10 h. à 3. Vacances du 15 août au 1er octobre. V. p. 176.

*Bibliothèque de la ville:* les jours non fériés de 10 h. à 4 ou 5 h., avec une autorisation. Vacances du 15 août au 1er lundi d'octobre. V. p. 195.

*Bibliothèque du Muséum d'histoire naturelle* (Jardin des Plantes): les jours non fériés, de 10 h. à 3. V. p. 249.

*Bibliothèque de l'Université:* les jours non fériés de 10 h. à 3, et le soir de 7 à 10. Vacances du 5 juillet au 20 août. V. p. 247.

*Bibliothèque Mazarine:* les jours non fériés de 10 h. à 4. Vacances du 15 août au 1er novembre. V. p. 266.

*Bibliothèque Nationale:* salle de lecture, tous les jours de 10 h. à 4 h.; salle de travail, tous les jours non fériés aux mêmes heures pour les personnes munies d'une carte; cabinet des médailles et des antiques, le mardi et provisoirement aussi les jeudi et samedi, de 10 h. $\frac{1}{2}$ à 3 h. $\frac{1}{2}$; autres galeries, les mêmes jours de 10 h. à 4. 15 jours de vacances à Pâques. V. p. 177.

*Bibliothèque Ste-Geneviève:* les jours non fériés, de 10 h. à 3, et le soir de 6 h. à 10. Vacances du 1er sept. au 15 oct. V. p. 237.

*\*Bourse:* les jours non fériés, de midi à 3 h. pour les affaires de Bourse; de 3 à 5 pour les affaires commerciales. V. p. 71.

*Catacombes:* deux fois par mois, avec une autorisation. V. p. 283.

*Compiègne:* palais et musée ouverts au public les mardi, jeudi, samedi et dimanche de 11 h. à 4; visibles les autres jours moyennant un pourboire. V. p. 332.

*Egouts:* une fois par semaine, dans la bonne saison, en adressant une demande comme pour les Catacombes. V. p. 283.

*\*Fontainebleau:* le palais, tous les jours sauf le mardi, de midi à 4 h. V. p. 324.

*Gobelins:* les mercredi et samedi, de 1 h. à 3 ou 4 h. V. p. 254.

*\*Invalides:* l'hôtel et l'église, tous les jours de 11 h. à 4; le *\*tombeau de Napoléon I$^{er}$, les lundi, mardi, jeudi et vendredi, de midi à 3 h. Messe militaire le dimanche à midi; revue des Invalides à midi et demi. — Musée d'artillerie, v. ci-dessous. V. p. 273.

*Imprimerie Nationale:* le jeudi à 2 h. précises, avec une permission. V. p. 193.

*Institution des jeunes aveugles:* le mercr. de 1 h. à 4 ou 5 h., avec une permission ou en présentant son passe-port. V. p. 279.

*Institution des sourds-muets:* le samedi de 2 h. à 5, aux mêmes conditions. V. p. 257.

*\*Jardin d'acclimatation:* tous les jours du matin au soir; 1 fr. d'entrée, 50 c. les dimanches et les jours de fête. V. p. 167.

*\*\*Jardin des Plantes:* le jardin botanique, toute la journée; la ménagerie, en été, ou plutôt du 1$^{er}$ mars au 31 oct., de 10 h. à 5 (6 le dim.); en hiver, de 11 h. à 4; avec une carte (p. 249), de 1 h. à 4; — les galeries ou collections d'histoire naturelle, le mardi et le jeudi de 2 h. à 4 en hiver, et le dimanche de 1 h. à 4, plus les mardi, jeudi et samedi de 11 h. à 2, avec une carte. — Les serres ne sont visibles qu'avec une autorisation spéciale. V. p. 249.

*\*\*Louvre,* les musées: tous les jours à l'exception du lundi, en été, c'est-à-dire du 1$^{er}$ avril au 1$^{er}$ oct., dans la semaine, de 9 h. à 5; le dimanche, de 10 h. à 4; en hiver, toujours de 10 h. à 4. Certaines collections ne sont visibles qu'à partir de 1 hr. V. p. 89.

*\*Luxembourg,* le musée, comme ceux du Louvre, de 9 h. à 5 ou de 10 à 4. V. p. 228.

*La Monnaie:* cabinet des médailles, de midi à 3 h. les mardi et vendr.; ateliers, les mêmes jours, avec une permission. V. p. 263.

*\*Musée d'artillerie,* armes et armures: les dimanche, mardi et jeudi, de midi à 3 h., 4 en été. V. p. 273

*\*Musée de Cluny et des Thermes:* public les dimanches et jours de fête, de 11 h. à 4 h. 1/2; visible les autres jours avec une autorisation. V. p. 239.

*\*Opéra,* le grand foyer: le dimanche de 9 h. à 2, avec une carte délivrée gratuitement au bureau des locations des bals, rue Scribe, le vendredi de midi à 5 h. V. p. 77.

*\*Palais-de-Justice:* audiences des différents tribunaux, tous les jours, excepté les dimanches et fêtes, de 11 h. à 3. V. p. 219.

*\*Panorama:* tous les jours de 10 h. à 4, 5 ou 6 selon la saison; entrée: 2 fr. dans la semaine, 1 fr. le dimanche. V. p. 160.

*Panthéon :* le dôme et les caveaux, de 10 h. 1/2 à 4, 5 ou 6 h., en payant 50 c. pour chaque visite. V. p. 234.

*Pierrefonds (château de) :* comme le palais de Compiègne.

*Saint-Denis,* l'église et les tombeaux : tous les jours, excepté durant les offices, de 10 h. 1/2 à 4 h., moyennant 1 fr. V. p. 313.

**Sainte-Chapelle :* de midi à 4 h., moyennant un pourboire le lundi et le vendredi, gratuitement les autres jours. V. p. 221.

*Saint-Germain-en-Laye,* le musée : les dimanche, mardi et jeudi de 11 h. 1/2 à 5 h. ou 4 h. en hiver ; les autres jours moyennant un pourboire. V. p. 310.

*Sèvres :* les collections de la manufacture, tous les jours de midi à 4 ou 5 h. ; les ateliers, les lundi, jeudi et samedi avec une autorisation. V. p. 309.

*Tabacs (manufacture des) :* le jeudi de 10 h. à midi et de 1 h. à 4, avec la permission du directeur. V. p. 283.

*Trianon (grand) :* les mardi, jeudi et dimanche, de midi à 4 h. — *Petit Trianon,* seulement avec une autorisation. V. p. 306.

**Versailles :* musée, tous les jours de midi à 4 h., excepté le lundi. V. p. 292.

*Vincennes :* salles d'armes et donjon, le samedi de midi à 4 h., avec une autorisation de la direction d'artillerie. V. p. 210.

### Distribution des heures.
*(Voir la table alphabétique ci-dessus.)*

*Tous les jours.* — Endroits publics (églises, bois, promenades, etc.). — Bibliothèque Nationale (salle de lecture), de 10 h. à 4. — Conservatoire des Arts et Métiers, de 10 h. à 4, gratuit les dim., mardi et jeudi, moyennant 1 fr. les autres jours. — Ste-Chapelle, de midi à 4 h., en donnant un pourboire les lundi et vendredi, gratuitement les autres jours. — Ménagerie du Jardin des Plantes, de 10 h. à 4 ou 5 h. — Jardin d'acclimatation, toute la journée, en payant 1 fr., ou 50 c. le dimanche. — Ecole des Beaux-Arts, de 10 h. à 4 (3 le sam.), moyennant un pourboire ; publique le dimanche de midi à 4 h. — Hôtel des Invalides, de 11 h. à 4. — Panorama, de 10 h. à 4, 5 ou 6 h., moyennant 2 fr., ou 1 fr. le dimanche. — Eglise et tombeaux de St-Denis, à partir de 10 h. 1/2 (1 fr.). — Collections de Sèvres, de midi à 4 ou 5 h.

*Tous les jours excepté les dimanches et les jours de fête.* — Bibliothèque Nationale (salle de travail), de 10 h. à 4. — Bibliothèque Ste-Geneviève, de 10 h. à 3 et de 6 à 10. — Bibliothèque Mazarine, de 10 h. à 4. — Bibliothèque de l'Arsenal, de 10 h. à 3. — Bibliothèque de la Ville, de 10 h. à 4 ou 5 h., avec une permission. — Bibliothèque du Muséum ou Jardin des Plantes, de 10 h. à 3. — La Bourse, de midi à 5 h. — Palais-de-Justice, de 11 h. à 3.

*Tous les jours excepté le lundi.* — Musées du Louvre et du Luxembourg, de 9 h. à 5 en été dans la semaine, de 10 h. à 4 le dimanche et en hiver. — Musée de Cluny, dans la semaine sur présentation du passe-port ou avec une autorisation, inutiles durant l'exposition ; public le dimanche de 11 h. à 4 h. 1/2. — Musée de Versailles, de midi à 4 h.

*Tous les jours excepté le mardi.* — Palais de Fontainebleau, de midi à 4 h.

*Dimanche.* — Foyer de l'Opéra, de 9 h. du matin à 2 h., avec une permission. — Conservatoire des Arts et Métiers, gratuitement, de 10 h. à 4. — Musée de Cluny, public de 11 h. à 4 h. 1/2. — Musée des Archives, de midi à 3 h. — Galeries du Jardin des Plantes, publiques de 1 h. à 5. — Ecole des Beaux-Arts, de midi à 4 h. — Hôtel des Invalides, messe militaire à midi ; revue à midi et demi. — Musée d'artillerie, de midi à 3 ou 4 h. — Musée de St-Germain-en-Laye, de 11 h. 1/2 à 4 ou 5 h. — Grand Trianon, de midi à 4 h. — Palais et musée de Compiègne, de 11 h. à 4 h. — Château de Pierrefonds, idem.

*Lundi.* — Tombeau de Napoléon I$^{er}$, de midi à 3 h. — Ateliers de la manufacture de Sèvres, avec une permission.

*Mardi.* — Arts et Métiers, gratuitement, de 10 h. à 4. — Galeries du Jardin des Plantes, de 11 h. à 2 avec une carte, et publiques de 2 à 4 ou 5 h. — Cabinet des médailles et des antiques, à la Bibliothèque Nationale, de 10 h. 1/2 à 3 h. 1/2. — Cabinet des médailles, à l'hôtel des Monnaies, de midi à 3 h. — Musée d'artillerie, aux Invalides, de midi à 3 ou 4 h. — Tombeau de Napoléon I$^{er}$, de midi à 3 h. — Musée de St-Germain-en-Laye, de 11 h. 1/2 à 4 ou 5 h. — Grand Trianon, de midi à 4 h. — Palais et musée de Compiègne, comme le dimanche. — Château de Pierrefonds, idem.

*Mercredi.* — Gobelins, de 1 h. à 3 ou 4 h. — Institution des jeunes aveugles, de 1 h. 1/2 à 4 ou 5 h.

*Jeudi.* — Arts et Métiers, gratuitement, de 10 h. à 4. — Musée des Archives, de midi à 3 h., avec une autorisation. — Imprimerie Nationale, à 2 h. précises, sur une autorisation. — Galeries du Jardin des Plantes, avec une carte, de 11 h. à 2, publiques de 2 à 4 ou 5 h. — Musée d'artillerie, aux Invalides, de midi à 3 ou 4 h. — Tombeau de Napoléon I$^{er}$, de midi à 3 h. — Manufacture des Tabacs, de 10 h. à midi et de 1 h. à 4, sur une autorisation. — Ateliers de la manufacture de Sèvres, avec une permission. — Grand Trianon, de midi à 4 h. — Musée de St-Germain-en-Laye, de 11 h. 1/2 à 4 ou 5 h. — Palais et musée de Compiègne, comme le dimanche. — Château de Pierrefonds, idem.

*Vendredi.* — Cabinet des médailles, à l'hôtel des Monnaies, de midi à 3 h. — Tombeau de Napoléon I$^{er}$, de midi à 3 h.

*Samedi.* — Galeries du Jardin des Plantes, de 11 h. à 2. — Gobelins, de 1 h. à 3 ou 4 h. — Institution des sourds-muets, avec une autorisation, de 2 h. à 4 ou 5 h. — Ateliers de la manufacture de Sèvres, avec une permission. — Palais et musée de Compiègne, comme le dimanche. — Château de Pierrefonds, idem.

# GUIDE DANS PARIS

## RIVE DROITE

Le partie la plus animée du Paris moderne est celle de la rive droite de la Seine, du reste la plus grande. C'est là en effet que sont les rues les plus fréquentées et les plus remarquables, les *boulevards* proprement dits dans le langage parisien; les plus belles *promenades*, les *hôtels*, les *restaurants* et les *cafés* les plus luxueux, les plus brillants *magasins*, la *Bourse* et la *Banque*, l'*hôtel des Postes* et les *Halles centrales*, la *Bibliothèque Nationale*, presque sans rivale; le *Palais-Royal*, éclipsé aujourd'hui par les boulevards, mais cependant toujours comme le centre de la ville; le *Louvre*, avec ses trésors artistiques; les *Tuileries* et l'*Hôtel-de-Ville*, jusqu'à nos jours centres de ralliement de l'aristocratie et de la bourgeoisie, sièges de la monarchie et de la démocratie, et partant symboles des rivalités qui remplissent l'histoire de France, etc.

## 1. Les grands boulevards et les environs.

### I. ORIGINE ET CARACTÈRE DES BOULEVARDS.

Les anciens remparts ou *boulevards* de Paris furent rasés sous le règne de Louis XIV, en 1670. Sur leur emplacement se formèrent des rues, dont la partie N., sur la rive droite de la Seine, surpasse aujourd'hui toutes les rues de l'univers, tant par la richesse de l'architecture, que par le luxe des magasins, des cafés, etc., et par l'animation qui y règne : ce sont les *anciens boulevards* ou *boulevards intérieurs*.

Cent ans plus tard, de Calonne, ministre de Louis XVI, fit entourer la ville ainsi agrandie et ses faubourgs d'un nouveau mur d'enceinte ou d'octroi. On connaît encore le jeu de mots alors en vogue: «le mur murant Paris rend Paris murmurant». Enfin une nouvelle enceinte ayant été formée par les fortifications élevées à partir de 1840, la ligne d'octroi fut reportée jusque là en 1860, et le second mur fit place à de nouveaux boulevards nommés *boulevards extérieurs*.

## 1. LES BOULEVARDS.

Il existe en outre à Paris, depuis les énormes changements entrepris de nos jours pour faciliter la circulation et dans un but d'embellissement, une foule d'autres boulevards, qui ne sont ainsi nommés que par analogie.

Les boulevards se divisent donc en trois catégories: 1° Les *anciens boulevards* ou *boulevards intérieurs*, moitié au N. et moitié ou S. de la Seine. La partie N., les *boulevards* proprement dits que nous avons déjà mentionnés, ou les *grands boulevards*, s'étend à peu près en hémicycle de la Bastille (pl. Bl. 25; V †) à la Madeleine (pl. Bl. 18; *II*) sur une longueur de 4800 m. et une largeur de plus de 30 m. Ces boulevards sont au nombre de 11, savoir: les boulevards Beaumarchais (700 m. de long), des Filles-du-Calvaire (300 m.), du Temple (650 m.), St-Martin (650 m.), St-Denis (250 m.), Bonne-Nouvelle (350 m.), Poissonnière (350 m.), Montmartre (250 m.), des Italiens (550 m.), des Capucines (500 m.) et de la Madeleine (250 m.). — Les boulevards intérieurs du S., qui forment sur la rive gauche un autre hémicycle d'environ 7,200 m. de développement, s'étendant du pont d'Austerlitz au pont des Invalides, sont au nombre de 6: les boulevards de l'Hôpital, d'Italie, autrefois des Gobelins, St-Jacques, d'Enfer, du Montparnasse et des Invalides.

2° Les *boulevards extérieurs*. La partie N., qui commence au pont de Bercy, a 15 kil. $^{1}/_{2}$ de long et comprend: les boulevards de Bercy, de Reuilly, de Picpus, de Charonne, de Ménilmontant, de Belleville, de la Villette, de la Chapelle, de Rochechouart, de Clichy, des Batignolles et de Courcelles. — Partie S., 9 kil. de long, savoir, aussi à partir du pont de Bercy: les boulevards de la Gare, d'Italie, St-Jacques et d'Enfer comme ci-dessus, de Montrouge, de Vaugirard et de Grenelle.

3° Les *nouveaux boulevards* créés depuis 1852, dont les plus importants sont: les boulevards de Strasbourg, de Sébastopol, St-Michel, de Magenta, Voltaire, Richard-Lenoir et St-Germain.

A cette dernière catégorie s'ajoutent un grand nombre d'*avenues*, telles que: les avenues de l'Opéra, des Champs-Elysées, de Friedland, de la Reine-Hortense, de Wagram, de la Grande-Armée, du Bois-de-Boulogne, Malakoff, d'Eylau, du Roi-de-Rome, d'Iéna, Joséphine, du Trocadéro, de l'Alma, Montaigne, d'Antin, de Suffren, de la Bourdonnaye, Rapp, Bosquet, de la Motte-Piquet, Victoria, des Amandiers, des Gobelins, Daumesnil.

Une 4e catégorie de boulevards, non encore terminés, ce sont ceux qui longent les fortifications à l'intérieur de la ville ou les *boulevards d'enceinte*. Sont achevés: au S.-E., le boul. Soult et une partie du boul. Davoust; au N.-O. et à l'O., les boul. Berthier, Gouvion-St-Cyr, Lannes, Suchet et Murat; au S., le boul. Jourdan.

---

† Pour les renvois à nos plans de Paris et pour la manière de s'en servir, voir les remarques en tête de l'Indicateur des rues, à la fin de ce volume.

Le milieu des boulevards est macadamisé et ils ont de larges trottoirs en asphalte. L'ancien pavé, qui avait plusieurs fois fourni d'excellents matériaux pour la construction des barricades, y a été remplacé en 1850 par le macadam et le bitume. Les arbres dont les boulevards sont bordés, forment un des grands soucis de la municipalité, car l'influence du gaz leur est pernicieuse. Ceux qui meurent sont remplacés par d'autres à peu près aussi développés. La transplantation de grands arbres se pratique à Paris avec une telle habileté, que presque tous les nouveaux boulevards, les squares, etc., en ont été garnis dès leur création.

Une *promenade à pied*, tout le long des boulevards, depuis la place de la Bastille ou au moins depuis la place du Château-d'Eau jusqu'à la Madeleine, initiera le mieux l'étranger au mouvement de cette vaste artère de Paris. On ira d'un côté et l'on reviendra de l'autre. Le moment le plus convenable pour cette promenade est la matinée, de 9 h. à midi, lorsque la foule n'est pas encore trop compacte. Plus tard, entre 2 et 6 h., et le soir de 8 à 11 h., il y a une telle foule, surtout de l'Opéra au boulevard de Sébastopol, qu'il ne peut plus être question d'examiner à son aise les édifices, les magasins, etc. Néanmoins on répétera cette promenade le soir, où des milliers de becs de gaz transforment la nuit en jour, et où l'on peut voir aussi l'intérieur de tous ces beaux magasins, grâce à leur brillant système d'éclairage. Une course sur l'impériale d'un des omnibus qui suivent les boulevards (trajet de 25 min.), est aussi pleine d'agrément (v. p. 54). On peut y continuer son étude de la physionomie de Paris en fumant son cigare. La circulation sur les boulevards est énorme; ils sont parcourus journellement par plus de 25,000 voitures. Dans la bonne saison, les cafés ont des tables et des chaises sur les trottoirs, où l'on peut observer à son aise la vie des boulevards.

Aujourd'hui, les magasins du boulevard des Italiens et des boulevards voisins, ainsi que ceux de l'avenue de l'Opéra et de la rue de la Paix, surpassent de beaucoup ceux du Palais-Royal, autrefois si célèbres. — Cafés des boulevards, v. p. 19; restaurants, p. 13 et 16; théâtres, p. 45 et suiv.; cabinets de lecture, p. 39; magasins, bazars, p. 34, etc.

Les constructions d'une grande utilité à l'usage des hommes, que l'on rencontre de distance en distance sur les boulevards et ailleurs se nomment *vespasiennes*. Sur les bords des trottoirs s'élèvent aussi des *kiosques*, tourelles vitrées garnies d'annonces, où se vendent les journaux (p. 40) ou bien des bureaux de contrôle pour les fiacres. Enfin il y a encore de grosses colonnes sur lesquels sont les affiches des théâtres, etc., et, à certains endroits, des espèces de pavillons, nommés *trinkhalles*, où se débitent de l'eau de Selz et d'autres rafraîchissements dont les prix s'y trouvent affichés. Les *fauteuils* et les *chaises*, aux endroits larges des trottoirs, appartiennent à une compagnie d'actionnaires: ils se louent

20 et 10 c. L'administration a eu soin, de son côté, de mettre sur les grandes voies et sur les promenades publiques des *bancs* à l'usage de tout le monde.

La description suivante commence à dessein à la place de la Bastille, parce que de cette manière, en allant de l'est à l'ouest, on voit d'abord les parties moins fréquentées et moins brillantes des boulevards; le mouvement augmente peu à peu, les maisons, les boutiques deviennent plus somptueuses, et on atteint enfin, en approchant de la Madeleine, les quartiers les plus beaux et les plus élégants de Paris. Si l'on n'est pas encore fatigué en arrivant à la Madeleine, surtout si l'on n'a pas fait la course d'orientation recommandée, p. 53, on peut descendre la rue Royale jusqu'à la place de la Concorde (p. 154), remonter en voiture les Champs-Elysées (p. 157) jusqu'à l'arc de triomphe de l'Etoile (p. 161), revenir sur ses pas, traverser le jardin des Tuileries (p. 152), passer devant le Louvre (p. 86) et le Palais-Royal (p. 83), suivre la large et belle rue de Rivoli (p. 169) jusqu'à la Tour St-Jacques (p. 171), puis tourner à dr., dans la Cité, où sont Notre-Dame (p. 215) et le Palais-de-Justice (p. 219), et remonter de là par le boulevard de Sébastopol (p. 171) à celui de St-Denis (p. 69); l'on a de cette façon aperçu une grande partie des curiosités extérieures de Paris.

## II. PLACE DE LA BASTILLE. COLONNE DE JUILLET.
### Place des Vosges.

**La place de la Bastille** (pl. Bl. 25; *V*), communément appelée *la Bastille*, était autrefois occupée par la *bastille St-Antoine*, forteresse construite de 1371 à 1383, sous les rois Charles V et Charles VI, et laissée debout lorsqu'on avait rasé les anciennes fortifications sous Louis XIV. Elle se composait de 8 grosses tours rondes d'environ 24 m. de hauteur, reliées par des courtines presque aussi hautes et enveloppées dans une seconde enceinte de murailles, que précédaient des fossés de 26 m. de largeur et 8 m. de profondeur. Outre qu'elle commandait le cours de la Seine et tenait en respect le quartier populeux et remuant de St-Antoine, cette forteresse était devenue avec le temps une prison dans laquelle on enfermait les personnes de qualité arrêtées pour raison d'Etat et les grands criminels, mais plus souvent encore les victimes du despotisme, des intrigues de cour, des vengeances personnelles de favoris, qui se faisaient donner par le roi de ces fameuses «lettres de cachet», avec lesquelles on incarcérait sans formes et sans jugement. Cette prison odieuse a acquis enfin une célébrité historique par sa destruction, le 14 juillet 1789, au commencement de la Révolution française, qui date de là ses grandes réformes.

Le bruit s'était répandu que les régiments postés à St-Denis marchaient sur Paris et que les canons de la Bastille étaient braqués sur la rue St-Antoine. Il n'en fallut pas davantage pour pousser enfin le peuple vers la forteresse; la ville retentit du cri : «A la Bastille! à la Bastille!» et l'on s'y porte en armes de toutes parts. Les ponts étaient levés comme en temps de guerre; sommé de les baisser, le gouverneur, Delaunay, s'y refuse, bien qu'il ne soit pas en état de résister longtemps, la garnison ne se composant que de 138 hommes, dont un tiers d'invalides. Cependant les flots de la foule grossissent et son impatience ne se contient plus; deux hommes s'élancent hardiment vers le pont-levis et en brisent les chaînes à coups de hache. Les assiégeants se précipitent de là vers le second pont pour l'abattre de même, mais la garnison fait une première décharge. L'ardeur de l'attaque devient alors de l'acharnement et des gardes françaises survenant avec du canon, le combat change de face. Delaunay veut faire sauter la forteresse, la garnison l'en empêche et le presse de se rendre. On parlemente, les plus avancés des assaillants promettent de ne faire aucun mal, le pont se baisse et le peuple est maître de la Bastille. Furieux d'une résistance de plus de quatre heures, les vainqueurs ne veulent plus entendre parler de clémence envers ceux qui ont «fait feu sur leurs concitoyens»; une partie des invalides et des Suisses sont sauvés à grand'peine par les gardes françaises, les autres périssent massacrés avec le gouverneur.

La Bastille fut ensuite complétement rasée; de ses pierres, on en fit des modèles qui furent envoyés dans les départements (il y en a un au musée Carnavalet), et le reste servit à achever le pont de la Concorde.

La *rue du Faubourg-St-Antoine*, qui débouche sur la place à l'E., fut de son côté le théâtre d'un des épisodes les plus sanglants de la révolution de 1848. Les insurgés de juin y avaient leur plus forte barricade, qu'on ne put prendre qu'avec de la grosse artillerie. Le troisième jour du combat, le 23 juin 1848, *Mgr. Affre*, archevêque de Paris, qui voulait exhorter les insurgés à faire la paix, y fut tué d'un coup de fusil.

Enfin en mai 1871, la place de la Bastille fut une des dernières positions où se retranchèrent les insurgés, qui en avaient fermé tous les abords par des barricades formidables. Les troupes finirent cependant par l'enlever, le 25, après un combat désespéré.

Dès 1789, il avait été question de décorer cette place à peu près comme nous la voyons aujourd'hui, car le Tiers-Etat avait demandé lui-même, au mois de mai, la destruction de la Bastille et l'érection, sur son emplacement, d'une colonne portant l'inscription : «A Louis XVI, restaurateur de la liberté publique.» Napoléon 1er voulut ensuite y faire élever une fontaine en bronze en forme d'éléphant, de 24 m. de haut, mais son plan ne fut pas non plus exécuté, et après la révolution de juillet, on reprit le premier projet (lois du 13 déc. 1830 et 9 mars 1833) pour ériger une colonne en l'honneur des victimes de la révolution.

La **colonne de Juillet** fut commencée le 28 juillet 1831, sur les plans d'*Alavoine*, continuée après la mort de cet architecte par *Duc*, et solennellement inaugurée le 28 juillet 1840. Sa hauteur est de 47 m.; elle repose sur un soubassement massif en marbre blanc, de forme circulaire, primitivement destiné à servir de base à l'éléphant de Napoléon. Sur ce soubassement est un socle carré dont chaque côté est orné de 6 médaillons de bronze, représentant la Justice, la Constitution, la Force et la Liberté, et qui supporte le piédestal en marbre de la colonne. Ce piédestal est décoré à l'O. d'un lion passant (symbole du mois de juillet), bas-relief en bronze de *Barye*, au-dessous duquel se lit l'inscription : «A la gloire des citoyens Français qui s'armèrent et combattirent pour la défense des libertés publiques, dans les mémorables journées des 27, 28 et 29 juillet 1830. » A l'E. sont les armes de la ville et les dates des lois mentionnées ci-dessus, tandis qu'au N. et au S. sont inscrites les dates des combats de juillet 1830. Enfin aux quatre coins sont des coqs gaulois tenant des guirlandes. Le fût de la colonne même, qui est en bronze, mesure 4 m. de diamètre. Il est en partie cannelé et divisé par des anneaux en cinq tambours, sur lesquels sont inscrits les noms des 615 victimes de Juillet. Au-dessus du chapiteau s'élève une sorte de lanterne que couronne un Génie de la Liberté, en bronze doré, d'après *Dumont*, debout sur un pied, tenant d'une main le flambeau de la civilisation et de l'autre les chaînes brisées de l'esclavage.

On peut aussi visiter les CAVEAUX sous la colonne (pourb.). Il y en a deux, contenant chacun un sarcophage de 14 m. de long et 2 m. de large, qui renferment les restes des victimes de Juillet, auxquels on ajouta en 1848 ceux des victimes de Février. Les caveaux furent rouverts dans le même but en mai 1871, et de plus remplis de poudre et de matières combustibles, ainsi que des bateaux sur le canal, en vue de faire sauter la colonne et de convertir tout le quartier en un monceau de ruines. On mit le feu aux combustibles, mais la poudre avait été retirée pour servir à la défense de la place, de sorte qu'il n'y eut pas de dommages sérieux. La colonne, que des boulets avaient percée alors en de nombreux endroits, fut restaurée bientôt après.

A L'INTÉRIEUR de la colonne, un escalier commode de 238 marches conduit au sommet; çà et là se trouvent des têtes de lion, dont les gueules laissent pénétrer la lumière. Très-belle vue du sommet sur Paris, notamment sur le Père-Lachaise (p. 195). On donne quelques sous de pourboire au gardien.

A la place de la Bastille se trouvent la *gare de Vincennes* (p. 30) et des stations importantes de tramways, des lignes de la gare Montparnasse, du pont de l'Alma, de Vincennes, de Charenton, du Louvre, de St-Ouen, ainsi que des lignes d'omnibus *E*, *F*, *P*, *R*, *S* et *Z*.

Au S.-O. est le nouveau *boulevard Henri IV*, dans l'axe duquel le dôme du Panthéon (p. 234) forme une magnifique perspective; au N.-E. la *rue de la Roquette*, qui traverse le boul. Voltaire (p. 68) et conduit au Père-Lachaise (p. 195).

Le *boulevard Richard-Lenoir*, au N. de la place de la Bastille, est établi sur une voûte couvrant le *canal St-Martin* (p. 29), qui communique au S. avec le bassin nommé la *gare de l'Arsenal*, et par là avec la Seine. Des bateaux passent sous cette promenade, et souvent on voit sortir la fumée des remorqueurs par des soupiraux, au milieu des petits jardins qui décorent le boulevard.

---

Avant de commencer notre tournée sur les boulevards, nous jetons un coup d'œil sur la **place des Vosges** (pl. Bl. 26; *V*), l'ancienne *place Royale*, qui se trouve dans le voisinage. Pour y arriver, on suit la rue St-Antoine jusqu'à la rue de Birague, la 3e à dr., où l'on tourne. Le centre de la place, plantée de tilleuls et de marronniers, est décoré d'une *statue équestre de Louis XIII*, en marbre, par Dupaty et Cortot; elle a remplacé en 1829 une autre statue élevée en 1639 par Richelieu et détruite en 1792. Les angles de la place sont ornés de fontaines jaillissantes.

A l'endroit où est cette place se trouvait la cour de l'ancien *palais des Tournelles*, où eut lieu le fameux tournoi qui coûta la vie à Henri II, en 1565 (p. 175). Catherine de Médicis fit démolir ce palais, et ériger sur l'emplacement le carré de maisons qui s'y trouve encore actuellement, mais qui ne fut achevé que sous le règne de Henri IV. Ces maisons, toutes pareilles, sont construites en briques rouges et en pierre de taille, avec des toits très-élevés, tels qu'on les faisait à l'époque de la construction. Toute la place est entourée au rez-de-chaussée d'une série d'arcades; c'est l'exemple le plus ancien de rues construites sur un plan régulier conçu d'avance. Abstraction faite des cris joyeux des enfants qui s'y livrent à leurs ébats, tout y est fort tranquille; on se croirait presque dans un cloître. La musique militaire qui y joue le dimanche et le jeudi après-midi en été, lui donne alors un instant d'animation. En général, les habitants de la place des Vosges et des rues voisines, le *quartier du Marais*, sont gens paisibles, pour la plupart de petits rentiers ou des fonctionnaires en retraite, qui y mènent une vie calme et retirée. La *place des Vosges* a été appelée ainsi d'abord après la Révolution, en l'honneur du département de ce nom, qui avait envoyé le premier des contributions patriotiques à Paris, et cette dénomination lui a été rendue en 1848, puis de nouveau en 1870.

La rue des Vosges, au N.-E. de la place, nous conduit directement aux boulevards.

### III. DE LA BASTILLE AU BOULEVARD DES ITALIENS.
#### Porte St-Martin. Porte St-Denis.

Le premier des grands boulevards au N. de la place de la Bastille est le **boulevard Beaumarchais** (pl. Bl. 26; *III, V*), ainsi nommé en l'honneur du célèbre écrivain Caron de Beaumarchais (m. 1799), qui avait ici une grande propriété. Le boulevard est bordé de belles et grandes maisons d'un joli style, pour la plupart construites après 1848. Quand on a dépassé la petite rue Jean-Beausire, on aperçoit à g., précédé d'une grille, l'hôtel qu'habita Ninon de Lenclos (m. 1706). Plus loin, n° 25, le petit *théâtre Beaumarchais*. Ce boulevard et les suivants sont parcourus par les omnibus de la ligne *E* (v. le supplément).

Le **boulevard des Filles-du-Calvaire** (pl. Bl. 26; *III*), qui vient ensuite, doit son nom à un couvent fondé en 1633, par le Père Joseph, confesseur de Richelieu, et supprimé en 1790. Station des omnibus de la ligne *D*.

A la rue des Filles-du-Calvaire, en face de laquelle se trouve, à dr., le *cirque d'Hiver* (p. 49), commence le **boulevard du Temple** (pl. Bl. 27; *III*), appelé jadis *boulevard du Crime*, à cause des nombreux théâtres mélodramatiques qui s'y trouvaient. La maison portant le n° 42, au renfoncement à dr., a été construite sur l'emplacement de celle d'où, le 28 juillet 1835, *Fieschi* attenta aux jours de Louis-Philippe, avec une machine infernale. Le roi ne fut pas atteint, mais quinze personnes furent frappées à mort dans sa suite et dans la foule, entre autres le maréchal Mortier. Vis-à-vis, à l'O., se trouve le restaurant *Bonvalet (Herbomez)* et le *Jar-*

din Turc; plus loin l'ancien *théâtre Déjazet*, nommé maintenant *Troisième Théâtre-Français*.

Le boulevard du Temple aboutit à la **place du Château-d'Eau** (pl. Bl. 27; *III*), ainsi nommée à cause de sa *fontaine*, reconstruite de 1869 à 1874, par Davioud. Elle est ornée de huit lions en bronze lançant l'eau dans un grand bassin de 30 m. de diamètre, et au centre sont deux vasques superposées d'aspect disgracieux. Il se tient sur cette place un marché aux fleurs le lundi et le jeudi. Des deux grands bâtiments à dr. ou au N.-E., le premier, les anciens Magasins-Réunis, est un vaste *cirque américain* (p. 50; derrière, le *théâtre du Château-d'Eau)*; le second est la grande *caserne du Château-d'Eau*, capable de contenir 8,000 hommes.

En mai 1871, la place du Château-d'Eau fut le théâtre d'un combat acharné entre les troupes régulières et les communards, qui avaient élevé ici de fortes barricades et qui occupaient la caserne. Les insurgés furent repoussés d'ici jusqu'au Père-Lachaise et aux Buttes-Chaumont.

De la place du Château-d'Eau rayonnent diverses rues importantes: au S.-E., le *boulevard Voltaire* (tramways *F* et *H*), qui traverse la place du même nom et aboutit à la place du Trône (p. 214); à l'E., l'*avenue des Amandiers*, encore inachevée, mais qui doit aller jusqu'au Père-Lachaise (p. 195); au N.-E., la *rue du Faubourg-du-Temple*, qui mène à Belleville (p. 203); au N.-O., le *boulevard de Magenta*, qui passe devant les gares de l'Est et du Nord et s'étend jusqu'à Montmartre (tramways *H* ou de St-Ouen et d'Aubervilliers et Pantin); au S.-O. la vieille *rue du Temple*, qui va jusqu'à l'Hôtel-de-Ville, et un peu plus bas à dr. la grande *rue de Turbigo*, qui descend tout droit aux Halles Centrales (p. 182; tramw. *F*).

A peu de distance dans la rue du Temple se trouve le *marché du Temple*, qui a remplacé dans ces derniers temps les baraques de bois de l'ancien marché aux hardes. Cette belle halle a 14,000 m. carrés de superficie et comprend environ 2,400 boutiques. Là se trouvait jadis le *Temple*, principale maison des Templiers en France, bâtie en 1212, et dont la grosse tour fut destinée, après la suppression de l'ordre, en 1312, à garder le trésor des rois de France. C'est dans cette *tour du Temple* que la famille royale fut tenue prisonnière en 1792 et 1793; elle a été démolie en 1811.

Le grand boulevard suivant est le **boulevard St-Martin** (pl. Bl. 27, 24; *III*), où l'on remarque d'abord à dr. de petites constructions en bois élevées depuis peu par la ville; elles forment une sorte de bazar sous le nom de *Ruches*. Le boulevard occupe une éminence, qui a été nivelée au milieu, en 1845, pour faciliter la circulation, tandis que les trottoirs sont restés à leur hauteur primitive. A dr., plusieurs théâtres, les *Folies-Dramatiques*, l'*Ambigu-Comique*, le *théâtre de la Porte-St-Martin*, incendié par les communards et rebâti en 1873, et le *théâtre de la Renaissance*.

La **porte St-Martin**, arc de triomphe haut et large de 17 m. 50 et de 4 m. 50 d'épaisseur, a été érigée en 1674 par la ville de Paris en l'honneur de Louis XIV, sur les plans de *P. Bellet*.

Elle est percée d'une grande arcade et de deux petites. Les pieds-droits et les archivoltes des portes sont en bossages vermiculés. Inscription au S : « Ludovico Magno, Vesontione Sequanisque bis captis, et fractis Germanorum, Hispanorum, Batavorumque exercitibus » (à Louis le Grand, qui prit deux fois Besançon et la Franche-Comté, et défit les Allemands, les Espagnols et les Hollandais). Les bas-reliefs, par *Dujardin* et *G. Marty*, représentent la prise de Besançon et la triple alliance. Inscription au N. : « Ludovico Magno, quod Limburgo capto, impotentes hostium minas ubique repressit » (à Louis le Grand, qui sut, après la prise de Limbourg, réprimer partout les menaces impuissantes de l'ennemi). Les bas-reliefs, par *le Hongre* et *Legros père*, représentent la prise de Limbourg et la défaite des Allemands. — En 1871, une des barricades les plus formidables des communards était construite ici en travers du boulevard, qu'elle commandait complétement ; les troupes du gouvernement eurent toutes les peines du monde à s'en emparer, le 25 mai. Cette partie de la ville fut aussi le théâtre des brutalités les plus révoltantes des insurgés.

Après le boul. St-Martin, le **boulevard St-Denis** (pl. Bl. 24 ; *III*), qui est très-court (250 m.). Les superbes rues qui débouchent un peu plus loin à g. et à dr., sont le *boulevard de Sébastopol* et le *boulevard de Strasbourg* ; ils forment, avec les boulevards du Palais (p. 219) et St-Michel (p. 225), une des principales artères de Paris, le traversant du N. au S., sur une longueur d'environ 4,500 m. Sur le boul. de Strasbourg, quelques cafés-concerts et de petits théâtres (v. p. 49), et à l'extrémité la gare de l'Est (p. 90). Dans l'axe du boul. de Sébastopol, le dôme du tribunal de commerce (p. 222). A environ 200 m., sur la gauche du boulevard, le *square des-Arts-et-Métiers*, devant le conservatoire de ce nom (p. 184 ; v. aussi p. 171).

La **porte St-Denis** fut élevée aussi par la ville de Paris, deux ans avant la porte St-Martin, sur les plans de *Blondel*, en l'honneur des triomphes de Louis XIV en Hollande et en Allemagne. Elle a 24 m. 65 de hauteur, sur 25 de largeur et seulement 5 m. d'épaisseur, et elle n'est percée que d'une seule ouverture de 15 m. 35 de haut sur 8 m. de large. Cependant elle est d'une construction et d'une ornementation plus remarquables que la porte St-Martin. Les pieds-droits ont sur les deux faces des obélisques engagés, recouverts de trophées militaires. Dans le bas des obélisques de la face principale, à dr., la Hollande vaincue et un lion mort ; à g., le dieu du Rhin. Le bas-relief au-dessus de l'arc, du même côté, représente le passage trop vanté du Rhin par Louis XIV, près d'Emmerich, le 12 juin 1672. Au-dessus l'inscription : « Ludovico Magno », à Louis le Grand. Le bas-relief de l'autre face représente la prise de Maestricht, et au lieu de figures symboliques, il y a dans le bas des lions. Toutes les sculptures ont été exécutées par les frères *Anguier*, sur les dessins de Girardon.

Comme la porte St-Martin, la porte St-Denis fut témoin de combats sanglants en juillet 1830, et en juin 1848. Il y eut également ici en 1871 une barricade, qui fut prise par les troupes le même jour que celle de la porte St-Martin.

La porte est bâtie entre la *rue du Faubourg-St-Denis* et la *rue St-Denis*, une des plus anciennes et naguère encore une des plus importantes artères de Paris.

La foule et le bruit augmentent à mesure qu'on avance, les magasins deviennent plus riches, leurs étalages plus élégants; les maisons sont couvertes d'une multitude d'enseignes dorées.

Au boulevard St-Denis succède le **boulevard Bonne-Nouvelle** (pl. Bl. 24; *IV*). A g., où le trottoir est plus élevé et où il y a encore de vieilles maisons, la *rue de Cléry*, qui conduit, avec la rue du Mail, à la place des Victoires (p. 85), et la *rue Notre-Dame-de-Bonne-Nouvelle*, avec l'église du même nom. A dr., n° 20, le *palais Bonne-Nouvelle* (bazar de la Ménagère, p. 35); la *rue d'Hauteville*, à l'extrémité de laquelle on aperçoit l'église St-Vincent-de-Paul (p. 189); le *théâtre du Gymnase* (p. 47), etc.

Vient ensuite le **boulevard Poissonnière** (pl. Bl. 24, 21; *III*), commençant à dr. à la *rue du Faubourg-Poissonnière*, qui va jusqu'au boulevard de Rochechouart, et à g. à la *rue Poissonnière*, qui mène aux Halles Centrales. A g. encore, les vieilles *rues du Sentier* et *St-Fiacre*. A dr.: n° 14, le *Dock du Campement* (articles de Voyage, p. 35), dans la *maison du Pont-de-Fer*, ainsi nommée à cause d'un pont jeté au-dessus de sa cour, plus basse que le boulevard. N° 30, le superbe magasin de bronzes de *Barbedienne et Cie* (p. 35); n° 32, le restaurant *Brébant*. A g., n° 27, le *bazar de l'Industrie* (p. 35).

Le **boulevard Montmartre** (pl. Bl. 21; *III*) commence à g. à la *rue Montmartre*, où sont les grands magasins de la *Ville de Paris* (p. 35), et à dr. à la *rue du Faubourg-Montmartre*, l'une et l'autre excessivement animées. En février 1848, la rue du Faubourg-Montmartre était barrée à son débouché sur les boulevards par une forte barricade, qui fut plusieurs fois attaquée en vain par la garde municipale. Cette rue fut encore en 1871, le 23 mai, le théâtre d'une lutte acharnée entre les insurgés et les troupes régulières, lorsque celles-ci voulurent s'ouvrir un passage pour aller prendre possession des hauteurs de Montmartre.

Les cafés (p. 19) et les restaurants (p. 13) deviennent plus nombreux; le côté S. du boulevard commence également à briller par la richesse de ses magasins. De ce côté, le *théâtre des Variétés* (p. 47); puis le *passage des Panoramas*, en face duquel est le *passage Jouffroy*, tous deux occupés par de beaux magasins. Ces galeries regorgent souvent de promeneurs, même lorsqu'il fait beau, particulièrement vers le soir (restaur., v. p. 16). De chaque côté de l'entrée du passage Jouffroy, des *cafés* superbes. Plus loin, à g., la *rue Vivienne*, qui conduit à la Bourse (v. ci-dessous) et au Palais-Royal (p. 83); au n° 19, un des magasins de *Goupil et Cie* (gravures, p. 36), et enfin la *rue de Richelieu* (p. 72).

### IV. LA BOURSE.

A quelques minutes, au S. du boulevard Montmartre, sur la *place de la Bourse*, s'élève le *palais de la Bourse (pl. Bl. 21 ; II)*, commencé en 1808 par *Brongniart* (m. 1813), et achevé en 1826 par *Labarre* (m. 1833). C'est un bel édifice de style gréco-romain, la reproduction du temple de Vespasien à Rome, long de 69 m., large de 41, haut de 30 et avec un péristyle composé de 66 colonnes corinthiennes, de 10 m. de haut sur 1 de diamètre. Il est entouré d'une grille et on y monte à chaque extrémité par un perron de 16 marches. Aux angles s'élèvent quatre statues allégoriques assises; devant la façade principale, le Commerce, par *Dumont*, et la Justice consulaire, par *Duret* (m. 1865); de l'autre côté, *l'Industrie par *Pradier* (m. 1852), et l'Agriculture, par *Seurre* (m. 1858). L'horloge de ce monument public est celle qui donne l'heure normale de Paris, et sur laquelle sont réglées toutes les autres horloges.

La grande salle, où se font les opérations, a 32m. de long sur 28 de large et autant de haut; elle s'ouvre à midi, les jours non fériés, et l'entrée est libre. C'est alors seulement que le mouvement commence. De nombreuses voitures y arrivent de toutes parts. L'agitation déjà considérable sous le *péristyle*, les cris des commis d'agents et des particuliers qui y font des affaires (coulisse des valeurs en banque), ne sont rien en comparaison de ce dont l'étranger est stupéfié à l'intérieur. Une foule compacte de spéculateurs se presse dans la salle, à l'extrémité de laquelle se trouve le *parquet*, endroit isolé par une grille circulaire et réservé aux agents de change. Au milieu de cette partie de la salle se trouve la *corbeille*, espace de forme ronde entouré aussi d'une grille, autour duquel se placent les agents, pour s'offrir réciproquement, à haute voix, les différentes valeurs qu'ils sont chargés de vendre. D'autres groupes, surtout dans le voisinage du parquet, sont occupés à prendre leurs notes, ou à faire également des affaires, en basant leurs opérations sur les derniers cours du parquet. Souvent on voit des spéculateurs faisant remettre leurs ordres aux agents. A g. au fond de la galerie, la *coulisse de la rente*.

C'est du haut de la galerie, où l'on arrive par des escaliers dans le vestibule, de chaque côté de la grande salle, qu'on se rend le mieux compte du mouvement intéressant de la foule qui encombre toujours la salle. Le vacarme, les vociférations et les gestes passionnés de ce monde, l'avidité ou l'abattement qui se peignent sur presque tous les visages, font une impression pénible sur le spectateur désintéressé. On serait tenté de croire que la corbeille a pour but unique d'empêcher les «gladiateurs de la spéculation» d'en venir aux mains; on ne distingue tout au plus que les cris: «*j'ai...; qui est ce qui a...? je vends...; je prends...*»

Après s'être remis de la surprise causée par le spectacle étrange que présente cette salle, on n'oubliera pas de remarquer les belles grisailles des voussures du plafond, par *Abel de Pujol* (m. 1861) et *Meynier*. Elles sont si bien peintes qu'on les prendrait pour des bas-reliefs. Elles représentent l'inauguration de la Bourse par Charles X., la France recevant les tributs des cinq parties du monde, l'union du commerce des sciences et des arts, et les principales villes de France.

A trois heures, un coup de cloche met fin aux opérations sur les fonds ; les agents de change se réunissent et notent les prix des dernières affaires qu'ils ont faites ; c'est le résultat de ces notes qui constitue le cours du jour, lequel est immédiatement imprimé et livré à la publicité. La salle reste encore ouverte jusqu'à cinq heures, et les courtiers de commerce y viennent alors pour la vérification des cotes des marchandises, dont le cours y est aussi fixé officiellement.

La *rue Vivienne*, et la *rue de Richelieu* qui lui est parallèle à l'O., se distinguent par la richesse de leurs magasins. La rue de Richelieu passe entre la fontaine Richelieu (p. 181) et la Bibliothèque Nationale (p. 177), devant la fontaine Molière (p. 181), près du Palais-Royal (p. 83), et aboutit à la place du Théâtre-Français (p. 83).

### V. BOULEVARDS DES ITALIENS ET DES CAPUCINES.

Le **boulevard des Italiens** (pl. Bl. 21 ; *III, II*), qui commence à g. à la *rue de Richelieu*, où est peint le buste du cardinal, et à dr. à la *rue Drouot*, est le plus distingué et le plus animé de tous les boulevards, en quelque sorte le boulevard par excellence. Les cafés et les restaurants les plus brillants, le *café Cardinal*, n° 1 ; le *café Riche*, 16 ; la *Maison Dorée*, 20 ; le *café Tortoni*, 22 ; le *café du Helder*, 29, etc., y alternent avec les plus beaux magasins d'objets de premier choix. Les étages supérieurs d'un certain nombre de maisons sont occupés par des *clubs* ou des *cercles*.

Dans la *rue Drouot* se trouvent l'*hôtel des Ventes mobilières* et, au n° 26, le joli hôtel du journal le *Figaro*, dans le style de la renaissance espagnole.

Au commencement du boulevard, à dr. (côté N.), le **passage de l'Opéra**, ainsi nommé parce qu'il conduisait à l'ancien Opéra, détruit par un incendie au mois d'oct. 1873. Il se compose de deux galeries partant du boulevard, la *galerie de l'Horloge* et la *galerie du Baromètre*.

Avant et après l'heure de la Bourse, le passage de l'Opéra et la partie voisine du boulevard sont le rendez-vous des boursiers, qui y continuent leurs affaires avec la même animation que dans la coulisse de la Bourse. Il n'est pas rare qu'ils obstruent le trottoir. Alors les sergents de ville viennent les disperser sans beaucoup de cérémonies ; mais on les voit aussitôt former de nouveaux groupes à dix pas de là.

Plus loin à dr., la *rue le Peletier*, où eut lieu le 14 janv. 1858 l'attentat d'Orsini, dirigé contre la vie de Napoléon III. Les rues suivantes, les *rues Laffitte* et *Taitbout*, et surtout la *rue de la Chaussée-d'Antin*, sont principalement habitées par la haute finance, et aussi par des savants et des artistes célèbres. C'est au nº 21 de la rue Laffitte que se trouve la maison de banque des Rothschild. Au bout de cette rue s'élève l'église de Notre-Dame-de-Lorette (p. 188).

Du côté g. du boulevard, nº 5, le *passage des Princes*, en face du passage de l'Opéra; plus loin, la *rue Favart* et la *rue Marivaux*, entre lesquelles se trouve l'Opéra-Comique (p. 46); nº 15, l'*Office des Théâtres* (v. p. 44); puis la *rue de Grammont*, et le grand immeuble du *Crédit Lyonnais*, le seul sans magasin au rez-de-chaussée, au coin de la *rue de Choiseul*, par laquelle on va au passage du même nom et aussi, en appuyant à dr. après la rue du 4 Septembre, par la rue Monsigny, au Théâtre-Italien (p. 46). A l'extrémité du boulevard, nº 33, le *pavillon de Hanovre*, avec le magasin d'alfénide de *Christofle*.

A la *rue de la Chaussée-d'Antin* (côté dr.), à l'extrémité de laquelle on aperçoit l'église de la Trinité (p. 188), commence le **boulevard des Capucines** (pl. Bl. 21, 18; *11*). A dr., au coin, le *théâtre du Vaudeville* (p. 47), puis le *café Américain*, avec l'hôtel du même nom; nº 4, une *Agence des Théâtres* (v. p. 44), les splendides étalages de la *Grande Maison de Blanc* (p. 36) et le riche magasin de maroquinerie de *Klein* (p. 37).

Ensuite la **place de l'Opéra** (pl. Bl. 18; *11*), traversée par le boulevard des Capucines et d'où rayonnent encore cinq larges rues: au S., la *rue de la Paix*, où l'on aperçoit la colonne Vendôme (p. 77); en deçà, l'*avenue de l'Opéra*, achevée depuis peu, qui conduit à la place du Théâtre-Français (p. 83) et à l'extrémité de laquelle on aperçoit le dôme du pavillon de Marsan (Tuileries), et la *rue du 4 Septembre*, qui va jusqu'à la Bourse; au N., sur les côtés de l'Opéra, la *rue Auber* et la *rue Halévy*. Cette place superbe et l'avenue sont éclairées le soir à la lumière électrique. Suite du boulevard, p. 77.

## VI. L'OPÉRA.

L'**\*Opéra** *(Académie nationale de Musique)*, monument splendide sur les plans de *Charles Garnier*, a été commencé en 1861 et achevé seulement à la fin de 1874. C'est le plus vaste théâtre du monde, quoique l'Opéra de Vienne, les théâtres de la Scala, à Milan, et de San-Carlo, à Naples, aient un plus grand nombre de places; il occupe une superficie de 11,237 m. carrés. Il est isolé, et il forme une magnifique perspective à l'extrémité de l'avenue de l'Opéra.

On a voulu faire un monument sans rival, et l'on n'a reculé devant aucune dépense pour atteindre ce but. L'emplacement seul, dans ce beau quartier, où il a fallu abattre 4 à 500 maisons, a coûté 10,500,000 fr. et les frais de construction ne se sont pas élevés à moins de 36,500,000 fr. Il y a eu de grandes difficultés à surmonter pour asseoir les fondations, car il a fallu creuser jusqu'à 15 m. au-dessous du niveau des eaux, et l'on a rencontré un véritable courant d'eau (il passait là jadis un canal), qui a nécessité l'emploi de huit pompes à vapeur, nuit et jour, pendant sept mois. Il est entré excessivement peu de bois dans toute la construction, mais beaucoup de pierre dure, de fer et de marbre. Il n'est sorte de marbre qui n'y ait été employée: griotte, jaune fleuri, granit des Vosges, brocatelle du Jura, brèche d'Alep, sarrancolin des Pyrénées, onyx d'Algérie, noir de Dinant, granit d'Aberdeen, vert de Jœnkœping (Suède), porphyre rouge de Finlande, marbre de Carrare, jaune de Sienne, brèche de Sicile, vert de Gênes, bleu turquin, etc.

La *FAÇADE PRINCIPALE, à laquelle on a reproché de manquer d'élévation, se compose d'abord d'un soubassement percé de 7 arcades. Contre les pieds-droits se trouvent 4 groupes et 4 statues, savoir, en commençant par la gauche: la Poésie lyrique, par *Jouffroy*; la Musique, par *Guillaume*; l'Idylle, par *Aizelin*; la Déclamation, par *Chapu*; le Chant, par *Dubois* et *Valrinelle*; le Drame, par *Falguière*; la *Danse, par *Carpeaux* (m. 1875), groupe d'une exécution parfaite, mais qui a soulevé une ardente polémique, à cause de son caractère très-sensuel, et le Drame lyrique, par *Perraud*. On voit au-dessus de ces statues des médaillons de Bach, Pergolèse, Haydn et Cimarosa. Au premier étage règne une *loggia* avec une colonnade corinthienne, composée de 16 grands fûts monolithes accouplés, en pierre, hauts de plus de 10 m. Dans les intervalles, 14 colonnes du même ordre, plus petites, en marbre jaspé, aussi d'une seule pièce et à chapiteaux en bronze doré, encadrent 7 baies à balcons en marbre vert de Suède. Au-dessus de ce petit ordre, dans des champs également de marbre de couleur, sont des cartouches avec des bustes en bronze doré de grands compositeurs. La façade se termine par un attique richement sculpté et bordé de masques de théâtre aussi dorés. Il y a aux deux angles des avant-corps à frontons circulaires, surmontés de groupes dorés de dimensions colossales, par M. *Gumery*, représentant la Musique et la Poésie avec les Muses et les Renommées. Au centre de l'édifice s'élève une coupole peu saillante, et derrière, un immense fronton triangulaire, au-dessus de la scène, que couronne au centre un Apollon avec une lyre dorée, par *A. Millet*, et sur les côtés deux Pégases par *Lequesne*. — Les FAÇADES LATÉRALES ont aussi des avant-corps à chaque extrémité, et, au milieu, un pavillon, dont celui du côté gauche de la grande façade a une double rampe pour les équipages (pavillon d'honneur). Le pavillon de l'autre côté, dans la rue Halévy, est l'entrée des abonnés. Il faut faire le tour de ce superbe monument pour se rendre compte de ses dimensions colossales, et pour admirer la richesse de ses décorations. La porte monumentale qui se trouve derrière, paraît toute petite devant la masse imposante du fronton.

Quant à **L'INTÉRIEUR, il défie toute description. En entrant par la façade, on se trouve dans un immense vestibule, orné des statues assises de Lully, Rameau, Gluck et Hændel. De chaque côté sont les bureaux et en face le grand **escalier d'honneur*, le chef-d'œuvre de M. Garnier. Simple jusqu'au premier palier, où se trouve l'entrée monumentale de l'amphithéâtre et de l'orchestre, il se divise ensuite en deux rampes aboutissant au premier étage. Les marches sont en marbre blanc, les balustres en marbre rouge antique et la main courante en onyx d'Algérie. Cet escalier superbe, dans lequel le public circule à l'aise (jusqu'à 50 personnes de front), même au sortir des représentations, est lui-même en quelque sorte une salle de spectacle, avec ses balcons à chaque étage, d'où l'on peut contempler la foule qui monte ou qui descend. Les 30 colonnes qui s'élèvent tout autour, du premier étage jusqu'au troisième balcon, sont également des monolithes, de marbre sarrancolin. Les fresques du plafond, par M. *Pils* (m. 1875), représentent, en commençant à dr. : les Dieux de l'Olympe, le Triomphe de l'harmonie, l'Édification de l'Opéra et Apollon sur son char. Au premier étage se trouve le foyer du public, dont nous parlerons p. 76. Les couloirs, accessibles par plusieurs escaliers, sont nécessairement bas et le paraissent encore davantage parce qu'ils sont très-larges. Ils sont pavés en mosaïque et ils doivent être décorés de bustes en marbre de grands compositeurs, placés sur des piédestaux que garnissent provisoirement des vases de Sèvres. Chaque loge est précédée d'une antichambre.

La **salle* même de l'Opéra ne le cède naturellement pas au reste pour la richesse de la décoration, soignée jusque dans les plus petits détails et les recoins obscurs ; mais il y a trop de dorures et les ornements, du reste fort remarquables, manquent de relief. Il y a cinq étages, donnant un total de 2,156 places. Les loges sont divisées en sept travées par huit colonnes énormes dorées et sculptées à la base, qui supportent des arcades à la hauteur du quatrième étage. Des cariatides ornent les tympans, au-dessus desquels règnent une frise lumineuse, des œils-de-bœuf à grilles en forme de lyre, etc. Les avant-scènes, un peu étroites, sont surtout décorées de cariatides en marbre de couleur et en bronze, et d'enfants tenant un cartouche. Le *lustre* est une œuvre d'art très-remarquable ; il compte 340 becs de gaz entremêlés de lyres et présentant dans le haut comme une couronne de perles. Les peintures du plafond, par M. *Lenepveu*, sont exécutées sur vingt-quatre sections de cuivre concaves, formant une coupole favorable à l'acoustique de la salle, qui est excellente. Ce plafond, dont la surface est d'environ 200 m., représente les Heures du jour et de la nuit dans leurs acceptions métaphoriques, éclairées par le Soleil, la Lune, l'Aurore et le Crépuscule, mais le lustre empêche de les bien voir.

La *scène* a 60 m. de hauteur sur 55 de largeur et 25 de profondeur. Les décors ont été refaits pour cette salle et ils en sont dignes. — Derrière la scène, et en communication avec elle, se trouve le *foyer de la danse*, dont le fond est une glace de Saint-Gobain de 7 m.

de large et 10 m. de haut, la plus grande qui ait encore été coulée. Ce foyer a été décoré par M. *Boulanger* de 20 médaillons, portraits des danseuses les plus célèbres, et de quatre compositions médiocres représentant: la danse guerrière, la danse champêtre, la danse amoureuse et la danse bachique. Les abonnés ont le droit d'entrer au foyer de la danse.

Le \*foyer du public est une autre merveille d'art et de décoration. Il est d'abord précédé d'un avant-foyer, dont la voûte est revêtue de mosaïques par Salviati, d'après M. *Curzon*, représentant: Diane et Endymion, Orphée et Eurydice, l'Aurore et Céphale, Psyché et Mercure. Le foyer même a 54 m. de longueur, sur 18 de hauteur et 13 de largeur. Il est éclairé par 10 lustres dorés et d'énormes candélabres dans les angles, aux extrémités, où sont aussi deux grandes cheminées de marbre à cariatides de couleur, par *Thomas* et *Cordier*. 20 colonnes supportant des statues qui symbolisent les qualités nécessaires à l'artiste, garnissent le pourtour de la salle, avec des glaces énormes de 7 m. de hauteur, qui en multiplient les merveilles. Mais le principal ornement de cette vaste galerie, ce sont les peintures de *Baudry*, qui couvrent, dit-on, une surface de 450 m. carrés. Malheureusement elles sont placées trop haut pour être bien vues, et la richesse excessive des décorations, l'éclat des dorures et des lumières nuisent à leur effet. Au-dessus des portes et des glaces, dans de grands médaillons, se voient des groupes d'enfants portant les instruments de musique caractéristiques de différents peuples: les cymbales pour les Perses, la lyre et la double flûte pour les Grecs, le cor, la conque et la trompette pour les Romains, l'orgue pour les Allemands, les castagnettes et la guitare pour les Espagnols, le tambour et le cornet pour les Français, la harpe pour les Anglais, le tambourin et la Mandoline pour les Italiens, le psaltérion, le sistre et la clochette pour les Egyptiens, le triangle et la darabouka pour les sauvages. Au-dessus de l'entablement, dans 10 voussures: la musique pastorale, figurée par Apollon et Marsyas, Orphée et Eurydice, le Jugement de Pâris, l'Eglogue; la musique guerrière, où Tyrtée excitant les Spartiates au combat; la musique religieuse, où Saül et David, le Songe de Ste Cécile; la danse féminine, où Orphée et les Ménades, Salomé et Hérode, et la danse virile, où Jupiter et les Corybantes. Aux pendentifs, entre ces groupes, des figures colossales sur fond d'or représentant 8 muses. Deux grandes voussures aux extrémités complètent cet ensemble; ce sont le \*Parnasse, avec Apollon, les Muses, les Grâces et les héros de la musique moderne (dans un coin, trois curieux, le peintre Baudry, son frère, architecte, et Garnier, qui a construit l'Opéra), et les \*Poètes de l'antiquité, groupés auteur d'Homère, ainsi que les peintres et les sculpteurs qu'ils ont inspirés, avec leurs principales œuvres, et les représentants des plus anciens peuples civilisés. Les compositions du \*plafond, la partie la plus brillante, sont divisées en trois parties: sur les côtés, la Comédie et la Tragédie; au centre la Mélodie et l'Harmonie s'élevant ensemble dans le ciel.

A chaque extrémité du foyer est un salon octogone, avec trois grands tympans et un plafond ovale. Les peintures de celui de droite, la Musique et les Dieux de l'Olympe sont de M. *Barrias*; celles du salon de gauche, moins bien réussies, de M. *Delaunay*. Ensuite vient encore, de chaque côté, un salon plus petit, avec des plafonds par *Clairin*. — Du côté g. se trouve aussi le buffet, décoré par *Clairin, Thirion, Escalier* et *Duez*, sur les données de Ch. Garnier, et pour lequel la manufacture des Gobelins a exécuté huit tapisseries: le Vin, les Fruits, la Chasse, la Pêche, la Pâtisserie, les Glaces, le Thé et le Café. — La visite du foyer du public est permise dans le jour le dimanche, de 9 h. du matin à 2 h., aux personnes munies d'une autorisation de la direction des Beaux-Arts, rue de Valois, 3, ou de l'administration de l'Opéra.

On ne devra pas oublier non plus de voir, sous le grand escalier, le *bassin de la Pythie*, petit bassin avec un jet d'eau et une Pythie en bronze assise sur un trépied, par *Marcello*, de son vrai nom la duchesse de Colonna di Castiglione.

---

Sur le reste du boulevard des Capucines au delà de l'Opéra, d'abord à dr. ou au N. le *Grand-Hôtel* (p. 5), avec le *café de la Paix* et le magasin de gravures et photographies de *Martinet*, puis la *rue Scribe*, avec l'hôtel du même nom (p. 5). Du côté S., au coin de la place de l'Opéra, le *bazar du Voyage* (p. 35); plus loin, n° 37, les riches étalages de la *Compagnie Lyonnaise* (soieries), et le magasin de *Giroux* (jouets, etc., p. 36). Le boulevard des Capucines se termine à g. à la *rue Neuve-des-Capucines*, où l'on voit à dr., n° 17, l'hôtel du *Crédit Foncier*.

Au coin du boulevard se trouvait l'hôtel du Ministère des Affaires Étrangères habité en février 1848 par M. Guizot, où eut lieu, « par malentendu », la malheureuse fusillade du 23 février 1848, qui amena dès le lendemain le renversement de la monarchie de Juillet.

De ce même endroit part la *rue de Luxembourg*, qui conduit au jardin des Tuileries, et en face, à dr. du boulevard, commence la *rue Caumartin*.

### VII. COLONNE VENDÔME.

Une des grandes rues de Paris, bordée de belles maisons avec d'élégants magasins, la *rue de la Paix*, part de la place de l'Opéra au S.-O. et aboutit à la *place Vendôme*, place octogone dont les constructions sont dues en partie au célèbre *J.-H. Mansart* (1645-1708). Cette place était autrefois décorée d'une statue équestre de Louis XIV, par Girardon, et s'appelait alors *place des Conquêtes*. La statue fut détruite à la Révolution et le nom changé en celui de *place des Piques*. Napoléon 1er, auquel les souvenirs de la Révolution étaient désagréables, lui confirma le nom de *place Vendôme*, qu'elle portait aussi, parce qu'il y avait eu là jadis un hôtel bâti par Henri IV pour son fils le duc de Vendôme.

La *colonne Vendôme (pl. Bl. 18; *II*), qui s'élève maintenant au centre de cette place, d'architecture assez monumentale, mais froide et monotone, fut érigée de 1806 à 1810 par Napoléon, à la gloire de la Grande armée et de ses victoires sur les Autrichiens et les Russes en 1805: «Neapolio Imp. Aug. Monumentum belli Germanici . . . gloriæ exercitûs maximi dicavit». C'est une imitation de la colonne Trajane de Rome, mesurant 43 m. 50 de hauteur et environ 4 m. de diamètre, et l'œuvre des architectes *Denon* (m. 1825), *Gondouin* (m. 1818) et *Lepère* (m. 1844). Comme on le sait, elle fut renversée par les gens de la Commune en mai 1871, à l'instigation du peintre Courbet (m. 1878), mais elle est tout à fait reconstruite depuis 1875. Les plans primitifs et les fragments en ayant été conservés, il n'y a eu rien de changé dans la réédification. Elle se compose d'une maçonnerie revêtue de plaques de bronze formant une spirale de 273 m., sur laquelle sont représentés les faits mémorables de la campagne de 1805, depuis la levée du camp de Boulogne jusqu'à la bataille d'Austerlitz, d'après *Bergeret*. Les figures ont 1 m. de haut; il y a parmi elles bon nombre de portraits, et les costumes, les armes, etc., sont reproduits exactement tels qu'ils étaient à l'époque. Le bronze nécessaire a été fourni par 1200 canons autrichiens et russes.

Le piédestal est orné de trophées d'armes et de costumes des troupes vaincues. Il y a aux quatre coins des aigles soutenant des guirlandes. Une belle porte en bronze ciselée donne entrée au S. dans ce piédestal, où se trouve un escalier pour monter au sommet du monument (176 marches, incommode, pourb. au gardien). On peut voir à l'hôtel des Monnaies (p. 263) une assez bonne réduction de cette colonne.

La statue qui couronnait originairement la colonne, Napoléon Ier en costume romain, par *Chaudet*, fut renversée en 1814 par le zèle aveugle du parti royaliste, et employée à la fonte de la statue de Henri IV sur le Pont-Neuf (p. 223). On la remplaça alors, pour tout le temps de la Restauration, par une énorme fleur de lis portant un grand drapeau blanc. Après 1830, Louis-Philippe fit placer sur la colonne une autre statue faite par *Dumont*, avec du bronze provenant de canons pris à Alger, et représentant l'empereur avec sa redingote grise et son chapeau à cornes. Celle-ci fut enlevée à son tour en 1863 et remplacée par une autre conforme à la première, qui partagea naturellement le sort de la colonne. La statue en redingote grise, qui avait été transportée à l'extrémité de l'avenue de Neuilly, fut jetée par les insurgés dans la Seine, en 1871.

A l'O. de la place se trouve le *Ministère de la Justice*; au S., l'*hôtel du Rhin*, n° 4 et 6. Le 23 mai 1871, les troupes de Versailles réussirent à s'emparer d'une barricade dans la rue Castiglione en passant par cet hôtel et en attaquant ainsi les insurgés par derrière.

Revenus à la rue de la Paix, nous prenons la première à g., la *rue Neuve-des-Capucines*, qui aboutit à l'extrémité du boul. des Capucines (v. p. 77) et au commencement de celui de la Madeleine.

## VIII. BOULEVARD ET ÉGLISE DE LA MADELEINE.
### Rue Royale. St-Roch.

Le boulevard de la Madeleine (pl. Bl. 18; *II*), dont le côté N. porte le nom de *rue Basse-du-Rempart*, va jusqu'à la place de la Madeleine. Du côté dr., au commencement, la *rue de Sèze*, puis la rue *Gaudot de Mauroy* et la *rue de la Ferme des-Mathurins*; du côté g., vers l'extrémité, la *rue Duphot*, au bout de laquelle on aperçoit l'église de l'Assomption (p. 81).

A la *place de la Madeleine* finissent les Grands boulevards de la rive droite, que termine admirablement l'église du même nom. Il se tient ici un marché aux fleurs le mardi et le vendredi.

La \***Madeleine** (pl. Bl. 18; *II*), dont la masse imposante se présente encore mieux de la rue Royale et de là place de la Concorde, vers lesquelles elle est tournée (v. p. 154), ne ressemble guère à une église. La première pierre fut posée en 1764, par Louis XV. Le premier architecte fut *Contant d'Ivry*, qui s'était proposé pour modèle le Panthéon (p. 234). Son successeur, *Couture*, modifia les plans et recommença la construction en 1777. La Révolution interrompit les travaux. Par décret daté de Posen, le 2 décembre 1806, Napoléon I<sup>er</sup> en ordonna l'achèvement, et destina l'édifice à servir de temple de la Gloire, avec l'inscription : L'empereur Napoléon aux soldats de la grande armée.

L'article 5 de ce décret porte: «Tous les ans, aux anniversaires des batailles d'Austerlitz et d'Iéna, le monument sera illuminé, et il sera donné un concert précédé d'un discours sur les vertus nécessaires aux soldats, et d'un éloge de ceux qui périrent sur le champ de bataille dans ces journées mémorables. Dans les discours et odes, il est expressément défendu de faire mention de l'empereur.»

L'exécution fut confiée alors à l'architecte *Pierre Vignon;* mais les événements de 1814 amenèrent une nouvelle interruption. Cependant Louis XVIII ne modifia pas les plans, mais changea seulement la destination de l'édifice. Il voulait convertir le temple de la Gloire en une grande église expiatoire, avec des monuments à la mémoire de Louis XVI, de Louis XVII, de la reine Marie-Antoinette et de madame Elisabeth (p. 187). Vignon, mort en 1828, fut remplacé par *Huvé*. La révolution de Juillet interrompit complétement les travaux pour quelque temps; ils ne furent terminés qu'en 1842. Les frais se sont élevés à 13 millions de francs.

Cet édifice, qui est au fond, tel que nous le voyons, conforme aux plans de Couture, a la forme d'un temple grec. Il mesure 108 m. de long sur 43 de large à l'extérieur; il repose sur un soubassement d'environ 7 m., et il mesure encore plus de 30 m. de haut à l'intérieur sous les coupoles. Tout autour règne une majestueuse colonnade d'ordre corinthien, deux rangs de 8 colonnes sur la façade principale, une de 8 à la façade opposée et une de 15 de chaque côté ou 18 en comptant celles qui forment l'extrémité des rangées transversales. Il n'est pas entré de bois dans la construction de ce temple, non plus que dans celle de la Bourse (p. 71), qui a de la ressemblance avec lui. Les murs, sous le portique, n'ont pas de fenêtres, mais des niches, au nombre de 34, garnies de statues modernes de saints et de saintes, particulièrement honorés en France.

La façade porte l'inscription : *D. O. M. sub invoc. S. M. Magdalenæ* (à Dieu très-bon et très-grand, sous l'invocation de Ste Marie-Madeleine). Son fronton, par *Lemaire*, représente le jugement dernier. C'est le plus grand ouvrage de ce genre qui existe; il a 7 m. 15 de haut sur 38 m. 35 de long, et la figure du Sauveur, au milieu, a 5 m. 35. A dr. de cette figure se voient un ange qui vient de sonner de la trompette, et les élus ; à g., Ste Madeleine intercédant pour les pécheurs, et les damnés.

Un escalier de 28 marches occupe toute la largeur de l'édifice. La \*porte principale, à deux battants en bronze, mesure 10 m. 50 de hauteur sur 5 de largeur. Elle est ornée de bas-reliefs par *Triqueti*, représentant le décalogue.

L'\*INTÉRIEUR ne peut être visité qu'à partir de 1 h. de l'après-midi, et lorsque la porte principale est fermée, on entre par les portes latérales, à l'autre extrémité. Il n'y a qu'une seule nef. La voûte, richement peinte et dorée, est divisée en trois coupoles et deux hémicycles, par où tombe le jour. Les parois et le pavé sont en marbre. Il y a des chapelles de chaque côté de la tribune de l'orgue; à dr. de l'entrée, la *chapelle des mariages*, décorée d'un groupe de *Pradier* (m. 1852), le Mariage de la Vierge; à g., la *chapelle des fonts*, avec un groupe de *Rude* (m. 1855), le Baptême de J.-C. Ces belles sculptures sont malheureusement mal éclairées. On remarque aussi les statues des Apôtres dans les pendentifs des voûtes, par les mêmes artistes et par *Foyatier* (m. 1863).

Des colonnes accouplées partagent la nef en trois travées dans lesquelles sont 6 chapelles, 3 de chaque côté, décorées de petits ordres ioniques et des statues des saints auxquels elles sont dédiées. Les tympans au-dessus de ces chapelles sont ornés de peintures, représentant des scènes de la vie de Ste Madeleine.

A dr. 1re chap. : Ste Amélie, par *Bra* (m. 1863); Conversion de Ste Madeleine, par *Schnetz* (m. 1870). — A un pilier, une plaque commémorative en l'honneur de l'abbé Deguerry, curé de la Madeleine, l'un des otages assassinés par les communards dans la prison de la Roquette, le 24 mai 1871 (p. 203) : on lui a de plus érigé un monument dans la crypte. — 2e chap. : le Sauveur, par *Duret* (m. 1865) ; \*Ste Madeleine au pied de la croix, par *Bouchot*. — 3e chap. : Ste Clotilde, par *Barye* (m. 1875); Ste Madeleine priant au désert avec les anges, par *Abel de Pujol* (m. 1861).

A g. 1re chap. : St Vincent de Paul, par *Raggi* (m. 1861) ; le Repas chez Simon le Pharisien, et Ste Madeleine lavant les pieds du Sauveur, par *Couder* (m. 1873). — 2e chap. : la Vierge, par *Seurre* (m. 1858); des Anges annonçant à Ste Madeleine la résurrection du Sauveur, par *Cogniet*. — 3e chap. : St Augustin, par *Etex*; la Mort de Ste Madeleine, par *Signol*.

Le \*maître autel est surmonté d'un beau groupe de marbre par *Marochetti* (m. 1867), l'Assomption de Ste Madeleine; il a coûté 150,000 fr. La demi-coupole de l'abside est entièrement occupée par une grande fresque de *Ziegler*, représentant l'histoire du christianisme en plusieurs groupes, dont les figures du premier plan ont 3 m. Au centre est le Christ et devant lui Ste Madeleine, humble et repentante, mais déjà pardonnée. A dr. sont symbolisés les principaux événements relatifs au christianisme en Orient, dans les premiers siècles, au temps des croisades et de nos jours (guerre de la Grèce). On remarque entre autres St Louis, sur le devant du groupe où est Ste Madeleine, puis Godefroy de Bouillon, Richard Cœur-de-lion, le doge Dandolo et beaucoup d'autres personnages illustres. — A g., l'histoire du christianisme en Occident: les martyrs, le Juif errant, Clovis; Charlemagne, faisant pendant à St Louis; l'envoyé d'Haroun-al-Raschid, Alexandre III posant la première pierre de Notre-Dame (1163), Jeanne d'Arc, le Dante, Raphaël, Michel-Ange; Louis XIII et Richelieu, au centre; Henri IV, et enfin Napoléon 1er couronné par Pie VII.

Le prolongement des grands boulevards au N.-O. de la Madeleine, est le *boulevard Malesherbes* (pl. Bl. 18; p. 187), long de 2700 m., qui a été inauguré en 1861. Il conduit en ligne directe au parc de Monceaux (p. 208) et à la porte d'Asnières, et il est traversé par le boulevard Haussmann, au delà duquel s'élève, à 10 min. de la Madeleine, l'église St-Augustin (p. 187).

Derrière la Madeleine, la grande *rue Tronchet*, puis la *rue du Havre*, qui aboutit à la gare St-Lazare (p. 30). Le *lycée Fontanes*, anciennement *Bonaparte*, a une entrée rue du Havre, n° 8.

La large et courte *rue Royale*, en face de la Madeleine, conduit à la place de la Concorde (p. 154), au delà de laquelle on aperçoit l'ancien palais du Corps-Législatif (p. 270). Les derniers bâtiments à dr. et à g. dans la rue Royale sont les anciens *garde-meubles* de l'Etat (v. p. 154).

Lorsque les communards furent forcés par les troupes d'évacuer cette partie de la ville, le 22 mai 1871, ils placèrent une grande quantité de pétrole et d'autres matières inflammables dans un certain nombre de maisons de cette rue et de la rue St-Honoré, et y mirent le feu malgré les supplications des habitants. Les maisons du n° 15 au n° 25 de la rue Royale, du côté ouest, et plusieurs à l'entrée de la rue du Faubourg-St-Honoré furent entièrement détruites. Les pertes matérielles en ce seul endroit furent énormes. Beaucoup d'habitants échappèrent heureusement avec l'aide des troupes qui arrivèrent à leur secours. Cependant, il y eut sept personnes ensevelies sous les ruines de la première maison de la rue du Faubourg-St-Honoré, où elles s'étaient réfugiées dans la cave, et on n'évalue pas à moins de vingt le nombre des malheureuses victimes qui périrent, au milieu des flammes, dans une maison d'accouchement située à côté. C'est ici que fut commis un acte de perversité infernale, que des pompiers, payés par la Commune, remplirent leurs pompes de pétrole et en lancèrent une quantité considérable sur le feu. Beaucoup d'entre eux furent pris sur le fait par les troupes du gouvernement, et, bien entendu, fusillés à l'instant. Les insurgés avaient construit en travers de la rue Royale et à l'entrée de la rue de Rivoli de formidables barricades, commandant la place de la Concorde, défendues avec des canons et des mitrailleuses. Les atrocités que nous venons de mentionner furent commises par eux dès qu'ils trouvèrent cette position intenable.

La première rue à g. en descendant de la Madeleine dans la rue Royale, est la *rue St-Honoré*. On y remarque à dr., au coin de la rue de Luxembourg, l'*église de l'Assomption*, dont le péristyle et la coupole sont plus ou moins bien imités du Panthéon de Rome. Plus loin, on croise la *rue Castiglione*, près de la colonne Vendôme (p. 77). Puis vient, à g., non loin du jardin des Tuileries,

**St-Roch**, église construite de 1653 à 1740. La façade, précédée d'un haut perron et décorée de deux ordres de colonnes doriques et corinthiennes, a été exécutée sur les plans de *Robert de Cotte*, par son neveu *Jules de Cotte*. L'intérieur est de *Lemercier*. Le style de mauvais goût et confus de cette église révèle une tendance à s'affranchir du style pompeux du temps de Louis XIV. C'est devant cette église, qui était alors précédée d'une grande place s'étendant jusqu'au jardin des Tuileries, que Bonaparte établit ses canons le 13 vendémiaire an IV (3 octobre 1795), et mitrailla les royalistes qui voulaient attaquer la Convention, étouffant par cette mesure énergique la contre-révolution dans ses germes.

L'INTÉRIEUR de St-Roch est à trois nefs. Chacun des bas côtés a cinq chapelles latérales, le chœur en compte huit, quatre de chaque côté, et il y en a encore trois dans l'axe de l'église, deux voûtées en dôme et une dernière transversale, de forme allongée. St-Roch, qui est une des églises les plus riches de Paris, ne manque pas d'œuvres d'art remarquables. Sous l'orgue, un médaillon de *P. Corneille*, mort dans le quartier de St-Roch en 1684. La chaire, avec ses singuliers ornements allégoriques, est dans le mauvais goût du XVIIIe s.

Bas côté de g. — 1re chap.: St François Xavier au milieu des Indiens, et en face, St Philippe baptisant l'Eunuque, peintures de *Chassériau*. 2e chap.: St Jean montrant le Messie et Jésus ressuscité apparaissant à ses disciples, par *Dureau*; le Baptême de J.-C., groupe de marbre par *Lemoine*. 3e chap.: St Nicolas, par *Collin*; une inscription en l'honneur de Bossuet. 4e chap.: Mater dolorosa, groupe de marbre; la Vierge de la Compassion et Jésus descendu de la croix, par *Cornu*. 5e chap.: sur l'autel, la Chaste Suzanne, tableau par *Herbstroffer*; au-dessus et en face, Ste Suzanne, par *Norblin*. Sous la fenêtre, le monument de *l'abbé de l'Epée*, le célèbre fondateur de l'institution des sourds-muets (p. 257). Il a pour base l'extrémité d'un sarcophage, sur laquelle est représenté l'alphabet par signes. Au-dessus, une sorte de piédestal surmonté du buste de l'abbé, devant lequel se trouvent deux enfants qui semblent lui exprimer leur reconnaissance. L'inscription signifie: «A l'abbé de l'Epée, homme admirable, qui, à l'exemple du Sauveur, rendit la parole aux muets, monument élevé par les Français, en 1840. Il naquit en 1712 et mourut en 1789». Ce monument est par *Préault*.

Chapelle du bras g. du transept, la Prédication de St Denis, par *Vien* (m. 1809), tableau célèbre du régénérateur de la peinture française au XVIIIe s., le maître de David (v. p. 112), faisant contraste par son style académique avec celui de Doyen, dans l'autre chapelle du transept.

Chapelles du pourtour. Dans chacune d'elles, de ce côté comme de l'autre, de grands bas-reliefs dont les sujets sont tirés de l'histoire de la Passion. Peintures: 1re chap., St Vincent de Paul, par *Porion*; 2e chap., St Joseph, par *Tissier* et *Biennoury*; 3e chap., St François de Paule, par *Henry Scheffer* et *Loyer*; 4e chap., St Charles Borromée, par *R. Balze*.

Chapelles derrière le chœur. La 1re chap. dédiée à la Vierge, a été ajoutée en 1753 et reconstruite en 1845 par *St-Père*. Elle a une coupole peinte par *Pierre*, dont le sujet est l'Assomption, et un pourtour orné de plusieurs tableaux remarquables, notamment, à g., le Triomphe de Mardochée, par *Jouvenet*, enlevé provisoirement; la Résurrection de la fille de Jaïre, par *Delorme*; à dr., St Jean prêchant dans le désert, par *Legendre*; Jésus bénissant les enfants, par *Vien*, et Jésus chassant les vendeurs du temple, par *Thomas*. Sur l'autel de cette chapelle, la Nativité du Christ, groupe de marbre par *Michel Anguier*. — Les vitraux peints de la deuxième chapelle représentent, à g., St Denis, à dr., Mgr. Affre.

La chapelle du fond, dite du Calvaire, est isolée des autres; on y entre par une petite porte à g. Elle renferme trois groupes considérables: le Crucifiment, par *Duseigneur*; Jésus en croix, par *Mich. Anguier*, dans une niche éclairée du haut; et la Mise au tombeau, par *Deseine*. Le Christ est placé dans l'axe de l'église, de sorte que lorsqu'on ouvre de grands volets en face, au-dessus de l'autel de la deuxième chapelle, il se voit de l'intérieur de l'église.

Nous retournons maintenant vers l'entrée. 1re chap. du pourtour (4e en venant de la nef), Ste Madeleine, par *Brissel*; 2e chap., Ste Catherine, par *Brune*; 3e chap., Ste Thérèse, par *Bohn*; 4e chap., Ste Clotilde, par *Devéria*.

Chapelle du transept, la Guérison du mal des Ardents, par *Doyen* (m. 1803), composition théâtrale, l'antithèse du St Denis de Vien (v. p. 82).

Bas côté de dr. 1re chap. (5e en venant de l'entrée): St Pierre, par *Dereau*. 2e chap.: le Purgatoire, par *Boulanger*. 3e chap.: St Etienne par *L. Roux*; monument du *duc de Créquy* (m. 1678), par *Coysevox* et *Coustou*. 4e chap.: les saintes-Femmes par *Charpentier*; les monuments du *cardinal Dubois* (m. 1729), par *Guill. Coustou*, et du *comte d'Harcourt, Henri de Lorraine* (m. 1666), par *Renard*, ainsi que le buste de *Mignard* (m. 1695), par *Desjardins*, et celui de *le Nôtre* (m. 1700), par *Coysevox* aîné. 5e chap.: l'Enfant prodigue, par *Quantin*; le monument de *Maupertuis* (m. 1759), par *d'Huez*; le buste du *duc de Lesdiguières* (m. 1626), par *Coustou*, et des médaillons moins importants.

Plus loin, la rue St-Honoré traverse la rue des Pyramides, prolongée depuis peu jusqu'à l'avenue de l'Opéra, et elle débouche bientôt sur la *place du Théâtre-Français* (pl. Bl. 21; *II*), en face du théâtre (p. 45), à l'angle S.-O. du Palais-Royal (v. ci-dessous), au commencement de l'avenue de l'Opéra (p. 73) et de la rue de Richelieu (p. 72), tout près des Tuileries (p. 151) et du Louvre (p. 86). La place du Théâtre-Français est décorée de deux belles fontaines de marbre modernes, avec des statues de bronze par *Moreau* et *Carrier-Belleuse*. — Bureaux d'omnibus, v. ci-après.

## 2. Le Palais-Royal.
### Place des Victoires.

Il y a sur la petite place qui précède le Palais-Royal, en face du Louvre et à côté dans la rue St-Honoré, deux bureaux d'omnibus très-importants (lignes *C, D, G, N, R, X, Y, AG*; v. le supplément), et plusieurs lignes de tramways ont leurs points de départ non loin de là, dans la rue et sur le quai du Louvre.

PALAIS (pl. Bl. 21; *II*). Richelieu se fit construire de 1629 à 1636 un palais dans le voisinage du Louvre, et l'appela *Palais-Cardinal*. Après sa mort, Anne d'Autriche, veuve de Louis XIII, auquel il l'avait donné, vint l'habiter avec ses deux fils mineurs, Louis XIV et Philippe d'Orléans, et c'est à partir de ce moment qu'il s'appela *Palais-Royal*. Louis XIV en fit ensuite don à son frère le duc d'Orléans, et plus tard, le fils de ce dernier, *Philippe d'Orléans*, le *Régent* (m. 1723), y célébra ses fameuses orgies, dont le duc de St-Simon dit dans ses mémoires:

«Les soupers du régent étaient toujours avec des compagnies fort étranges, avec ses maîtresses, quelquefois des filles de l'Opéra, souvent avec la duchesse de Berry (sa fille), quelques dames de moyenne vertu et quelques gens sans nom, mais brillants par leur esprit et leur débauche. On buvait beaucoup et du meilleur vin, on s'échauffait, on disait des ordures à gorge déployée, des impiétés à qui mieux mieux, et quand on avait fait du bruit et qu'on était bien ivre, on allait se coucher.»

Le palais resta la propriété de la famille d'Orléans. Le petit-fils du Régent, qui se nomma *Philippe-Egalité* lors de la Révolution, et qui fut décapité en 1793, y mena un si grand train de vie, qu'il fut obligé de songer à augmenter ses revenus. Dans ce but, de 1781 à 1786, il fit entourer tout le jardin de constructions qui existent encore aujourd'hui dans leur forme primitive, et qu'il loua à des boutiquiers. Bientôt, des joueurs et des industriels de tout genre vinrent s'y établir dans les étages supérieurs. Les cafés du rez-de-chaussée devinrent le rendez-vous des mécontents. L'un des républicains les plus ardents, Camille Desmoulins, y appela le peuple aux armes le 12 juillet 1789 et y prit la cocarde verte, pour un temps le signe de ralliement des patriotes, qu'il conduisit le surlendemain au siège de la Bastille (p. 64).

Le Palais-Royal fut nommé alors *Palais-Egalité*, puis *Palais du Tribunat*, de 1801 à 1807, pendant qu'y siégeait cette assemblée. Il resta inhabité de 1807 à 1814, revint à la famille d'Orléans sous la Restauration et fut habité par *Louis-Philippe* jusqu'à la fin de 1830. Le 24 février 1848, le peuple en dévasta horriblement les appartements, à tel point qu'on y put vendre ensuite environ 25,000 kilogrammes de débris de verre et de porcelaine. Nombre de tableaux précieux y furent alors détruits. Sous le second empire, le Palais-Royal proprement dit, c'est-à-dire la partie méridionale, située vis-à-vis du Louvre, fut habité d'abord par le prince Jérôme, ancien roi de Westphalie (m. 1860), puis par son fils, le prince Napoléon, cousin de Napoléon III.

En 1871, les communards mirent le feu au palais le 22 mai, principalement, il semble, dans l'intention de détruire les appartements du prince Napoléon, d'où l'on avait heureusement enlevé la plupart des objets précieux, œuvres d'art, etc. Toute l'aile du S., y compris la plus grande partie des bâtiments de la cour d'honneur, à l'exception de l'angle du S.-O., où se trouve le Théâtre-Français, fut la proie des flammes et presque entièrement détruite. Parfaitement restauré aujourd'hui, le palais sert au conseil d'Etat et à la Cour des comptes; il n'est pas ouvert au public.

\*GALERIES. La principale entrée des galeries et du jardin est à g. de la façade, entre le palais et le *Théâtre-Français* (p. 45). On se trouve d'abord dans la *galerie de Chartres*, et on passe devant le magasin de *Chevet* (p. 13).

Le rez-de-chaussée du carré de bâtiments qui entoure le jardin, est presque exclusivement occupé par des magasins d'articles de luxe, surtout d'orfèvrerie et de bijouterie; c'étaient autrefois les plus brillants de Paris, mais ils sont maintenant surpassés par ceux des boulevards. Sous ces galeries, le loyer d'un magasin, à une seule fenêtre, avec l'entre-sol et une cave, coûte de 3,000 à 4,000 fr. par an.

La belle *galerie d'Orléans*, au S., longue de 100 m. sur 16 de large, est entièrement pavée de marbre et couverte en verre. Sa construction ne date que de 1830. Elle est bordée d'une double rangée de boutiques.

La galerie à l'E. ou à dr. du jardin est la *galerie de Valois*; celle de l'O., la *galerie Montpensier*, et celle du N., la *galerie Beaujolais*.

Le premier étage du Palais-Royal est principalement occupé par les *restaurants* nommés p. 15. Le *café de la Rotonde*, dans la galerie Beaujolais, au N., est le seul qui ait le droit de placer des chaises dans le jardin.

Jardin. — Le jardin a 230 m. de long sur 100 m. de large. Il est légèrement ombragé par une quadruple rangée d'ormes et de tilleuls. Au S. et au N. s'étendent de longs parterres, entourés de grillages, et le milieu est occupé par un bassin circulaire, d'environ 20 m. de diamètre, près duquel une musique militaire se fait entendre pendant les belles soirées d'été.

Les quelques statues qui décorent les parterres, sont des copies en bronze de l'Apollon du Belvédère et de la Diane de Versailles, et des statues modernes en marbre: un Jeune homme au bain, d'*Espercieux* (m. 1840); un Enfant luttant avec une chèvre, de *Lemoine;* Ulysse au bord de la mer, de *Bra* (m. 1863), et Eurydice mordue par un serpent, en bronze, d'après *Nanteuil* (m. 1865).

A l'extrémité méridionale du premier parterre, derrière l'Eurydice, se trouve le petit canon du Palais-Royal, que le soleil fait partir à midi, au moyen d'un verre ardent, lorsqu'il passe au méridien de Paris. Les chaises, sous les arbres, se louent 10 c.

Le Palais-Royal produit le plus bel effet le soir, à la lueur des 200 becs de gaz qui en éclairent les arcades, et des innombrables lumières des magasins. Les grilles du jardin se ferment à minuit; mais les galeries restent ouvertes toute la nuit.

---

C'est derrière le Palais-Royal que commence la rue Vivienne, qui longe la Bibliothèque Nationale (à g.; p. 177), passe à la Bourse (p. 71) et aboutit au boulevard Montmartre (p. 70).

La longue rue qui traverse la rue Vivienne près du palais, est la *rue Neuve-des-Petits-Champs.* A g. ou à l'O., elle conduit à la rue de Richelieu, où se trouve l'entrée de la Bibliothèque Nationale (p. 71); puis elle passe à l'extrémité du *passage Choiseul*, près du Théâtre-Italien (à dr.; p. 46), croise l'*avenue de l'Opéra* (p. 73; à dr., la rue Gaillon qui mène à la belle *fontaine Gaillon*, érigée en 1827-28 sur les dessins de Visconti), et elle tombe, près de la place Vendôme (à g.; p. 77), dans la rue de la Paix (p. 77). — A dr. ou à l'E., elle passe devant les *galeries Colbert* et *Vivienne* (à g.), dont la seconde est assez fréquentée et remarquable; devant la rue de la Banque (à g.), où est l'*hôtel du Timbre;* près de l'entrée de la *Banque de France* (à dr.), et débouche sur la

**Place des Victoires.** Cette petite place circulaire, d'environ 30 m. de diamètre, fut construite en 1685 sur les dessins de Mansart, comme la place Vendôme (p. 77), et décorée l'année suivante par son propriétaire, le duc de la Feuillade, d'une statue dorée de Louis XIV, par Desjardins, avec l'inscription : « viro immortali ». Cette statue fut détruite en 1792, et remplacée par un obélisque où se trouvaient inscrits les noms des victoires de l'armée républicaine : de là le nom actuel de la place, qui s'appelait auparavant place Louis XIV. Puis il y eut une statue du général Desaix, enlevée à son tour en 1814 et employée, avec celle de Napoléon et d'autres, à la fonte de la statue de Henri IV qui est sur le Pont-Neuf (p. 223). — La *statue équestre de Louis XIV*, qui occupe aujourd'hui le centre de la place, est trop grande pour le petit espace qui l'entoure. Le roi est représenté en costume romain, mais avec une perruque, sur un cheval qui se cabre; toute la statue ne repose que sur les pieds de derrière et sur la queue de ce cheval. Elle est l'œuvre de *Bosio* (m. 1845) et fut érigée en 1822 par Louis XVIII «atavo suo, maximos inter reges magno», l'ancienne ayant été, dit aussi l'inscription, détruite «per infanda tempora». Les bas-reliefs du piédestal représentent le passage du Rhin si vanté, et Louis XIV distribuant des récompenses à l'armée.

A quelques pas au N.-O. de cette place s'élève l'église de **Notre-Dame-des-Victoires**, construite de 1656 à 1740, en souvenir de la prise de la Rochelle sur les protestants, et qui appartint jusqu'en 1791 aux Augustins dits les *Petits-Pères*, ce qui lui a fait donner aussi le nom d'église des Petits-Pères. Pendant la Révolution et jusqu'en 1809, elle a servi de Bourse. Elle est peu remarquable comme monument, mais fort célèbre comme but de pèlerinage et siège d'une archiconfrérie. L'autel où l'on vient faire ses dévotions, à dr. du chœur, est encore richement orné, bien qu'il ait été dépouillé de ce qu'il avait de plus précieux par les insurgés de la Commune. Les murs de toutes les chapelles sont presque entièrement couverts de plaques de marbre avec des inscriptions, qui sont autant d'ex-voto. Les boiseries du chœur sont très remarquables. Les tableaux qui le décorent sont de *Vanloo* (m. 1745), une Allégorie de la prise de la Rochelle et des Episodes de la vie de St Augustin. Dans la première chapelle à dr., un St Pierre en bronze, assis sur le trône pontifical, copie de celui de St-Pierre de Rome, comme on en voit maintenant dans beaucoup d'églises.

## 3. Le Louvre et ses musées.
### I. LE PALAIS.

Le \*\***Louvre**, vaste palais entre la rue de Rivoli et la Seine (pl. Bl. 17, 20; *II*), le plus important des édifices publics de Paris, est à la fois remarquable au point de vue de l'architecture et par les précieuses collections qu'il renferme. Son nom lui vient, dit-on, d'un château ou rendez-vous de chasse dans un bois, appelé *Lupara (loupara)* ou *Louverie*. *Philippe-Auguste* (m. 1223) bâtit en cet endroit, près des murailles de la ville, pour défendre le cours de la Seine, une forteresse avec une grosse tour ou donjon, dont l'emplacement exact, retrouvé de nos jours, est marqué par une ligne blanche sur le sol, dans l'angle S.-O. de la cour du Louvre. *Charles V* (m. 1380) enferma ce château dans l'enceinte de Paris et en fit une résidence digne d'un roi; mais il n'existe presque plus rien des constructions de son temps, *François I*er (m. 1547) les ayant fait démolir pour fonder en 1541 le palais actuel, qui devait se renfermer dans le périmètre de l'ancien palais. Les travaux furent confiés en 1546 à *Pierre Lescot*, le plus grand architecte du commencement de la Renaissance française, qui les continua jusqu'à sa mort (1578), sous les règnes de Henri II (1547-59) et de ses successeurs. C'est Lescot qui a élevé la moitié de g. du côté O. et celle de dr. du côté S. ou côté de la Seine, dans la cour carrée de ce qu'on appelle le VIEUX LOUVRE. La façade à trois étages du côté O., dont la décoration, de *Jean Goujon* et de *Paul Ponce*, déploie toute la richesse du commencement de la Renaissance, est considérée avec raison comme le monument le plus parfait de cette période.

Après la mort de Henri II, sa veuve, *Catherine de Médicis* (m. 1589) continua la construction du côté S., sous les règnes de ses fils *François II* (1559-60), *Charles IX* (m. 1574) et *Henri III* (m. 1589). Elle y ajouta vers 1566 l'aile en retour du côté de la Seine, la Petite galerie, qui n'eut d'abord qu'un rez-de-chaussée et sur laquelle on ajouta plus tard la galerie d'Apollon. C'est aussi à Catherine de Médicis qu'est dû le pavillon d'angle, qui a servi de modèle aux autres. Ces pavillons, imités même au milieu des façades, sont une particularité de l'architecture française, la dernière réminiscence des tours du moyen âge. — En même temps qu'elle faisait ainsi travailler au Louvre, Catherine de Médicis avait fait commencer le palais des Tuileries (p. 148), qui devait être relié à l'autre par une longue galerie du côté de la Seine. Il semble même que Lescot ait encore posé les fondations de cette galerie.

Cette partie du Louvre est riche en souvenirs historiques. C'est ici qu'eut lieu, en 1572, le mariage de *Marguerite de Valois* avec le roi de Navarre, qui fut plus tard roi de France sous le nom de *Henri IV*. Cinq jours après, dans la nuit du 24 août, Charles IX y donna le signal du massacre des huguenots. Une tradition maintes fois mentionnée par les orateurs du temps de la Révolution, notamment par Mirabeau, disait que le roi avait tiré lui-même sur ses sujets d'une des fenêtres du Louvre, d'une fenêtre de la galerie d'Apollon. L'inscription suivante y fut même placée en 1796: «C'est de cette fenêtre que l'infâme Charles IX, d'exécrable mémoire, a tiré sur le peuple avec une carabine». Mais elle fut effacée six ans plus tard, parce qu'on reconnut que cette partie de l'édifice n'était pas construite du temps de ce roi.

Comme ses prédécesseurs, Henri IV (1589-1610) eut à cœur de continuer le Louvre. C'est lui qui construisit la galerie d'Apollon sur la Petite galerie, et qui continua la galerie du bord de l'eau, dont la partie O., du côté des Tuileries, a été rebâtie de nos jours sur d'autres plans. Les architectes de Henri IV furent, dit-on, *Thibault Métezeau* (m. 1586), successeur de Lescot, et *Louis Métezeau* (m. 1615) son fils; puis *Baptiste Androuet du Cerceau* (m. av. 1602) et *Jacques Androuet du Cerceau* (m. 1614), son frère. Il est aussi fait mention d'un certain *Pierre Chambiges* ou *Chambiche*.

*Louis XIII* (1610-43) fut longtemps sans s'occuper du Louvre, c'est seulement en 1624 qu'il chargea *Lemercier* (m. 1660) d'achever les bâtiments commencés par Lescot. On agrandit le plan primitif au point de le quadrupler; le pavillon N. de Lescot devint celui du milieu du côté O., aujourd'hui pavillon Sully ou de l'Horloge, qui fut exhaussé et décoré de huit cariatides par *J. Sarazin*.

Les côtés du N., du S. et de l'E., qui n'étaient que commencés, furent continués sous *Louis XIV* (1643-1715), à partir de 1660 sous la direction de *Levau*. La galerie d'Apollon, alors incendiée, fut restaurée à la même époque. La façade de l'E., du côté de l'église

St-Germain-l'Auxerrois, mesurant 173 m. 60 de long sur 27 m. 60 de haut, est l'œuvre du médecin architecte *Claude Perrault* (m. 1688), dont la colonnade trop vantée se compose de 28 colonnes corinthiennes accouplées.

Les constructions ne furent cependant pas terminées alors, l'interruption se prolongea même sous les deux règnes suivants, Louis XV et Louis XVI préférant résider à St-Germain, à Versailles et aux Tuileries. On n'y travailla pas davantage pendant la Révolution. Napoléon Ier les fit reprendre par *Percier* (m. 1838) et *Fontaine* (m. 1853), qui s'occupèrent aussi de construire au N. une galerie parallèle à celle du bord de l'eau.

La chute de Napoléon interrompit encore les travaux, lorsque cette galerie, commencée du côté des Tuileries, avait été poussée jusqu'au pavillon de Rohan. Elle resta inachevée jusqu'au jour où Napoléon III reprit, en 1852, le plan des rois de France et de son oncle, pour finir réellement de relier le Louvre aux Tuileries.

Deux architectes en furent chargés successivement, *L. Visconti* (m. 1853) et M. *Lefuel*. Il y avait encore à bâtir la moitié de l'aile du N., longue de 435 m., les galeries intérieures, et les deux façades sur la place du Carrousel (p. 148). Ces immenses travaux étaient menés à bonne fin en 1857, et les frais s'élevèrent à environ 75 millions de francs. Les riches, mais lourdes façades du Nouveau Louvre, avec leurs pavillons terminés en dôme, leurs demi-colonnes corinthiennes, leurs cariatides, leur portiques, leurs 86 statues colossales de célébrités françaises et leurs 63 groupes de statues allégoriques, ne s'harmonisent que par l'ordonnance générale avec le Vieux Louvre. La même remarque s'applique à la partie de la galerie du bord de l'eau qui s'étend des Tuileries au pavillon de Lesdiguières, reconstruite de 1863 à 1868, plus large qu'autrefois, et comprenant la nouvelle salle des Etats, encore plus large. On a de même reconstruit dans d'autres dimensions la partie correspondante du N., incendiée par les communards en 1871.

Tous ces bâtiments forment le palais le plus vaste et le plus splendide de Paris et même de l'Europe. La superficie qu'ils occupent avec les Tuileries, est d'environ 195,000 m. carrés. Malgré le manque d'unité, ils présentent un ensemble harmonieux et sont réputés la meilleure œuvre d'architecture française.

Les salles du Vieux Louvre servent de musée depuis 1793; du Nouveau Louvre, il n'y a qu'une partie des bâtiments du S. qui contiennent des collections; les autres sont surtout occupées par le Ministère des Finances. — Le palais et les trésors qu'il renferme ont couru de grands dangers en 1871, dans les incendies allumés par les vandales de la Commune. Outre les Tuileries, qui sont encore en ruines, la partie de la galerie du N. construite par Napoléon Ier a été en grande partie détruite par le feu et la galerie du S. endommagée. La bibliothèque du Louvre (90,000 volumes et une quantité de précieux manuscrits), qui se trouvait dans le pavillon du côté de la place du Palais-Royal, fut également la proie des flammes; mais les troupes de Versailles arrivèrent à temps pour empêcher de plus grands malheurs.

## II. LES MUSÉES.

Les musées du Louvre sont la plupart ouverts gratuitement au public *tous les jours*, *excepté le lundi*, en été, c.-à-d. du 1er avril au 1er oct., de 9 h. à 5 h. dans la semaine et de 10 h. à 4 h. les dimanches et fêtes; en hiver toujours de 10 h. à 4 h. — Il est fait *exception pour les sculptures du moyen âge et de la Renaissance*, les *sculptures modernes*, les *antiquités chrétiennes et judaïques* et les *antiquités phéniciennes et de l'Asie Mineure*, ainsi que pour la plupart des collections du *2e étage*, qui ne sont visibles dans la semaine qu'à partir de 1 h., et encore pour la *salle des boites* (dessins, p. 148), ouverte seulement le samedi de 2 h. à 4 ou 5 h.

Le moment le plus favorable pour visiter les galeries du Louvre est le matin. Plus tard, surtout le dimanche, elles sont généralement pleines de monde, et l'on ne peut plus jouir de la visite, notamment dans les salles de peinture. — Il n'y a *pas de vestiaire*, on fera donc bien de ne pas se charger d'objets embarrassants.

L'histoire des collections du Louvre remonte jusqu'au XVIe s., aux princes français de la Renaissance, qui non-seulement dirigèrent leur politique vers l'Italie, mais qui furent encore des admirateurs enthousiastes de l'art italien. A la tête des amateurs et des collectionneurs fut *François Ier*. Comme on le sait, il appela à sa cour des artistes italiens tels que Léonard de Vinci, André del Sarto, Benvenuto Cellini, Rosso, le Primatice, etc. Le meilleur moyen de gagner ses faveurs était de lui offrir des objets d'art. Lui-même ne se fit pas faute de demander aux artistes, par ex. à Michel-Ange, de travailler pour lui, et il s'occupa même d'acquérir des reproductions en plâtre de sculptures célèbres. Ses efforts ne furent pas toujours couronnés de succès. Le groupe d'artistes occupés par lui et par *Henri II*, qu'on appelle l'école de Fontainebleau, n'exerça pas d'influence durable sur l'art français. L'amour des collections se réveilla sous *Louis XIV*, dans le rôle duquel rentra aussi le culte des arts, et qui trouva des imitateurs dans les grands (Mazarin), voire même dans la bourgeoisie (Crozat). Le Cabinet du Roi se composait déjà alors d'une quantité de tableaux de grand prix; la collection commencée par Crozat en 1683, mais qui fut plus tard dispersée, était la plus considérable et la plus riche pour les dessins. Mais les plus beaux jours des galeries du Louvre datent de la Révolution française, qui y réunit les œuvres d'art encore dispersées dans les châteaux royaux, et qui appliqua aux musées le principe de la centralisation. Enfin lorsque les armées françaises eurent rapporté d'Italie, des Pays-Bas et d'Allemagne un énorme butin artistique, non-seulement les collections du Louvre purent être regardées comme les premières dans leur genre, mais ce palais fut en quelque sorte le musée de l'Europe. Sans doute beaucoup de statues et de tableaux ont dû être rendus après l'invasion, mais le Louvre passe toujours en somme pour le premier musée de l'Europe.

Outre ses collections artistiques, le Louvre renferme encore un musée ethnographique, un musée de marine, etc. Le nombre de ses salles, qui pour la plupart communiquent ensemble, est si grand, qu'il serait difficile de s'y retrouver sans un plan, et si l'on n'a pas beaucoup de temps à y consacrer, il importe de savoir s'y orienter, car il faut déjà 2 à 3 h. rien que pour parcourir ces salles.

L'ENTRÉE PRINCIPALE des galeries est dans la cour du Nouveau Louvre, au *pavillon Denon*, qui se trouve au milieu du côté de la Seine, en face du square (v. le plan, pl. 86). Une autre grande entrée, pendant longtemps l'entrée principale, est celle qui est à g. sous le *pavillon de l'Horloge*, ou *de Sully*, en venant de la cour du Vieux Louvre. La plupart des différents musées ont de plus leurs entrées particulières, que nous indiquerons à l'occasion.

Pour bien s'orienter, on se rappellera que le REZ-DE-CHAUSSÉE renferme les *sculptures*, depuis l'époque des Egyptiens et des Assyriens jusqu'à nos jours, et les *gravures*; le PREMIER ÉTAGE, les *peintures*, les *antiquités* de petite dimension, le *musée Campana*, la *collection Lenoir*, le *musée de la Renaissance* (moins les sculptures), les *dessins* et les *bronzes antiques*; le SECOND ÉTAGE, le *musée de marine*, le *musée ethnographique*, le *musée chinois* et les *salles supplémentaires* de la peinture et des *dessins*.

Des *catalogues* spéciaux se vendent à l'entrée de la plupart des galeries. Ces livres contiennent, outre la liste complète des œuvres d'art, des notices biographiques et explicatives, ainsi qu'une foule d'autres renseignements précieux. Il y a dans beaucoup de salles des étiquettes sur les objets exposés. Nous ne mentionnons naturellement ici que le plus important.

## REZ DE-CHAUSSÉE.

\***Musée égyptien.** — Ce musée, dont l'entrée se trouve à g. dans le passage sous la colonnade (p. 88), est la collection d'antiquités égyptiennes la plus remarquable qui se trouve en Europe. Sauf naturellement en ce qui concerne l'architecture, elle nous donne sur la religion, sur les mœurs et sur les arts chez le plus ancien des peuples civilisés, l'idée à peu près la plus complète que puissent nous fournir les monuments encore subsistants.

La première salle, la SALLE HENRI IV, renferme les objets les plus importants et de plus grande dimension. On y remarque des *sphinx*, figures fantastiques à corps de lion et têtes d'homme ou de bélier, qui se plaçaient deux à deux comme gardiens aux portes des temples; — des *stèles*, monuments commémoratifs en l'honneur des défunts, avec des inscriptions, des représentations de divinités infernales (Osiris) et des sacrifices qu'on leur faisait ou que les parents faisaient aux défunts, en particulier celle qui porte le n° C 26, en pierre calcaire, de 1 m. 80 de haut sur 1 m. 20 de large; le C 48, en granit rose, qui a la forme de la porte d'un temple égyptien; le C 100, avec des bas-reliefs, et le C 196, tous deux en pierre calcaire ; — des *statues*, provenant aussi pour la plupart de chambres sépulcrales : A 11, Sekhet, de la 18ᵉ dynastie (xvıᵉ et xvᵉ s. av. J.-C.); A 88, un guerrier du nom de Hor, en granit noir, qui passe pour un chef-d'œuvre du temps de la 26ᵉ dynastie (vııᵉ et vıᵉ s. av. J.-C.); A 16, une statue colossale du roi Sebek-Hotep (13ᵉ dyn.), de 2 m. 71 de haut; plusieurs groupes représentant des rois avec des dieux : A 18, A 89, A 47, A 54, A 55 ; — des *bas-reliefs*: B 7, provenant du tombeau de Séti Iᵉʳ, le plus remarquable des tombeaux des rois à Thèbes ; — des *sarcophages*: D 1, en granit rose, celui du roi Ramsès III (20ᵉ dyn., xııɪᵉ-xıᵉ s. av. J.-C.), dont la décoration a pour objet les rapports symboliques supposés entre la course du soleil, après son coucher, dans les cieux infernaux, et la pérégrination de l'âme dans les mêmes régions (metempsychose); D 9, un sarcophage colossal en basalte, de 1 m. 20 de haut, 2 m. 85 de long et 1 m. 24 de large, rapporté par le grand égyptologue Champollion, un chef-d'œuvre de la sculpture égyptienne du temps de la 26ᵉ dynastie, avec des représentations analogues.

A l'extrémité de la salle est un escalier conduisant au premier étage. A g., la SALLE D'APIS, ainsi nommée d'après la statue qui s'y trouve, exécutée au temps de la 30ᵉ dynastie (ıvᵉ s. av. J.-C.). Le bœuf ou plutôt le taureau *Apis* était l'animal consacré à Ptah, dieu suprême des Egyptiens. Il devait être noir, avec un triangle blanc sur le front et une tache en forme d'aigle sur le dos, et il devait avoir sous la langue une excroissance rappelant la forme du scarabée sacré. A sa mort, l'animal était inhumé en grande pompe, dans un endroit que les Grecs ont nommé « Sérapéum » par corruption des mots « Osiris Apis » par lesquels les Egyptiens désignaient le bœuf Apis. Aux murs, tout autour, des *stèles*, qui étaient mises par les croyants dans le tombeau d'Apis et qui sont maintenant d'une valeur inappréciable pour l'histoire de l'Egypte, parce qu'elles sont datées et donnent le nom du roi régnant. A l'entrée d'une petite salle latérale, sous verre, la porte du Sérapéum, du commencement de la dynastie des Ptolémées.

Nous revenons sur nos pas pour monter l'escalier (*11* sur le plan p. 93), au mur duquel nous voyons, entre autres, à g., C 51, un fragment d'inscription très-précieuse du temple de Karnak, relative à une expédition du plus grand roi d'Egypte, Thotmès III (18ᵉ dyn., xvıᵉ s. av. J.-C.). Au deuxième palier, à dr., B 49, un beau bas-relief du premier empire, présentant dans la reproduction de la figure humaine une exactitude qui contraste avec le style des ouvrages du deuxième et du troisième empire, qui paraît avoir été soumis à des règles (canon).

Il y a aussi dans le haut de l'escalier des sculptures datant du premier empire (A 36, 37, 38 les plus anciennes), dont le style est surtout caractérisé par la statue à dr. de la porte, un moulage de celle de Khafra (Khéphren), le roi qui a construit la grande pyramide de Gizeh (4ᵉ dyn., xxxᵉ s. av. J.-C.), tandis que celle qui est à g. de la porte, un moulage de la statue de la reine Améniritis, femme de Psamétik Ier (26e dyn., VIIe s. av. J.-C.) est des derniers temps de l'art égyptien (tête très-noble). Les statuettes de l'espèce de balcon que forme l'escalier sont de l'ancien empire. Là aussi (A 22), une grande statue en albâtre de Ramsès II ou Meïamoun le Grand (19e dyn.).

En passant par la porte entre les moulages des statues de Khafra et d'Améniritis (à dr., les salles de la partie orientale; v. p. 141), nous arrivons dans les cinq dernières salles du musée égyptien, contenant les antiquités de petite dimension (v. le plan du 1er étage, p. 135). Il y a partout des étiquettes donnant les détails nécessaires.

La SALLE HISTORIQUE renferme les objets qui ont surtout trait à l'histoire de l'Egypte. Plafond de *Gros*, le Génie de la France anime les arts et protège l'humanité.

La SALLE CIVILE est consacrée aux monuments de la vie privée des Egyptiens. Au milieu, au-dessus d'une vitrine, la *statue peinte d'un scribe accroupi (5e dyn.). Armoires et vitrines: bronzes, objets en albâtre, objets tressés, papyrus, chaussures, sandales, fruits, ustensiles, instruments de musique et autres, objets de toilette, parures, etc. Plafond d'*Hor. Vernet*, Jules II ordonnant les travaux du Vatican et de St-Pierre à Bramante et à Michel-Ange.

La SALLE FUNÉRAIRE est intéressante pour la connaissance du culte des morts chez les Egyptiens, chez lesquels la croyance à l'immortalité était un dogme fondamental de la religion. Cette croyance explique le soin apporté chez ce peuple à la conservation des corps, si bien embaumés et pour lesquels on construisait des

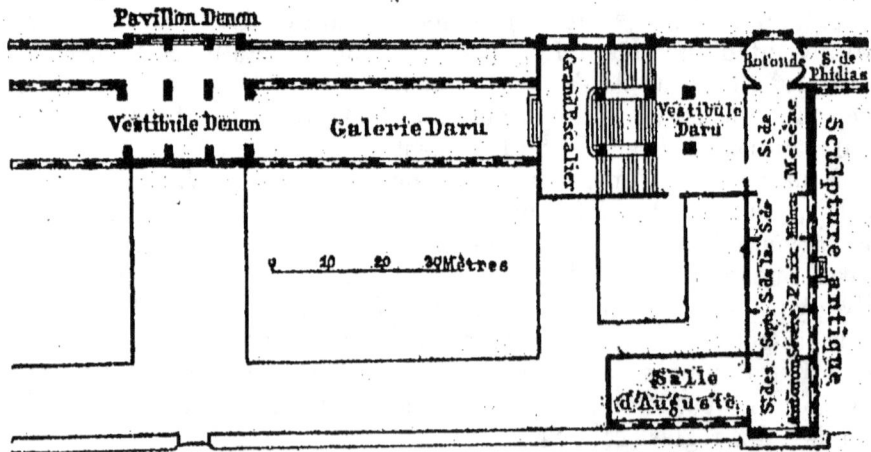

tombeaux grandioses. La plupart des renseignements que nous avons sur les idées que les Egyptiens se faisaient de la vie de l'âme après la mort, nous viennent du Rituel funéraire, livre sacré dont chaque momie devait porter un exemplaire plus ou moins complet. Il contient une série d'hymnes, de prières et d'instructions sur la manière dont l'âme devra se conduire dans l'autre monde, sur ce qu'elle devra répondre aux juges, etc. Les bandes de papyrus du côté de la cheminée sont des fragments de ce Rituel. Plafond d'*Abel de Pujol*, l'Egypte sauvée par Joseph.

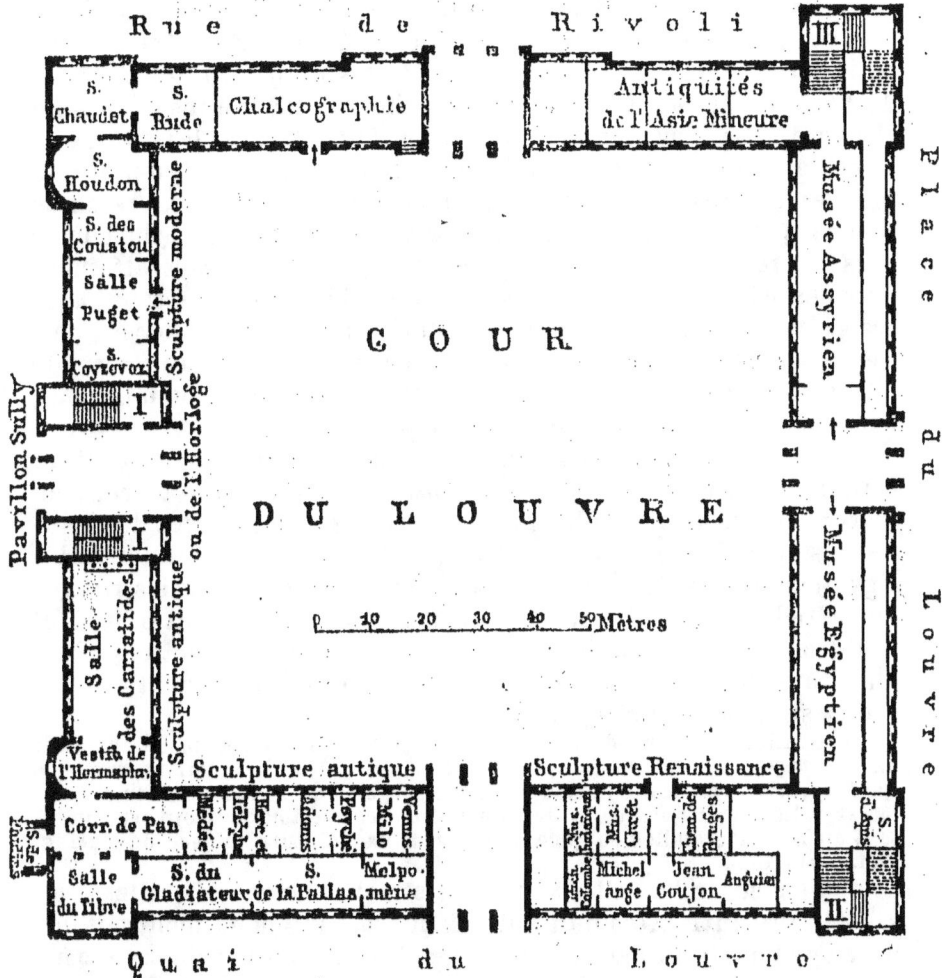

La SALLE DES DIEUX est consacrée aux antiquités qui nous expliquent la mythologie égyptienne: statuettes et attributs de dieux en bronze, etc. Plafond de *Picot*, l'Etude et le Génie dévoilant l'Egypte à la Grèce.

La SALLE DES COLONNES, la dernière, divisée en trois par des colonnes corinthiennes, contient les objets qui n'ont pu trouver place dans les autres salles. Plafond de *Gros*, la véritable gloire s'appuie sur la vertu.

Salles des petites antiquités grecques et musée Campana, v. p. 142.

**Musée assyrien.** — Ce musée, dont l'entrée est en face de celle du musée égyptien, dans la partie orientale du Vieux Louvre (v. le plan, ci-dessus), est formé d'une partie du produit des fouilles faites depuis 1843, par M. Botta, consul de France, et par l'Anglais Layard, sur l'emplacement des anciennes villes d'*Assur* et de *Ninive*: l'autre partie est en Angleterre.

L'*Assyrie* (Assur), d'après la Bible le pays de Nemrod, est l'empire qui s'étendait sur la rive gauche du Tigre, avec *Assur*, plus tard *Ninive*, pour capitale, qui vainquit vers 1250 av. J.-C. l'empire de Babylone, et dont la domination s'étendit ensuite jusqu'à l'Asie Mineure. Les fouilles en question on fait retrouver les ruines de vastes palais, dont les salles étaient toutes garnies à l'intérieur de plaques d'albâtre, sur lesquelles la vie des souverains est racontée comme sur les monuments de l'Egypte, mais d'une façon encore plus expressive. Des chasses, des batailles, des sièges alternent avec des scènes paisibles, dans lesquelles le roi est représenté avec ses gardes du corps et sa cour, et entouré de monstres fantastiques. Les inscriptions, composées de signes en forme de coins et de triangles, tracés horizontalement et de biais (écriture cunéiforme), n'ont pu être déchiffrées que depuis peu de temps.

Dans la 3e et dans la 4e salle du musée assyrien se trouvent un certain nombre de *sarcophages phéniciens*, en marbre noir et en marbre blanc, les restes les plus importants de l'art chez les Phéniciens, peuple des côtes de l'Asie (Syrie) qui subit l'influence des Egyptiens et des Assyriens, et qui, par ses colonies sur les rivages de la Méditerranée, fut le plus ancien intermédiaire entre l'Orient et l'Occident. Ces sont les Phéniciens qui ont inventé notre système d'écriture, en substituant aux signes compliqués des Egyptiens des signes simples pour chaque son.

L'escalier au bout de ce musée (III sur le plan de la p. 93) conduit au 1er étage, où sont, en face, une entrée des salles de la partie orientale (p. 141); à dr., celle du musée du Moyen-Age et de la Renaissance et dans la 1re salle de ce dernier, à dr., un petit escalier toujours ouvert, montant au 2e étage (salles supplémentaires de la peinture, musée de Marine, etc., v. p. 144).

Au pied de l'escalier, à g., se trouvent encore trois salles consacrées aux **antiquités de l'Asie-Mineure**, qui nous montrent les développements de l'art assyrien chez les populations de cette contrée, en quelque sorte l'intermédiaire entre cet art et l'art grec; elles sont ouvertes les mêmes jours que les autres, mais dans la semaine, seulement à partir de 1 h. — 1re SALLE: encore un certain nombre d'antiquités phéniciennes et syriennes. — IIe SALLE: *fragments du temple d'Apollon didymien à Milet*, spécimens de l'art ionien primitif, dont le style rappelle les sculptures assyriennes. — IIIe SALLE: *fragments du temple d'Arthémis Leucophryne* (Diane aux sourcils blancs), de Magnésie, près d'Ephèse. La \*frise, une des plus vastes compositions de ce genre qui nous reste de l'antiquité, d'environ 80 m. de développement, représente des combats acharnés entre les Grecs et les Amazones. On n'est pas d'accord sur l'époque où ces sculptures auraient été exécutées. Différentes particularités, notamment leur relief extraordinaire, indiquent une origine romaine tardive. On remarquera encore un vase de Pergame en Asie-Mineure, donné en 1838 par le sultan Mahmoud, puis des fragments d'autres édifices, des inscriptions grecques et des bas-reliefs funéraires.

\*\***Musée des marbres antiques.** — Sans pouvoir se comparer pour l'importance aux grands musées de sculpture antique de l'Italie, celui du Louvre possède cependant quantité d'œuvres de premier ordre. — On fera bien d'en commencer la visite du côté du *pavillon Denon* (p. 90).

La GALERIE DARU, à g. en entrant, contient un certain nombre de reproductions en bronze de sculptures antiques faites du XVI<sup>e</sup> au XVIII<sup>e</sup> s. à Fontainebleau et à Rome.

Le GRAND ESCALIER OU ESCALIER DARU, à l'extrémité de cette galerie, conduit au musée de peinture (p. 106). Nous montons seulement 8 marches et nous redescendons à g. Aux murs, quelques bas-reliefs de sarcophages. Dans le bas, à g., à la fenêtre, 228, Bacchus couché. Plus loin, au mur, d'autres bas-reliefs: 204, Bacchus chez des mortels adonnés à son culte, nommés ordinairement Icarius et Erigone; 454, Naïade couchée (?). Sous l'escalier, un sarcophage de Salonique, avec les défunts sur le couvercle et autour de la cuve le combat des Amazones. Derrière, dans le coin de gauche, 238, Ariane endormie. — Nous revenons sur nos pas et nous tournons à dr., dans la

ROTONDE, salle décorée de stucs par *Michel Anguier* (1653) et de peintures par *Mauzaisse*. A dr., 76, Apollon Lycien. Au milieu, le Mars Borghèse, nommé autrefois Achille (v. p. 98). — Nous passons à dr., dans les salles de l'aile construite par Catherine de Médicis. Sur l'intrados de l'arcade qui y donne entrée, un bas-relief, la Peinture, la Sculpture et l'Architecture par *Chaudet*.

SALLE DE MÉCÈNE OU DES BAS-RELIEFS. Plafonds par *Meynier* et *Biennoury*. Près de l'entrée, à dr. dans le bas, 84, devant d'un sarcophage romain avec des représentations assez mutilées de la lutte entre Apollon et Marsyas. Au milieu, une fontaine antique. A la 2<sup>e</sup> fenêtre, un buste colossal de *Mécène*, qui a donné son nom à la salle.

Les 4 salles suivantes ont été décorées par *Anguier* et *Romanelli*; il y a surtout des sculptures du temps de l'empire romain.

SALLE DE MITHRAS. Au milieu, 131, Adrien et Sabine (?) en Mars et Vénus (v. p. 98). Au mur de dr., près de l'entrée, dans le haut, 425, la Chute de Phaéton, malheureusement fort endommagée. Ensuite, 569 à 572, le *Sacrifice de Mithras*, autrefois célèbre, mais qui a perdu de son intérêt.

Le culte de Mithras, dieu des anciens Perses, fut importé à Rome après l'expédition de Pompée contre les Pirates, et se répandit de là par l'intermédiaire des armées dans toutes les parties de l'empire romain. Mithras était proprement, chez les Perses, le dieu du jour; les Romains en firent le dieu du soleil et le représentèrent comme tel en costume asiatique, plongeant un poignard dans le cou d'un taureau abattu. Dans le n° 569, il y a encore d'autres représentations au-dessus de la scène principale: le dieu du soleil sur un char attelé de quatre chevaux, la déesse de la lune sur un autre qui n'en a que deux, etc. Toute la composition semble être une allégorie cosmologique de la fin du IIIe s. après J.-C.

Salle de la Paix ou de Rome. Au milieu, 465, une *statue de Rome* assise sur un rocher, en porphyre rouge et avec les chairs dorées. Les colonnes de granit à l'entrée et à la sortie de cette salle, au nombre de 8, proviennent de la partie de la cathédrale d'Aix-la-Chapelle qui fut construite par Charlemagne.

Salle de Septime-Sévère : collection assez complète de bustes d'empereurs romains et d'impératrices, depuis Aurélius jusqu'à Caracalla. On leur a donné des noms qui y sont inscrits.

Salle des Antonins : surtout des bustes et des statues des empereurs Trajan, Adrien, Antonin le Pieux, Marc-Aurèle et Lucius Vérus, quelquefois plusieurs du même, qu'on a rapprochés pour la comparaison. Au milieu, une statue colossale de Marc-Aurèle.

Salle d'Auguste, à dr. La décoration ne date que du temps de Napoléon III. Le plafond est de *Matout*. Parmi les statues et les bustes du premier empire romain qui y sont exposés, il faut mentionner d'abord, au milieu, un *\*buste colossal d'Antinoüs*, le favori d'Adrien, qui se noya dans le Nil et qui fut déifié. Figure sérieuse et mélancolique, bon morceau de sculpture, dont les cheveux surtout sont bien travaillés. Les yeux étaient en pierres fines ou en émail. \*184, un *Orateur romain* en Mercure, nommé ordinairement Germanicus. Cette statue pleine de vie et d'une grande finesse, d'une exactitude anatomique extraordinaire, est, d'après une inscription sur la tortue qui se trouve au pied, l'œuvre de l'Athénien *Cléomène*, fils de Cléomène. A g. de la 4e fenêtre, une statue de Jules César. En face, au milieu, 148, un buste colossal de Rome, sur le casque duquel on voit Romulus et Rémus allaités chacun par une louve.

Nous revenons maintenant sur nos pas jusqu'à la rotonde (p. 95) et nous tournons à dr.

La \*salle de Phidias ou de la Base de candélabre contient des œuvres de la plus belle époque de la sculpture grecque, du temps de Phidias et des temps qui l'ont précédé et suivi (Ve s. av. J.-C.). A g. de l'entrée, le vase de Marathon, avec des bas-reliefs qu'explique l'inscription ; il y en a de semblables aux extrémités du mur opposé. A dr., au mur du côté de la rotonde, dans le bas : 9, 10, 11, trois *bas-reliefs de l'île de Thasos*, de la fin du IVe s. av. J.-C. de style archaïsant. Ils proviennent d'un tombeau et représentent une consécration. Au-dessus, \*125, un *fragment de la frise du Parthénon*, le célèbre temple de l'Acropole d'Athènes, évidemment de l'école de Phidias, par lui-même ou par ses meilleurs élèves, *Alcamène* et *Agoracrite*.

La frise du Parthénon, qui était placée sous le péristyle autour du temple, représentait la procession montant à l'Acropole à la fin des Panathénées, pour offrir à Minerve le Péplum, sorte de robe faite par les filles d'Athènes. La plus grande partie des bas-reliefs sont à Londres ; le fragment du Louvre nous montre de jeunes Athéniennes tenant des vases d'or et d'argent et deux prêtres qui les conduisent.

Au-dessus, \*126, le dixième des douze métopes du côté S. du Parthénon, malheureusement fort mutilé, un Centaure enlevant une femme, peut-être par *Alcamène*, à qui est dû, selon Pausanias, le Combat des Centaures du temple de Jupiter à Olympie. — A dr., un fragment de métope de ce temple de Jupiter à Olympie, Hercule domptant le Minotaure. — A g., près de la fenêtre, au-dessus d'une tête de Mercure archaïsante : \**Mercure, Orphée et Eurydice* (l'inscription : Zetus, Antiopa, Amphion ne saurait être de l'antiquité), bas-relief attique peu postérieur à Phidias, excellent spécimen de cette noble naïveté, et de cette dignité qui caractérisent l'art antique.

Orphée avait obtenu de ramener des enfers sa femme Eurydice, à condition de ne pas la regarder avant d'arriver sur la terre. Il n'a pas su tenir sa promesse ; c'est pourquoi Mercure, le conducteur des morts, prend doucement la main d'Eurydice pour la reconduire dans le séjour des morts. Cette simple composition nous révèle bien les mouvements divers d'espoir et de douleur éprouvés par les deux époux dans leur trajet, jusqu'à ce moment fatal. — Il y a des répétitions de ce bas-relief à Rome et à Naples.

Du côté de la cour, à g. de la fenêtre, un buste de Thésée (?). Au-dessus, 6, un bas-relief, Jupiter, Junon et Hébé. Cette dernière tenait sans doute un vase pour verser le nectar à Jupiter.

Au milieu de la salle, la \**base de candélabre* Borghèse, connue aussi sous le nom d'autel des Douze dieux.

Chacun des trois côtés est divisé également en deux parties, celle du haut avec quatre figures, celle du bas avec trois. Face 1 : Jupiter, Junon, Neptune, Cérès ; les trois Grâces. Face 2 (à g.) : Mars, Vénus, Mercure, Vesta ; les trois Parques. Face 3 : Apollon, Diane, Vulcain, Minerve ; trois Heures ou Saisons.

A la fenêtre du milieu du côté de la Seine : 124, la *stèle de marbre de Choiseul*, une des plus anciennes inscriptions grecques du Louvre. C'est le compte-rendu des dépenses faites par les trésoriers du Parthénon, sous l'archontat de Glaucippe, la 3e et la 4e année de la 92e olympiade (410 et 409 av. J.-C.). Au-dessus, Pallas, l'olivier sacré et l'archonte Glaucippe. — Dans l'embrasure de la fenêtre : 205, une procession bachique ; 129, Armement de Mars ; 486, Sacrifice à Minerve ; \*18, 15, 17, bas-reliefs votifs de Delphes, évidemment offerts par des vainqueurs aux jeux pythiens (13 et 15, la déesse de la Victoire verse à boire à Apollon Citharède) ; 63 (en face des autres), bas-relief votif offert à Cérès et Proserpine. — Du côté opposé de la salle, à dr. de la fenêtre, \*574, torse d'une déesse, Junon ou Cérès (Déméter), ouvrage admirable qui est probablement de l'école de Phidias. — \*448, Alexandre le Grand, précédemment nommé Inopus ; on voit autour de la chevelure les traces d'un bandeau royal.

Au mur du fond : *bas-reliefs de l'architrave d'un temple d'Assos en Mysie*, dans lesquels l'art grec se montre à ses débuts, encore tout à fait sous l'influence de l'art oriental. Ce sont des combats d'animaux, des Centaures et des Sphinx, des hommes occupés à boire, etc. Dans l'embrasure de la fenêtre, 112, 113, plaques de marbre avec des listes de guerriers morts à l'ennemi, etc.

Nous passons maintenant dans le CORRIDOR DE PAN, qui est mal éclairé. A g., la salle des Cariatides (p. 100); à dr., celle du Tibre (p. 100). Nous suivons le corridor. Vers l'extrémité, derrière deux colonnes, 287, *Pan assis*.

SALLE DE LA MÉDÉE. A dr., un sarcophage sur lequel est représenté la vengeance de Médée. Dessus, 252, une petite statue assise de Silène. 377, les Grâces: Euphrosyne, Aglaé et Thalie. Au-dessous, un sarcophage. Sous l'arcade donnant entrée dans la salle suivante, à dr., 138, Vénus Aphrodite.

SALLE D'HERCULE ET DE TÉLÈPHE. A dr., *Hercule, son fils Télèphe et la biche qui a nourri l'enfant. 325, l'Amour Farnèse. 375, Hermaphrodite (p. 100). A g., 116, Minerve. — A l'entrée de la salle suivante, à dr., 152, Vénus et l'Amour, avec les armes de Mars.

SALLE D'ADONIS. A dr., 153, Vénus et l'Amour redemandant ses ailes, que sa mère lui a prises. 438, sarcophage romain, avec Tritons et Néréides. Au-dessus, dans le mur, *172, le devant d'un sarcophage dont les bas-reliefs représentent Adonis à la chasse, blessé par le sanglier et mourant en présence de Vénus désolée.

SALLE DE LA PSYCHÉ. A dr., 426, le sarcophage de Bordeaux, où sont représentés Endymion et Diane (Séléné) éprise de lui. Dessus, une statue assise d'*Euripide*, avec la liste de ses œuvres. 371, *Psyché*. A g., 224, Bacchus avec la panthère. Plusieurs bas-reliefs de sarcophages et des statues de Vénus.

SALLE DE LA VÉNUS DE MILO. Cette salle est uniquement consacrée à la plus célèbre statue du Louvre, la ***Vénus de Milo*.

«Comme elle est grande et belle, et noble cette Vénus, animée d'une vie supérieure et d'une plénitude d'immortalité! Quel vague et divin sourire sur les lèvres à demi entr'ouvertes; quel regard surhumain dans cet œil sans prunelle!... Les bras sont absents, mais il semble que, si on les retrouvait, ils gêneraient le plaisir de l'œil en empêchant de voir cette superbe poitrine et ce sein admirable. Et c'était dans le temple d'une petite île que rayonnait ce chef-d'œuvre d'un statuaire inconnu, digne de la plus belle époque de l'art hellénique.» (Th. Gautier.)

Cette statue provient de l'île de *Melos* aujourd'hui *Milo*, à l'entrée de l'Archipel; elle a été découverte en 1820 dans un souterrain, par un paysan auquel le gouvernement français l'a acheté 6 000 fr. Elle est l'œuvre d'une école qui tient le milieu entre *Phidias* et *Praxitèle*, et elle a beaucoup d'analogie avec le groupe des Niobides de Florence, dû sans doute au ciseau de *Scopas*, contemporain de Philippe de Macédoine, de sorte qu'on peut, sans se tromper beaucoup, attribuer la Vénus à un élève de ce maître. Les monuments antiques nous montrent Vénus et la Victoire dans une attitude semblable, tenant un bouclier. Vénus est représentée également ainsi avec Mars, et l'inscription du piédestal dit qu'elle était probablement groupée avec un Mars semblable au Mars Borghèse (v. p. 95; v. aussi Adrien et Sabine en Mars et Vénus dans la salle de Mithras, p. 95). Outre qu'on a essayé d'expliquer cette statue dans les deux sens, notamment dans le premier (voir la restauration dans le haut de l'escalier Daru; p. 95), des archéologues français ont trouvé une troisième explication. En même temps que la statue, on a trouvé divers fragments, entre autres ceux d'un bras gauche et d'une main gauche tenant une pomme, qui sont dans une vitrine à la première fenêtre de gauche; d'où la conclusion que cette Vénus aurait eu la main gauche levée, tenant une pomme, et aurait de la main droite retenu son vêtement pour l'empêcher de tomber. Toutefois il est bon de faire remarquer que les fragments en question ne sont pas d'un travail aussi achevé que la statue et peuvent ne pas lui appartenir, à moins qu'ils ne proviennent, comme on l'a dit, d'une restauration.

Nous tournons maintenant à dr. pour visiter une série de salles parallèles aux précédentes.

Salle de la Melpomène. Au fond, 186, une *Melpomène* colossale, haute de près de 4 m., une des plus grandes statues qui existent, d'un seul bloc de marbre pentélique, et dont les draperies sont très-remarquables. La grande mosaïque qui la précède, par *François Belloni*, représente le génie de Napoléon I^er (en Minerve), maître de la victoire et amenant la paix et l'abondance. A dr., à la fenêtre du fond, *164, un buste de Vénus, très-probablement de l'école de *Praxitèle*.

Salle de la Pallas. 1^re travée, à g., 44, Junon (?), restaurée en Providence; au milieu, 316, un cratère avec des masques de satyres; à dr., 393, une statue restaurée en Uranie. — 2^e travée: au milieu, un buste d'Alexandre le Grand, rendant tant bien que mal les traits du héros. A dr., 103, un sarcophage sur lequel est représenté Actéon à la chasse, épiant Diane au bain, changé en cerf par la déesse irritée et déchiré par ses propres chiens. Plus loin, au milieu, 142, Vénus sortant du bain, copie antique de la Vénus du Capitole. — 3^e travée: au milieu, une baignoire antique en porphyre. A dr., *303, la *Pallas de Velletri*, qui a donné son nom à la salle. Elle a été trouvée en 1797 à Velletri, près de Rome. La main droite tenait une lance et la gauche peut-être une Victoire. C'est une reproduction romaine d'un original grec de la meilleure époque. Au milieu, *137, la *Vénus d'Arles*, trouvée en 1651 à Arles en Provence. — 4^e travée: au milieu, un buste d'Homère; à dr., 391, Polymnie. 378, un sarcophage avec les neuf muses, désignées ordinairement ainsi, en commençant à g.: Clio, Thalie, Terpsichore, Euterpe, Polymnie, Calliope, Erato, Uranie et Melpomène: à g., Socrate et une femme; à dr., Platon et Calliope. Plus loin, au milieu, *70, *Apollon Sauroctone* ou le Tueur de lézards, de l'école de Praxitèle. — 5^e travée: *19, vase dit de Sosibios, sur lequel est représentée une danse autour d'un autel: Diane, Apollon, Mercure, etc., s'avancent vers cet autel et les danseurs sont des Satyres et des Ménades.

Salle du gladiateur. 1^re travée: au milieu, 135, Vénus génitrix, ainsi nommée par Jules César, qui prétendait descendre de Vénus. A dr., 330, l'Amour en Hercule. 2^e travée: *Héros combattant, dit le *Gladiateur Borghèse*, trouvé à Antium, près de Rome. L'inscription, dont le caractère fait dater l'œuvre du dernier siècle av. J.-C., dit qu'il a été fait par *Agasias*, fils de Dosithéos d'Ephèse.

Le bras droit a été refait, celui de gauche a conservé la courroie du bouclier. On doit se représenter devant le combattant une Amazone à cheval ou du moins placée à une certaine hauteur, dont il pare le coup avec son bouclier et qu'il va frapper lui-même de son glaive. La bouche est ouverte, sans doute qu'il apostrophe son ennemie à la façon des héros d'Homère. L'expression est pleine d'énergie. Ces caractères précis, la double action qu'exprime cette figure, ne permettent pas d'y voir un combattant en général, mais un combattant dans une situation déterminée, qui en explique l'attitude.

A dr., 86, Marsyas attaché à un arbre pour être écorché vif, sur l'ordre d'Apollon, admirable d'exactitude anatomique. 4, une carte céleste gréco-égyptienne, désignée sous le nom de l'astronome italien Fr. Bianchini de Vérone (m. 1729). Au milieu, 276, le Jeune Satyre de Vienne (France). — 3e travée, au milieu, *97, *Diane de Gabies*, probablement du temps d'Alexandre le Grand.

SALLE DU TIBRE. 1re travée, au milieu, *250, *Silène avec Bacchus enfant.*

C'est une des représentations de satyre les plus charmantes, un sujet favori des artistes grecs de la décadence. Silène semble bercer dans ses bras l'enfant qui lui sourit et lui tend la main gauche. L'harmonie parfaite des contours indique déjà la nature des sentiments qui animent ce groupe.

A la 2e fenêtre, l'autel astrologique de Gabies, avec les têtes des douze dieux de l'Olympe et les signes du zodiaque. — 2e travée, au milieu, *98, la *Diane de Versailles* ou Diane à la biche, qui se trouvait autrefois à Versailles. Elle a probablement été faite à Rome par un artiste grec, durant le dernier siècle de la République. Elle a de l'analogie avec l'Apollon du Belvédère, mais elle lui est inférieure pour l'éxécution.

La déesse, marchant à grands pas, saisit une flèche dans son carquois. Elle tient encore son arc de la main gauche et elle regarde autour d'elle comme pour chercher un nouveau gibier, pendant que l'autre tombe. L'expression de la figure est sérieuse, le front haut et sévère, le regard plein d'ardeur, sans colère. La biche qui court fait encore ressortir la rapidité de la marche de la déesse.

En face, 291, une Jeune Bacchante, statue colossale. — 3e travée, au milieu, une *statue colossale du Tibre* couché, ayant près de lui Romulus, Rémus et la louve, excellent pendant du groupe du Nil au Vatican (copie dans le jardin des Tuileries, v. p. 153), probablement une œuvre du premier empire romain.

Nous traversons maintenant le corridor de Pan (p. 98) pour entrer en face, par une porte vitrée, dans la

SALLE DES CARIATIDES. D'abord une sorte de vestibule avec une cheminée faite en 1806 par *Percier* et *Fontaine*, à qui sont dues encore d'autres décorations de cette salle. Devant la cheminée, 476, la *Victoire de Samothrace*, représentée au moment où, descendant du ciel, elle touche la terre. Cette statue très-mutilée est du temps qui a suivi Alexandre le Grand, mais elle est encore tout à fait dans le style majestueux de l'époque précédente. A g., à la fenêtre, *514, l'*Hermaphrodite Borghèse*, de la décadence grecque, qui avait des tendances toutes sensuelles: le matelas est une invention maladroite du Bernin (XVIIe s.).

La salle des Cariatides servait dans le principe d'antichambre aux appartements de Catherine de Médicis et portait le nom de «salle des Gardes». C'est ici que Henri IV célébra son mariage avec

Marguerite de Valois, et c'est également ici qu'il fut exposé après son assassinat par Ravaillac, en 1610. La Ligue y tint ses réunions en 1593, et l'année suivante, le duc de Guise y fit pendre quatre des Ligueurs les plus acharnés. Plus tard encore, en 1659, Molière y établit son théâtre et y joua lui-même ses immortels chefs-d'œuvre.

Première travée, à dr., *147, *Vénus accroupie* au bain : une Nymphe est censée lui verser de l'eau sur le dos. Contre les colonnes du vestibule, les statues de *Posidonius* et de *Démosthène*. La lèvre inférieure rentrante de ce dernier rappelle qu'il était bègue. La figure annonce une grande intelligence. 31, Jupiter vainqueur des Géants. Au milieu, *183, personnage grec (Mercure) ordinairement dénommé Jason, plus anciennement Cincinnatus. A dr., une statue colossale de Jupiter. — 2e et 3e travées. A g., la Louve dite de Mars, allaitant Romulus et Rémus, travail italien du XVIe s. en rouge antique, les enfants en marbre blanc. Buste de Jupiter Sérapis en marbre noirâtre. A dr., un Enfant avec une oie. Au milieu, *235, le *vase Borghèse*, en marbre pentélique, avec des représentations bachiques, trouvé au XVIe s. à Rome, dans le voisinage des jardins de Salluste. 217, Bacchus jeune, dit de Richelieu. — 4e travée, au milieu, un buste double d'Épicure et de Métrodore. A dr. au mur, 418, buste du dieu du soleil. — 5e travée ; à g., le Lion de Platée. Au milieu, une Niobide, très-mutilée.

A l'extrémité de la salle est une tribune supportée par des cariatides qui ont donné son nom à la salle ; elles sont de *Jean Goujon* (milieu du XVIe s.). La balustrade est de *Percier et Fontaine*. Au-dessus, un moulage en plâtre de la Nymphe de Fontainebleau par Benv. Cellini (p. 103).

En sortant de ce côté, on se trouve sous le pavillon de Sully (p. 90) et à dr. dans la cour du Vieux Louvre.

Outre les salles de la sculpture antique, on visite surtout au Louvre les galeries de peinture. Cependant, si l'on n'est pas trop pressé, on devra aussi visiter le

*Musée des sculptures du Moyen-Age et de la Renaissance, qui, avec le musée des sculptures modernes, permet d'étudier les progrès des arts plastiques en France, et qui de plus, grâce aux acquisitions de ces derniers temps, possède encore une riche collection d'œuvres italiennes de la Renaissance. — L'entrée est au S. dans la cour du Louvre, 2e porte du côté g. en se tournant vers la Seine. Elle n'est ouverte dans la semaine qu'à partir de 1 h.

A dr. de l'entrée, deux salles qui ne font point partie de ce musée, l'une la SALLE CHRÉTIENNE, renfermant des sarcophages, des bas-reliefs et des inscriptions datant pour la plupart des IVe et Ve s. et provenant du midi de la France ou de Rome ; l'autre, la SALLE JUDAÏQUE, où l'on a réuni des antiquités juives provenant de la Palestine et des contrées voisines : sarcophages, fragments d'architecture, bas-reliefs, terres cuites, inscriptions. Au milieu, la célèbre stèle de Mésa, roi de Moab (IXe s. av. J.-C.), relatant ses combats contre les Juifs, spécimen le plus ancien qu'on connaisse de l'écriture alphabétique.

De l'autre côté de l'entrée, la SALLE DE LA CHEMINÉE DE BRUGES, où se voit un moulage de la grande et belle cheminée du palais de justice de Bruges et des moulages des tombeaux de Marie de Bourgogne et de Charles le Téméraire, aussi à Bruges; la statue tumulaire en bronze de Blanche de Champagne (m. 1283), duchesse de Bretagne; un Hercule vainqueur de l'Hydre, en bronze, et diverses œuvres d'art sauvées de l'incendie des Tuileries.

Dans le VESTIBULE, des sculptures remarquables, la plupart des monuments funèbres des XIIIe, XIVe et XVe s., surtout les num. 80 et 81, les statues de marbre de Pierre d'Évreux et de Navarre, et de sa femme; le n° 82, celle d'Anne de Bourgogne (m. 1432). — Nous entrons tout droit dans la

SALLE DE JEAN GOUJON, qui doit son nom au plus remarquable des sculpteurs français du XVIe s. Son œuvre la plus connue est le grand groupe de *Diane à la biche, au milieu de la salle, qui montre jusqu'à quel point certaines formes plastiques, surtout une taille svelte et élégante sont dans le goût français: il est intéressant de comparer cette Diane à la Nymphe de Fontainebleau (v. p. 103). Le même caractère, qui sera bientôt aussi celui de la peinture française, se retrouve dans le groupe des Trois Grâces portant une urne qui devait renfermer le cœur de Henri II, et dans les statues de bois des quatre Vertus cardinales, destinées à porter un reliquaire, ouvrages de *Germain Pilon* (m. 1590). — On remarquera encore de *Jean Goujon:* *92-96, la Mise au tombeau et les Évangélistes, d'un ancien jubé de St-Germain-l'Auxerrois, fait de 1541 à 1544; 97, 98, 99, trois Nymphes de la fontaine des Innocents (p. 183), de 1550 environ. On attribue au même artiste les bas-reliefs 134, 135, 136, des Nymphes, et 137, Vénus. — De *Germain Pilon:* 122, une belle cheminée; 113-117, les restes du tombeau du chancelier René de Birague; 132, le buste d'un enfant, peut-être Henri III; 198, bas-relief en bronze, le Christ mort; 129, 130, 131, bustes de Henri II, Charles IX et Henri III de France, etc. Il y a en outre dans cette salle des sculptures de *Barth. Prieur* (m. 1611), dont l'œuvre principale sont les statues tumulaires du duc et de la duchesse de Montmorency, 143 et 144; de *Frémin Roussel*, une Nymphe qui s'éveille, bas-relief de marbre (110), et une statue allégorique d'adolescent (111); de *Jean Cousin*, de *Richier*, etc.

A dr., la *SALLE MICHEL-ANGE, la plus importante, renfermant des sculptures italiennes des XVe, XVIe et XVIIe s., notamment deux **Prisonniers ou statues d'esclaves enchaînés, en marbre, par le grand sculpteur florentin *Michelangelo Buonarotti* (1475-1564).

Ces esclaves étaient destinés au superbe mausolée du pape Jules II et ils devaient, avec plusieurs autres du même genre, représenter les Vertus enchaînées et condamnées à mourir après Jules II. Michel-Ange les fit de 1513 à 1516, et ensuite, le monument ne devant pas être exécuté dans les dimensions projetées, il les donna en 1544 à Rob. Strozzi, de qui la France les a reçus. Ils se tordent magnifiquement, comme pour rompre leurs liens. L'un d'eux, désespéré, sentant ses efforts inutiles, rejette la tête en arrière et ferme les yeux. Rien de plus sublime que cette figure de la force impuissante.

Les Prisonniers sont de chaque côté de l'entrée de la salle suivante, formée par une *porte superbe du xv$^e$ s., provenant du palais Stanga de Crémone et achetée 80,000 fr. en 1875. Elle est attribuée aux frères *Rodari*. Les bas-reliefs représentent des scènes de la vie d'Hercule, auquel est attribuée la fondation de Crémone, et de la vie de Persée : on y voit aussi Hérodiade avec la tête de St Jean-Baptiste. — On remarquera ensuite particulièrement un certain nombre de bronzes du commencement de la Renaissance, (xv$^e$ s.), d'une beauté et d'une perfection telles qu'on n'en retrouve point de pareils en deçà des Alpes. Bas-reliefs : 48 E, F, G, Vierges ; 48 B, Flagellation de J.-C., par *Donatello* ; 48 D, Mise au tombeau ; 48 I, scène pastorale ; 48 H, Triomphe de l'Amour, etc. Signalons encore, comme caractéristiques pour l'époque, les huit bas-reliefs de bronze d'*André Briosco*, dit *Riccio* (1480-1532).

Ces bas-reliefs, qui faisaient primitivement partie du tombeau du médecin Marcantonio della Torre, représentent sa vie et sa mort traités tout à fait à la façon antique : 18, le savant médecin fait son cours sous les yeux d'Apollon et d'Hygie et devant une statue de Minerve ; 19, Apollon et les Parques l'entourent au lit de la mort ; 20, ses parents sacrifient aux dieux pour obtenir sa guérison ; 21, sa mort ; 22, ses funérailles ; 23, son âme aux portes des enfers ; 24, son arrivée aux Champs-Elysées, où l'attendent les Grâces ; 25, la Gloire dépose une couronne sur son cadavre.

Ensuite : 12$^{ter}$, bas-relief de marbre, la Vierge et l'enfant Jésus, par *Ant. Rossellino*, sculpteur italien de la fin du xv$^e$ s. ; 15$^{bis}$, Ste Famille, bas-relief en marbre par *Pierino da Vinci* (m. vers 1554) ; 11$^{bis}$, buste de jeune femme en marbre, école de Milan de la fin du xv$^e$ s. ; quelques bas-reliefs en bronze ; 34$^{bis}$, statue de bronze d'un Jason vainqueur, école de Bologne du xvi$^e$ s. ; puis encore un grand bas-relief en bronze de *Benvenuto Cellini* (m. 1571), appelé la Nymphe de Fontainebleau, parce qu'il fut exécuté pour décorer un tympan au château de Fontainebleau. — De *Paul Ponce (Ponzio)*, autre artiste toscan qui travailla en France au xvi$^e$ s. : 36, le monument en bronze d'Albert de Savoie (vers 1535) ; 37, la statue tumulaire de Charles de Magny (1556) ; 38, le portrait d'André Blondel de Roquescourt (m. 1558), contrôleur général des finances sous Henri II, bas-relief en bronze. — Au milieu de la salle, une fontaine en marbre.

Nous entrons par la porte du palais Stanga dans la petite
Salle de Michel Colombe. Elle renferme quelques œuvres de cet artiste mort vers 1512 : 84, St Georges, bas relief de marbre ; 85, 86, monuments de l'historien Philippe de Comines (m. 1509) et de sa femme, statues peintes sur une sorte de sarcophage ; — 87, 88, Louis Poncher (m. 1521), trésorier de François 1$^{er}$, et sa femme (m. 1522), statues d'albâtre couchées, de la première moitié

du xvi⁰ s.; 84bis, la Vierge et l'enfant Jésus, statue de marbre de l'école de Tours, du commencement du xvi⁰ s.; une statue de Louis XII par *Lor. da Mugiano*, un Milanais de la même époque. — Nous retournons à la salle de Jean Goujon et nous passons de l'autre côté dans la

SALLE DES ANGUIER. Il n'y a que des monuments du xvii⁰ s. Elle doit son nom aux frères *François Anguier* (1604-69) et *Michel Anguier* (1612-86), élèves de *Simon Guillain* (1581-1658), dont on remarquera trois bronzes (165, 166, 169), les statues de Louis XIV à l'âge de dix ans et de ses parents Louis XIII et Anne d'Autriche. — De *François Anguier*: 191, statue de marbre de Jacques de Thou (m. 1617), président du parlement; 193, monument du marbre de Jacques de Souvré (m. 1670), chevalier de l'ordre de St-Jean, composition théâtrale; 178-190, monument des ducs de Longueville, pyramide, statues et bas-reliefs; etc. — De *Michel Anguier*, notamment le n° 194, buste de marbre du ministre Colbert (m. 1683). — De *P. Franqueville* (m. après 1618): 64-67, quatre figures d'esclaves qui entouraient le piédestal de la statue de Henri IV, sur le Pont-Neuf. On voit à côté des fragments de cette statue, qui a été détruite en 1792. Elle était l'œuvre de *Jean de Bologne*, dit aussi *Jean de Douay*, du nom de sa ville natale, un imitateur de Michel-Ange. Il y a encore de lui dans cette salle, n° 60bis, un Mercure, qui est la répétition de sa statue de bronze de Florence.

**Musée des sculptures modernes.** — Ce musée, qui fait suite au précédent, se trouve dans la partie O. du Vieux Louvre; on y entre par la 2ᵉ porte à dr. du pavillon de l'Horloge, dans la semaine seulement à partir de 1 h. On se trouve en entrant dans la

SALLE DE PUGET, ainsi nommée d'après *Pierre Puget* (1622-94), le plus célèbre et le plus outré des artistes français qui ont continué les traditions du Bernin, recherchant l'effet, le genre théâtral. C'est de lui que sont, entre autres, le n° 205, Alexandre et Diogène, bas-relief de marbre; le 203, Milon de Crotone attaqué par un lion (1682), son œuvre la plus connue et la plus admirée; le 204, Persée délivrant Andromède (1684). — A g. la

SALLE DE COYSEVOX, qui doit son nom à l'un des meilleurs sculpteurs de la même école, *Charles-Antoine Coysevox* (1640-1720), dont on remarque surtout les bustes: 241, Marie Serre; 240, Mignard; 239, Lebrun, le peintre; 237, Bossuet; 235, Richelieu; ensuite, 227-230, le tombeau de Mazarin, particulièrement les figures allégoriques. — Un autre artiste représenté dans cette salle est *Martin Desjardins* (1640-94), qui était originaire des Pays-Bas et s'appelait de son vrai nom *van den Bogaert*; on y voit (219) son Hercule couronné par la Gloire, bas-relief en marbre. — Nous revenons à la salle de Puget et nous passons de l'autre côté dans la

SALLE DES COUSTOU. Les frères *Nicolas Coustou* (1658-1733) et *Guillaume Coustou* (1678-1746), ainsi que le fils de ce dernier, nommé aussi *Guillaume Coustou* (m. 1777), sont des artistes ayant la même tendance au genre prétentieux et théâtral. On remarque ici de Nic. Coustou : 251, une statue de marbre de Louis XV ; 250, un bas-relief de marbre, Apollon montrant à la France le buste de Louis XIV ; de Guillaume Coustou le père, 255, une statue de marbre de la reine Marie Leczinska. — Dans le haut, au mur, six bas-reliefs en bronze (221-26), que Desjardins fit pour le piédestal de la statue de Louis XIV sur la place des Victoires (p. 85). — *Pigalle* (1714-85) est représenté dans cette salle par une statue en marbre de Mercure (270), et dans la salle suivante par un buste en marbre du maréchal de Saxe (271). Trois portes donnent entrée dans cette salle, la

Salle de Houdon, consacrée à *Ant. Houdon* (1741-1828), sculpteur français qui travailla surtout à Rome : 297, buste en bronze de Rousseau ; au milieu, une statue de Diane aussi en bronze.

Salle Chaudet, surtout des sculptures de la fin du siècle dernier et du commencement de ce siècle, à commencer par celles d'*Ant.-Denis Chaudet* (1763-1810), qui travailla sous l'influence romaine et reprit les traditions classiques, comme David le fit dans la peinture. Il faut mentionner en particulier de Chaudet : 214, l'Amour avec un papillon, statue de marbre ; 313, Œdipe enfant, trouvé et soigné par les bergers. Le chef de la nouvelle école fut *François-Joseph Bosio* (1769-1845) : 327, Hyacinthe, statue de marbre ; 328, la Nymphe Salmacis ; 326, Aristée, dieu des jardins ; 329, un buste de la Vierge. Remarquer encore, 383, 384, l'Amour et Psyché, par *Canova*.

Salle de Rude. La dernière salle, qui doit son nom à *François Rude* (1784-1855), renferme les œuvres les moins anciennes que possède le Louvre (v. p. 228). Nous citerons, de *Duret* (1804-1865), le Vendangeur improvisant et le Jeune pêcheur dansant la Tarantelle ; de *Pradier* (1790-1852), 349, Atalante ; 349bis, Sapho, statues de marbre ; de *Rude*, 353, Mercure, statue de bronze ; 353bis, Jeune pêcheur avec une tortue ; de *David d'Angers* (1789-1836), 382, Philopœmen ; de *Foyatier*, Spartacus, etc.

Le **musée de Chalcographie** ou *de gravure* est une institution dans le genre de l'ancienne chalcographie papale aujourd'hui chalcographie royale de Rome, chargée de faire et de vendre des reproductions d'œuvres d'art par la gravure. Elle a été fondée par Louis XIV, en 1660, et réorganisée en 1798 et 1848. On peut donc s'y procurer des gravures des tableaux et même des sculptures et des monuments les plus remarquables de Paris. Le catalogue compte environ 5000 numéros. L'entrée est dans la cour du Louvre, la 2e porte à g. du passage en se tournant vers la rue de Rivoli : à g., 2 salles d'exposition ; à dr., le bureau pour la vente, ouvert tous les jours.

## B. PREMIER ÉTAGE.

La *galerie de peinture* est la collection la plus importante du premier étage ; elle occupe presque la moitié de la galerie du bord de l'eau, entre le Vieux Louvre et les Tuileries, ainsi que la galerie intérieure du Nouveau Louvre qui lui est parallèle, et encore plusieurs salles du Vieux Louvre. Dans cette dernière partie se trouvent aussi les *bronzes antiques* (p. 138), les *dessins* (p. 138) et le *musée du Moyen-Age et de la Renaissance* (p. 139), les *vases antiques* (*musée Campana*, p. 142) et les *petites antiquités* (p. 142), la *collection Lenoir* (p. 141), etc.

L'ENTRÉE PRINCIPALE du premier étage est par le pavillon Denon et le grand escalier. Nous indiquerons à l'occasion les entrées particulières des autres collections.

### Musée de peinture.

On peut acheter des *catalogues* à l'entrée: écoles italienne et espagnole, 1 fr.; écoles allemande, flamande et hollandaise, 1 fr. 25; école française, 2 fr.; supplément aux trois catalogues, 50 c.; le tout en un volume cartonné, 5 fr. 50. Le catalogue de la collection la Caze forme un petit volume séparé de 50 c. — On notera que le catalogue officiel suit l'ordre alphabétique des *noms de famille* des peintres et que, par exemple, *Raphaël* y figure sous celui de *Sanzio* (ou *Santi*), le *Titien*, sous celui de *Vecellio*, etc. — Pour travailler au Louvre ou au Luxembourg, il faut une autorisation de la *direction des musées*, dont les bureaux sont dans l'angle S.-O. de la cour du Vieux Louvre.

Le *musée de peinture* du Louvre, dont les salles forment une longueur de 1 kilomètre, compte plus de 2,000 tableaux de choix. Presque toutes les écoles y sont représentées par des chefs-d'œuvre; c'est même le seul musée où l'on puisse étudier l'œuvre de certains peintres. Avant de parcourir les galeries, il est bon d'avoir une idée générale de leur contenu; nous allons essayer d'en donner un aperçu, qu'on fera bien de lire d'abord.

Les PEINTRES ITALIENS sont naturellement ceux qui intéressent davantage. Parmi les anciens maîtres, les plus remarquables sont ceux de l'école de Florence. *Fra Angelico da Fiesole* est bien représenté, avec sa délicatesse de sentiment et son mysticisme, dans le Couronnement de la Vierge (n° 182, p. 120), de même que *Benozzo Gozzoli* nous montre, dans le Triomphe de St Thomas d'Aquin (199; p. 120), comme les traditions du moyen âge se sont conservées longtemps. *Fra Filippo Lippi* est aussi très-bien représenté par sa Vierge avec l'enfant Jésus et des anges (221; p. 119), mais *le Ghirlandajo* l'est moins bien par sa Visitation datant de 1491 (202; p. 116). — Du *Pérugin*, le chef de l'école d'Ombrie, il y a une Vierge avec Ste Rose et Ste Catherine, qui est dans sa première manière (426; p. 114) et le Combat de l'Amour et de la Chasteté, dans sa meilleure manière (429; p. 120). — Le Louvre possède des compositions importantes d'*André Mantegna:* le Parnasse et la Sagesse victorieuse des Vices (252, 253; p. 119), qui nous montrent la mythologie antique se transformant en allégorie, et la Vierge de la Victoire, tableau votif en mémoire de la bataille du Taro (251; p. 119).

Les tableaux des grands maîtres italiens que possède le Louvre, c'est-à-dire ceux de *Léonard de Vinci*, de *Raphaël* et du *Titien* méritent une étude attentive. La plus célèbre composition de *Léon. de Vinci* dans ce musée est la Joconde (462; p. 116), le portrait de la femme du Florentin Franc. del Giocondo. L'artiste travailla quatre ans à ce portrait et le laissa cependant inachevé. Malheureusement les couleurs en sont fort passées. Un autre portrait de femme remarquable et mieux conservé est celui qui est connu sous le nom de la Belle Féronnière (461; p. 123), ainsi nommée à cause du cordonnet qui lui retient un bijou sur le front, mais que l'on croit être Lucrèce Crivelli, l'amante de Ludovic le More. La Vierge aux rochers (460; p. 122) est une composition de Léonard de Vinci un peu gauchement exécutée par l'un de ses élèves.

Aucune galerie de l'Europe n'est aussi riche en œuvres de *Raphaël* que le Louvre. Même en faisant abstraction des tableaux douteux, tels que celui qui a été quelquefois donné comme représentant Raphaël et son maître d'armes (374) et celui qui a été regardé à tort comme le portrait de l'artiste (372), il y reste encore un nombre si considérable de peintures du grand maître, qu'on y peut suivre facilement ses progrès. Parmi les œuvres dans sa première manière, du temps où il ne s'était pas encore complétement affranchi des influences de l'école du Pérugin, il y a les petits tableaux de St Georges et de St Michel (368, 369; p. 116), peints dit-on, pour le duc d'Urbin. La Belle Jardinière (362; p. 117), de 1507, est un chef-d'œuvre du temps où Raphaël était à Florence. Le motif de ses nombreuses Madones, le bonheur maternel, y est rendu sous les traits les plus vifs. Du commencement de la période romaine dans la carrière de Raphaël, nous avons la Vierge au voile (363; p. 116). Il s'élève à la composition dramatique et il acquiert un coloris accentué, aux contrastes pleins d'effet, dans les tableaux datant de 1518, la grande Ste Famille (364; p. 117) et St Michel terrassant le démon (370; p. 118). Ces deux œuvres étaient destinées par Léon X à la reine et au roi de France, François Ier, et Raphaël s'est fait aider par ses élèves. Cette circonstance et la hâte avec laquelle les tableaux durent être peints, expliquent les ombres noircies et les clairs brillants aux tons froids, qui produisent un effet désagréable. Pour connaître la meilleure manière de Raphaël (en 1515), il faut étudier le portrait de Castiglione (371; p. 123). On y admire la finesse de son dessin, le talent avec lequel il sait passer d'un jaune chaud à un gris tendre dans les ombres, son habileté à arrondir les surfaces sans contrastes forcés, à éclairer ses sujets sans effets de lumière exagérés. Un autre portrait qu'on vante beaucoup, celui de la belle Jeanne d'Aragon, femme d'Ascanio Colonna, connétable de Naples (373; p. 121), n'est guère de la main de Raphaël lui-même. Sur la demande du cardinal Bibiena, légat du pape en France, Raphaël fit dessiner le portrait à Naples par l'un de ses élèves, *Jules Romain*, et le fit ensuite peindre de souvenir dans son atelier. La dureté des contours et la sècheresse du coloris montrent qu'il a été fait sans le modèle. Quant à la fresque découpée de la villa Magliana près de Rome (377; p. 124), on ne peut guère la juger ici.

*Le Corrège* est bien représenté au Louvre, quoique seulement par deux tableaux, une Ste Catherine (19; p. 118) et l'Antiope regardée par Jupiter sous les traits d'un satyre, nommée autrefois Vénus et le Satyre (20; p. 115).

Le *Titien* y occupe une place bien plus considérable; on peut l'y étudier sous tous les rapports. Sa Mise au tombeau (446; p. 114) est un tableau d'un effet des plus saisissants et d'un coloris magique. Celui des Disciples d'Emmaüs (443; p. 122) est plus un tableau de genre plein de vie et de sentiment, une scène que l'école vénitienne représenta avec prédilection et qui finit par dégénérer en festin pompeux. Le Christ couronné d'épines (445; p. 123) est une composition pleine de caractère. Parmi les Vierges, nous mentionnons la Vierge au lapin (440; p. 123), peinte en 1330 pour le duc de Mantoue. Ce tableau idyllique a son pendant presque aussi remarquable dans la Ste Famille portant le n° 442 (p. 121). Une composition pleine de charme et de poésie, c'est celle de Jupiter et Antiope, connue sous le nom de la Vénus del Pardo (449; p. 122), du palais de Madrid où elle se trouvait autrefois: Jupiter sous les traits d'un satyre soulève la draperie qui couvre Antiope, tandis que des faunes sont couchés au bord de la forêt, un jeune chasseur tient deux chiens en laisse et un autre dans le lointain sonne l'hallali. Les paysages qui forment le fond de ces tableaux sont remarquables. On ne connaîtrait toutefois qu'imparfaitement le Titien si l'on passait par dessus ses portraits. Il en a fait de deux sortes; dans les uns, il a cherché à reproduire l'idéal de la beauté féminine, dans les autres à montrer son talent de physionomiste. A la première catégorie appartient au Louvre le tableau d'Alph. de Ferrare et Laura de' Dianti, bien connu sous la désignation de Titien et sa maîtresse (452; p. 116); c'est une jeune femme se coiffant en présence de son amant, qui lui tient deux glaces. Une des figures de caractère les plus curieuses du Titien c'est son portrait de François Ier (450; p. 122), d'autant plus remarquable que le roi n'a pas posé pour ce portrait. L'Homme au gant (454; p. 122) est aussi un excellent portrait fait par le Titien au milieu de sa carrière. Le portrait du célèbre général de Charles-Quint Alphonse d'Avalos, marquis del Vasto (451; p. 123) se rapproche de l'allégorie. Le général se tient armé à côté de sa femme, qui est assise mélancolique à la pensée de son départ; elle tient un globe de cristal, et la Victoire, Vénus et l'Hymen lui apparaissent pour la consoler. — Les œuvres des autres peintres vénitiens pâlissent à côté de celles-là. On remarque encore néanmoins un Concert champêtre attribué au *Giorgion* (39; p. 118). Il n'est pas nécessaire d'attirer l'attention sur les festins de *Paul Véronèse*, ils se font assez remarquer d'eux-mêmes par leur dimension et l'abondance de vie, un peu matérielle, il est vrai, qui les anime toujours (95; p. 118).

Quand l'œil s'est rassasié de la vue des peintures idéales et d'un coloris brillant qu'a produites le Sud, il est difficile d'apprécier convenablement l'ART DU NORD. Cependant le Louvre possède encore de ce côté bien des œuvres remarquables. — La vieille école allemande n'est naturellement pas représentée par un grand nombre de tableaux. Le dessus de table avec des scènes de la vie de David, peint par *Sebald Beham* pour l'archevêque Albert de Mayence (14; p. 128), mérite cependant une mention particulière. Il y a encore les portraits d'Erasme de Rotterdam, de l'archevêque Warham de Cantorbéry, et de l'astronome Nic. Kratzer, par *Holbein le jeune* (125, 207, 206). — Parmi les tableaux de la vieille école flamande, le plus remarquable est la Vierge au donateur de *Jean van Eyck* (162; p. 116). Viennent ensuite des parties de rétables par *Memling*, une Ste Madeleine et un St Jean avec de riches paysages comme fond (288, 289; p. 117), ainsi que l'ex-voto récemment légué au Louvre par la comtesse Duchâtel (680; p. 141).

Les tableaux de *Rubens*, le plus brillant des peintres de la seconde école flamande, sont si nombreux, que la revue en devient presque fatigante. En première ligne figurent les 21 grandes compositions retraçant des scènes de la vie de Marie de Médicis (433-455; p. 127). Quelque objection qu'on ait au point de vue esthétique contre le mélange de l'allégorie et du portrait, en présence des tableaux, on oublie tout scrupule, et même lorsqu'on ne comprend pas immédiatement le sujet, on y admire la fraîcheur de la composition, la vie toute particulière qui l'anime, la variété des caractères et l'éclat du coloris. On peut étudier ailleurs l'œuvre de Rubens comme peintre de sujets religieux, de sujets mythologiques et historiques d'apparat, mais sa Kermesse flamande du Louvre (462; p. 129) le montre sous un nouveau jour. La grosse gaîté de ses compatriotes n'est pas étrangère à son génie; il connaît aussi bien le peuple flamand que *Teniers*, qui, comme on le voit, n'a pas créé le genre, mais suivi l'impulsion donnée par Rubens. Son habileté dans la reproduction de ces sortes de bacchanales, se constate très-bien au Louvre, où les tableaux de Teniers, si dédaignés par Louis XIV, sont maintenant au nombre des plus brillantes pages de la collection.

Le catalogue du Louvre classe parmi les Flamands *Phil. de Champaigne*, peintre de grand talent orginaire de Bruxelles, mais qui vint à Paris dès sa jeunesse et travailla pour Marie de Médicis, Richelieu et Louis XIII. Ses sujets religieux reflètent la doctrine sévère de l'abbaye cistercienne de Port-Royal, dont les tendances ascétiques et mystiques exercèrent une grande influence au milieu du xvii<sup>e</sup> s. Mais Phil. de Champaigne fut encore plus habile comme peintre de portraits. On remarquera surtout de lui le Christ mort (79; p. 117), les Religieuses (83; p. 128) et le portrait de Richelieu (87; p. 117).

Les Hollandais du xvii<sup>e</sup> s. ne peuvent sans doute bien s'apprécier que dans leur pays. Cependant nous trouvons encore ici des échantillons de l'œuvre de presque tous les grands peintres des Pays-Bas. Aux *Rembrandt* que la galerie possédait déjà, tels que l'Ange et Tobie (404 ; p. 126), le Ménage du menuisier (410 ; p. 115), les Disciples d'Emmaüs (407 ; p. 126), le portrait de l'artiste avec une chaîne d'or (412 ; p. 127), s'est ajoutée la Femme au bain de la collection La Caze (96 ; p. 137). Dans le legs La Caze se trouvent encore deux excellents portraits de femme par *Ravestein* (94, 95 ; p. 138) et la Bohémienne de *Frans Hals* (65 ; p. 138), très-propre à faire connaître en lui le peintre vigoureux, de même que son portrait de femme dans la même collection (66 ; p. 138) nous le montre brillant coloriste. *Van der Helst* est aussi bien représenté par son Jugement du prix de l'arc (197 ; p. 126). — Parmi les tableaux de genre, les plus célèbres sont le Militaire offrant des pièces d'or à une jeune femme, par *Terburg* (526 ; p. 115); l'Epicière de village et surtout la Femme hydropique de *Gérard Dov* (123, 121 ; p. 115 et 126); le Marché aux herbes d'Amsterdam par *Metsu* (292 ; p. 129) et la Fête flamande dans l'intérieur d'une auberge par *Jean Steen* (500 ; p. 130); le Maître d'école par *Adr. van Ostade* (370 ; p. 115); un Intérieur par *P. de Hoogh* (224 ; p. 127). — Il ne manque pas non plus d'excellents paysages hollandais qu'il est inutile d'énumérer ici, l'amateur sachant déjà trouver par lui-même le genre qui lui plaît.

La célébrité des tableaux espagnols au Louvre date du temps où l'on voyageait peu en Espagne et où l'on ne connaissait guère les chefs-d'œuvre des deux plus grand peintres de l'Espagne, *Velasquez* et *Murillo*, qui se trouvent à Madrid et à Séville. Nous savons maintenant que l'art espagnol ne peut bien s'apprécier qu'au delà des Pyrénées. C'est surtout le cas pour l'œuvre de Velasquez, dont le Louvre ne possède qu'un tableau remarquable, le portrait de Philippe IV (552 ; p. 124 ; copies, v. p. 268). Des toiles de Murillo, l'Immaculée Conception (539 ; p. 116) est la plus célèbre. Ce sont aussi d'excellentes pages que la Naissance de la Vierge (540 ; p. 124) et surtout la Cuisine des Anges (546 ; p. 124).

Quant à l'ÉCOLE FRANÇAISE, elle n'est qu'incomplétement représentée au Louvre, car il faut aller chercher au Luxembourg (p. 228) et à Versailles (p. 292) une grande partie de ses œuvres. C'est cependant de l'école française qu'il y a le plus de tableaux.

Le premier peintre français original et indépendant qui mérite d'être mentionné est *Fr. Clouet* (m. vers. 1582), d'origine flamande, qui fit des portraits d'une grande finesse et d'un excellent coloris, tels que ceux de Charles IX et d'Elisabeth d'Autriche, sa femme (107, 108 ; p. 130 et 115). *Jean Cousin*, qui peignit aussi des vitraux très-remarquables et qui fut sculpteur et graveur de talent, sut un des premiers s'affranchir de l'influence italienne, et nous a laissé dans son Jugment dernier (137 ; p. 130) une page d'un dessin et d'un coloris vigoureux. *Simon Vouet*, fut un maître d'une grande influence, à l'école duquel se formèrent les peintres français les plus illustres du siècle de Louis XIV, mais qui était doué d'une grande facilité d'exécution dont il abusa. Son meilleur tableau au Louvre est la Présentation au temple (641 ; p. 131).

## 3. LE LOUVRE.

Une salle entière du Louvre (v. p. 130) est occupée par *Eustache le Sueur*, une des plus pures gloires de l'école française. Sa Vie de St Bruno (525-546), peinte pour le cloître des chartreux de Paris, est sinon son chef-d'œuvre, du moins son œuvre la plus caractéristique et la plus populaire. Ces 22 tableaux, auxquels s'en rattachent encore plusieurs autres, ne sont pas cependant tous complétement de la main du maître. Le Sueur était plus grand dessinateur que coloriste; ses compositions, dont la plus remarquable est la Mort de St Bruno (546), se distinguent d'abord par la simplicité, le petit nombre des tons employés et surtout la vérité des caractères. Le Sueur ne peignit pas toutefois seulement des sujets ascétiques: le Louvre possède encore de lui les peintures du Cabinet de l'Amour et les Muses, autrefois à l'hôtel Lambert (île St-Louis, p. 215), peintures décoratives dans sa première manière, d'un ton clair, léger et brillant. On remarquera encore de lui, dans une autre salle (p. 131), la Prédication de St Paul à Ephèse (521), Jésus portant sa croix (518), et particulièrement l'Apparition de Ste Scholastique à St Benoît (523), dans le Salon Carré (p. 117).

Avec *Nicolas Poussin* (1594-1665), l'école française est déjà célèbre. Bien que fixé à Rome à partir de sa trentième année, ce maître austère, laborieux et fécond, resta Français par le caractère et par le goût, par la logique de la composition, bien que son œuvre contraste fortement avec la manière pompeuse, emphatique et déclamatoire des peintres favoris de Louis XIV. Le Louvre est riche en Poussin, parmi lesquels il faut surtout mentionner: dans le Salon Carré (p. 115), St François-Xavier ressuscitant une fille (434) et Diogène jetant son écuelle (453); dans la 1re galerie française (p. 131), Eliézer et Rébecca (415), un des tableaux les plus aimables et des plus gracieux; les Israélites recueillant la manne (420), les Philistins frappés de la peste (421), d'un grand effet dramatique; le célèbre Jugement de Salomon (422); le Ravissement de St Paul (433), qui rappelle la Vision d'Ezéchiel par Raphaël, à Florence; les Bergers d'Arcadie (445), une des compositions de l'artiste les plus admirées; les Quatre Saisons, symbolisées par des sujets tirés de la Bible (448-451); Orphée et Eurydice (452). Malheureusement les tableaux de Poussin ont pris avec le temps un aspect triste et rembruni.

Nommer après Poussin *Claude Gellée*, dit *Claude Lorrain*, c'est affirmer qu'il existait au XVIIe s. une grande école de peinture française, car il n'est peut-être pas de plus célèbre paysagiste. La Vue d'un port, le Campo-Vaccino, la Fête villageoise et le Port de mer au soleil couchant (219-222; p. 131) sont des chefs-d'œuvre.

Quant à *Ch. Lebrun*, maître d'une organisation rare et d'une fécondité inépuisable, qui exerça une influence, un despotisme sans contrôle sur les artistes du règne de Louis XIV, surtout dans la décoration des résidences royales, il ne suffit pas pour le juger de voir ses Batailles d'Alexandre, du reste mal placées dans une haute salle du Louvre (p. 131), il faut encore étudier ses peintures décoratives, le plafond de la galerie d'Apollon aussi au Louvre (p. 133) et surtout ceux de la galerie des Glaces à Versailles (p. 294). Le dessin et le coloris de Lebrun peuvent ne point plaire, mais il faut bien reconnaître que ses compositions sont animées d'un souffle héroïque qui se ressent seulement, comme presque toujours, de l'esprit de l'époque.

Avec *P. Mignard*, dès la seconde moitié du XVII$^e$ s., commence déjà une période de décadence, durant laquelle l'école française est charmante et spirituelle jusqu'au maniérisme. On connaît et l'on aime encore la Vierge à la grappe de Mignard (349; p. 131). — *Jean Jouvenet*, peintre très-fécond dont le modelé et le coloris manquent de finesse, a cependant laissé des œuvres assez irréprochables, telles que la Pêche miraculeuse, la Résurrection de Lazare (297, 298; p. 131) et surtout une Descente de croix (301; p. 117). — Le Louvre ne possédait qu'une toile du célèbre portraitiste *Largillière*, le portrait de Lebrun (320; p. 131), il s'est enrichi de huit autres avec la collection La Caze (217-224; p. 137). — *Rigaud*, l'ami et l'émule de Largillière, qui peignit de préférence les princes et les grands, est surtout représenté par les portraits de Louis XIV (475; p. 131) et de Bossuet (477; p. 117). — *Watteau*, bien que maniéré, a un dessin correct et un coloris vrai dans ses tableaux de genre. Le Louvre ne posséda longtemps que son chef-d'œuvre, l'Embarquement pour Cythère (649; p. 132), mais il s'est enrichi avec la collection La Caze d'une dizaine de tableaux de cet artiste, parmi lesquels on admire surtout Gilles, le célèbre Pierrot de la Comédie Italienne (260; p. 133).

*Boucher*, dont le nom rappelle immédiatement la nature travestie, les qualités et les défauts de l'école pompeuse adu XVIII$^e$ s. exagérés avec talent, excella surtout dans les décorations, mais il n'est représenté au Louvre que par quelques toiles (p. 132, 133 et 137).

A côté des maniéristes, l'histoire de la peinture française au XVIII$^e$ s. nous montre encore des artistes fidèles aux bonnes traditions. Il n'est pas permis d'oublier *Jos. Vernet*, le père de Carle et le grand-père d'Hor. Vernet, le plus grand peintre de marine français après Claude Lorrain, ce qui n'est pas peu dire (p. 130 et 137).

*Vien* fut le premier régénérateur de la peinture en France. Le Louvre ne possède pas son chef-d'œuvre, la Prédication de St-Denis, qui est à St-Roch (p. 82), mais on y remarquera cependant St Germain et St Vincent (634; p. 132), et l'Ermite endormi (636; p. 145). — A la même époque apparaît dans la peinture un élément nouveau, l'élément sentimental et bourgeois, que cultive si habilement *Greuze*, dans l'Accordée de village, la Malédiction paternelle, le Fils puni et la Cruche cassée (260-263; p. 132), dont les scènes morales ne sont pas encore toutefois peintes directement d'après nature.

*Louis David* (1748-1825) rompit totalement avec les traditions du XVIIIᵉ s., en tâchant de retrouver la forme et le style de l'antique. Il devint le chef d'une école qui soigne malheureusement le dessin au dépens du coloris. Néanmoins David fut un peintre de génie, comme l'attestent ses grandes compositions historiques: Léonidas aux Thermopyles et les Sabines (148, 149). — *Girodet-Trioson, Gérard, Gros* et *Guérin* furent les principaux élèves de David. La Scène du déluge, le Sommeil d'Endymion et Atala au tombeau (250-252) sont les meilleures œuvres de Girodet, peintre d'une imagination poétique et assez bon coloriste. De Gérard, on remarque tout particulièrement au Louvre l'Amour et Psyché, composition charmante et pleine de poésie (236). Les Pestiférés de Jaffa et le Champ de bataille d'Eylau (274, 275) sont deux chefs-d'œuvre de Gros, qui s'affranchit au moins pour un temps des principes exclusifs de l'école académique, et qui eut le sentiment de la couleur et de la vie. Le Marcus Sextus (277), Phèdre et Hippolyte (279) et la Clytemnestre (282) de Guérin sont des compositions dramatiques d'un dessin correct, mais dont le coloris, autrefois très-brillant, est devenu terne et gris.

En même temps que David, *Prud'hon* travailla à la réforme de la peinture française par des compositions pleines de charme et d'un coloris savant qui s'est bien conservé, mais que n'égale

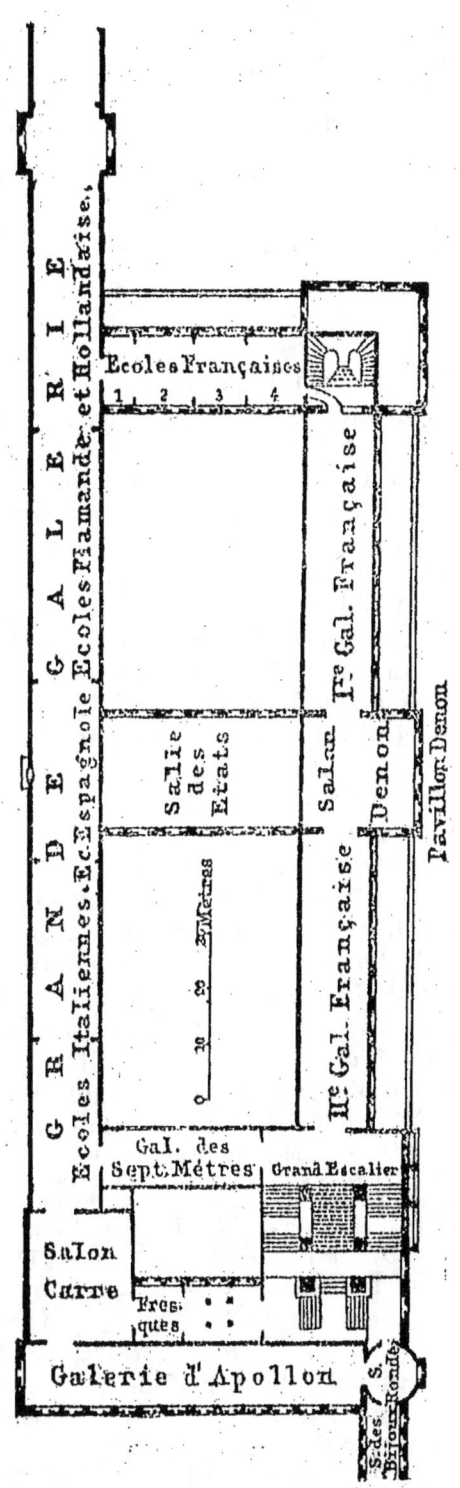

*Suite du plan du 1er étage, v. p. 135.*

pas toutefois le dessin. L'attention sera nécessairement attirée par son chef-d'œuvre, la Justice et la Vengeance divine poursuivant le crime (459), et même par son Assomption (458). — Le Radeau de la Méduse (242) de *Géricault* fut un événement, une révolution, car le sujet n'était rien moins que classique. Aussi le vulgaire, qui méconnaît ordinairement le génie à son apparition, n'eut-il que dédain pour cette immense page dramatique et poignante de réalité.— Alors se forma l'école romantique, école coloriste brillamment représentée par *Delaroche, Horace Vernet, Delacroix, Decamps, A. Scheffer*, tandis que *Ingres* continuait avec quelques autres les traditions de l'école classique. Finalement l'unité manque dans la peinture française, où les opinions sont très-divisées. Les jugements portés sur les artistes contemporains sont prématurés et du reste leurs œuvres ne figurent qu'en petit nombre au Louvre (v. p. 145), une partie formant le musée du Luxembourg (p. 228) et beaucoup des plus remarquables ornant les galeries de Versailles, qui ne sont plus toutes ouvertes au public : nous terminerons donc ici cette esquisse rapide et sans prétention.

Voici maintenant quels sont à peu près, tels qu'on les rencontre dans les différentes salles, les principaux tableaux du musée du Louvre. Ce n'est naturellement qu'une liste bien abrégée de ceux qu'on devra surtout voir si l'on est obligé de se borner à quelques visites à ces vastes galeries. Un grand nombre des citations qui suivent sont empruntées à une excellente monographie du musée du Louvre par Th. Gautier, qui ne fut pas seulement un écrivain distingué, mais un critique d'art sagace. Celles qui concernent les peintres contemporains sont de Paul de St-Victor.

Les perles de la collection sont dans le **\*\*salon carré**, le salon d'honneur, où l'on arrive, du grand escalier (p. 95), soit par la salle Ronde (p. 133) et la galerie d'Apollon (p. 133), soit par le vestibule à colonnes mentionné p. 118 et par la salle des fresques (p. 118). A moins d'indication contraire, nous commençons toujours *à droite*, dans cette salle à partir de la galerie d'Apollon.

\*426, *Le Pérugin* (*P. Vannucci*, maître de Raphaël; m. 1524), la Vierge et l'Enfant, entre des anges et Ste Rose et Ste Catherine.

«Œuvre de jeunesse excellente par la clarté des contours, la pureté, la variété et la richesse du coloris et le ton jaune clair et souple des chairs; mais les formes sont encore maigres et l'enfant est un peu maniéré.» (*Crowe et Cavalcaselle*, Histoire de la peinture en Italie).

59, *Gentile Bellini* (Venise; m. 1507), deux portraits d'hommes. — 447, *Nic. Poussin* (p. 111; m. 1665), son portrait à l'âge de 56 ans, peint en 1650.

\*100, *P. Véronèse, Caliari* (Venise; m. 1588), Jupiter foudroyant les crimes, ancien plafond de la salle du Conseil des Dix à Venise.

\*\*\*446, *le Titien, Vecelli* (Venise; 1477-1576), la Mise au tombeau, peinte vers 1523.

«C'est une œuvre belle, noble et sérieuse, sans avoir cette profonde mélancolie chrétienne qu'exige le sujet et que Titien n'exprima complètement que dans sa dernière toile, représentant un Christ au tombeau, qu'il peignit à 99 ans et qui fut achevée par Palma le jeune après la mort du grand artiste... Il fallut à Titien l'ombre de la mort prochaine pour assombrir son coloris... Cela n'empêche pas le Christ porté au tombeau d'être un tableau de premier ordre... Dans les costumes, on relèverait plus d'un anachronisme... mais quelle couleur, quelle vérité, et comme il est beau ce jeune homme en tunique jaune striée de rouge, à l'abondante chevelure rousse, qui, à demi incliné, soutient le corps inerte du Sauveur!»

*536, *Herrera*, fondateur de l'école de Séville, premier maître de Velasquez (m. 1656), St Basile dictant sa doctrine. — *410, *Rembrandt* (1607-1669), chef de l'école hollandaise, la Ste Famille à Nazareth, appelée communément le Ménage du menuisier, de 1640.

«Rembrandt prend pour fond un humble intérieur hollandais... Ce tableau si contraire au génie italien, c'est l'Evangile traduit en langue vulgaire à l'usage des pauvres gens et des humbles de cœur que gêneraient la solennelle élégance et les attitudes rhythmées des belles madones. ... Ajoutez à cela une exécution merveilleuse et la magie de couleur de Rembrandt.»

**20, *le Corrège*, Ant. Allegri (Parme; 1494?-1534), Antiope endormie et Jupiter sous la forme d'un satyre soulevant la draperie sur laquelle elle est endormie.

«Le dieu contemple ce beau corps assoupli par l'abandon du sommeil. Dans sa blancheur tiède et blonde, baignée de demi-teintes, qui en noient les contours et lui donnent les rondeurs de la vie, sous ce torse d'une grâce si molle et si tendre, on sent pourtant les détails d'anatomie... Au pied de l'Antiope, l'Amour fait semblant de dormir... mais croyez bien qu'il ne dort que d'un œil... Un riche paysage étouffé et sourd, avec des tons de velours fauve, sert de fond à cette voluptueuse scène mythologique, et fait admirablement ressortir la blancheur dorée de l'Antiope.»

*370, *Adr. van Ostade* (Harlem; m. 1685), le Maître d'école, modèle du genre, au ton doré plein de chaleur, où se trouvent au plus haut degré toutes les qualités du maître. — 325, *le Guide*, Reni (Bologne; m. 1642), Déjanire et le centaure Nessus.

108, *Clouet* (p. 110; m. 1572), Elisabeth d'Autriche, femme de Charles IX de France. — 365, *Raphaël*(?), Ste Famille, œuvre d'atelier. — 434, *Nic. Poussin*, St François-Xavier rappelant à la vie la fille d'un Japonais, peint en 1641.

*419, *Rembrandt*, portrait de femme. — 89, *Phil. de Champaigne* (p. 109; m. 1674), son portrait, de 1668. — *526, *Gér. Terburg*, peintre de genre hollandais (m. 1681), Un militaire offrant des pièces d'or à une jeune femme, chef-d'œuvre de ce maître par la composition, le dessin et le coloris. — *293, *Gabriel Metzu*, aussi peintre de genre hollandais (m. 1658), Un officier recevant une jeune dame, peinture élégante, ton doré très-accentué et d'une rare transparence, chef-d'œuvre de l'artiste.

229. *Seb. del Piombo*, d'abord peintre vénitien, plus tard élève de Michel-Ange à Rome (m. 1547), la Visitation, datée de 1521, grande et noble composition.

*121, *Gér. Dov*, peintre de genre hollandais (m. 1680), la Femme hydropique, le chef-d'œuvre de l'artiste, une merveille de fini et de délicatesse.

**539, *Murillo* (Séville ; m. 1682), la Conception immaculée.

Elle a été achetée en 1852, à la vente de la collection du maréchal Soult pour la somme de 615,300 fr., et la valeur artistique qu'on lui donne est un peu basée sur ce prix. Le peintre espagnol, qui l'a exécutée en 1678, s'est évidemment inspiré du passage suivant de l'Apocalypse : «Il parut un grand prodige dans le ciel, une femme revêtue du soleil, qui avait la lune sous les pieds, et sur la tête une couronne de douze étoiles».

*452, *le Titien*, Alphonse de Ferrare et Laura de' Dianti, tableau désigné ordinairement sous le nom de «Titien et sa maîtresse», des premières années qui ont suivi 1520.

« Magnifique portrait de jeune femme dont la robe de velours vert, à moitié défaite, laisse voir la poitrine. Elle soulève d'une main un flot de ces cheveux d'un or roux si cher aux élégantes et aux coloristes de Venise, et de l'autre tient une fiole de parfums. Une chemisette d'un blanc doré, dont le ton se confond presque avec le ton de chair ambré de la peau, concentre la lumière sur cette gorge délicate et puissante, digne d'être modelée dans le marbre de Paros. La tête, un peu inclinée vers l'épaule, a la sérénité de l'idéal antique, avec ce vigoureux accent de vie qui est particulier à Titien . . . A cette belle femme, un homme à barbe brune et tenu dans l'ombre pour laisser resplendir la superbe créature, présente deux miroirs pour qu'elle puisse se voir sous tous les aspects. »

82, *Paris Bordone*, élève du Titien (m. 1570), portrait d'homme, de 1540. — *363, *Raphaël*, Raffaello Santi (1483-1520), la Vierge au voile, dite aussi la Vierge au linge ou au diadème.

«Avec quelle grâce tendre elle exprime l'adoration maternelle! . . . Quel abandon, quelle molle souplesse dans ce corps de bambin! . . . Quel profil divinement pur que celui de la Vierge, quelle naïveté dans celui de St Jean!»

*202, *le Ghirlandajo*, chef de l'école florentine avant Raphaël (m. 1494), la Visitation, de 1491.

**462, *Léonard de Vinci* (1452-1519), le plus vieux des trois grands maîtres de la peinture italienne, qui travailla d'abord à Florence, puis à Milan et à partir de 1516 à la cour de François 1er de France, la Joconde, dite aussi la Mona (Madonna) Lisa, portrait de la femme de Fr. del Giocondo de Florence, ami de l'artiste; remarquable par son sourire d'un charme indicible, malgré son mauvais état de conservation. L'artiste travailla quatre ans à ce chef-d'œuvre et ne le considéra jamais comme fini.

*42, *F. Bol*, élève de Rembrandt (m. 1681), portrait d'homme, de 1659. — Au-dessus, *96, *P. Véronèse*, le Repas chez Simon le pharisien, de 1570-75.

*543, *Murillo*, Ste-Famille, admirable de coloris. — 121, 123, *Ann. Carrache* (Bologne; m. 1609), la Vierge apparaissant à St Luc et à Ste Catherine; le Christ mort, sur les genoux de la Vierge.

*162, *Jean van Eyck*, avec son frère Hubert, un des chefs de la vieille école flamande (m. 1441), la Vierge au donateur, dans un paysage rempli de figures.

« Le style des van Eyck nous apparaît ici avec toutes ses qualités et ses défauts. Tandis que le donateur est peint avec la plus exacte vérité, la Vierge a encore la symétrie gothique et l'enfant surprend par sa raideur.»

368, *Raphaël*, St Michel, peint, dit-on, en 1504. Paysage inspiré par l'Enfer du Dante. Le sujet est reproduit avec moins de soin dans le no 369, St Georges et le dragon, de 1506.

## 3. LE LOUVRE.

*364, *Raphaël*, la grande Ste Famille, peinte à Rome en 1518.

« Raphaël alors arrivé à l'apogée de son talent n'a rien produit de plus parfait... l'enfant Jésus s'élance de son berceau dans les bras de la Vierge assise à droite et penchée vers lui avec une gracieuse complaisance maternelle. St Jean, présenté par Ste Elisabeth assise à g., adore l'enfant Dieu. Un ange, d'une élégance divine, répand des fleurs sur la Vierge comme pour se conformer au vers de Virgile : « Manibus date lilia plenis. » Un second ange se prosterne et St Joseph regarde cette scène d'un air majestueux et tranquille. »

*453, *N. Poussin*, Diogène jetant son écuelle, peint en 1648. — 87. *Phil. de Champaigne*, Richelieu. — 232. *Bernardino Luini*, élève de Léon. de Vinci (m. après 1530), Salomé recevant la tête de St Jean-Baptiste. — 228, 229, *Claude Lorrain*, Marine ; paysage.

**362, *Raphaël*, la Belle Jardinière, ou la Vierge avec l'enfant Jésus et St Jean.

« Elle n'est pas drapée à l'antique comme la Vierge de la Ste Famille. Elle a un corsage rouge, bordé de noir, comme une simple contadina ; elle est aussi plus jeune fille et moins femme. Ses traits, d'une délicatesse et d'une pureté exquises, ont une grâce toute ingénue... C'est autant la sœur aînée de Jésus qui le surveille et le fait jouer avec un petit camarade. »

*394, *André Solario*, élève de Léon. de Vinci à Milan (m. vers 1530), la Vierge au coussin vert, d'un ton riche et brillant, avec un beau paysage.

79, *Phil. de Champaigne*, le Christ mort. — 301, *J. Jouvenet* (v. p. 112), la Descente de croix.

477, *Rigaud* (p. 112 ; m. 1743), portrait de Bossuet. — 254, *Jordaens* (Anvers ; m. 1678), l'Enfance de Jupiter. — 46, *le Guerchin*, *Giov. Franc. Barbieri* (Bologne ; m. 1666), les Saints Protecteurs de la ville de Modène.

*288, *289, *Memling*, St Jean-Baptiste et Ste Madeleine, deux petits volets d'une finesse, d'une perfection extraordinaire. — *208, *H. Holbein le Jeune* (m. 1554), Erasme de Rotterdam, portrait plein de vie et d'une exécution parfaite.

*459, *Léon. de Vinci*, la Vierge, l'enfant Jésus et Ste Anne, regardé comme l'une des perles du musée. La couleur du vêtement de la Vierge a pâli.

« Avec une familiarité charmante, la Vierge, assise sur les genoux de Ste Anne, se penche tendrement vers le petit Jésus, qui joue avec un agneau... La tête de Ste Anne est charmante... La Vierge a un type tout particulier à Léonard ; elle est douce, tendre, souriante et comme pénétrée d'une joie secrète qui rayonne lumineusement autour d'elle... L'enfant Jésus a toutes les grâces de l'enfance, que nul ne sut rendre comme Léonard de Vinci. »

*37, *Ant. da Messina*, peintre sicilien qui étudia en Flandre (m. 1493), portrait d'homme dit le Condottière, de 1475.

380, *André Vannucchi dit del Sarto* (Florence ; m. 1531), Ste Famille. — 523, *le Sueur* (p. 111 ; m. 1655), Apparition de Ste Scholastique à St Benoît.

433, *P.-P. Rubens*, chef de l'école d'Anvers (m. 1640), Thomyris, reine des Scythes, faisant plonger la tête de Cyrus dans un vase rempli de sang.

**\*\*95**, *P. Véronèse*, les Noces de Cana, le plus grand tableau du Louvre, de 6m. 66 de haut sur 9m. 90 de large, occupant presque tout un mur de la salle, «une brillante symphonie en couleurs».

La plupart des personnages sont des portraits: la jeune mariée est Eléonore d'Autriche, reine de France; derrière elle, son fou; à ses côtés, le roi François Ier, avec une coiffure singulière; puis Marie d'Angleterre, en robe jaune; le sultan Soliman, un prince nègre, et, au coin de la table, l'empereur Charles-Quint, avec l'ordre de la Toison d'or. Les musiciens sont des peintres vénitiens de cette époque. Paul Véronèse lui-même, en robe blanche, joue de la viole, de même que le Tintoret, qui est derrière lui; de l'autre côté, le Titien joue de la basse et le Bassan de la flûte.

«Comme ordonnance, arrangement et couleur, c'est le dernier mot de la peinture d'apparat. Le génie de Venise respire tout entier dans ce splendide chef-d'œuvre, avec son insouciance cosmopolite, son mélange de tous les costumes, son amour du faste, son goût théâtral et décoratif, sa passion de lumière et d'éclat... Quant au sujet religieux, le peintre ne s'en est pas beaucoup plus préoccupé que le spectateur n'y pense devant son tableau... A qui fera-t-on croire que ce somptueux palais... ait une cave si pauvrement montée?... C'est le plaisir de la peinture en elle-même poussé à sa dernière puissance, en dehors de l'idée du sujet et de la vérité historique.»

**\*\*19**, *le Corrège*, Mariage mystique de Ste Catherine d'Alexandrie, toile aux figures d'une expression toute céleste et aux lignes les plus gracieuses. — **\*39**, *le Giorgion*, *Barbarelli* (Venise; m. 1511), Concert champêtre.

«Composition bizarre et d'une étonnante intensité de couleur... Jamais coloris plus blond, plus chaud, plus moelleux et d'une consistance plus riche ne revêtit d'opulentes et robustes formes féminines.»

**\*142**, *Ant. van Dyck*, élève de Rubens (m. 1641), Charles Ier d'Angleterre, d'une finesse charmante et d'une vérité admirable.

**\*370**, *Raphaël*, St Michel terrassant le démon, peint en 1518 pour François Ier de France.

«Cette composition, si simple et si belle, montre combien Raphaël était naturellement sublime et comme d'un essor facile il arrivait aux plus hautes sublimités de l'art.»

306, *Francia*, *FrancescoRaibolini* (Bologne; m.1517), la Nativité, beau tableau en miniature, dont l'artiste a fait une œuvre de prédilection. — **\*211**, *Holbein le J.*, Anne de Clèves, quatrième femme d'Henri VIII d'Angleterre, portrait que l'artiste fit à la fin de sa vie. — 27, *le Caravage*, *Michelangiolo Amerighi*, chef de l'école naturaliste de Naples (m. 1609), Alof de Vignacourt, grand-maître de Malte en 1601.

Une salle à peu près en face des Noces de Cana, la **salle des Fresques**, par où l'on peut venir du grand escalier dans le Salon Carré, contient quelques fresques transportées sur toile, de l'école de Milan fondée par Léon. de Vinci: 236, **\*238**, **\*237**, *Bern. Luini*, la Nativité de J.-C., l'Adoration des mages et le Christ bénissant, de Milan. — 234, 235, *Bern. Luini*, deux Enfants sous une treille, de la villa Pallucca, près de Monza. — A la suite de cette salle se trouve une sorte de vestibule avec des colonnes, renfermant quelques antiquités, et ensuite le grand escalier (p. 95).

Nous revenons au Salon Carré et nous entrons dans la Grande

Galerie, par la porte opposée à celle de la galerie d'Apollon (v. le plan p. 113).

Cependant pour avoir une idée d'ensemble de l'école italienne, on fera bien de visiter d'abord la première salle à droite, la

**Galerie des Sept-Mètres** ou *Sept-Maîtres*. Elle renferme des tableaux remarquables des peintres italiens précurseurs de la Renaissance, surtout des maîtres florentins du xv$^e$ s.

A dr.: *252. *André Mantegna*, fondateur de la première école lombarde (m. 1506), le Parnasse.

«André Mantegna s'éprit tout jeune d'un grand amour pour l'antique et s'efforça heureusement d'atteindre à ce goût pur et noble qui caractérise les productions des anciens, alors inconnues en Italie, on peut le dire. Certes Mantegna ne put se débarrasser complètement de la raideur et de la sécheresse gothiques, mais comme déjà son style est supérieur et fait comprendre qu'un élément nouveau s'est introduit dans l'art.»

Dans le haut, 165, *P. Uccello* (Florence; m. 1475), portraits en buste de Giotto, de l'artiste, de Donatello, de Brunelleschi et de Giovanni Manetti, malheureusement retouchés. — 60, *école de Gentile Bellini*, Réception d'un ambassadeur vénitien au Caire, en 1512, scène bien éclairée et pleine de figures caractéristiques. — *156, *Lor. di Credi* (Florence; m. 1537), la Vierge et l'Enfant, avec des saints, tableau excellent, mais dont la composition est un peu maniérée et l'expression efféminée. — *253, *A. Mantegna*, la Sagesse victorieuse des vices, pendant du Parnasse. — 113, *Vitt. Carpaccio* (Venise; m. vers 1520), Prédication de St Etienne, malheureusement endommagée; elle est de 1515. — *72, *Jean Ant. Beltraffio*, élève de Léonard de Vinci (Milan; m. 1516), la Vierge de la famille Casio (à dr., le peintre de ce nom), le chef-d'œuvre de l'artiste, selon Vasari. — *251, *Mantegna*, la Vierge de la Victoire, une de ses dernières œuvres (1495). — 61, *Jean Bellini* (?), la Vierge, l'Enfant et des saints. — 78, 79, *Al. Buonvicino*, dit *le Moretto* (Brescia; m. 1555), quatre Saints. — *250, *Mantegna*, le Calvaire, fragment de la prédelle du tableau d'autel de St-Zeno à Vérone, composition d'un grand style, les saintes femmes formant un groupe plein de vie. — 427, *le Pérugin*, Ste-Famille (répétition à Vienne). — *221, *Fra Filippo Lippi* (Florence; m. 1469), la Vierge et l'Enfant, avec des anges et des saints, un des premiers tableaux du peintre. — 391, *Luca Signorelli*, de Cortone (m. 1523), précurseur de Michel-Ange, fragment d'une composition, sept personnages debout. — *307, *Fr. Francia*, le Christ en croix. — 290, *le Pinturicchio* (école ombrienne; m. 1513), la Vierge et l'Enfant. — 500-514, la plupart placés au-dessus des tableaux déjà mentionnés, quinze portraits d'hommes célèbres peints à la manière de *Justus de Gand*, Flamand qui travailla à Urbin: Raphaël en a fait des croquis à la plume qui sont aujourd'hui à l'Académie des Beaux-Arts de Venise. — *166, *P. Uccello*, Bataille. — *192, *Giotto*, de Florence, fondateur de la peinture moderne (m. 1337), St François d'Assise recevant les stigmates. Dans le bas (prédelle):

Vision du pape Innocent III, le même approuvant les statuts de l'ordre de St François, St François prêchant les oiseaux, tableau authentique, signé sur la bordure, mais dont la couleur est détériorée.

«Il n'y a pas encore de ciel dans ce tableau, et le paysage se découpe sur une couche d'or gaufrée, mais c'est pour le temps une grande hardiesse. La nature fait son entrée dans l'art. On voit le gazon, les rochers, les arbres de la montagne, les cellules blanches des ermites, tout cela rendu avec un sentiment naïf mais vrai. Le saint a bien la maigreur ascétique, l'expression de ferveur et d'extase que réclame le sujet; sa pose offre des lignes contrastées; il a rompu ce linéament, rigide comme le trait de plomb où sont emprisonnées les figures des vitraux, qui semble retenir captifs les personnages des tableaux de cette époque.»

La porte du fond donne sur le grand escalier (p. 95).

A g., en revenant vers l'entrée: \*199, *Ben. Gozzoli*, peintre toscan (m. 1498), Triomphe de St Thomas d'Aquin.

Dans le haut, le Christ bénissant; au-dessous de lui, St Paul, Moïse et les évangélistes. Au milieu, St Thomas d'Aquin assis entre Aristote et Platon, et à ses pieds Guillaume de St-Amour, adversaire des ordres mendiants, vaincu par son éloquence. Dans le bas, l'assemblée d'Agnani présidée par le pape Alexandre IV.

\*183, *Botticelli*, le Magnificat (Vierge), composition à la fois très-sérieuse et très-animée. — 308, *Fr. Francia*, la Vierge et l'Enfant. — 157, *Lor. di Credi*, Jésus apparaissant à Madeleine sous les traits d'un jardinier. — \*182, *Fra Angelico*, le Couronnement de la Vierge, très-vanté par Vasari, mais fortement restauré (les figures sont cependant assez bien conservées). — 428, *le Pérugin*, St Paul. — \*396, *A. Solario*, Jésus en croix, daté de 1503, plein d'expression et habilement arrangé. — 403, *lo Spagna* (m. 1529), élève du Pérugin et imitateur de Raphaël, la Nativité. — \*389, *Signorelli*, la Naissance de la Vierge, bien groupée et pleine de dignité. — 158, *Lor. di Credi*, l'Annonciation, réduction d'un tableau de Florence attribué à Léonard de Vinci. — 154, *Lor. Costa* (Ferrare; m. 1535), la Cour d'Isabelle d'Este, duchesse de Mantoue, charmante allégorie. — 152, *Cima da Conegliano* (Venise; m. vers 1517), la Vierge et l'Enfant, avec St Jean et Ste Madeleine, d'un coloris vigoureux. — \*429, *le Pérugin*, Combat de l'Amour et de la Chasteté, à comparer avec les tableaux du même genre de Lor. Costa (154) et de Mantegna (252, 253). — 290, *Signorelli*, l'Adoration des mages.

\***Grande Galerie.** — Cette galerie ne mesure pas moins de 375 m. de longueur. Cependant elle ne comprend pas encore tout le bâtiment du bord de l'eau jusqu'aux Tuileries, car elle s'arrête en deçà de la grille des Tuileries, à une grande salle fermée au public, la *nouvelle salle des Etats*. Dans cette galerie se trouvent les autres tableaux des écoles italienne, espagnole, allemande, flamande et hollandaise, sauf un petit nombre de ceux des deux dernières écoles, qui sont dans les salles annexes du second étage (p. 146).

## 3. LE LOUVRE.

Première travée. — Italiens (suite).
(Période de prospérité.)

A droite. — 412, 413, *le Garofalo, Benvenuto Tisio* (Ferrare; m. 1559), la Circoncision, Ste-Famille. — *16, *Albertinelli* (Florence; m. 1515), la Vierge et l'Enfant, avec St Jérôme et St Zenobio. — 415, *le Garofalo*, le Sommeil de l'enfant Jésus, peint sous l'influence de Raphaël, mais un peu maniéré. — 466, *école de Léon. de Vinci*, portrait de femme. — 416, *le Garofalo*, la Vierge et l'Enfant, réduction d'un tableau qui est à Dresde. — *293, *Jules Romain, Giulio Pippi*, principal élève de Raphaël (m. 1546), le Triomphe de Titus et de Vespasien, style des bas-reliefs antiques de l'arc de triomphe de Titus à Rome. — 397, *Solario*, la Tête de St Jean-Baptiste, de 1507. — 378, *d'après Raphaël*, la Madone de Lorette, dont l'original est perdu. — *294, *Jules Romain*, Vénus et Vulcain. — 464, copie de la Cène de Léonard de Vinci (fresque à Milan), probablement de son élève *Marco da Oggiono*, un tiers plus petite que l'original. — 448, *le Titien* (? *Schiavone*), le Concile de Trente. — *227, *Lor. Lotto*, élève de Jean Bellini, à Venise (m. 1554), St Jérôme dans le désert, de 1500. Le paysage rend bien la profonde solitude du désert et la figure de l'ermite est en parfaite harmonie avec la nature.

17, *Albertinelli*, le Christ apparaissant à la Madeleine. — *379, *André del Sarto*, la Charité, de 1518.

«Une jeune femme, d'une beauté robuste et douce... abrite deux enfants dans son giron hospitalier. Un de ses seins gonflés de lait jaillit hors de sa robe entr'ouverte. A ses pieds, sur un pli de draperie, dort un jeune garçon ... Tout ce beau groupe rayonne d'une majesté tranquille. Jamais la bonté n'emprunta de traits plus charmants ni une grâce plus aimable. Cependant le peintre a su donner une indéfinissable expression d'indifférence à la figure de cette vertu, car la charité n'est pas la maternité.»

*274, *Palma le Vieux*, élève de J. Bellini (m. 1528), l'Annonce aux bergers.

«La beauté des têtes, l'agencement aisé des figures, la souplesse des draperies, la vivacité de la couleur en font une des plus belles toiles de l'école vénitienne.»

295, *Jules Romain*, son portrait. — *336, *le Tintoret* (m. 1594), élève du Titien, le Paradis. — 463, *Léon. de Vinci* (?), Bacchus, tableau d'atelier qui devait être un St Jean dans le désert. — *442, *le Titien*, Ste-Famille. — *373, *Raphaël* et *Jules Romain*, portrait de Jeanne d'Aragon, de 1518 (v. p. 107). Selon Vasari, la tête seule est de Raphaël.

«Une des ces œuvres qui, outre le mérite d'art, ont un attrait de fascination ... Jeanne d'Aragon reste dans le souvenir comme un de ces types de la perfection féminine qu'on rêve et qu'on désespère de rencontrer ... C'est une beauté princière dans toute la force.»

93, *P. Véronèse*, Ste-Famille. — *102, *P. Véronèse*, St Marc et les trois Vertus théologales, plafond du palais des Doges à Venise. — Dans le haut, *168, *Dosso Dossi* (Ferrare; m. 1542), St Jérôme, une de ses premières œuvres, d'un coloris moelleux. — *367, Ra-

*phaël*, Ste Marguerite, selon Vasari, peinte presque entièrement par Jules Romain.

«Rien de plus doux, de plus pur, de plus virginal que les traits de la sainte, étonnée de son pouvoir sur les monstres et tenant comme une fleur des champs la palme de son martyre.»

458, *Léon. de Vinci*, St Jean-Baptiste, figure d'une expression tout extatique. — 101, *P. Véronèse*, portrait d'une jeune mère. — \*230, *Luini*, Ste-Famille. — \*73, *Bonifazio* (Venitien), la Résurrection de Lazare.

\*450, *le Titien*, portrait de François I$^\text{er}$ de France, peint en 1530 d'après une médaille, mais qui rend cependant fort bien les traits bizarres et l'air altier de ce prince. — \*441, *le Titien*, Ste Famille. — 437, *Georges Vasari*, l'historien des peintres (m. 1574), l'Annonciation. — 456, *le Titien* (?), portrait d'homme. — 98, *P. Véronèse*, le Calvaire. — 90, 91, *P. Véronèse*, l'Incendie de Sodome; Suzanne au bain. — 439, *le Titien*, la Vierge, l'Enfant et des saints.

Au milieu de la galerie, 333, *Dan. de Volterre*, élève de Michel-Ange (m. 1566), David vainqueur de Goliath, tableau à deux faces (ardoise); composition très-mouvementée, exagérée.

---

A GAUCHE, en recommençant à l'entrée : 393, *Signorelli*, Quatre personnages debout, fragment d'une grande composition. — 74, *Bonifazio*, Ste-Famille. — 292, *Jules Romain*, Ste-Famille. — 352, *Rosso Rossi* (Florence; m. 1541), le Défi des Piérides. — 177, *Gaudenzio Ferrari*, du Piémont (m. 1550), St Paul, de 1543. — \*374, *Raphaël*, deux portraits d'hommes, qu'on nomme à tort Raphaël et son maître d'armes. — \*465, *école de Léon. de Vinci*, peut-être *Cesare da Sesto*, la Vierge aux balances.

\*454, *le Titien*, l'Homme au gant, excellent portrait dans la meilleure manière de l'artiste, v. p. 108.

\*453, *le Titien*, portrait d'homme dans le même genre.

\*\*449, *le Titien*, Jupiter et Antiope, la Vénus del Pardo, de 1574. V. p. 108.

«Cet important tableau, qui a longtemps séjourné en Espagne, a subi bien des vicissitudes. Deux fois il manqua d'être la proie des flammes et subit d'impudentes restaurations qu'heureusement on a pu faire disparaître. Nonchalamment couchée au milieu de la composition, Antiope, un bras arrondi au-dessus de la tête, ramène de l'autre main, par un vague mouvement de pudeur endormie, le pan de sa draperie sur la hanche. La blancheur de son corps fait au centre du tableau une tache lumineuse qui attire et retient le regard.»

\*57, *Fra Bartolommeo*, ami de Raphaël à Florence (m. 1517), la Vierge sur un trône et des saints, de 1511.

La Vierge pose la main sur la tête de l'enfant Jésus, debout, qui remet l'anneau à Ste Catherine de Sienne. La scène est empreinte de cette douceur et de cette tendresse qui sont dans le genre de Léon. de Vinci, et ce qui rend la Vierge charmante, ce sont encore moins ses traits que son attitude pleine de tendresse.

\*228, *Lor. Lotto*, Ste-Famille. — \*\*443, *le Titien*, les Disciples d'Emmaüs, de 1547.

«Tout cela est superbe, lumineux, plein de force et de santé... Avec de pareilles qualités, on peut bien pardonner quelques fautes de costume et de couleur locale.»

291, *Jules Romain*, Nativité de J.-C., tableau d'autel.

\*460, *Léon. de Vinci*, la Vierge aux rochers, d'une grande valeur, bien qu'exécutée, peut-être, par un élève. — 75, *Bonifazio*, la Vierge avec Ste Agnès et Ste Catherine. — \*99, *P. Véronèse* les Disciples d'Emmaüs. Les figures accessoires sont les plus attrayantes. — 366, *d'après Raphaël*, St Jean-Baptiste dans le désert.

\*\*445, *le Titien*, le Christ couronné d'épines, de 1560.

On trouve dans les œuvres de la vieillesse du Titien des réminiscences de l'antique, en particulier du Laocoon dans le Christ de ce tableau, où l'expression est toutefois exagérée, par rapport au modèle antique, dans l'intérêt de la réalité. C'est aussi un chef-d'œuvre de couleur, mais avec moins de variété qu'à l'ordinaire.

\*371, *Raphaël*, portrait de Balthasar Castiglione, de 1516.

«Belle tête intelligente et virile, dont le teint brun s'harmonise avec un sobre vêtement noir tailladé de gris.» V. p. 107.

\*56, *Fra Bartolommeo*, l'Annonciation, de 1515. — \*372, *Raphaël*, portrait d'un jeune homme, peint après 1515, longtemps donné à tort comme celui de l'artiste.

«Qui ne s'est arrêté devant cette tête d'adolescent à cheveux blonds, coiffé d'une toque noire, le coude appuyé sur un rebord en pierre et la main contre la joue, qui semble suivre à travers sa rêverie nonchalante quelque rêve charmant? C'est l'idéal du joli, et jamais jeune fille n'a prêté de traits plus suaves au bel inconnu qu'elle attend.»

97, *P. Véronèse*, J.-C. succombant sous le poids de la croix, inachevé. — 92, *P. Véronèse*, l'évanouissement d'Esther, composition dramatique.

\*440, *le Titien*, la Vierge au lapin, de 1530.

«Heureux ces tableaux qui ont un nom familier et populaire... La Vierge assise à terre pose sa main sur un lapin blanc que l'enfant Jésus, porté par Ste Catherine, semble désirer avec une impatience de bambin. Cette tache blanche au milieu du tableau est la note dominante sur laquelle se règlent les valeurs du coloris, d'une richesse intense et d'une chaleur lumineuse admirables... Le fond mêlé d'arbres, de prairies et de collines, montre quel merveilleux paysagiste c'était que Titien.»

\*461, *Léon. de Vinci*, portrait de femme, la Belle Féronnière.

Il ne représente pas, comme on l'a cru, la maîtresse de François Ier connue sous ce nom, mais probablement Lucrèce Crivelli, amante de Ludovic Sforza. Le joyau qui orne son front, appelé féronnière, lui aura fait donner son nom. «C'est une admirable tête d'une étonnante fermeté de dessin et de modelé, que rehausse un riche ajustement de velours nacarat brodé de galon d'or et coupé carrément sur la poitrine.»

\*451, *le Titien*, Allégorie peinte pour Alphonse d'Avalos, marquis du Vasto ou du Guast, général de Charles-Quint, et représentant ses adieux à sa femme, sœur de Jeanne d'Aragon, lorsqu'il fut appelé à Vienne en 1532, pour combattre les Turcs. «Ce qu'il y a de parfaitement clair dans ce chef-d'œuvre, c'est son immortelle beauté.» V. p. 108.

\*447, *le Titien*, St Jérôme. L'ampleur de la composition et la richesse des tons lui assignent la date de 1533 ou environ. — \*455, *le Titien* (?), portrait d'homme, plus dans le style du Pordenone. — 88, *Jean de Calcar*, élève du Titien (m. 1546), portrait de jeune homme, de 1540.

DEUXIÈME TRAVÉE. — ITALIENS ET ESPAGNOLS.
(École académique de Bologne ou éclectique, école naturaliste de Naples.)

A DROITE : 132, *Annibal Carrache*, fondateur de l'académie de Bologne, Diane découvrant la grossesse de Callisto. — 342, *Salvator Rosa* (Naples; m. 1673), l'Ange et Tobie. — *320, *le Guide*, la Madeleine.

«Type inventé et créé par le Guide... La sainte, dont les traits rappellent ceux de la Niobé antique, lève vers le ciel des yeux extasiés pleins de larmes et de lumière... Il n'y faut pas chercher l'expression austère du repentir chrétien, mais une certaine mélancolie sentimentale et coquette, comme peuvent l'éprouver à certaines heures de lassitude les beautés mondaines.»

356, *Sassoferrato* (m. 1685), l'Assomption. — 327, *le Guide*, l'Enlèvement d'Hélène, composition théâtrale. — 12, *Albani* (Bologne; m. 1660), Vénus et Adonis.

377, *Raphaël* (?), fresque de la Magliana (Dieu le Père et deux anges), acquise en 1873 pour la somme exorbitante de 206,500 fr. — 411, *Tiepolo* (Venise; m. 1769), la Cène.

557, *Fr. Zurbaran* (Séville; m. 1662), Ste Apolline. — *546, *Murillo*, Miracle de St Diégo, dit la Cuisine des Anges, mélange singulier de mysticisme et de réalisme.

---

A GAUCHE, en recommençant à l'autre extrémité : *119, *Ann. Carrache*, la Vierge aux cerises ou la Vierge et l'enfant Jésus à qui St Joseph offre des cerises. — *316, *le Guide*, J.-C. donnant les clefs du ciel à St Pierre. — 478, *le Dominiquin*, Dom. Zampieri (Bologne; m. 1641), Renaud et Armide, d'après le Tasse. — 24, *le Caravage*, la Mort de la Vierge. — *311, *le Guide*, l'Annonciation. — 105, *le Canaletto* (Venise; 1768), Vue de Venise, le Grand Canal, avec l'église de la Salute.

*343, *Salvator Rosa*, Apparition de l'ombre de Samuel à Saül, composition romantique et lugubre. — *344, *Salv. Rosa*, Une Bataille, «page d'une rare énergie et d'une beauté étrange». — *474, *le Dominiquin*, Ste Cécile, tableau bien connu par la gravure. — 549, *Ribera*, *l'Espagnolet* (Naples; m. 1656), le Christ au tombeau.

*552, *Velasquez*, *Don Diego V. de Silva* (Madrid; m. 1660), portrait de Philippe IV, roi d'Espagne : «rien de plus franc et de plus large». — *554, *Velasquez*, réunion de treize portraits, parmi lesquels se voient, à l'extrémité à g., celui de l'artiste, et à côté, celui de Murillo. — *551, *Velasquez*, l'Infante Marie-Marguerite, fille de Philippe IV. — ***540, *Murillo*, la Naissance de la Vierge.

«Il y a dans ce charmant tableau deux côtés bien distincts et qui pourtant s'harmonisent de la façon la plus heureuse : d'abord une scène d'accouchement, telle qu'elle se passerait au fond d'un humble logis de campagne; puis l'intervention miraculeuse d'êtres célestes... Tout le groupe central, illuminé par l'auréole de la Vierge, est d'une incomparable fraîcheur; c'est un vrai bouquet de tons délicats et lumineux comme des fleurs.»

25, *le Caravage*, la Diseuse de bonne aventure.

## 3. LE LOUVRE. 125

TROISIÈME TRAVÉE. — ESPAGNOLS.

A DROITE : \*556, *Zurbaran*, Funérailles d'un évêque. — 548, *Ribera*, l'Adoration des bergers. — \*555, *Zurbaran*, St Pierre Nolasque et St Raymond de Pegnafort.

A GAUCHE : \*553, *Velasquez*, Don Pedro Moscoso de Altamira, doyen de la chapelle royale de Tolède, de 1633. — 544, 545, *Murillo*, J.-C. au jardin des Oliviers, le Christ à la colonne, peints sur marbre. — \*547, *Murillo*, le Jeune mendiant occupé à s'épouiller, «une merveille de vie, de lumière et de couleur». — \*538, *Murillo*, la Conception immaculée de la Vierge. — 542, *Murillo*, la Vierge au chapelet, de sa jeunesse.

QUATRIÈME TRAVÉE. — ALLEMANDS, FLAMANDS ET HOLLANDAIS.

A DROITE : 595, école de *Memling*, l'Annonciation. — 278, *Mabuse* (m. 1532), la Vierge et l'Enfant. — 672, *Alb. Durer* (Nuremberg ; m. 1528), tête de vieillard, de 1520. — 277, *Mabuse*, Carondelet, chancelier de Flandre. — \*209, *H. Holbein le J.*, portrait d'homme. — Dans le bas, 698, *Rogier van der Weyden* (Bruxelles ; m. 1529), Descente de croix. — 564, *Mich. Wohlgemuth*, maître de Durer (m. 1519), J.-C. devant Pilate. — \*210, *Holbein*, Thomas More, chancelier d'Angleterre, petit portrait plein d'intelligence, peint peu de temps après l'arrivée de l'artiste en Angleterre (1526). — 249, *Karel Dujardin*, peintre de genre hollandais (m. 1678), paysage. — \*109, *Alb. Cuyp*, de Dordrecht, un des chefs de l'école hollandaise (1605-1672), Marine. — \*151, *Ant. van Dyck*, portrait du duc de Richemond. — \*181, *Jean van Goyen* (Leyde ; m. 1656), Bords d'une rivière, de 1647. — 497, *Fr. Snyders* (Anvers ; m. 1657), Chasse au sanglier. — 178, *Jean Fyt* (Anvers ; XVIIe s.), Gibier dans un garde-manger. — 5, *Ludolf Bakhuisen* (Amsterdam ; m. 1709), Escadre hollandaise. — 574, *Phil. Wouwerman* (Harlem ; m. 1668), Halte devant une hôtellerie. — \*520, *David Teniers le J.* (Anvers ; m. 1694), Chasse au héron. — 287, *J. van der Meer van Harlem* (XVIIe s.), Scène à la porte d'une auberge. — 251, *Jac. Jordaens* (Anvers ; m. 1678), Jésus chassant les vendeurs du temple. — 415, *Rembrandt*, portrait de l'artiste dans sa vieillesse, de 1660. — 354, *Aart van der Neer* (Amsterdam ; m. vers 1691), Canal au coucher du soleil. — 516, *Teniers*, Cabaret près d'une rivière. — 396, *Fr. Pourbus le J.* (Anvers ; m. 1622), portrait de Marie de Médicis. — \*465, *Rubens*, paysage avec des bergers. — 295, *Gabr. Metsu*, le Chimiste. — 374, *Adr. van Ostade*, le Fumeur. — 486, *P. Slingelandt* (m. 1691), la Famille, chef-d'œuvre de l'artiste, qui travailla, dit-on, un mois durant au col et aux manchettes du garçon. — Au dessus, de grands tableaux de Rubens que nous examinerons en finissant.

\*143, *A. van Dyck*, les Enfants de Charles Ier d'Angleterre, esquisse du tableau de Kensington. — 134, *Jean le Duc* (la Haye),

Intérieur d'un corps de garde, son chef-d'œuvre. — 24, *Nic. Berghem* (Harlem; m. 1683), paysage avec des animaux. — 248, *Dujardin*, le Cheval blanc, lumière du soir. — 247, *Dujardin*, paysage avec figures. — 474, *J. van Ruisdael*, le plus célèbre paysagiste hollandais (Harlem; m. 1681), paysage. — *377, *Isaac van Ostade* (m. vers 1654), Halte de voyageurs. — 429, *Rubens*, la Vierge, l'enfant Jésus et un ange, au milieu d'une guirlande de fleurs peinte par un autre artiste. — 521, *Teniers*, le Fumeur. — 129, *Gérard Dov*, la Lecture de la Bible, deux vieillards, tableau charmant d'intérieur paisible. — *246, *245, *Dujardin*, Animaux au pâturage; paysage avec des animaux. — 123, *Gér. Dov*, le Trompette.

A GAUCHE, cette fois en revenant sur ses pas : 223, *P. de Hoogh*, élève de Rembrandt, Intérieur d'une maison hollandaise. — *539, *Adr. van de Velde* (Amsterdam; m. 1762), Animaux au bord d'un canal, le soir. — *41, *Ferd. Bol*, portrait d'un mathématicien. — *192, *J. David de Heem* (Utrecht; m. 1674), Fruits et vaisselle sur une table. — *528, *G. Terburg*, le Concert, tableau charmant. — *555, *Aart van der Neer*, le Lever de la lune. — 399, *Paul Potter* (Amsterdam; m. 1654), Chevaux attelés à la porte d'une chaumière, de 1647. — 324, *Fr. van Mieris* (m. 1681), le Thé. — *152, *A. van Dyck*, son portrait. — *463, *Rubens*, Tournoi près des fossés d'un château au soleil couchant, esquissé avec verve. — 147, *A. van Dyck*, portrait de François de Moncade. — *47, *Adr. Brouwer* (Harlem; m. 1640), Intérieur de tabagie. — 514, *Teniers le J.*, Tentation de St Antoine. — *511, *Teniers le J.*, St Pierre reniant J.-C.; l'artiste figure lui-même parmi les soldats à table. — *513, *Teniers le J.*, les Œuvres de la miséricorde. — 138, *A. van Dyck*, le Christ pleuré par la Vierge et par les anges, esquisse d'un tableau d'autel à Anvers. — *205, *Meindert Hobbema* (Amsterdam; m. vers 1670), Paysage.

*404, *Rembrandt*, l'Ange Raphaël quittant Tobie, de 1637.
Interprétation de la Bible pleine de sentiment. «Ombre transparente et chaude, où éclate, comme un jet de foudre, l'éblouissante clarté que l'ange répand autour de lui.»

*376, *Is. van Ostade*, Halte de voyageurs. — **407, *Rembrandt*, les Disciples d'Emmaüs, de 1648.
«L'auréole soudaine qui s'allume au front du Christ... illumine tout le tableau.» Cependant le rouge domine moins dans ce tableau que dans celui de l'ange et Tobie.

*172, *Govaert Flinck* (Amsterdam; m. 1660), portrait de petite fille. — 567, *Ph. Wouwerman* (Harlem; m. 1668), Départ pour la chasse. — *375, *Adr. van Ostade*, Un buveur. — *417, *Rembrandt*, portrait d'un jeune homme, de 1658. — 542, *Will. van de Velde* (Amsterdam et Londres; m. 1707), Marine. — *123, *Gér. Dov*, l'Epicière de village. — *197, *Bart. van der Helst* (Amsterdam; m. 1670), le Jugement du prix de l'arc. — 125, *Gér. Dov*, la Cuisinière hollandaise. — 529, *Gér. Terburg*, Assemblée d'ecclésiastiques, excellente esquisse. — *536, *Adr. van de Velde*, le Prince d'Orange sur la plage de Schéveningue. — 126, *Gér. Dov*, Une femme accrochant un coq à une fenêtre. — 569, *Ph. Wouwerman*, la Chasse au cerf. — *224, *P. de Hoogh*, Intérieur hollandais (dames et cavaliers); très-bel effet de soleil. — 19, *Nic. Berghem*, le Gué, dans la meilleure manière de l'artiste. — 130, *128, *Gér. Dov*, son portrait, le Dentiste.

*461, *Rubens*, portrait d'une dame de la famille Boonen. — 394, 395, *Fr. Pourbus le J.*, deux portraits de Henri IV de France. — *369, *Adr. van Ostade*, la Famille du peintre, un de ses meilleurs tableaux. — *412, *Rembrandt*, son portrait, de 1633 (v. p. 110). — *425, *Rubens*, Fuite de Loth, de 1625. — 518, *Teniers le J.*, Intérieur de cabaret. — *472, *Jac. van Ruisdael*, le Buisson, paysages célèbre. — 512, *Teniers le J.*, l'Enfant prodigue. — *414, *Rembrandt*, son portrait, de 1637. — *458, *Rubens*, Henri de Vicq, ambassadeur des Pays-Bas. — 60, *J. Brueghel*, dit *Breughel de Velours* (Anvers; m. 1625), la Bataille d'Arbèles. — 136, *A. van Dyck*, la Vierge et l'enfant, avec Ste Madeleine, David et St Jean-Baptiste. — *207, *Holbein*, Guillaume Warham, archevêque de Cantorbéry, de 1528. — 99, *Lucas Cranach*, Vénus dans un paysage, de 1529. — *206, *Holbein*, Nicolas Kratzer, astronome de Henri VIII, de 1528. — 699, *école flamande*, triptyque, la Résurrection, l'Ascension et St Sébastien. — 212, *Holbein*, portrait de Richard Southwell, répétition ou peut-être une bonne copie de celui de Florence. — *679, *Quentin Massys* (Anvers; m. 1565), le Christ bénissant.

Il nous reste à voir dans cette travée la série de grands tableaux de \*\**Rubens* (434-457), qui commence un peu plus loin, dans le haut. Marie de Médicis, veuve de Henri IV, pendant quelque temps régente au nom de son fils Louis XIII, puis éloignée de la cour, revint à Paris en 1620 et voulut décorer splendidement son palais du Luxembourg (p. 226). Rubens, qui fut chargé des peintures, vint à Paris en 1621, y fit les esquisses et alla ensuite les exécuter à Anvers, où il se fit aider de ses élèves. En 1625, il y mettait la dernière main à Paris. — Voici quels en sont les sujets: 434, la Destinée de Marie de Médicis (les Parques). — 435, Naissance de la princesse (1575); Lucine y préside, son flambeau à la main; Florence tient l'enfant, et à dr. se voit l'Arno. — 436, l'Education, à laquelle prennent part Minerve, Apollon et Mercure; à dr., les Grâces. — *437, l'Amour montrant le portrait de la princesse à Henri IV, à côté duquel est la France; dans le haut, Jupiter et Junon. — 438, le Mariage par procuration. — 439, le Débarquement à Marseille. — 440, le Mariage à Lyon: Henri IV en Jupiter, Marie de Médicis en Junon. — 441, la Naissance de Louis XIII: derrière la reine, la Fortune; le nouveau né dans les bras de la Santé. — 442, Henri IV partant pour la guerre d'Allemagne (1610), confie la régence à la reine. — *443, le Couronnement de la reine par le cardinal de Joyeuse à St-Denis; on aperçoit le roi dans une tribune. — *444, l'Apothéose de Henri IV: dans le bas, à côté de la Victoire vêtue de jaune, Bellone avec un trophée; à dr., la reine entre Minerve et la Prudence; plus bas, la France, etc. — *445, le Gouvernement de la reine sous la protection de l'Olympe: Mars, Apollon (d'après celui du Belvédère) et Minerve chassent les puissances ennemies; Junon et Jupiter font atteler des colombes au char de la France. — 446, le Voyage de la reine aux Ponts-de-Cé (Anjou). — 447, l'Echange des princesses Elisabeth de France, destinée à Philipp IV d'Espagne et Anne d'Autriche, future de Louis XIII. — *448, les Félicités de la régence: la reine sur le trône avec les balances de la justice; à dr., Minerve, la Fortune et l'Abondance; à g., la France et le Temps; dans le bas, l'Envie, la Haine et la Méchanceté. — *449, la Majorité de Louis XIII ou la reine remettant à son fils le vaisseau de l'Etat, monté par les Vertus. — 450, la Reine s'échappant du château de Blois (1619). — 451, la Réconciliation de la reine avec Louis XIII. — 452, la Paix. — 453, l'Entrevue de la reine avec Louis XIII, dans l'Olympe; au bas, la Rébellion. — *454, le Triomphe de la Vérité; dans le haut, le roi remettant une couronne à sa mère (en bas les esquisses). — 457, portrait de Marie de Médicis. — 456, au commencement de la série, le portrait de sa mère, Jeanne d'Autriche, grande-duchesse de Toscane. — 455, en face, portrait de son père, le grand duc François de Médicis.

#### Cinquième travée.

Au milieu, *14, *Hans Sebald Beham*, élève de Durer (Nuremberg; m. 1550), Sujets tirés de l'histoire de David, de 1534.

#### Sixième travée. — Flamands et Hollandais.

A droite: *400, *Paul Potter*, la Prairie, d'une grande perfection. — 430, *Rubens*, la Fuite en Egypte. — 94, *Phil. de Champaigne*, portraits des architectes Mansart et Perrault, en camaïeu, de 1656. — 490, *Snyders*, Entrée des animaux dans l'arche. — *515, *Teniers*, Kermesse. — 416, *Rembrandt*, portrait de vieillard, de 1638. — *527, *Terburg*, la Leçon de musique, tableau charmant. — *413, *Rembrandt*, son portrait, de 1634. — 83, *Phil. de Champaigne*, portraits de deux religieuses de Port-Royal, la Mère Agnès Arnaud et la fille du peintre, malade, ex-voto en souvenir de sa guérison (v. p. 109). — 103, *Gaspard de Craeyer* (Anvers; m. 1669), portrait équestre de l'archiduc Ferdinand d'Autriche, gouverneur des Pays-Bas. — *371, *Adr. von Ostade*, le Marché aux poissons. — 141, *Van Dyck*, Renaud et Armide, (copie?). — *555, *J. Weenix* (Amsterdam; m. 1719), les Produits de la chasse, œuvre capitale de l'artiste. — 411, *Rembrandt*, Vénus et l'Amour, tableau portrait de la jeunesse de l'artiste. — 432, *Rubens*, Triomphe de la religion, et en face, 426, du même, Elie dans le désert, peints en Espagne pour être exécutés en tapisserie. — 168, *J. Victoor*, élève de Rembrandt, Isaac bénissant Jacob. — 169, *Victoor*, Jeune fille à une fenêtre. — 406, *Rembrandt*, St Mathieu, de 1661. — 257, *Jordaens*, portrait de l'amiral hollandais de Ruyter. — *193, *David de Heem*, Fruits. — 296, *Metsu*, Une femme hollandaise. — 297, *Metsu*, Une cuisinière hollandaise. — *146, *Van Dyck*, portrait du marquis d'Aytona, gouverneur espagnol des Pays-Bas. — *459, *Rubens*, portrait d'Elisabeth de France, fille de Henri IV et reine d'Espagne. — *460, *Rubens*, portrait d'Hélène Fourment, sa seconde femme, avec deux de leurs enfants, d'un grand effet, bien que peint à grands traits. — *27, *Berghem*, paysage d'Italie. — 150, *Van Dyck*, Jean Grusset Richardot, président du conseil privé des Pays-Bas, et son fils.

A GAUCHE, en recommençant à l'autre bout: *190, *Fr. Hals* (Harlem; m. 1666), portrait de Descartes. — *292, *Metsu*, le Marché aux herbes d'Amsterdam, une de ses principales œuvres. — 554, *J. Weenix*, Gibier et ustensiles de chasse. — 674, *Hobbema*, le Moulin à eau. — 493, *Snyders*, les Marchands de poissons. — 314, *Van der Meulen*, Louis XIV à la chasse et vue du château de Fontainebleau. — *470, *Ruisdael*, la Forêt, œuvre capitale de l'artiste, les animaux de *Berghem*. — *149, *Van Dyck*, portraits d'une dame et de sa fille. — *106, *A. Cuyp*, la Promenade. — 171, *G. Flinck*, l'Annonce aux bergers. — 256, *Jordaens*, le Concert après le repas. — 255, *Jordaens*, le Roi boit. — *105, *A. Cuyp*, le Départ pour la promenade. — 148, *Van Dyck*, portraits d'un homme et d'un enfant. — *104, *A. Cuyp*, paysage, vache au pâturage, œuvre capitale de l'artiste. — 427, *Rubens*, l'Adoration des mages, peinte vers 1612. — 304, *Van der Meulen*, Entrée de Louis XIV et de Marie-Thérèse à Arras. — 467, *Rubens*, Diogène avec sa lanterne, tableau d'atelier. — 154, *Van Dyck*, portrait d'homme. — *372, *Adr. van Ostade*, Intérieur d'une chaumière, remarquable surtout par le clair-obscur. — *541, *Adr. van de Velde*, Un canal glacé. — 418, *Rembrandt*, portrait d'homme. — 537, *Adr. van de Velde*, paysage et animaux. — 428, *Rubens*, la Vierge aux Anges. — *145, *Van Dyck*, portrait d'Elisabeth d'Autriche, régente des Pays-Bas, en clarisse. — *182, *Jean van Goyen*, Un canal, de 1647.

SEPTIÈME TRAVÉE. — FLAMANDS ET HOLLANDAIS.

A DROITE: *Rubens*, la Kermesse (v. p. 109). — 579, *Wynants*, la Lisière de la forêt, œuvre capitale de l'artiste; animaux et figures par *Adr. van de Velde*. — 198, 199, *Van der Helst*, portraits d'homme et de femme. — *464, *Rubens*, paysage; à g. sur le devant un oiseleur. — *359, 358, *Gaspard Netscher* (la Haye; m. 1684), la Leçon de basse de viole; la Leçon de chant. — 183, *J. van Goyen*, Une rivière. — 243, *Dujardin*, les Charlatans italiens. — *473, *Ruisdael*, le Coup de soleil, paysage avec figures par *Wouwerman*, d'une conception poétique et d'une exécution magistrale, avec son ton verdâtre argenté. — 519, *Teniers*, Extérieur de cabaret. — *144, *Van Dyck*, portraits de Charles-Louis, duc de Bavière, et de son frère Robert, duc de Cumberland. — 218, 219, *Honthorst* (Utrecht; m. vers 1666), portraits des mêmes personnes. — 688, *Potter*, Un cheval blanc, de 1653. — *290, *Metsu*, la Leçon de musique.

A gauche, à partir de l'autre extrémité: *137, *Van Dyck*, la Vierge aux donateurs. — *580, *Wynants*, paysage avec figures par *Adr. van de Velde*.

*408, *409, *Rembrandt*, les Philosophes en méditation, de 1633. — *500, *Jean Steen* (Leyde; m. 1679), Fête flamande dans l'intérieur d'une auberge, de 1674, pleine de motifs heureux, d'humeur, de gaîté. — 378, *Is. van Ostade*, Canal gelé en Hollande. — 538, *Adr. van de Velde*, paysage avec animaux. — *471, *Ruisdael*, Une tempête sur les côtes de Hollande, d'une merveilleuse poésie, de l'effet le plus surprenant et exécutée de main de maître. — 431, *Rubens*, le Christ en croix.

405, *Rembrandt*, le Bon Samaritain, de 1648; moins bien réussi que les autres tableaux de l'artiste dans le même genre. — 695, *Jean Ver Meer*, nommé ordinairement *van der Meer van Delft* (XVIIe s.), la Dentellière. — 139, *Van Dyck*, St Sébastien secouru par les anges.

Nous retournons maintenant jusqu'à la porte la plus rapprochée, à g., et nous entrons dans les

**Salles Françaises.** — Les 3 premières sont consacrées aux œuvres des écoles françaises antérieures à Louis XIV, intéressantes surtout au point de vue historique (p. 110 et 111).

1re salle: tableaux anciens, entre autres, sur fond d'or, la Mort du Christ et différents saints; une série de portraits par *François Clouet*, dit *Janet* (m. 1572), et par ses élèves; notamment, 107, celui de Charles IX, roi de France (Elisabeth d'Autriche, v. p. 115); 137, le Jugement dernier, par *J. Cousin* (m. 1589), etc.

2e salle: 22 tableaux d'*Eustache le Sueur* (m. 1655), représentant les principaux traits de la vie de St Bruno; on remarquera surtout le n° 546, la Mort de St Bruno (v. p. 111).

«La lueur d'un cierge unique fait glisser ses reflets blafards sur ces frocs blancs, semblables à des suaires, sur ces murs blanchis comme les parois du sépulcre, sur ce plancher nu, qui rappelle les ais d'une bière, et une tristesse pénétrante se dégage de cette toile presque monochrome».

3e salle, aussi consacrée à *le Sueur*: 551-556, Naissance de l'Amour et différents épisodes de sa vie; 558-562, les Muses, de l'hôtel Lambert, dans l'île St-Louis.

4e salle: 15 grandes marines de *Joseph Vernet* (m 1789), représentant les ports de France.

Passant ensuite dans un corridor tournant, on arrive à la

1re GALERIE FRANÇAISE, renfermant surtout des tableaux des peintres français du XVIIe s. Entre autres, de dr. à g.: 65, *Ch. Lebrun* (m. 1690), le Martyre de St Etienne. — Assez loin, *517, *Sueur*, Jésus portant sa croix, qui «attendrit par sa tristesse sympathique et son accablement profond». — 443, 420, 421, 452, 435, 417, *N. Poussin* (m. 1665), le Triomphe de Flore; les Philistins frappés de la peste, les Israélites recueillant la manne, deux tableaux particulièrement remarquables; Orphée et Eurydice, «parfait modèle de paysage historique»; l'Enlèvement des Sabines; Moïse sauvé des eaux. — 298, *J. Jouvenet*, la Résurrection de Lazare, une des meilleures toiles de l'artiste et des plus caractéristiques. — *521, *le Sueur*, la Prédication de St Paul à Éphèse.

«L'apôtre, debout sur les marches d'un portique, montre le ciel du doigt, semblant dire que là seulement réside la vraie science, et les Éphésiens apportent sur la place les livres de philosophie, d'histoire et d'art qu'ils déchirent et brûlent comme inutiles et nuisibles. Un esclave agenouillé souffle de sa bouche la flamme avec un mouvement plein de naturel. Cette toile est un des chefs-d'œuvre de le Sueur; en la regardant, on pense aux cartons de Raphaël à Hampton-Court.»

*222, 221, *Claude Lorrain* (m. 1682), Port de mer au soleil couchant; la Fête villageoise. — 437, *Poussin*, le Jeune Pyrrhus sauvé. — 297, *Jouvenet*, la Pêche miraculeuse. — 224, *Claude Lorrain*, David sacré roi. — 496, *Santerre* (m. 1717), Suzanne au bain. — *422, *Poussin*, le Jugement de Salomon, très-célèbre, plein d'expression. — 226, *Claude Lorrain*, Port de mer. — *415, *Poussin*, Eliézer et Rébecca, «une des plus aimables et des plus gracieuses compositions du Poussin». — 450, 433, 455, *Poussin*, l'Automne ou la Grappe de la terre promise, un des plus beaux paysages du peintre; le Ravissement de St Paul; l'Hiver ou le Déluge, paysage aussi très-vanté, comme le 450. — 300, *Jouvenet*, le Repas chez Simon le pharisien. — 219, 220, *Claude Lorrain*, Vue d'un port au soleil levant; Vue du Campo-Vaccino, toutes deux fort estimées. — 476, *Rigaud* (m. 1743), portrait de Philippe V d'Espagne. — *445, *Poussin*, les Bergers d'Arcadie.

Chef-d'œuvre de composition, mais d'une exécution un peu molle. «Ce tableau exprime avec une naïveté mélancolique la brièveté de la vie et réveille, parmi les jeunes pâtres et la jeune fille qui regardent le tombeau rencontré dans la campagne, l'idée oubliée de la mort. Ils se penchent vers la pierre funèbre dont ils déchiffrent l'inscription: et in Arcadiâ ego.»

*349, *Mignard* (m. 1695), la Vierge à la grappe. — *475, *Rigaud*, portrait de Louis XIV, un de ses meilleurs tableaux. — 416, 432, *Poussin*, Moïse sauvé des eaux; St Jean baptisant le peuple. — 641, *Vouet* (v. p. 110), la Présentation au temple. — 299, *Jouvenet*, les Vendeurs chassés du temple. — 320, *Largillière* (m. 1746), portrait de Lebrun. — 360, *Mignard*, portrait de l'artiste.

Nous retraversons maintenant la galerie et nous entrons dans une haute salle à coupole, le

SALON DENON, renfermant 4 grands tableaux de *Ch. Lebrun*, malheureusement placés trop haut et peu éclairés: 70, le Passage du Granique; *71, la Bataille d'Arbelles; 73, Alexandre et Porus; 74, l'Entrée d'Alexandre à Babylone.

«Il est impossible de nier qu'un souffle héroïque traverse ces grandes batailles... Il n'y a pas une si grande différence de valeur qu'on pense entre le Passage du Granique de Lebrun, et la Bataille de Constantin de Raphaël, exécutée par Jules Romain.»

Au-dessous, à dr. par rapport à la galerie précédente, du côté de l'ancienne salle des Etats, actuellement fermée: 819, *Natoire* (m. 1717), Triomphe de Bacchus. — 712, *Fr. Boucher* (m. 1770; p. 112), l'Enlèvement d'Europe. — 780, *Hallé* (m. 1736), l'Automne.—744, *N.-N. Coypel* (m. 1734), Vénus, Bacchus et l'Amour. — 713, 714, 715, 711, *Boucher*, Vénus demandant des armes à Vulcain; Amynthe tombée du rocher et Amynthe délivrée, d'après le Tasse, modèles de tapisseries; Jupiter et Callisto.

Les voussures du plafond sont décorées de peintures de *Ch. Muller*, relatives à l'histoire des arts en France: St Louis et la Ste-Chapelle, François Ier dans l'atelier d'un de ses artistes, Louis XIV continuant le Louvre, Napoléon Ier en ordonnant l'achèvement.

2º GALERIE FRANÇAISE, renfermant des œuvres de maîtres français du xviiiº et du xixº s. — De dr. à g.: 168, *Desportes*, peintre d'animaux d'une grande réputation (m. 1743), Chiens de chasse. — 267, *Greuze* (m. 1805; v. p. 112), Jeune fille, étude. — 99, *Chardin*, peintre de scènes familières exempt de maniérisme (m. 1779), le Bénédicité, sa meilleure œuvre. — 387, *Oudry*, peintre d'animaux également célèbre (m. 1785), la Chasse au loup. — 98, *Chardin*, la Mère laborieuse. — 266, *Greuze*, Jeune fille. — 329, *C. Vanloo* (m. 1765), Une halte de chasse. — 86, *Mme Lebrun* (m. 1842), portrait de Joseph Vernet, le peintre de marines. — 28, 29, *Fr. Boucher* (m. 1770), Scènes pastorales. — 609, 610, *Jos. Vernet*, le Matin ou la Pêche; le Midi ou la Tempête. — 24, *Fr. Boucher*, Diane sortant du bain, que Th. Gautier appelle une délicieuse peinture, malgré le discrédit dans lequel est tombé l'artiste. — 264, *262, *261, *Greuze*, son portrait; le Retour du fils maudit; la Malédiction paternelle (v. p. 112). — 208, *Fragonard* (m. 1806), le Grand-prêtre Corésus se sacrifie pour sauver Callirrhoé. — *263, *Greuze*, la Cruche cassée, la plus populaire de ses œuvres. — 330, *C. Vanloo*, portrait de Marie Leczinska, reine de France. — *82, *Mme Lebrun*, portrait de l'artiste et sa fille. — 457, *Prud'hon* (m. 1823; v. p. 113), le Christ sur la croix. — *260, *Greuze*, l'Accordée de village, regardée comme le chef-d'œuvre de l'artiste. — 276, *Gros* (m. 1835; v. p. 113), François Ier et Charles-Quint visitant les tombeaux de St-Denis. — 154, *Louis David* (m. 1825; v. p. 113), les Amours de Pâris et d'Hélène. — 281, *Guérin* (m. 1833), Énée racontant à Didon les malheurs de Troie.

499, *Sigalon* (m. 1837), la Jeune courtisane. — *494, *493, *Léop. Robert* (m. 1835), le Retour du pèlerinage à la Madone de l'Arc; l'Arrivée des moissonneurs dans les marais Pontins. — 498, *Sigalon*, la Vision de St Jérôme.

235, 237, *Fr. Gérard* (m. 1837; v. p. 113), Entrée de Henri IV à Paris; Daphnis et Chloé. — 634, *Vien* (m 1809; v. p. 112), St Germain et St Vincent. — 160, *L. David*, portrait inachevé de Mme Récamier, qui fut célèbre par sa beauté. — 321, *Lethière* (m. 1832),

Brutus condamnant ses fils. — 150, 151, *L. David*, le Serment des Horaces, tableau par lequel l'artiste inaugura sa grande réforme de la peinture; les Licteurs rapportent à Brutus les corps de ses fils. — *Angelika Kauffmann* (m. 1807), portrait de la baronne de Krudener et de sa fille. — 577, *Tocqué* (m. 1772), portrait de Marie Leczinska. — *649, *Watteau* (m. 1721), l'Embarquement pour l'île de Cythère.

«Quoiqu'il n'ait peint que des fêtes galantes et des sujets tirés de la comédie italienne, Ant. Watteau est un grand maître. . . Il a la grâce, l'élégance, la désinvolture, et son art est sérieux, si son genre peut sembler frivole. . . Quels mots pourraient exprimer ce coloris tendre, vaporeux, idéal, si bien choisi pour un rêve de jeunesse et de bonheur, noyé de frais azur et de brume lumineuse dans les lointains, réchauffé de blondes transparences sur les premiers plans, vrai comme la nature et brillant comme une apothéose d'Opéra!»

506, *P. Subleyras* (m. 1749), le Martyre de St Hippolyte. — 25, *Boucher*, Vénus commandant à Vulcain des armes pour Énée. — Puis encore des Chiens et des Chasses d'*Oudry* et de *Desportes*, etc.

La porte à l'extrémité de la 2e galerie française donne sur le grand escalier (p. 95). Là se trouve, à dr., la seconde entrée de la galerie des Sept-Mètres (p. 119). Nous descendons quelques marches, jusqu'au grand palier, et nous remontons de l'autre côté (v. le plan, p. 113), pour entrer à g. dans la

**Salle Ronde**, une sorte de vestibule. Au centre est un beau vase en marbre blanc, au milieu d'une magnifique mosaïque. Les riches décorations du plafond, de *Blondel* (m. 1853), *Couder* et *Mauzaisse*, représentent le Soleil et les quatre Éléments, figurés par des sujets de la Fable. A dr., la

***Galerie d'Apollon**, avec une belle porte en fer ouvré du temps de Henri II. Cette galerie, longue d'une centaine de pas, fut construite sous Henri IV, incendiée en 1661, sous Louis XIV, reconstruite alors d'après les dessins de *Ch. Lebrun* (1619-90), qui n'en put terminer la décoration, abandonnée ensuite pendant longtemps au point qu'elle menaçait ruine, et achevée enfin de 1848 à 1851; c'est incontestablement la plus belle salle du Louvre. Elle doit son nom à la grande peinture du milieu, par *Eug. Delacroix* (m. 1863), Apollon vainqueur du serpent Python. La voussure au-dessus de l'entrée est décorée d'un Triomphe de la Terre par *Guichard*, d'après Lebrun. La voûte est divisée en cinq grands cartouches, retraçant la marche du jour. Quatre autres cartouches sur les côtés de celui du centre représentent les saisons, et douze médaillons en camaïeu, les mois de l'année. Les grands sujets sont, la Nuit ou Diane, par *Lebrun*; le Soir ou Morphée, aussi par *Lebrun*; l'Apollon déjà nommé; Castor ou l'Étoile du matin, par *A. Renou*; l'Aurore, par *Ch.-L. Müller*, d'après Lebrun. La voussure de la fenêtre, qui représente le Triomphe des Eaux (Neptune et Amphitrite), est par *Lebrun* lui-même. Les panneaux des murs sont ornés de 28 *portraits d'artistes français, de

Louis XIV, de Napoléon, etc., exécutés à la manufacture des Gobelins (p. 254). Au milieu sont des tables fort remarquables du temps de Louis XIV, et trois vitrines contenant des *œuvres d'art très-précieuses: vases, reliquaires de la chapelle de l'ordre du St-Esprit, du temps de Henri III (1578), statuettes en cristal de roche, émaux de la collection Sauvageot; — vases et coupes en cristal et en pierres fines, vases antiques en sardoine, montures du XVI$^e$ s.; nacelle en lapis lazuli, monture du temps de Louis XIV; vase en jaspe, monture du XVI$^e$ s., attribuée à Benvenuto Cellini; une cassette de la reine Anne d'Autriche, la couronne du sacre de Louis XV (les pierres sont des imitations), la couronne dite de Charlemagne, portée par Napoléon I$^{er}$ à son couronnement (orfèvrerie moderne); deux statuettes équestres en argent émaillé et en basalte.

Au mur du fond, dans la vitrine de dr. une armure du roi Henri II (m. 1559); — dans l'armoire de g., les insignes du couronnement des rois de France, l'épée dite de Charlemagne, un sceptre à l'effigie de ce prince; le fermail du manteau royal de St Louis et la bague du même roi; la main de justice des rois de la 3$^e$ race; des éperons d'or; plus le casque et le bouclier de Charles IX (m. 1574), l'un et l'autre dorés et émaillés; un bouclier de Henri II, un reliquaire du XIV$^e$ s., avec une Vierge tenant l'enfant Jésus. — En face de la fenêtre, une carte de France de 1684, en mosaïque.

Outre les tapisseries, on remarque à l'opposé des fenêtres des meubles du XVII$^e$ s. et des vitrines avec des objets d'un grand prix:

I. Faïences. — II. *Aiguière et bassin en argent doré, avec des reliefs et des ciselures, dont les sujets sont des épisodes de la prise de Tunis par Charles-Quint, en 1535. — III. Divers émaux. De même que les Italiens se livrèrent de bonne heure à la fabrication des majoliques, les Français se distinguèrent des premiers dans les ouvrages en émail, à l'époque où florissait l'école de Fontainebleau (p. 89), dans la seconde moitié du XVI$^e$ s., à Limoges. — IV. Bassin en argent doré, décoré de figures et d'ornements au repoussé, du XVI$^e$ s. — V. Faïences et émaux.

Dans les vitrines aux fenêtres, en redescendant la salle:

I. *Couverture de livre avec plaque en argent doré, ornée de figures au repoussé et de pierres fines, ouvrage du XII$^e$ s. — II. Emaux et crosses, statuettes, etc. — III. Suite des émaux (XVI$^e$ s.). — IV. Parures de la collection Sauvageot. *Bassin en argent doré et émaillé, orné au centre d'un grand camée, la figure équestre de Ferdinand III (m. 1659), empereur d'Allemagne, et, sur le bord, de trois rangs concentriques de 48 camées chacun, les portraits des princes de la maison d'Autriche depuis Rodolphe de Habsbourg, leurs devises et leurs armoiries. Aigle à deux têtes en or, avec portraits en miniature, ouvrage allemand du XVIII$^e$ s., fait par T. F. Beer de Francfort-s.-M., en mémoire de la paix de Teschen (1779). — V. Emaux, divers portraits: François de Lorraine, par *Léonard*

*Limosin* (1557); François II de France, par le même; Catherine de Médicis; Françoise d'Orléans, princesse de Condé. — VI. Livre d'heures de Catherine de Médicis. Bougeoir et miroir de Marie de Médicis, avec camées, et beaucoup d'objets de parure et des camées de la collection Sauvageot. — VII.-XI. Camées, émaux, faïences, etc.

La porte latérale au fond de cette galerie donne entrée dans le Salon Carré (p. 114); nous revenons à la Salle Ronde et nous tournons à dr., où nous entrons dans la

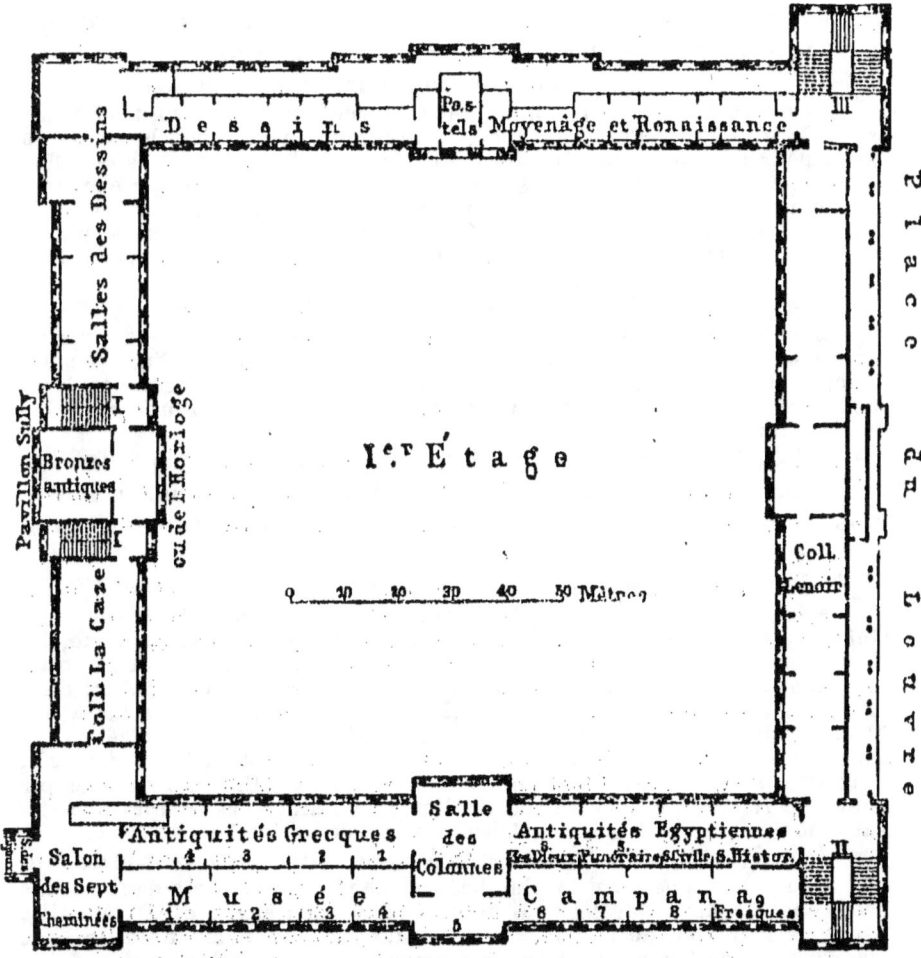

**Salle des Bijoux**, où sont exposés des objets précieux de l'antiquité, du moyen âge et de la Renaissance.

*Vitrine du milieu*: couronnes d'or; casque de fer doré et émaillé, trouvé dans la Seine près de Rouen; casque étrusque; carquois en or. Dans le haut, des colliers en or, en argent, en émail, en pierre dure, quelques-uns avec des pendants artistement travaillés; une \*tête de Bacchus avec des cornes et des oreilles de bœuf; des amulettes, des boucles, des épingles à cheveux en métal précieux et en métal commun; des croix, etc. — *Vitrine du mur*: objets en argent, \*Hercule, \*Cérès à bras mobiles; anneaux grecs et romains. — *Du côté de la Seine*. 1re vitrine: boucles en or, en bronze, avec bas-reliefs; colliers en pierre et en or; anneaux, boucles d'oreilles, bracelets. 2e vitrine: vases antiques en argent, trouvés près d'Alençon (1836). 3o vitrine: scarabées, pierres gravées, camées, anneaux en fer et en or, petite *statuette de Cybèle en verre. — *Du côté de la cour*, à la fenêtre: boucles; bracelets en or et en bronze; boucles d'oreilles, travail grec des temps primitifs, provenant de Mégare; deux bagues sigillaires en or, l'une d'elles avec une tête de Ptolémée.

Les peintures décoratives de cette salle sont de *Mauzaisse;* celle du plafond a pour sujet le Temps montrant les ruines qu'il amène et les chefs-d'œuvre qu'il laisse découvrir.

La **salle des Sept-Cheminées**, qui vient ensuite, contient une partie des tableaux les plus remarquables des peintres français du commencement de ce siècle (v. p. 113). De g. à dr. :

*149, *David*, les Sabines, un de ses meilleurs ouvrages.

«La figure de Romulus, s'apprêtant à lancer son javelot contre Tatius, est de la plus juvénile élégance... Tatius, qui voit venir le coup, se baisse pour l'éviter; entre les deux, Hersilie se dresse les bras étendus, et cherche à les séparer... Quoi de plus joli que le groupe d'enfants que les jeunes mères ont apportés sur le champ de bataille pour attendrir et désarmer la colère des guerriers?... Tout, dans cette remarquable composition, est pensé, étudié, cherché et poussé à la limite de perfection dont l'artiste était capable.»

Au-dessus, *148, *David*, Léonidas aux Thermopyles.

«L'impression de la scène est solennelle et grandiose, et la tonalité rembrunie de la couleur y ajoute encore. Cela est beau, d'une beauté sérieuse et un peu froide, comme certains morceaux de tragédie, mais ils sont rares en tout temps les artistes qui mèneraient à bien une machine de cette importance.»

250, 251, *Girodet-Trioson*, Scène du déluge, dans laquelle l'intérêt dramatique est admirablement calculé; le Sommeil d'Endymion, auquel Phœbé rend visite sous la forme d'un superbe rayon de lune.

*275, *Gros*, Napoléon visite le champ de bataille d'Eylau (1807).

«Monté sur son cheval, le héros contemple avec mélancolie le spectacle sinistre qui l'entoure, et il semble, en face de cette hécatombe humaine, déplorer le prix que coûte la gloire. Des Lithuaniens, embrassant sa botte, implorent sa miséricorde, tandis que près de lui caracole son brillant état-major... Au premier plan, des chirurgiens donnent leurs soins à des blessés à demi enfouis sous la neige, les débris de caissons et d'affûts, les cadavres et le hideux détritus de la bataille. Au fond, sous le ciel noir, s'étend la vaste plaine blanche où s'ébauche la silhouette de quelque cheval se relevant, et que rayent les lignes lointaines des troupes tombées sur place. Eylau qui brûle, éclaire la scène de sa torche sinistre.»

*459, *Prud'hon*, la Justice et la Vengeance poursuivant le Crime.

«Nous ne savons rien de plus beau et de plus grand style dans aucune école que ces deux déesses, qui glissent d'un élan si sûr et si tranquille à travers l'air bleu de la nuit, rien de plus dramatiquement sinistre que la silhouette de l'assassin et de plus touchant que la victime.»

84, *Mme Lebrun*, portrait du compositeur Paisiello (m. 1816). — 277, *Guérin*, Marcus Sextus (nom imaginaire) revenant de l'exil. — 189, *Drouais*, Marius à Minturnes. — 243, *Géricault*, Officier de chasseurs à cheval chargeant. — 83, *Mme Lebrun*, portrait de l'artiste avec sa fille. — 159, *David*, portrait du pape Pie VII, peint en 1805. — *242, *Géricault*, le Radeau de la Méduse.

Qui le croirait? A l'apparition de ce chef-d'œuvre, en 1819, «on ne sentit pas cette poésie poignante dans sa réalité; on resta insensible à l'effet dramatique de ce ciel livide, de cette mer sinistrement glauque, écrasant son écume sur les cadavres ballotés entre les poutres du radeau, insultant de son eau salée la soif des mourants, et secouant de son épaule énorme ce frêle plancher, théâtre d'agonie et de désespoir: cette science de musculature, cette force de couleur, cette largeur de touche, cette énergie grandiose et qui fait penser à Michel-Ange, ne soulevèrent que dédains et que réprobations», tant le sujet était en contradiction avec les idées qu'on avait à cette époque, où l'on ne «considérait comme digne de la peinture d'histoire que les sujets de mythologie ou d'antiquité classique.»

*244, *Géricault*, le Cuirassier blessé. — 466, *J.-B. Regnault*, Éducation d'Achille par le centaure Chiron. — 192, *David*, Bélisaire. — 279, et en face, 282, *Guérin*, Phèdre et Hippolyte, Agamemnon et Clytemnestre. — *236, *Gérard*, Psyché reçoit le premier baiser de l'Amour.

«C'est une composition charmante et pleine de délicate poésie. Psyché, le bas du corps enveloppé d'une gaze transparente, reçoit avec étonnement le premier baiser de l'Amour, gracieusement penché vers elle. Cette sensation inconnue l'agite; elle porte les mains à son cœur ému; la pensée, et le sentiment s'éveillent dans son être jusque là endormi, et sur son front, le papillon de l'âme palpite et bat des ailes.»

252, *Girodet-Trioson*, Atala au tombeau (roman de Chateaubriand). — *274, *Gros*, Bonaparte visitant les pestiférés de Jaffa.

«L'horreur tragique n'est diminuée en rien, mais il y a encore une certaine beauté dans cet entassement de corps expirants ou déjà morts. L'artiste accepte la laideur, mais il ne la cherche pas, et il idéalise dans le sens touchant ou dramatique. Son tableau est comme celui de la peste dans Virgile et conserve encore les nobles couleurs de l'épopée.»

458, *Prud'hon*, l'Assomption de la Vierge. L'élégance, la grâce et la fraîcheur en sont encore relevées par le charme du coloris. — 256, *Granet*, Intérieur de la basilique basse de St-François à Assise. — 240, *Gérard*, portrait du peintre Isabey. — 280, *Guérin*, Andromaque et Pyrrhus.

Nous passons maintenant par la porte à côté de celle de la salle des Bijoux dans la SALLE HENRI II, qui contient encore quelques tableaux de peintres de la fin du XVIIIe s. et du commencement du XIXe, surtout de peintres français. — 497, *Spaendonck* (m. 1822), Fleurs et fruits. — 163, *Desportes*, portrait d'un chasseur. — 716, *Boucher*, le But ou des amours tirant à la cible. — 617, *J. Vernet*, le Retour de la pêche. — 746, *Ch.-Ant. Coypel* (m. 1752), les Noces d'Angélique et Médor, modèle de tapisserie. — 615, *J. Vernet*, le Torrent. — 671, *J.-Fr. van Dael* (m. 1825), le Tombeau de Julie, fleurs et fruits. — A l'autre mur: 774, *Fr. Gérard*, portrait en buste du roi Charles X. — 863, 864, *Ch. van Loo* (m. apr. 1785), la Toilette d'une sultane, la Sultane commande des ouvrages aux odalisques, modèles de tapisseries. — 799, *Lagrenée l'aîné* (m. 1805), la Justice et la Clémence. — 570, *Taraval* (m. 1785), le Triomphe d'Amphitrite. — 829, *Prud'hon*, Entrevue de Napoléon Ier et de François II après la bataille d'Austerlitz.

La salle suivante renferme la

**Collection la Caze**, riche galerie léguée au musée en 1869, à la condition que les tableaux n'en seraient pas disséminés. Elle a, sous plus d'un rapport, heureusement complété ce musée, notamment en ce qui concerne les peintres français du XVIIIᵉ s. et les hollandais.

Mur de droite. *122, *J. Steen*, Repas de famille. — 83, 82, *Adr. van Ostade*, le Liseur, le Buveur. — *32, *Ribera*, le Pied-Bot, de 1642. — 51, *Phil. de Champaigne*, portrait. — 70, *Hondekoeter*, peintre d'animaux renommé (Amsterdam; m. 1695), le Dindon blanc. — *96, *Rembrandt*, Femme au bain. — *85, 84, *Adr. van Ostade*, la Lecture de la gazette; la Lecture. — 90, *Is. van Ostade*, Scène d'intérieur. — 37, *Velasquez*, l'Infante Marie-Thérèse, plus tard reine de France. — 100, *Rubens*, portrait de Marie de Médicis figurant la France. — *97, *Rembrandt*, portrait d'homme, de 1651. — 177, 179, 176, 184, *Chardin*, Natures mortes. — *65, *Fr. Hals*, la Bohémienne, tête de fille. — 241, *Rigaud*, portrait du cardinal de Polignac. — 63, *J. van Goyen*, Bords d'un canal. — *45, *Adr. Brouwer*, le Fumeur. — 88, *Is. van Ostade*, Scène d'intérieur.

Mur de gauche, en recommançant à l'autre extrémité. *104, *Rubens*, le Couronnement de la Vierge, esquisse du plafond de l'église des jésuites à Anvers. — 78, *Nic. Maes*, le Bénédicité. — 91. *Is. van Ostade*, paysage, effet d'hiver. — 230, *Nattier* (m. 1766), portrait de Mˡˡᵉ de Lambesc en Minerve, avec le jeune comte de Brionne. — 131, 124, *Teniers*, le Fumeur; Kermesse. — *224, *Largillière*, portraits du peintre, de sa femme et de sa fille. — *94, 95, *Ravestein* (m. 1657), portraits de femmes. — 265, *Watteau*, le Jugement de Pâris. — 43, *Adr. Brouwer*, Homme taillant sa plume. — *47, *J. Brueghel*, Breughel de Velours, le Pont de Talavera. — *66, *Fr. Hals*, portrait de femme. — *260, *Watteau*, Gilles (p. 112). — 193, *Fragonard*, l'Heure du berger. — 97, *Rembrandt*, Baigneuse. — 102, 107, *Rubens*, Melchisédech et Abraham, le Sacrifice d'Abraham, esquisses des plafonds de l'église des jésuites à Anvers. — 206, *Greuze*, tête de jeune fille. — 127, *Teniers*, Intérieur (duo), grisaille.

En sortant par la porte à l'extrémité de la galerie, on se trouve sur le palier de l'escalier Henri II, dans le pavillon Sully ou de l'Horloge, par où l'on peut sortir du musée. Au delà de cet escalier, à g., se trouve la

**Salle des bronzes antiques**, l'ancienne chapelle du vieux Louvre, où l'on entre par une belle porte en fer comme celle de la galerie d'Apollon. Elle renferme une riche collection d'ustensiles, d'armes, de statuettes antiques, etc. Dans l'armoire du milieu, de l'orfèvrerie, de l'argenterie, des miroirs, des anneaux, des clefs, des sceaux, des bracelets et des parures, ainsi qu'un casque doré, trouvé en 1861 à Amfreville, dans le département de l'Eure. Près de la fenêtre, une statue d'Apollon en bronze doré, plus grande que nature; à g., un Apollon du style archaïque, intéressant au point de vue historique, des fauteuils, des candélabres, des bustes et des statuettes. Dans l'armoire à dr., des nécessaires de toilette gravés,

trouvés à Palestrina, près de Rome; des vases, des lampes, etc.
Dans les armoires le long des murs, des statuettes; à g., une
belle collection d'armes romaines, des casques, des boucliers, des
glaives, des fers de lances.

Au delà de cette salle, à g., un escalier par où l'on monte au
2e étage (salle des Boîtes, p. 148), mais il n'est pas toujours ouvert
(autres escaliers, v. ci-dessous et p. 144). Ensuite le

**Musée des dessins**, occupant la moitié du côté O. et la moitié
du côté N. du premier étage du Vieux Louvre. C'est, avec celle des
Offices de Florence, la plus grande collection de ce genre. Il
y a environ 36,000 numéros, ou plus de 18,200 dessins de maîtres
italiens, 87 d'espagnols, 800 d'allemands, 3150 de flamands, 1070
de hollandais, 11,800 de français, etc., outre les 434 dont il vient de
s'enrichir par la générosité de M. His de la Salle. La plupart des
dessins sont sous verre. Catalogue (1869), en deux volumes à 2 fr.

Ire SALLE: maîtres primitifs de l'école italienne, surtout *Filippo Lippi*,
*Mantegna*, *André de Castagno* (carton colorié), *André Verocchio*, *Lor. Ghiberti* (lavis), *Lor. di Credi*, *le Perugin*, etc. — Aux murs, un carton de
J. Romain pour le triomphe de Scipion (il y en a 2 autres dans la seconde
salle) et des cartons de Lebrun et de Mignard, comme dans la plupart
des salles suivantes. Plafond par *Blondel*, la France victorieuse à Bouvines.

IIe SALLE: Italiens, dessins des plus grands maîtres: *Léonard de Vinci*,
les plus remarquables; *Bern. Luini*, *Michel-Ange*, *André del Sarto*, *Séb.
del Piombo*, *Raphaël*, *le Titien*. — Plafond par *Blondel*, la France, au
milieu des rois législateurs et des jurisconsultes français, recevant la
Charte de Louis XVIII.

IIIe SALLE: Italiens; dessins et deux *gouaches du *Corrège*, la Vertu
héroïque et l'Homme voluptueux, des dessins du *Primatice*, des *Palma*,
de *P. Véronèse*, etc. Plafond par *Drolling*, la Loi descendant sur la terre.

IVe SALLE: école de Bologne; dessins des *Carrache*, du *Dominiquin*, du
*Guide*, de l'*Albane*, du *Guerchin*, etc. — Plafond par *Mauzaisse*, la Sagesse
divine donnant les lois aux rois et aux législateurs.

Ve SALLE: Allemands, Flamands et Hollandais: *Durer*, *Lucas Cranach*,
*Holbein*, *Rubens*, *Van Dyck*, *Jordaens* (cartons pour tapisseries), *Rembrandt*,
(peu de chose), *Teniers*, *Adr. van Ostade* (aquarelle du Maître d'école;
p. 115), *Ruisdael*, *P. Potter*, les *Van de Velde*, *A. Cuyp*, *N. Berghem*, etc.
Sur le mur de g., *565, un Combat de cavalerie, dessiné par *Rubens*, d'après
un carton de *Léonard de Vinci* qui n'existe plus.

La porte du coin, à dr., est celle d'un ESCALIER par où l'on descend, les
dimanches et fêtes du musée de marine (p. 146) et il y a dans le passage
entre la Ve et la VIe salle un autre escalier, qui est ouvert dans la semaine, l'après-midi.

VIe SALLE: pastels, pour la plupart des portraits, par *Vivien*, *Mme Gujard*, etc.

VIIe SALLE: *Cl. Lorrain*, *N. Poussin*, *E. le Sueur*.

VIIIe SALLE: esquisses de la Vie de St Bruno (p. 130); cartons des
vitraux de la chapelle de la famille d'Orléans à Dreux et de celle de
St Ferdinand à Paris (p. 163), par *Ingres*.

IXe SALLE: école française: *Ch. Lebrun*, *Rigaud*, etc.

Xe SALLE: école française moderne: *Watteau*, *Boucher*, et *Greuze*.

XIe SALLE: école française moderne. On remarque ici un grand tableau
à l'huile inachevé, le Serment du jeu de paume, par *David* (p. 113);
il n'y a que quatre têtes de peintes, entre autres celle de Mirabeau. Les
figures nues des divers personnages prouvent avec quel soin David avait
coutume de traiter la partie anatomique de ses tableaux. Esquisse du
tableau de Léonidas aux Thermopyles par le même artiste; dessins de
*Girodet*, de *Gérard*, de *Guérin* et d'autres élèves de David.

XIIe SALLE: pastels, miniatures et quelques émaux.

XIIIᵉ salle: dessins de l'ancienne école française; pastels.

XIVᵉ salle: pastels, surtout des portraits, par *Quentin de la Tour, Rosalba Carriera, Perroneau, Chardin*, etc.

Salle supplémentaire du musée des dessins ou salle des Boîtes, ouverte seulement le samedi à partir de 2 h., v. p. 148.

A la suite de ce musée vient le \*musée du Moyen-Age et de la Renaissance, où l'on peut aussi monter directement par l'escalier à l'extrémité du musée assyrien (v. p. 94).

Iʳᵉ salle: *ivoires* des xivᵉ-xviiiᵉ s.; dans le nombre, des ouvrages superbes, en particulier ceux de la vitrine près de la fenêtre. Au mur en face de la fenêtre, un \*rétable en ivoire provenant de Poissy, de la fin du xivᵉ s., véritable chef-d'œuvre de sculpture. Il est haut de près de 2 m. et se compose de 71 bas-reliefs, représentant, au milieu, l'histoire de J.-C.; à g., celle de St Jean-Baptiste; à dr., celle de St Jean l'Evangéliste, et en bas les apôtres.

IIᵉ salle ou *salle Sauvageot:* collection de miniatures, de sculptures en bois, de poteries du moyen âge, léguées au Louvre en 1856 par M. Sauvageot; portrait en pied de Henri II, entre les deux fenêtres. Aux autres murs, des bas-reliefs en terre cuite, ouvrages italiens du xivᵉ s. Dans les vitrines, des objets en bois d'origine allemande, des peignes sculptés, des medaillons en cire coloriée, du xviᵉ s.; des miniatures des xviᵉ et xviiᵉ s.

IIIᵉ salle: *verres et poteries* de France, d'Italie et d'Allemagne, des xvᵉ-xviiiᵉ s. En face de la fenêtre, une *mosaïque en verre*, le Lion de Venise, exécutée au xviᵉ s. à la fabrique de Murano, par *Antonio Fasolo*, élève de P. Véronèse.

IVᵉ salle: objets *en métal,* surtout en *bronze*, des xivᵉ-xviᵉ s., tels que couteaux, serrures, assiettes bosselées, etc. Nous remarquons notamment aux murs deux bas-reliefs en bronze, reproductions des bas-reliefs en marbre que *P. Bontemps* sculpta, en 1552, pour le tombeau de François Iᵉʳ à St-Denis. En face de la fenêtre, un beau tableau d'émail, exécuté à la fabrique de Limoges, et représentant l'histoire de la Passion.

Vᵉ salle: *faïences françaises*, surtout du célèbre *Bernard de Palissy* (m. 1589); plats avec des serpents, des grenouilles, des lézards, des poissons, des plantes, etc., en relief, moulés d'après nature. Les plus beaux produits de la poterie française sont les «faïences de Henri II» exposées au milieu de la salle; elles ont été faites vers le même temps à Oiron, dans le Poitou. — L'art de peindre en émail et de revêtir la poterie d'émail semble avoir été inventé par les Arabes, qui l'auraient importé en Espagne, d'où il a passé en Italie par l'île Majorque (Majolica), et il fut sans doute exercé d'abord à Faenza (faïence).

VIᵉ salle: *faïences hispano-mauresques et italiennes*. Les plus belles majoliques ou faïences d'Italie datent du gouvernement de Guidobaldo II, duc d'Urbin (1538-74), qui s'intéressa beaucoup à la fabrication. Les principales fabriques étaient à Urbin, Pesaro et Gubbio. Les peintures étaient faites d'après des dessins de Raphaël et de son école, très-répandus par le moyen de la gravure.

VIIe SALLE: *faïences italiennes et faïences de Nevers*. C'est à Nevers qu'on imita d'abord en France les produits italiens. — Cette salle renferme en outre de beaux meubles anciens.

VIIIe SALLE: bas-reliefs peints, en terre cuite, de *Luca della Robbia* et de son école (Florence; xve s.).

Le petit escalier à g. dans cette salle monte au 2o étage (v. p. 144).

En sortant par la porte du fond, on arrive à l'escalier du musée assyrien (p. 93), et l'on a à dr. les salles de la partie E. du Vieux Louvre.

Les 2 premières sont aujourd'hui à peu près vides. Des cloisons garnies de vieilles tapisseries flamandes en font de simples passages.

IIIe SALLE: cinq tableaux de grand prix légués au Louvre en 1878, par Mme la comtesse Duchâtel: \*796, \*797, *Ingres* (v. p. 114), Œdipe expliquant l'énigme, un des premiers tableaux de l'artiste (1808); la Source, œuvre qui lui a donné la popularité. — \*680, *Memling*, la Vierge et l'enfant Jésus avec les donateurs. — 683, 684, *Ant. Mor* ou *Moro van Dashorst* (m. 1581), deux portraits, les volets d'un tryptique. — Le buste est celui du comte Duchâtel, par *Chapu*.

IVe SALLE, aussi à peu près vide.

Ve SALLE: \**Collection Lenoir*, dans cinq vitrines et cinq cadres à l'une des fenêtres : 204 tabatières et bonbonnières, 3 émaux, 74 miniatures, 66 bijoux, 23 laques vieux, légués au musée par M. Lenoir, ancien propriétaire du café Foy. Il y a du nombre des œuvres de Boucher, Watteau, Wouwerman, Coypel, Greuze, Guérin.

Plus une statue en argent de Henri IV enfant, par *F.-J. Bosio*; deux selles orientales et des laques de la collection de Marie-Antoinette, un bassin arabe dit le baptistère de St Louis, qui servait aux baptêmes des princes royaux; une couverture de livre avec plaque d'argent doré, travaillée au repoussé, du xiie s.

VIe SALLE, ancienne chapelle de l'ordre du St-Esprit: portrait de Henri II, tentures de soie du xvie s., dont les sujets sont empruntés à l'histoire des Juges; magnifiques boiseries, une grande statue en argent massif, la Paix ou l'Abondance, de *Chaudet* (m. 1810), donnée par la ville de Paris à Napoléon Ier et sauvée de l'incendie des Tuileries; vitraux français, allemands et suisses des xvie et xviie s.

VIIe SALLE: chambre à alcove, dans laquelle Henri IV rendit le dernier soupir; portraits de ce prince et de Marie de Médicis, sa seconde femme; boiseries provenant de la chambre de Henri II au Louvre, mais restaurées sous Louis XIV; vitraux français et suisses des xvie et xviie s.

VIIIe SALLE: portraits de Louis XIII, par *Phil. de Champaigne* (p. 109), et d'Anne d'Autriche, sa femme; trois grands vases de Sèvres.

Au sortir de cette salle, on se trouve dans le haut de l'escalier du musée égyptien (p. 91). Restent encore à voir, au premier étage, les salles des antiquités grecques et du musée Campana. Nous retraversons les salles des petites antiquités égyptiennes (p. 92) jusqu'à la salle à colonnes ou la cinquième, après laquelle vient le **Musée des antiquités grecques**, l'ancien *musée Charles X*, qui, avec le musée Campana, parallèle du côté de la Seine, et avec le musée de la Renaissance, du côté de la rue de Rivoli (p. 140), forme une collection à peu près complète pour l'étude de la céramique. On peut entrer aussi dans ce musée par la salle des Sept-Cheminées, ou mieux encore commencer, en partant de cette salle, par le musée Campana, et terminer par les salles des antiquités grecques.

Ire SALLE. Vases de terre avec peintures en noir et en violet, entre autres quelques amphores des Panathénées. Vitrine du milieu: poteries provenant de Tarse, en Cilicie, rapportées par M. Langlois. — Plafond: Cybèle protégeant Herculanum et Pompéi contre les feux du Vésuve, par *Picot*.

IIe SALLE: Dans les vitrines contre les murs: poteries grecques trouvées dans des fouilles à Tanagre en Béotie. De chaque côté de la cheminée, de belle lécythes athéniennes (vases à onguent). Fragments de marbres grecs, par ex., à g. de la sortie, une belle tête de Méduse. Sur la vitrine ronde du milieu, qui contient des poteries de la nécropole d'Athènes et de Libye (Cyrénaïque romaine), un \*vase sur lequel est représenté le combat des Dieux et des Géants. — Plafond: les Nymphes de Parthénope (Naples), arrivant sur les bords de la Seine, par *Meynier*.

IIIe SALLE. Vases à figures rouges d'une époque moins reculée. Armoires des fenêtres: \*lampes romaines, camées et quelques phalères, très-belle parure de soldat romain. — Plafond: le Vésuve recevant de Jupiter le feu qui doit consumer Herculanum, Pompéi et Stabies, par *Heim*.

IVe SALLE. Poteries étrusques et grecques. Vitrine du milieu: \*ivoires antiques et du moyen âge, verres de Tarse en Cilicie, etc. — La copie de l'Apothéose d'Homère par *Ingres* (v. p. 145), qui décorait le plafond, est actuellement enlevée.

Au sortir de cette salle, on se trouve dans celle des Sept-Cheminées (p. 136), d'où l'on passe, à g. du même côté, dans le

**Musée Campana**, une partie de la riche collection Campana, achetée en 1861 au gouvernement papal pour la somme de 4,364,000 fr., et considérablement augmentée des objets provenant de différentes fouilles, entre autres de ceux que M. Renan a rapportés de Syrie.

Ire SALLE. *Terres cuites asiatiques.* A dr. de l'entrée: statuettes babyloniennes, tuiles, etc. A g., dans des vitrines: figures, vases, lampes de Phénicie; animaux de Chypre, la plupart grimaçant d'une manière affreuse; terres cuites de Sardaigne, également d'origine phénicienne; parure en or, etc. — Plafond: Poussin présenté à Louis XIII, par *Alaux*.

IIe SALLE. *Terres cuites de la Grande-Grèce* (Italie méridionale). Décorations de toitures, bas-reliefs dont les sujets sont empruntés aux mythes d'Hercule et de Thésée; statuettes, masques, vases, le plus grand, au milieu, décoré de bas-reliefs. — Plafond : Bataille d'Ivry et clémence de Henri IV, par *Steuben*.

IIIe SALLE. *Vases étrusques*, à commencer par les plus grossiers, noirs et décorés de dessins ou de bas-reliefs. — Plafond, Puget présente à Louis XIV son Milon de Crotone (p. 104), par *Devéria*.

IVe SALLE. Suite de la céramique étrusque : sarcophages en terre cuite, la plupart de Cervetri, la Cære des anciens Etrusques, le *sarcophage du milieu désigné autrefois sous le nom de « tombeau lydien »; bas-reliefs en terre. A la première fenêtre, un bas-relief en ivoire. — Plafond : François Ier recevant les tableaux et les statues rapportés d'Italie par le Primatice, de *Fragonard*.

Ensuite un passage avec des masques d'hommes et de femmes, la plupart des ornements de toitures.

Ve SALLE. *Vases de Corinthe*, provenant des îles de l'Archipel et des environs de Cervetri, ce qui s'explique par le fait que les vases grecs formèrent de bonne heure un article considérable d'exportation.

Il n'est pas difficile de distinguer de ces vases ceux qui furent fabriqués en Etrurie même; ils sont moins élégants, ils trahissent dans le dessin un autre goût. On remarque aussi dans les vases grecs bien des différences. Les plus anciens ont des figures noires sur fond rouge; ceux à figures rouges sur fond noir sont moins vieux. Ils n'ont naturellement pas été faits par de grands artistes, mais par des artisans, et cependant les peintres de vases savaient mettre tant de vie et de poésie dans les sujets qu'ils tiraient de la mythologie et dans les scènes de la vie commune, ils savaient, avec leurs connaissances et leurs moyens restreints, donner tant d'expression et souvent tant de grâce à leur dessin, que ces vases peints, dont se moquent sans doute les ignorants, rendent un témoignage éclatant en faveur des artisans de l'Attique et sont quelquefois un reflet du grand art qui florissait à Athènes, que ces ouvriers modestes et souvent naïfs avaient devant les yeux.

Plafond : la Renaissance des arts en France, par *Heim*.

Puis un second couloir et la

VIe SALLE. *Vases grecs les plus anciens*. Au milieu, des vases avec le nom de *Nicostène*. On y voit aussi des vases noirs à figures blanches. Les sujets des décorations sont généralement empruntés aux mythes d'Hercule et de Thésée, et quelquefois accompagnés d'inscriptions. Dans l'armoire à la fenêtre près de l'entrée, la *coupe de Nicostène, sur laquelle est représenté Ulysse passant dans son vaisseau près des Sirènes. — Plafond : François Ier armé chevalier par Bayard, de *Fragonard*.

VIIe SALLE. *Vases grecs moins anciens*, dont beaucoup avec le nom de l'ouvrier. Le plus important est dans la vitrine à g. de l'autre porte; on y voit Thésée porté par Triton chez Amphitrite : il est signé *Euphro(nios)*. Vitrine du milieu : amphore d'*Andocidès*; deux grands cratères, avec la lutte d'Hercule et d'Antée, Apollon et le géant Tityc, qui veut enlever Latone. A la fenêtre, de belles coupes grecques. — Plafond : Charlemagne recevant d'Alcuin des livres manuscrits, par *Schnetz*.

VIIIe SALLE. *Vases à boire grecs (rhyton)*, en forme de corne et ornés de tête, etc. Aux murs : terres cuites d'Arezzo, l'Aretium de l'antiquité, à émail rouge et vert. Dans les armoires aux fenêtres, des vases grecs de la décadence, quelques-uns cependant d'un travail délicat. — Plafond: Louis XII proclamé Père du Peuple aux Etats-Généraux de Tours, par *Drolling*.

IX<sup>e</sup> SALLE. *Peintures murales de Pompéi et d'Herculanum*. Au mur du fond, les *Muses, d'Herculanum. Au mur de g., où il y a une porte de communication avec le musée égyptien, une *Famille de douze personnes, dont on peut lire les noms. Dans les vitrines, des verres antiques de Pompéi. — Plafond: Expédition d'Egypte sous les ordres de Bonaparte, par *Léon Cogniet*.

### C. SECOND ÉTAGE.

Le second étage renferme encore des peinture, des dessins, le musée de marine, le musée ethnographique, etc. Dans la semaine, il n'y a que les salles de peinture qui soient ouvertes avant 1 h. On y monte surtout de la petite salle du musée du Moyen-Age et de la Renaissance, à côté de l'escalier du musée assyrien (v. p 141), mais il y a encore deux autres escaliers, l'un à l'autre extrémité (p. 139), et le troisième dans le pavillon de l'Horloge, à côté de la salle des bronzes (p. 139); ils ne sont ouverts qu'à partir de 1 h.

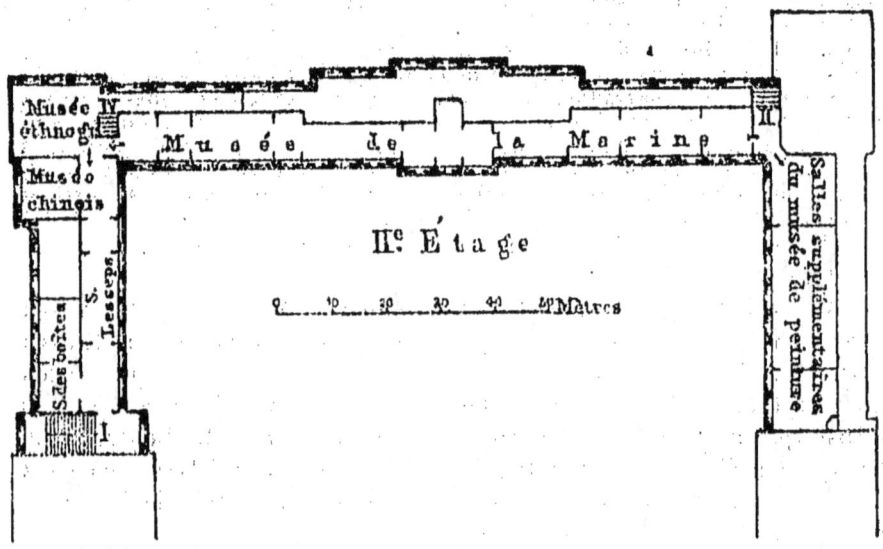

Le premier escalier mentionné ci-dessus aboutit à un palier où sont, à dr., le musée de marine (p. 146), à g. les

*Salles supplémentaires du musée de peinture, au nombre de trois. La première contient surtout des œuvres de peintres français des XVII<sup>e</sup> et XVIII<sup>e</sup> s. La deuxième est consacrée aux artistes français modernes dont les tableaux ont été apportés du Luxembourg au Louvre en 1875 (v. p. 228); ils y sont malheureusement mal éclairés, et ils ne peuvent être pour cela appréciés comme ils le méritent. Enfin dans la troisième salle se trouvent des toiles de

peintres flamands et hollandais qui n'ont pu trouver place au 1er étage. Nous commençons à gauche.

Ire SALLE. — *636. *Vien* (p. 112), l'Ermite endormi. — 87, *Callet* (m. 1823), les Saturnales ou l'Hiver. — 782, *Hallé*, Cimon l'Athénien ouvrant ses jardins au peuple. — 90, *Callet*, les Fêtes de Bacchus ou l'Automne. — 824, *Parrocel* (m. 1704), le Passage du Rhin. — 503, *Subleyras* (m. 1749), le Serpent d'airain. — 856, *Suvée* (m. 1807), la Vestale Emilie rallumant le feu de Vesta. — 409, *Peyron*, Cimon se dévouant à la mort pour faire inhumer le corps de son père. — Plusieurs *Coypel*, d'une valeur secondaire, des marines de *Jos. Vernet* (p. 112), etc.

IIe SALLE. — 722, *Brascassat* (m. 1867), le Taureau. — 872, *Hor. Vernet* (m. 1863), Judith et Holopherne. — 788, 791, *Ingres*, Jésus remettant les clefs à St Pierre; Roger délivrant Angélique, sujet tiré de l'Arioste. — 847, *Th. Rousseau* (m. 1867), Sortie de forêt à Fontainebleau. — 758, *P. Delaroche*, Mort d'Elisabeth, reine d'Angleterre. «La tête et la pose de la reine sont superbes de sentiment, de caractère et de composition.» — 849, *St-Jean* (m. 1860), les Fleurs dans les ruines. — *752, *E. Delacroix* (m. 1863), Dante et Virgile aux enfers, «toile ardente et sombre, éclairée d'un jour infernal.» — *787, *Huet* (m. 1868), Inondation à St-Cloud. — *704, *Benouville* (m. 1859), St François d'Assise, transporté mourant, bénit la ville d'Assise, «composition grave et douce, d'un ascétisme attendri.»—*Ingres*, l'Apothéose d'Homère, plafond (p. 142), «chef-d'œuvre simple et tranquille, composé comme un bas-relief, dans lequel on admire surtout la figure de l'Iliade, vêtue de rouge.» — 756, *E. Delacroix*, Femmes d'Alger dans leur appartement, le gynécée musulman dans sa mortelle somnolence. — 728, *Chassériau* (m. 1856), Tépidarium, «une des plus belles toiles qu'ait inspiré le ressouvenir de la vie antique . . . Vous devinez que ces jeunes femmes cuvent, dans l'apathie du bain, les ivresses de l'orgie romaine.» — 723, *Brascassat*, paysage et animaux. — 850, *St-Jean*, la Récolte. — 765, *Devéria*, Naissance de Henri IV, «aurore d'un coloriste qui n'eut point de jour . . . Ce talent qui débutait par un coup d'éclat, se perdit dans l'obscurité.» — 848, *Th. Rousseau*, Lisière d'une forêt. — 769, *H. Flandrin*, portrait de jeune fille. — 785, *Heim*, Charles X distribuant des récompenses. — 851, *Ary Scheffer*, Mort de Géricault. — 752, *E. Delacroix*, son portrait. — *759, *P. Delaroche*, les Enfants d'Edouard. — 792, *Ingres*, Jeanne d'Arc. — 784, *Heim*, Sujet tiré de l'Histoire des Juifs par Josèphe, massacre dans une cour du temple. — 768, *H. Flandrin*, Figure d'étude. — *871, *H. Vernet*, la Barrière de Clichy, ou Défense de Paris en 1814. «C'est comme la brillante escarmouche des grandes batailles qu'il a livrées plus tard et qui se déroulent dans les galeries du musée de Versailles.» — 790, *Ingres*, portrait de Chérubini. — 861, *Troyon* (m. 1865), le Retour à la ferme. — 754, *E. Delacroix*, Scène des massacres de Scio (1822), « empreinte de cette désolation éclatante, particulière à l'Orient, dont le ciel tragique accable de lumière les douleurs humaines. » — *757, *E. Delacroix*, Noce juive dans le Maroc. « Ils savourent le repos, ils goûtent la fraîcheur, ils jouissent de cette danse et de cette musique, dont la monotonie ne trouble pas leur torpeur. »— *860, *Troyon*, Bœufs au labour. « C'est d'un effet large, grand, presque austère, à force de simplicité et de vérité. »— 736, *Court* (m. 1865), Funérailles de César, le début de l'artiste, qui annonçait aussi un grand maître, mais qui n'eut pas de lendemain.

IIIe salle. — *298, *Metzu*, portrait de l'amiral hollandais Corn. Tromp. — 159, *Elzheimer* (Allemand; m. 1620), Fuite en Egypte, effet de lune. — 99, *Cranach*, Jean-Frédéric, électeur de Saxe, œuvre d'atelier. — 487, *Slingelandt*, portrait. — *242, *Dujardin*, le Calvaire, de 1661, remarquable par le clair-obscur et la finesse de l'exécution, malgré la faiblesse de la composition. — 28, *Berckheiden* (Harlem; m. 1693), la Colonne Trajane, à Rome. — *6, *Backhuysen* (m. 1709), Vue de l'entrée du Zuiderzée à Texel, avec des vaisseaux de guerre hollandais. — 586, *Zeeman*, Vue du Vieux Louvre du côté de la Seine, datée 165? — *161, *Everdingen*, paysage norvégien, composition poétique. — 307, *Van der Meulen*, Reddition de Dôle, avec Louis XIV au premier plan. — 573, *Wouwerman*, Choc de cavalerie.

Le *musée de marine, se compose d'une collection très-riche d'objets relatifs aux constructions navales et à la navigation, de modèles de navires et de machines, de modèles en relief de ports de mer, de dessins, d'armes et d'objets historiques. Nous en indiquerons ce qui nous a paru le plus propre à intéresser la majorité des visiteurs. Les modèles de vaisseaux sont généralement faits à l'échelle de 1/40e. — On monte à ce musée par l'un des escaliers mentionnés p. 144, surtout par le 1er, d'où l'on entre à dr. dans la 1re salle. Par le 2e, on arrive dans un corridor qui fait déjà partie du musée de marine, d'où l'on passe à g. par la grande salle du musée ethnographique, pour entrer aussi à g. dans la 13e salle du musée de marine. Enfin du 3e escalier on traverse la salle Lesseps et celles du musée chinois jusqu'au musée ethnographique, dont il vient d'être question.

Ire salle: la flotte française de 1786 à 1824; modèles représentant l'abatage de l'obélisque de Louqsor (p. 156), son embarquement et son érection sur la place de la Concorde.

IIe salle: 2 plans en relief de la ville et du port de Brest; machine à mâter de Brest; modèles de navires.

IIIe salle: vaisseau dans le chantier, sur le point d'être lancé à la mer. Plan en relief de la ville et du port de Lorient; modèle du «Valmy», vaisseau de ligne de première classe; modèles de pompes et de machines de sauvetage.

IVe salle: Grand modèle d'un vaisseau de ligne à voiles de 120 canons, avec explication de la voilure.

Ve salle: «le Rivoli», vaisseau de troisième rang, représenté sur les chameaux (machines servant à faire flotter un bâtiment au-dessus d'un bas-fond) à l'aide desquels il sortit tout armé du port de Venise; — «le

Sphinx», corvette à vapeur portant 11 bouches à feu, construite et lancée à Rochefort en 1829.

VIe SALLE: grande pyramide composée de débris des frégates «la Boussole» et «l'Astrolabe», qui se sont probablement perdues dans la mer du Sud, en 1788, dans un voyage d'exploration sous les ordres du capitaine de *Lapérouse*. Le capitaine anglais Dillon en découvrit les premières traces en 1828. Les restes des deux frégates furent transportés de l'île de Mallicolo en France, par un vaisseau français expressément gréé pour cette expédition et placé sous le commandement du capitaine Dumont-d'Urville. — Lettre autographe et buste de Lapérouse. Bustes de marins et de navigateurs français. Plus le modèle d'une colonne élevée à Port-Jackson à la mémoire de Lapérouse, avec des inscriptions anglaise et française. Modèles de frégates et de corvettes, etc.

VIIe SALLE: «la Belle-Poule», qui rapporta les restes de Napoléon Ier de Ste-Hélène, frégate de premier rang, portant 60 bouches à feu, modèle entièrement gréé; machine à vapeur du Sphinx.

VIIIe SALLE: deux plans en relief de la ville et du port de Toulon, de 1790 et 1850; sur le mur de dr. une peinture représentant l'intérieur du Marengo, vaisseau cuirassé à tourelles de 1867; aux fenêtres des spécimens de cordages, de poulies, etc.

IXe SALLE: «L'Océan», vaisseau de premier rang de la fin du XVIIIe s., portant 118 canons; armes de toute sorte: caronade de 12; «orgues» à cinq et à sept canons, sorte de canon revolver à douze coups, etc.

Xe SALLE: «l'Achille»; près de la porte, «le Plongeur», bateau sous-marin; très-grand globe terrestre manuscrit; instruments de mathématiques.

XIe SALLE: modèle d'un vaisseau de guerre de première classe, «le Louis XV», du milieu du siècle dernier; plan en relief de la ville et du port de Rochefort; joli modèle du vaisseau à rames «la Réale», construit vers la fin du XVIIe s. et décoré de sculptures de bois par le célèbre *P. Puget*; les originaux de ces sculptures, en bois doré, sont suspendus aux murs.

XIIe SALLE: modèles de tous les vaisseaux de la flotte française en 1867. Derrière, une partie du *musée ethnographique*, des armes, des instruments divers et des curiosités de l'Afrique centrale, la plupart donnés par M. Delaporte, consul au Caire. Près de la porte, représentation du halage à terre du vaisseau de premier rang «le Majestueux». A la fenêtre, le modèle d'un des cônes de la digue de Cherbourg.

XIIIe SALLE. — L'Océan, frégate cuirassée à hélice; pirogue de guerre de la Nouvelle Zélande; le Dangat ou masque calédonien.

En sortant du musée de marine, on se trouve dans la grande salle du musée ethnographique (v. ci-dessous). La porte de dr. ouvre sur un long corridor contenant une collection de pirogues ou d'embarcations de peuples sauvages ou à demi civilisés (escalier, v. p. 144).

Le **musée ethnographique** est une collection des plus variées, déjà très-riche, d'objets rapportés de pays éloignés par des navigateurs français et à la suite d'expéditions militaires, notamment des Indes, de la Chine, du Japon, etc.

On y voit en particulier: des vases et des ustensiles en or, en argent, en bronze, en terre cuite et en bois; des statues de divinités indiennes, des tableaux, des trophées d'armes, des statuettes, des étoffes, des reproductions de costumes, des statues représentant des guerriers, etc.; deux pirogues chinoises; une pendule du dey d'Alger; un modèle de la pagode de Djaguernat, surmontée de l'image de Wischnou, principale divinité des Hindous, qui sont obligés de se rendre au moins une fois dans leur vie en pèlerinage à cette pagode; un modèle du chariot de Djaguernat, à Chandernagor, etc.

Le **musée chinois**, à g. en venant du musée de marine, occupe trois salles et une partie de la suivante, appelée salle de Lesseps ou du Canal de Suez.

I<sup>re</sup> SALLE: tableaux, dessins, lits, porcelaines, meubles, écrans ornés de sculptures, armes, instruments de musique, statues en porcelaine, bateau en ivoire découpé, d'une très-grande finesse; livres et albums, etc.

II<sup>e</sup> SALLE, à dr. en arrivant: armes, instruments de musique, porcelaines, laques, statues, bahut en bois doré et verni, avec un grand nombre de statuettes; meubles de toute forme, livres et albums (vitrine), tableaux à figures sculptées en ivoire colorié, dessins coloriés.

III<sup>e</sup> SALLE, faisant suite à la première. 1<sup>re</sup> vitrine: objets en ivoire, entre autres une boule qui en contient 6 ou 7 autres, toutes très-finement découpées; jeu d'échecs, statuettes en bois, laques, étuis en bambou, trousses, etc. — 2<sup>e</sup> vitrine: vases et autres objets émaillés; bronzes, en particulier deux clochettes, un buffle portant un vase, un plateau damasquiné d'argent; vases et figurines en pierres fines. — 3<sup>e</sup> vitrine: laques, objets en bambou, en cristal de roche et en étoffe, des souliers de femme excessivement petits, etc. — Au milieu: trois *tables en vieux laque et des brûle-parfums en bronze antique émaillé à cloisons.

IV<sup>e</sup> SALLE, dite *salle de Lesseps* ou *du Canal de Suez*. Contre le mur, à l'entrée: le dieu Sei-jin, dispensateur des richesses; le dieu Wen-chan, en bois, assis sur un trône doré; Bouddha sur un trône, le tout sur un grand bahut en bois doré, sculpté et verni, avec de nombreuses figures. — Dans une vitrine, des vêtements. — Au milieu, le plan relief du canal de Suez, à l'échelle de 6 centim. par kilom. — Au mur du côté des fenêtres, des vues relatives à ce canal. — Derrière le plan, des modèles des appareils et des instruments qui ont servi à percer le canal. — Au fond de la salle: un canon cochinchinois en forme de monstre, la déesse Kouanyn, en cuivre doré, dans une grande niche.

Au sortir de cette salle, on est dans un corridor, à dr. duquel se trouve la **salle des Boîtes**. C'est là et dans le corridor même que sont, dans des boîtes, les dessins les plus précieux de *Raphaël* (14), de *Michel-Ange* (6), de *Léon. de Vinci*, du *Titien*, de *Poussin* (18), de *Holbein*, etc. Cette salle n'est ouverte que le samedi, de 2 h. à 4 ou 5 h. On y monte directement par l'escalier du pavillon de l'Horloge et en tournant à g. au premier étage (v. p. 138).

## 4. Les Tuileries.

### Arc de triomphe du Carrousel. Palais et jardin des Tuileries.

Sauf la cour qui précède immédiatement les Tuileries, le vaste espace compris entre ce palais et le Louvre était à l'époque de la Révolution et jusqu'après 1840 occupé par un dédale de petites rues. La démolition en fut commencée par *Louis-Philippe*, qui du reste entreprit encore d'autres grands travaux d'amélioration dans Paris, et elle fut terminée sous Napoléon III, pour la construction du Nouveau Louvre. Cet espace se divise en trois parties (v. le plan, p. 86). Devant la façade occidentale du Vieux Louvre et entre les ailes intérieures du Nouveau Louvre se trouve une sorte de *square* nommé autrefois place Napoléon III. A côté s'étend une seconde place une fois plus grande, la *place du Carrousel*, et au delà, derrière une grille, la *cour des Tuileries*.

## 4. LES TUILERIES.

La PLACE DU CARROUSEL n'était autrefois qu'une petite place devant le pavillon central des Tuileries, ainsi nommée à cause d'un carrousel que Louis XIV y donna en 1662. Napoléon Ier y a fait ériger par ses architectes *Fontaine* et *Percier*, en mémoire de ses victoires de 1805-1806, l'**arc de triomphe du Carrousel**, imitation de celui de Septime-Sévère à Rome. Il a 14 m. 60 de hauteur, 19 m. 50 de largeur et 6 m. 65 d'épaisseur (celui de Septime-Sévère, 23 de haut et 25 de large), mais il est maintenant beaucoup trop petit pour la place qu'il décore et au milieu des constructions grandioses qui l'entourent.

Les faces principales ont trois arcades, et chaque face latérale une seule, à colonnes corinthiennes avec bases et chapiteaux de bronze. Ces colonnes et l'entablement supportent sur chaque face principale des *statues* de soldats de l'Empire: cuirassier, dragon, chasseur à cheval et carabinier du côté du Louvre; grenadier, carabinier, artilleur et sapeur du côté des Tuileries.

Les *bas-reliefs* de marbre dont cet arc est orné représentent: sur la façade du côté de la place, à dr., la bataille d'Austerlitz; à g., la prise d'Ulm; sur la façade postérieure, à dr., la paix de Tilsitt; à g., l'entrée à Munich; sur les faces latérales, au N., l'entrée à Vienne; au S., la paix de Presbourg.

Le tout est surmonté d'un *quadrige* en bronze, modelé par *Bosio*, la Restauration, remplaçant le célèbre quadrige antique de Venise, que Napoléon avait rapporté d'Italie, et que l'empereur d'Autriche fit replacer en 1814 au-dessus du portail de l'église St-Marc, où il se trouvait d'abord.

Inscription: *L'armée française, embarquée à Boulogne, menaçait l'Angleterre; une troisième coalition éclate sur le continent, les Français volent de l'Océan au Danube; la Bavière est délivrée, l'armée autrichienne prisonnière à Ulm, Napoléon entre dans Vienne, il triomphe à Austerlitz; en moins de cent jours, la coalition est dissoute. Sur les côtés: Maître des états de son ennemi, Napoléon les lui rend, il signe la paix le 27 déc. 1805 dans la capitale de la Hongrie, occupée par son armée victorieuse. — Honneur à la grande armée victorieuse à Austerlitz en Moravie, le 2 déc. 1805, jour anniversaire du couronnement de Napoléon.*

La place du Carrousel sert de communication entre la rue de Rivoli et le quai des Tuileries; c'était même jusque dans ces derniers temps le seul point où les voitures pussent traverser tout l'espace compris entre la rue du Louvre et la place de la Concorde, sur une longueur de plus de 1100 m., mais on a ouvert récemment une nouvelle rue dans le jardin des Tuileries, la *rue des Tuileries*, le long du palais.

Le **palais des Tuileries** fut fondé par *Catherine de Médicis*, veuve de Henri II (p. 87), qui chargea en 1564 l'habile architecte *Philibert Delorme* de lui construire un grand château dans le voisinage du Louvre, mais en dehors de l'enceinte de la ville à cette époque. Il y avait à cet endroit des tuileries, de là le nom du palais. Le plan de l'architecte, d'après lequel ce palais devait former un carré long comprenant plusieurs cours et s'avançant presque jusqu'à la grille actuelle, ne reçut, pour ainsi dire, qu'un commencement d'exécution. Delorme mourut en 1570. *Jean Bullant* dirigea ensuite les travaux, mais Catherine renonça à ses projets dès 1572. Le pavillon central et les galeries qui le flanquent sont regardés comme l'œuvre de Delorme, tandis que les pavillons d'angle sont attribués à Bullant. Mais ces constructions ont subi aussi dans la suite des changements considérables. Henri IV et Louis XIV y ajoutèrent les galeries du S. et du N. qui ont été détruites dans l'incendie de 1871 (v. le plan, p. 86). Enfin la façade du côté du jardin n'avait une forme régulière que depuis 1856.

Avant la Révolution, le palais des Tuileries n'avait servi que temporairement de demeure aux rois. L'aile du N. fut le siège de la Convention du 10 mai 1793 au 4 nov. 1796 et du conseil des Anciens jusqu'en 1799. C'est seulement à partir de février 1800, lorsque le premier consul Bonaparte vint s'y établir définitivement, qu'il devint la résidence habituelle des souverains; Louis XVIII, Charles X, Louis-Philippe et enfin Napoléon III l'ont habité régulièrement.

Le palais des Tuileries était peu remarquable comme architecture, mais aucun édifice de Paris n'était plus riche en souvenirs historiques et aucun, à l'exception de l'Hôtel-de-Ville (p. 173), n'a eu une destinée plus tragique. Le 5 octobre 1789, le roi *Louis XVI*, rentré de Versailles sous l'escorte des «dames de la Halle», était venu s'établir aux Tuileries. La révolution s'enhardissait à mesure qu'elle voyait grandir ses succès. Le parti des Jacobins prenait une attitude de plus en plus menaçante et préparait, malgré l'Assemblée législative, le renversement de la royauté. Le 20 juin 1792, jour anniversaire du serment du Jeu de Paume, 30 à 40,000 hommes armés de piques, venus des faubourgs, envahirent le château des Tuileries. Ce ne fut cependant qu'une manifestation injurieuse et menaçante pour le roi. Mais le 10 août fut décisif. Le tocsin sonna dans les faubourgs à partir de minuit, et des milliers d'hommes armés se dirigèrent vers le palais. L'attitude des gardes nationaux de faction au palais même et dans le jardin était en partie très-indécise; on la priva par ruse de son commandant Galiot de Mandat, qui fut mis à mort parce qu'il était décidé à la résistance. Néanmoins la défense du château eût encore été possible avec le secours de la garde suisse, forte de 1950 hommes, sous les ordres du colonel Pfyffer, si le roi, cédant à des instances répétées, faites même avec des intentions perverses, n'avaient enfin quitté le château avec sa famille pour se rendre par le jardin au *Manège*, où siégeait l'Assemblée législative, à l'endroit actuel de la rue de Rivoli compris entre les rues des Pyramides et de Castiglione. Alors la garde nationale se dispersa, tandis que les Suisses persistaient à défendre les Tuileries. Bientôt ils firent feu sur la foule qui les envahissait, et ils ne tardèrent pas à l'expulser de la place du Carrousel. Mais alors survint un ordre du roi, leur enjoignant de cesser le feu et d'évacuer les Tuileries. Immédiatement les assaillants revinrent à la charge avec un redoublement d'ardeur, se répandant dans le château, massacrant tous les hommes qui s'y trouvaient, brisant et pillant tout sur leur passage. Les Suisses se replièrent et passèrent dans le jardin où l'on tira sur eux. De là ils se rendirent à l'Assemblée, où, sur un nouvel ordre du roi, ils déposèrent les armes entre les mains de la garde nationale. La Révolution était victorieuse, le gouvernement renversé, la royauté anéantie, et l'Assemblée Législative n'existait plus que de nom. Le roi passa la nuit, avec sa famille, dans une petite pièce du manège, et le 13 il fut conduit à la tour du Temple (p. 68), d'où il ne devait sortir que pour aller à l'échafaud.

Le 29 juillet 1830, la royauté de la Restauration succomba également par suite de la prise des Tuileries et de la fuite de *Charles X* de St-Cloud à Rambouillet.

La royauté de Juillet s'éteignit encore de la même manière le 24 février 1848. Le combat engagé entre les insurgés et la troupe se rapprochait des Tuileries; il n'eut pas été difficile de défendre le palais, mais *Louis-Philippe* préféra faire des concessions, dans l'espoir de conserver la couronne à son petit-fils, le comte de Paris. Vers une heure de l'après-midi, il quitta les Tuileries, en traversant le jardin comme Louis XVI l'avait fait avant lui, et il se rendit sur la place de la Concorde, où deux fiacres attendaient les fugitifs pour les conduire à St-Cloud, et le palais fut de nouveau pillé et saccagé par une meute de forcenés.

Le gouvernement provisoire (Dupont de l'Eure, Lamartine, F. Arago, Ledru-Rollin, etc.) décida, le 26 février 1848, que les Tuileries seraient converties en asile d'ouvriers invalides; si cette décision ne fut pas exécutée, les appartements royaux servirent du moins, pendant plusieurs mois, d'hôpital aux blessés de février.

Un plus triste sort était encore réservé aux Tuileries. En mai 1871, les insurgés de la Commune, voyant leur position désespérée et leur perte certaine, résolurent, dans une de leurs réunions secrètes, d'exercer leur vengeance sur la ville en mettant le feu à tous les principaux édifices publics. Les ordres rédigés dans ce but et signés par Delescluze, Dombrowski, Eudes et d'autres chefs de l'insurrection, furent donnés comme émanant du *Comité du salut public!* Plusieurs de ces documents qui existent encore, montrent les dimensions terribles et le caractère systématique qu'avait ce projet infernal, qui comprenait aussi de nombreuses «maisons suspectes». On préluda aux scènes épouvantables qui s'en suivirent, en plaçant dans les bâtiments condamnés à la destruction des matières inflammables arrosées de pétrole et des barils de poudre. Les Tuileries furent l'un des premiers édifices soumis à ces sinistres préparatifs. Le feu y fut mis à différents endroits, le 22 et le 23 mai, lorsque les troupes de Versailles eurent pénétré dans la ville, mais avant qu'elles fussent arrivées près du palais. L'incendie prit rapidement les plus terribles proportions, et les tentatives faites pour l'éteindre demeurèrent sans résultat. Toute la partie O. du palais, le pavillon de l'Horloge, faisant face au jardin et le pavillon de Marsan, sur la rue de Rivoli, ne formèrent bientôt plus qu'un monceau gigantesque de ruines fumantes, tandis que le pavillon de Flore, au S., fut comparativement peu endommagé. L'œuvre de destruction se trouva grandement accélérée par l'explosion de la poudre qui avait été mise dans diverses parties de l'édifice.

Les ruines du palais, entourées de barrières, ne sont pas accessibles au public, mais on les voit bien du jardin. On s'est contenté jusqu'à présent de restaurer le pavillon de Flore, de reconstruire l'aile du N., avec le pavillon de Marsan, et de déblayer les ruines des parties qui avaient été ajoutées au corps de bâtiment construit par Ph. Delorme, dont les quatre murs ont été laissés debout provisoirement. On reprochait au palais tel qu'il était en dernier lieu de manquer de caractère, parce qu'il présentait une façade trop longue et trop uniforme ; peut-être que l'on s'en tiendra au plan de Delorme, en n'élevant que des galeries assez basses sur les côtés.

Pour se rendre de la place du Carrousel au jardin des Tuileries, on passera par les guichets du pavillon de Rohan, au N., ou par les guichets du pont des Sts-Pères au S., et l'on suivra la rue de Rivoli ou le quai des Tuileries.

Le \*jardin des Tuileries, long de 710 m., et large de 317, a en général conservé la forme que lui avait donnée le célèbre *le Nôtre*, lors de son établissement sous Louis XIV. Toutefois le Parterre, l'ancien «jardin réservé», situé entre le palais et le bassin du milieu, est de création moderne, et c'est récemment qu'on y a percé la *rue des Tuileries*, qui sépare le jardin du palais et qui fait communiquer directement la rue de Rivoli (rue des Pyramides et avenue de l'Opéra) avec le quai des Tuileries et le pont Royal.

Le jardin des Tuileries est public ; il ouvre avec le jour et ferme, en hiver à 6 h., en été à 10 et 11 h. Avant la fermeture, on bat la caisse, et les gardiens avertissent le public de se retirer. L'entrée principale est du côté du celle de Rivoli, aussi bien que du côté du quai, où l'on remarque deux Sphinx femelles en marbre, rapportées de Sébastopol. Il y a encore plusieurs portes latérales par la grille le long de la rue de Rivoli, deux portes sous des passerelles du côté de la Seine, et une grande porte sur la place de la Concorde. Au delà du Parterre mentionné ci-dessus, à l'O., s'étend un bosquet bien ombragé de grands arbres, et de chaque côté sont des terrasses, la *terrasse des Feuillants* et la *terrasse du bord de l'eau*. De leurs extrémités O., surtout du côté de la Seine, on a une très-belle vue sur le fleuve et le palais du Trocadéro, sur la place de la Concorde et les Champs-Elysées jusqu'à l'arc de triomphe de l'Etoile. La terrasse du bord de l'eau, où il y a une *orangerie*, a été le lieu de récréation du roi de Rome, du duc de Bordeaux, du comte de Paris et du prince impérial. La terrasse des Feuillants tire son nom d'un couvent qui avait été fondé en 1587 à cet endroit, par les bénédictins du couvent de Feuillant à Toulouse. C'est là que le club des républicains modérés, dirigé par Lameth, Lafayette, etc., l'adversaire du club des Jacobins, tenait ses séances en juillet 1791. A l'extrémité du côté du palais se trouve le *café du Palais des Tuileries* et à l'autre extrémité un jeu de Paume, construit en 1861 pour le prince impérial. La contre-allée qui longe la terrasse est garnie dans la bonne saison d'*orangers* en caisses (v. ci-dessus), dont les plus vieux sont âgés de 250 à 300 et même 400 ans, et les plus jeunes de 100 ans, et dont les fleurs répandent en été les parfums les plus suaves, au même endroit où l'on avait établi un champ de pommes de terre pendant la Terreur (1793).

En entrant au jardin de la rue des Tuileries, par la grande allée du milieu, on a un coup d'œil magnifique sur tout le jardin, avec l'obélisque de la place de la Concorde et l'arc de triomphe de l'Etoile à l'arrière-plan. De chaque côté sont des parterres entretenus avec le plus grand soin et décorés de statues et de vases la plupart modernes. Du côté dr. : Omphale, par *Eude*; Enée emportant Anchise, par *Lepautre* (m. 1744); une Bacchante, par *Carrier-Belleuse*; derrière, Vénus à la colombe, par *Guill. Coustou*. Dans l'allée en deçà du rond-point : Diane et Nymphe de Fontainebleau, par *E. Lévesque*; un Corybante, par *Cugnot*; Lucrèce et Collatin, par *Lepautre*; «Au gui l'an neuf», par *Beaugeault*; derrière, Flore et Zéphyre, par *Coysevox*. Autour du bassin du milieu, de dr. à g. : l'Enlèvement d'Orythie, par *Flaman*; Thémistocle, par *Lemaire*; Alexandre le Grand, par *Dieudonné*; Prométhée, par *Pradier*; le Soldat laboureur de Virgile, par *Lemaire*; le Serment de Spartacus, par *Barrias*; Cincinnatus, par *Foyatier*; Alexandre combattant, par *Lemaire*; la Charité fraternelle, par *Conny*; Périclès, par *J.-B. Debay*; l'Enlèvement de Cybèle, par *Regnaudin*. Dans l'allée transversale de g. : la Comédie, par *Roux*; Aristote, par *Desgeorge*; le Remouleur, d'après l'antique; Phidias, par *Pradier*. Dans l'allée transversale de dr. : le Masque, par *Christophle*; l'Aurore, bronze par *Magnière*; Ugolin, bronze par *Carpeaux*; le Silence, par *Legros* (m. 1719).

Au commencement de l'allée des orangers du côté de la rue de Rivoli, Mercure et Psyché, bronze par *Adr. de Vries* (m. 1593); à l'extrémité, Hercule terrassant l'Hydre, bronze par *Bosio*.

Il y a encore dans le bosquet et alentour d'autres sculptures moins importantes. Sous les arbres, de chaque côté de la grande allée, sont deux espèces d'amphithéâtres appelés les *Carrés d'Atalante*, créés en 1793 sur les données de Robespierre, et destinés à servir de sièges aux vieillards qui devaient y assister aux jeux floraux de la jeunesse. Dans celui de dr., Atalante et Hippomène, par *G. Coustou*; dans celui de g., Apollon et Daphné, par *Théodon*. En été, une musique militaire joue près de là tous les jours de 5 à 6 h., excepté le lundi et le vendredi. Chaise, 10 c.; fauteuil, 20 c.

A l'extrémité O. du bosquet se trouve un bassin octogone, de 300 pas de circonférence, avec un jet d'eau au milieu. Du côté E., quatre Termes représentant les saisons : à dr., l'Eté et l'Hiver; à g., le Printemps et l'Automne. De l'autre côté, quatre groupes de marbre: à g., le Nil, par *Bourdic*; le Rhin et la Moselle, par *van Cleve*; à dr., le Rhône et la Saône, par *G. Coustou*; le Tibre, par *van Cleve*. Le Nil est d'après un antique du Vatican, le Tibre, d'après l'antique du Louvre (p. 100).

Sur les piliers de la porte, du côté de la place de la Concorde, sont des chevaux ailés sculptés par *Coysevox*, l'un monté par Mercure, l'autre par la Renommée. Cette sortie s'appelle la porte du *Pont-Tournant*, à cause du pont qui s'y trouvait jadis.

La partie O. du jardin est la mieux exposée au soleil, et elle est abritée du N. par la terrasse des Feuillants; c'est pourquoi on y rencontre toujours bon nombre de vieillards et d'enfants avec leurs nourrices; son exposition favorable lui a fait donner le nom de *Petite-Provence*. En général, le jardin des Tuileries est la promenade la plus fréquentée à l'intérieur de Paris, le rendez-vous des mères avec leurs enfants.

## 5. Place de la Concorde.
### Obélisque de Louqsor. Fontaines.

La **place de la Concorde (pl. Bl. 15, 18; *II*), la plus belle, la plus grande et la plus curieuse des places de Paris, forme un espace carré long de 357 m. et large de 217, borné au S. par la Seine; au N. par les anciens garde-meubles (v. ci-dessous); à l'E. par le jardin des Tuileries, et à l'O. par les Champs-Elysées. En se plaçant au milieu, on jouit d'une quadruple perspective: sur le palais du Corps législatif (p. 270), la Madeleine (p. 79), les Tuileries (p. 149) et l'arc de triomphe de l'Etoile (p. 161). Sur la gauche, près de la Seine, le palais du Trocadéro, avec ses deux tours élancées (p. 282). Le soir, à la lueur du gaz, c'est un spectacle vraiment magnifique, surtout du côté des Champs-Elysées, où l'œil découvre une rangée de flammes s'étendant à perte de vue, en montant légèrement, jusqu'à l'arc de triomphe (2,100 m.). Les deux beaux édifices presque pareils qui bornent la place au N., et entre lesquels passe la rue Royale, qui conduit à la Madeleine, sont les anciens garde-meubles, celui de gauche occupé aujourd'hui par le club de la Rue-Royale et converti en logements particuliers, celui de droite le *Ministère de la marine*.

Cette place n'a été achevée telle qu'elle est aujourd'hui qu'en 1854, où l'on a fait beaucoup pour l'embellir. Elle présente un ensemble imposant et n'a peut-être pas son égale au monde. Au milieu du XVIII$^e$ s., c'était encore un endroit désert. Après la paix d'Aix-la-Chapelle (18 oct. 1748), qui mit fin à la guerre de la succession d'Autriche, Lous XV «gratifia» le prévôt et les échevins de Paris de la permission de lui ériger une statue. L'œuvre fut immédiatement commencée par l'architecte *Gabriel*; mais ce ne fut qu'en 1763 qu'on vit s'élever sur la place, qui en reçut le nom de *place Louis XV*, une statue équestre de ce roi, en bronze, par *Bouchardon*, avec un piédestal orné par *Pigalle* des statues de la Force, de la Prudence, de la Justice et de l'Amour de la paix. Peu de temps après son érection, on put lire sur ce piédestal les vers suivants :

«*Grotesque monument, infâme piédestal !*
*Les vertus sont à pied, le vice est à cheval.*»

Quelques jours après, on y lut encore :

«*Il est ici comme à Versailles. — Il est sans cœur et sans entrailles.*»

Et une troisième fois : «*Statua statuæ*», statue d'une statue.

La place était alors entourée de fossés profonds, qui ne furent comblés qu'en 1852, et dont on a laissé subsister la balustrade. Le 30 mai 1770, pendant le feu d'artifice que la ville de Paris fit tirer en l'honneur du mariage du dauphin (Louis XVI) avec l'archiduchesse Marie-Antoinette, des fusées qui avaient pris une fausse direction vinrent jeter un tel trouble dans la foule, qu'une grande partie en fut précipitée dans ces fossés, écrasée ou étouffée ; il y eut, dit on, 1200 personnes tuées et 2,000 grièvement blessées.

Le lendemain de la prise des Tuileries (p. 150), le 11 août 1792, la statue de Louis XV fut enlevée par ordre de l'Assemblée Législative et fondue, et le métal en fut converti en pièces de deux sous. Le piédestal reçut alors un monument non moins grotesque, une déesse de la Liberté en terre glaise peinte, la «Liberté de boue», comme l'appela la satyre, et la place prit le nom de *place de la Révolution*.

Le 21 janvier 1793, la guillotine y commença son œuvre de destruction par le supplice de Louis XVI. On y exécuta ensuite le 17 juillet, Charlotte Corday ; le 2 octobre, Brissot, le chef des Girondins, et 21 de ses amis ; le 16 octobre, la reine Marie-Antoinette ; le 14 novembre, le duc d'Orléans, Philippe-Egalité, père du roi Louis-Philippe. Le 24 mars 1794, les adversaires de tout ordre social, Hébert et ses partisans, y furent guillotinés à leur tour, à l'instigation de Danton et de Robespierre ; ensuite ce furent les partisans de Marat et les Orléanistes ; le 8 avril, Danton lui-même et son parti, Camille Desmoulins (p. 84), etc. ; le 16 avril, les athées Chaumette, Anacharsis Cloots, la femme de Camille Desmoulins, celle d'Hébert, etc., le 12 mai, Madame Elisabeth, sœur de Louis XVI. Le 28 juillet 1794, vint le tour de Robespierre et de ses amis, son frère, Dumas, St-Just et d'autres membres du Comité du salut public ; le 29 juillet, 70 membres de la Commune, le dangereux instrument de Robespierre, et le 30 juillet, 12 autres membres. Lasource, l'un des Girondins, dit à ses juges : «Je meurs dans un moment où le peuple a perdu sa raison ; vous, vous mourrez le jour où il la retrouvera.» Camille Desmoulins avait dit de St-Just, «qu'il s'estimait tant, qu'il portait avec respect sa tête sur ses épaules comme un Saint-Sacrement.» «Et moi, je lui ferai porter la sienne comme un St Denis», lui répliqua St-Just. On sait que St Denis, évêque de Paris et martyr, est ordinairement représenté portant sa tête dans les mains. St-Just tint parole, mais il ne survécut que peu de mois à son adversaire.

Du 21 janvier 1793 au 3 mai 1795, plus de 2,800 personnes périrent sur l'échafaud de la place de la Concorde. Chateaubriand combattant le projet d'ériger une grande fontaine à la place occupée par l'échafaud de Louis XVI, s'écria avec raison que toute l'eau du monde ne suffirait point pour laver le sang versé sur cette place.

On résolut ensuite, après que la place eut été nommée, en 1799, *place de la Concorde;* en 1814, *place Louis XV;* en 1826, *place Louis XVI,* parce qu'on y voulait élever un monument expiatoire, et après 1830, de nouveau *place de la Concorde,* de la décorer d'un monument qui n'eût aucune signification politique, et l'on choisit l'**obélisque de Louqsor** ou *Luxor,* que Méhémet-Ali, pacha d'Egypte, avait offert au roi Louis-Philippe.

Cet obélisque décorait autrefois, avec un autre qui est encore debout au même endroit, les énormes pylônes que *Ramsès II,* le *Sésostris* des Grecs (XIV⁰ s. av. J.-C.), fit élever, avec une cour entourée d'une colonnade, devant le temple bâti par l'un de ses prédécesseurs, *Amenhotep III, l'Aménophis* ou *Memnon* des Grecs, dans le faubourg oriental de Thèbes aux cent portes, à l'endroit où se trouve aujourd'hui le misérable village de *Louqsor.* Chacune des quatre faces de l'obélisque contient trois colonnes d'hiéroglyphes, dont celle du milieu est de Ramsès II, tandis que les deux autres ont été ajoutées par Ramsès III, l'un de ses successeurs, de la dynastie suivante. Les hiéroglyphes de Ramsès II disent et répètent avec complaisance, dans le style des vieilles inscriptions égyptiennes, que Ramsès II, le «maître du monde», le «soleil», le «fléau des ennemis», a fait élever les pylônes et les deux obélisques en l'honneur d'*Ammon-Ra,* le premier des dieux égyptiens, en reconnaissance des victoires qu'il lui a fait remporter.

Cet obélisque se compose d'*un seul bloc* de granit rose des carrières de *Syène,* aujourd'hui *Assouan,* dans la Haute-Egypte. Il a 22 m. 83 de hauteur et il pèse 250,000 kilogr. Le piédestal est un bloc de granit de Bretagne de 4 m., et le tout repose sur un soubassement de 1 m. de haut. — L'obélisque récemment transporté à Londres, l'une des Aiguilles de Cléopatre, ne mesure que 21 m. 34 d'élévation. — On a remarqué que les faces des obélisques ne sont pas complétement plates, mais un peu convexes; peut-être que les architectes égyptiens avaient déjà observé qu'une surface plane frappée par une lumière vive paraît concave, et qu'ils avaient voulu remédier à cet effet d'optique.

Le bâtiment destiné à rapporter le monolithe partit durant l'été de 1831; mais le transport présenta de si grandes difficultés, qu'il ne fut de retour à Cherbourg qu'au mois d'août 1833. L'érection du monument ne put avoir lieu que le 25 oct. 1836, sous la direction de l'ingénieur *Lebas,* et les frais s'élevèrent à deux millions.

✶ Sur le piédestal du monolithe sont représentées, du côté N., les machines et les appareils qui servirent à son transport et à son embarquement en Egypte; du côté S., ceux qui servirent à son érection à Paris, le tout gravé dans la pierre et doré. Les inscriptions sont naturellement aussi relatives au transport et à l'érection.

Les deux \*fontaines, de chaque côté de l'obélisque, comptent parmi les plus beaux ornements de la place. Elles se composent chacune d'un bassin circulaire de 16 m. 50 de diamètre, au milieu duquel sont deux vasques plus petites superposées et surmontées d'un gros bouton, d'où s'échappe un bouillon d'eau, à une hauteur de 9 m. Six statues, représentant des tritons et des néréides, sont placées dans le grand bassin, à égale distance l'une de l'autre; elles tiennent des dauphins qui lancent de l'eau dans les vasques. La fontaine du côté de la Seine est dédiée aux *mers*; les statues qui y supportent le second bassin représentent le grand Océan et la Méditerranée; les génies, les quatre différents genres de pêche. L'autre fontaine, du côté de la rue Royale, dédiée aux *fleuves*, a pour figures principales le Rhin et le Rhône; les génies font allusion aux quatre principaux produits de la France: le froment, le vin, les fruits et les fleurs. Les statues et les vasques sont en fonte de fer bronzée, les bassins inférieurs en granit. Ces fontaines sont plus que suffisamment alimentées par un grand réservoir au boulevard des Batignolles (pl. R. 15).

Autour de la place sont huit statues assises, en pierre, sur des pavillons qui leur servent de piédestaux; elles représentent les principales villes de France: Lille et Strasbourg, par *Pradier*; Bordeaux et Nantes, par *Calhouet*; Rouen et Brest, par *Coriot*; Marseille et Lyon, par *Petitot*. Vingt *colonnes rostrales* bronzées s'élèvent sur la balustrade; elles portent chacune deux lanternes à gaz et contribuent avec vingt candélabres à l'illumination magnifique dont nous avons parlé. Ce n'est rien cependant auprès de l'illumination des grandes fêtes publiques, comme celle du 30 juin 1878. Tous les candélabres de la place et de l'avenue des Champs-Elysées sont reliés par des guirlandes de 35, 50 et 52 becs de gaz à boules blanches et les lanternes remplacées par des bouquets-girandoles à 19 feux chacun, le tout formant un ensemble de 25,241 foyers de lumière, sans compter ceux des édifices publics, des cafés et des maisons voisines.

## 6. Champs-Elysées.

### Palais de l'Elysée et de l'Industrie, Panorama, etc.

Les **Champs-Elysées** (pl. Bl. 15; *II*), à l'O. de la place de la Concorde, sont une sorte de parc planté d'ormes et de tilleuls, datant de la fin du xvii$^e$ s. et nommé d'abord pour un temps le *Grand Cours*, pour le distinguer du *Cours-la-Reine*, créé le long de la Seine en 1610 par Marie de Médicis. La promenade porta cependant dès le règne de Louis XIV le nom de Champs-Elysées, qu'on lui donna à cause de la belle et fraîche verdure de ses arbres. Aujourd'hui, on entend par Champs-Elysées ce petit parc anglais, de 300 à 400 m. de largeur sur plus de 650 de longueur, et tout ce qui se trouve au delà jusqu'à l'arc de triomphe. La splendide avenue qui les traverse a 2,100 m. de longueur.

C'est une des promenades les plus fréquentées, tant par les piétons et les cavaliers que par d'innombrables équipages, surtout aux heures de la promenade au Bois, de 2 h. à 6. Le soir, en été, la foule qui s'y presse diffère notablement de celle de l'après-midi, et l'étranger a l'occasion d'y étudier la vie parisienne sous un autre aspect. Il n'est évidemment pas inutile alors de faire attention à ses poches, au milieu d'un monde si mêlé. La première partie des Champs-Elysées offre une foule de ressources pour l'amusement du peuple : chevaux de bois, marionnettes (théâtres de *Guignol*), cafés-chantants et restaurants, boutiques de marchands de jouets, de gâteaux, de rafraîchissements, etc. Un personnage original qu'on y rencontre en été, c'est le *marchand de coco*, avec son tablier blanc, sa fontaine de fer-blanc sur le dos, ses timbales bien luisantes et une espèce de sonnette qu'il agite continuellement ; sa marchandise n'est autre chose qu'une infusion de bois de réglisse avec du citron.

A l'entrée de cette magnifique promenade, se trouvent deux Dompteurs de chevaux, par *Guill. Coustou*, transférés ici du château de Marly (p. 313) en 1794 ; ils forment le pendant des chevaux ailés placés à la sortie du jardin des Tuileries (p. 153). Plus loin, à g., sont le *café-concert de l'Horloge* et le *restaurant Ledoyen* (p. 14) ; à dr., les *cafés-concerts des Ambassadeurs, de l'Alcazar*, etc. (p. 20 et 51).

Au N. se trouve le **palais de l'Elysée** (pl. Bl. 15 ; *II*), dont le jardin fait saillie sur les Champs-Elysées. Il a été construit en 1718 par *Molet*, pour le comte d'Evreux, et il fut habité sous Louis XV par la marquise de Pompadour. Après la mort de cette dernière, le roi le racheta aux héritiers et le destina à loger les ambassadeurs étrangers. La duchesse de Bourbon en ayant fait son séjour habituel sous Louis XVI, on lui donna alors le nom d'*Elysée-Bourbon*. Pendant la Révolution, il devint propriété nationale et fut mis en vente ; mais comme il ne se présenta pas d'acquéreur, on y installa l'imprimerie du gouvernement. Sous le Directoire, les salles furent louées à des entrepreneurs de bals publics et de jeux. Le palais fut plus tard successivement habité par Murat, Napoléon Ier, Louis Bonaparte, roi de Hollande, et la reine Hortense, l'empereur Alexandre Ier de Russie et le duc de Berry. Ensuite il fut abandonné, à partir de la révolution de 1830, jusqu'au jour où Napoléon III vint l'occuper, comme président de la république, en y faisant des embellissements considérables. Il sert de nouveau maintenant de résidence au président de la République.

Le **palais de l'Industrie**, une des plus grandes mais non la plus élégante des constructions modernes de Paris, bâti pour l'exposition de 1855, occupe une notable partie des Champs-Elysées, du côté S. Il occupe une superficie de 27,000 m. carrés, formant

## 6. CHAMPS-ÉLYSÉES.

un parallélogramme de 250 m. de long sur 108 de large, et sa hauteur est de 35 m. Deux parterres avec jets d'eau décorent la place devant la façade principale, du côté de l'avenue. Sur cette façade s'avance un pavillon qui occupe près du tiers de la longueur de l'édifice; c'est la partie la plus remarquable. Une arcade de 15 m. d'ouverture et 30 de hauteur y forme une entrée monumentale, flanquée de colonnes corinthiennes cannelées, surmontée d'un attique avec un bas-relief par *Desbœuf*, l'Industrie et les Arts apportant leurs produits à l'exposition, et couronnée par un groupe colossal de *Regnault*, la France, sous les traits d'une femme d'une grande majesté, debout devant un trône et les bras étendus, offrant des couronnes à l'Art et à l'Industrie, qui sont figurés par deux statues assises à ses pieds. Au-dessus des colonnes, des deux côtés, sont des groupes de Génies tenant des écussons. Sur la frise qui sépare le rez-de-chaussée du premier étage, se trouvent une infinité de noms et de portraits médaillons de personnages célèbres de toutes les nations, qui se sont distingués dans les sciences, les arts, les métiers, le commerce ou l'agriculture. Il y a au centre une salle à toiture en verre, de toute la hauteur de l'édifice, et qui mesure 192 m. de longueur sur 48 de largeur. Pendant les deux sièges de Paris, ce palais servit de magasin et d'ambulance. Il n'y eut que sa toiture qui fut endommagée, le reste ne souffrit pas, du moins sérieusement.

Le palais de l'Industrie, bâti par une compagnie, appartient maintenant à l'État et sert à diverses expositions, en particulier à celle de peinture et de sculpture dite le *Salon*, qui a lieu tous les ans, ordinairement du 1er mai au 15 juillet, et qui consacre la réputation des artistes. Le nom de Salon lui vient de ce que ces expositions se faisaient d'abord au salon du Louvre. Entrée gratuite le dimanche et le jeudi, 1 fr. les autres jours.

Derrière le palais, du côté de la Seine, se trouve le jardin où ont lieu en été les *concerts des Champs-Elysées* ou *Besselièvre* (p. 51), et au delà le pont, l'esplanade et l'hôtel des Invalides (p. 273).

Au delà du palais de l'Industrie, en venant de la place de la Concorde, se trouve le **Panorama** (pl. Bl. 15; *II*), qui mérite une visite. La salle, de 40 m. de diamètre, est entourée d'une immense peinture représentant une bataille ou un siège mémorable, actuellement la défense de Paris, par Philippoteaux. Entrée, de 10 h. à 4, 5 ou 6 h. selon la saison: 2 fr. dans la semaine, 1 fr. le dimanche.

Vis-à-vis, de l'autre côté de l'avenue, le *cirque d'Eté* (p. 49).

Les Champs-Elysées proprement dits s'étendent jusqu'au *Rond-Point (place ou étoile des Champs-Elysées;* pl. Bl. 15; *II*), place circulaire ornée des corbeilles de fleurs et de 6 jets d'eau, à mi-chemin entre la place de la Concorde et l'arc de triomphe de l'Etoile, et à partir de laquelle l'avenue principale monte insensiblement. Au S. ils touchent à la Seine, dont le quai *(quai de la Conférence)* est également planté d'arbres, le *Cours-la-Reine*.

Deux avenues conduisent du Rond-Point au quai, *l'avenue d'Antin* (tramway) et *l'avenue Montaigne*, jadis *l'allée des Veuves*, qui comprennent le *quartier François Ier*. Ce nom lui vient de la *Maison de François Ier, qui forme le coin du Cours-la-Reine et de la rue Bayard. François Ier avait fait construire cette maison si bien conservée en 1527, à Moret, près de Fontainebleau, pour Diane de Poitiers ou pour sa sœur Marguerite de Navarre. Elle a été transportée pierre par pierre et reconstruite sur l'emplacement actuel en 1826. La façade très-originale de cette construction, qui diffère des autres de l'époque, témoigne en faveur du goût de ceux à qui elle est due. Elle rappelle surtout, comme disposition, les palais vénitiens. Il y a au rez-de-chaussée trois grandes arcades à plein cintre, auxquelles correspondent au premier trois fenêtres carrées avec deux croisillons. Les pilastres sont couverts de jolis ornements, et au-dessus des arcades règne une belle frise avec des Génies occupés à vendanger ou agitant des thyrses. Il y a aussi des médaillons-portraits fortement restaurés, notamment celui de Marguerite de Navarre entre les armes de France et celles de Navarre. L'édifice se termine à l'italienne, par un attique. Le derrière de la maison est également remarquable; les deux autres côtés sont modernisés.

Au milieu de l'avenue Montaigne, à g., n° 18, se voit encore la **maison Pompéienne** (pl. Bl. 12; *I*), imitée, de la villa de Diomède à Pompéi. C'est le prince Napoléon qui l'a fait construire par l'architecte *Normand*, mais il l'a vendue en 1866, à une société, pour 1,200,000 fr., et elle appartient maintenant à un comte hongrois, M. Palffy. L'intérieur en est curieux, bien qu'il ne donne pas une idée précise de l'architecture des anciens, vu que les villas différaient essentiellement des habitations ordinaires.

On peut le visiter moyennant un pourboire (1 à 2 fr.). — Vis-à-vis s'élève *l'hôtel du prince Soltikoff*, construction dans le style du moyen âge.

Plus près de l'avenue des Champs-Elysées, au num. 55 et 57, se trouve le *gymnase Triat*, qui est très-fréquenté, et plus près encore, au 87, le *Jardin Mabille* (p. 52).

Le **pont de l'Alma** (pl. Bl. 12, 11 ; *I*), à l'extrémité de l'avenue, a été construit en 1856, en mémoire de la campagne de Crimée ; il a coûté 1,200,000 fr. Sur les piles sont 4 statues remarquables représentant un zouave et un grenadier, par *Dieboldt*; un artilleur et un chasseur, par *Arnaud*. Il y passe une ligne du tramway (v. le Supplément), qui part de la place de l'Etoile, passe derrière les Invalides, par le boulevard Montparnasse, etc.

## 7. Arc de triomphe de l'Etoile.
### Fortifications. Neuilly. Chapelle St-Ferdinand.

\*\***Arc de triomphe de l'Etoile** (pl. R. 12). L'avenue des Champs-Elysées, qui relie la place de la Concorde (p. 154) à la place de l'Etoile, aboutit à l'arc de triomphe du même nom, le plus grand de tous les édifices de ce genre, construit sur une petite éminence, à 40 min. de marche du Palais-Royal, et visible de presque partout aux environs de Paris. Son nom lui vient de ce qu'il s'élève au centre d'une place d'où rayonnent 12 boulevards ou avenues.

Napoléon I$^{er}$ résolut en 1806 d'élever quatre arcs de triomphe en souvenir de ses victoires ; il ne vit achever que celui de la place du Carrousel (p. 149). Celui de l'Etoile, dont la première pierre fut posée le 15 août 1806, n'a été terminé qu'en 1836, sous Louis-Philippe, d'après les dessins de *Chalgrin* (m. 1811); il a coûté plus de 9 millions. Il consiste en un seul arc en pierre de taille, haut de 29 m. sous voûte et de 14 m. d'ouverture. Cet arc principal est croisé sur les côtés par un arc de 18 m. sur 6. Tout l'édifice a 49 m. 80 de hauteur, près de 45 de largeur et plus de 22 d'épaisseur.

Sculptures de la façade orientale : à dr., le Départ des troupes pour la défense des frontières, en 1792, par *Rude*, le plus beau des quatre groupes, de près de 12 m. de hauteur, avec des figures de près de 5. On a cependant critiqué la Bellone qui appelle aux armes, avec sa bouche démesurément ouverte et les jambes écartées aussi outre mesure pour marcher, lorsqu'elle a des ailes énormes pour voler au combat. Au-dessus, les Funérailles du général Marceau, bas-relief par *Lemaire*. — A g. le Triomphe de 1810, ou Napoléon après la campagne d'Autriche et la paix de Vienne, œuvre de *Cortot*. Au-dessus, Murat faisant prisonnier le pacha de Roumélie à la bataille d'Aboukir (1799), bas-relief de *Seurre aîné*, avec des figures hautes de 3 m.

Sculptures de la façade occidentale : Résistance contre les envahisseurs de la patrie, par *Etex* ; au-dessus, le Passage du pont d'Arcole (1796 ; mort de Muiron, aide de camp de Bonaparte), par *Feuchères* ; à g., les Bienfaits de la paix (1815), également par *Etex* ; au-dessus, la Prise d'Alexandrie (1798 ; Kléber, blessé à la tête, montre l'ennemi à ses troupes), par *Chaponnière*. Les deux groupes d'Etex, exécutés de 1833 à 1836, ont été payés 140,000 fr.

Les bas-reliefs des faces latérales représentent : au N., la bataille d'Austerlitz (1805) ; au S., la bataille de Jemmapes (1792) ; ils sont de *Gechter* et de *Marochetti*.

Le bas-relief de la frise représente, à l'E., le départ ; à l'O., le retour des armées françaises ; ils sont dues à *Brun*, *Jacquot*, *Seurre* et *Rude* ; les figures ont 2 m. de haut.

Les Victoires à côté des voûtes sont de *Pradier*. Les écussons le long de la corniche portent les noms des principales victoires de la République et de l'Empire : *Valmy*, *Jemmapes*, *Fleurus*, *Montenotte*, *Lodi*, *Castiglione*, *Arcole*, *Rivoli*, *Pyramides*, *Aboukir*, *Alkmaar*, *Zurich*, *Héliopolis*, *Marengo*, *Hohenlinden*, *Ulm*, *Austerlitz*, *Iéna*, *Friedland*, *Sommo-Sierra*, *Essling*, *Wagram*, *Moskowa*, *Lützen*, *Bautzen*, *Dresde*, *Hanau*, *Montmirail*, *Montereau* et *Ligny*. 142 autres noms de batailles sont gravés sous les voûtes.

La voûte de l'arc transversal est couverte de noms d'officiers de la République et de l'Empire ; les noms soulignés désignent les généraux morts sur le champ de bataille. Sous Louis-Philippe, on y lisait 654 noms ; Napoléon III y a fait ajouter ceux de son père, Louis-Napoléon, et de son oncle Jérôme.

Les Victoires en relief, au-dessous de ces noms, font allusion aux triomphes remportés à l'E., au S. et au N. Le coq et l'aigle alternent dans les ornements.

La \*vue de la *plate-forme*, où conduit un escalier en limaçon de 261 marches, dont l'entrée se trouve au S. du monument, mérite sa renommée. On peut y monter toute la journée, en payant un pourboire de 25 c. Le couronnement de l'édifice manque toujours, il faudrait au sommet une œuvre de sculpture gigantesque.

Ce monument n'a pas trop souffert durant les sièges de 1870-71, grâce à sa solidité, mais il a reçu cependant un très-grand nombre de projectiles, qui ont nécessité des réparations maintenant achevées.

La place de l'Etoile est le point de départ et de croisement de lignes de tramways du Trocadéro à la Villette, de Courbevoie, de Suresnes, de Montparnasse, de la rue Tronchet à la Muette, et des lignes d'omnibus *C* et *AB*.

L'*avenue de la Reine-Hortense*, au N.-E., conduit au parc de Monceaux (p. 208) ; l'*avenue de Wagram*, au N., aux boulevards extérieurs (boul. de Courcelles, etc. ; v. p. 62). C'est la direction que suit le tramway de la Villette, qui passe devant le parc de Monceaux. — A l'O. de l'arc de l'Etoile s'étend l'*avenue du Bois-de-*

Boulogne (p. 164). — *L'avenue du Roi-de-Rome*, au S.-O. conduit au palais du Trocadéro (p. 282).

La continuation de l'avenue des Champs-Elysées au delà de l'arc de triomphe s'appelle *avenue de la Grande-Armée* jusqu'à la *porte Maillot*, l'ancienne entrée principale du bois de Boulogne (p. 164), ainsi nommée à cause d'un jeu de mail qui existait à cet endroit. A dr. est la *station de Porte-Maillot-Neuilly* du chemin de fer de ceinture (p. 28), où il passe tous les ¼ d'h. un train se dirigeant sur Passy, Auteuil, etc., et un autre allant vers la gare St-Lazare (p. 30), par laquelle on peut rentrer en ville.

En sortant par la porte, on traverse les **fortifications** et l'on se trouve à Neuilly (v. ci-dessous), dans l'*avenue de Neuilly*, qui s'étend jusqu'à la Seine, et mène directement à Courbevoie (p. 287).

Les **fortifications** de Paris ont été construites en vertu d'une loi de 1840, dans l'espace de 3 ans, et elles ont coûté 140 millions de francs. Elles se composent d'abord d'une enceinte continue de 34 kilomètres de développement, renforcée de 94 bastions, de 10 m. de hauteur, avec un fossé de 15 m. de largeur et un glacis; puis de 16 forts avancés qui forment autour de la ville une seconde enceinte à différentes distances, atteignant jusqu'à 3 kil., savoir: au N., près de St-Denis, le *fort de la Briche*, la *Double-Couronne du Nord* et le *fort de l'Est*; à l'E., le *fort d'Aubervilliers*, près le Bourget; les *forts de Romainville, Noisy, Rosny, Nogent* et *Vincennes*, et les *redoutes de la Faisanderie et de Gravelle*; sur la rive g. de la Marne, le *fort de Charenton*; au S., sur la rive g. de la Seine, les *forts d'Ivry, de Bicêtre, Montrouge, Vanves* et *Issy*; enfin à l'O., la *forteresse du Mont-Valérien*. La plupart de ces forts ont été presque complétement détruits dans les sièges de 1870-71; mais on les a reconstruits depuis. Une troisième enceinte encore plus éloignée, composée de 17 forts, est maintenant en construction sur les hauteurs qui commandent la vallée de la Seine; ce sont: sur la rive dr., les *forts de Cormeilles, Domon, Montlignon, Montmorency, Ecouen, Stains, Vaujours, Villiers* et *Villeneuve-St-Georges*; sur la rive g., les *forts de la Butte-Chaumont, Palaiseau, Châtillon, Villeras, Haut-Buc, St-Cyr, Marly, St-Jamme* et *Aigremont*.

**Neuilly**, où conduisent l'omnibus de la ligne *C* et les tramway de Suresnes et de Courbevoie (v. le Supplém.), ainsi que le chemin de fer de ceinture (p. 28), est aujourd'hui une ville de près de 21,000 hab., en quelque sorte un faubourg de Paris, habité surtout par de petits rentiers, des employés et des ouvriers, qui préfèrent ce séjour plus paisible et moins coûteux. Le quartier de Paris nommé *les Ternes* faisait partie de Neuilly avant la construction de l'enceinte fortifiée, dans laquelle il est compris, et même avant l'annexion des communes suburbaines.

A part sa situation, près des beaux quartiers de la Paris, à la lisière du bois de Boulogne et sur le bord de la Seine, Neuilly n'offre guère de remarquable que la

**Chapelle St-Ferdinand** (pl. R. 9), avenue de la révolte n° 10, à dr. près de la porte Maillot, d'où on l'aperçoit. C'est un mausolée du style byzantin, en forme de croix grecque, construit par les soins de Louis-Philippe, à la place où mourut le *duc Ferdinand d'Orléans*, le 13 juillet 1842, à la suite d'une chute de voiture. On peut la visiter de 10 h. à 5 moyennant 50 c. de pourboire. Le maître autel est surmonté d'une Descente de croix en marbre, par Tri-

*queti.* A g. se trouve l'autel St-Ferdinand, vis-à-vis duquel on voit, sur une sorte de sarcophage en marbre noir, le duc d'Orléans sur son lit de mort, marbre blanc aussi par *Triqueti,* d'après *Ary Scheffer.* L'*Ange en prière,* à la tête du mourant, est l'œuvre de la sœur du duc, Marie d'Orléans (m. 1839). Les fenêtres ont de grands vitraux peints, d'après des cartons d'*Ingres*; ils représentent les vertus théologales et quatorze saints, patrons des membres de la famille d'Orléans. — Quelques marches derrière le maître autel conduisent à la sacristie, qui se trouve précisément à l'endroit où le duc expira. Il y a un tableau, par *Jacquand*, représentant les derniers moments du prince, entouré du roi, de la reine, de princes et de princesses de sa famille, ainsi que de personnages notables du temps.

Le château de Neuilly, résidence favorite de Louis-Philippe, a été entièrement détruit par la populace le 25 février 1848, et l'emplacement en a été depuis morcelé et vendu. Neuilly a souffert énormément du second siège de Paris, du 2 avril au 31 mai 1871, mais la plupart des ruines en ont aujourd'hui disparu.

## 8. Bois de Boulogne.
### Jardin d'acclimatation.

Une belle allée se détache à l'O. de la place de l'Etoile. C'est l'ancienne «avenue de l'Impératrice», nommée aujourd'hui *avenue du Bois-de-Boulogne,* parce qu'elle conduit au bois de ce nom. Elle n'a pas moins de 140 m. de largeur et 1340 m. de longueur jusqu'à la *porte Dauphine.*

Le \*\***bois de Boulogne** est un charmant parc d'environ 900 hectares de superficie. C'était anciennement une forêt peuplée de gibier, le rendez-vous de prédilection des duellistes, le théâtre ordinaire des suicides, le repaire d'une foule de bandits et de voleurs. Une grande partie en fut détruite en 1814 et 1815 par les Prussiens, les Russes et les Anglais, qui y vinrent camper; mais Louis XVIII y fit replanter un grand nombre d'arbres, et Charles X le repeupla de gibier, qui disparut cependant de nouveau dès la révolution de Juillet.

Sous Louis-Philippe, le bois de Boulogne fut à peine entretenu, quoiqu'il appartînt à la liste civile. Mais il a été cédé en 1852 à la ville de Paris, à condition qu'elle se chargerait de son entretien et de sa surveillance, et qu'elle emploierait 2 millions à son embellissement dans l'espace de deux ans. La ville s'acquitta largement de sa dette et créa le délicieux parc qui est actuellement la promenade favorite des Parisiens.

En 1870, une portion considérable des arbres furent abattus par ordre du génie en vue du siège par les Allemands, et beaucoup de ceux qu'on laissa debout furent considérablement endommagés durant les deux sièges, surtout durant le second. Les dommages ont été néanmoins réparés aussi vite et aussi bien que possible, on a replanté des arbres, et le bois est toujours une délicieuse et pittoresque promenade.

Le bois est surtout animé entre 3 et 5 h., et les allées les plus

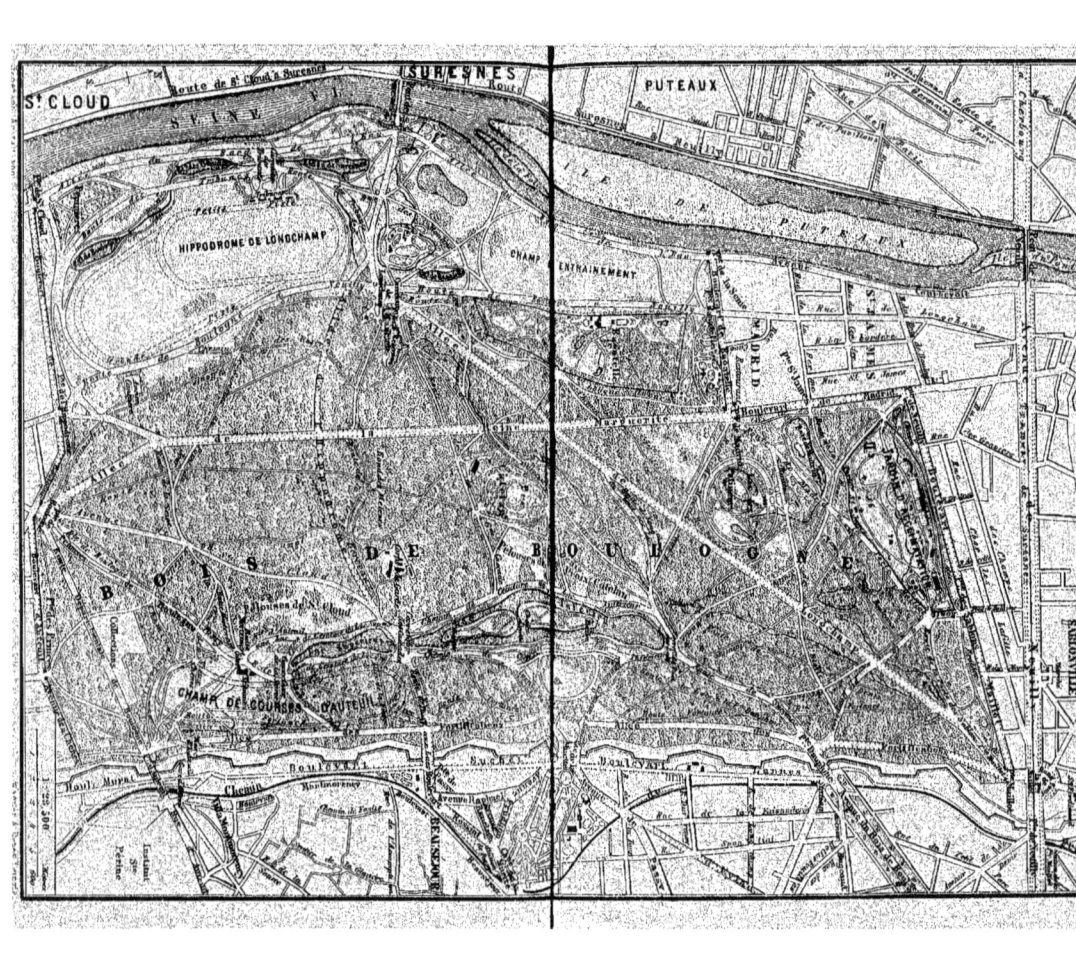

fréquentées sont celles qui mènent de l'avenue du Bois-de-Boulogne aux lacs. Le beau, sinon toujours le grand monde, y vient alors faire son tour des lacs avant le dîner. Les voitures y sont quelquefois si nombreuses qu'elles sont obligées de marcher à la file et au pas, et c'est là que se rencontrent les plus beaux équipages et les toilettes les plus élégantes : le bois est pour bien des gens un lieu de parade, ils y vont pour voir et pour être vus.

On fera bien d'y aller avec une voiture à l'heure (v. p. 21), par les Champs-Elysées, dût-on la renvoyer si on avait l'intention de continuer sa promenade seul et à loisir. On peut également s'y rendre en tramway et en omnibus (v. le Supplém.), par le chemin de fer de ceinture (descendre à la station de l'avenue) ou par les bateaux-omnibus (p. 26). Une promenade à pied dans ce parc splendide ne manque certainement pas de charme, mais demande assez de temps. On peut fort bien y passer agréablement une journée. Il faut 2 à 3 h. en voiture pour en visiter les parties principales. Le plan ci-joint permettra de s'orienter et de se diriger à volonté sur tel ou tel point en particulier.

De la *porte Dauphine* (pl. Bl. 6), à l'extrémité de l'avenue du Bois-de-Boulogne, prendre l'un des chemins qui se présentent à g., de préférence la large *route de Suresnes*, qui conduit en 10 min. au *carrefour du Bout des lacs*. C'est là l'un des plus beaux endroits du bois de Boulogne ; on se trouve à l'extrémité inférieure de deux lacs artificiels, le *lac inférieur*, de 1152 m. de long et 100 de large, et le *lac supérieur*, qui n'a que 412 m. de longueur. Ces lacs sont alimentés par le canal de l'Ourcq (p. 29) et par le puits artésien de Passy. Du premier lac sortent deux ruisseaux également artificiels dont l'un se dirige vers le pavillon d'Armenonville (p. 169) et l'autre, nommé rivière de Longchamp, vers la grande cascade (p. 166). Dans le voisinage de ces lacs se trouve réuni tout ce qui peut engager le Parisien à sortir de ses quatre murs et à venir jouir du bon air et de la verdure. On fera le tour des lacs en commençant à l'E. ou à gauche.

Il y a dans le lac inférieur deux îles, dont la première renferme un grand *chalet*, avec un joli café-restaurant. On y passe du côté g. par un bateau-omnibus : 10 c. aller et retour. Il y a près du carrefour des barques à louer pour promenades sur le lac, à 2 et 3 fr. la 1/2 h., conformément au tarif, affiché au même endroit. On trouve également des cafés dans d'autres parties du bois, notamment près de la grande cascade (v. ci-dessous).

A l'extrémité du lac supérieur est la *butte Mortemart*, d'où l'on a une belle vue sur St-Cloud et Meudon. Les beaux arbres qui s'élevaient de ce côté ayant été abattus en 1870, on y a établi le vaste *champ de course d'Auteuil*, qui s'étend le long des fortifications, presque depuis la route de Passy ou le carrefour des cascades jusqu'à la route de Boulogne, et qui a trois pistes, de 2400, 2700 et 3000 m. Les tribunes sont sur la butte Mortemart. Les courses qui s'y donnent, au printemps et en automne, notamment le lundi de la Pentecôte (prix de 30,000 fr., le Grand National), sont des courses plates et à obstacles (steeple-chases). — Ceux qui voudront sortir du bois de ce côté, trouveront à la *porte d'Auteuil* (pl. R. 1) une station du chemin de fer de ceinture (p. 27) et un bureau d'omnibus (v. le Supplém.).

Non loin du lac inférieur, du côté opposé aux fortifications, se trouve le *Pré-Catelan*, enclos où se donnent des concerts et des fêtes en été.

Arrivé dans le haut du lac supérieur, on tourne à dr. pour suivre l'autre rive jusqu'au *carrefour des Cascades*, entre les deux lacs. Là, on tourne à g. dans l'*avenue de l'Hippodrome*, qui traverse la grande *allée de la Reine-Marguerite* et conduit en 20 min. à la \*grande cascade, formée par la rivière de Longchamp (p. 165), qui se précipite d'une grotte artificielle à deux étages, en une large nappe de 7 m. de hauteur. Après en avoir vu l'ensemble, on montera sur la colline qui la précède ; on y jouit d'une belle vue sur la vallée de la Seine : à g., de l'autre côté du fleuve, St-Cloud, dominé par son église moderne ; plus près, l'hippodrome de Longchamp (v. ci-dessous) ; en face, le *moulin de la Galette* et deux tours qui restent de l'ancienne et célèbre *abbaye de Longchamp* ; au delà, le village de *Suresnes* (p. 287) ; à dr., un peu plus loin, le *Mont-Valérien*, avec sa forteresse (p. 287). — Un sentier conduit du sommet dans l'intérieur de la grotte et jusqu'au pied de la cascade. — A g., sous les arbres, le *restaurant de la Cascade*.

L'hippodrome de Longchamp est le principal champ de courses de chevaux des environs de Paris (v. p. 52). Les courses ou «réunions» ont lieu à Longchamp au printemps, en été et en automne. Les jours sont indiqués d'avance par les journaux et par des annonces de toute sorte. Ces courses sont très-suivies, on se porte en foule vers Longchamp, toutes les avenues et les allées qui y mènent fourmillent de monde et présentent un spectacle que l'étranger ne doit pas négliger de voir. Si l'on veut assister de près aux courses elles-mêmes, il faut pénétrer dans l'hippodrome en payant une entrée. Les prix sont : pour les pavillons, 5 fr. ; l'enceinte du pesage, 20 fr. ; avec une voiture à 1 cheval, 15 fr., à 2 chevaux, 20 ; à cheval, 5 fr. ; à pied, 1 fr. Il y a trois pistes, qui ont 1,900, 2,600 et 2,900 m. de long. — C'est aussi à l'hippodrome de Longchamp que se passent maintenant les grandes revues.

Le bois de Boulogne présente encore un coup d'œil des plus curieux les jours de la *promenade de Longchamp* ; le «corso» traditionnel de Paris, pendant la semaine sainte ; car c'est alors que s'inaugurent les nouvelles modes, que se montrent les toilettes du printemps. Cet usage vient de ce qu'au XVIIIe s., le grand monde se portait en foule aux concerts spirituels qui se donnaient durant cette semaine à l'abbaye de Longchamp (v. ci-dessus).

Il ne manque pas d'autres curiosités et de divertissements qui attirent la société élégante des boulevards au bois de Boulogne ; par exemple des *régates* sur les lacs, le *patinage* en hiver, quelquefois le soir aux flambeaux, etc.

Les visiteurs qui auront suffisamment vu l'intérieur du bois, pourront s'en retourner de la grande cascade par la route de Boulogne à Neuilly, à l'opposé du champ de courses ; elle permet de jouir de la vue de la Seine et des hauteurs de la rive dr., et elle passe devant le joli petit château de *Bagatelle*. On tournera ensuite par le boulevard de Bagatelle pour aller rejoindre celui de Madrid, à la porte de ce nom, où se trouve un bon *restaurant*. Le nom de *Madrid* vient d'un château royal qui n'existe plus, mais que François Ier avait appelé ainsi en souvenir de sa captivité en Espagne (émaux, p. 244). A l'autre extrémité du boulevard de Madrid est la porte de Neuilly, par où l'on peut entrer au Jardin d'acclimatation (v. ci-dessous). La *route de Madrid à la porte Maillot* passe au S. de ce jardin et à l'entrée principale. Elle mène en 25 à 30 min. à la *porte Maillot*, d'où l'on peut rentrer en ville par la ligne d'omnibus *C* (Hôtel-de-Ville) ou par le chemin de fer de ceinture (p. 28).

Dans l'autre sens, la route mentionnée ci-dessus conduit à *Boulogne* (p. 307), en passant devant *Suresnes* (p. 287; pont près de Longchamp). En contournant le bois du même côté, ou mieux en le traversant dans la direction des lacs, on arrive à *Passy* (p. 29; Auteuil, v. p. 165).

Pour le retour de ce côté, on a, à Suresnes, les bateaux à vapeur et le tramway (v. p. 27 et le supplém.); à Boulogne, les bateaux à vapeur, le tramway O. pour la gare d'Auteuil et le tramway de St-Cloud (p. 307); à St-Cloud aussi les bateaux, le tramway et le chemin de fer de Versailles (p. 306); à la porte d'Auteuil, le chemin de fer de ceinture et les omnibus *A* et *AH*; enfin à Passy, aussi le chemin de fer de ceinture, les tramways du Louvre et de la rue Tronchet et l'omnibus *AB* (v. le supplém.).

---

\*__Jardin d'acclimatation.__ Une partie du bois de Boulogne, de 20 hectares de superficie, au S. de l'avenue de Neuilly (p. 163), le long du boulevard Maillot et entre les portes des Sablons et de Madrid, a été concédée à une société qui en a fait une des plus belles et des plus intéressantes promenades de Paris, le Jardin d'acclimatation, « fondé pour introduire en France toutes les espèces animales ou végétales utiles ou agréables, domestiques ou sauvages, les multiplier et les faire connaître au public. Il répand et vulgarise les meilleurs types par l'importation et la vente, et sert d'intermédiaire entre les éleveurs de la France et ceux des pays voisins. »

On s'y rend comme au bois de Boulogne; le mieux par les Champs-Élysées, en prenant une voiture de place, ou l'omnibus *C* du Louvre à la porte Maillot et le tramway jusque près de la porte des Sablons. On y va aussi fort bien par le chemin de fer de ceinture, jusqu'à la station de la porte Maillot (p. 28) ou celle de l'avenue du Bois-de-Boulogne (p. 29). Nous ferons observer aux personnes qui prendront une voiture et ne voudront pas la garder, qu'elles auront intérêt à la renvoyer avant de sortir des fortifications (porte Maillot), parce que sans cela il leur faudrait payer davantage pour le trajet, plus encore 1 fr. d'indemnité pour le retour (v. p. 22). Il n'y a pas loin de la porte Maillot au jardin. Les jours de concert (v. ci-dessous), il y a en outre des omnibus spéciaux partant du boulevard des Italiens, n° 8, et prenant les visiteurs dans le jardin pour le retour (1 fr., retenir sa place).

Le jardin d'acclimatation est ouvert toute la journée. Le prix d'entrée est de 1 fr. dans la semaine pour le jardin et les serres et de 50 c. les dimanches et jours de fête pour le jardin, plus 50 c. pour les serres. Les voitures sont admises à l'intérieur du jardin et alors il est dû, outre l'entrée personnelle, 3 fr. pour l'équipage et sa livrée. Les enfants au-dessous de 7 ans ne paient rien. Il y a concert, en été, les jeudis et dimanches, à 3 h., sans augmentation du prix d'entrée.

L'entrée principale est à l'E., près de la porte des Sablons; il y en a une autre à l'opposé, près de la porte de Neuilly.

Nous indiquerons l'itinéraire à suivre, en mentionnant sommairement les curiosités (voir aussi le plan du bois de Boulogne, p. 164). Il y a partout des étiquettes explicatives.

On se trouve en entrant dans une belle allée de 10 m. de large, qui fait le tour du jardin. En face est un *colombier* pour l'élève des pigeons voyageurs. A dr., les *bureaux* de l'administration, (pl. 1), où il faut s'adresser pour les achats. A g. (pl. 5), la grande serre dont nous reparlerons. Dans un bâtiment près des bureaux, la *magnanerie*, contenant des vers à soie de tous les pays, et aux alentours, les diverses plantes qui leur servent de nourriture. Tout près de là, l'établissement pour *l'engraissement mécanique* des volailles, où, par un système ingénieux, M. Martin, l'inventeur, peut nourrir 400 poulets à l'heure et les faire doubler de poids en 18 jours (de 2 à 5 h.; entrée, 50 c.). — Viennent ensuite des *hangars*, où sont exposés toute sorte d'objets relatifs aux jardins, aux parcs, etc., puis la *singerie*, des parquets pour les *échassiers*, les *faisanderies*, devant lesquelles s'élève la statue en marbre blanc du naturaliste *Daubenton* (m. 1800), par Jodin; l'hémicycle de la *poulerie* (pl. 2; bâtiment monolithe en béton), le *chalet des kanguroos*, etc. Près de là aboutit l'allée venant de l'entrée par la porte de Neuilly.

Un peu plus loin sont les *écuries* (pl. 3) et les parcs qui en dépendent, avec des quadrupèdes de tout genre, plus ou moins dressés pour le service du jardin et des visiteurs. C'est là que se porte la foule et surtout la jeunesse, pour faire un tour de *promenade sur les éléphants*, les chameaux et autres montures, ou dans des voitures attelées d'une autruche, de zèbres, etc. Les tarifs sont fixés ainsi qu'il suit: chameaux, 50 c.; éléphants, 25; voiture à l'autruche, 50; voiture des ânes et des zèbres, 25; petits chevaux, 50 c. Près de la grande écurie, en tournant, le *chalet des alpacas* et des lamas, le *rocher des porcs-épics* et le *parc des rennes*. Derrière ce parc, le *rocher artificiel* pour les animaux qui aiment à grimper, comme le mouflon, le chamois, etc. A g. de l'allée circulaire, le bassin des *ottaries* ou *lions de mer*, qui s'annoncent de loin par une sorte de glapissement, et qu'il est curieux de voir manger (à 2 et à 5 h.). A dr., le *buffet* et la *laiterie*, où il se débite jusqu'à 600 tasses de lait chaud par jour (40 c.).

Puis l'*aquarium* (pl. 4), composé de 10 cuves d'eau de mer et de 4 d'eau douce, où l'on peut observer les mœurs d'une foule de poissons et d'êtres sous-marins les plus étranges. En face de l'aquarium, à g. de l'allée, le *chalet des antilopes* (pl. 6). A une certaine distance, en se rapprochant de l'entrée, le *chalet des cerfs* (pl. 7); à dr. de la grande allée, le *chenil*, contenant une quantité de chiens de race, qui ont leur généalogie comme les chevaux de sang. Au delà du chenil, la *serre aux oiseaux* et enfin, pour compléter le tour, la *\*grande serre* ou jardin d'hiver (pl. 5), abritant une collection admirable de plantes rares (magnifiques camélias) et fort remarquable aussi par la manière dont elle est construite et distribuée.

Reste à visiter, quand on a fait ainsi le tour, le centre du jardin, que traverse une petite rivière venant des lacs du bois de Boulogne (p. 165), en passant derrière le pavillon d'Armenonville (v. ci-dessous) et formant ici un lac où s'ébattent toute sorte d'oiseaux aquatiques, un bassin contenant des phoques, etc. — C'est sur la rive g. de ce ruisseau que se trouve le *kiosque des concerts*. — Il pourra être agréable de savoir qu'il y a des «water-closets» entre l'aquarium et le chenil.

Le restaurant le plus rapproché en dehors du Jardin d'acclimatation est celui du *pavillon d'Armenonville*, non loin de l'entrée; puis ce sont celui de *Gillet*, à la porte Maillot, et celui de *Madrid* à la porte de ce nom (p. 167).

## 9. Rue de Rivoli.

### St-Germain-l'Auxerrois. Tour St-Jacques. Place du Châtelet. St-Merri.

La *rue de Rivoli est, après les boulevards, une des principales rues de Paris. Elle s'étend à peu près parallèle à la Seine, sur une longueur de plus de 3 kil., à partir de la place de la Concorde, et elle se prolonge par la rue St-Antoine jusqu'à la place du Trône. Cette rue splendide a été ouverte de 1802 à 1865, et il a fallu pour l'achever, sous le second empire, démolir 300 maisons entre la place du Palais-Royal et l'Hôtel-de-Ville. Elle longe d'abord le jardin des Tuileries et le Louvre, en passant devant la place du Palais-Royal. Toute cette partie, de la place de la Concorde à la rue du Louvre, mesurant plus de 1400 m., est bordée au N. de maisons à façades semblables et avec galeries à arcades cintrées, pour la plupart occupées par de riches magasins et des hôtels de premier ordre (v. p. 6). Au commencement de la rue, à g., se trouvait le Ministère des finances incendié en 1871 par les communards; une partie de l'emplacement a été aliénée, et l'on y a construit le grand hôtel Continental (p. 5); le reste sera bientôt aussi couvert de nouveaux bâtiments.

Une statue équestre assez médiocre de *Jeanne d'Arc*, en bronze, par Frémiet, est érigée depuis 1874 sur la petite *place des Pyramides*, vis-à-vis de la nouvelle rue des Tuileries (p. 152), à peu près à l'endroit où l'héroïne fut blessée en voulant délivrer Paris.

Les parties des Tuileries en bordure de la rue de Rivoli (pavillon de Marsan, etc.) qui furent incendiées en 1871, sont maintenant reconstruites. Plus loin, à dr., le pavillon de Rohan avec les guichets par où l'on arrive à la place du Carrousel (p. 148), et ensuite, dans le Nouveau Louvre, le Ministère des finances. A g., la petite place toujours fort animée du Palais-Royal (p. 83), puis les *grands magasins du Louvre*, avec le *grand hôtel du Louvre*, et, un peu caché par les dernières arcades, le temple de l' *Oratoire* (p. 43), église construite par les prêtres de l'Oratoire de 1621 à 1630; l'entrée est dans la rue St-Honoré.

En face de la colonnade du Louvre (p. 88), s'élève l'église *St-Germain-l'Auxerrois (pl. Bl. 20; *III*), dont la fondation remonte au temps de Charlemagne. Dans sa forme actuelle, elle est du XV$^e$ et du XVI$^e$ s.; mais il y a des parties des XII$^e$, XIII$^e$ et XIV$^e$ s. Elle a subi une grande restauration à l'époque de la décadence du style gothique, lorsqu'il se perdait dans les détails d'ornementation.

Le *porche* est percé de 5 arcades, 3 grandes et 2 petites, et surmonté d'une terrasse, avec une balustrade qui se continue tout autour de l'église à la même hauteur. Au-dessus du porche, mais en retraite, se dresse la façade proprement dite, flanquée de deux tourelles, percée d'une grande fenêtre en ogive, avec une belle rosace du style flamboyant, et terminée, au-dessus d'une seconde balustrade, par un pignon que couronne un Ange du jugement dernier, de *Marochetti*. Ce portail est l'œuvre de *Jean Gaussel* et date de la première moitié du XV$^e$ s. Les statues de saints qui ornent les piliers sont pour la plupart de date plus récente. L'intérieur du porche est couvert de fresques sur fond d'or, par *Mottez*, aujourd'hui malheureusement fort détériorées: au milieu, le Christ en croix, entouré de saints, parmi lesquels on remarque Jeanne d'Arc; entre le grand portail et les portails latéraux, à g., le Sermon sur la montagne; à dr., le Jardin des Oliviers; au-dessus des portails latéraux, Jésus au temple et la Descente du St-Esprit. On entre dans l'église par trois portails, dont celui du milieu est encore du XIII$^e$ s. Il est orné de statues et de statuettes dorées, parmi lesquelles celle de la Vierge, au trumeau, est moderne.

L'INTÉRIEUR est divisé en 5 nefs et entouré de chapelles; son peu d'élévation lui donne un air écrasé. Toute la décoration est moderne. Les murs sont également couverts de fresques, dont la plus remarquable est une Descente de croix, peinte par *Guichard*, dans le transept méridional (1845). La grande chapelle Notre-Dame, à dr. en entrant, occupant tout le bas-côté jusqu'à ce transept, est fermée par une belle boiserie et possède un arbre de Jessé en pierre, du XIV$^e$ s., un autel gothique d'après M. *Viollet-le-Duc*, des peintures et des vitraux par *Amaury Duval*.

Outre les fresques de Guichard, on voit encore dans le transept méridional un *bénitier* de marbre, surmonté d'une croix entourée de trois enfants; il a été sculpté par *Jouffroy* d'après un dessin de Mme de Lamartine.

La 1$^{re}$ chapelle du pourtour, après la sacristie, renferme deux monuments de marbre, celui du chancelier *Etienne d'Aligre* (m. 1635), et celui de son fils (m. 1674). Dans la chapelle attenante est une belle statue de marbre représentant un ange en prière.

Les vitraux peints empêchent malheureusement de bien voir les peintures murales dans cette partie de l'église.

La chapelle qui suit celle de l'abside contient 2 statues provenant d'un mausolée de la famille Rostaing. Deux chapelles plus loin, un monument érigé à St Denis, inhumé à cet endroit après son martyre (p. 205), comme le rapporte une inscription placée au-dessous.

On remarquera également dans la chapelle Notre-Dame de la Compassion, à g. de la nef et à côté du transept nord, un *rétable* en bois du style gothique flamboyant, représentant l'histoire de la Vierge et celle du Christ.

Les piliers de la grande nef ont été convertis en colonnes cannelées au XVIIe s. C'est aussi de ce siècle que datent les belles boiseries du banc-d'œuvre.

C'est du petit campanile de cette église, à dr. près du transept, que fut donné le signal du massacre des huguenots, dans la nuit de la St-Barthélemy, du 24 au 25 août 1572; la cloche ne cessa de tinter pendant toute cette effroyable nuit. — En 1831, le 14 février, jour anniversaire de l'assassinat du duc de Berry (p. 181), un service fut célébré à St-Germain-l'Auxerrois en présence d'un certain nombre de partisans de la maison royale de Bourbon. Le peuple pénétra dans l'église, en chassa les prêtres, et obligea l'autorité à tenir l'église fermée pendant longtemps. Elle devint ensuite le siège de la mairie du 4e arrondissement, et ne fut rendue au culte qu'en 1838.

Pour rétablir la symétrie vis-à-vis de la colonnade du Louvre, on a construit de l'autre côté de la place, comme pendant de St-Germain-l'Auxerrois, la nouvelle *mairie* du premier arrondissement, dans un style bâtard imité de celui de l'église. La haute *tour* carrée élevée entre les deux par l'architecte *Ballu*, n'a été construite que dans le but de remplir l'espace vide qui restait; elle a coûté 2 millions. Ce campanile a un carillon de 38 cloches, qui ne marche pas actuellement.

---

La rue de Rivoli traverse plus loin la *rue St-Denis* (p. 70) et le *boulevard de Sébastopol*, une des grandes et belles rues du Paris moderne, percée en 1855 à travers un quartier trop peuplé et malsain. Il aboutit au N. aux grands boulevards (v. p. 69) et au S. à la place du Châtelet (v. ci-dessous).

A côté, dans un square, s'élève une belle tour gothique, haute de 53 m., la \*tour **St-Jacques** (pl. Bl. 23; *III, IV*), construite de 1508 à 1522. Elle faisait partie de l'église *St-Jacques de la Boucherie*, vendue aux enchères en 1789 comme propriété nationale, et démolie à cette époque. La \*vue du haut de cette tour (308 marches; 10 c. de pourboire) est sans contredit la plus belle de Paris; on y est à peu près au centre de la capitale, au bord de la Seine, dont on peut suivre au loin le cours avec ses innombrables ponts; on a juste à ses pieds le nouveau Paris, la rue de Rivoli, le boulevard de Sébastopol, la place de l'Hôtel-de-Ville, etc., et les parties éloignées se détachent sur des hauteurs. L'achat et la restauration de la tour ont coûté près d'un million à la ville, qui a dépensé autant pour le square. — Sous la voûte du rez-de-chaussée a été érigée une statue à *Pascal* (m. 1662), qui fit du haut de cette tour ses premières expériences sur la pesanteur de l'air; elle est de Cavelier. — Au S. du square passe l'*avenue Victoria*, ouverte en même temps que le boulevard, et qui s'étend jusqu'à la place de l'Hôtel-de-Ville (p. 175).

La **place du Châtelet** (pl. Bl. 20, 23; *V*), où fut jusqu'en 1802 la fameuse *prison du Châtelet*, est un peu plus bas, du côté de la Seine. On y a érigé en 1807 une *fontaine de la Victoire*, décorée de quatre statues allégoriques, la Fidélité, la Vigilance, la Loi et la Force, et surmontée au milieu de la *colonne du Palmier*, dont le fût est en pierre, avec des cordons de bronze, et sur laquelle sont inscrits les noms de 15 batailles gagnées par Napoléon. Une Victoire tendant une couronne de chaque main s'élève au sommet de ce monument, dont les sculptures sont de *Bosio.* Des travaux d'alignement en ayant nécessité le déplacement, lors de la création du boulevard, la colonne a été transportée *d'un seul bloc* à l'endroit où elle se trouve aujourd'hui, mais augmentée du soubassement à deux vasques, décoré de quatre sphinx. A g. de la place, le *théâtre Historique,* l'ancien Théâtre-Lyrique (p. 48); à dr., le *théâtre du Châtelet* (p. 48).

Le *pont au Change,* qui mène d'ici dans la Cité (p. 215), a été reconstruit en 1858-59. Il n'était guère moins célèbre jadis que le Pont-Neuf (p. 223); c'était l'un des plus anciens et des plus animés de Paris. Il était couvert de boutiques d'orfèvres et de changeurs, de là le nom qu'il a conservé jusqu'à nos jours. On a de ce pont un très-beau coup d'œil sur la Cité, avec le Palais-de-Justice et le Tribunal de commerce à l'extrémité du pont; plus loin en amont, le nouvel Hôtel-Dieu et Notre-Dame (v. p. 215).

Dans la rue St-Martin, au N., près de la tour St-Jacques, est l'église **St-Merri** (pl. Bl. 23; *III*), jadis *St-Médéric.* C'est un monument de la meilleure époque gothique, bien que commencé seulement en 1520 et achevé en 1612. Elle possède un beau portail du style flamboyant. L'intérieur a été défiguré sous Louis XIV, dans le prétendu style classique, par *Boffrand,* qui a aussi construit la grande chapelle à dr., décorée de statues par *J.-B. Debay.* On remarque surtout à l'intérieur les belles fresques modernes de *Lehmann, Amaury-Duval, Chassériau* et *Lepaulle,* deux bons tableaux de *C. Vanloo* (m. 1765), à l'entrée du chœur, et un autre de *Simon Vouet* (m. 1649) dans le bras g. du transept.

Non loin de St-Merri, de l'autre côté du boulevard de Sébastopol, sont les Halles Centrales et St-Eustache (p. 181 et 182).

## 10. Hôtel-de-Ville.
### St-Gervais.

L'**Hôtel-de-Ville** (pl. Bl. 23; *V*), un des édifices de Paris les plus intéressants sous le rapport de l'architecture, ainsi qu'au point de vue historique, a été entièrement détruit par le feu le 24 mai 1871. Quantité d'œuvres d'art et une bibliothèque de 100,000 volumes ont péri en même temps, avec une multitude de documents publics des plus importants. On le reconstruit maintenant dans sa forme primitive; les travaux ont été confiés à MM. *Ballu* et *de Perthes.*

L'édifice avait été commencé en 1533, mais terminé seulement sous le règne de Henri IV, par l'architecte italien *Dominique de Cortone.* Il était dans le style de la Renaissance, et avec des colonnes où prédominait l'ordre corinthien. Le besoin de place pour le logement et les bureaux du premier magistrat de la ville, qui portait avant 1789 le titre de *prévôt des Marchands*, et prit plus tard, pour le conserver jusqu'à ce jour, celui de *préfet de la Seine*, avait nécessité de nouvelles constructions, dont les dernières ne furent achevées que sous Louis-Philippe, en 1841, de sorte que l'Hôtel-de-Ville était finalement quatre fois plus grand que sous Henri IV. Néanmoins, il était devenu encore trop petit et on avait été obligé, en 1857, d'y ajouter deux annexes, vis-à-vis de la façade principale, en deçà de la place.

L'Hôtel-de-Ville proprement dit consistait en un corps de bâtiment long de 100 m. et large de 84, avec 25 fenêtres d'un côté et 19 de l'autre. Il était entièrement isolé et il comprenait trois cours. Les niches étaient décorées de statues de Parisiens célèbres de tous les temps, jusqu'à Bailly, élu maire de la ville en 1789, au commencement de la Révolution, et Lafayette, le chef de la garde nationale en 1830. Quelques-unes de ces statues et de celles qui se trouvaient à l'intérieur ont échappé à la destruction, non sans être plus ou moins endommagées; par ex.: une statue en bronze de Louis XIV, par *Coysevox*, qui était dans la première cour, une de François Ier par *Cavelier*, et la figure équestre de Henri IV, haut-relief de bronze d'après *Lemaire*, qui était au-dessus de la porte principale.

Les salles de bal et de réception que la ville de Paris avait fait disposer au premier étage, afin que le préfet de la Seine pût la représenter dignement dans les grandes solennités, surpassaient en éclat, en richesse et en magnificence celles de tous les palais de France; les plafonds de plusieurs d'entre elles avaient été peints par *Ingres*, *Delacroix*, *Lehmann*, *Muller* et autres. Il y avait bal tous les quinze jours en hiver. Les cuisines, dans le sous-sol, étaient tellement vastes, qu'on pouvait facilement y préparer un dîner pour mille personnes, comme par exemple en 1856, à l'occasion du baptême du prince impérial. Les appartements habités par le préfet étaient à l'entre-sol, du côté de la Seine.

Les bureaux de l'administration municipale, qui occupent plus de 500 employés, sont actuellement au palais du Luxembourg (p. 226). Le préfet est le chef des vingt *maires* de Paris et des *sous-préfets* de St-Denis et de Sceaux.

L'Hôtel-de-Ville a joué un grand rôle dans les différentes révolutions françaises, étant le point ordinaire de ralliement du parti démocratique, en opposition avec les palais royaux, le Louvre et les Tuileries; c'est dans son enceinte que se constitua le tiers-état, etc. Le 14 juillet 1789, les vainqueurs de la Bastille furent apportés en triomphe dans sa grande salle. Trois jours après, Louis XVI se décidait à venir de Versailles à Paris sous la protection du maire Bailly et de quelques autres députés populaires, se soumettant ainsi à la volonté de l'Assemblée Nationale; il fut amené à l'Hôtel-de-Ville sous l'escorte d'une foule immense, qui ne se calma que lorsqu'il se fut montré avec la cocarde tricolore que venait d'inventer Lafayette, en ajoutant la couleur blanche des Bourbons aux couleurs bleue et rouge de la Ville de Paris. C'est aussi à l'Hôtel-de-Ville que siégeait la *Commune*, l'instrument sanguinaire de Robespierre contre la Convention, lorsque Barras, à la tête de cinq bataillons, y pénétra au nom de la Convention le 9 thermidor de l'an II (27 juillet 1794), et que Robespierre reçut un coup de pistolet qui lui fracassa la mâchoire. C'est également là que la royauté de Juillet vint fraterniser avec la bourgeoisie, dans les premiers jours d'août 1830, que Louis-Philippe, s'approchant d'une fenêtre, embrassa le général Lafayette aux yeux de la foule réunie sur la place. C'est encore du perron de cet hôtel que Louis Blanc proclama la république le 24 février 1848.

En dernier lieu, l'Hôtel-de-Ville fut le siège du « gouvernement de la Défense nationale », du 4 sept. 1870 au 28 fév. 1871, et ensuite, jusqu'à la fin de mai, du soi-disant *Comité* de la Commune. Conformément à une résolution secrète prise alors par les meneurs de l'insurrection, le 20 mai (v. p. 151), des monceaux de combustibles arrosés de pétrole, ainsi que des barils de poudre, furent placés dans différentes parties des bâtiments. En même temps, les insurgés avaient fortement barricadé tous les abords de l'édifice, qui, dès le principe, avait été leur grand centre d'action, et où ils avaient accumulé tous les moyens possibles de défense. Dans la matinée du 24 mai s'engagea sur la place de l'Hôtel-de-Ville un combat terrible, qui dura sans interruption jusqu'au lendemain matin. Obligés enfin de reculer, ces misérables cherchèrent à assouvir leur rage en mettant le feu à plusieurs maisons voisines, et en égorgeant les habitants qu'ils y rencontrèrent. Deux hommes qui en avaient été spécialement chargés par le commandant Pindy, allumèrent de leur côté les matières inflammables accumulées dans l'Hôtel-de-Ville, tandis que 600 des leurs s'y trouvaient encore. Les troupes, alors maîtresses des alentours, dirigèrent un feu incessant contre ces retardataires, dont pas un n'échappa; on ne fit pas de quartier à ceux qui sortirent du monument en feu, et ceux qui y restèrent, en partagèrent le triste sort. — Comme la place est entourée d'un barrage très-élevé, il n'est pas possible de voir la nouvelle construction.

Jusqu'au milieu de notre siècle, l'Hôtel-de-Ville était entouré d'une infinité de ruelles étroites, habitées par une population misérable et souvent remuante, telle qu'Eugène Sue la décrit dans ses « Mystères de Paris ». Napoléon III le fit dégager en perçant aux abords de grandes rues comme celle de Rivoli, sans doute pour assainir le quartier, mais particulièrement aussi afin de pouvoir réprimer promptement des émeutes comme il s'en était souvent produit à l'Hôtel-de-Ville. C'est dans ce but aussi que fut construit en 1852-54, derrière l'Hôtel-de-Ville, avec lequel elle communiquait par des galeries souterraines, la belle *caserne Napoléon*, qui peut contenir 2,500 hommes, et plus tard, du côté du quai, la *caserne Lobau*, pour la cavalerie et l'artillerie. Mais les terribles événements du mois de mai 1871 n'en sont pas moins arrivés en dépit de ces précautions.

La place voisine, autrefois appelée *place de Grève*, aujourd'hui *place de l'Hôtel-de-Ville*, évoque une foule de souvenirs lugubres. Des bûchers y ont dévoré bien des victimes, des flots de sang y ont coulé sur l'échafaud. C'est ici, par exemple, que Catherine de Médicis fit pendre aux huées de la foule, après la St-Barthélemy (1572), les chefs huguenots Briquemont et Cavagnes; ici qu'elle fit supplicier en 1574 le comte de Montgomery, capitaine de la garde écossaise, dont la lance avait atteint par hasard l'œil du roi Henri II, dans un tournoi, et occasionné sa mort (p. 67). En 1766, c'était le tour du comte de Lally-Tollendal, gouverneur des Indes françaises injustement condamné sous prétexte de trahison. Au mois de juillet 1789, le successeur de Necker, Foulon, contrôleur-général des finances, et son gendre Berthier, y furent également pendus aux lanternes par la populace, et devinrent ainsi les premières victimes de la révolution. Mais il y a eu aussi bien de exécutions de criminels trop fameux, tels que: Ravaillac, en 1610; la marquise de Brinvilliers et la Voisin, deux empoisonneuses, en 1676 et 1680; l'illustre voleur Cartouche, en 1721; Damiens, qui attenta à la vie de Louis XV, en 1757, etc.

La *guillotine*, recommandée par le docteur Guillotin à la Convention, pour les exécutions capitales, ne fonctionna qu'une seule fois sur la place de Grève. Ce fut surtout à la place de la Concorde qu'eurent lieu les boucheries politiques. Après 1795, et jusqu'à la révolution de Juillet, la place de Grève redevint, il est vrai, le lieu des exécutions, mais l'époque des scènes révoltantes était passée.

---

L'église **St-Gervais** ou *St-Gervais-et-St-Protais* (pl. Bl. 23; *V*), qui s'élève derrière l'Hôtel-de-Ville, date en grande partie dans sa forme actuelle des xv$^e$ et xvi$^e$ s.; elle présente un mélange des styles flamboyant et de la Renaissance. Le portail ne remonte qu'à 1616; il a été ajouté par *Jacques Debrosse*, et il jouit d'une certaine célébrité, bien que contrastant avec le reste. Il offre les trois ordres grecs, dorique, ionique et corinthien superposés, avec frontons triangulaire et semi-circulaire.

L'intérieur de l'édifice se fait remarquer par la hauteur et les pendentifs de ses voûtes, notamment celui de la chapelle de la Vierge (1 m. 16 sur 2 m.). Il n'y a pas de portes latérales aux bras du transept, mais des tribunes. Outre des peintures murales dans les chapelles, par *Brune*, *Glaize*, *Hesse*, *Delorme* et *Gigoux*, on remarquera comme œuvres d'art, les vitraux de la 2e chap. de dr. (Jugement de Salomon) et de celle de la Vierge, par *Jean Cousin* (1500-1589), mais fortement restaurés de nos jours; un tableau de *Couder* dans le bras S. du transept, St Ambroise et Théodose; des stalles du xiv$^e$ s., la croix et les chandeliers en bronze doré du maître autel, chefs-d'œuvre du xviii$^e$ s., provenant de l'abbaye de

Ste-Geneviève; le mausolée de Michel le Tellier (m. 1685), ministre d'état sous Louis XIV, par *Mazeline* et *Hurtrelle*; un tableau de *Heim*, le Martyre de Ste Juliette, dans le bras N. du transept, et au-dessous un tableau eur bois, à neuf compartiments (la Passion), attribué à *Durer*; un bas-relief en pierre du XIII° s., Jésus recevant l'âme de la Vierge, le devant d'autel et un rétable de la Renaissance dans la chap. suivante, enfin un rétable seproduisant la façade de l'église dans la chapelle des fonts, près de la porte.

Au commencement de la rue St-Antoine, à dr., se trouve l'église *St-Paul-et-St-Louis* (pl. Bl. 25, 26; *V*), ancienne église des jésuites, également avec un beau portail de la Renaissance et surmontée d'un dôme construit de 1627 à 1641, par le P. Derrand. L'intérieur est richement décoré. Le bâtiment à dr., ancien collège des jésuites, est maintenant le *lycée Charlemagne*.

En face, marquant la limite des rues de Rivoli et St-Antoine, commence la *rue Sévigné*, l'ancienne rue Culture-Ste-Catherine, avec l'hôtel Carnavalet, et le musée municipal (v. p. 194).

Derrière le lycée se trouve une *caserne*; à côté de celle-ci, à l'entrée de la rue du Figuier, l'*hôtel de Sens*, de la fin du XV° s., avec une porte à tourelles et un donjon dans la cour; plus loin, le bel *hôtel la Valette*, du XVI° s., transformé en école. A l'extrémité du quai, à g., le nouveau *boulevard Henri IV*, au bout duquel on aperçoit la colonne de Juillet (p. 65); à dr., le nouveau *pont Sully* et de l'autre côté du fleuve le boul. St-Germain (p. 226).

Au delà du boul. Henri IV, dans la rue Sully, se trouve la riche *bibliothèque de l'Arsenal* (pl. Bl. 25; *V*), dans une partie de l'ancien arsenal de Paris, qui s'étendait de la Seine jusqu'à la Bastille.

Cette bibliothèque est publique et ouverte tous les jours, sauf les dimanches et fêtes, de 10 h. à 3 (vacances du 15 août au 1er oct.). Elle a été fondée par le marquis *Paulmy d'Argenson*, qui la vendit en 1785 au comte d'Artois. Ce dernier y ajouta en 1787 la riche bibliothèque du duc de la Vallière, qu'il avait aussi achetée. La Révolution en fit une propriété nationale et la rendit publique. La Restauration la restitua en 1815 au comte d'Artois, mais elle resta ouverte au public sous le nom de *bibliothèque de Monsieur*. Elle est enfin redevenue propriété de l'Etat à la révolution de Juillet et elle s'appelle depuis bibliothèque de l'Arsenal. Après la bibliothèque Nationale, c'est la plus riche de Paris, au moins pour les ouvrages anciens.

En face de la bibliothèque, la *caserne des Célestins*. A quelque distance, à dr., le Jardin des Plantes (p. 249).

## 11. Bibliothèque Nationale.
### Fontaines Richelieu et Molière.

La **Bibliothèque Nationale** (pl. Bl. 21; *II*), autrefois appelée *Bibliothèque du Roi* ou *Bibliothèque Royale*, et *Bibliothèque Impériale*, est située au n° 58 de la rue de Richelieu (square, v. p. 181), longue d'environ 1500 pas, qui relie les boulevards des Italiens et de Montmartre (p. 70 et 72) à la place du Théâtre-Français (p. 83).

## 11. BIBLIOTHÈQUE NATIONALE.

La Bibliothèque Nationale est ouverte tous les jours de 10 h. à 4, sans exception pour la salle publique ou salle de lecture, excepté les dimanches, les jours de fête et pendant les vacances de Pâques (du dimanche de la Passion au lundi de Pâques) pour les autres salles. On n'y admet que les personnes qui veulent y lire ou travailler. Les visiteurs ne peuvent voir que le cabinet des médailles (p. 179), les salles d'exposition de géographie (p. 180) et la galerie Mazarine (p. 181).

*Charles V*, dit le Sage (m. 1380) fut le premier roi de France qui posséda une collection de livres considérable; mais sa «librairie» fut dispersée durant les guerres avec l'Angleterre. Le véritable fondateur de la bibliothèque actuelle fut *François Ier*, qui fit acheter et copier des manuscrits dans tous les pays, mais surtout en Italie, et qui par une ordonnance du 8 déc. 1536 enjoignit de déposer à sa bibliothèque, alors à Fontainebleau, un exemplaire de tous les ouvrages imprimés en France. *Henri II* ordonna de plus en 1556 que cet exemplaire serait imprimé sur vélin et bien relié; mais le Parlement modifia plus tard son ordonnance en demandant deux exemplaires sur papier ordinaire. *Henri IV* fit transférer la bibliothèque dans une ancienne maison des jésuites, le collège de Clermont, et il en fit relier magnifiquement les livres avec l'argent confisqué à cet ordre. Les jésuites étant revenus en 1604, la bibliothèque dut changer plusieurs fois de local, sous *Louis XIII* et *Louis XIV*; elle comptait déjà en 1684 environ 40,000 volumes imprimés et 1100 manuscrits. Enfin en 1724 on lui assigna, sur la proposition de *l'abbé Bignon*, qui en était alors chargé, l'hôtel Mazarin où elle est encore aujourd'hui.

D'après l'organisation du 23 août 1858, la Bibliothèque se divise en quatre départements : 1º le département des imprimés, cartes et collections géographiques, 2º celui des manuscrits, 3º celui des estampes, 4º celui des médailles et antiques. La masse de livres (1,700,000) et de manuscrits (80,000) que renferme la Bibliothèque Nationale, peut-être la plus riche du monde, est telle, que les tablettes sur lesquelles ils sont rangés, placées l'une au bout de l'autre, donneraient une longueur totale de plusieurs myriamètres. Les différents ouvrages sont représentés par les plus belles éditions, toutes les reliures sont très-soignées. L'administration dépense, depuis 1853, 50,000 fr. par an pour la rédaction du catalogue imprimé, qui ne se compose encore que de 15 ou 16 volumes in 4º, comprenant les ouvrages sur l'histoire de France, les ouvrages de médecine et les manuscrits français et orientaux. — La *collection d'estampes*, au rez-de-chaussée, à dr., se compose de 8,000 volumes et de plus de 1,000,000 de feuilles (v. p. 180). L'espace dont on avait à disposer jusqu'à présent, était beaucoup trop restreint pour une collection de proportions aussi colossales, c'est pourquoi on a entrepris la reconstruction et les agrandissements actuels.

Les bâtiments de la Bibliothèque occupent presque tout le grand carré borné par les rues Colbert, Neuve-des-Petits-Champs, Vivienne et de Richelieu. Une grande partie de l'édifice était autrefois le palais du cardinal *Mazarin* (m. 1661), le ministre tout-puissant de Louis XIII et de Louis XIV, qui l'avait fait construire. Il est soumis depuis longtemps à une restauration et à une reconstruction graduelles qui ne sont pas encore terminées, mais qui sont cependant assez avancées. La belle façade moderne précédée d'une cour et d'une grille qu'on voit du côté de la rue Vivienne, en fait partie, de même que celle qui donne sur la rue Neuve-des-Petits-Champs.

Provisoirement, l'entrée de l'ancienne salle, dite *salle de lecture*, où tout le monde est admis et où il vient beaucoup de flâneurs, se trouve au n° 3 de la rue Colbert, et celle de la nouvelle salle ou *salle de travail* (v. ci-dessous), un peu plus bas que la porte principale dans la rue de Richelieu, au drapeau, près du poste de pompiers. Cette dernière salle n'est ouverte qu'aux personnes munies d'une carte spéciale qu'il faut demander d'avance au conservateur de la Bibliothèque. Les savants étrangers sont reçus à la Bibliothèque avec la plus grande prévenance. Il faut déposer en entrant les cannes et les parapluies, mais ce dépôt est gratuit. Pour sortir d'une salle avec des papiers, livres ou portefeuilles, on a besoin d'un laisser-passer de l'un des bibliothécaires.

En entrant dans les salles de lecture et de travail, on reçoit deux bulletins, sur l'un desquels on écrit, d'après les indications du formulaire, le titre, le format, etc., de l'ouvrage qu'on désire, et son propre nom avec son adresse. On remet ce bulletin à l'un des employés du bureau au milieu de la salle, et l'on attend l'ouvrage à sa place. Dans la salle de lecture, on est prevenu de son arrivée par un employé qui en prononce le titre à haute voix, et il faut l'aller chercher; dans la salle de travail, au contraire, où les places sont numérotées, il vous est apporté immédiatement. Le second bulletin, sur lequel on écrit aussi son nom et son adresse, sert pour le contrôle; les employés y inscrivent les ouvrages prêtés et y apposent un timbre, lorsque ceux-ci sont rendus; ce bulletin doit être remis à l'employé qui est à la sortie. On trouve de l'encre sur les tables et il y a autour des salles, surtout autour de la salle de travail, des ouvrages d'un usage général qu'on peut toujours consulter, tels que dictionnaires, répertoires, encyclopédies, etc. Sur une table spéciale dans la salle de travail se trouvent des revues et autres publications périodiques. Pour plus de détails, et pour les départements autres que celui des imprimés, voir le règlement qui est affiché aux portes et à l'intérieur des salles.

Le **salle de travail**, dont chacun peut au moins se faire une idée en entrant dans le vestibule (porte, v. ci-dessus), d'où on l'aperçoit à travers une grande glace sans tain, a été terminée en 1868 par l'architecte *Labrouste*. C'est une vaste et haute salle carrée de 1155 m. de superficie, surmontée de 9 coupoles en faïence, par où elle reçoit le jour, et que supportent 16 colonnes fort légères en fonte, de 10 m. de hauteur. Au fond, dans un hémicycle, se tiennent les employés, derrière lesquels est le «magasin», éclairé aussi du haut et dont les rayons sont accessibles par des galeries longitudinales et transversales. A dr. et à g. dans la salle sont des tables, divisées en 344 places fort commodes, numérotées, avec des fauteuils cannés, et où l'on a en hiver un tuyau de calorifère sous les pieds. Le parquet est complétement couvert de caoutchouc qui amortit le bruit des fauteuils et des pas.

Le \*CABINET DES MÉDAILLES ET ANTIQUES est visible le mardi de 10 h. 1/2 à 3 h. 1/2, et aussi provisoirement les jeudi et samedi aux mêmes heures. L'entrée est rue de Richelieu, la porte après celle du poste de police, en venant des boulevards, la première en venant du Palais-Royal (sonner). Ce cabinet renferme une riche *collection de monnaies, de médailles* (120,000) et *d'antiques*, c'est-à-dire de pierres taillées, de petites œuvres d'art égyptiennes, assyriennes, grecques et romaines, de bijoux, d'émaux, de verres, de vases, d'armes précieuses, etc. L'installation est provisoire, en attendant que la salle spéciale soit terminée.

VESTIBULE. Au mur du fond, le *Zodiaque de Denderah*, qui a donné lieu à bien des discussions parmi les savants, jusqu'au jour où l'on a découvert que le temple de Denderah avait été terminé dans les premiers temps de l'empire romain et que les Egyptiens avaient dû emprunter l'idée du Zodiaque aux Grecs.

Dans L'ESCALIER, et dans l'antichambre, des inscriptions grecques et latines, coptes et phéniciennes. — A g., la

**Grande galerie.** Les objets les plus intéressants sont dans les vitrines du milieu. — I<sup>re</sup> VITRINE. Sur le devant, quelques cylindres avec des inscriptions cunéiformes et des pierres gravées d'Assyrie, de Chaldée et de la Perse. Plus loin, ainsi que dans la II<sup>e</sup> et dans la III<sup>e</sup> vitrine, des intailles et des camées grecs et romains, du moyen âge, de la Renaissance et des temps modernes, avec des représentations mythologiques et historiques, des portraits, etc. Ce sont des ouvrages excellents, dont nous ne saurions naturellement mentionner ici que les principaux. — II<sup>e</sup> VITRINE, 3<sup>e</sup> compartiment du côté de la porte: 2337, le prétendu *sceau de Michel-Ange*, avec une bacchanale, pierre gravée de la Renaissance. De l'autre côté, 673, 674, deux *bracelets de Diane de Poitiers*, chacun avec un grand camée entouré de sept autres plus petits, également de la Renaissance. A g., à côté de la vitrine, le prétendu *trône de Dagobert*, du VII<sup>e</sup> s. — III<sup>e</sup> VITRINE, 1<sup>er</sup> compartiment du côté de la porte: 4, *tête de Jupiter*; 209, *Apothéose de Germanicus*, camées antiques. — IV<sup>e</sup> VITRINE. Au milieu de la salle, contenant les objets les plus précieux: 279, un canthare dionysiaque, connu sous le nom de *coupe des Ptolémées*, en sardoine orientale, ornée de groupes figurant les mystères de Cérès et de Bacchus, qui fit autrefois partie du trésor de St-Denis. 2538, *coupe de Chosroës I<sup>er</sup>*, roi de Perse (m. 575 apr. J.-C.), composée de médaillons en cristal de roche et en verre de deux couleurs (dans le fond, Chosroës sur son trône), provenant aussi de trésor de St-Denis, où elle figurait sous le nom de «tasse de Salomon». 2780, 2781, *trésor de Gourdon* (village de la Côte-d'Or), buire et plateau en or massif, monument intéressant des premiers temps du christianisme. Au-dessous, 3124, *miroir étrusque*, avec l'Apothéose d'Hercule. Au-dessus, l'objet le plus remarquable de cette collection, l'\**Apothéose d'Auguste*, le plus grand de tous les camées connus, composé d'une forte tablette de sardoine, haute de plus de 30 centimètres, avec quinze figures: Auguste, Enée, Jules César, Drusus, Tibère, Livie, Agrippine, Germanicus, Caligula, etc. Ce camée faisait autrefois partie du trésor de la Ste-Chapelle, et les groupes qui y sont représentés, passaient pour un triomphe de Joseph en Egypte. Puis encore la \**patère de Rennes*, coupe trouvée en 1774 près de Rennes, en or massif, avec bas-reliefs représentant la lutte entre Bacchus et Hercule (triomphe du vin sur la force), et qui est entourée de seize médaillons d'empereurs romains de la famille des Antonins, depuis Adrien jusqu'à Géta, fils de Septime-Sévère. Dans le bas du 8<sup>e</sup> compartiment, la \**médaille d'Eucratide*, roi grec de la Bactriane, pesant 170 grammes, c.-à-d. 20 fois le poids du statère ordinaire des Grecs (4 drachmes): avant qu'on l'eût trouvée, en 1867, on ne connaissait que des monnaies de 4 statères. Le reste de la vitrine contient des objets de parure en or et des ustensiles en bronze. — V<sup>e</sup> VITRINE: monnaies romaines. — VI<sup>e</sup> VITRINE: monnaies grecques d'Europe et d'Asie. — VII<sup>e</sup> VITRINE: ouvrages du moyen âge et de la Renaissance: grand vase d'ivoire, avec monture en vermeil décorée de pierreries, et dont la panse représente un combat de cavalerie; coffret en argent du XVI<sup>e</sup> s., dit coffret Sickingen; épée des grands-maîtres de Malte; médaillon ovale représentant une jeune fille, par *Mino da Fiesole*;

## 11. BIBLIOTHÈQUE NATIONALE.

buste d'enfant, trava... florentin du XVe s.; bas-relief de marbre du XVIe s., J.-C. au milieu des enfants. — VIIIe VITRINE: monnaies françaises, etc. — IXe VITRINE: *trésor de Villeret*, 67 statuettes et vases en argent de diverses époques, en partie du IIe s. av. J.-C., et aussi de diverses valeurs, trouvés en 1830 dans un champ de Berthouville, près de Bernay, en Normandie; entre autres plusieurs statues de Mercure, deux buires (2804, 2805) à bas-reliefs au repoussé (scènes de la guerre de Troie); coupes diverses, surtout les num. 2811 et 2812, ouvrages anciens avec de beaux bas-reliefs, etc.

Dans une vitrine à g. près de la fenêtre, quelques objets provenant du tombeau de Childéric Ier, roi des Francs (m. 481), découvert en 1655 dans l'église St-Brice, à Tournai.

Dans l'armoire derrière la vitrine du milieu se voit un grand plat en argent, large de 70 centim., connu sous le nom de *Bouclier de Scipion*. Les bas-reliefs presque plats qui le décorent, représentent l'enlèvement de Briséis ou Briséis rendue à Achille par Agamemnon. Il a été trouvé en 1656 dans le Rhône, près d'Avignon.

Dans les autres armoires, au mur du fond, des *vases en terre cuite*, dont plusieurs fort anciens; aux fenêtres, des *ivoires* antiques et du moyen âge; à la porte et aussi le long du mur en face des fenêtres, des *bronzes* de toute sorte. Enfin sur les armoires des sculptures diverses, entre autres, *3725, un buste colossal de femme.

A dr. de l'antichambre, la SALLE DU DUC DE LUYNES, qui contient une collection choisie de monnaies antiques, de pierres gravées, d'armes, de terres cuites, etc., léguée par le duc de Luynes (m. 1867), de son vivant un antiquaire célèbre. Dans le fond, un beau torse de femme en marbre de Paros.

Parmi les autres parties de la bibliothèque ouvertes au public comme la précédente, mais de 10 h. à 4 h., on verra encore avec intérêt les salles d'exposition de géographie et surtout la galerie Mazarine. On s'y rend par le vestibule de la salle de travail, qu'on voit en passant (p. 178). Plus loin à dr., les salles du DÉPARTEMENT DES ESTAMPES, dans la première desquelles sont exposées un certain nombre des feuilles les plus remarquables.

A g. de l'escalier qui est au fond du couloir se trouve l'entrée provisoire des salles d'EXPOSITION DE GÉOGRAPHIE, au nombre de trois. Les curiosités qu'on y voit sont accompagnées d'étiquettes explicatives. Nous mentionnerons particulièrement deux *globes* énormes, de 3 m. 87 de diamètre, qui traversent le parquet d'une salle située au-dessus, à côté de la salle publique de lecture. Ils ont été faits dans la seconde moitié du XVIIe s., par le Vénitien *Vincent Coronelli*, et l'un d'eux représente la terre conformément aux connaissances géographiques de l'époque, tandis que l'autre donne l'état des constellations célestes au moment où naquit Louis XIV.

En montant l'escalier mentionné ci-dessus, on arrive à la grande *GALERIE MAZARINE, à l'extrémité de laquelle sont les salles de travail de la collection géographique et du département des manuscrits. Cette galerie nouvellement restaurée a un magnifique plafond par *Jean Franç. Romanelli* de Viterbe, dont les sujets sont empruntés à la mythologie, à l'histoire de Troie et à celle de Rome. On y a exposé depuis peu, dans 32 armoires et vitrines, un choix de manuscrits et de vieux imprimés de la bibliothèque, dont un bon nombre avec des miniatures et des reliures superbes, etc.

En sortant, on a à g., sur le même palier, la galerie des Chartes,

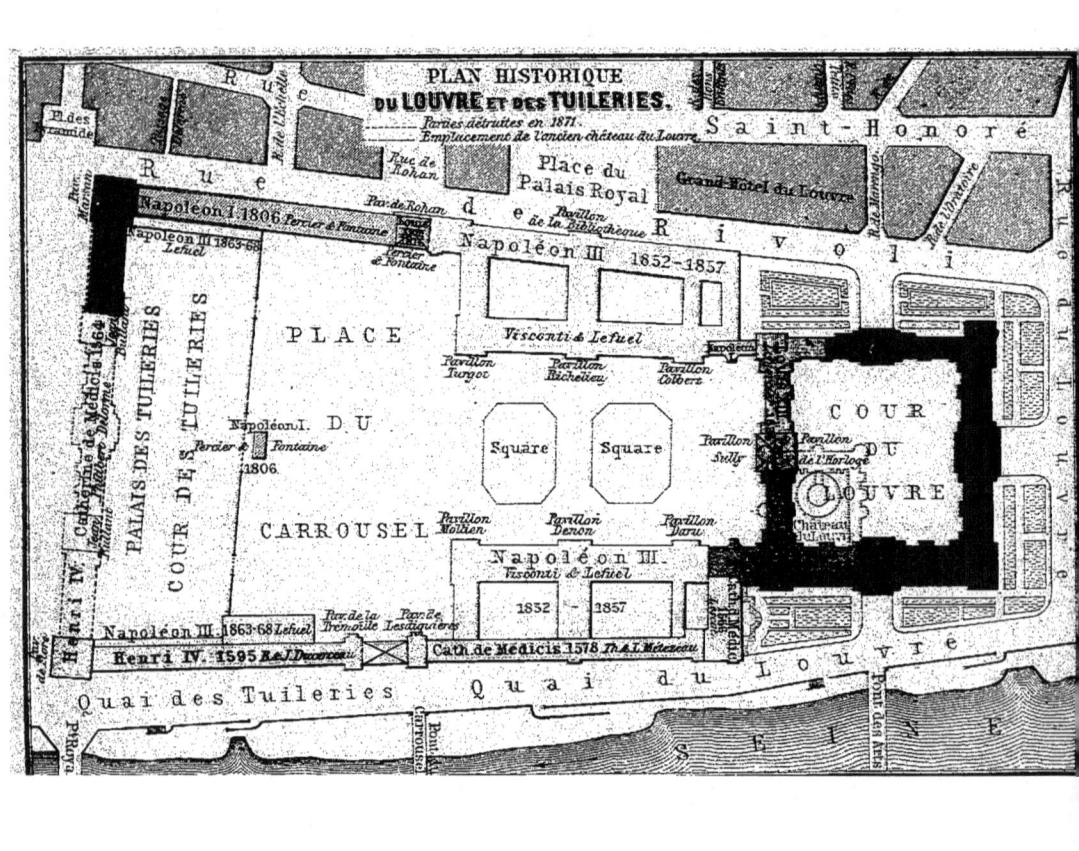

conduisant à une petite salle d'où l'on voit une partie des magasins admirablement organisés de la bibliothèque, et le plâtre original de la statue de Voltaire par Houdon, dont le socle renferme le cœur du grand écrivain.

En face de la Bibliothèque Nationale se trouve le petit *square Richelieu*, là où était le Grand-Opéra au sortir duquel le duc de Berry fut assassiné par Louvel, en 1820, et qui fut démoli pour cette raison. Une chapelle expiatoire devait s'élever sur son emplacement, mais la révolution de Juillet étant survenue, le projet fut abandonné. Depuis on y a érigé la \*fontaine Richelieu ou *Louvois*. Elle est en bronze et l'œuvre de *Visconti*, avec des statues par *Klagmann*, représentant la Seine, la Loire, la Garonne et la Saône.

Plus bas, dans la rue de Richelieu, au coin de la rue Molière, à peu près à mi-chemin entre la Bibliothèque et la place du Théâtre-Français, s'élève la **Fontaine Molière**, érigée en 1844 à la mémoire du célèbre poëte, qui mourut en 1673 dans la maison située vis-à-vis, n° 34. C'est un monument du style de la Renaissance, mesurant 16 m. de hauteur sur 6 m. 50 de largeur, dont le plan est également de *Visconti*, avec une statue de Molière assis dans une niche, par *Seurre*, et, de chaque côté d'une sorte de piédestal, les Muses de la comédie sérieuse et de la comédie légère, tenant des rouleaux où sont inscrits les noms des œuvres du grand comédien, avec la date de leur première représentation, par *Pradier*.

## 12. Saint-Eustache.

#### Halles Centrales. Fontaine des Innocents. Tour de Jean-sans-Peur.

\*Saint-Eustache (pl. Bl. 21, 20; *III*), une des plus importantes sinon des plus remarquables parmi les nombreuses églises de Paris, s'élève à l'extrémité S. de la rue Montmartre, en face des Halles Centrales (p. 182) et à peu de distance du Louvre. Cet édifice, sur les plans de *Charles David*, offre un curieux mélange d'architecture gothique dégénérée et du style de la Renaissance; on a travaillé plus d'un siècle à sa construction (1532-1637). Le portail occidental, avec sa colonnade dorique et ionique, a été ajouté en 1752, mais il n'est achevé que depuis la restauration de l'édifice, en 1846-1854. Cette église a joué un certain rôle durant la Révolution. C'est ici qu'eurent lieu en 1791 les funérailles de Mirabeau, dont le corps fut porté ensuite au Panthéon. On y célébra en 1793 la fête de la Raison, et elle fut cédée en 1795 aux Théophilanthropes, qui en firent un temple de l'Agriculture.

INTÉRIEUR. On entre généralement par une petite porte latérale près de la rue Montmartre. L'édifice, long de 106 m., large de 44 et haut de 33 sous voûte, est divisé en cinq nefs; il présente à l'intérieur des proportions élancées et aériennes, qui ne manquent point de faire une excellente impression. Les chapelles, aux arcades desquelles on voit les armoiries de leurs fondateurs, sont ornées avec autant de richesse que de goût. Leurs \*fresques méritent surtout l'attention.

*A droite*, en partant du grand portail: 3e travée, la chapelle Ste-Cécile, avec des fresques anciennes restaurées par *Basset*; puis les chapelles des Innocents et du Purgatoire, dont les peintures sont de *Gourlier* et de *Magimel*. Dans la dernière, un groupe de la Flagellation et une belle statue en marbre blanc. — Le transept méridional a des bas-reliefs par *Devers*, 6 statues des apôtres par *J.-B. Debay* et de grandes fresques par *Signol*: les Evangélistes et les Vertus théologales. — Plus loin, trois chapelles décorées par *Larivière*, *Vaugelet* et *Lazerges*. La quatrième a des fresques anciennes restaurées par *Cornu*. Celles de la chapelle voisine sont de *Pils*; celles de la travée où se trouve la porte indiquée ci-dessus, de *Damery* et de *Biennoury*, et celles de l'ancienne chapelle où est l'entrée de la salle des Catéchismes, de *Signol*.

Vient ensuite la grande *chapelle de la Vierge*, qui a été ajoutée au commencement de ce siècle. L'autel est surmonté d'une belle statue de la Vierge par *Pigalle* et décoré de sculptures de marbre très-élégantes. Les fresques sont de *Couture*.

La chapelle suivante, avec des fresques par *Bézard*, renferme le *tombeau de Colbert* (m. 1683), le célèbre ministre des finances de Louis XIV. C'est un sarcophage de marbre noir, surmonté de la statue agenouillée de Colbert, en marbre blanc, par *Coysevox*, (m. 1720), et aux extrémités duquel sont deux autres statues, l'Abondance, aussi par Coysevox, et la Religion, par *Tubi* (m. 1700).

Continuant à faire le tour du chœur, nous voyons encore jusqu'au transept 5 chapelles avec des fresques par *Delorme*, *Basset* (anciennes, restaurées), *Serrur*, *Pichon* et *Félix Barrias*; celles de la 4e représentent des scènes de la vie de Ste Geneviève, celles de la 5e des scènes de la vie de St Louis. La dernière renferme aussi depuis peu un Christ au tombeau par *A. Lenoir*. — Le petit bras de transept du N. est richement décoré, comme celui du S., de bas-reliefs, de statues d'apôtres et de grandes fresques des mêmes artistes. Au-dessus d'un bénitier, un beau groupe représentant le pape Alexandre Ier, à qui est due l'institution de l'eau bénite. — On sortira de ce côté pour voir le joli portail N., du style propre à cette église; il donne sur une ruelle aboutissant à la rue Montmartre.

Revenus à l'intérieur, nous passons devant la chapelle dédiée à St Eustache, dont les reliques y sont conservées. Les fresques, par *le Hénaff*, représentent des scènes de la vie du saint, qui était général de l'empereur romain Titus, sous le nom de Placide. — Celles de la chapelle qui suit, restaurées par *Basset*, datent du XVIe s., et celles des trois dernières sont de *Riesener*, *Marquis* et *Glaize*.

On ne manquera pas non plus de remarquer le maître autel, en marbre blanc; la chaire moderne en bois sculpté, par *Moisy* et *Pyanet*; les boiseries du banc-d'œuvre et l'orgue, un des meilleurs de Paris, par *Cavaillé-Coll*. St-Eustache est très-fréquenté, surtout les jours de fête, à cause de la bonne musique qu'on y entend.

Les \*Halles Centrales, dont nous avons déjà parlé p. 38, s'élèvent en face de l'église. C'est un groupe gigantesque de constructions à peu près tout en fer et avec couverture en zinc, œuvre de *Baltard* (m. 1874). Composées aujourd'hui de 10 pavillons, elles en comprendront 12 lorsqu'elles seront achevées. Entre ces pavillons passent des rues couvertes, de 15 m. de largeur et de hauteur, coupées par un boulevard de 32 m. de largeur, qui part de la «Pointe-St-Eustache» (chœur de l'église) pour descendre du côté de la rue de Rivoli. Les 6 pavillons à l'E. de ce boulevard mesurent ensemble 166 m. de longueur sur 124 de largeur; le tout occupera une superficie de 88,000 m. carrés. Les frais d'achat de terrain et de construction sont évalués à 60 millions de francs. Chaque pavillon contient 250 places ou boutiques d'environ 4 m. carrés, dont la location se paie 20 c. par jour. Et tout cela n'est cependant encore, pour ainsi dire, que la moitié des halles, car en dessous se trouvent des caves de 3 m. 80 de hauteur, occupant

## 12. HALLES CENTRALES.

la même superficie et servant à l'emmagasinage des denrées, surtout de celles qui doivent être conservées fraîches. Il n'y a pas moins de 1200 cabines, éclairées par autant de becs de gaz. On y descend par des escaliers situés dans les pavillons d'angle. Un chemin de fer souterrain doit y aboutir.

Nous avons déjà, par l'aperçu général de la p. XXII, une idée de la consommation de Paris en denrées alimentaires; un statisticien a fait ainsi qu'il suit l'*addition du dîner* quotidien de ce Gargantua.

| | | | |
|---|---|---|---|
| Pain | 500,000 kilogr. | coûtant environ | 275,000 fr. |
| Vin | 330,000 litres | — | 250,000 fr. |
| Bière, cidre | 40,000 litres | — | 15,000 fr. |
| Eau pour la cuisine et la boisson | 1,310,000 litres | — | 6,500 fr. |
| Hors-d'œuvre de charcuterie | 3,000 kilogr. | — | 8,000 fr. |
| Pâtés, terrines et écrevisses | 1,000 kilogr. | — | 5,000 fr. |
| Huîtres | 250,000 kilogr. | — | 4,500 fr. |
| Œufs | — | — | 17,500 fr. |
| Beurre | — | — | 11,000 fr. |
| Bœuf et vache | 208,000 kilogr. | — | 230,000 fr. |
| Veau | 13,000 kilogr. | — | 19,000 fr. |
| Mouton | 28,000 kilogr. | — | 35,000 fr. |
| Porc | 22,000 kilogr. | — | 33,000 fr. |
| Volaille | — | — | 24,000 fr. |
| Poisson d'eau douce | — | — | 2,000 fr. |
| Poisson de mer | — | — | 16,000 fr. |
| Légumes verts et secs | — | — | 200,000 fr. |
| Entremets, pâtisserie fine et commune | — | — | 50,000 fr. |
| Dessert, fromage | — | — | 4,000 fr. |
| Fruits et conserves | — | — | 12,000 fr. |
| Eau-de-vie, liqueurs, etc. | — | — | 50,000 fr. |

Ce qui donne un total de 1,268,500 fr.

Sans compter les frais généraux, la cuisson, le service, le linge, la vaisselle, les pourboires, etc. Notre statisticien y ajoute, sans doute en plaisantant, pour 5,000 fr. de cure-dents.

Les halles occupent la place de l'ancien marché des Innocents, dont l'origine remonte au Xe s. Il était décoré de la **fontaine des Innocents**, bel ouvrage de la Renaissance par *Pierre Lescot*, avec des sculptures de *Jean Goujon* (p. 87), maintenant au centre d'un square au S.-E. de l'autre côté des halles. Elle était dans le principe adossée à l'église des Innocents, qui fut démolie en 1783, et elle n'avait que trois arcades. C'est à présent une construction carrée sur six gradins modernes, formant autant de vasques, avec des Naïades de chaque côté des arcades, entre des pilastres corinthiens, surmontée d'un riche entablement, d'un attique à bas-reliefs et de frontons, et couronnée par une coupole également moderne. L'eau descend en abondance d'une coupe placée à l'intérieur.

Pour achever les Halles Centrales, on fera disparaître les pâtés de maisons qui les séparent encore, à l'O., d'un édifice à coupole dans l'axe duquel elles se trouvent. Cet édifice, situé rue de Viarmes, est la *halle au blé*, construite en 1662, incendiée en 1802 et rebâtie en 1811. Elle est en pierre et percée de 25 arcades cintrées. La rotonde mesure, à l'intérieur, 42 m. de diamètre sur 32 m. 50 de hauteur, et tout autour règne une galerie soutenue par des piliers. —En dehors de la halle, au S., se voit une *colonne* dorique cannelée, de 30 m. de hauteur et 3 de diamètre, élevée en 1572, sur l'ordre de Catherine de Médicis, pour servir, dit-on, à des observations astrologiques.

Au N.-E. de St-Eustache, entre la rue Montorgueil et la rue de Turbigo, se trouve un beau spécimen d'architecture militaire du XVe s., la **tour de Jean-sans-Peur,** que l'on vient d'isoler en abattant les vieilles maisons dans lesquelles elle était prise, pour les remplacer par une école municipale. Elle faisait jadis partie de l'hôtel de Bourgogne, où les *Confrères de la Passion* eurent leur théâtre à partir de 1548, et où furent d'abord représentés le *Cid* de Corneille, *Andromaque* et *Phèdre* de Racine. C'est une tour à créneaux avec baies en ogive. A l'intérieur est un bel escalier à vis. Pour la visiter s'adresser, sur le derrière, au n° 23 de la rue Tiquetonne.

La belle rue neuve de Turbigo, qui part des halles et aboutit à la place du Château-d'Eau, traverse le boul. de Sébastopol non loin des Arts-et-Métiers (à g.; v. ci-dessous); la rue de Rambuteau, qui longe d'abord les halles au delà de l'église, traverse aussi le boulevard et conduit directement aux Archives (p. 191).

## 13. Conservatoire des Arts et Métiers.

Les collections du Conservatoire sont visibles de 10 h. à 4, gratuitement les dimanche, mardi et jeudi, moyennant 1 fr. les autres jours. Les machines de la galerie d'expérimentation ne marchent que les jours où le public est admis gratuitement. Le catalogue coûte 1 fr. 50; on peut s'en passer, car il y a partout des étiquettes explicatives.

Le *Conservatoire des Arts et Métiers (pl. Bl. 24; *III*), peut-être le musée industriel le plus considérable de l'Europe, est situé rue St-Martin, 292, en face du square des Arts-et-Métiers (p. 186), près du boulevard de Sébastopol (p. 69) et non loin de la porte St-Martin. Il est établi dans l'ancien couvent des bénédictins de *St-Martin-des-Champs*, sécularisé en 1789, qui forme aujourd'hui un vaste et beau corps de bâtiment parfaitement restauré et presque complétement dégagé. L'inscription du portail, élevé de 1848 à 1850, rapporte que cet édifice a été fondé en 1060, que l'établissement du Conservatoire a été décrété par la Convention en 1794, et qu'il a été transféré ici en 1798.

Les fondateurs des collections s'étant proposé de les faire servir à l'instruction pratique des ouvriers, il y a en outre au Conservatoire des cours publics de sciences appliquées. Voir pour les détails les affiches apposées à l'entrée.

L'entrée principale est dans la cour, par un perron monumental, au centre (vestiaire, 10 c.). Les collections sont divisées en 24 catégories, et les objets appartenant à une même catégorie ont été réunis et classés aussi bien que possible.

Rez-de-chaussée. — Dans le *vestibule*, et la *salle-écho* qui y fait suite, des charrues, un laminoir universel pour plaques de blindage, un modèle du paquebot à hélice le «Danube». La salle-écho s'appelle ainsi à cause de sa voûte construite de telle façon qu'un mot prononcé à voix basse dans un coin, s'entend distinctement dans le coin diagonalement opposé.

*Côté gauche.* 1re salle : des poids et mesures français et étrangers, dont la plupart sont des étalons. — 2e salle : instruments astronomiques, télescopes, longues-vues, etc. — 3e-6e salles : galeries de géodésie et d'horlogerie, depuis les temps les plus reculés.

*Côté droit:* galeries de métallurgie, des mines, etc., avec des modèles de constructions et de machines qui s'y rapportent. A dr. : modèle de la machine qui a servi au percement du tunnel du Mont-Cenis ; modèle du puits artésien de Grenelle (p. 272). Puis une salle avec des échantillons de grains et de légumes, ainsi que des imitations de toutes sortes de fruits et de légumes. A g., une aile s'étendant du côté du jardin, *l'aile du sud*, avec une riche collection de machines, d'instruments et d'autres objets relatifs à l'agriculture. On revient sur ses pas pour entrer plus loin dans l'ancienne *chapelle* du prieuré, la galerie d'expérimentation, renfermant un certain nombre de machines qui fonctionnent les jours où le public est admis à visiter gratuitement le Conservatoire. — De cette galerie, nous retournons à l'entrée et nous montons le grand escalier.

Premier étage. — *En face*, la galerie des chemins de fer : modèles de wagons, etc.

*Côté gauche.* — Le bâtiment du centre étant divisé en deux dans le sens de la longueur par une cloison, nous suivons d'abord la galerie de g., où se voient des modèles de machines à vapeur et de machines hydrauliques. — Une aile donnant sur la cour contient des modèles de machines à carder, à filer, à tisser, etc. ; des spécimens de coton, de soie, etc. Parmi les machines se voit le métier à tisser de *Vaucanson* (m. 1782), type du métier *Jacquard*, qui est encore en usage maintenant. — De retour dans la grande galerie, nous y remarquons encore des modèles de moulins à vent verticaux et horizontaux, de manèges, de tuileries, de briqueteries, de fours.

De là, nous passons à dr. dans *l'aile du nord*, comprenant les galeries de cristaux, d'appareils de chauffage et d'éclairage, avec des modèles d'ateliers pour la fabrication de la porcelaine, de la faïence, de la poterie, de l'acide nitrique ; pour le moulage, le fondage, la clouterie, la serrurerie, la menuiserie. Puis un laboratoire de chimie, et après, des modèles de poêles, de fourneaux, de lampes, d'appareils à gaz, etc. Plus loin, les galeries d'acoustique et d'optique. En revenant de l'autre côté, la salle consacrée à l'imprimerie, la gravure, la fabrication du papier, la galvanoplastie, le guillochage ; la salle de la verrerie, avec un lion et un serpent en verre filé, et la salle de la céramique, où l'on remarque la «Coupe du travail», en porcelaine de Sèvres, représentant, en bas-reliefs, les opérations des différents arts et métiers, et une statue de Palissy en porcelaine.

On se trouve ensuite dans la seconde galerie du bâtiment central, moins importante que l'autre; c'est la salle dite de la géométrie descriptive, et elle contient surtout des modèles pour l'étude de la géodésie et des modèles de constructions, en plâtre et en bois; des modèles de charpentes, d'escaliers, de ponts, etc.

*Côté droit.* — La galerie qui fait suite à la salle de la géométrie est celle de la mécanique, renfermant une collection d'instruments pour la démonstration du mouvement: dynamomètres, anémomètres, treuils, grues, roues dentées, etc., le modèle de l'appareil qui servit à l'érection de l'obélisque de Louqsor, des modèles de cabestans, de pressoirs, de grues, de voitures.

Dans l'*aile du sud*, à g. de la galerie précédente, se trouve la salle de physique, où est exposée une riche collection d'instruments de physique, machines électriques, appareils télégraphiques, baromètres, boussoles, électro-aimants, etc.

Reste enfin la seconde galerie du bâtiment du centre jusqu'à l'escalier. Elle contient un grand nombre de modèles de machines pour la fabrication du sucre, pour le gaz, l'huile, la distillerie; des modèles de moulins, des machines outils, pour travailler le caoutchouc et le bois, pour faire des clous, découper et percer; un beau spécimen de découpage et des modèles de machines à vapeur.

Dans une petite salle à g., des tours et une collection d'outils.

L'ancien *RÉFECTOIRE, édifice du style gothique le plus élégant, long de 43 m. sur 7 m. de largeur, construit vers le milieu du XIII$^e$ s. par *Pierre de Montereau* (p. 221), a été transformé avec beaucoup de goût en *bibliothèque* (20,000 volumes). Sept colonnes élancées supportent les arêtes de la voûte en ogive, et le tout est élégamment peint et doré. La bibliothèque est ouverte tous les jours, même le dimanche, de 10 h. à 3 h. et de 7 h. $^1/_2$ à 10 h. du soir pour les personnes qui désirent y étudier; les simples curieux peuvent néanmoins y jeter un coup d'œil. Le lundi, elle est ouverte aux visiteurs. Entrée à dr. dans la cour en arrivant.

Le joli *square des Arts-et-Métiers*, devant le Conservatoire, est décoré d'une colonne avec une Victoire en bronze, par *Crauk*, et sur le piédestal de laquelle se lisent les noms des victoires de la campagne de Crimée. De chaque côté sont de petits bassins avec des figures en bronze: l'Agriculture et l'Industrie, par *Gumery;* le Commerce et les Arts, par *Ottin.*

A côté du square s'élève le *théâtre de la Gaîté* (p. 48).

L'église voisine, *St-Nicolas-des-Champs*, construite par Colo vers 1575, n'a guère de remarquable que son portail gothique.

## 14. Monuments au nord des grands boulevards.
**Chapelle expiatoire, St-Augustin, la Trinité, Notre-Dame-de-Lorette, St-Vincent-de-Paul, St-Laurent, etc.**

Le meilleur moyen pour visiter ces monuments sans perte de temps, c'est de le faire en une fois dans l'ordre suivant, à moins qu'on ne préfère commencer dans le sens opposé, si l'on est plus près du boul. de Strasbourg. Le chemin est facile à trouver.

A g. de la Madeleine (p. 79) s'étend le *boulevard Malesherbes* (p. 81), qui conduit à l'église St-Augustin (v. ci-dessous) et au parc de Monceaux (p. 208). En montant la 2e rue à dr. de ce boul., la rue Pasquier, on arrive à un square planté de cyprès et de saules pleureurs, sur le bord du boul. Haussmann, où s'élève la

**Chapelle expiatoire** (pl. R. 18; *II*), érigée de 1820 à 1826, à la mémoire de Louis XVI et de Marie-Antoinette, sur l'emplacement de l'ancien cimetière de la Madeleine, où leurs dépouilles mortelles restèrent inhumées jusqu'en 1815, avant d'être transférées à St-Denis.

On monte plusieurs degrés pour arriver dans un vestibule où demeure, à g., le gardien (50 c. à 1 fr.), et de là plusieurs degrés encore après lesquels on est dans une sorte de cour bordée de galeries, avec des tombeaux qui renferment des restes d'autres victimes de la Révolution, des Suisses des Tuileries, dit-on.

La chapelle proprement dite, où l'on arrive de nouveau par un certain nombre de marches, est une construction en forme de croix et surmontée d'une coupole. Elle renferme deux groupes de marbre. Celui de g. représente la reine soutenue par la Religion, sous les traits de Madame Elisabeth, sœur du roi, décapitée le 12 mai 1794; il est l'œuvre du sculpteur *Cortot* et il a pour inscription la dernière lettre adressée par la reine à Madame Elisabeth (v. p. 192). Le groupe de dr., par *Bosio*, représente Louis XVI et un ange qui lui adresse les mots: «Fils de St Louis, montez au ciel!» Au-dessous se trouve inscrit le testament du roi. On voit encore au-dessus du portail, également à l'intérieur, un bas-relief de *Lemaire*, la Translation des cendres du roi et de la reine du cimetière de la Madeleine (remplacé par la chapelle) à St-Denis. Des escaliers de chaque côté de l'autel conduisent dans une crypte, à l'endroit même où était le corps de Louis XVI et où se célèbrent les anniversaires en l'honneur des augustes victimes de la révolution, le 21 janvier et le 16 octobre.

En suivant le boul. Haussmann de l'autre côté du square, on regagne bientôt le boul. Malesherbes et l'on a devant soi

**St-Augustin** (pl. R. 15), édifice moderne construit de 1860 à 1868 par *Baltard*, dans un style roman modernisé. Cette église a la forme d'un triangle irrégulier, vers la base duquel se trouve un dôme de 25 m. de diamètre et de 50 m. de hauteur, couronné par une élégante lanterne et flanqué de quatre tourelles à coupoles. Elle a un portail formé de trois arcades, que surmontent une sorte de galerie contenant des statues du Christ et de ses apôtres, une rosace et un pignon triangulaire. Les piliers sont également garnis de statues de prophètes et de docteurs de l'Église.

Intérieur. On est parvenu dans cette église, en employant le fer, à supprimer les piliers et les colonnes, qui ailleurs ont l'inconvénient d'intercepter la vue. Les bas-côtés sont surmontés de tribunes dans toute leur longueur. Le maître autel, avec un baldaquin d'une très-grande richesse, est situé au-dessus d'une vaste crypte. Le transept, dont les bras sont fort courts, se termine par des chapelles décorées de peintures par *Bouguereau*, celle de dr. dédiée à St Augustin, celle de g. à St Jean-Baptiste. Dans la coupole, des médaillons peints par *Signol*, les Évangélistes. Les grandes compositions de la chapelle de la Vierge, l'Adoration des bergers et la Présentation au temple, sont de *Brissot*. Les vitraux sont de *Maréchal* et de *Lavergne*.

Sur le côté de St-Augustin est la *caserne de la Pépinière*. Nous prenons à côté la rue du même nom. Au commencement de la rue St-Lazare, qui fait suite, nous rencontrons la *gare St-Lazare* ou gare de l'Ouest rive droite (p. 30) et la place du Havre. Plus loin, à g., s'élève dans l'axe de la rue de la Chaussée-d'Antin, où on la voit des boulevards, l'église de

*La Trinité (pl. R. 18), autre édifice moderne du style de la fin de la Renaissance, bâtie de 1861 à 1867 par *Ballu*. Elle mesure 90 m. de long sur 30 de large. La façade, que précède un square décoré d'une fontaine monumentale, a un porche où l'on peut arriver en voiture par deux rampes douces; au-dessus règne un étage élégant avec une rose à jour, et le tout est surmonté d'un joli clocher haut de 63 m.

L'intérieur présente une grande nef et deux bas côtés étroits, séparés de la nef par de belles colonnes en pierre du Jura alternant avec des piliers décorés de statues des apôtres et surmontés de tribunes comme à St-Augustin. A chacune des quatre travées à double arcade de la grande nef correspondent de chaque côté des chapelles à arcades reposant aussi sur une colonne. La galerie formant les bas côtés fait saillie dans le chœur, et l'on monte onze degrés pour arriver derrière le maître autel, au-dessus duquel s'élève un joli dais. Au-dessous du chœur se trouve aussi une grande crypte. Les tribunes reposent ici sur des colonnes en stuc vert. L'abside est occupée par une grande chapelle richement décorée, dont les peintures sont de *Lévy* et *Delaunay* et les vitraux d'*Oudinot*. La nef est également ornée de peintures par *Jobé-Duval* et *F.-J. Barrias*. On remarquera encore près de la porte d'élégants bénitiers surmontés de statues en marbre de l'Innocence et de la Pureté, par *Gumery*.

Plus loin à l'E., entre la rue St-Lazare et la rue de Châteaudun, qui y mènent de l'église de la Trinité, se trouve

**Notre-Dame-de-Lorette** (pl. R. 21), à l'extrémité de la rue Laffitte, qui donne sur le boul. des Italiens. Elle date de 1823-1836, et sa forme est celle d'une basilique romaine, de 69 m. de long sur 32 de large et 18 de haut. Au dehors, elle est d'un aspect sévère. On en remarque cependant le portique corinthien avec fronton sculpté par *Nanteuil* (m. 1865), l'enfant Jésus adoré par les anges, et des statues des Vertus théologales par *Foyatier*, *Laitié* et *Lemaire*.

## 14. AU NORD DES BOULEVARDS.

L'INTÉRIEUR, au contraire, est orné avec une élégance excessive, qui lui donne un air mondain, presque théâtral. L'office s'y célèbre aussi avec une grande pompe. Le visiteur est comme ébloui par les dorures et les couleurs éclatantes qui y sont prodiguées partout. Le vaisseau est divisé en trois parties par 32 brillantes colonnes de stuc jaune, et le plafond, en énormes caissons non moins brillants de dorures et de peintures. Malgré cela, les fresques dont sont couverts tous les murs ne manquent pas de mérite. Celles des chapelles des fonts, du St-Sacrement, des mariages et des morts, aux extrémités des bas-côtés, peintes sur fond d'or, sont de *Blondel* et de *Périn*. Celles de la nef, entre les fenêtres, dues à différents artistes, représentent des scènes de l'histoire de la Vierge, et la série est complétée par les trois du chœur et de l'abside: à dr., la Présentation au temple, par *Heim*; à g., Jésus enseignant dans le temple, par *Drolling*; au centre, le Couronnement de la Vierge, par *Picot*. Les deux Anges en adoration du maître autel sont aussi de Nanteuil.

Le quartier est habité par beaucoup d'artistes et par les dames auxquelles on a appliqué une partie du nom de l'église.

La rue Notre-Dame-de-Lorette, à g. derrière l'église, conduit en quelques minutes à la petite *place St-Georges*, où se voit à g., n° 27, l'hôtel de M. *Thiers* (m. 1877), que les communards avaient démoli en 1871 et qui fut reconstruit aux frais de l'État. En continuant de monter dans la même direction, on arriverait aux boulevards extérieurs, non loin du cimetière Montmartre (p. 206).

Retournant à la rue St-Lazare, nous suivons, toujours dans la même direction, celles de Lamartine et Montholon, qui en sont le prolongement, jusqu'à la grande rue Lafayette. On y arrive en passant devant le *square Montholon*, orné d'un groupe en marbre par *Mercié*, «Gloria victis». De là nous montons à g. jusqu'à la *place Lafayette*, où s'élève, en face de la rue d'Hauteville, qui aboutit au boul. Bonne-Nouvelle (p. 70),

**St-Vincent-de-Paul** (pl. R. 24), église construite de 1824 à 1844, par *Lepère* et *Hittorf* (m. 1867), également en forme de basilique, mais dans des proportions plus heureuses que la précédente. Elle a 80 m. de long et 37 de large.

On y monte par deux belles rampes en fer à cheval et par un escalier central, large de 12 m., comptant 46 degrés. Au-dessus de ce vaste amphithéâtre s'élève un péristyle en avant-corps, composé de 12 colonnes ioniques cannelées et supportant un fronton sculpté par *Lemaire*: St Vincent-de-Paul, la croix à la main, entre la Foi et la Charité. De chaque côté sont des tours carrées un peu maigres, hautes de 42 m., reliées par une balustrade avec des statues des 4 évangélistes. La porte sous le péristyle est ornée de sculptures par *Farochon* (m. 1871), représentant J.-C. et les 12 apôtres.

L'INTÉRIEUR se compose d'une grande nef flanquée de bas-côtés doubles, dont une partie est occupée par des chapelles et l'autre surmontée de tribunes. On n'y compte pas moins de 84 colonnes ioniques en stuc: 46 dans le bas de la nef, 24 au-dessus, le long des tribunes, et 14 autour du chœur. La charpente du toit est apparente et peinte, avec fonds blancs rechampis d'ornements d'or et d'azur. Le chœur reçoit le jour d'en haut, la nef, des tribunes et des bas-côtés. Les fenêtres de ces derniers ont de beaux vitraux, par *Maréchal* et par *Grignon*. On en remarquera aussi les belles grilles et les plafonds en bois sculpté.

Le mur entre les colonnes inférieures et supérieures de la nef est orné d'une **frise peinte par *Hippolyte Flandrin*, le meilleur élève d'Ingres (p. 114). Elle figure une procession de saints, d'apôtres, de prophètes, de martyrs, de papes et de saintes femmes. Cette composition célèbre, d'une beauté vraiment classique, est le chef-d'œuvre de l'artiste; elle rappelle les mosaïques de S.-Apollinare Nuovo à Ravenne. Dans la coupole du chœur, est une autre fresque sur fond d'or par *Picot*: St Vincent-de-Paul agenouillé devant le Christ sur son trône et lui présentant des enfants. Le maître autel est décoré d'un beau calvaire en bronze par *Rude*. Autour du chœur règne une haute boiserie, à laquelle sont adossées des stalles sculptées. Dans la chapelle de la Vierge, derrière le chœur, un groupe de la Vierge avec l'enfant Jésus, par *Carrier-Belleuse*.

La rue Lafayette croise, un peu au delà de St-Vincent-de-Paul, le boul. de Magenta. Là commence le petit boul. de Denain, au bout duquel se dresse la grande façade de la **Gare du Nord** (pl. R. 24), reconstruite en 1863-64 par *Hittorf*. Elle occupe une superficie de près de 32,000 m. La partie principale de la façade, percée d'une grande fenêtre, est surmontée d'un pignon que couronnent des statues de Paris et de 8 grandes villes étrangères reliées à Paris par la ligne du Nord. Derrière cette partie centrale se trouve la grande halle de la gare, dont la longueur est de 200 m. et la largeur de 70, c'est-à-dire au moins double de celle des boulevards. Il y aboutit 9 voies ferrées bordées de quais. Sur le devant, les guichets pour la banlieue, ainsi que des bureaux de poste et du télégraphe. A dr., le côté de l'arrivée de la province et de l'étranger, avec les salles et les remises nécessaires; à g., le côté du départ, avec la salle des pas-perdus et de vastes salles d'attente. Pour les hôtels dans le voisinage, v. p. 2.

A dr. de la gare du Nord est la rue du Faubourg-St-Denis, avec la *maison municipale de santé* (p. 41), à peu de distance.

Du côté gauche, au bout de la rue St-Vincent-de-Paul, l'*hôpital Lariboisière* (pl. R. 23), construit de 1846 à 1853 et ainsi nommé en l'honneur de la comtesse de Lariboisière, qui laissa 2,900,000 fr. pour les pauvres de Paris. Il contient 636 lits. Entrée publique le dimanche et le jeudi. On voit dans la chapelle le tombeau de Mme de Lariboisière, par *Marochetti*.

Les personnes qui en auront le loisir, iront voir plus loin l'église **St-Bernard** (pl. R. 23), à la Chapelle. Elles prendront la rue Guy-Patin, à g. de l'hôpital, traverseront le boulevard de la Chapelle, tourneront à dr. dans la rue de la Charbonnière et apercevront bientôt l'édifice à g. C'est une jolie église, construite de 1858 à 1861, par M. *Magne*, dans le style ogival du XIVe s. La façade est précédée d'un porche à trois baies en ogive, percée d'une vaste fenêtre, flanquée de deux tourelles octogones, et dominée par une flèche en fonte et en bois, de 60 m. d'élévation. L'intérieur comprend une nef, deux bas-côtés avec pourtour, un transept, douze petites chapelles et une galerie au-dessus des collatéraux. On y remarque diverses peintures, la chaire, le chemin de la croix, les vitraux, par *Gsell-Laurent*, et de beaux rétables dans le transept.

En redescendant de la gare du Nord, les boul. de Denain et de Magenta (v. ci-dessus) jusqu'au second carrefour, et en prenant à g. la rue de Strasbourg, on arrive en peu de temps à la **Gare de l'Est** ou *de Strasbourg* (pl. R. 24), la plus belle de Paris, bâtie dans l'axe du boul. de Strasbourg (p. 69), où elle forme perspective. Elle est de l'architecte *Duquesnay* (m. 1849). Au centre de la façade, une demi-rose, surmontée d'un pignon que couronne une statue assise de la ville de Strasbourg. De chaque côté, deux pavillons en avant-corps, reliés par un péristyle, sur la balustrade duquel est un cadran accompagné de statues à demi-couchées de la Seine et du Rhin. Pour les renseignements, v. p. 2 et 30.

Le boul. de Strasbourg croise le boul. de Magenta près de **St-Laurent** (pl. R. 24), une des plus anciennes églises de Paris (593), rebâtie et restaurée plusieurs fois, et complétement transformée en 1865-66, où l'on a, en particulier, ajouté deux travées à la nef et construit une belle façade gothique ainsi qu'une flèche élégante, du côté du boulevard. Le chœur a été décoré par *Blondel* et le maître autel par *Lepautre*. On cite, parmi les tableaux, dans le transept de dr., un Martyre de St Laurent, par *Greuze*; du côté opposé, un St Laurent au milieu des pauvres, par *Trezel*. La chapelle de la Vierge, dans l'abside, sous le vocable de Notre-Dame-des-Malades, est ornée de nombreux ex-voto.

A peu près à la même hauteur que cette église, dans la rue du Faubourg-St-Denis, qui est parallèle au boulevard de Strasbourg, se trouve la *prison St-Lazare* (pl. R. 24), pour les femmes.

Pour retourner dans le centre de la ville, on aura le choix entre le boul. de Strasbourg, qui mène à celui de St-Denis (p. 69), et le boul. de Magenta, qui aboutit à la place du Château-d'Eau (p. 68).

Le tramway du Château-d'Eau à Pantin et la ligne d'omnibus *M*, des Arts-et-Métiers au lac St-Fargeau, qui, entre autres, passent devant l'église St-Laudent et la gare de l'Est, conduisent, l'un près des Buttes-Chaumont (p. 209), par la rue d'Allemagne, l'autre à l'entrée même de ce parc, dans la rue de Puébla.

## 15. Archives et Imprimerie Nationales.
### Musée Carnavalet.

Au coin des rues des Francs-Bourgeois et des Archives, où aboutit la rue de Rambuteau, qui part des halles et traverse le boul. de Sébastopol, s'élève le vaste palais des **Archives Nationales** (pl. Bl. 23; *III*). C'est l'ancien *hôtel de Soubise*, qui occupe l'emplacement de l'hôtel du connétable de Clisson, bâti en 1371, et dont il reste encore, dans la rue des Archives, à g. de la façade, une belle porte flanquée de deux tourelles et ornée d'armoiries peintes et dorées, avec la devise: «pour ce qu'il me pleit». Cette porte a été restaurée en 1846. L'hôtel avait ensuite appartenu, jusqu'en 1696, à la puissante famille de Guise, qui y tint une sorte de cour, puis à la famille de Soubise. Il se compose aujourd'hui des bâtiments construits par François de Rohan, prince de Soubise, au commencement du XVIII$^e$ s., et d'autres réédifiés ou ajoutés de nos jours. La principale cour, dans laquelle le public entre du côté de la rue des Francs-Bourgeois, est entourée d'une belle colonnade du style corinthien, par *Lamer*, aboutissant à une façade avec fronton décoré de colonnes corinthiennes et composites accouplées, et de sculptures par *R. Lelorrain* (m. 1743).

L'Assemblée Constituante ayant institué en 1794 une commission des Archives, les actes publics qui se trouvaient dans divers dépôts furent recueillis et classés, puis transportés, en 1808, dans le local où ils sont encore aujourd'hui. Les archives nationales y sont divisées en 4 sections : *section du secrétariat, section historique, section administrative, section judiciaire*. On est admis à y travailler tous les jours non fériés, de 10 h. à 3 h., après en avoir fait la demande au *bureau des renseignements*.

Le palais renferme en outre l'*école des Chartes*, fondée en 1821 pour former des archivistes-paléographes (3 années d'études), un *musée des Archives* et un *musée sigillographique*.

Musée des Archives. — Le musée des Archives, ou *musée paléographique*, public le dimanche de midi à 3 h. et visible aussi le jeudi aux mêmes heures avec la permission du *directeur général*, comprend les pièces les plus curieuses du dépôt, exposées sous verre dans 6 salles du premier étage.

Arrivé dans le haut de l'escalier, on tourne à dr. ; les murs sont couverts de cadres contenant des spécimens de documents, extraits du catalogue des archives.

*I. Salle des Mérovingiens, des Carlovingiens et des Capétiens.* A dr., le catalogue, sur un pupitre ; il y en a un second de l'autre côté. Partout des pièces avec une quantité de sceaux. A g., dans de grands cadres, des papyrus mérovingiens et carlovingiens. Derrière, dans la 2ᵉ rangée, à g., les comptes de l'hôtel de St-Louis (1256-1257), sur des tablettes de cire vertes, de Jean Sarrasin. Dans une vitrine à g., les actes du procès de Jeanne d'Arc, avec une caricature de la Pucelle faite durant ce procès. A l'extrémité de la 2ᵉ rangée, le rouleau funéraire de Vital, abbé de Savigny, avec des vers latins attribués à Héloïse (1122-23). — 3ᵉ rangée, des registres avec des miniatures. Au milieu, d'autres papyrus mérovingiens (le plus ancien de 625) et carlovingiens. Contre le mur du côté de la rue, le testament de Philippe-Auguste (1165-1223). Au mur du côté de la 2ᵉ salle, les codicilles de St Louis (1226-1270).

*II. Salle des Valois.* A g., 1ʳᵉ rangée de vitrines : déclaration du clergé de France en 1682 ; révocation de l'édit de Nantes (1685). — 3ᵉ rangée, à g., dans le haut, l'édit de Nantes lui-même, signé de Henri IV (1598) ; plus des lettres de Catherine de Médicis, une de Marie Stuart, etc.

*III. Salle des Bourbons.* A g., derrière une balustrade, une vitrine contenant, en particulier, les procès verbaux de l'interrogatoire de Marie-Antoinette à la Conciergerie ; des interrogatoires de plusieurs autres membres de la famille royale ; le journal de Louis XVI (1ᵉʳ janv. 1766 - 31 juil. 1792) ; le discours prononcé par le roi à la Convention après sa défense par de Sèze (26 déc. 1792) ; le procès verbal de l'inhumation de « Louis Capet » (21 janv. 1793), etc. Dans le cadre au-dessus de la vitrine, le testament de Louis XVI, fait à la tour du Temple le 29 déc. 1792, et la dernière lettre de Marie-Antoinette, écrite à la Conciergerie le 16 oct. 1793, l'un et l'autre d'une authenticité douteuse, du moins la lettre ne porte pas la signature de la reine. — Au milieu de la salle, près de la balustrade, le testament de Marie Leczinska (21 juin 1767).

IV. *Salle ovale*, suite des Bourbons. Dans une vitrine: du côté droit, le cahier du Tiers-Etat de Paris (1789), la Déclaration des droits de l'homme et du citoyen; la Constitution de 1791; — du côté gauche, l'arrêté prescrivant la démolition de la Bastille, des motions de Mirabeau et de Sieyès. — Cette salle, l'ancien salon de Mme de Rohan, a un plafond par *Natoire* (m. 1777); les Aventures de Psyché.

V. *Salle de la République*. A la 1re fenêtre, des assignats; à la 2e, le Serment du jeu de paume, avec les signatures. A g. de la porte, diverses pièces émanant de membres de la Convention ou du gouvernement constitutionnel. Au milieu, au coin de dr., des lettres de Charlotte Corday.

VI. *Salle du Consulat et de l'Empire*. Nombreux documents moins curieux; une table sur laquelle fut déposé Robespierre blessé, et, au-dessus, un tableau allégorique, sans valeur comme peinture, mais fort singulier et devenu historique. Il date du règne de Henri IV et il représente le vaisseau de l'Église sur la mer du monde, entouré d'apostats qui se noient et parmi lesquels figurent Henri III et Henri IV lui-même. Il fut saisi dans une église des jésuites et servit comme pièce de conviction lors de la suppression de l'ordre, en 1762.

La *salle des Documents*, qui n'est pas ouverte au public, contient une quantité de documents réunis en volumes soigneusement reliés et l'armoire de fer fabriquée en 1791, par ordre de l'Assemblée Nationale, pour y renfermer les documents les plus précieux, ainsi que les étalons des poids et mesures du système métrique. On y voit aussi un modèle de la Bastille, fait avec une pierre de cet édifice, etc.

Le *musée sigillographique*, qui n'est pas encore ouvert au public, se compose d'une collection des plus complètes de sceaux, depuis Childéric 1er, en 457, jusqu'à nos jours; il se trouve au rez-de-chaussée du bâtiment principal, en face de l'entrée.

A côté du palais des Archives, à l'E., dans la rue Vieille-du-Temple, est l'**Imprimerie Nationale** (pl. Bl. 23; *III*), établie dans l'ancien *hôtel de Strasbourg* ou du fameux cardinal de Rohan (m. 1803). On voit dans la cour une reproduction en bronze de la statue de Guttenberg par *David d'Angers* (m. 1856), dont l'original est à Strasbourg. L'imprimerie est visible le jeudi, à 2 h. précises, avec un billet du directeur. Les visiteurs sont conduits par les ateliers, qui occupent un millier d'ouvriers des deux sexes. Les caractères d'imprimerie, le papier et la reliure se font dans le même local. L'établissement est particulièrement riche en caractères orientaux. Lors de la visite de Pie VII, on a imprimé devant lui l'Oraison dominicale en 150 langues. On imprime surtout ici les actes et les documents officiels et les livres publiés aux frais du gouvernement, puis des cartes géologiques et des cartes à jouer, les figures et l'as de trèfle, les seules dont l'Etat se réserve le monopole. Il faut une permission spéciale pour voir le cabinet des poinçons et l'Imitation de J.-C. (traduction de Corneille, miniatures, etc.) qui a obtenu la grande médaille à l'exposition de 1855.

Le *Mont-de-Piété*, qui est situé presque en face des Archives, a le privilège des prêts sur gages au profit de l'Assistance publique. Les prêts ne se font pas pour moins d'un mois, mais peuvent se renouveler ensuite pour 15 jours. On est toutefois libre de retirer les objets avant le terme en payant les droits. Les prêts sont des quatre cinquièmes de la valeur pour les objets en or et en argent et deux tiers pour les autres. L'intérêt à payer est de 9 1/2 p. 100 au Mont-de-Piété et de 12 p. 100 si l'on s'adresse aux commissionnaires spéciaux. Les prêts ne peuvent pas dépasser 10,000 francs à l'établissement central ou 500 fr. aux succursales et aux bureaux auxiliaires des divers arrondissements. Les objets qui n'ont pas été retirés ou dont la «reconnaissance» n'est pas renouvelée, sont vendus au bout de 14 mois, et l'excédant sur le prix d'estimation réservé à qui de droit pendant trois ans. Les recettes du Mont-de-Piété sont évaluées, pour 1878, à 88,675,020 fr.

A l'E., non loin de la place des Vosges (p. 66), la rue des Francs-Bourgeois est traversée par la *rue Sévigné* (v. p. 176), où se trouve, au n° 23, dans l'hôtel du même nom, le

**Musée Carnavalet** ou *musée municipal* (pl. Bl. 26 ; *V*), auquel est adjoint depuis 1871 la nouvelle bibliothèque de la ville. L'hôtel, acquis par la ville et entièrement restauré en 1869, date des XVIe et XVIIe s. ; il a été commencé sur les plans de *Lescot* et de *Bullant*, continué par *Ducerceau* et achevé par *F. Mansart*. Son nom lui vient, par corruption, de celui d'une dame de *Kernevalec*, à laquelle il appartint d'abord. Il a été habité pendant 20 ans par Mme de Sévigné (1677-1698). Les sculptures de la façade et celles du bâtiment au fond de la cour, les Saisons, sont attribuées à *Jean Goujon*. Les 8 autres statues de la cour, les Eléments et des Divinités mythologiques, sont de moindre valeur, les dernières même mauvaises. — Le musée n'est pas encore public ; mais on peut le visiter tous les jours en s'adressant au concierge (pourb.).

Le Musée est divisé en 3 parties, comprenant chacune 4 subdivisions : âges antéhistoriques, période gallo-romaine, moyen âge et Renaissance, époque contemporaine. Ce sont : 1° le *musée lapidaire*, composé de fragments d'architecture et de sculpture, provenant des fouilles exécutées sur tous les points de Paris par les ingénieurs municipaux ; — 2° le *musée de décoration et d'ameublement*, comprenant en majeure partie des objects trouvés dans les démolitions d'anciens édifices parisiens, tels que : portes, fenêtres, panneaux, vieilles enseignes de métiers et corporations, curiosités telles que les fauteuils de Voltaire et de Béranger ; — 3° le *musée technologique*, consistant en outils et ustensiles de diverses classes de la société parisienne pendant le moyen âge et la Renaissance : cette dernière partie de la collection renferme plus de 10,000 pièces. Le musée lapidaire ou la collection archéologique, au rez-de-chaussée, comprend en particulier des gradins d'un amphithéâtre romain découvert dans la rue Monge, avec les noms des titulaires des sièges ; des cercueils de pierre, heureuse par leur réunion dans cette vie, elles ne vous [...] [...] [...] qu'un même bonheur les réunit encore [...] [...] [...] [...] [...] [...] [...] de Dieu.

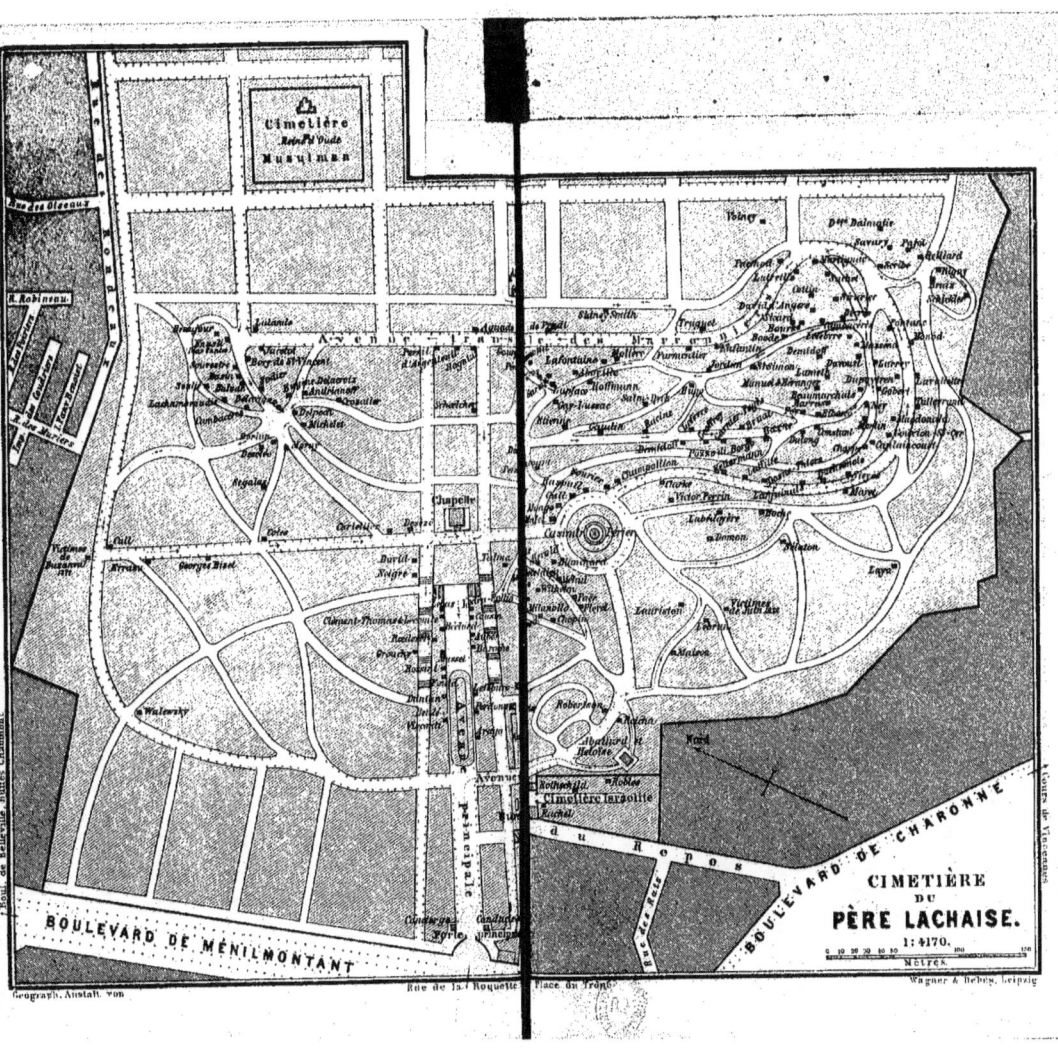

la plupart taillés dans des débris de monuments gallo-romains, des panneaux de sarcophages de plâtre estampé, quatre cippes trouvés dans la Cité, une statue mutilée de la Sequana, un fragment d'un arc de triomphe; des objets trouvés dans la Seine et dans un cimetière gallo-romain.

La BIBLIOTHÈQUE DE LA VILLE, destinée à remplacer celle qui a été incendiée avec l'Hôtel-de-Ville en 1871, compte déjà environ 45,000 volumes et 20,000 estampes et plans anciens. Elle est installée dans les appartements qu'occupait Mme de Sévigné. Il faut pour la fréquenter (de 10 h. à 4 ou 5 h.) une autorisation écrite du préfet de la Seine. Une des parties les plus intéressantes, ce sont les *plans de Paris*.

Il y a sur le derrière un petit jardin dans lequel on a construit un nouveau bâtiment pour le musée, avec un pavillon de l'ancien hôtel de Choiseul, l'arc de Nazareth (XVIe s.), qui était à la préfecture de police; la façade de l'ancienne maison syndicale des drapiers (XVIIe s.). On reconstituera dans le bâtiment les décorations de trois salons acquis par la ville. Le 1er sera orné de huit médaillons par *Lebrun*: Vulcain et Cybèle, le Temps et Cérès, Bacchus et Vénus, Junon et Amphitrite, et d'un plafond par le même, le Lever de l'Aurore. Le 2e aura un plafond par *le Sueur*, Diane ou Zéphyre et Flore. Le 3e est réservé à un cabinet de l'époque de Mazarin.

## 16. Cimetière du Père-Lachaise.
### La Roquette.

Parmi les nombreux cimetières que Paris compte avec les communes annexées ou dans l'enceinte des fortifications, il n'y en a guère que trois qui méritent la visite de l'étranger: les *cimetières de l'Est* ou *du Père-Lachaise*, *du Nord* ou *de Montmartre* (p. 206) et *du Sud* ou *du Montparnasse* (p. 257).

Il y a trois sortes de sépultures dans les cimetières: les *fosses communes*, dans lesquelles les indigents, c'est-à-dire en réalité les deux tiers de la population, sont inhumés gratuitement, au nombre de 40 à 50 l'un à côté de l'autre; les *fosses temporaires* et les *sépultures à perpétuité*. — La *concession temporaire* d'une sépulture, qui coûte 150 fr., payables à la caisse de la ville de Paris, n'est accordée que pour 10 ans. La *concession à perpétuité* d'un terrain de 2 m. carrés, le plus petit espace nécessaire pour une personne au-dessus de sept ans, se paie 500 fr., dont 400 pour la ville, et 100 pour les pauvres. On ne paie que la moitié pour les enfants. Le prix de chaque mètre carré de plus va en augmentant, de sorte qu'il est déjà de 1000 fr. au-dessus de 6 m. — Tous les enterrements se font à Paris par l'entremise de la *Compagnie des pompes funèbres*, dont le siège est dans la rue Curial, et d'après un tarif fixé par la police. On peut choisir entre neuf différentes classes d'enterrements, qui coûtent de 18 fr. 75 c. à 7,184 francs. La compagnie a, pour tout le département de la Seine, le privilège de transporter les morts. Les frais d'église ne sont pas compris dans son tarif. Elle transporte gratuitement les pauvres et deux prêtres sont adjoints à chaque cimetière pour leur rendre les derniers honneurs.

Le plus grand et le plus célèbre de ces cimetières est le **\*\*Père-

**Lachaise** (pl. Bl. 32), situé vers l'extrémité N.-E. de Paris, sur une colline en pente douce, à 15 min. de marche de la place de la Bastille. Il est desservi par les omnibus de la ligne *E* et par le tramway *P* (v. le Supplém.), et la station du chemin de fer de ceinture la plus rapprochée est celle de Charonne. Le cimetière doit son nom au père jésuite *Lachaise*, qui fut autrefois propriétaire du terrain. Ce père, qui était le confesseur de Louis XIV, possédait une maison de campagne à l'endroit où se trouve aujourd'hui la chapelle (p. 199). Elle appartint après lui à la puissante société de Jésus, jusqu'au moment où celle-ci fut expulsée de France, en 1763; elle changea ensuite plusieurs fois de propriétaire et elle fut enfin achetée en 1804 par la ville, pour être affectée à sa destination actuelle. Depuis, l'enclos a été considérablement agrandi, au point qu'il a aujourd'hui 44 hectares de superficie, tout en étant encore trop petit.

Le Père-Lachaise sert aux inhumations des quartiers du N.-E. de Paris, c'est-à-dire de toute la rive droite de la Seine à partir de la porte et de la rue St-Denis. Mais tous les habitants peuvent y acheter des sépultures. C'est presque la mode, dans le grand monde, de se faire enterrer au Père-Lachaise.

Les cimetière est ouvert, suivant la saison, de 6 h., 7 h. ou 7 h. $1/2$ du matin à 7 h., 6 h., 5 h. ou 4 h. $1/2$ du soir; $1/2$ h. avant la fermeture, on sonne une cloche et les gardiens crient: «*on ferme les portes!*» Les visiteurs ont encore alors le temps d'atteindre même la porte la plus éloignée de l'endroit où ils se trouvent.

Le concierge veille à ce que personne n'emporte quelque chose du cimetière sans un laisser-passer du conservateur; cette consigne s'étend même à de simples fleurs. Dès qu'un convoi funèbre entre dans le cimetière, le portier fait retentir deux ou trois coups de sifflet, selon la catégorie de la sépulture. L'usage veut qu'on se découvre au passage des enterrements, non-seulement au cimetière, mais aussi dans les rues.

On peut avoir dans le petit bâtiment à dr. un *conducteur*, auquel on paie 2 ou 3 fr., selon le temps qu'on met à visiter le cimetière; mais on n'en aura guère besoin avec le plan ci-joint. Une visite du Père-Lachaise, même très-superficielle, exige environ 3 h. Mais c'est en s'y promenant à loisir qu'on peut jouir pleinement des impressions de cette immense nécropole, et bien comprendre le langage muet de ses innombrables monuments. A chaque pas on rencontre des noms connus du monde entier. Le nombre des monuments s'élève bien à 18,000, et il y en a un grand nombre qui se distinguent par leur exécution artistique. On a calculé que, depuis l'établissement de ce cimetière, plus de 200 millions y ont été dépensés en monuments. La situation élevée du cimetière fait découvrir une vue magnifique sur la ville.

Nous suivrons dans notre visite l'itinéraire marqué sur le plan par des flèches. Nous tournons donc d'abord dans la 2e allée latérale de dr., d'AVENUE DU PUITS, et nous appuyons un peu plus loin à dr., pour voir le premier monument d'importance du cimetière, le *monument d'*Abélard* († 1142) et d'*Héloïse* († 1164), nouvellement restauré. C'est le sarcophage même du couple infortuné, avec leurs statues couchées, sous un haut baldaquin gothique construit des débris du monastère de Paraclet (près de Nogent-sur-Seine ; p. 347), dont Héloïse fut abbesse et où se trouvait le tombeau.

Plus loin, *Reicha* († 1836), compositeur ; *Robertson* († 1837), professeur de «physique, fantasmagorie et aérostatique».

Nous prenons à dr. par le sentier latéral et nous montons à g. — A dr., *Fr. Lebrun* († 1824), duc de Plaisance, 3e consul après le 18 brumaire, etc. ; traducteur d'Homère et du Tasse, ce que rappellent les génies. — En face, le monument des *victimes de Juin 1832*. — A g., le maréchal *de Lauriston* († 1828). — Au bout du sentier de dr., *Nélaton* († 1873), le célèbre médecin. — Nous montons à g. et nous tournons du même côté. — A g., le comte de *Labédoyère*, le premier colonel qui se déclara pour Napoléon à son retour de l'île d'Elbe, condamné à mort et fusillé le 19 août 1815. Sur le point de partir pour l'Amérique, il revint à Paris pour voir encore une fois sa femme et son enfant, et fut arrêté ; c'est ce qu'indiquent les bas-reliefs. — Derrière, *Domon*, lieutenant-général sous le premier empire. — Derrière, les *victimes de Février 1848*. — A dr., *Victor Perrin*, duc de *Bellune* († 1841), maréchal de l'Empire et ministre sous Louis XVIII.

Au milieu d'un rond-point où aboutissent trois avenues, le *monument grandiose de *Casimir Périer* († 1832), statue de bronze, sur un haut piédestal. Il fut «sept fois élu député, président du conseil des ministres sous Louis-Philippe.»

A l'O. du rond-point : à g., le comte *de Malet* († 1843), fondateur de l'ordre du Sacré-Cœur. — Plus loin à g., *Monge* († 1820), le mathématicien. — *Gall* († 1828), le phrénologue. — *Raspail*, chimiste et démocrate, un des auteurs de l'attentat de mai 1848, qui avait pour but de dissoudre l'Assemblée Nationale et qui fut de ce fait condamné à 5 ans de détention. C'est aussi la tombe de sa femme, qui mourut pendant ce temps, et les détails du monument, exécuté par Etex, y font allusion.

Nous suivons l'avenue. A g., *Joseph Fourier* († 1829), mathématicien. — Quelques pas plus loin, *Champollion* († 1836), le célèbre archéologue, qui le premier parvint à déchiffrer les hiéroglyphes. — A dr., le maréchal *Clarke* († 1818), duc de Feltre.

A g., le maréchal *Kellermann* († 1820), duc de Valmy. — *Laffitte* († 1840), banquier célèbre et ministre des finances sous Louis-Philippe. — *Thiers* († 1877), l'homme d'Etat bien connu : «Patriam dilexit, veritatem coluit.» — Le comte *Lanjuinais* († 1827), membre de la Convention, du conseil des Cinq-Cents, du Sénat et de la chambre des Pairs. — *A. Duchesnois* († 1835), tragédienne célèbre ; bas-relief de Lemaire.

A dr., *Maret, duc de Bassano* († 1839), temple à colonnes doriques, sans inscription.

A g., *Sieyès* († 1836), homme d'Etat, membre de la Convention et du Directoire et consul après le 18 brumaire.

Plus loin à g., *le maréchal *Gouvion Saint-Cyr* († 1830); statue en marbre de David d'Angers. — Le maréchal *Macdonald* († 1840), duc de Tarente.

A dr., *le comte et la comtesse de *Lavalette* († 1830 et 1855). Le comte, ancien général et directeur des Postes, fut condamné à mort après le retour des Bourbons, en 1815, et s'évada avec les vêtements de sa femme.

Dans le bas, à g. *Dupuytren* († 1835), le grand chirurgien.

Dans le sentier latéral, à dr., l'amiral *Bruix* († 1805). — Vis-à-vis, à g., un peu en arrière : *Savary, duc de Rovigo* († 1833). — Puis le comte *Pajol* († 1844), général qui dirigea l'attaque des Tuileries en 1830, et le comte *Belliard* († 1832), général et ambassadeur de France à Bruxelles.

A dr., l'amiral *Rigny* († 1835), le vainqueur de Navarin (1827).

Derrière, *Schickler*. — Très-belle *vue, à l'E. (Vincennes).

Nous revenons à l'avenue principale et nous allons à dr. — A dr., *Eugène Scribe* († 1861), le célèbre dramatiste.

A g., le vicomte de *Martignac* († 1835), ministre de l'intérieur.

A côté, dans le sentier latéral, à dr., le maréchal *Suchet* († 1826), duc d'Albuféra.

Dans l'avenue principale, à dr., la *duchesse de Raguse* († 1857). — Le *comte *Pacthod* († 1830), général.

A g., *Latreille* († 1833), professeur d'histoire naturelle.

L'avenue principale prend maintenant le nom d'AVENUE TRANSVERSALE DES MARRONNIERS. — A dr., à quelque distance, *Volney* († 1820), philosophe.

Dans l'avenue principale, à dr., le comte *Truguet* († 1839), amiral.

A g., *Enfantin* († 1864), le saint-simonien. — *Parmentier* († 1813), chimiste et agronome célèbre, qui introduisit en France la culture de la pomme de terre.

Dans l'allée latérale de dr., *William Sidney-Smith* († 1840), amiral anglais, vainqueur de Bonaparte à St-Jean-d'Acre (1799).

Dans l'avenue principale, à dr., *de Pradt* († 1837), ancien évêque de Malines, homme d'Etat et publiciste.

Dans une allée latérale, à dr., *Don Manuel Godoy* († 1851), le « prince de la Paix ». — Plus loin, *Allan Kardec* († 1869), « fondateur de la philosophie spiritiste »; espèce de dolmen, avec un buste. Nous revenons à l'avenue. — A dr., *Aguado* († 1842), banquier.

A g., *Rogniat* († 1840), ingénieur-général et pair de France. — Le marquis *d'Argenteuil* († 1838), fondateur de plusieurs établissements de bienfaisance. — *Eugène Persil* († 1841), député.

A dr., *Lalande* († 1849), vice-amiral. Au bout de l'avenue, une haute pyramide, érigée par *Marie-Emilie Knusli*, «veuve Dias Santos, duchesse de Duras», à ses parents et à ses enfants.

Derrière, un mausolée bizarre en forme de pain de sucre, haut de 32 m., que *Félix de Beaujour* († 1836), ancien consul, s'est érigé de son vivant, et qui a coûté 100,000 fr.

On a d'ici une *vue excellente sur Paris, dominé surtout par la coupole du Panthéon, Notre-Dame, le dôme des Invalides et l'arc de triomphe de l'Etoile.

Le CIMETIÈRE MUSULMAN, fermé au public, s'étend à l'E. Il contient le tombeau de la *reine d'Oude* († 1857), dans l'Hindoustan anglais, et de son fils († 1858). — On voit à g. le nouveau clocher de Belleville, et à dr. celui de Charonne.

Nous tournons maintenant à g. — A g., *Bory de St-Vincent* († 1846), archéologue. Puis, à dr., *Em. Souvestre* († 1854), *Bazin* († 1850) et *Balzac* († 1850); à g., *Ch. Nodier* († 1844) et *Delavigne* († 1843).

A côté, à g., *E. Delacroix* († 1865), le peintre. — En face, à dr., *Hélène Andrianoff*, une danseuse.

Revenus au carrefour devant le monument de Delavigne, une des principales positions des insurgés en 1871, nous remarquons, à g., les monuments de *Delpech*, ingénieur des chemins de fer; du duc de *Morny* († 1865), frère naturel de Napoléon III, et le monument provisoire de l'historien *Michelet* († 1874).

Dans l'allée en face, encore plusieurs monuments remarquables, de *Delphine Cambacérès* († 1867), de *Lachambeaudie* († 1872), poëte fabuliste, et de *Soulié* († 1847), romancier.

A dr., au rond-point, *Dorian* († 1873), manufacturier, député et ministre des travaux publics pendant la guerre de 1870-71.

Derrière, *Desclée* († 1874), actrice («Frou-Frou»).

Nous descendons jusqu'à l'avenue transversale à l'extrémité de laquelle s'élève le *monument des victimes de Buzanval* (19 janv. 1871).

Dans l'avenue menant à la chapelle, à g., *Cartellier* († 1831), sculpteur. — Le comte *Raymond de Sèze* († 1828), un des défenseurs de Louis XVI.

La CHAPELLE du cimetière est située à l'endroit où se trouvait jadis la maison de campagne du père Lachaise (p. 196). Elle est entourée de beau gazon et de beaux parterres. — *Vue magnifique sur Paris.

Nous traversons plus loin une avenue et nous descendons à dr. aux sépultures des artistes. — A dr., *Talma* († 1826), le tragédien.

Dans un sentier à g., *Brongniart* († 1847), minéralogiste. — *Delille* († 1813), le poëte. — *La Harpe* († 1803), littérateur et critique. — *Le Sueur* († 1837), compositeur. — Derrière Delille, *Grétry* († 1813) et *Boïeldieu* († 1834), les compositeurs; puis *Bernardin de St-Pierre* († 1814), l'écrivain. Nous revenons à l'allée. Dans le bas, à g., *Chérubini*, († 1842), le compositeur. — A côté, *Maria Milanollo* († 1848), violoniste (16 ans).

En face, *Denon († 1825), directeur des musées sous le 1er Empire.

A g., Habeneck († 1849), directeur de musique. — *Chopin († 1849), pianiste. — Derrière, Wilhem († 1842), fondateur des écoles de chant.

Plus haut, dans le sentier de g., à dr., Paër († 1839) et Méhul († 1817), compositeurs; Pleyel († 1831), compositeur et facteur de pianos; Mme Blanchart († 1819), aéronaute qui périt dans une ascension; Hérold († 1833), compositeur.

Nous traversons maintenant l'avenue qui conduit au monument de C. Périer, et nous suivons au N.-E. le CHEMIN DU BASSIN. A dr., Isabey († 1855), peintre. — Derrière, Mlle Raucourt († 1815), tragédienne.

Nous montons jusqu'à une grande allée transversale et nous tournons à dr. — A g., Désaugiers († 1827), le chansonnier. En face, Pradier († 1852), le sculpteur. Plus loin, à g., Gaudin, duc de Gaëte († 1841), ministre des finances sous Napoléon 1er. — La sépulture de la famille Racine, des descendants du grand Racine († 1699). — Robert Lefèvre († 1831), peintre.

A dr., Geoffroy-St-Hilaire († 1844), naturaliste. — Garnier-Pagès († 1841), député, chef du parti radical.

A g., l'amiral Bruat († 1855).

A dr., Pozzo di Borgo († 1842), né en Corse, diplomate russe, et antagoniste acharné de Napoléon 1er. — Bœrne († 1837), poëte allemand. — Dulong († 1834), député.

Dans l'allée principale, à dr., Benjamin Constant († 1830), publiciste et orateur distingué.

En face, à g., le *général Foy († 1825); statue par David d'Angers. — A côté, la princesse Bibesco, de la Valachie; caveau à coupole. — Plus en arrière, la simple tombe de Barras († 1829), membre du Directoire. — Trois colonnes doriques, dans le même massif, marquent la tombe des trois frères Lameth: Alexandre († 1829), président de la première Assemblée nationale (1789); Charles († 1832), lieutenant-général, et Théodore-Victor († 1854).

Plus près de l'allée principale, Manuel († 1827), «soldat volontaire en 1793, avocat, membre de la chambre des représentants, député expulsé par la majorité en 1823», à la suite d'un discours où il blâmait la guerre d'Espagne. Béranger († 1857), le célèbre chansonnier, son ami, repose dans la même tombe.

Dans l'allée principale, à dr., à un carrefour près d'un puits, est la sépulture du maréchal Ney, fusillé le 7 déc. 1815 (p. 233); le nom du héros n'y est même pas inscrit. — Derrière, le général Merlin de Thionville († 1833), et plus loin, Caulaincourt, duc de Vicence († 1827), homme d'Etat.

Nous suivons toujours l'allée principale, qui tourne à g. — A g., Beaumarchais († 1799), écrivain dramatique.

## 16. LE PÈRE-LACHAISE.

A dr., un *groupe de marbre par David d'Angers, le monument du général baron *Gobert* († 1808) : un Espagnol tente vainement d'arrêter le général en saisissant les rênes de son cheval, allégorie de la guerre d'Espagne. Sur le piédestal, quatre bas-reliefs représentant des scènes de la vie militaire de Gobert.

A dr., *Larrey* († 1842), le célèbre chirurgien, dont Napoléon disait : « C'est l'homme le plus vertueux que j'aie connu ».

A g., 2e rang, *Davoust* († 1822), maréchal. — Le maréchal *Masséna* († 1817). — *Lefebvre* († 1820), « soldat, maréchal, duc de Dantzick, pair de France ».

A dr., *Elisabeth Demidoff* († 1818). Monument grandiose : un temple de marbre à colonnes doriques abritant un sarcophage, bâti sur un énorme stylobate dans le goût oriental, orné des armoiries de la famille Demidoff et flanqué de quatre grands candélabres. — Le *prince Demidoff* († 1870) repose dans le même caveau.

A dr., à une bifurcation, le duc *Decrès* († 1821), amiral, duc et ministre de la marine. — Derrière, le maréchal *Sérurier* († 1819).

A dr., *Cambacérès* († 1826), jurisconsulte, membre de la Convention, deuxième consul après le 18 brumaire.

A dr., grand mausolée en style égyptien, avec un portique à colonnes, élevé par un négociant d'Amsterdam du nom de *Boode*.

Derrière, 3e rangée, *David d'Angers* († 1856), le sculpteur.

Dans l'allée latérale de g., dans laquelle nous tournons maintenant, le comte *de Bourke* († 1821), ministre plénipotentiaire du Danemark ; bas-relief et buste par David. — A côté, l'*abbé Sicard* († 1822), professeur des sourds-muets, successeur de l'abbé de l'Epée. — Plus loin à dr., à un carrefour, *C. Jordan* († 1821), écrivain, membre du conseil des Cinq-Cents.

A g. du carrefour, le lieutenant-général *Hugo* († 1828), père de Victor Hugo.

Nous suivons maintenant le sentier du haut, à g.

Au delà d'un sentier latéral, à dr., les sarcophages de *la Fontaine* († 1695), et de *Molière* († 1673), transférés ici en 1817, en même temps que le tombeau d'Abélard (p. 197).

A g., *Clém. Tanska-Hoffmann* († 1845), auteur polonaise. — *Gay-Lussac* († 1850), le chimiste.

A dr., *Laplace* († 1827), astronome. — A côté, *Manuel Garcia* († 1832), artiste lyrique, père de mesdames Malibran et Viardot. — Derrière, le *comte d'Aboville* († 1817), lieutenant-général.

A dr., *Gros* († 1835), peintre célèbre.

A g., *Mme de Genlis* († 1831), auteur de talent et gouvernante de Louis-Philippe.

A dr., la *sépulture Gémond*, grande pyramide avec une étoile.

*A g., le *comte de Valence* († 1822), lieutenant-général. — Au coin, le marquis *de Pérignon* († 1818), maréchal de l'Empire.

Nous arrivons au monument du général *Gourgaud* († 1850), qui accompagna Napoléon 1er à Ste-Hélène et publia ses mémoires, et nous sommes de nouveau à l'AVENUE TRANSVERSALE DES MARRONNIERS (p. 198), où nous tournons immédiatement à g., et nous prenons un sentier latéral à dr. pour rejoindre une avenue. — Plus bas à dr., le monument original de *Marc Schœlcher* (†1832), « marchand de porcelaine», alsacien qui mourut à Paris après y avoir amassé une grande fortune. — De l'autre côté du carré, celui de *Mme Schœlcher* († 1839).

Nous repassons de nouveau à la chapelle et nous descendons par la seconde avenue, près de l'escalier supérieur. — A dr., *Louis David* († 1825), le peintre. — *Neigre* († 1847), commandant de l'artillerie au siège d'Anvers (1831). — Plus bas, le maréchal *Grouchy* († 1847).

A g., le *comte Rœderer* († 1835), diplomate.

Nous remontons encore quelques degrés, et nous terminons notre visite par la grande allée du milieu ou l'AVENUE PRINCIPALE, qui nous reconduit à la porte du cimetière.

A dr., *Lebas* († 1873), l'ingénieur qui érigea l'obélisque de la place de la Concorde. — *Clément Thomas* et *Lecomte* († 1871), les premières victimes de la Commune. — *Béclard*, ministre de France au Maroc. — *Alfred de Musset* († 1857), le poëte. Buste et saule pleureur:

| «Mes chers amis, quand je mourrai, | La pâleur m'en est douce et chère, |
| Plantez un saule au cimetière; | Et son ombre sera légère |
| J'aime son feuillage éploré, | A la terre où je dormirai.» |

*Rossini* († 1868), le compositeur. — *A. Fould* († 1869), ministre des finances. — *La famille Dantan* (sculpteurs). — *Beulé* († 1874), ancien ministre. — *Visconti*, le père († 1818), philologue, et le fils († 1854), architecte.

A g., à partir du haut: *Ledru-Rollin* († 1875), député radical. — *Cousin* († 1867), écrivain et philosophe. — *Auber* († 1871), le compositeur. — *Lefébure-Wély* († 1869), organiste et compositeur. — *Perdonnet* († 1867), ingénieur. — *François Arago* († 1853), l'astronome.

Le CIMETIÈRE ISRAÉLITE (fermé le samedi) n'offre rien de bien remarquable. — A dr., *Rachel* († 1858), la tragédienne. A g., *Rothschild*; *Jacob Robles* († 1842), personnage inconnu. Ce cimetière israélite est moins important que celui de Montmartre (p. 206).

---

Il n'y a pas de restaurant convenable dans les environs du Père-Lachaise; il faut pour en trouver aller jusqu'à la place Voltaire, où conduit la rue de la Roquette (v. ci-dessous) en face du cimetière.

Le tramway qui passe ici conduit, à g. en sortant, à la place du Trône; à dr., à la Villette, en passant non loin des Buttes-Chaumont (v. ci-dessous).

Dans la *rue de la Roquette*, qui réunit le Père-Lachaise à la place de la Bastille, se trouvent, à dr. et à g., deux grands bâtiments semblables à des forteresses : la *prison des jeunes détenus* et la **prison de la Roquette.** C'est dans cette dernière que sont enfermés les criminels condamnés à la peine capitale ou à la déportation. Les exécutions se font en face de cette prison; la place est marquée par cinq dalles oblongues dans le pavé.

La prison de la Roquette a été le théâtre de l'un des crimes les plus abominables des communards, en 1871. Dans la soirée du 24 mai, Ferré, le « délégué à la sûreté » et le soi-disant préfet de police, qui avait le matin même mis le feu à la Préfecture (p. 224), se présenta à la prison, et annonça l'intention de la Commune d'user de représailles pour la mort de six des siens tués par les troupes, en faisant fusiller six des otages détenus dans cette prison. Les victimes choisies furent Mgr. Darboy, le vénérable archevêque de Paris; le président Bonjean, l'abbé Allard, le père Ducoudray, supérieur de l'école Ste-Geneviève; le père Clerc et l'abbé Deguerry, curé de la Madeleine. Ces hommes, entièrement innocents et inoffensifs, furent grossièrement insultés par les gardes nationaux et conduits dans le préau, en face de l'infirmerie de la prison, où ils furent immédiament fusillés. Les 26 et 27 mai, 37 personnes emprisonnées à la Roquette sous différents prétextes y furent également fusillées, et la nuit du 26, 28 gendarmes en furent extraits et conduits au Père-Lachaise, où ils partagèrent le même sort. Dans l'après-midi du 27, Ferré mit en liberté tous les condamnés que renfermait la prison et leur fit donner des armes. Alors commença un massacre général de ceux qui avaient été emprisonnés par la Commune, parmi lesquels périrent de nouveau 70 gendarmes. L'approche des troupes mit heureusement fin à ces massacres.

## 17. Les Buttes-Chaumont.

On va aux Buttes-Chaumont par les omnibus de la ligne *A C*, des Champs Élysées à la Villette, qui passe au N. du square; par la ligne *N*, du Louvre à Belleville, ou par la ligne *M*, des Arts-et-Métiers au lac St-Fargeau, qui passe à l'entrée du parc, dans la rue de Puébla; ou bien par les tramways, soit de la ligne du Château-d'Eau à Pantin, soit des boulevards extérieurs (v. le Supplém.). La station du chemin de fer de ceinture de Belleville-Villette (p. 29) en est aussi passablement rapprochée. Pour jouir de la vue, on fera bien d'y aller le matin. On trouve plusieurs *restaurants* dans le parc même.

Les \***Buttes-Chaumont** (pl. R. 30, 29), la dernière des grandes créations de M. Haussmann, ancien préfet de la Seine, sont un parc situé à l'extrémité N.-E. de Paris, dans la commune annexée de *Belleville*. Elles s'étendent en forme de croissant sur une superficie de plus de 22 hectares. C'est là que s'élevait jadis le gibet de *Montfaucon*, où furent pendus durant tout le moyen âge et jusqu'à sa suppression, en 1761, tant de criminels, mais aussi tant de victimes des vengeances humaines. Et il n'y eut pas que la populace qui y vint se repaître de ce triste spectacle, Charles IX lui-même y fut avec sa cour pour voir Coligny, qu'on y avait accroché par les pieds après sa mort. «Aucuns qui étaient avec lui, dit Brantôme, bouchaient le nez à cause de la senteur, dont il les en reprit et leur dit: Je ne le bouche comme vous autres, car l'odeur de son ennemi est très-bonne.» Cet endroit fut encore pendant longtemps un lieu décrié comme repaire de malfaiteurs, et aussi une des voiries de la ville. On commença, il y a environ 25 ans, par déblayer les immondices dans l'intérêt de la santé publique; puis on décida d'y créer une promenade, dont avait besoin ce quartier ouvrier. L'administration se proposait en même temps de faire acquérir de la valeur aux terrains vagues des alentours. Or il ne s'agissait pas, sur un vaste espace comme celui-là, de faire un square vulgaire, mais quelque chose d'original et de grandiose. L'exploitation des carrières qui se trouvaient en cet endroit avait produit des inégalités de terrain considérables. Au milieu de ravins et de fondrières s'élevaient de petites collines et des rochers escarpés. On a transformé les collines en un joli parc, qui est sans doute de création trop récente pour offrir beaucoup d'ombre, mais qui ne manque pas cependant déjà de charmes. On a donné aux rochers un aspect encore plus sauvage et on les a entourés d'un petit lac. Une forte cascade y tombe d'une hauteur considérable dans une grotte artificielle à stalactites, haute de 20 m., et le ruisseau qui en sort se déverse dans le lac. Au sommet du rocher le plus élevé a été bâti un petit *temple* corinthien, sur le modèle de celui de la Sibylle de Tivoli (Italie). Le visiteur a de là, de même que des différentes collines, une belle vue sur la plaine de St-Denis. On ne voit de ce temple qu'une petite partie de Paris, du côté de Montmartre; mais la ville présente une vue magnifique de la hauteur située au S., du côté de la rue de Puébla. Au N. du lac, en dehors du parc, se voit la nouvelle *mairie du XIXe arrondissement*, dans le style Louis XIII. Un léger *pont* en fil de fer, de 65 m. de longueur, est suspendu entre deux rochers; une arche en pierre en relie d'autres plus loin, etc. Ce parc, créé par M. *Alphand*, l'ingénieur, et par M. *Barillet* (m. 1874), le jardinier en chef de la ville de Paris, a coûté 3,412,620 fr. Tout cela, qui porte le cachet d'une nature grandiose, forme un étrange contraste avec l'immense ville qu'on a sous les yeux, mais c'est incontestablement une des manifestations les plus remarquables du zèle tout particulier avec lequel on a travaillé de nos jours à l'embellissement de Paris.

Le 26 mai 1871, les Buttes-Chaumont et le Père-Lachaise étaient les seules positions qui fussent encore occupées par les insurgés. Ceux qui étaient dans le parc lançaient une grande quantité de bombes remplies de pétrole dans différentes parties de la ville, pour continuer leur œuvre de destruction, tandis qu'ils étaient à leur tour exposés à une canonnade incessante de la part des troupes établies à Montmartre. Le 27, ils durent succomber, et ils se retirèrent dans le bas de Belleville. Ils furent alors reçus par les troupes qui s'avançaient de ce côté; presque pas un seul n'échappa au sort qu'il méritait.

C'est à une certaine distance au N.-E. dans cette partie de la ville que se trouvent le *marché aux bestiaux* et les *abattoirs* de la ville (pl. R. 28, 31; v. p. 29).

Les personnes qui en auront le loisir, surtout celles qui se rendront aux Buttes-Chaumont par l'omnibus de Belleville (lignes *M* et *N*), profiteront de l'occasion pour voir *St-Jean-Baptiste* (pl.

R. 33), rue de Belleville. Du parc, on s'y rend directement par la rue Fessard ou par la rue de Puebla et la rue de Belleville même, à g. (v. le plan). Cette église est une des plus belles du Paris moderne, dans le style gothique du XIII<sup>e</sup> s., par Lassus (m. 1857). Le grand portail est flanqué de deux tours, hautes de 58 m.; il est orné d'une statue au trumeau et d'autres sculptures dans le tympan, de même que les deux portails latéraux. On a de cette église un magnifique panorama, car elle est située à l'endroit le plus élevé de Paris.

## 18. Montmartre.
### Cimetière Montmartre.

**Montmartre.** — Si, du boulevard des Italiens, on suit la rue Laffitte, passe devant Notre-Dame-de-Lorette (p. 188), et continue dans la même direction par la rue des Martyrs, on arrive aux boulevards extérieurs au delà desquels commence l'ancien *faubourg de Montmartre*. En le traversant et marchant toujours à peu près en ligne droite, on atteint au bout de 20 min. les *hauteurs de Montmartre*, colline sous laquelle sont des carrières de pierre calcaire et de plâtre, et qui domine Paris au N., à 100 m. environ au-dessus du niveau de la Seine. Les uns prétendent que cette éminence était autrefois occupée par un temple du dieu Mars *(Mons Martis)*, d'autres en font le théâtre du martyre de St Denis (p. 314) et de ses compagnons, et dérivent son nom, avec plus de raison, de *Mons Martyrum*.

Louis VI y fonda en 1147 un couvent de bénédictins, qui ne fut supprimé que sous la République, et dont il reste encore des bâtiments, en particulier l'église *St-Pierre de Montmartre* (pl. R. 50), sur la hauteur. Cet édifice date du commencement du XII<sup>e</sup> s.; on y voit des colonnes mérovingiennes dans la nef et des colonnes antiques, en marbre, dans l'abside. A dr. et derrière se trouve un *Jardin des Oliviers* décoré de sculptures originales: chemin de croix, St-Sépulcre, etc., formant un pèlerinage assez fréquenté.

C'est à côté de St-Pierre que se construit *l'église du Sacré-Cœur*, dont il a été beaucoup parlé pour un temps, et dont on veut faire une « église du Vœu-National ». Les travaux en sont encore très-peu avancés, parce qu'il a fallu établir des soubassements considérables et que les fonds disponibles sont insuffisants. Ce monument, qui doit avoir deux hautes coupoles, est sur les plans de l'architecte d'Abadie.

On a de ces hauteurs un vaste panorama, tant sur Paris que sur la plaine de St-Denis et le cours de la Seine, sur Vincennes et sur la vallée de la Marne.

Les hauteurs de Montmartre, qui ont été témoins de la dernière lutte entre l'armée française et celle des alliés en 1814, le 30 mars, ont aussi joué un rôle important durant les sièges de 1870-71. Le 18 mars 1871, les soldats révoltés qui avaient assassiné les généraux Clément-Thomas et Lecomte, s'emparèrent des canons qui se trouvaient à Montmartre et qui étaient confiés à un corps de gardes-nationaux. Ce fut le commencement de la révolte de la Commune, qui dura du 18 mars au 28 mai, et qui fut une suite d'horreurs presque sans égales dans les annales accidentées de Paris. Les insurgés furent délogés de leur position en cet endroit le 24 mai, par les troupes victorieuses, qui dirigèrent les batteries de Montmartre contre ceux qui occupaient les Buttes-Chaumont (p. 203) et le Père-Lachaise (p. 195).

Au pied des hauteurs de Montmartre, à l'O., au-dessus de la *place Blanche* et de la *place de Clichy* (v. p. 208), s'étend le

\*Cimetière Montmartre ou *du Nord* (pl. R. 16, 17), le plus ancien des cimetières actuels de Paris, bien moins important que celui du Père-Lachaise (p. 195) pour le nombre de ses monuments et la célébrité des noms qu'on y rencontre, mais néanmoins digne d'une visite. — On peut s'y rendre par les omnibus des lignes *G*, *H* et *I*, ou par les tramways des boulevards extérieurs (v. le Supplém.). On entre par l'avenue de Clichy.

Dans la première allée à dr. de l'AVENUE PRINCIPALE, trois monuments: «*exules Poloniæ memoriæ suorum*», des exilés Polonais, à la mémoire des leurs, avec l'aigle de Pologne et beaucoup de noms. Inscription du premier de ces monuments: «*exoriare aliquis nostris ex ossibus ultor!*» puisse un vengeur naître un jour de nos cendres!

\*Dans l'avenue principale, à g. en arrivant au CARREFOUR DE LA CROIX, la sépulture des *Cavaignac*, entre autres de *Godefroy*, l'écrivain († 1845), et d'*Eugène* († 1857), le général, qui fut président de la République en 1848. La belle statue couchée d'E. Cavaignac, en bronze, est de Rude. — Sous la croix du rond-point sont enterrées les victimes du coup d'État de 1852. Il y a toujours beaucoup de couronnes.

Nous suivons l'AVENUE DU BUISSON, derrière la croix, tournons à g. à l'extrémité, dans l'AVENUE DE LA CLOCHE, et quelques pas plus loin à dr.

Là se trouve le CIMETIÈRE ISRAÉLITE, séparé du cimetière chrétien par un mur. Il est fermé le samedi. A l'extrémité, à g., *Halévy*, le compositeur, († 1862); grande statue de marbre. — Derrière, le mausolée de la *famille Millaud*.

Nous revenons au cimetière principal et nous suivons à dr. l'AVENUE CORDIER. — A une certaine distance, *Théophile Gautier* († 1873); sarcophage avec une statue de marbre et des inscriptions, surtout celle-ci:

| «L'oiseau s'en va, la feuille tombe, | Petit oiseau, viens sur ma tombe |
| L'amour s'éteint, car c'est l'hiver, | Chanter quand l'arbre sera vert. |

Près d'un escalier, à g., *Gozlan* († 1866), écrivain distingué. — A dr., au pied de la butte, dans une petite allée, *Louise Thouret* († 1856); statue de jeune fille en marbre, couchée sous une sorte de baldaquin. — Plus loin du même côté, la tombe de *Murger*

(† 1861), auteur de la «Vie de Bohême», avec une statue de la Jeunesse, par Millet.

Nous tournons à dr. dans l'AVENUE DU TUNNEL conduisant au nouveau cimetière, où sont les concessions temporaires et les fosses communes. Avant le tunnel, à g., *Léon Foucault* († 1868), le physicien.

Nous montons à dr., derrière le cimetière israélite.

A dr., *Horace Vernet* († 1863), le peintre ; sarcophage.

A g., la *princesse Soltikoff* († 1845), chapelle mi-grecque mi-gothique, toute couverte de peintures et de dorures.

A dr., la sépulture de la *famille Rohart*, avec un ange en bronze. — Plus loin, *Paul Delaroche* († 1856), le peintre ; bloc de marbre.

A g., le maréchal *Lannes* († 1809), duc de Montebello. — Derrière, *Ch. Maury* († 1866), compositeur de musique sacrée.

A dr., *Miecislas Kamienski*, jeune Polonais, soldat volontaire français, tué à Magenta le 4 juin 1859. Statue couchée, en bronze.

Nous descendons à g. et nous remontons de l'autre côté.

A dr., *Ch. Zeuner* († 1841), pianiste et compositeur. — Plus loin, la *duchesse d'Abrantès* († 1838), femme du maréchal Junot, et son fils. Médaillon par David d'Angers. — A côté, *Ary Scheffer* († 1858), le peintre. Ange pleureur au-dessus de la porte.

A dr., *Nourrit* († 1839), le chanteur.

Nous descendons à dr. dans la grande AVENUE DU PEUPLIER. — A dr., *Samson* († 1871), artiste dramatique. Buste de bronze.

Nous tournons maintenant à g. dans l'avenue du Tunnel. A l'extrémité, tout droit dans le CHEMIN DU TUNNEL (escalier). A dr., *Isambert* († 1857). Monument des mulâtres et des nègres à leur défenseur.

Nous revenons à l'avenue du Tunnel et nous montons à dr. dans l'AVENUE DU PUITS, d'où nous allons à g. dans une large avenue transversale. A dr., un grand obélisque, le monument de la duchesse de *Montmorency-Luxembourg* († 1829) et de la marquise de *Mortemart* († 1876). — Plus loin, au coin du chemin Polignac, le tombeau de *Marc-Lejeune*, chapelle massive surmontée d'un sarcophage avec 4 statues.

Arrivés à l'avenue du Peuplier (v. ci-dessus), nous tournons à dr. dans l'avenue de la Cloche. A dr., dans le chemin A, *Thiboust* († 1867), auteur dramatique. Monument avec bas-relief de marbre. — Dans l'avenue, à g., *Armand Marrast* († 1852), membre du gouvernement provisoire, maire de Paris, président de l'Assemblée nationale en 1848. — A dr., en face, dans la 2e rangée, la tombe fort simple de *Henri Heine* († 1856), le célèbre poëte allemand.

Plus loin, la *famille Daru*, où repose entre autres le comte Daru († 1829), intendant général de la grande armée, homme d'Etat et littérateur.

Au delà du chemin qui conduit au cimetière israélite, nous

tournons à dr. dans le chemin Artot. A g., sur une sorte de terrasse, *Artot* († 1845), violoniste; *Palmier* († 1864), docteur en médecine.

Ce chemin aboutit à l'avenue de la Croix. Nous tournons à dr., et quelques pas plus loin encore à dr. dans le CHEMIN DE LA CHAPELLE, une des parties les plus curieuses, où se trouvent beaucoup de nouvelles tombes.

A dr., *Troyon* († 1865), le peintre. — A g., *Aglaë Didier* († 1863), écrivain. A dr., *Baudin*, «représentant du peuple mort en défendant le Droit et la Loi, le 3 déc. 1851; ses concitoyens, 1872». Statue couchée, en bronze, sur un sarcophage. — A g., *Clapisson* († 1866), compositeur de musique. — *Méry* († 1866), écrivain. Statue de la Poésie, en bronze. — A dr., *Rouvière* († 1865), artiste dramatique. Médaillon et bas-relief représentant le défunt dans le rôle d'Hamlet. — A g., *Chaudey* († 1871), rédacteur du «Siècle» fusillé par les communards. Médaillon très-expressif et citation du journal. — A dr., *Rostan* († 1866), professeur à la faculté de Médecine. Beau monument de marbre avec statue en haut-relief. — A l'extrémité de l'allée, on se retrouve au monument de Marc-Lejeune, d'où l'on va à g. à l'avenue de la Croix, par où l'on revient aussi à g. au carrefour de la Croix, pour gagner la sortie à droite.

Sur la place de Clichy (pl. R. 17) à peu de distance à dr. en revenant sur le boulevard, le *monument de Moncey*, érigé en 1869. C'est un groupe colossal de 6 m. de hauteur, en bronze, par *Rude*, sur un piédestal rond de 8 m., à bas-reliefs. Il représente le maréchal défendant le drapeau de la France, avec un soldat mourant près de lui. Moncey (m. 1842) se distingua en effet dans la défense de Paris en 1814 (barrière de Clichy).

A g., le boul. des Batignolles et le boul. de Courcelles, qui conduisent au parc de Monceaux (v. ci-dessous) et sont desservis par le tramway de la Villette à la place de l'Etoile et au Trocadéro.

Les omnibus des lignes *G* et *H* (v. le Supplém.) passent sur la place de Clichy; ils conduisent à l'église de la Trinité (p. 188), aux grands boulevards des Capucines et des Italiens (p. 72 et 73), au Palais-Royal (p. 83), etc., à Notre-Dame (p. 215) et au Jardin des Plantes (p. 249).

## 19. Parc de Monceaux.
### Eglise russe. St-Philippe-du-Roule.

Le **parc de Monceaux** ou *parc Monceaux* (pl. R., 15), relié à l'arc de triomphe de l'Etoile par l'avenue de la Reine-Hortense (10 min.), et à la Madeleine par le boulevard Malesherbes (p. 81; 20 min.), est encore une des belles promenades de Paris. L'étranger parcourra avec plaisir ses fraîches allées et viendra volontiers s'y reposer, loin du mouvement et du bruit de l'intérieur de la ville.

## 19. PARC DE MONCEAUX.

On peut s'y rendre par l'omnibus du Panthéon à Courcelles, ligne *AF*; par le tramway de St-Augustin au parc de Neuilly et par celui du Trocadéro et de l'Etoile à la Villette (v. le supplém.). Les grilles ferment, suivant la saison, à 6, 10 ou 11 h. du soir.

Le parc de l'ancien domaine de *Monceaux*, *Monceau* ou *Mousseaux*, jadis propriété de la seigneurie de Cluny (p. 239), fut acheté par le fameux fermier-général *Grimaud de la Reynière*, qui le vendit en 1778 à *Philippe d'Orléans, duc de Chartres*, dit *Philippe-Egalité*, père du roi Louis-Philippe. Le prince chargea *Carmontel* de le transformer, en faisant quelque chose qui ne fût ni dans le genre français, ni dans le genre anglais, de façon que le promeneur rencontrât une surprise à chaque pas. L'intention fut réalisée, et le parc de Monceaux devint jusqu'à la Révolution le rendez-vous favori du beau monde : des bals galants et des spectacles, des fêtes de toutes sortes y avaient lieu ; le luxe le plus effréné y était déployé par tous ceux qui le fréquentaient. La Révolution transforma le parc en propriété nationale. Napoléon I$^{er}$ le donna ensuite à son grand-chancelier Cambacérès, qui se vit cependant bientôt obligé de le rendre à l'empereur, à cause des frais énormes qu'exigeait son entretien. La Restauration le restitua au duc d'Orléans. Après avoir servi aux ateliers nationaux en 1848, il est enfin devenu la propriété de la ville de Paris, qui l'a fait transformer, sous la direction de M. *Alphand*, en une promenade publique pour voitures, cavaliers et piétons.

Ce parc n'a plus l'importance d'autrefois, ni comme superficie, car il est considérablement réduit (à 25,600 m.), ni comme promenade, parce qu'il ne peut plus rivaliser avec le bois de Boulogne et d'autres promenades également fort attrayantes, telles que les Buttes-Chaumont, le bois de Vincennes, etc.; mais il a cependant toujours l'avantage d'offrir une charmante retraite dans l'intérieur même et à proximité du centre de Paris. Il a quatre entrées formées par de grandes grilles monumentales. Des choses qu'on y admirait beaucoup autrefois, il n'y a plus guère à citer, à côté de tout ce qui se voit dans les nouveaux parcs, squares, etc., que la *Naumachie*, pièce d'eau ovale bordée d'une colonnade corinthienne en hémicycle, et une colline de rochers avec une grotte. Il y a musique militaire au parc le jeudi et le dimanche en été.

On peut se rendre du parc de Monceaux, par le tramway qui passe sur le boulevard de Courcelles, soit au cimetière Montmartre (p. 206) soit à l'arc de triomphe de l'Etoile (p. 162).

De la grille du côté de l'avenue de la Reine-Hortense, on aperçoit, dans la rue Daru, les coupoles pyramidales en cuivre doré de L'**église russe** (pl. R. 12), construite de 1859 à 1861, dans le style byzantino-moscovite, sur les plans de *Kouzmine*. Elle est visible les dimanche, mercredi et vendredi à 11 h., et encore les dimanche et jeudi de 3 à 5 h. Tout l'édifice, fort remarquable par son élégance et sa richesse, se distingue à l'intérieur par le bon goût de sa décoration. Le murs sont couverts de fresques, et l'Iconostase, cloison en bois sculpté séparant la nef du chœur, est ornée d'images représentant Jésus, la Vierge et des saints russes, par les frères *Sorokine* et par *Bronnikoff* et *Wossilieff*.

En suivant la rue Daru du côté opposé aux boulevards extérieurs, on arrive à la rue du Faubourg-St-Honoré, qui passe, à g., devant l'*hôpital Beaujon* (n° 184), fondé en 1780 par le financier de ce nom, et l'un des mieux aménagés de Paris.

**St-Philippe-du-Roule** (pl. R. 15; *II*), plus bas dans la même rue, est une basilique du style grec, bâtie de 1769 à 1784 sur les plans de *Chalgrin*. On y remarque une coupole décorée d'une Descente de croix par *Chassériau*, et la chapelle de le Vierge peinte par *Jacquand*.

Plus loin, la *place Beauveau*, avec le *Ministère de l'Intérieur* sur la gauche (pl. Bl. 15; *II*); puis, à dr. de la rue, le *palais de l'Elysée* (p. 158) et l'*Ambassade d'Angleterre* (p. 42). La rue du Faubourg-St-Honoré aboutit à la rue Royale, au delà de laquelle se trouve la rue St-Honoré (p. 81).

## 20. Place du Trône. Vincennes.

Outre les voitures particulières (remises, p. 21), les meilleurs moyens de transport pour une excursion à Vincennes sont le *tramway du Louvre à Vincennes* (ligne T.C), qui s'arrête au fort de Vincennes (v. le plan ci-joint), le tramway Sud de la *Bastille à Charenton*, par l'avenue Daumesnil et le long du lac de Charenton (p. 214), le *tramway du Louvre à Charenton* (T. K) qui suit surtout les quais et s'arrête au pont de Charenton; les *bateaux-omnibus* (p. 26), qui vont aussi jusqu'au pont de Charenton; et le *chemin de fer de Vincennes*, qu'il faut aller prendre à la place de la Bastille (p. 66), mais par lequel on a l'avantage d'aller, si l'on veut, descendre plus loin que Vincennes, car il contourne le bois à l'E., en passant aux stations de *Fontenay-sous-Bois*, *Nogent-sur-Marne* (p. 212) et *Joinville-le-Pont* (p. 213). Comme tous les omnibus, le *chemin de fer de ceinture* mène encore dans cette direction par correspondance (stat. du Bel-Air), et le *chemin de fer de Lyon* (pl. B. 25, 28) a aussi une station à Charenton. — Le château de Vincennes n'est visible que le samedi, de midi à 4 h., avec une permission de la direction de l'artillerie, à Paris.

Nous prenons de préférence au départ le tramway du Louvre à Vincennes (T. C), qui passe d'abord par les rues de Rivoli et St-Antoine, la place de la Bastille (p. 64), la rue du Faubourg-St-Antoine et la **Place du Trône** (pl. B. 31). Cette grande place, au milieu de laquelle est un vaste bassin avec un jet d'eau, forme l'extrémité de Paris à l'E., comme celle de l'Etoile la forme au N.-O., à 2 h. de marche en ligne droite de la première. Une douzaine de voies de communication aboutissent à cette place comme à l'autre, mais elle n'en a pas l'animation et il n'y a aucun édifice remarquable aux alentours. Lorsque Louis XIV reçut, en 1660, après la paix des Pyrénées, les hommages de la ville de Paris, on avait érigé un trône en cet endroit, ce qui lui a fait donner son nom. Là où était l'ancienne barrière, s'élèvent deux hautes colonnes doriques cannelées, commencées en 1788, mais achevées seulement

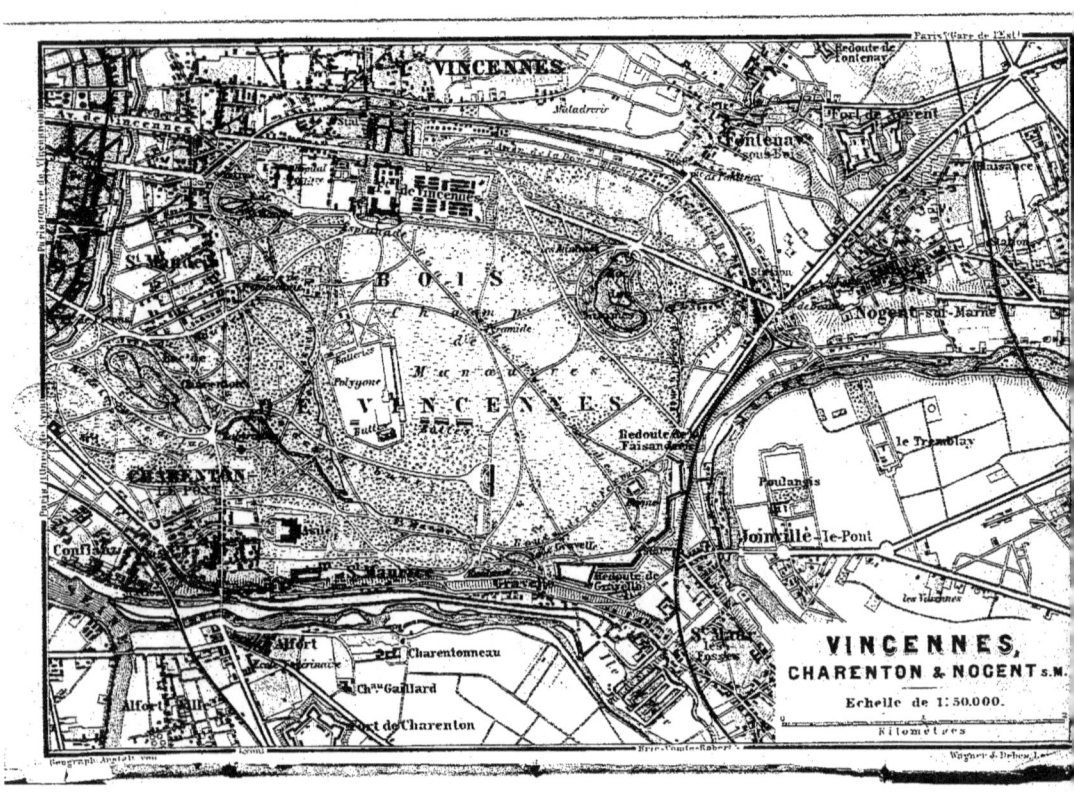

en 1847. Chacune est décorée de deux bas-reliefs, par *Desbœufs* et *Simart*, représentant, du côté de la ville, le Commerce et l'Industrie, de l'autre, la Victoire et la Paix, et elles sont surmontées de statues de bronze: St Louis, par *Etex*, et Philippe le Bel, par *Dumont*.

La place du Trône est point de départ ou station des tramways de la Villette, de la place Walhubert (jardin des Plantes), de Montreuil, de Vincennes au Louvre et du cours de Vincennes aux Halles.

Au S.-E. de la place du Trône, rue de Picpus, 15, se trouve le petit *Cimetière de Picpus* (pl. B. 31; entrée, 50 c.), qui renferme les tombeaux de membres des plus anciennes familles de France, telles que celles des *Montmorency*, des *de Noailles*, *Gramont*, *Crillon*, *Clermont-Tonnerre*, etc., pour la plupart victimes de la révolution de 1793. Au bout est le «cimetière des guillotinés», où reposent 1306 autres victimes de la Révolution, exécutées à la barrière du Trône.

Le tramway de Vincennes passe plus loin par le boul. de Picpus, l'avenue de St-Mandé et St-Mandé, à côté de la stat. de ce nom du chemin de fer de Vincennes, et à 2 min. du joli petit *lac de St-Mandé*, qui renferme une île et dont les alentours sont très-bien boisés. *St-Mandé*, au S., est un village de 7500 hab. possédant deux asiles pour les vieillards et dont le cimetière renferme la statue en bronze d'Armand Carrel (m. 1836), par *David d'Angers*.

**Vincennes.** — *Café de la Paix*, square Marigny, près de la stat. des tramways. *Restaur. Marconi et Philippe*, à côté, avenue Marigny, 7 et 15. *Café-restaur. de la Porte-Jaune*, dans le bois (v. p. 213).

Vincennes est une ville de 18,243 hab., importante seulement par sa situation et comme forteresse à la porte de Paris. A part son château, on ne saurait guère y signaler, comme curiosité, que la *statue du général Daumesnil*, par L. Rochet, sur la place de l'Hôtel-de-Ville, au N., près du château. Daumesnil, défenseur du château en 1814 et 1815, repoussa les offres les plus avantageuses des alliés, répondant, dit-on, qu'il ne le rendrait que lorsqu'on lui rendrait sa jambe restée sur le champ de bataille de Wagram, ce que rappelle le geste de la statue.

Le **château de Vincennes** (visite, v. ci-dessus) fut fondé au XII$^e$ s. et agrandi peu à peu. Il servit de résidence royale jusqu'en 1740, où Louis XV en fit d'abord une manufacture de porcelaine. Cette manufacture ayant été transférée à Sèvres en 1751, le château fut transformé en école militaire, puis, en 1757, en manufacture d'armes. C'est seulement sous Louis-Philippe, de 1832 à 1844, qu'il a été considérablement fortifié, et qu'on y a établi de grands dépôts de munitions, surtout pour l'artillerie. C'est en même temps à Vincennes que se trouve l'*école de tir*, où un certain nombre d'officiers de chaque régiment étudient le maniement des nouvelles armes à feu, et où se font la plupart des perfectionnements de ces armes.

Le château servit aussi longtemps, dès le règne de Louis XI (1461-83) de *prison d'Etat*. C'est là que furent détenus: le roi de Navarre (1574), le Grand Condé (1650), le cardinal de Retz (1652), Fouquet (1661), le comte de Mirabeau (1777), qui écrivit durant sa captivité son «Essai sur les lettres de cachet et les prisons d'Etat»; le duc d'Enghien (1804), les ministres de Charles X (1830), les députés qui conspirèrent contre l'Assemblée nationale en mai 1848, et bien d'autres. Le plus connu de ces prisonniers fut le *duc d'Enghien*, le dernier de la famille des Condé, que Napoléon 1er fit enlever en 1804, dans le grand-duché de Bade, et condamner à mort par un conseil de guerre, pour avoir été le chef de la conspiration de Pichegru, G. Cadoudal, etc., dirigée contre la vie de Napoléon lui-même. On le fusilla le 20 mars dans le fossé du château, où il fut aussi enterré. Louis XVIII fit exhumer ses restes en 1816, et les fit ensevelir dans la chapelle, où il lui érigea un monument.

En mai 1871, le château de Vincennes fut l'un des derniers points occupés par les insurgés. Forcés enfin de l'évacuer à l'approche des troupes de Versailles, ils y laissèrent l'un d'eux, caché dans une casemate, avec des instructions pour mettre le feu aux poudres quand les troupes seraient entrées. Ce misérable, condamné dans tous les cas à une mort inévitable, aima mieux se suicider que d'exécuter cet acte abominable.

La *chapelle*, avec sa jolie façade gothique, a été commencée en 1379, sous Charles V, et achevée en 1552, sous Henri II. Elle servit de magasin après la révolution de juillet, et elle n'a été rendue au culte qu'en 1842. Elle se distingue par ses voûtes élancées et de belles verrières par J. Cousin (p. 110). Le monument du duc d'Enghien, autrefois placé devant un autel, se trouve actuellement dans l'ancienne sacristie. Ce n'est nullement une œuvre remarquable sous le rapport du goût. Il se compose de quatre figures exécutées par Deseine, représentant le duc soutenu par la Religion, la France déplorant sa perte et une figure emblématique de la Vengeance.

La *salle d'armes*, construite en 1819, renferme au rez-de-chaussée le matériel d'artillerie et au premier étage des armes suffisantes, dit-on, pour l'armement complet de 120,000 hommes.

C'est au *donjon* qu'étaient enfermés les prisonniers d'Etat. On découvre une jolie vue de sa plate-forme, où l'on monte par 237 marches. Ce donjon, haut de 52 m., a cinq étages, formant chacun une haute et vaste pièce avec des cabinets dans les tours des angles.

A l'E. du château se trouve le *fort de Vincennes* et au delà commence le bois.

Le **bois de Vincennes,** quoique bien moins fréquenté, ne le céderait guère maintenant au bois de Boulogne sans la plaine qui le coupe désagréablement en deux. C'était jadis une forêt où St Louis (m. 1270) aimait déjà à chasser et à rendre la justice; il a été entièrement replanté sous Louis XV, en 1731. De nos jours, les ouvrages du génie et les chemins de fer en ont détaché des parties considérables, mais il n'en couvre pas moins encore, avec le champ de manœuvres (1 kil. de largeur) et le polygone, une superficie de près de 900 hectares. Sa transformation en promenade publique, faite en 1857-58 par *Vicaire* et *Bassompierre*, n'a pas été exécutée avec moins de succès que celles du bois de Boulogne et des Buttes-Chaumont.

Arrivé à l'angle du fort, on appuiera à dr. et on prendra le chemin du milieu, la route de Joinville (v. ci-dessous), et un peu plus loin, celui de g., la route de Nogent (v. ci-dessous). A moins de 1100 m. du fort (1800 du château) se trouve le *lac des Minimes*, ainsi nommé parce qu'il a été creusé, en 1857, dans un enclos ayant appartenu, de 1584 à 1784, aux religieux de l'ordre des Minimes. C'est donc un lac artificiel, de 8 hectares de superficie, avec 3 îles, dont la plus petite, l'*île de la Porte-Jaune*, à l'extrémité N., est reliée à la rive par un pont et renferme un *café-restaurant*. Les autres communiquent entre elles, mais ne sont abordables qu'en bateau.

A l'île de la Porte-Jaune aboutit une allée venant de *Fontenay-sous-Bois*, village et station à 5 ou 600 m. au N.-E. en dehors du bois (4445 hab.). — A 700 m. environ à l'E., à l'extrémité de la route, *Nogent-sur-Marne* (7559 hab.), qui renferme, comme Fontenay, une foule de jolies maisons de campagne. Un pont courbe de 800 m. de long, appartenant à un embranchement du chemin de fer de Strasbourg, y traverse la Marne.

Le lac est entouré à une certaine distance par la *route circulaire* de l'ancien enclos, par laquelle on en fait le tour en 40 min. L'allée sur le bord est plus courte de 10 min. On trouve des embarcations (1 fr. à l'heure par pers.) du côté O. ou du côté de Paris, où sont des habitations de gardiens.

En contournant le lac à l'E., on passe aux petites *cascades* qui l'alimentent, formées, la première par le *ruisseau de Nogent* (900 m.), la seconde par le *ruisseau des Minimes* (1200 m.). Appuyant un peu plus loin à g. par une belle allée, on se rapproche de ce ruisseau, près duquel on croise la *route de Beauté*, ainsi nommée du *château de Beauté* qui s'élevait là quelque part, et dont une inscription au mur d'une villa du fond de Beauté, sur la route de Joinville à Nogent, dit : «Charles V le Sage, roi de France et premier dauphin du Viennois, éleva en ce lieu, vers 1375, le château royal de Beauté. Il y mourut le 16e jour de septembre 1380. Charles VII donna en 1444 ce domaine à Agnès Sorel, qui en prit le titre de dame de Beauté.»

Un peu plus loin, en longeant le ruisseau à dr., on arrive à la *plaine de Gravelle*, qui divise le bois en deux parties bien distinctes, sur une longueur d'environ 3 kil., à partir du château de Vincennes, et une largeur de 1000 à 1500 m. A g. se trouve la *redoute de la Faisanderie*, plus loin la *redoute de Gravelle*. A dr., l'emplacement de l'ancien champ de courses ; derrière, le *champ de manœuvres* de l'infanterie, et plus loin sur la gauche, le *polygone de l'artillerie*. A un carrefour dans le champ de manœuvres s'élève une *pyramide*, reconstruite depuis 1871, à l'endroit où était, dit-on, le chêne sous lequel St Louis rendait la justice. On a déjà de la lisière du bois, près de la redoute de la Faisanderie, de beaux coups d'œil sur la vallée de la Marne et sur les hauteurs du N. de Paris.

La route qui longe le bois du côté de la plaine, est celle de Vincennes à *Joinville-le-Pont*, village situé à peu de distance à g. de la redoute et station du chemin de fer de Vincennes (p. 210). Là débouche le *canal de St-Maur*, canal souterrain percé à travers la colline en 1825, long de 600 m., haut de 8 et bordé d'un chemin de halage, de sorte qu'on peut aussi y passer à pied. Ce canal est d'une grande importance pour la navigation, vu qu'il abrège considérablement, la Marne faisant une courbe de 13 kil. Plus loin, les stations de *St-Maur-Port-Créteil, le Parc de St-Maur, Champigny*, etc. Champigny, sur la rive g. de la Marne, est connu par les batailles des 30 nov. et 2 déc. 1870, dans lesquelles les généraux Trochu et Ducrot cherchèrent vainement à percer les lignes allemandes. On a érigé sur le champ de bataille un monument avec une crypte où reposent les restes des victimes de ces journées, Français et Allemands.

Un peu plus loin que la redoute se voit une *ferme* modèle dite ferme de la Faisanderie, où l'on peut boire du lait chaud. La route de la Ferme monte au delà vers le plateau où est le *lac de Gravelle*, alimenté par une machine à vapeur au bord de la Marne et d'où sortent le ruisseau des Minimes, qui coule dans une conduite souterraine jusque près de la route de Joinville, et la *rivière de Gravelle*, qui se bifurque vers les lacs de Charenton (v. ci-dessous) et de St-Mandé (p. 211). A quelques pas du lac, le *rond-point de Gravelle*, avec un pavillon, où l'on peut avoir des rafraîchissements en été. On a de là un panorama magnifique, notamment sur les vallées de la Marne et de la Seine (v. le plan du bois et celui des environs de Paris, p. 210 et 286).

Les chemins à dr. au delà du rond-point sont barrés par des sentinelles lorsque des exercices ont lieu au polygone; on prend alors l'*avenue de Gravelle*, à g., pour se diriger vers le lac de Charenton, distant d'environ 1800 m. On passe de ce côté, à g., non loin de l'*hospice d'aliénés* de Charenton-St-Maurice, et de l'*asile de Vincennes*, pour les ouvriers malades ou convalescents, qui est en réalité beaucoup plus près de Charenton que de Vincennes. Ensuite on arrive sur la *route de Charenton* à St-Mandé, où passe le tramway Sud de la Bastille, qui tourne bientôt à g. dans la *route de ceinture du Lac*, et rejoint l'*avenue de Daumesnil* (pl. B. 35, 34, 31, 28; Bl. 28, 25).

*Charenton*, bourgade de 8,822 hab. (avec *Conflans* et *les Carrières*), doit sa notoriété à l'hospice d'aliénés qui de fait se trouve maintenant en amont sur le territoire de St-Maurice, commune de 4,577 hab., créée en 1842. Charenton fut aussi jadis célèbre par le temple que les protestants y construisirent en 1606 avec l'autorisation de Henri IV et qui fut détruit en 1685. Le pont qui s'y trouve est sur la Marne, un peu au-dessus de son embouchure dans la Seine (bateaux et tramways, v. p. 210).

La partie du bois au N. de Charenton et qui touche à l'O. aux fortifications de Paris, a été créée lors de la transformation de ce bois en 1857-58. On y remarque surtout le *lac de Charenton* ou *de Daumesnil*, plus grand encore que celui des Minimes, et qui contient deux îles communiquant entre elles et reliées à la terre ferme du côté de Charenton. Il y a un petit temple au-dessus d'une grotte artificielle, un café, etc. Un batelier, du côté de l'avenue Daumesnil, vous épargne la peine de revenir sur vos pas (10 c.). De l'autre côté de l'avenue est situé St-Mandé, déjà mentionné p. 210.

# LA CITÉ

La *Cité* (pl. Bl. 20, 23, 22; V) est la partie la plus ancienne de Paris. C'est dans cette île que se trouvait, au temps de César, la ville gauloise de Lutèce *(Lutetia Parisiorum)*, le Paris des Romains et des Francs, auquel s'ajoutait seulement, sur la rive g. de la Seine, un petit faubourg entouré de marais et de bois. Ce fut aussi, sous les rois francs, le lieu choisi pour bâtir l'église principale. Dans la suite, l'église s'étendit de plus en plus sur la rive dr. du fleuve, de sorte qu'à la fin du XIII<sup>e</sup> s., cette partie comptait déjà 194 rues, tandis que les deux autres réunies n'en avaient que 116. Néanmoins la Cité conserva son caractère particulier et continua de renfermer le *palais des rois* et l'église métropolitaine de *Notre-Dame*. Presque toutes les rues y avaient leurs sanctuaires, quelques-uns tenus en grande vénération à cause de leur ancienneté, comme *St-Germain-le-Vieux* ou *Ste-Geneviève-d'Ardent*, ou à cause d'images miraculeuses, comme *St-Eloi*; d'autres se distinguant par leur beauté et la richesse de leur décoration, comme la *Ste-Chapelle*, attenante au palais (p. 221). Près de Notre-Dame s'élevèrent, d'un côté le *palais épiscopal* et l'*Hôtel-Dieu*, destiné dans le principe à héberger les pauvres et les pèlerins, de l'autre côté le *cloître Notre-Dame* ou maison des chanoines, si célèbre dans l'histoire de l'université. La Cité était en outre habitée par les domestiques de la Cour, des orfèvres, des changeurs, des boulangers, des marchands de volaille, etc. Le clergé y formait cependant la majorité de la population, de même que la bourgeoisie dans la partie N. de Paris, la *Ville* proprement dite, et les lettrés dans la partie S., l'*Université*.

Aujourd'hui, la Cité n'est plus le centre de Paris, mais elle en renferme encore les deux plus beaux monuments religieux, Notre-Dame et la Ste-Chapelle. L'Hôtel-Dieu s'y trouve toujours, et à la place de l'ancien palais royal s'élève le Palais-de-Justice.

A l'E. de la Cité, dont elle est séparée par un bras du fleuve, est située l'*île St-Louis*, coin paisible, inanimé, au milieu de cette ville si agitée.

## 21. Notre-Dame.

Les personnes venant de la rive dr. par le Pont-Neuf (p. 223) ou le pont au Change (p. 172), laisseront d'abord de côté le Palais-de-Justice (p. 219) et se dirigeront immédiatement vers l'extrémité E. de l'île (pl. Bl. 22; V), à g., pour en commencer la visite par

**\*Notre-Dame.** — L'église métropole actuelle a été fondée en 1163 sur l'emplacement de l'église primitive datant du IVe s. et consacrée en 1182, mais la nef ne fut achevée qu'au XIIIe s., et elle a subi dans la suite de nombreux changements. Cependant elle conserve encore assez bien son caractère primitif, grâce à une intelligente restauration faite depuis 1845. Il ne manque pas cependant de personnes qui se trouvent un peu déçues à la vue de ce monument célèbre à tant de titres. Placée dans une telle ville, au milieu de tant de richesses monumentales, elle souffre naturellement de la splendeur de son entourage. L'aspect en est un peu lourd et écrasé, mais c'est encore là le résultat de circonstances que les architectes ne pouvaient guère prévoir : les flèches des tours n'ont pas été construites; l'église s'élève dans la partie la plus basse de la ville; elle est entourée de hautes maisons au lieu des petites habitations d'autrefois, qui lui donnaient du relief, et enfin le sol sur lequel elle est bâtie a été considérablement exhaussé, car on y montait encore par 13 degrés en 1748, tandis qu'on y entre aujourd'hui de plain-pied.

Une page curieuse de l'histoire de cette église est celle du temps de la Révolution. Un décret du mois d'août 1793 en ordonna, il est vrai, la destruction, mais il fut immédiatement annulé. Néanmoins les sculptures furent mutilées. Le 10 nov. de la même année, l'édifice fut transformé en temple de la Raison, la statue de la Vierge fut remplacée par celle de la Liberté et les chants religieux par les chants patriotiques de la garde nationale. Sur un monticule dans le chœur brûlait le flambeau de la vérité et au-dessus s'élevait un temple grec de la Philosophie, avec les bustes de Voltaire, de Rousseau, etc. On y fit de plus asseoir sur un trône la déesse de la Raison, qui n'était autre qu'une danseuse du nom de Maillard, à laquelle on rendit les honneurs divins. Des filles vêtues de blanc entouraient le temple des flambeaux à la main, tandis que les chapelles latérales servaient à des orgies. L'église fut complètement fermée à partir du 12 mai 1794, et elle ne fut rendue au culte qu'en 1802, par Napoléon Ier.

La Commune ne respecta pas non plus Notre-Dame; le trésor fut pillé et il y eut un dépôt militaire jusqu'au moment où les insurgés furent obligés de battre en retraite. Le feu y fut mis alors comme aux autres édifices, mais il causa peu de dommage.

**\*Façade.** — La plus belle partie de Notre-Dame est sa façade, la plus ancienne dans son genre, du commencement du XIIIe s., et qui a souvent servi de modèle pour les façades des églises du nord-est de la France. Elle est divisée en trois parties principales par des contre-forts et elle forme trois étages bien distincts, sans compter celui des tours. Dans le bas, trois baies avec de belles voussures ogivales, dont les sculptures, en tant qu'elles n'ont pas été détruites à la Révolution, sont des productions remarquables du commencement de l'époque ogivale. Celles du portail du centre représentent le jugement dernier. Au trumeau, un beau Christ refait de nos jours. La porte du S., dédiée à Ste Anne, celle du N., qui sert ordinairement d'entrée, dédiée à la Ste Vierge, sont décorées de sculptures relatives à ces saintes; on remarquera surtout à la seconde l'Ensevelissement de la Vierge. Cet étage se termine par une galerie ou des niches renfermant 28 statues de rois refaites de nos jours. Au-dessus de la galerie sont, dans le milieu, une Vierge accompagnée de deux anges tenant des flambeaux; à dr. et à g., des statues d'Adam et d'Eve. — Le principal ornement du deuxième étage est sa magnifique rose, de 13 m. de diamètre et de style encore assez simple. De chaque côté est une double fenêtre ogivale avec une petite rose feinte. Le troisième étage se compose d'une seconde galerie, haute de 8 m. environ, à colonnettes fort légères, portant des ogives géminées avec trèfles à jour. Plus haut règne une balustrade également à jour, couronnée par des statues de monstres et d'animaux, et le tout se termine par deux grosses tours quadrangulaires, percées d'ouvertures géminées hautes de plus de 16 m. Les portails latéraux méritent aussi d'être vus. Au portail méridional de belles ferrures restaurées de nos jours par Boulanger. La flèche du transept, haute de 45 m., en bois revêtu de plomb, a été construite en 1859. On admire la légèreté et l'élégance du chevet, avec ses fenêtres à frontons et ses arcs-boutants d'une grande hardiesse (fontaine voisine, v. p. 219).

Intérieur. — Notre-Dame est ouverte toute la journée, seulement le chœur et le pourtour sont fermés à partir de 10 h. du matin et ne peuvent être visités, ainsi que la sacristie, le trésor et la salle capitulaire qu'avec une carte qu'on se procure, moyennant 50 c., en s'adressant au suisse, à dr. à l'entrée du pourtour. Les dimanches et jours de fête, le chœur et le pourtour restent ouverts jusqu'à la fin des offices, mais on ne visite pas les autres parties réservées.

L'intérieur de Notre-Dame est divisé en 5 nefs, avec un simple transept, et mesure 127 m. de long sur 48 de large et 34 de haut dans la nef majeure. Le chœur a encore l'ancienne forme ronde, mais les bas côtés se prolongent ici pour la première fois au delà du transept en formant un pourtour. Des chapelles ont été ajoutées plus tard entre les contre-forts de la nef et du chœur. Les voûtes reposent sur 75 piliers, la plupart ronds, contrairement aux principes adoptés dans les autres constructions gothiques. Au-dessus des bas côtés règnent des tribunes qui s'ouvrent dans la grande nef par des arcades que supportent 108 petites colonnes, et au-dessus sont 37 grandes fenêtres. On remarquera les vitraux anciens des rosaces du grand portail et des portails latéraux. Le grand orgue, construit en 1750, restauré et agrandi en 1868 par Cavaillé-Coll, a 86 jeux et 5,266 tuyaux. A dr. du portail méridional, deux plaques de marbre noir sur lesquelles sont inscrits les noms des otages de la Commune (p. 203), au nombre de 75. La chaire, faite sur les dessins de Viollet-le-Duc, par Mirgen, est un chef-d'œuvre.

Le chœur et le sanctuaire sont séparés de la nef et du pourtour par de belles grilles, chefs-d'œuvre de serrurerie. On remarque surtout dans le chœur les stalles et des bas-reliefs en bois, représentant en particulier des scènes de la vie de J.-C. et de celle de la

Vierge. Dans le sanctuaire a été inauguré en 1874 un magnifique autel, derrière lequel sont une Pietà, dite le Vœu de Louis XIII, et des statues de Louis XIII et de Louis XIV par *N. Coustou*.

Au commencement du pourtour, du côté S. ou à dr., l'entrée de la nouvelle sacristie (v. ci-dessous).

Les chapelles contiennent un certain nombre de monuments, surtout d'archevêques de Paris ; savoir, à partir de la sacristie : ceux de *Mgr Affre* (m. 1848), par Debay; de *Mgr Sibour* (m. 1857), par Dubos; du comte *d'Harcourt* (m. 1718), représentant un mort qui sort du tombeau, par A. Pigalle; de *Mgr Darboy* (m. 1871) et du *cardinal Morlot* (m. 1863), son prédécesseur, statues à genoux; de l'évêque *Matiffas de Bucy* (m. 1304), à la chapelle de la Vierge; du *cardinal de Belloy* (m. 1806), un groupe de marbre sculpté par Deseine, où le prélat est représenté à l'âge de 99 ans, faisant l'aumône à une mère avec son enfant; du *cardinal de Noailles* (m. 1729), dans une chapelle ornée de fresques par Maillot; de *Mgr Juigné* (m. 1811), par Cartellier; du maréchal *Guébriant* (m. 1643) et de sa femme *Renée du Bec-Crépin*. — A l'extérieur de la clôture du chœur, 23 bas-reliefs remarquables en pierre, par *Jehan Ravy* et son neveu *Jehan de Bouteillier*, achevés en 1351 et autrefois richement dorés. Les sujets, tirés de la vie de J.-C. sont traités dans un beau style qui présente diverses nuances, mais qui est partout d'un caractère monumental et empreint de dignité.

La *nouvelle sacristie*, construction dans le style de la cathédrale, élevée en 1846-48 par M. Viollet-le-Duc, renferme le TRÉSOR de Notre-Dame, composé des reliques qui étaient autrefois à la Ste-Chapelle (morceaux de la couronne d'épines, de la croix et du manteau de J.-C., clou de la croix, etc.), puis d'objets précieux tels que : reliquaires, vases sacrés, ostensoirs, croix, ornements sacerdotaux d'un grand prix, notamment ceux qui ont été donnés par des souverains ; manteau du sacre de Napoléon I$^{er}$, statue de la Vierge avec l'enfant Jésus, en argent, donnée par Charles X, bustes en argent de St Denis et de St Louis, etc. Les hautes fenêtres de la sacristie ont des vitraux de couleur, représentant des archevêques de Paris et des scènes de leur vie, entre autres la mort de *Mgr Affre* (p. 65). — On montre aussi dans la salle capitulaire, à côté de la sacristie, les vêtements ensanglantés et d'autres souvenirs de MMgrs Affre, Sibour (p. 239) et Darboy (p. 203).

Une jolie cour gothique à côté de la sacristie, la *cour du chapitre*, est décorée d'une petite fontaine en forme de reliquaire, surmontée de huit statues d'évêques assis, en pierre.

TOURS. — La *vue du sommet des tours de Notre-Dame, hautes de 68 m., est, après celle de la tour St-Jacques (p. 171), la plus belle dont on puisse jouir à Paris. L'œil y embrasse aussi tout le cours de la Seine et la foule de monuments grandioses des environs. On entre par la tour du N., en dehors de l'église, à g. du portail, où il faut sonner (20 c.) ; il y a 378 marches. Dans la tour du S. se trouve le *bourdon de Notre-Dame*, une des plus grosses cloches qui existent, pesant 16,000 kilogr. (son battant seul, 488). Il y a aussi une cloche rapportée de Sébastopol.

La PLACE DU PARVIS NOTRE-DAME (pl. Bl. 22; *V*), devant la cathédrale, a été bien dégagée dans ces derniers temps. Au N. à été reconstruit l'**Hôtel-Dieu,** qui était auparavant du côté S. C'était le plus ancien hôpital de Paris et peut-être de l'Europe, fondé en 660, sous Clovis II. Il en subsiste encore du reste une partie moins ancienne sur la rive gauche. Le nouvel Hôtel-Dieu compte 839 lits. — A l'O. de la place, une grande caserne achevée en 1866. Entre cette caserne et le quai du côté N., un *marché aux fleurs* (mercr. et sam.) et plus loin le *Tribunal de commerce* (p. 222).

Derrière la cathédrale, sur l'emplacement de l'ancien archevêché converti en square, s'élève la *fontaine Notre-Dame*, petit monument gracieux, de 15 à 16 m. d'élévation, érigé en 1845 sur les dessins de *Vigoureux*: dans le bas un double bassin, où l'eau est vomie par des dragons que terrassent des anges, et au-dessus un petit édicule gothique à colonnes, supportant une jolie flèche et renfermant une statue de la Vierge avec l'enfant Jésus.

A quelques pas de là à l'extrémité de l'île, se trouve la **Morgue**, reconstruite en 1864. C'est le bâtiment où sont exposés, pendant trois jours, les morts inconnus trouvés dans la Seine ou autre part, afin qu'on puisse en constater l'identité. L'entrée est publique. Les corps reposent sur des dalles de marbre continuellement rafraîchies par de l'eau courante. Les habillements dont ils étaient revêtus sont suspendus au-dessus. On y expose chaque année près de 600 cadavres, dont environ 1/7 de femmes.

## 22. Palais-de-Justice et Ste-Chapelle.
**Tribunal de commerce. Pont-Neuf. Préfecture de police.**

La partie occidentale de la Cité (pl. Bl. 20; *V*), ou à l'O. du *boulevard du Palais* (300 m.), qui relie le pont au Change (p. 172) et partant le boul. de Sébastopol (p. 69) au pont et au boul. St-Michel (p. 225), se compose d'une agglomération d'édifices tels que le *Palais-de-Justice*, au milieu; la *Conciergerie*, sur le quai de l'Horloge, au N., près du pont au Change, et la *préfecture de police*, sur le quai des Orfèvres, au S. C'est là que résidèrent primitivement les rois de France, et ce fut seulement Charles VII (1431) qui céda le palais au Parlement, la cour souveraine de justice.

\***Palais-de-Justice.** — Les incendies de 1618 et 1776 n'ont laissé subsister que les tours du vénérable palais des rois: la *tour de l'Horloge*, à l'angle N.-E., près du pont au Change; la *tour du Grand-César*, la *tour de Montgomery*, au N., sur le quai, et plus loin la *tour d'Argent*, avec ses créneaux, plus la *Ste-Chapelle*, et les *cuisines de St-Louis*. L'horloge de la tour du coin, dont le cadran est orné des figures de la Piété et de la Justice, par G. Pilon, était la plus ancienne horloge publique de France, construite en 1370 par un horloger allemand du nom de Henri de Vic; elle a été refaite au XVIIIe s. et en 1852.

Le palais (ouvert tous les jours, sauf les dimanches et jours de fête) avait subi de grands changements depuis 1839; sa restauration était presque achevée quand éclata la guerre de 1870. La destruction volontaire d'une grande partie de cet imposant édifice, le 22 mai 1871, figure aussi dans la liste des crimes abominables commis par les insurgés. Plusieurs cours ont été complètement détruites et d'autres plus ou moins endommagées. On a travaillé depuis à leur restauration, mais on achève seulement la salle des Pas-Perdus.

Les différents tribunaux, la *Cour de cassation*, la *Cour d'appel*, la *Cour d'assises*, le *tribunal de première instance* et le *tribunal de simple police*, y tiennent leurs audiences publiques de 10 h. à 4, tous les jours non fériés, excepté durant les vacances (août et septembre). Ils offrent un grand intérêt aux personnes qui veulent entendre plaider les avocats. Les audiences de la *Chambre de police correctionnelle*, les mardi, jeudi et vendredi, dans la cour de l'autre côté de la Ste-Chapelle, manquent rarement d'offrir des scènes d'un grand comique, et l'on y entend souvent aussi d'excellents plaidoyers. L'homme de loi trouvera cependant bien plus d'intérêt à assister aux séances des tribunaux civils, et d'y entendre parler quelqu'un des célèbres orateurs du barreau de Paris. Les huissiers donnent sous ce rapport tous les renseignements désirables.

L'entrée principale du Palais-de-Justice est du côté du boul. du Palais (v. p. 219), par la *cour d'honneur*, séparée de la rue par une belle grille de fer. En face est un grand escalier de 37 degrés, qui aboutit à un avant-corps à dôme carré, orné de quatre colonnes doriques, dans le haut duquel s'élèvent des statues symboliques : la France et l'Abondance, par Berruyer; la Justice et la Prudence, par Lecomte. Après avoir monté l'escalier, on se trouve dans un long *vestibule* qui sert de vestiaire. On y voit toujours se promener, comme dans les autres galeries du reste, un certain nombre d'avocats en robe noire, souvent en compagnie de clients. C'est un va et vient continuel de personnes de toutes les classes. L'escalier du milieu, décoré d'une statue de la Justice, conduit aux chambres du *tribunal civil*, qui n'offrent rien d'intéressant. — Nous prenons à dr. et nous passons par une porte vitrée pour voir la *salle des Pas-Perdus*, incendiée en 1871 et dont la reconstruction sera terminée en 1878. On y arrive aussi directement par un escalier à dr. dans la cour, près de la grille. C'est une des plus vastes salles dans son genre, une haute galerie voûtée et à colonnes, de 78 m. de long et 27 de large, sur laquelle donnent un certain nombre de Chambres. Elle s'étend jusqu'au boulevard. Bien des souvenirs historiques se rattachaient à cette partie de l'édifice; nous rappellerons que c'est là que se trouvait, avant l'incendie de 1618, la grand'salle du Palais où les clercs de la *Basoche* (traduction burlesque de *basilica*, palais royal) avaient le privilège de jouer des farces, des soties et des moralités. Un monument qui n'a pas été détruit, mais seulement endommagé, au milieu du mur à dr., a été érigé en 1821, par Louis XVIII, au ministre *Malesherbes*, défenseur de Louis XVI devant le tribunal révolutionnaire et décapité en 1794. Le bas-relief, sculpté par *Cortot*, représente cette défense; la statue est de *Bosio;* des deux côtés sont des figures allégoriques, la France et la Fidélité.

A g. de la salle des Pas-Perdus est un long couloir dit *galerie des Merciers,* ainsi nommé à cause des industriels qui y tenaient autrefois boutique. A dr. se trouve la *Chambre criminelle,* achevée en 1877, où l'on remarquera surtout le riche plafond en bois sculpté et doré et que longe la *galerie St-Louis,* également neuve, avec une statue de St Louis et des fresques par Ol. Merson. Plus loin, la *Chambre des Requêtes* et la *nouvelle salle des Pas-Perdus* ou vestibule du côté de la place Dauphine, dont on verra la façade en allant au Pont-Neuf (p. 223). Cette salle est décorée de quatre statues de souverains qui se sont signalés comme législateurs: au N., St Louis et Philippe-Auguste; au S., Charlemagne et Napoléon Ier. Un escalier monumental, au milieu, avec une statue de la Justice par Perraud, conduit aux salles de la *Cour d'assises.*

Trois passages voûtés mènent de la cour d'honneur, au S., dans la *cour de la Ste-Chapelle,* où se trouve à g. l'entrée des *tribunaux de police correctionnelle,* ouverts de midi à 4 h., et à dr. l'entrée de la Ste-Chapelle.

La **Sainte-Chapelle**, est visible de midi à 4 h., moyennant un pourboire le lundi et le vendredi, et gratuitement les autres jours. C'est l'ancienne chapelle du palais, construite de 1245 à 1248, sous St Louis, par *Pierre de Montereau,* pour recevoir les reliques que le roi avait achetées, dit-on, 3 millions à Jean de Brienne, roi de Jérusalem, et à son gendre Baudouin, empereur de Constantinople; elles sont aujourd'hui à Notre-Dame (p. 218). Depuis 1793 jusqu'à sa dernière restauration, de nos jours, la chapelle a servi de dépôt pour les archives judiciaires, aujourd'hui à l'hôtel de Soubise (p. 191). Elle ne sert au culte qu'une fois par an, pour la messe du St-Esprit, à la rentrée des tribunaux, après les vacances. En 1871, elle a heureusement échappé à la destruction, quoiqu'elle fût presque complètement environnée de bâtiments en feu. C'est, malgré ses petites dimensions, l'édifice gothique le plus élégant de Paris, un véritable bijou, malheureusement en partie caché par les autres constructions du palais. Elle mesure 35 m. de longueur et de hauteur sur 11 de largeur, et elle se compose de deux chapelles superposées.

La CHAPELLE BASSE, dans laquelle on entre d'abord, est à trois nefs. Elle servait aux domestiques de la cour. Il y a beaucoup de pierres tombales de chanoines de la Ste-Chapelle. On monte par un petit escalier tournant à la

CHAPELLE HAUTE, qui était réservée à la cour. Elle ne forme qu'une seule nef, d'une grande légèreté et de 20 m. d'élévation. Les murs sont percés de 15 fenêtres de 15 m. de haut sur 4 de large, entre lesquelles il ne reste que la largeur des contre-forts qui soutiennent tout l'édifice. Ces fenêtres sont garnies de superbes vitraux, aux couleurs splendides, et encadrés dans d'élégants réseaux, qui datent en partie du temps de St Louis et qui ont été restaurés de nos jours. Les sujets en sont empruntés à la Bible. Les sujets de la rosace, qui est seulement du xv<sup>e</sup> s., sont tirés de l'Apocalypse. Ce qu'il reste des murs est couvert de décorations polychromes en harmonie avec ces vitraux. On remarquera aussi les statues des douze apôtres, adossées aux piliers; un très-bel autel également restauré, derrière lequel se voit le baldaquin gothique, en bois, où étaient les saintes reliques, et deux petits escaliers tournants en bois doré, dont l'un, celui de gauche, est du xiii<sup>e</sup> s. et l'autre moderne, mais dans le même style. On sort par le portail de l'église haute, au-dessus duquel s'élève un beau pignon flanqué de deux tourelles, et l'on passe à dr., par une porte vitrée dans le vestibule du palais.

À dr. de l'escalier du palais se voit l'une des entrées de la *Conciergerie*, la fameuse prison, qui occupe la partie inférieure de ce palais du côté de la Seine et où les visiteurs entrent par le quai, entre les tours de César et de Montgomery. Elle sert maintenant de prison préventive. La plupart des prisonniers politiques de la Révolution furent détenus à la Conciergerie avant d'être conduits à l'échafaud. On montre encore leurs cachots, surtout celui de la reine Marie-Antoinette, transformé en chapelle et orné de peintures représentant les derniers jours de la reine. Pour visiter cette prison et les salles dites *cuisines de St-Louis*, il faut une permission du préfet de police (avenue de Constantine, en face du palais, de 10 h. ½ à 3 h.).

En face du Palais-de-Justice, à l'E. du boul. du Palais, s'élève le **Tribunal de commerce** (pl. Bl. 20; *V*), construit de 1860 à 1866 par l'architecte *Bailly*, dans le style de la Renaissance, avec un dôme octogone, de 42 m. de hauteur, destiné à faire perspective dans l'axe du boul. de Sébastopol, et qui se voit par conséquent de la gare de l'Est. L'intérieur, ouvert au public tous les jours de la semaine, mérite d'être vu. Un escalier monumental conduit aux salles du tribunal et des conseils de prud'hommes. A la hauteur du premier étage, des statues de l'Art industriel, par Pascal; de l'Art mécanique, par Maindron; du Commerce terrestre, par Cabet, et du Commerce maritime, par Chapu; dans le haut, des cariatides par Dubut. Au milieu du corps de bâtiment est une cour entourée de deux colonnades superposées, au-dessus desquelles sont des cariatides de Carrier-Belleuse, supportant la charpente en fer d'un toit vitré. La salle d'audience, qui a 18 m. de long sur 13 m. 50 de large, est ornée de boiseries en chêne, de caissons avec imitations de faïences en camaïeu, et de peintures relatives au tribunal, par Robert-Fleury.

Au sortir du Tribunal de commerce, nous suivons le quai à dr. du Palais-de-Justice, le long des tours (p. 219), où sont une entrée de la Conciergerie (v. ci-dessus), et plus loin une entrée de la Cour de cassation.

## 23. PONT-NEUF.

La *façade occidentale du Palais-de-Justice*, a été construite de nos jours par M. Duc. Elle est d'un style sévère qui convient à la destination de l'édifice. Trois rampes y donnent accès à la nouvelle salle des Pas-Perdus dont il a été question p. 221. Huit colonnes doriques cannelées et deux piliers d'angle supportent un riche entablement, et au-dessous des fenêtres se voient six belles statues: la Prudence et la Vérité, par A. Dumont; le Châtiment et la Protection, par Jouffroy ; la Force et la Justice, par Jaley.

Vis-à-vis de cette façade était l'ancienne préfecture de police, incendiée en 1871, après avoir été occupée en dernier lieu par les prétendus préfets de police de la Commune *Raoul Rigault* et *Ferré*. Le jour où ce dernier, qui était en même temps membre du «comité du Salut public», fit mettre le feu à la préfecture, Rigault mit en liberté 150 prisonniers qui s'y trouvaient détenus, afin qu'ils aidassent à défendre les barricades contre les troupes du gouvernement. Ces hommes refusèrent néanmoins de s'y prêter et furent fusillés par les insurgés ou périrent dans les flammes.

L'emplacement de ce dernier édifice s'est ajouté à la petite place triangulaire dite la *place Dauphine*, dont les maisons de briques ont été construites sous Henri IV., en même temps que celles de la place des Vosges (p. 66); elles servaient alors de demeures aux avocats du Parlement.

Le \***Pont-Neuf** (pl. Bl. 20; *V*), plus loin, à l'extrémité O. de l'île, traverse les deux bras de la Seine. Il a été construit d'abord de 1578 à 1604 et considérablement modifié en 1852. Il a 328 m. de long et 23 m. de large. On remarquera à l'extérieur les nombreux masques qui soutiennent la corniche; ils avaient été d'abord sculptés par G. Pilon, mais ils ont été refaits.

Au milieu s'élève la *statue équestre d'Henri IV*, par Lemot, érigée en 1818 à la place d'une autre, datant de 1635, qui avait été convertie en canons en 1792. Par représailles, Louis XVIII la fit faire avec les statues de Napoléon, de la colonne Vendôme, et de Desaix, de la place des Victoires. On y lit deux inscriptions, dont l'une est la reproduction de celle de l'ancien monument, sous Louis XIII. Des deux côtés sont des bas-reliefs de bronze, qui représentent Henri IV faisant distribuer du pain aux Parisiens assiégés, et ce prince faisant proclamer la paix par l'archevêque de Paris devant Notre-Dame. L'escalier près de la statue conduit à un *Skating Rink* et aux *bains Henri IV*.

Au XVI$^e$ s., le Pont-Neuf était le théâtre des représentations de Tabarin, poëte satirique alors très-célèbre, et il fut longtemps encore après lui le rendez-vous des charlatans, des faiseurs de tours, des filous, des oisifs, des marchands de gazettes et de pamphlets; les couplets satiriques ont longtemps porté le nom de «ponts-neufs».

De ce pont, du quai Conti, sur la rive g., et du pont des Arts (p. 264), le premier en aval, on a une magnifique \*vue du Louvre.

Le grand bâtiment sur le quai Conti, est la Monnaie (p. 253).

En revenant au boul. du Palais par le quai des Orfèvres, du

côté de la rive g., nous passons devant une autre partie du Palais-de-Justice, la nouvelle **préfecture de police** (bureaux ouverts de 9 h. à 4 h.), achevé d'abord en 1870, mais où les bureaux n'y étaient pas encore installés lorsque la guerre éclata.

Les bâtiments de la préfecture, les nouveaux comme les vieux, ont été incendiés en 1871. Le 21 mai, Ferré fit arroser de pétrole les murs et les meubles de ces vastes bâtiments, et fit emprisonner le concierge qui refusait de prêter les mains à ses criminels préparatifs. Le soir du même jour, ce scélérat et ses complices célébrèrent un banquet dans les mêmes lieux, auxquels ils mirent le feu à onze places après leur orgie nocturne. Le concierge s'échappa heureusement et parvint à sauver des flammes un certain nombre de documents précieux; mais tous les efforts qu'on fit pour éteindre le feu furent inutiles.

Les nouveaux bâtiments doivent être abandonnés au Palais-de-Justice, pour l'extension du dépôt près la préfecture de police et de divers services judiciaires, et les bureaux seraient définitivement installés dans la caserne de la Cité et dans les deux hôtels d'état-major du boul. du Palais, où ils sont déjà en partie depuis 1871.

La préfecture de police de la Seine est le centre où aboutissent les fils d'un réseau de sûreté, en partie invisible, qui s'étend par toute la grande ville; elle figure au budget de Paris pour près de 20 millions. Il y a trois divisions principales; administration centrale, commissariats de police et police municipale. Le préfet a son cabinet particulier; puis vient le secrétariat général, qui comprend trois subdivisions, la première pour le personnel, le matériel, les archives, la comptabilité, la caisse et son contrôle; les deux autres pour la police de Paris et de ses marchés. — Le service de la police municipale est dirigé par un chef, qui est colonel d'un régiment d'environ 7,700 hommes, dont 6,800 gardiens de la paix ou sergents de ville. Il y a en outre 6,000 gardes républicains et 1,500 sapeurs-pompiers.

C'est la préfecture de police qui veille, non-seulement à la sécurité, mais aussi au bien-être et à la salubrité de la capitale. L'administration aussi active qu'habile des préfets de police est parvenue à faire de Paris, la « ville de boue » des anciens *(Lutetia)*, une des villes les plus propres du monde, et à lui procurer une sécurité plus grande que celle des petites villes de province, malgré les 60,000 malfaiteurs qui y vivent et qu'on est obligé de tenir sous une surveillance permanente. — Les postes de police se reconnaissent le soir à des lanternes rouges (v. p. 3).

---

En passant de la Cité à la rive gauche par le boul. du Palais, on traverse le pont St-Michel et l'on arrive au *boulevard St-Michel*, qui est la continuation du précédent et de celui de Sébastopol (p. 69). *Fontaine St-Michel*, v. p. 225.

# RIVE GAUCHE

Un bon tiers de Paris est situé sur la rive g. de la Seine, qui l'enferme dans une sorte de demi-cercle. Ce qui caractérise cette partie de la ville, ce sont ses nombreux établissements scientifiques, groupés autour de la *Sorbonne*, siège de l'Université, dans le *quartier latin*. Les quartiers O. font seulement exception avec leurs grands établissements militaires, leurs ministères, leurs ambassades, etc., les palais du quai d'Orsay et les hôtels de l'aristocratie, dans le *quartier St-Germain*. Les principales curiosités de la rive g. sont le *palais du Luxembourg*, avec son musée moderne; le *Panthéon*, le *musée de Cluny*, le *Jardin des Plantes* et l'*hôtel des Invalides*.

## 23. Boulevard St-Michel. Le Luxembourg.
### Odéon. Fontaine de l'Observatoire.

Les voitures publiques menant directement du centre de la ville aux curiosités de la rive gauche telles que le Luxembourg, le Panthéon, le musée de Cluny, sont les omnibus de la ligne *H* (v. le plan), qui va à l'Odéon (p. 232), en passant sur la rive gauche, à St-Germain-des-Prés (p. 261) et à St-Sulpice (p. 259), ceux de la ligne *J*, qui passe par la Cité (p. 214) et le boulevard St-Michel (v. ci-dessous); puis les tramways de Montrouge (T.G) et du square Monge (T.H).

On fera bien de commencer la visite de la rive gauche par le **boulevard St-Michel**, son artère principale, qui fait partie de la grande ligne de boulevards traversant Paris de la gare de l'Est (p. 190) au carrefour de l'Observatoire (p. 234): boul. de Strasbourg, boul. de Sébastopol, boul. du Palais et boul. St-Michel. Il commence au *pont St-Michel* (pl. Bl. 19; *V*) qui le relie à la Cité. Ce pont, qui jadis n'était guère moins célèbre que le pont au Change et sur lequel il y avait encore en 1809 jusqu'à 32 maisons, a été reconstruit également en 1857, à peu près de la largeur des boulevards (30 m.), en belle pierre du Jura. On y a aussi une fort belle vue, surtout de Notre-Dame, récemment dégagée de ce côté par la démolition de l'ancien Hôtel-Dieu.

A dr., adossée à une maison du boulevard et sur la place du même nom, s'élève la *fontaine St-Michel*, fontaine monumentale de 26 m. de haut sur 15 de large, érigée en 1860. Elle représente un arc de triomphe du style de la Renaissance. Au milieu est un St Michel terrassant le dragon, par *Duret*. Ce groupe, en bronze, s'élève au-dessus d'un rocher artificiel, d'où jaillit une cascade retombant dans trois vasques flanquées de deux griffons. De chaque côté, des colonnes en marbre rouge supportent des statues de la Vérité, de la Prudence, de la Force et de la Justice, en bronze. Dans le haut, une inscription et deux aigles. Ce monument a le défaut d'être trop plat.

En suivant le boulevard, on aperçoit à g. dans une rue étroite et tortueuse le clocher de St-Séverin (p. 248). Un peu plus loin, on traverse le *boulevard St-Germain*, dont la partie de dr. est à peine achevée. Cette grande artère transversale relie maintenant par la rive gauche, avec le boulevard Henri IV, la place de la Bastille à celle de la Concorde, distantes par là d'environ 4500 m. Il est desservi par les tramways de la Bastille (T.L) et de la gare d'Orléans (T.M) au pont de l'Alma (p. 161). Au coin, à g., le *square de Cluny*, les *Thermes* et *l'hôtel de Cluny* (p. 239). Plus haut, à dr., le *lycée St-Louis*, construit de 1814 à 1820, par l'architecte Bailly, mais dont la façade a été refaite lorsqu'on a percé le boulevard. Ce lycée a remplacé l'ancien collège d'Harcourt, dont la fondation remontait à 1280. Presque en face, la petite place et l'église de la *Sorbonne* (p. 247). Ensuite un carrefour décoré d'un petit jet d'eau, où l'on aperçoit à g., au bout de la belle rue Soufflot nouvellement élargie, le dôme imposant du Panthéon (p. 234). A dr., le jardin du Luxembourg (p. 232). Le boulevard longe plus loin ce jardin et passe devant l'*École des mines*, reconstruite de 1862 à 1865, qui a un *musée minéralogique et géologique* ouvert au public les mardi, jeudi et samedi de 11 h. à 3. Enfin le boulevard aboutit au carrefour de l'Observatoire, que nous verrons plus tard (p. 234).

Nous prenons maintenant la rue de Médicis, qui descend le long du jardin; à l'extrémité, la rue de Vaugirard, qui passe devant le théâtre de l'Odéon (p. 232), et nous sommes au Luxembourg.

**Palais du Luxembourg** (pl. Bl. 19 ; *IV*). — *Marie de Médicis*, veuve de Henri IV, acheta en 1612 le château et le jardin du duc *Piney-Luxembourg* et chargea trois ans plus tard *Jacques Debrosse*, un des meilleurs architectes français du commencement du XVIIe s., de lui bâtir sur l'emplacement un grand palais. Cet édifice, qui a conservé le nom de Luxembourg malgré toutes les dénominations officielles, rappelle sous plus d'un rapport les palais florentins, surtout la cour du palais Pitti, où fut élevée Marie de Médicis. C'est cependant une construction toute française. La façade principale, qui, malgré mainte restaurations, a assez bien conservé son caractère primitif, est tournée au N., du côté de la rue de Vaugirard et en face de la rue de Tournon. Elle a près de 90 m. de développement et se compose de trois pavillons reliés par des galeries. Les trois étages sont décorés de piliers à bossages. Des changements considérables ont été faits d'abord à ce palais en 1804, sur les ordres de Napoléon Ier, par l'architecte *Chalgrin*: étage sur les galeries entre les pavillons du fond, suppression d'une petite terrasse

## 23. LE LUXEMBOURG.

en avant de la façade, suppression de l'escalier dans le pavillon central, avant-corps à colonnes au milieu des galeries latérales et escalier d'honneur dans celle de l'O. La façade du côté du jardin fut à son tour modifiée sous Louis-Philippe, de 1831 à 1834, par l'architecte *de Gisors*, qui tâcha de copier celle de Debrosse en la reconstruisant plus loin dans le jardin, pour agrandir les salles de la chambre des Pairs.

Le palais fut habité par divers princes et princesses jusqu'à la Révolution, en dernier lieu par le comte de Provence, plus tard Louis XVIII, qui en partit pour l'émigration. La Convention en fit une prison, où furent enfermés successivement le maréchal de Noailles et sa femme, le vicomte de Beauharnais et sa femme Joséphine, plus tard impératrice; Hébert, Camille Desmoulins, Danton, Robespierre, le peintre David, etc. Il devint en 1795 le *palais Directorial*, puis en 1799 le *palais du Consulat*, jusqu'au jour où Bonaparte alla habiter les Tuileries, en février 1800. Sous le premier empire, le Luxembourg fut occupé par le Sénat et s'appela *palais du Sénat-Conservateur.* Sous la Restauration et sous Louis-Philippe, on en fit le siège de la *Chambre des Pairs.* En 1848, la «commission des travailleurs», présidée par Louis Blanc, y tint ses séances. De 1852 à 1870, l'édifice s'est appelé de nouveau *palais du Sénat*, et cette assemblée y siégea comme sous le premier empire. Enfin c'est là que sont installés aujourd'hui les bureaux de la *préfecture de la Seine*, jusqu'à ce que l'Hôtel-de-Ville soit reconstruit, et le préfet demeure dans le *Petit-Luxembourg*, corps de bâtiment qui se rattache au palais à l'O.

Quoique les salles autres que celles du musée ne soient pas visibles actuellement, nous en indiquons sommairement les curiosités pour le jour où elles seront de nouveau accessibles au public.

La *salle du Trône*, qui sert maintenant aux séances du conseil municipal et aux fêtes que donne le préfet de la Seine, a été magnifiquement décorée après 1856. Les murs sont couverts d'une série de grandes peintures tirées de l'histoire de Napoléon I$^{er}$: 1° Napoléon élu empereur, par *Signol*; 2° Signature du concordat, par *Hesse*; 3° Présentation des drapeaux pris à Austerlitz, par *Philippoteaux*; 4° Napoléon aux Invalides, par *Couder*; 5° Distribution des aigles au Champ-de-Mars en 1852, par *Pils*; 6° Retour du Pape à Rome en 1849, par *Benouville*; 7° le Sénat proclamant l'empire, par *Couder*; 8° Napoléon III visitant les constructions du nouveau Louvre, par *Gosse*. Dans la coupole, Apothéose de Napoléon I$^{er}$ et Triomphe du suffrage universel, par *Alaux*; les hémicycles, peints par *Lehmann*, représentent la France sous les Mérovingiens et les Carlovingiens, naissant à la foi et à l'indépendance, et la France sous les Capétiens, les Valois, les Bourbons et l'Empire. — Il y a ensuite une *galerie de bustes* des anciens pairs et sénateurs. L'ancien *cabinet de l'Empereur* renferme les tableaux suivants: 1° Napoléon III entrant à Paris, par *Couder*; 2° son mariage, par *Fleury*; 3° Napoléon I$^{er}$ signant le traité de paix de Campo-Formio, par *Brissel*; 4° le 18 Brumaire, par *Vinchon*.

Les *appartements de Marie de Médicis* ont été restaurés en 1817. On y remarque surtout des peintures exécutées par des élèves de Rubens. — La *chapelle* a été aussi restaurée et richement peinte en 1842. — La *bibliothèque* du palais a une coupole décorée par *Eugène Delacroix* (m. 1863), les Champs-Élysées, un de ses chefs-d'œuvre.

## 23. LE LUXEMBOURG.

### *Musée du Luxembourg.

Le musée du Luxembourg est ouvert tous les jours, *sauf le lundi*, comme celui du Louvre, savoir: les dimanches et jours de fête de 10 h. à 4; dans la semaine, en hiver, aussi de 10 h. à 4; en été de 9 h. à 5.

Le *musée du Luxembourg* est une collection d'*ouvrages d'artistes vivants*: peintures, sculptures, dessins, gravures et lithographies. Il occupe deux salles du rez-de-chaussée et une grande partie du premier étage du palais, comme l'indique le plan ci-joint. Un usage, du reste assez mal observé, veut que les ouvrages les plus remarquables figurant au Luxembourg soient transférés au Louvre dix ans après la mort de leurs auteurs; cela est cause que l'on n'y peut avoir une idée d'ensemble de la peinture française moderne. Les galeries du Luxembourg ont ainsi perdu il y a quelques années les œuvres remarquables d'Ingres, des Delaroche, Delacroix, etc. (v. p. 144).

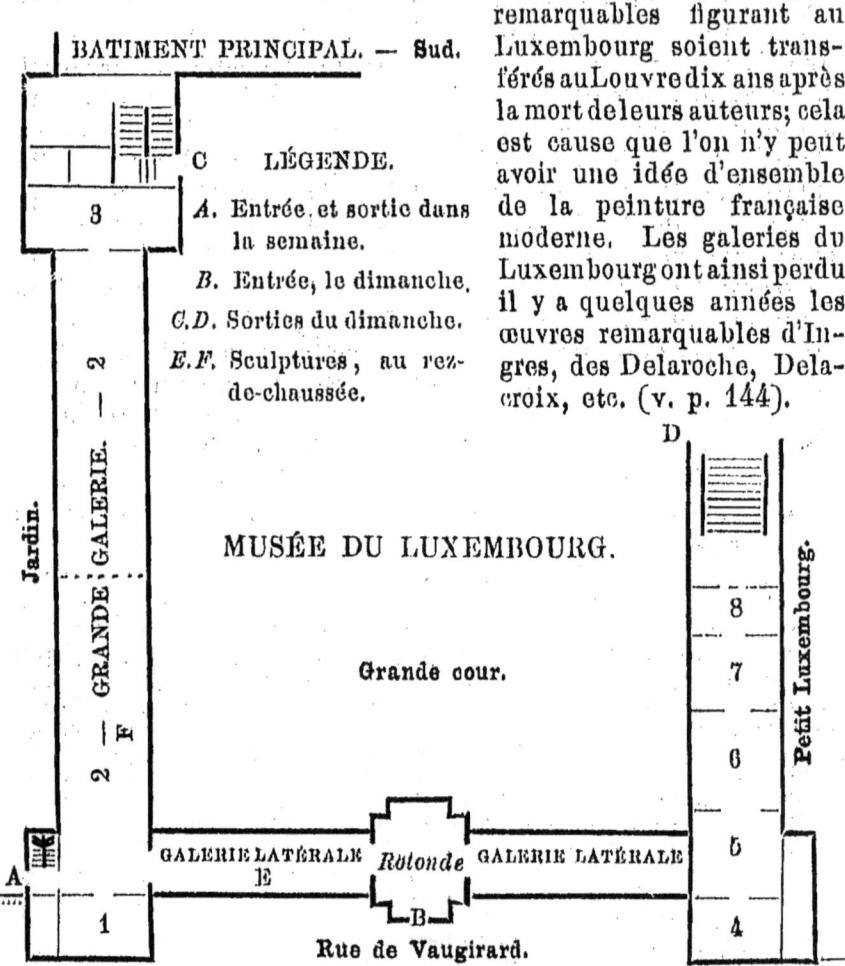

L'*entrée* ordinaire est dans le jardin, près de la grille (pl. A), en face du théâtre de l'Odéon (p. 232). Le dimanche, on entre par la grande façade du côté de la rue de Vaugirard (pl. B) et l'on sort par un escalier à l'extrémité de l'aile orientale (pl. C), ou par l'escalier d'honneur dans l'aile occidentale (pl. D). Ce musée étant aussi sujet à des changements fréquents par suite des acquisitions qu'il ne cesse de faire, nous indiquons les principales œuvres qu'il contient actuellement en suivant l'ordre alphabétique, qui est aussi celui du catalogue (prix, 75 c.). Les noms des artistes sont du reste marqués partout; les numéros commencent par les peintures.

### Rez-de-chaussée. — Sculptures.

La plupart des sculptures sont dans deux salles du rez-de-chaussée (pl. E, F), en face de l'entrée du côté du jardin ou à g. en entrant par la grande façade. Il y en a cependant un certain nombre dans les salles du premier étage.

288. *Aizelin.* Psyché.

289. *Barrias (L.-E.).* Jeune fille de Mégare. — 290. *Barthélemy.* Ganymède. — 291. 401-410. *Barye.* Un jaguar dévorant un lièvre (bronze). Animaux en bronze, en plomb et en cire. — 293. *Bonnassieux.* La Méditation. — 294. *Bourgeois.* La Pythie de Delphes.

296. *Carrier-Belleuse.* Hébé endormie. — 297. 299. *Cavelier.* La Vérité. La Mère des Gracques. — 300. 301. *Chapu.* Mercure inventant le caducée. Jeanne d'Arc à Domrémy. — 304. *Crauk.* Bacchus.

306. *David (Ad.).* Apothéose de Napoléon I$^{er}$ d'après Ingres, camée (sardoine). — 310. 311. *Dubois.* St Jean enfant, bronze. Chanteur florentin du XV$^e$ s., bronze argenté. — 313. *Dumont.* Leucothée et Bacchus enfant.

315. *Etex.* St Benoît se roulant sur des épines.

317. *Falguière.* Un vainqueur au combat de coqs.

323. *Gatteaux.* Minerve après le jugement de Pâris (bronze). — 325. 326. *Guillaume.* Anacréon. Bustes des Gracques, aussi dans la rotonde.

328. *Hiolle.* Arion assis sur le Dauphin.

331. *Jouffroy.* Jeune fille confiant son premier secret à Vénus.

322. *Leharivel-Durocher.* Etre et paraître. — 333. *Lemaire.* Tête de Vierge.

336. 337. *Maillet.* Agrippine et Caligula. Agrippine portant les cendres de Germanicus. — 338. *Maindron.* Velléda, reproduction de celle du jardin (p. 232). — 340. *Marcellin.* Bacchante allant au sacrifice sur le Cithéron. — 345. *Michel-Pascal.* Moines lisant. — 346. *Millet (Aimé).* Ariane. — 348. *Moreau.* Une fileuse.

352. 353. *Perraud.* Enfance de Bacchus. Désespoir.

355. *Salmson.* La Dévideuse, bronze.

360. *Truphème.* Jeune fille à la source.

### Premier étage. — Peintures.

Le petit escalier à l'extrémité de la galerie de sculpture, là où est l'entrée des visiteurs dans la semaine (pl. A), conduit au musée de peinture, qui compte huit salles, les trois premières communiquant avec les autres par une galerie latérale, sur la façade du palais.

Le plafond de la *grande galerie*, dans laquelle on se trouve en entrant, est orné d'un Lever de l'Aurore, au centre, par *Callet* (m. 1823), et des Douze mois de l'année, par *Jordaens* (m. 1678).

1. *Achard*. La Cascade du ravin de Cernay-la-Ville. — 2. *Achenbach (Osw.)*. Une fête à Genazzano. — 4. *Amaury-Duval*. Etude d'enfant. — 6. *Antigna*. Scène d'incendie.

10. *Baudry*. La Fortune et l'enfant. — 14. *Belly*. Pèlerins allant à la Mecque. — 15. 16. *Benouville*. Le Colisée vu du Palatin. Château de Lugagnan, dans les Pyrénées. — 21. *Biard*. Du Couëdic recevant les adieux de son équipage (1779). — 26. *Bonheur (Rosa)*. Labourage nivernais. — 27. *Bouguerau*. Mort de Ste Cécile. — 39. 34. 35. *Breton (J.-A.)*. La Bénédiction des blés. Le Rappel des glaneuses. Un soir d'hiver. — 36. *Brion*. Les Pèlerins de Ste-Odile (Alsace). — 38. *Busson*. Chasse au marais, dans le Berry.

40. 41. 369. *Cabanel*. Glorification de St Louis. Mort de Françoise de Rimini et de Paul Malatesta. Thamar. — 47. *Chenavard*. Divina tragedia. — 48. *Chenu*. Les Traînards, effet de neige. — 54. *Comte*. Henri III et le duc de Guise. — 55. *Corot*. Paysage, une matinée. — 57. *Couture*. Les Romains de la décadence. — 58. *Curzon (P.-A. de)*. Psyché rapportant à Vénus la boîte que lui a donnée Proserpine.

62. 63. *Daubigny*. Ecluse de la vallée d'Optevoz (Isère). Le Printemps. — 64. *Dehodencq*. Course de taureaux. — 65. 66. *Delaunay*. Communion des apôtres. Peste à Rome. — 71. *Desgoffe (B.-A.)*. Vase de cristal de roche du XVI$^e$ s. — 72. *Didier*. Labourage sur les ruines d'Ostie. — 73. *Doré*. L'ange de Tobie. — 373. *Duran (Carolus)*. La Dame au gant.

80. *Feyen-Perrin*. Pêcheuses d'huîtres de Cancale. — 86. 87. 88. *Français*. La fin de l'hiver. Orphée. Daphnis et Chloé. — 90. *Fromentin*. Chasse au faucon en Algérie, la curée.

93. *Gérome*. Combat de coqs. — 94. *Gervex*. Satyre jouant avec une bacchante. — 100. 101. 102. *Eug. Giraud*. Danse dans une posada de Grenade. Une danse au Caire. La Devisa (un matador blessé offre à sa maîtresse la «devisa» ou le nœud de rubans qu'il vient d'enlever au taureau dans un combat). — 103. *Vict. Giraud*. Un marchand d'esclaves. — 106. *Gleyre*. Le Soir. — 109. *Gudin*. Coup de vent dans la rade d'Alger, en 1831. — 111. *Guillaumet*. Prière du soir dans le Saharah. — 112. *Guillemet*. Bercy en décembre.

116. 117. 376. *Hébert*. La Malaria. Le Baiser de Judas. Portrait de femme. — 120. *Heilbuth*. Le Mont-de-Piété. — 121. 122. 123. 377. *Henner*. La Chaste Suzanne. Idylle. Le bon Samaritain. Naïade. — 124. *Hesse*. Triomphe de Victor Pisani (1380).

127. *Isabey*. Embarquement de Ruyter et William de Witt.

130. *Jacque*. Troupeau de moutons dans un paysage. — 131. *Jalabert*. Virgile, Horace et Varius chez Mécène. — 132. *Jeanron*. Les Bergers; vue du port abandonné d'Ambleteuse, près Boulogne.

## 23. LE LUXEMBOURG.

133, *Knaus*. La Promenade. — 134. *Kreyder*. Offrande à Bacchus.
142. *Lansyer*. Le Château de Pierrefonds. — 146. *Larivière*. Peste à Rome, sous le pape Nicolas V. — 147. *Laugée*. E. le Sueur chez les chartreux. — 378. *Laurens*. Excommunication de Robert le Pieux. — 151. *Lecomte du Nouy*. Les Porteurs de mauvaises nouvelles. — 153. *Lefebvre (Jules)*. La Vérité. — 155. *Lehmann*. Désolation des Océanides au pied du roc où Prométhée est enchaîné. — 157. *Leleux (Ad.)*. Une noce en Bretagne. — 158. 159. *Leleux (Arm.)*. Intérieur de la pharmacie des Capucins à Rome. Mariage chez les protestants «disséminés» (Suisse). — 160. *Lenepveu*. Les Martyrs aux catacombes. — 161. *Le Poittevin*. Vue des environs des bains d'Etretat. — 164. *Lévy (E.)*. Mort d'Orphée. — 165. *Lévy (H.)*. Sarpédon (son corps apporté à Jupiter).
167. *Meignan*. Départ de la flotte normande pour la conquête de l'Angleterre. — 170. 171. *Marchal*. Le Choral de Luther. La Foire aux servantes à Bouxvillers (Alsace). — 173. 174. *Meissonier*. Napoléon III à Solferino. Napoléon III entouré de son état-major. — 175. *Mélida*. Une messe de relevailles en Espagne. — 380. *Millet (J.-Fr.)*. Eglise de Gréville. — 182. *Moreau (G.)*. Orphée. — 183. *Muller (Ch.)*. Appel des dernières victimes de la terreur (beaucoup de portraits; au milieu, sur une chaise, le poëte André Chénier).
192. *Philippoteaux*. Louis XV visitant le champ de bataille de Fontenoy (1745).
197. 198. *Regnault*. Le Général Prim. Exécution à Grenade, sous les rois mores. — 382. *Renard*. La Grand-mère. — 199. 200. *Ribot*. St Sébastien. Le Samaritain. — 203. 204. 205. *Robert-Fleury (Jos-Nic.)*. Le Colloque de Poissy, en présence de Catherine de Médicis et de Charles IX (1561). Jane Shore. Pillage d'une maison de la Judecca de Venise, au moyen âge. — 207. *Robert-Fleury (Tony)*. Le Dernier jour de Corinthe. — 208. 210. *Rousseau (Phil.)*. Un importun. Chevreau broutant des fleurs.
213. 214. *Schnetz*. Vœu à la Madone. Les adieux du consul Boëtius à sa famille. — 215. 216. *Schreyer*. Chevaux de cosaques irréguliers, par un temps de neige. Charge de l'artillerie de la garde à Traktir, en Crimée. — 220. *Ségé*. Les Chênes de Kertregonnec. — 221. *Signol*. La Femme adultère. — 385. *Sylvestre*. Locuste essaie, en présence de Néron, le poison préparé pour Britannicus.
223. *Tassaert*. Une famille malheureuse. — 226. *Tissot*. Rencontre de Faust et de Marguerite. — 227. *Tournemine*. Eléphants d'Afrique. — 229. *Trayer*. La Marchande de crêpes le jour du grand marché de Quimperlé.
230. *Ulmann*. Sylla chez Marius.
231. *Vetter*. Molière et Louis XIV. — 233. 234. *Vollon*. Curiosités. Poissons de mer.
239. *Ziem*. Vue de Venise. — 240. *Zo*, l'Aveugle de la porte Doce-Cantos, à Tolède.

*Nota.* Dans la semaine, il faut revenir sur ses pas pour sortir par le petit escalier (pl. A) ; les dimanches et jours de fête, on sort par les grands escaliers mentionnés p. 228 (pl. C et D).

Au N.-E. du palais du Luxembourg, en face de la grille du jardin, s'élève le théâtre de l'**Odéon** (pl. Bl. 19 ; *IV*), construit en 1818 et restauré en 1875. Un perron et un portique de 8 colonnes doriques précèdent sa façade principale, de l'autre côté. Sur les trois autres faces règnent des galeries occupées par des étalages de libraires, de marchands de journaux, etc. La salle est décorée avec goût, et l'on y voit un des plus beaux lustres des théâtres de Paris. Le foyer est orné de bustes et de portraits d'artistes et d'auteurs qui se sont illustrés à l'Odéon. Voir aussi p. 47.

Le *jardin du Luxembourg, ouvert du matin au soir, jusqu'à 10 et 11 h. en été, est parfaitement tenu et fort agréable. En été, une musique militaire s'y fait entendre comme dans les jardins des Tuileries et du Palais-Royal, les dimanche, mardi et jeudi de 5 h. à 6, sous les arbres à g. Les fontaines ne marchent pas en hiver ($1^{er}$ oct. - $1^{er}$ avr.).

Non loin de la grille, à g., se trouve la belle *FONTAINE DE MÉDICIS, construite par *Debrosse*. Trois niches à stalactites, entre des colonnes doriques, sont garnies de sculptures par *Ottin*, parmi lesquelles on remarque surtout le groupe du milieu, qui représente Polyphème surprenant Acis et Galatée. Dans le haut sont des divinités fluviales. — On a appliqué par derrière une *fontaine de Léda*, rapportée d'une autre rue.

A g. du long bassin de la fontaine se voit un groupe en marbre, Adam et sa famille, par *Garraud* (1851). A dr., sous les arbres, près de la grille, etc., divers autres groupes et statues modernes en marbre et en bronze.

Au centre du jardin, devant le palais, s'étend un vaste parterre, entouré de talus à balustrades et au milieu duquel est un bassin octogone, avec un groupe d'enfants portant une vasque d'où jaillit un jet d'eau. Sur les côtés de ce bassin, deux colonnes en griotte d'Italie, surmontées d'un David vainqueur de Goliath et d'une Nymphe, ouvrages italiens du $xvi^e$ s. On remarquera encore en deçà du bassin, une copie du gladiateur Borghèse ; à g., Marius sur les ruines de Carthage, par *V. Vilain* ; Vulcain, par *Bridan père* ; de l'autre côté du bassin, Archidamas s'apprêtant à lancer le disque, par *Lemaire* ; plus loin, une copie de la Diane à la biche, etc.

Sur les terrasses qui entourent le parterre, 20 statues de marbre modernes, représentant des femmes célèbres de l'histoire de France (inscriptions). A l'extrémité de celle de g., une *Velléda, par *H. Maindron*, d'après les « Martyrs » de Chateaubriand. Derrière, près de la grille du côté du Panthéon, un Faune dansant, bronze par *Lequesne*.

Le bâtiment à coupole qu'on aperçoit en face de l'avenue partant du bassin, est l'Observatoire (v. p. 234). A l'E. se dresse

## 23. LE LUXEMBOURG.

le dôme du Panthéon (p. 234) et à l'O., sur le côté du palais, les tours de St-Sulpice (p. 159). En marchant vers l'Observatoire, on a à dr. le «jardin anglais», là où était autrefois la Pépinière, à g. la nouvelle Orangerie et l'*Ecole des mines*, dont l'entrée est sur le boulevard St-Michel (p. 226).

Des statues et des groupes modernes en marbre et en bronze sont également dispersés dans les parterres du côté O. ; par exemple, dans le jardin anglais : à dr., un Roland furieux, bronze par *du Seigneur*; à g., du côté de la grille, un Lion vainqueur d'une autruche, bronze par *Caïn*; plus loin du même côté, deux Lutteurs, bronze par *Ottin*; dans l'allée où se trouve le Roland, une statue d'Eust. le Sueur, par *Husson*; à l'extrémité de la même allée, des Mendiants napolitains, par *Petitot*; plus près de la rue de Vaugirard, un Faune assis tendant une grappe de raisin à une jeune panthère, par *Caillé*, etc. On peut sortir de ce côté dans la rue de Vaugirard, en face de la rue Bonaparte, qui descend vers St-Sulpice (p. 159).

A g. dans la rue de Vaugirard, n° 96, se trouve la nouvelle *université catholique* fondée en 1875, dans un ancien couvent des carmes, connu par les massacres de septembre 1792.

Le jardin du Luxembourg a été considérablement réduit de nos jours. Le triangle qu'il formait au S. a été coupé environ aux deux tiers de sa hauteur par une voie de communication entre des quartiers jadis isolés l'un de l'autre, la *rue de l'Abbé de l'Epée*, et les terrains qui se trouvent au delà ont été aliénés. On a seulement réservé l'*allée de l'Observatoire*, qui a été convertie en une sorte de square, orné de colonnes surmontées de vases et de quatre groupes : l'Aurore, par *Jouffroy*; le Jour, par *Perraud*; le Crépuscule, par *Crauk*; la Nuit, par *Gumery*. A dr., la nouvelle *Ecole de pharmacie* et la *Clinique d'accouchement*, en construction. A g., un loueur de vélocipèdes (50 c.).

Là où se terminait autrefois le jardin a été construite depuis peu la \*fontaine de l'Observatoire. Elle se compose surtout de huit chevaux marins en bronze, par *Frémiet*, qui s'élancent du bassin autour d'un socle portant un groupe de statues aussi en bronze, par *Carpeaux*, les Quatre Parties du monde soutenant une sphère armillaire. Des tortues et des dauphins lancent des jets d'eau d'un bel effet.

A g. de la place voisine, le *carrefour de l'Observatoire*, s'élève la *statue de Ney*, par *Rude*, à peu près à l'endroit où le brave maréchal, condamné à mort par la Chambre des Pairs pour avoir passé du côté de Napoléon à son retour de l'île d'Elbe, a été fusillé le 7 déc. 1815. Cette statue n'est pas des mieux réussies; le mouvement en est trop violent, et la bouche, qui est ouverte, d'un effet désagréable. Derrière ce monument est le jardin Bullier (p. 52).

Plusieurs boulevards aboutissent au carrefour de l'Observatoire; le *boul. St-Michel* (p. 225), le *boul. du Montparnasse* et le *boul. de Port-Royal*. Sur ces derniers boul. passe la ligne de tramway de la gare Montparnasse à la Bastille, et sur le boul. St-Michel, celle de Montrouge à la gare de l'Est. L'*avenue de l'Observatoire*, qui fait suite à l'allée du même nom, conduit à

**L'Observatoire.** Cet établissement célèbre, fondé en 1672, ne peut être visité qu'avec une permission du directeur. Le méridien de Paris passe au milieu de l'Observatoire, et sa latitude se confond avec la façade méridionale de l'édifice. Le dôme, de 13 m. de diamètre, est en cuivre et tourne sur luimême pour diriger le grand équatorial qu'il renferme.

A dr. de l'avenue de l'Observatoire sont situés : le *couvent de la Visitation*, avec une chapelle surmontée d'un dôme; ensuite, rue D'Enfert-Rochereau, ancienne rue d'Enfer, les *l'hospice des Enfants trouvés*; *l'hospice Marie-Thérèse*, pour les ecclésiastiques, et derrière, le cimetière du Montparnasse (p. 257). A g. du carrefour, à quelque distance, l'hôpital du *Val-de-Grâce* (p. 257). A g. de l'avenue, la *Maternité*, maison d'accouchement; l'*hôpital du Midi* (maladies secrètes; 336 lits), et l'*hospice Cochin* (197 lits). Du même côté, derrière l'Observatoire, la nouvelle *prison des Madelonnettes*, la *gare de Sceaux* (p. 31), etc.

## 24. Le Panthéon.
### Bibliothèque Ste-Geneviève. St-Etienne-du-Mont.

Le Panthéon est ouvert toute la journée, mais on n'en peut visiter le dôme et les caveaux qu'à partir de 10 h. 1/2 du matin jusqu'à une heure de l'après-midi qui varie suivant la saison, ordinairement 4 h. en hiver et 5 h. 1/2 en été pour le dôme, 6 h. 1/2 au plus tard pour les caveaux. Il faut prendre pour l'une comme pour l'autre visite, aux marchandes à l'entrée du monument, une carte de 50 c., et l'on va attendre dans le transept de g. le gardien qui conduit les visiteurs toutes les demi-heures.

Le \*Panthéon (pl. Bl. 19; V) est bâti à l'endroit le plus élevé de la rive g., à l'extrémité de la belle rue Soufflot nouvellement agrandie, sur l'emplacement du tombeau de Ste Geneviève, qui fut inhumée l'an 512. On y construisit d'abord une simple chapelle et plus tard une église, qui fut démolie pour cause de vétusté vers le milieu du siècle dernier. Le plan de l'édifice actuel est dû à *Soufflot*. La première pierre en fut posée par Louis XV en 1764, et il fut achevé en 1790. On le dédia aussi à Ste Geneviève, patronne de Paris; mais en 1791, la Convention décida qu'il serait converti en un temple appelé «Panthéon» et consacré au souvenir des illustrations de l'époque, comme l'indique son inscription: «*Aux grands hommes, la patrie reconnaissante*». Cette inscription fut effacée en 1822, puis rétablie en 1830, après la révolution de Juillet, et elle a subsisté jusqu'à ce jour, de même que le monument a gardé le nom de Panthéon, bien qu'un décret de 1851 l'ait de nouveau transformé en *église Ste-Geneviève*.

L'édifice ne ressemble guère à une église, ni à l'extérieur ni à l'intérieur, mais c'est un temple imposant en forme de croix grecque, de 112 m. de long sur 84 de large et dominé par un dôme de 83 m. d'élévation. Ce dôme repose sur un haut tambour entouré d'une colonnade corinthienne, et il est surmonté d'une lanterne ayant elle même un petit dôme. La façade est formée par un portique colossal de 22 colonnes corinthiennes cannelées, hautes de 25 m., dans le genre de celui du Panthéon de Rome. Le \*fronton au-dessus du péristyle, long de 36 m. sur 7 de haut, a été sculpté par le célèbre *David d'Angers* (m. 1856). La figure principale, haute de 5 m., représente la France, distribuant des couronnes à ses enfants, qui forment de chaque côté des groupes fort animés.

A g., on remarque, sous la protection de la Liberté, des hommes illustres tels que : *Malesherbes*, *Mirabeau*, *Monge* et *Fénelon*; *Manuel*, *Carnot*, le célèbre général, l'âme des premières guerres de la République (m. 1823); puis *Berthollet*, le chimiste, et *Laplace*, l'astronome. Dans la deuxième rangée: *David*, le peintre; *Cuvier*, *Lafayette*, *Voltaire*, *Rousseau*, et *Bichat*, le médecin. A dr., à côté de l'Histoire, des soldats de la République et de l'Empire, dont un seul est un portrait, *Bonaparte*, comme chef de l'armée d'Italie; derrière lui, un vieux grenadier appuyé sur son fusil, le représentant sévère de la discipline, et l'audace juvénile, figurée par le fameux petit tambour d'Arcole. Dans les deux angles du fronton, des étudiants et des élèves de l'école polytechnique.

Sous le portique s'élèvent deux groupes de marbre par *Maindron*: Ste Geneviève, priant Attila, le chef des Huns, d'épargner la ville de Paris, et le Baptême de Clovis par St Remy.

Intérieur. — On pénètre dans ce temple majestueux par trois belles portes en bronze. A dr. et à g. de la grande porte, à l'intérieur, des statues nouvellement placées : St Denis, par *Perraud*, et St Remy, par *Cavelier*; les poses en sont un peu théâtrales. De chaque côté des nefs règne une colonnade d'ordre corinthien, formant une galerie latérale et supportant une tribune continue. Le dôme occupe le centre de la croix. Dans le plan de Soufflot, il devait reposer sur des colonnes qui furent trouvées trop faibles pour son poids énorme. J. *Rondelet* qui succéda à Soufflot en 1781, dut les remplacer par des piliers que relient des arcades massives, ce qui nuit naturellement à l'effet général de la nef. Ce dôme se compose de trois coupoles superposées, dont la seconde a été décorée par Gros de peintures sur lesquelles nous reviendrons plus loin. Celles des pendentifs, par *Carvalho*, d'après *Gérard*, représentent la Mort, la Patrie, la Justice et la Gloire. On remarquera aussi les fresques de l'hémicycle au-dessus du maître-autel : Jésus-Christ bénissant, avec St Pierre et St Germain à dr., St Paul et Ste Geneviève à g. L'autel de la chapelle du transept de dr., dédié à Ste Geneviève, est surmonté de quatre anges portant une châsse, d'après G. Pilon (p. 102); il y a beaucoup d'ex-voto.

Le Panthéon doit être décoré de peintures et d'autres œuvres d'art qui en feront une sorte de basilique nationale. Les sujets des peintures, fixés par le directeur des beaux-arts avec l'approbation du ministère, ont été confiés à différents artistes. Il n'y a d'achevées à présent que les fresques de *Puvis de Chavannes*, à dr. dans la nef; elles sont relatives à l'enfance de Ste Geneviève, comme l'indiquent des inscriptions. Au-dessus, les Vertus théologales, la Foi, l'Espérance et la Charité, ainsi qu'une procession de saints. Les autres sujets doivent être : la Marche d'Attila vers

Paris et Ste Geneviève rassurant le peuple (M. Delaunay); Ste Geneviève pendant le siège de Paris, distribuant des provisions au peuple (M. Meissonier); les Derniers instants de la sainte et Ste Clotilde faisant déposer ses restes dans l'ancienne église (M. Gérome); la Prédication de St Denis (M. Gallard); le Martyre de St Denis (M. Bonnat); le Baptême de Clovis; son vœu à la bataille de Tolbiac (M. Blanc); Charlemagne couronné par Léon III et entouré de savants et de paladins (M. Lehmann); St Louis rendant la justice, fondant la Sorbonne, les Quinze-Vingts, et prisonnier des Sarrasins (M. Cabanel); Jeanne d'Arc devant Orléans, à Reims et dans sa prison (M. Baudry). — Les chapelles de la Vierge et de Ste Geneviève seront décorées par MM. G. Moreau et Millet; l'abside, par M. Chenavard (le Christ montrant à l'ange de la France les destinées de son peuple). — Tout autour de l'édifice, sur le bandeau au-dessus des grands panneaux du bas, se dérouleront des processions, par les mêmes artistes qui auront exécuté les panneaux. — Enfin les piliers doivent être ornés des statues comme celles de St Denis, et de St Remy, qui sont déjà exécutées: St Germain, St Martin, St Bernard, St Jean de Matha, St Eloi, St Grégoire de Tours, St Vincent de Paul et le vénérable de la Salle. Les chapelles du transept renfermeront de même des statues de la Vierge et de Ste Geneviève.

L'escalier conduisant sur le dôme (425 marches) se trouve à côté de l'autel latéral de gauche (v. p. 234). On gravit d'abord 139 marches jusqu'au-dessus du bras N. de la croix, où la vue est encore restreinte, puis 192 pour arriver sur la première coupole, au centre de laquelle est une ouverture de 7 m. C'est de là seulement qu'on peut voir les peintures célèbres de la deuxième, l'Apothéose de Ste Geneviève, par *Gros*, la patronne de Paris recevant les hommages des rois de France, représentés par Clovis, Charlemagne, St Louis et Louis XVIII; en haut, Louis XVI, Marie-Antoinette, Louis XVII et la princesse Elisabeth, les «martyrs de la Révolution». Les figures ont jusqu'à 5 m. de hauteur, et toute la composition recouvre une surface de 320 m. carrés. — Restent encore 94 degrés à gravir pour arriver au sommet de l'édifice, dans la lanterne, où l'on voit se déployer un panorama célèbre de la ville et de ses environs, plus étendu, mais moins pittoresque que ceux de la tour St-Jacques et de Notre-Dame, parce qu'on n'y voit la Seine qu'en amont au-dessus de Notre-Dame, et que de plus on n'est pas au centre de la ville.

L'entrée des CAVEAUX est dans l'église même, à l'E., derrière le maître-autel (v. p. 234). Les voûtes de ces constructions souterraines sont supportées par 20 piliers dans le style de Præstum, et les caveaux sont formés par des cloisons en maçonnerie. *Mirabeau* fut le premier qu'on y enterra en 1791. Son voisin fut *Marat*, le féroce jacobin, poignardé par Charlotte Corday en 1793. Mais la Convention les exclut plus tard l'un et l'autre du Panthéon; les restes de Mirabeau furent tranférés au cimetière de Clamart, et ceux de Marat jetés dans les égouts de la rue Montmartre. On érigea aussi dans les caveaux des monuments à *Voltaire* et à *Rousseau*, c'est-à-dire des caisses de bois peintes en gris. Le premier, consacré «aux mânes de Voltaire» et surmonté d'une statue de ce philosophe, par Houdon, porte l'inscription: «Poëte, historien, philosophe, il agrandit l'esprit humain et lui apprit qu'il devait être libre. Il défendit Calas, Sirven, de la Barre et Montbailly; combattit les athées et les fanatiques; il inspira la tolérance, il réclama les droits de l'homme contre la servitude de la féodalité». Le sarcophage de *Rousseau* se distingue par une main peinte, tenant une torche, qui semble sortir du tombeau, allusion plus ou moins heureuse à la lumière qu'il répandit sur le monde. Inscription: «Ici repose l'homme de la nature et de la vérité». Ces deux tombes sont néanmoins vides, les restes des deux philosophes ayant été secrètement enlevés après 1815, et enterrés dans un endroit inconnu, représaille mesquine de la violation des tombeaux de St-Denis.

Vis-à-vis du monument de Voltaire se trouve celui de l'architecte du Panthéon, *Soufflot*, mort en 1781. — Napoléon Ier fit inhumer dans les caveaux des personnages célèbres, tels que le mathématicien *Lagrange*, le marin *Bougainville*, le maréchal *Lannes*, etc., et des sénateurs. — On y montre aussi un modèle en plâtre de l'édifice. — Un coup, même léger, frappé sur une caisse, éveille un écho semblable à la détonation d'une arme à feu. — On sort à l'O. près du grand portail.

Le Panthéon était en juin 1848 le quartier général des insurgés, et ce ne fut qu'après une lutte acharnée que les troupes parvinrent à enlever les barricades qui en défendaient les abords. Il en fut de même en 1871, et si l'édifice a peu souffert, c'est parce que les communards n'eurent pas le temps de mettre le feu aux poudres qu'ils avaient placées dans les caveaux pour le faire sauter. Millière, un de leurs chefs, a été fusillé immédiatement sur les marches du péristyle.

---

Vis-à-vis du Panthéon, à g. en sortant, s'élève la *mairie du 5ᵉ arrondissement*, bâtie en 1849, et de l'autre côté, l'*Ecole de droit*, commencée par Soufflot en 1771; les cours y sont publics (vacances en sept. et en oct.). Sa bibliothèque n'est ouverte qu'aux étudiants.

La **bibliothèque Ste-Geneviève**, long édifice au N. de la place, a été achevée en 1850 par l'architecte *Labrouste*. Sur les murs sont inscrits un grand nombre de noms d'écrivains célèbres de toutes les nations. Le chiffre «S. G.», qui se répète souvent dans les médaillons, signifie Ste-Geneviève.

Le vestibule renferme les bustes de grands écrivains français, et l'escalier, celui de *Gering*, qui fonda à la Sorbonne la première imprimerie française, en 1469. Il y a aussi en face du palier une copie de l'Ecole d'Athènes, par *Balze*, d'après le tableau de Raphaël au Vatican. Les médaillons représentent la Science et l'Art, la Théologie et la Jurisprudence. On remarquera enfin à l'entrée de la salle une belle tapisserie des Gobelins, l'Etude surprise par la nuit, d'après Balze.

La salle de lecture, au premier, longue de 100 m., large de 20 et haute de 13, est très-artistement construite. La voûte est supportée par 17 nervures en fer, soutenues au milieu par 16 colonnes fort légères. Il y a de longues rangées de tables, où 420 personnes peuvent travailler. La bibliothèque est publique tous les jours, sauf les dimanches et fêtes et durant les vacances (1ᵉʳ sept. — 15 oct.), de 10 h. à 3 h. et plus tard de 6 h. à 10. Le soir, elle est presque uniquement fréquentée par des étudiants.

La bibliothèque Ste-Geneviève, très-bien distribuée au rez-de-chaussée (manuscrits et curiosités) et au premier étage, a été fondée en 1624 par le cardinal de la Rochefoucauld, dans l'abbaye de Ste-Geneviève (v. ci-dessous), et augmentée surtout de celle du cardinal le Tellier, archevêque de Reims, en 1710. Elle compte 35,000 manuscrits, du $xi^e$ s. au $xvii^e$, dont une partie ornés de belles miniatures, beaucoup d'incunables ou d'ouvrages remontant à la première époque de l'art typographique, c'est-à-dire à la fin du $xv^e$ s., où cet art était encore «dans les langes», «in cunabulis»; 5 à 6,000 estampes et des curiosités, comme un portrait de Marie Stuart, donné par elle à l'abbaye de Ste-Geneviève. Le département des imprimés comprend 120,000 volumes, parmi lesquels il y a une collection presque complète d'Alde, ouvrages sortis des presses des Manuce (Manutius), célèbres imprimeurs vénitiens des $xv^e$ et $xvi^e$ s., dont plusieurs se sont appelés, de leur prénom, Alde (Aldus). En outre une collection aussi très-remarquable d'Elzévir (Amsterdam et Leyde; $xvi^e$ et $xvii^e$ s.), et de la plupart des publications périodiques européennes et autres du $xvii^e$ s. jusqu'au premier empire.

Près de la Bibliothèque, du côté de l'Ecole de droit, se trouve l'entrée du *collège Ste-Barbe*, célèbre établissement d'instruction libre fondé en 1460, le plus ancien de France.

**\*St-Etienne-du-Mont** (pl. Bl. 22; *V*), qui s'élève presque derrière le Panthéon, est une église de la dernière période du style gothique, mais malheureusement défigurée par un portail de la Renaissance. Elle fut commencée par le chœur en 1517, et le portail fut construit en 1620. A g. de ce portail est une tour carrée flanquée d'une tourelle ronde, probablement d'une construction plus ancienne.

INTÉRIEUR. St-Etienne est à trois nefs. Les piliers, ronds et sveltes, sont reliés à mi-hauteur par des arceaux supportant une galerie. De leurs chapiteaux fort simples, s'élancent, comme des rameaux, des nervures qui se recourbent en pendentifs sous les voûtes. Un \**jubé*, chef-d'œuvre d'élégance, précède le chœur; on y monte par des escaliers tournant autour des piliers, qui relient en même temps la nef aux galeries du chœur.

La *chaire*, par *Lestocart*, sur les dessins de *Lahire* (m. 1655), est décorée d'une foule de statuettes et supportée par un Samson.

La plupart des tableaux sont du $xviii^e$ s., mais les chapelles du S. renferment des peintures modernes, entre autres de *Grenier*, Abel de *Pujol*, *Aligny* et *Caminade*. Les verrières datent de 1568.

Dans la 3e chap. du bas-côté de dr., sur 6 plaques de marbre, sont inscrits les noms des personnages célèbres qui ont été inhumés dans l'église, entre autres *Pascal* (m. 1662) et *Racine* (m. 1699); mais leurs restes n'y sont plus aujourd'hui. — La 5e chapelle du même côté renferme une Mise au tombeau avec figures de pierre de grandeur naturelle.

Plus loin, au mur du pourtour, à dr., trois grands tableaux de *Largillière*, donnés à l'église par la ville de Paris. Les deux du haut représentent, l'un, le Génie de la France et le Parlement suppliant Ste Geneviève de faire cesser la famine; l'autre, le Vœu des échevins de Paris à Ste Geneviève. Celui du bas, qui est d'*A. de Pujol*, a pour sujet la prédication de St Etienne. Les deux statues de marbre, la Foi et la Charité, sont de *Brun*.

Dans le bas-côté méridional, près du chœur, se trouve le *tombeau de Ste Geneviève*, patronne de Paris. Le sarcophage a, dit-on, conservé sa forme primitive; il est néanmoins plus probable qu'il ne remonte qu'à 1221. La chapelle, restaurée en 1862, est décorée de dorures et de sculptures en bois peint. La fête de Ste Geneviève, le 3 janvier et les jours suivants, attire beaucoup de fidèles à St-Etienne-du-Mont et au Panthéon.

C'est à St-Etienne-du-Mont que Mgr Sibour a été poignardé par un prêtre interdit, le 3 janv. 1857.

La grande tour carrée romano-ogivale à dr. de l'église, fait aujourd'hui partie du *lycée Henri IV*, ancien lycée Napoléon, qui est séparé de l'église par la rue Clovis; c'est un reste de l'abbaye Ste-Geneviève.

Presque derrière St-Etienne, au N.-E., se trouve l'*Ecole Polytechnique* (pl. Bl. 22; *V*), fondée par le célèbre Monge en 1794; elle prépare aux services de l'artillerie, du génie, de la marine, du corps des ingénieurs hydrographes, des ponts-et-chaussées et des mines, de l'état-major, de l'administration des tabacs et des lignes télégraphiques. — Les bâtiments de l'Ecole n'ont rien de remarquable. — De l'autre côté passe la *rue Monge*, qui relie le boul. St-Germain à l'avenue des Gobelins, et à l'angle de la rue Monge et de la rue des Ecoles se trouve le *square Monge*, décoré d'une statue de Voltaire, reproduction de l'œuvre remarquable de Houdon.

## 25. Hôtel et musée de Cluny. Les Thermes.
### Sorbonne. Collège de France. Ecole de médecine.

Le musée de Cluny et des Thermes est ouvert au public les dimanches et les jours de fête de 11 h. à 4 h. 1/2, et tous les jours, excepté le lundi, aux mêmes heures, aux personnes munies d'un passe-port ou d'une permission demandée la veille, en donnant son nom chez le concierge, ou bien en écrivant au directeur. Toutefois cette formalité n'est pas nécessaire durant l'exposition universelle, le musée étant public tous les jours sauf le lundi. Catalogue, très-incomplet, 2 fr.

L'*hôtel de Cluny*, dont l'entrée est rue du Sommerard, 14 (pl. Bl. 19; *V*), occupe en partie l'emplacement du palais romain construit, dit-on, par l'empereur Constance Chlore pendant sa résidence en Gaule, de 292 à 306, où Julien fut proclamé empereur par ses soldats en 360 et dans lequel les rois francs résidèrent avant d'aller habiter la Cité. C'était encore un édifice important en 1180; aujourd'hui il n'en reste plus guère que les salles de bains ou les *Thermes*, à l'état de ruines (v. p. 245). A partir de 1340, ces ruines appartinrent à la riche abbaye de Cluny, près de Mâcon. A la fin du xv$^e$ et au commencement du xvi$^e$ s., les abbés qui n'avaient pas dans Paris de logement convenable, firent construire sur ces ruines l'*hôtel de Cluny* actuel, un des édifices les plus élégants du style gothique tertiaire mêlé de Renaissance, et presque entièrement conservé dans sa forme primitive. Comme les abbés ne venaient que rarement à Paris, ils mirent leur hôtel à la disposition des rois de France, et bientôt après son achèvement, en 1515, on v.. s'y établir la veuve de Louis XII, sœur de Henri VIII d'Angleterre. Sa chambre ordinaire s'appelle encore la *chambre de la Reine blanche*, à cause des vêtements de deuil blancs que portaient les reines de France. Le 1er janvier 1537, le roi Jacques V d'Ecosse célébra à l'hôtel de Cluny son mariage avec Madeleine, fille de François Ier. La Révolution fit de l'hôtel comme de tous les autres biens ecclésiastiques, une propriété nationale, et en 1833, il passa entre les mains d'*Alex. du Sommerard*, infatigable et savant archéologue, qui y commença la précieuse collection qu'on y admire aujourd'hui. Après la mort de ce dernier (1842), le gouvernement fit l'acquisition de l'hôtel avec sa collection, et le réunit aux Thermes, qui lui avaient été offerts par la ville de Paris.

On entre dans la cour de l'hôtel par une grande porte ou par une poterne en arc surbaissé, percées dans un mur à créneaux et encadrées d'élégantes sculptures. Le bâtiment principal et les deux ailes en retour d'équerre ont de belles fenêtres à croisillons, une jolie balustrade à jour et des lucarnes à frontons admirablement découpés. La façade présente encore une tour à pans coupés et l'aile gauche quatre grandes arcades en ogive. — C'est dans l'aile droite que se trouve l'entrée des jardins, et dans l'angle du même côté est celle du musée (vestiaire, 10 c.).

Le *musée de Cluny est une collection entrêmement riche de produits artistiques et industriels des siècles passés, de toutes les formes et de toutes sortes de matières: des peintures et des sculptures en pierre, en bronze, en bois et en ivoire; des émaux, des verres, des vitraux, des poteries; des objets précieux, des meubles, des tapisseries, etc. Le nombre des objets est si grand (plus de 9,000), qu'une seule visite ne suffit même pas pour juger des plus importants. Comme il y en a naturellement d'une valeur secondaire et qu'ils sont accumulés dans les salles trop petites de cet hôtel, il serait à désirer qu'on en fît un choix; le visiteur pourrait alors s'orienter plus facilement, et la collection ne perdrait pas pour cela de sa valeur.

REZ-DE-CHAUSSÉE. — Ire salle, vestibule: sculptures en bois, en marbre et en albâtre, peintures, etc. A dr., *2806, grande boiserie sculptée formant grille de clôture, du xve s. — Aux fenêtres, des vitrines contenant des instruments en silex des temps préhistoriques.

IIe salle. Au mur à dr. de l'entrée, 532, banc de réfectoire aux armes de France, du xve s.; à g., 537, autre banc du temps de François Ier. — Ire fenêtre de g., silex et ossements trouvés dans une caverne du Périgord. — Ire fenêtre de dr.: antiquités celtiques en bronze, trouvées à Concise, près de Neuchâtel en Suisse, etc., entre autres, 3510, une plaque en bronze cloisonné et incrusté de pierres de couleur, probablement d'une agrafe antique, trouvée à Nîmes. — Entre la 1re et la 2e fenêtre, à dr., *103, Vénus et l'Amour, groupe de marbre par *Jean Cousin* (m. 1589); entre la 2e et la 3e, 106, le Sommeil, marbre blanc du xvie s., sur un socle d'ébène orné d'un médaillon d'ivoire, l'enfant Jésus et St Jean. — Vitrine du milieu, vers le fond, et à g. à la 2e et à la 3e fenêtre, des fers ouvrés des XVe et XVIe s. Puis une belle armoire en fer. — Du côté opposé, à g., \*104, Ariane abandonnée, sous les traits de Diane de Poitiers, statue en marbre (XVIe s.). 1896, cheminée en pierre avec hauts-reliefs, par *Hugues Lallement* (1562). — A dr., 669, une belle porte sculptée du XVIe s.

IIIe salle. Vitrines à l'entrée: divers objets en terre cuite, en bronze et en plomb, quelques plaques de cuivre avec des inscriptions, entre autres, 3659 à 3661, des inscriptions provenant de sarcophages des caveaux de St-Denis. Les autres vitrines contiennent surtout des terres cuites et des bronzes gallo-romains.

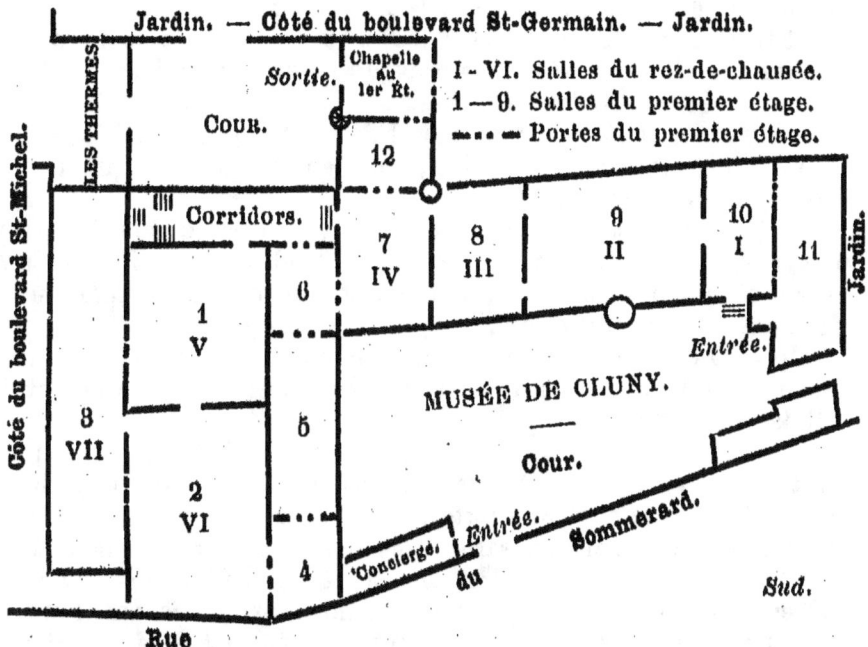

A l'opposé, 558, un grand dressoir de sacristie provenant de l'église de St-Pol-de-Léon, en Bretagne (XVe s.). — En passant par la porte de dr., on arrive dans un corridor sur lequel donne la 4e salle. Il y a des tapisseries flamandes.

IVe salle. A dr., 609, grand meuble en bois de placage, fabriqué en Hollande au XVIIe s. — 1897, cheminée de *H. Lallement* (1562). — A dr. dans le corridor et descendre à g., où l'on remarque aussi à g., n° 57, un rétable de St-Germer (Oise), par *Wuessencourt*, un des plus beaux bas-reliefs français du XIIIe s. (1259), malheureusement fort mutilé depuis 1794. — A g., la

Ve salle, éclairée du haut, et qui a tout autour, comme la suivante, une galerie accessible seulement du 1er étage. Aux murs, trois \*tapisseries magnifiques de Flandre, du commencement du XVIe s., faisant partie d'une série de 10 tapisseries du même genre (8 dans la salle suivante), ayant pour sujet l'histoire de David et de Betsabée. Dans des vitrines, des ornements d'église. Dans le fond, deux chaises à porteurs. Au milieu, des moulages des tombeaux de Charles le Téméraire et de Marie de Bourgogne, à Bruges, et un groupe de marbre, les trois Parques, attribué à *G. Pilon:* les figures passent pour celles de Diane de Poitiers et de ses deux filles.

VI$^e$ salle. Suites des tapisseries et des ornements d'église, entre autres, à dr. 2422, les restes des vêtements d'un évêque du XII$^e$ s., trouvés dans une tombe à Bayonne. Dans la 2$^e$ vitrine du même côté d'autres tissus des XII$^e$-XV$^e$ s., et même (3256) un fragment très-remarquable du VIII$^e$ ou du IX$^e$ s. — Dans le fond, les tombes des grands-maîtres français de l'ordre de St-Jean de Jérusalem à l'île de Rhodes (XIV$^e$ et XV$^e$ s.). En face de ces tombes, des fonts baptismaux en métal de cloche, d'une église près de Hambourg (XV$^e$ s.). Au milieu, une lanterne dorée, provenant, dit-on, d'une galère vénitienne.

VII$^e$ salle, à côté de la précédente : voitures de gala des XVII$^e$ et XVIII$^e$ s., celle de dr. de Louis XIV, celle de g. de Louis XV, avec des peintures par Boucher; des traîneaux, une grande quantité de harnais de luxe, etc.

Revenant ensuite sur ses pas, on monte au bout du corridor un escalier en bois, portant les armes de Henri IV, qui provient du Palais-de-Justice.

PREMIER ÉTAGE. — Le corridor est rempli d'armes anciennes, dont quelques-unes sont intéressantes au point de vue historique, comme l'indiquent les étiquettes. Nous entrons à dr. dans les salles ou galeries au-dessus des salles précédentes du rez-de-chaussée.

1$^{re}$ salle. Belles armoires contenant des collections diverses : coffrets; manuscrits, incunables et miniatures; échantillons de fabriques; carreaux émaillés, dont une partie attribués à Palissy; faïences, armes, etc., provenant de legs faits au musée; mesures et poids anciens; vases antiques et du moyen âge découverts dans les travaux de Paris. Au-dessus de la porte de la 2$^e$ salle, un triptyque peint par *Herlein de Nœrdlingen*, élève de Van Eyck (XV$^e$ s.) : Jésus au croix, Jésus devant Pilate et sa résurrection.

2$^e$ salle. Surtout une riche collection de faïences de Rhodes, des XIV$^e$-XVII$^e$ s., recueillies à Lindos, et des faïences moresques, hispano-arabes, à reflets métalliques, des XIV$^e$-XV$^e$ s.

La 3$^e$ salle, à côté, au-dessus de celles des carrosses, n'est pas encore organisée. On y a déposé un plan relief des tombeaux de St-Denis. Les murs seront décorés de grandes tapisseries et l'on doit y mettre aussi des lits dans le genre de celui de la 7$^e$ salle. Nous retraversons la 2$^e$ salle pour passer par la porte du coin, à l'extrémité.

4$^e$ salle : faïences françaises, grès de Flandre et d'Allemagne. A g., 2624, cheminée en pierre sculptée et peinte du XV$^e$ s. A dr., 1200 et suiv., ouvrages de *Bern. Palissy*.

5e salle : faïences hispano-arabes à reflets métalliques, faïences de Majorque (majoliques), faïences françaises, suite des *Palissy*. A dr., 2034, 2035 et 2036, ouvrages du célèbre Florentin *Luca della Robbia* (xv$^e$ s.).

6e salle : meubles et faïences ; aux murs, 2406-2411, tapisseries de Flandre du commencement du xvi$^e$ s.

7e salle. 541, grand lit à baldaquin du temps de François I$^{er}$. Du côté de la porte, *573, grande armoire en noyer du temps de Henri II. A g., 587, grand meuble composé de fragments d'un meuble du château de Fontainebleau exécuté sur les dessins du Primatice et de Jules Romain. — Vitrine du milieu, manuscrits avec miniatures des xiii$^e$-xvi$^e$ s., entre autres, 3743, un manuscrit en caractères tamouls (côte du Malabar), sur feuilles d'écorce. — Nous ne tournons pas à g., mais nous allons tout droit.

8e salle, la salle du Sommerard, avec le buste du fondateur du musée : ouvrages en matières précieuses, ébènes, ivoires, peintures, etc. — Dans les petites vitrines du milieu, à dr. : *1744, un jeu d'échecs en cristal de roche, travail allemand du xv$^e$ s. — Dans la grande vitrine : 399, un reliquaire du xii$^e$ s. ; 404, 419, deux autres reliquaires, du xiv$^e$ s. ; 1743, deux têtes de lion en cristal de roche, du iii$^e$ ou du iv$^e$ s., trouvées dans une sépulture au bord du Rhône, comme la figure n° 384, une statuette en ivoire avec les attributs de plusieurs divinités. Dans la vitrine de g. : 2560, jeu de tric-trac et de dames en ébène incrustée d'ivoire (xvii$^e$ s.) ; portraits de Christophe-Colomb et de Bern. Palissy. Du côté de l'entrée : 1979, oratoire des duchesses de Bourgogne, tableau d'ivoire du xiv$^e$ s. — 1$^{re}$ fenêtre à dr. : 1980, rétable en forme de triptyque décoré de bas-reliefs en ivoire (xiv$^e$ s.) et divers autres bas-reliefs en ivoire, par ex. : 389, une plaque de couverture de livre, ouvrage italien du x$^e$ s. ; 426, un triptyque du xv$^e$ s. ; 406, des légendes de martyrs (xiv$^e$ s.). Entre la 1$^{re}$ et la 2$^e$ fenêtre, à dr., 610, un cabinet florentin décoré de mosaïques, du xvii$^e$ s. — 2$^e$ fenêtre, à dr., ivoires des x$^e$ et xi$^e$ s. Les ouvrages en ivoire sont les produits les plus importants de l'art industriel au commencement du moyen âge et ce furent surtout les Allemands qui se distinguèrent dans cette spécialité, en partie sous l'influence d'artistes byzantins attirés dans leur pays par suite du mariage de l'empereur Othon II avec Théophano, fille de Romain II, empereur d'Orient, en 973. Le n° 387 représente ce mariage : le Christ vêtu d'une longue tunique et les pieds chaussés de sandales, pose la couronne sur la tête d'Othon et de Théophano, vêtus de riches costumes byzantins. *392 et 393, plaques d'ivoire sculpté à deux faces, représentant d'un côté des sujets mythologiques, de l'autre des sujets chrétiens, des x$^e$ et xi$^e$ s. *385, boîte ronde en ivoire ornée de bas-reliefs : guérisons du paralytique et de l'aveugle né, la Samaritaine et la résurrection de Lazare (vi$^e$ s.). — 1$^{re}$ fenêtre, à g., 1827-1830, quenouilles et fuseaux ornés de sculptures, du xvi$^e$ s.

9e salle : beaucoup d'émaux, vases et plaques diverses. L'art de la peinture en émail fut surtout cultivé à Limoges dès le XIIe s., attaignit son apogée au XVIe et se perdit au siècle suivant. Les peintres émailleurs les plus renommés furent *Léonard Limosin*, *Jean Courteis*, *Pierre Courtoys* et *Pierre Rémond*. Aux murs, 1000 à 1008, de grandes plaques d'émail sur cuivre représentant des divinités et des allégories, par Pierre Courtoys, de l'ancien château de Madrid, construit par François Ier au bois de Boulogne (p. 166); ce sont les plus grands émaux connus (1 m. sur 1 m. 65).

A dr. et à g. des deux entrées, des verres de Venise et d'Allemagne, du XVIe et du XVIIe s. Les verreries de Venise étaient déjà très-prospères au moyen âge, mais elles le furent surtout durant la Renaissance, au XVIe et au XVIIe s. Leurs produits se distinguent par une riche ornementation. La verrerie allemande fut aussi très-renommée.

Dans la vitrine à la fenêtre du milieu, à g., 1009, autel de voyage en émail, avec les chiffres de Henri II et de Cath. de Médicis (XVIe s.). Au-dessus, 2139, coupe en faïence de la même époque. — Au milieu de la salle, à l'entrée, une grande sphère céleste italienne en bronze, de 1502. — Plus loin, sur une table, 2901, châsse de Ste Fausta, du trésor de Ségry, près d'Issoudun (XIIe s.). — Ensuite une armoire avec des émaux : 934, 935, plaques en émail de l'abbaye de Grandmont dans le Limousin (XIIe s.). — Sur la table voisine, 2902, pendant du 2901, et 2022, autres reliquaires avec émaux de Limoges (XIIe s.). — Derrière, au milieu du mur, des ivoires. *324-383, 60 figurines hautes de 7 centim., en bois sculpté, représentant les rois de France depuis Clovis jusqu'à Louis XIII, exécutées sous le règne de ce roi. — A dr., une armoire vitrée avec des instruments astronomiques du XVIIIe s. — 2e fenêtre à dr. : 2518-2532, médaillons en cire coloriée ; 3168 et suiv., ouvrages d'horlogerie des XVe et XVIe s. ; 3318, bonnet de l'empereur Charles-Quint, provenant du trésor des princes-évêques de Bâle dispersé en 1836.

10e salle. Au mur de l'entrée, 3674, un fragment de la machoire de Molière, sauvé des profanations révolutionnaires. Au milieu, dans trois vitrines, objets précieux en or, etc. A dr. : 2905, châsse en émail d'épargne, bel ouvrage de Limoges du XIVe s.; 3125, châsse de Ste Anne, en argent, œuvre du célèbre orfèvre nurembergeois *Hans Greiff* (1472); 3124, châsse avec la Vierge et l'enfant Jésus, en argent repoussé, ciselé, fondu et doré, du XVe s. ; 3126, 3127, châsses en argent ciselé, du XVe s., provenant aussi du trésor de Bâle. — Vitrine du milieu, **3113-3121, 9 couronnes d'or trouvées en 1858 à Guerrazar près de Tolède, en Espagne. La plus grande (3113), rehaussée de perles, de saphirs orientaux et d'autres pierres précieuses, est, comme l'indique l'inscription qu'on y aura ajoutée en en faisant une couronne votive, celle du roi Reccesvinthus, qui régna de 649 à 672 ; le no 3114, celle de Sonnica, la reine. Ce sont aujourd'hui les ouvrages d'orfèvrerie les plus précieux de cette époque reculée. — A g.: 1329, croix archiépiscopale en filigrane d'argent doré, ornée d'une grande quantité de pierres fines, de perles et de pierres gravées antiques, montées en relief et présentant huit petits reliquaires (XIIIe s.); *3123, la rose d'or de Bâle, donnée par le pape Clément V au prince-évêque de Bâle (commenc. du XIVe s.); 2790, bâton pastoral en buis et ivoire, enrichi de pierreries, monument précieux du XIIIe s. — A dr., à la 1re fenêtre, *3138, nef en bronze doré et émaillé, avec des figures mobiles: Charles-Quint (en or), sa cour, des musiciens, etc., des mécanismes pour faire partir les bouches à feu, etc., très-belle pièce mécanique du XVIe s. — A g., à la 1re fenêtre, 1364-1372, aiguières, bassins, plats, pots et assiettes en étain, avec figures et ornements en relief du XVIe s. — Entre la 1re et la 2e fenêtre, dans le haut du mur, le masque du Dante, en plâtre. A g., 2e fenêtre: 3103, un torquès gaulois en or massif, fait en spirale et terminé par des crochets; 3104 à 3112, neuf pièces d'orfèvrerie, ouvrages gaulois aussi en or massif, trouvés près de Rennes en 1856. — Au mur du fond: *3122, devant d'autel en or, à hauts-reliefs faits au repoussé, de 95 centim. de hauteur sur 1 m. 78 de largeur, donné par l'empereur d'Allemagne Henri II (m. 1024) à la cathédrale de Bâle. Cette pièce très-précieuse d'orfèvrerie de la fin de la période romane, est probablement l'œuvre d'artistes lombards sous l'influence byzantine.

11e salle: faïences françaises du temps de Louis XIV ou de la seconde moitié du XVIIe s. et du commencement du XVIIIe.

On retourne sur ses pas. Après la salle du Sommerard, à dr., la 12e salle, la *chambre de la Reine blanche* (p. 239), renfermant toutes sortes d'instruments de musique. Au mur à g., 759, Vénus et l'Amour, portrait de Diane de Poitiers par *le Primatice* (XVIe s.). Dans la vitrine à la fenêtre, 2826, psaltérion italien orné de peintures, du XVIIe s., et des mandolines, des pochettes, etc.

Vient ensuite la *chapelle, qui est d'un style goth. très-riche. Pendant la révolution, elle servit de salle d'audience, puis de salle d'anatomie et d'imprimerie. Elle renferme un rétable, des boiseries et d'autres objets remarquables provenant de diverses églises. On descend de là par un petit escalier tournant sous la chapelle et dans une sorte de cour où il y a encore des sculptures mutilées.

A g., derrière l'hôtel et près du boul. St-Michel sont

Les **Thermes**, ou ruines des bains du palais des empereurs romains à Lutèce (v. p. 239), le plus ancien édifice de Paris. On jugera des dimensions qu'il devait avoir en voyant ces immenses salles de bains, dont la plus grande, le *frigidarium*, où se prenaient les bains froids, a 18 m. de haut, 20 m. de long et 11 m. 50 de large. L'architecture en est simple, composée d'un appareil carré mêlé de chaînes de briques superposées symétriquement, mais elle est d'une solidité à toute épreuve, car il y avait sur les voûtes au siècle dernier et jusqu'en 1820 un jardin suspendu, dont le poids et l'humidité n'ont pas même entamé la maçonnerie. On n'y voit comme ornement que des proues de navires terminant les retombées des voûtes, allusion au caractère de Lutèce comme ville commerçante située sur un fleuve navigable, et qui sont, dit-on, l'origine des armes de la ville de Paris. Les antiquités romaines découvertes à Paris, sont exposées ici. Elles offrent peu d'intérêt pour le simple visiteur. Nous citerons cependant des autels de Jupiter trouvés sous le chœur de Notre-Dame, entre autres le n°2, avec l'inscription: «Tib(erio) Cæsare Aug(usto) Jovi Optum(o) Maxsumo mo(numentum) nautæ parisiaci publice posierunt». C'est le plus ancien monument connu de Paris, et l'inscription nous montre que les bateliers de Lutèce formaient déjà une corporation au temps de Tibère. A g., 2692, une statue de Julien l'Apostat, qui fut proclamé empereur dans ce palais en 363. Dans une partie plus basse de la salle, où était la piscine, un grand rétable provenant d'Espagne (Aragon), nouvellement acquis par le musée.

Le *jardin* ou *square Cluny*, où l'on n'entre que par la cour de l'hôtel (p. 240) renferme quantité de sculptures remarquables provenant d'édifices du moyen âge, notamment un grand portail roman de l'ancienne église des bénédictins d'Argenteuil. A g., au milieu du jardin, une croix qui surmontait l'église de St-Wladimir à Sébastopol et qui a été donnée au musée par le maréchal Pélissier.

En remontant la rue en face de l'hôtel de Cluny et traversant la grande et belle *rue des Ecoles*, qui part de la halle aux vins et aboutit au boul. St-Michel, on arrive bientôt à

La **Sorbonne** (pl. Bl. 19; *V*), édifice bâti en 1629, par le cardinal de Richelieu, pour la *faculté de théologie* de l'Université de Paris et qu'il est question de reconstruire. Elle est aujourd'hui en même temps le siège des *facultés des lettres et des sciences*. La faculté de théologie (cathol.; protestante, rue Lhomond, 42) a 7 chaires, la faculté des lettres en compte 12 et celle des sciences 18. La Sorbonne renferme en outre les bureaux de l'Académie de Paris, qui comprend 9 départements et dont dépendent les écoles primaires aussi bien que les écoles supérieures.

La Sorbonne était dans le principe un collège fondé en 1253 par *Robert de Sorbon*, confesseur de St Louis, pour quelques pauvres étudiants en théologie et leurs professeurs; mais sa réputation en fit bientôt le centre de l'enseignement de la théologie scolastique, et la faculté finit même par prendre le nom de Sorbonne. Elle a exercé une influence considérable sur le catholicisme en France (église gallicane). Si elle a été l'ennemie acharnée du protestantisme, elle n'a guère moins vivement combattu les jésuites, rejetant pendant longtemps la bulle «Unigenitus» dirigée contre les jansénistes (1713). Elle fut naturellement aussi l'adversaire des philosophes du XVIII⁰ s. et, en butte à leurs sarcasmes, jusqu'au jour où la Révolution la supprima. La Sorbonne est devenue ensuite le siège des trois facultés mentionnées ci-dessus, lorsque Napoléon I⁰ʳ fonda en 1808 l'Université actuelle de France, qui existe toujours, et par laquelle on entend la direction supérieure de l'enseignement dans toute la France. Les deux autres facultés de l'Université, les facultés de droit et de médecine, ont leurs locaux particuliers (p. 248 et 237). Les cours des cinq facultés sont fréquentés par plus de 8000 étudiants.

Les cours de la Sorbonne sont gratuits et publics, sauf pour les dames. Le grand amphithéâtre du 1ᵉʳ étage peut contenir 1500 à 2000 personnes. Au milieu du mois d'août a lieu dans cette salle la distribution des prix du concours général entre les lycées de Paris et de Versailles, fondé en 1733 par Legendre, chanoine de Notre-Dame. — La bibliothèque de l'Université, qui possède 80,000 volumes (catalogue) est ouverte tous les jours non fériés de 10 h. à 3 h. et de 7 à 10, le soir.

L'ÉGLISE DE LA SORBONNE, dont la façade donne sur la place du même nom, est surmontée d'un dôme remarquable. Elle a été construite aussi par Richelieu, de 1635 à 1659. Elle est ouverte de 8 h. à 11 et de 1 à 4; si elle est fermée, s'adresser au concierge. Le péristyle est décoré de statues placées en 1875: la Religion, par Cabet; la Théologie, par Cugnot; la Science, par Delaplanche; la Philosophie, par Guillaume, directeur des Beaux-Arts. — A l'intérieur, on remarque, à g. de l'entrée, un grand tableau de *Hesse*, Robert de Sorbon présentant à St Louis de jeunes élèves en théologie; dans la coupole, des pendentifs par *Phil. de Champaigne*; dans le bras g. du transept, une grande composition par *Timbal*, l'Histoire de la théologie, et surtout le \*tombeau de Richelieu, sculpté en 1694 par *Girardon*, d'après Lebrun.

Au bout de la rue qui longe la Sorbonne au S., est le *lycée Louis-le-Grand* (1400 élèves), l'ancien collège de Clermont, fondé en 1560. Il a été à plusieurs reprises administré par les jésuites, qui lui ont donné son nom actuel. Devant ce lycée, qui n'a rien de remarquable, passe la vieille *rue St-Jacques*, autrefois la principale de la rive gauche; elle suit, dit-on, le tracé d'une ancienne voie romaine, qui passait au palais des Thermes.

Plus bas, mais avec sa façade principale sur la rue des Ecoles (p. 246), se trouve le **Collège de France** (pl. Bl. 19; *V*), fondé en 1530 par François I⁰ʳ, rebâti peu à peu de 1611 à 1774, restauré et agrandi en 1831. Ce n'était d'abord qu'un simple collège, dit «collège des trois langues»; mais c'est aujourd'hui un local où se font des cours supérieurs, sur toutes sortes de matières, comme l'indique l'inscription de l'entrée principale: «docet omnia». Ces cours, publics et gratuits, à la portée de tous, sont spécialement fréquentés par les hommes faits et aussi par les dames. Le Collège ment, mais elle est d'une solidité à toute épreuve, car il y avait sur les voûtes au siècle dernier et jusqu'en 1820 un jardin suspendu, dont le poids et l'humidité n'ont pas même entamé la maçonnerie. On n'y voit comme ornement que des proues de navires terminant les retombées des voûtes, allusion au caractère de Lutèce comme ville commerçante située sur un fleuve navigable, et qui sont, dit-on, l'origine des armes de la ville de Paris. Les antiquités romaines découvertes à Paris, sont exposées ici. Elles offrent peu d'intérêt pour le simple visiteur. Nous citerons cependant des autels de Jupiter trouvés sous le chœur de Notre-Dame, entre autres le n° 2, avec l'inscription: «Tib(erio) Cæsare Aug(usto) Jovi Optum(o) Maxsumo mo(numentum) nautæ parisiaci publice posierunt». C'est le plus ancien monument connu de Paris, et l'inscription nous montre que les bateliers de Lutèce formaient déjà une corporation au temps de Tibère. A g., 2692, une statue de Julien l'Apostat, qui fut proclamé empereur dans ce palais en 363. Dans une partie plus basse de la salle, où était la piscine, un grand rétable provenant d'Espagne (Aragon), nouvellement acquis par le musée.

Le *jardin* ou *square Cluny*, où l'on n'entre que par la cour de l'hôtel (p. 240) renferme quantité de sculptures remarquables provenant d'édifices du moyen âge, notamment un grand portail roman de l'ancienne église des bénédictins d'Argenteuil. A g., au milieu du jardin, une croix qui surmontait l'église de St-Wladimir à Sébastopol et qui a été donnée au musée par le maréchal Pélissier.

En remontant la rue en face de l'hôtel de Cluny et traversant la grande et belle *rue des Écoles*, qui part de la halle aux vins et aboutit au boul. St-Michel, on arrive bientôt à

La **Sorbonne** (pl. Bl. 19; *V*), édifice bâti en 1629, par le cardinal de Richelieu, pour la *faculté de théologie* de l'Université de Paris et qu'il est question de reconstruire. Elle est aujourd'hui en même temps le siège des *facultés des lettres et des sciences*. La faculté de théologie (cathol.; protestante, rue Lhomond, 42) a 7 chaires, la faculté des lettres en compte 12 et celle des sciences 18. La Sorbonne renferme en outre les bureaux de l'Académie de Paris, qui comprend 9 départements et dont dépendent les écoles primaires aussi bien que les écoles supérieures.

La Sorbonne était dans le principe un collège fondé en 1253 par *Robert de Sorbon*, confesseur de St Louis, pour quelques pauvres étudiants en théologie et leurs professeurs; mais sa réputation en fit bientôt le centre de l'enseignement de la théologie scolastique, et la faculté finit même par prendre le nom de Sorbonne. Elle a exercé une influence considérable sur le catholicisme en France (église gallicane). Si elle a été l'ennemie acharnée du protestantisme, elle n'a guère moins vivement combattu les jésuites, rejetant pendant longtemps la bulle «Unigenitus» dirigée contre les jansénistes (1713). Elle fut naturellement aussi l'adversaire des philosophes du XVIIIe s. et en butte à leurs sarcasmes, jusqu'au jour où la Révolution la supprima. La Sorbonne est devenue ensuite le siège des trois facultés mentionnées ci-dessus, lorsque Napoléon Ier fonda en 1808 l'Université actuelle de France, qui existe toujours, et par laquelle on entend la direction supérieure de l'enseignement dans toute la France. Les deux autres facultés de l'Université, les facultés de droit et de médecine, ont leurs locaux particuliers (p. 248 et 237). Les cours des cinq facultés sont fréquentés par plus de 8000 étudiants.

Les cours de la Sorbonne sont gratuits et publics, sauf pour les dames. Le grand amphithéâtre du 1er étage peut contenir 1500 à 2000 personnes. Au milieu du mois d'août a lieu dans cette salle la distribution des prix du concours général entre les lycées de Paris et de Versailles, fondé en 1733 par Legendre, chanoine de Notre-Dame. — La bibliothèque de l'Université, qui possède 80,000 volumes (catalogue) est ouverte tous les jours non fériés de 10 h. à 3 h. et de 7 à 10, le soir.

L'ÉGLISE DE LA SORBONNE, dont la façade donne sur la place du même nom, est surmontée d'un dôme remarquable. Elle a été construite aussi par Richelieu, de 1635 à 1659. Elle est ouverte de 8 h. à 11 et de 1 à 4; si elle est fermée, s'adresser au concierge. Le péristyle est décoré de statues placées en 1875 : la Religion, par Cabet; la Théologie, par Ougnot; la Science, par Delaplanche; la Philosophie, par Guillaume, directeur des Beaux-Arts. — A l'intérieur, on remarque, à g. de l'entrée, un grand tableau de *Hesse*, Robert de Sorbon présentant à St Louis de jeunes élèves en théologie; dans la coupole, des pendentifs par *Phil. de Champaigne*; dans le bras g. du transept, une grande composition par *Timbal*, l'Histoire de la théologie, et surtout le tombeau de Richelieu, sculpté en 1694 par *Girardon*, d'après Lebrun.

Au bout de la rue qui longe la Sorbonne au S., est le *lycée Louis-le-Grand* (1400 élèves), l'ancien collège de Clermont, fondé en 1560. Il a été à plusieurs reprises administré par les jésuites, qui lui ont donné son nom actuel. Devant ce lycée, qui n'a rien de remarquable, passe la vieille *rue St-Jacques*, autrefois la principale de la rive gauche ; elle suit, dit-on, le tracé d'une ancienne voie romaine, qui passait au palais des Thermes.

Plus bas, mais avec sa façade principale sur la rue des Écoles (p. 246), se trouve le **Collège de France** (pl. Bl. 19; *V*), fondé en 1530 par François Ier, rebâti peu à peu de 1611 à 1774, restauré et agrandi en 1831. Ce n'était d'abord qu'un simple collège, dit « collège des trois langues »; mais c'est aujourd'hui un local où se font des cours supérieurs, sur toutes sortes de matières, comme l'indique l'inscription de l'entrée principale : « docet omnia ». Ces cours, publics et gratuits, à la portée de tous, sont spécialement fréquentés par les hommes faits et aussi par les dames. Le Collège de France compte 39 chaires; il ne dépend pas de l'Université, mais il relève directement du ministère de l'instruction publique.

Le prolongement de la rue des Ecoles, de l'autre côté du boul. St-Michel est la rue de l'Ecole-de-Médecine, qui aboutit au boul. St-Germain, à environ 300 m. de distance. Dans l'angle formé par les deux est située l'**Ecole de médecine** (pl. Bl. 19; *V*), dont les bâtiments peu remarquables datent du xviii$^e$ s., mais que l'on modifie actuellement pour leur faire une seconde façade sur le boulevard. Elle a une belle cour, précédée d'une galerie à deux rangs de colonnes ioniques, et au fond de laquelle on a érigé en 1857, devant un portique corinthien à fronton, une statue en bronze de Bichat (m. 1802), par *David d'Angers*. Au-dessus de la porte d'entrée, un bas-relief qui représente Louis XV entre la Sagesse et la Bienfaisance, accordant des privilèges à l'école de chirurgie. L'amphithéâtre peut contenir 1400 auditeurs. La bibliothèque, riche de 35,000 volumes, est ouverte aux médecins et aux étudiants les jours non fériés de 11 h. à 4 h. et de 7 à 10, dans la soirée. L'Ecole possède en outre un *musée d'anatomie comparée*, dit *musée Orfila*, du nom de son fondateur (m. 1853). Il est ouvert aussi tous les jours non fériés, aux médecins et aux étudiants, de 11 h. à 3, sauf pendant les vacances (pourboire). — La faculté de médecine compte 29 chaires.

Presque en face de l'Ecole de médecine, à g., dans une cour, se trouve encore le *musée Dupuytren*, collection pathologique très-curieuse pour les hommes qui s'occupent de médecine. Il est établi dans le réfectoire d'un ancien couvent de cordeliers. — La faculté possède en outre un *jardin botanique*, à côté du jardin des Plantes, au coin de la rue Cuvier et de la rue de Jussieu; l'*amphithéâtre d'anatomie* (pl. B. 22), rue du Fer-à-Moulin; une *école d'accouchement* annexée à l'hôpital de la Maternité; et elle fait construire dans les terrains retranchés du jardin du Luxembourg une nouvelle *clinique d'accouchement*, ainsi qu'une nouvelle *école de pharmacie*, pour remplacer celles des rues de l'Ecole-de-Médecine et de la rue de l'Arbalète.

Il y a encore à voir dans ce quartier, non loin de la Seine, dans un coin du vieux Paris ignoré de bien des gens, l'**église St-Séverin** (pl. Bl. 19; *V*), à l'angle des rues St-Séverin et St-Jacques (p. 247). Sa fondation remonte au moins au vi$^e$ s., mais elle a été reconstruite au xi$^e$, puis du xiii$^e$ à la fin du xv$^e$ s. Elle est à 3 nefs bordées de chapelles, mais sans transept. Sa façade originale se compose d'un portail du xiii$^e$ s., provenant d'une autre église démolie dans la Cité en 1837, et, à g., d'une élégante tour du xv$^e$ s., percée dans le bas, au N., d'un porche qui a été longtemps l'entrée principale de l'église, et terminée par un toit à lucarnes avec lanternon au sommet.

L'intérieur est curieux aussi sous plus d'un rapport. On remarquera particulièrement les nervures des voûtes, le triforium, des vitraux des

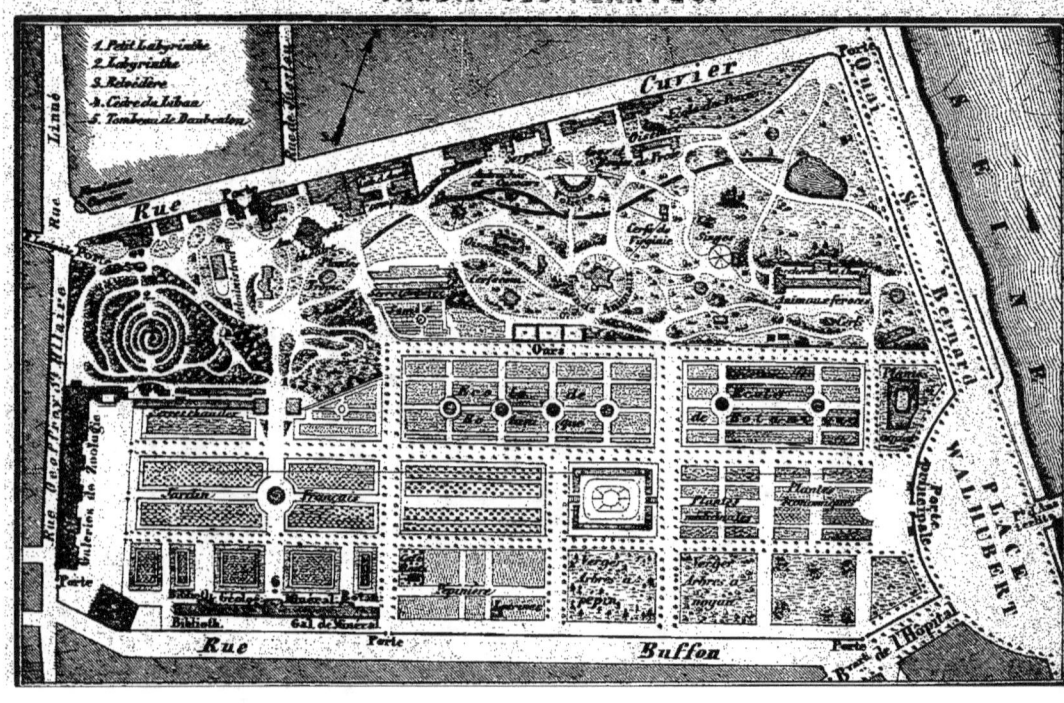

## 27. LES GOBELINS.

Un petit ruisseau, la *Bièvre*, traverse Paris au S.-E., sur la rive gauche de la Seine, et aboutit dans l'égout collecteur de cette rive (p. 285), derrière le Jardin des Plantes. En 1450, *Jean Gobelin* fonda une teinturerie sur ses bords, et son successeur y joignit une manufacture de tapis. Dès le milieu du XVIIe s., les tapisseries des Gobelins avaient acquis une telle réputation, que *Colbert*, ministre de Louis XIV, acheta l'établissement en 1662, et en continua l'exploitation pour le compte du gouvernement. On s'aperçut dans la suite que l'entreprise ne rapportait point de profit direct à l'Etat, mais on crut devoir donner un bon exemple, et conservant un établissement dont les produits n'étaient égalés par ceux d'aucune autre fabrique du monde. On chercha encore à rehausser la valeur des tapisseries en ne les faisant point entrer dans le commerce. Elles ne furent employées qu'à la décoration des châteaux de la couronne, et comme cadeaux pour les souverains étrangers, de grands personnages, des ambassadeurs, etc. Cet usage s'est maintenu jusqu'à nos jours, tant à l'égard des tapisseries des Gobelins, que pour les tapis de la *Savonnerie*, nom qu'on donnait à une manufacture de tapis fondée par Marie de Médicis en 1604, dans une ancienne savonnerie, et réunie aux Gobelins en 1826.

Le métier à tisser des Gobelins ressemble fort au métier ordinaire. La petite partie du tableau dont l'artiste s'occupe pour le moment, est dessinée au crayon noir sur la trame. L'original est placé derrière lui, et devant lui est une corbeille avec des centaines de bobines couvertes de laine de toutes les couleurs. Ce qui constitue la principale difficulté de ce travail si délicat, c'est le choix des nuances, chaque teinte se composant de 24 tons qui diffèrent fort peu l'un de l'autre. Un coup d'œil exercé et une patience à toute épreuve sont les principales qualités nécessaires à ces artistes, dont les plus adroits font au plus 30 à 35 centim. carrés de tapisserie par jour. L'exécution d'un tableau d'une certaine dimension exige cinq et même dix années, de sorte qu'on ne doit pas s'étonner d'en voir estimés de 50,000 à 150,000 fr. Ce n'est généralement qu'une copie d'un tableau connu, mais néanmoins un chef-d'œuvre, qui peut se comparer à une bonne traduction. Les personnes, qui n'auront encore vu que des tapisseries des Gobelins toutes passées du siècle dernier, seront étonnées de la vivacité et de l'habile dégradation des couleurs de celles qu'elles verront sur les métiers, tableaux charmants où l'œil n'est pas même contrarié par le brillant du vernis. On n'emploie plus guère que la laine à leur confection, ses couleurs étant les plus solides; on se sert seulement de soie dans les fleurs et les fruits, et pour rendre le brillant des métaux.

La visite commence par les salles d'exposition, en partie dans un bâtiment provisoire à g. de l'entrée.

Ire SALLE. A dr., 2, le Sacrifice d'Abraham, d'après *Sim. Vouet*. — 3, Audience donnée par Louis XIV au légat du pape (*Lebrun*). — 9, Latone change les paysans en grenouille (*Mignard*). — 8, les Danseuses (*Jules*

Romain?). — 6, l'Automne (*Lebrun*). — 44, J.-B. Colbert (*Cl. Lefebvre*). — 13, l'Air, Junon (*Cl. Audran*). — 42, Louis XIV (*Hyac. Rigaud*). — 43, Ch. Lebrun (*Rigaud*). — 14, l'Hiver, Saturne (*Cl. Audran*). — 5, le Château de Blois (*Lebrun*). — 7, le Mariage d'Alexandre et de Campaspe (*Raphaël*). — 10, le Triomphe de Pallas (*N. Coypel*). — 4, Louis XIV visitant les Gobelins (*Lebrun et Van der Meulen*). — 1, le Triomphe d'Apollon (*Ant. Caron*).

IIe SALLE. A g., 11, Moïse exposé sur les eaux (*N. Poussin*). — A dr., 12, le Repas de Syphax avec Scipion et Asdrubal (*J. Romain*). — Dans le fond, 23, 24, les Deux taureaux; Combat d'animaux (*Fr. Desportes*).

IIIe SALLE. A dr., 17, le Limier (*J.-B. Oudry*). — 21, l'Aurore et Céphale (*Boucher*). — *18, l'Évanouissement d'Esther (*F. de Troy*). — 22, les Forges de Vulcain (*Boucher*). — *20, Don Quichotte et Sancho sur le cheval de bois (*Ch. Coypel*). — *16, Arrivée de l'ambassadeur turc venant complimenter Louis XV sur son avénement (*Ch. Parrocel*). — 26, la Continence de Bayard (*Rameau*). — 19, Juin, la Tonte des moutons, d'après une tapisserie du XVIe s.

IVe SALLE. A dr., 32, Napoléon rendant ses armes au chef d'Alexandrie, fragment (*Mulard*). — *46, tête de vieillard, tapis, chef-d'œuvre exécuté à la Savonnerie au XVIIIe s. — 41, les Adieux de Vénus à Cérès et à Junon (*Raphaël*). — 31, Napoléon recevant la reine de Prusse à Tilsitt, fragment (*Berton*). — *34, la Bataille de Tolosa (*H. Vernet*). — *30, la Reddition de Vienne, fragment (*Girodet-Trioson*). — 33, Napoléon recevant les ambassadeurs persans au camp de Finkenstein, fragment (*Mulard*). — 45, le Toucher (*P. Baudry*). — *39, *38, le Loup et l'Agneau, la Lice et sa compagne (*Oudry*). — 40, Jupiter consolant l'Amour (*Raphaël*).

1er ATELIER DES TAPISSERIES. 51. Flamma, panneau décoratif (*Lechevallier-Chevignard*). — 53, Louis XI levant le siège de Dôle et de Salins en 1477, tapisserie de Bruges (XVIe s.).

2e ATELIER DES TAPISSERIES. *36, le Mariage par procuration (*Rubens*; Louvre). — *54, St-Michel (*Luc-Oliv. Merson*). — *37. Marie de Médicis au Pont-de-Cé (*Rubens*). — 56, 57, la Musique champêtre, la Musique guerrière (*J.-B. Chardin*). — 58. Pénélope (*Maillard*). — 59, Pictura, panneau (*Lech. Chevignard*).

ATELIER DES TAPIS, où l'on descend à l'extrémité d'un corridor. 61, panneau décoratif pour le Panthéon (*Ch. Lameire*). — 63, deux banquettes. — 64, deux écrans.

---

L'avenue des Gobelins aboutit plus haut à la *place d'Italie* (pl. B. 23), d'où rayonnent aussi deux autres avenues et trois boulevards, entre autres le boul. de l'Hôpital (p. 254). Cette place est entourée de quatre rangées d'arbres et décorée au milieu d'une fontaine en pierre, etc.

Au no 38 de l'*avenue d'Italie*, au S. de la place, se trouve la *prison disciplinaire*, qui fut le théâtre d'une horrible tragédie le 27 mai 1871. Le 19 du même mois, les gens de la Commune avaient arrêté les dominicains qui dirigeaient l'école d'Albert le Grand, à Arcueil, au S. de Paris, et les avaient incarcéré au fort de Bicêtre. Le 25, ces infortunés, au nombre de 19, furent transférés à la prison en question et ensuite menés à la plus proche barricade. Forcés de battre en retraite, les insurgés les reconduisirent à la prison, puis les firent sortir un à un et les tuèrent à mesure qu'ils paraissaient dans la rue.

En descendant des Gobelins du côté opposé, vers le centre de la ville, on croise le boul. St-Marcel, qui passe, à g., devant l'*hôpital de Lourcine* (maladies secrètes des femmes; 269 lits). A l'extrémité de l'avenue des Gobelins, là où commence la *rue Mouffetard*, qui a donné son nom au quartier le plus pauvre de la ville, habité surtout par des chiffonniers, s'élève l'église *St-Médard* (pl. B. 22), des XVe-XVIe s., derrière laquelle était un cimetière fameux au XVIIIe s. Louis XV fut obligé, en 1732, de défendre les nombreux pèlerinages qu'on y faisait au tombeau de l'abbé Pâris, diacre janséniste auquel ses partisans (convulsionnaires) attribuaient des miracles. Un plaisant écrivit à cette occasion sur la porte l'épigramme suivante:

«*De par le roi, défense à Dieu, — De faire miracle en ce lieu.*»

Le Boul. de Port-Royal, qui part du boul. St-Marcel et que suit une ligne de tramways, conduit au carrefour de l'Observatoire (p. 233). Avant d'y arriver, on voit à dr., rue St-Jacques, 279,

Le **Val-de-Grâce** (pl. B. 19), ancien couvent de bénédictines fondé par Anne d'Autriche, mère de Louis XIV, par suite d'un vœu qu'elle avait fait pour obtenir un fils, et transformé en hôpital militaire depuis 1790. La seule partie curieuse, mais fort remarquable, est son *église*, construite de 1645 à 1666, sur les plans de *Fr. Mansart*. Elle est ouverte de midi à 2 h. Il y a dans la cour qui la précède une statue en bronze du chirurgien Larrey (m. 1848), par *David d'Angers*. La façade de l'église présente deux ordonnances de colonnes corinthiennes et composites superposées. Le dôme élégant qui la couronne est une réduction de celui de St-Pierre de Rome; il est flanqué de 4 campaniles aussi à coupoles. Son diamètre est de près de 17 m. et sa hauteur de plus de 40 m.

A *l'intérieur* on remarque dans la coupole des peintures par *Pierre Mignard*, représentant la gloire des bienheureux; mais cette magnifique fresque, célébrée par Molière, n'a malheureusement pas été respectée par le temps. — Le *maître autel*, reconstruit en 1870, a un baldaquin à colonnes torses en marbre, imité aussi de celui de St-Pierre de Rome. Cette église renferme les cœurs de princes et de princesses de la famille royale, les corps de princes d'Orléans et le tombeau d'Henriette de France, femme de Charles Ier d'Angleterre, bien connue par l'Oraison funèbre de Bossuet.

L'**Institution des sourds-muets** (pl. B. 19), plus bas, dans la même rue St-Jacques, n° 254, assez près du jardin du Luxembourg (p. 232), peut être visitée le samedi de 2 h. à 5, après en avoir demandé la permission par écrit (vacances en août et en sept.). Il y a dans la cour une statue de *l'abbé de l'Epée*, fondateur de l'institution. Cette cour renferme aussi l'arbre le plus vieux de Paris, un orme planté sous Henri IV, en 1605. La *classe d'articulation* (langage par signes) ne commence qu'à 4 h. ½. L'établissement lui-même, comme organisation, ne présente qu'un intérêt secondaire; il est bien inférieur à l'institution des aveugles (p. 279). La salle des exercices est décorée des bustes de *l'abbé de l'Epée* et de *l'abbé Sicard*, son successeur, ainsi que de plusieurs tableaux.

A côté de cet établissement est l'église *St-Jacques-du-Haut-Pas*, reconstruite au XVIIe s. Non loin de là, rue d'Ulm, 45, l'*Ecole normale supérieure*, fondée sous la Révolution, dans le but de former des professeurs pour les lycées et les collèges. Plus loin, derrière, le *collège Rollin* et le *collège Ste-Geneviève*, école préparatoire des jésuites.

Non loin du carrefour de l'Observatoire (p. 233), dans l'angle formé par le boul. d'Enfer, qui part du boul. de Montparnasse, et le boul. de Montrouge, se trouve le **cimetière du Montparnasse** ou *du Sud* (pl. B. 16), dont l'entrée est sur le boul. de Montrouge. C'est le troisième cimetière de Paris, établi en 1824 (v. p. 195 et p. 206). Il ne renferme que peu de monuments remarquables, comparativement au cimetière Montmartre et surtout au Père-Lachaise. Néanmoins il mérite encore une visite, si l'on se trouve à portée et qu'on ait une heure de loisir. L'entrée est par le boulevard de Montrouge (pl. B. 16).

Ce cimetière n'est pas grand; il est divisé en carrés longs, par des allées bordées d'arbres, de sorte que l'on y peut s'orienter facilement.

Non loin de l'entrée, à dr., la sépulture *Henri Martin* (historien); petite pyramide garnie de palmes et terminée par une étoile. — Derrière se trouve un espace entouré d'une grille; c'est le lieu de sépulture des sœurs de charité. Une croix de la première rangée, dans le coin à dr., désigne la tombe de la sœur *Rosalie Rendu*, qui fut décorée de la croix de la légion d'honneur pour son dévouement dans la campagne de Crimée. Au commencement de l'avenue du Nord, à dr., *Pierre Larousse* (m. 1875), auteur du Dictionnaire universel du XIXe s.

Dans l'avenue principale, au coin à g. de l'allée principale, le monument d'une demoiselle *Léontine Spiegel*, une magnifique statue de la défunte, en marbre blanc. — A g., avant une allée transversale, le monument d'*Héloïse Loustal* (m. 1855), également orné d'une statue de marbre blanc.

Près d'un sentier avant le rond-point, une croix avec l'inscription: «Mon Dieu, faites-moi miséricorde et pardonnez à mes ennemis». C'est le tombeau de *Henri Grégoire* (m. 1832), député aux Etats-Généraux, un des premiers prêtres assermentés, évêque de Blois, membre du conseil des Cinq-Cents, sénateur, etc. Louis XVIII l'exclut de l'Institut dont il était membre, et l'archevêque de Paris lui refusa la sépulture chrétienne, parce qu'il n'avait pas voulu rétracter son serment.

A l'extrémité de l'allée à dr. du rond-point, dans l'avenue de l'Ouest, le célèbre amiral comte *Dumont d'Urville*, qui après avoir fait plusieurs fois le tour du monde, périt sur le chemin de fer de Versailles, en 1842 (p. 280), avec sa femme et son fils unique. Monument singulier surchargé de peintures et orné de scènes des voyages du défunt. — Dans le haut de l'avenue de l'Ouest, à g., la tombe d'une dame *Grados* et de sa fille (m. 1867), avec un ange tenant l'inscription: «Ne cherchez pas ici.»

A dr. du rond-point: *Deseine* (m. 1822), statuaire; *Orfila* (m. 1853), le célèbre médecin et chimiste, avec son médaillon. — Derrière, *Boyer* (m. 1833), chirurgien, avec son buste. — Puis *Guillemot* (m. 1831), peintre d'histoire.

En retournant au rond-point, à dr., *Houdon* (m. 1828), statuaire, et *R. Rochette* (m. 1854), antiquaire, avec des médaillons de bronze par David. — Au rond-point, la *duchesse de Gesvres*, née *du Guesclin*, en qui s'est éteinte cette famille, et la tombe du dernier des *Cassini* (m. 1832).

A dr., dans le même massif, *Rude* (m. 1855), le sculpteur; buste et bas-relief représentant son groupe à l'arc de triomphe de l'Etoile. Derrière, *Gérard* (m. 1837), le peintre; médaillon et reproduction en bronze de ses tableaux «Bélisaire» et «le Christ».

Dans l'allée transversale du côté dr. du rond-point, le général de brigade *Henri de Mylius* (m. 1866), engagé en 1800. Grand monument avec un buste de bronze. — *Billault* (m. 1863), orateur parlementaire, sénateur et ministre. — *Ottavi* (m. 1841), orateur, parent de Napoléon Ier. Monument avec buste.

Nous tournons à g. dans l'allée de l'Est, où sont, à dr., les *Boulay de la Meurthe*, le père (m. 1840), membre du conseil des Cinq-Cents, président de la section de législation au conseil d'Etat et ministre sous Napoléon Ier; le fils (m. 1858), député, vice-président de la république en 1849, président du conseil d'Etat et sénateur. Buste du premier par David d'Angers. — Ensuite *P.-Ch. Auguier* (m. 1873), anatomiste; monument de granit. — Dans la petite avenue de l'Est, parallèle à la première allée, *Edgar Quinet* (m. 1875). Inscription: «Vivre, mourir pour revivre».

Plus loin, à l'angle d'une autre allée transversale, un rocher avec un médaillon; c'est le tombeau d'*Auguste Dornès*, représentant du peuple tué par les insurgés en juin 1848.

Dans le bas de l'avenue de l'Est, à dr., le *monument de la famille Collard-Bigé*, le plus beau du cimetière, un joli petit temple ouvert assez élevé, style Renaissance, abritant la statue en marbre blanc de Mme Collard, artiste peintre (m. 1870), par Franceschi.

Dans l'avenue du Nord, *Jacques Lisfranc* (m. 1847), chirurgien et professeur. Le monument est surmonté du buste du défunt, et décoré de bas-reliefs en bronze le représentant sur le champ de bataille (épisode de la bataille de Leipzig) et en chaire, enseignant à de nombreux élèves.

Le boul. d'Enfer, qui longe le cimetière à l'E., aboutit à la *place d'Enfer*, l'ancienne barrière du même nom, dont il reste les deux bâtiments au S. A cette place convergent en outre la rue Denfert-Rochereau, qui se détache à dr. de l'avenue de l'Observatoire (p. 234), les boul. Arago et St-Jacques, les avenues Montsouris et d'Orléans et un boul. encore inachevé derrière le cimetière.

L'avenue Montsouris (1 kil.), à dr. de la *gare de Sceaux* (p. 31), conduit directement de cette place au **parc Montsouris** (pl. B. 21), desservi par la ligne d'omnibus *K*, par le tramway de la gare de l'Est à Montrouge, qui en passe à quelque distance à l'O., dans l'avenue d'Orléans, et par le chemin de fer de ceinture (stat. de Gentilly). Ce nouveau parc, commencé depuis longtemps, mais qui, par suite des événements politiques, vient seulement d'être terminé, forme à l'extrémité de Paris, à côté des fortifications, une vaste et belle promenade publique comme celle des Buttes-Chaumont au N. Sa superficie est d'environ 16 hectares. Le chemin de fer de Sceaux et le chemin de fer de ceinture le traversent. A l'endroit le plus élevé a été reconstruit le *Bardo* ou palais du bey de Tunis, joli édifice dans le style moresque, à quatre coupoles, qui se trouvait à l'exposition de 1867; c'est maintenant un observatoire. On a de ce parc une vue très-étendue sur la ville, notamment sur la partie méridionale de la montagne Ste-Geneviève (Panthéon) et la vallée de la Bièvre.

Au S., à côté des fortifications, un poste-caserne. A une certaine distance au N. se voit l'*asile-clinique des aliénés* ou *asile Ste-Anne*, pour les deux sexes, établissement modèle fondé en 1864 (600 lits); l'entrée est rue Cabanis.

A l'O., à côté de l'entrée du parc où aboutit l'avenue Montsouris, se trouve le plus grand réservoir d'eau de Paris, le *réservoir de la Vanne*, construction tout en pierre meulière avec des murs de 3 m. d'épaisseur. Il peut contenir 300,000 m. cubes d'eau. L'aqueduc qui l'alimente en fournit 100,000 par jour; il a 2 m. de diamètre et 173 kil. environ de longueur. L'eau qu'il amène d'une telle distance est celle de la Vanne, petite rivière qui prend sa source en Champagne, à 14 kil. de Troyes. On peut visiter ce réservoir. Prendre le chemin inachevé à g. (avenue Reille); l'entrée est de l'autre côté, dans la rue de la Tombe-Issoire. Des employés montrent l'intérieur où l'on voit peu de chose (pourb.); mais on peut monter seul sur le réservoir, qui est couvert; on y voit émerger l'eau en gros bouillons d'une limpidité parfaite.

## 28. St-Sulpice. St-Germain-des-Prés.

\*St-Sulpice (pl. Bl. 19; *IV*), qui s'élève sur la place du même nom (fontaine, v. ci-dessous), devant laquelle passe la rue Bonaparte, et à peu de distance au N.-O. du palais du Luxembourg (p. 226), est une des principales et la plus riche des églises de la rive gauche. Elle a remplacé une église paroissiale du xii$^e$ s., qui fut agrandie sous les règnes de Louis XII, de François I$^{er}$ et de Louis XIII. Comme elle était cependant toujours trop petite, on entreprit de la reconstruire dès le commencement du règne de Louis XIV, sur les plans de *Ch. Gamart*, mais ces plans étant encore trouvés trop petits, ils furent refaits par *Louis Levau*, et Anne d'Autriche posa la première pierre de l'édifice actuel, qui mesure 140 m. de longueur, sur 56 de largeur et 33 de hauteur. Le manque d'argent fit que les travaux restèrent longtemps interrompus à partir de 1678; ils furent repris par *Oppenord* et *Daniel Gittard*, qui élevèrent les portails latéraux, continués et achevés en 1749 par *Servandoni*. Ce dernier s'écarta cependant beaucoup des plans de ses devanciers et doit être considéré comme le véritable architecte de St-Sulpice.

Cette église surprend par ses vastes proportions. Sa façade passe pour l'une des meilleures du commencement du xviii$^e$ s. Elle se compose de deux portiques, dorique et ionique superposés, et elle est flanquée de deux tours, dont la plus haute a 68 m. L'entrée du côté du grand portail est précédée de cinq escaliers placés entre les socles avancés de la colonnade.

L'*intérieur*, en forme de croix, est divisé en trois nefs à voûtes en berceau, supportées par des piliers corinthiens. On remarque en entrant, de chaque côté, au 2$^e$ pilier. deux bénitiers composés de coquilles gigantesques (*tridacna gigas*), données à François I$^{er}$ par la république de Venise. Les rocailles en marbre qui les supportent sont de *Pigalle*. — Les tableaux à l'huile de *Vanloo* sont peu importants, mais les chapelles sont décorées de fresques d'autant plus remarquables.

Nef de droite. — \*1$^{re}$ chapelle: Lutte de Jacob avec l'archange; Héliodore chassé du temple, deux chefs-d'œuvre d'*Eug. Delacroix*, qui a aussi peint le plafond de cette chapelle, représentant St Michel (1861). — \*2$^e$ chap.: la Religion consolant un mourant; Dieu exauçant les prières pour les morts, par *Heim*. — 3$^e$ chap.: St Roch priant pour les pestiférés; sa mort dans la prison de Montpellier, par *Abel de Pujol* (1821). — 4$^e$ chap.: Scènes de la vie de St Maurice, par *Vinchon* (1822). — 5$^e$ chap.: monument de marbre du curé Languet (m. 1750), par *Slodtz*.

Nef de gauche. — 1$^{re}$ chapelle: St François Xavier ressuscitant un mort; Guérison miraculeuse de malades à son enterrement, par *Lafon* (1859). — 2$^e$ chap.: St François de Sales prêchant en Savoie; le même remettant à Ste Chantal la règle d'un nouvel ordre de religieuses, par *Hesse* (1860). — 3$^e$ chap.: Conversion de St Paul; St Paul devant l'Aréopage, par *Drolling* (1850). — 4$^e$ chap.: St Vincent de Paul recommandant des enfants trouvés à des sœurs de charité; le même au lit de mort de Louis XIII, par *Guillemot* (1825).

Les grandes peintures murales du transept (9 m. sur 5), par *Signol* (1874 et 76), représentent des événements de la vie de J.-C. et leur prédiction par les prophètes: à g., la trahison de Judas et le crucifiment; à dr., la résurrection et l'ascension.

Chapelles à g. du chœur. — 1$^{re}$ chap.: le Martyre et le Triomphe de St Jean l'Evangéliste, par *Glaize* (1859). — 2$^e$ chap.: St Charles Borromée allant en procession pendant la peste de Milan; le même administrant les derniers sacrements à Pie IV, son oncle, par *A. Pichon* (1867). — 4º chap.: St Louis, roi de France, portant un mourant pendant la peste; le même rendant la justice sous le chêne de Vincennes, par *L. Matout* (1870). — Au-dessus de la porte latérale, la Mort de la Vierge, par *E. Bin* (1874).

Chapelles à dr. du chœur. — 1ʳᵉ chap.: Prédication de St Denis chez les Romains; sa Condamnation à mort, de *Jobbé-Duval* (1859). — 2ᵉ chap.: St Martin partageant son manteau avec un pauvre; le même ressuscitant un mort, par *V. Mottez* (1863). — 3ᵉ chap.: Ste Geneviève secourant Troyes (Champagne); Miracles opérés par ses reliques pendant une procession, par *C. Timbal* (1864). — 4ᵉ chap.: Nativité de la Vierge; sa Présentation au temple, par *L. Lenepveu* (1864). — Au-dessus de la porte de la sacristie, l'Assomption, par *E. Bin* (1874).

Les deux statues à côté de la sacristie sont de *Pradier* et représentent St Paul et St Jean l'Evangéliste.

Les douze Apôtres contre les colonnes sont de *Bouchardon*.

Le groupe de marbre de la chapelle de la Vierge, derrière le maître-autel, par *Pajou* (m. 1809), produit un effet surprenant parce qu'il reçoit le jour du fond de la niche. La fresque de la coupole, représentant l'Assomption, est de *Lemoine* (m. 1737).

La chaire se distingue par sa construction; elle repose uniquement sur les escaliers par lesquels on y monte. L'orgue est un des meilleurs de Paris; il a été reconstruit par Cavaillé-Coll et il compte 6 claviers, 118 registres et environ 7,000 tuyaux.

La chapelle des mariages, à g. du chœur (fermée, s'adresser au sacristain) est ornée d'une belle verrière et d'un tableau de *Pereira*, qui ont tous deux pour sujet le mariage de la Vierge.

On a tracé en 1743 sur le pavé de cette église, dans le transept, une *ligne méridienne*, avec les signes du zodiaque. Elle se prolonge sur un obélisque de marbre blanc qui indique le vrai nord, tandis qu'elle correspond au S. à une fenêtre qu'on a bouchée, en y laissant seulement une ouverture, par où pénètre un rayon qui tombe sur la ligne verticale de l'obélisque.

Devant l'église, sur la grande *place St-Sulpice*, s'élève la belle *fontaine St-Sulpice*, érigée en 1847 sur les plans de *Visconti*. Elle se compose de trois bassins superposés, et elle est décorée des statues des quatre plus grands prédicateurs français: Bossuet (m. 1704), Fénelon (m. 1715), Massillon (m. 1742) et Fléchier (m. 1710).

La place St-Sulpice est une station d'omnibus très-animée. Il y a ici un marché aux fleurs le lundi et le jeudi.

Le long édifice au S. est le grand *séminaire de St-Sulpice*. Au N.-E. de l'église, le *marché St-Germain*, bâtiment en pierre de 91 m. sur 72, autrefois une des plus grandes halles de Paris.

En descendant la rue Bonaparte, on rencontre à g. la nouvelle rue de Rennes, qui part de la gare Montparnasse (p. 31), et l'on arrive à la partie neuve du boul. St-Germain (p. 226), au delà duquel est

**St-Germain-des-Prés** (pl. Bl. 19; *IV*), une des plus anciennes églises de Paris. La nef remonte, dit-on, à 990-1014; cependant les détails annoncent plutôt la fin du xiᵉ s. Le chœur fut consacré en 1163, mais il a subi plus tard quelques changements, surtout dans les fenêtres, qui annoncent le style ogival. Dégradé sous la Révolution, pendant laquelle on l'avait transformé en fabrique de salpêtre, St-Germain-des-Prés était presque tombé en ruine. Sa

## 28. ST-GERMAIN-DES-PRÉS.

restauration ne fut entreprise qu'en 1824 et terminée en 1836. L'ouverture du boul. St-Germain en a dégagé les abords.

*L'intérieur* a été décoré de 1852 à 1856 avec profusion de dorures et de peintures polychromes, mais surtout de *peintures murales, exécutées de 1852 à 1861, par *Hippolyte Flandrin* (m. 1864) ou sous sa direction. Ces dernières peintures, fort remarquables, représentent des événements et des personnages importants de la Bible. Celles de la nef ont pour sujets des figures de l'Ancien Testament et leur accomplissement dans le Nouveau, thèmes favoris de l'art chrétien dès les premiers temps. Elles sont au nombre de 20, dix de chaque côté, placées deux à deux et formant une frise continue au-dessus des arcades. Ce sont, à g. à partir de l'entrée: le Buisson ardent et l'Annonciation; la Promesse d'un rédempteur et la Nativité de J.-C.; la Prophétie de Balaam et l'Adoration des mages; le Passage de la mer Rouge et le Baptême de J.-C.; le Sacerdoce de Melchisédech et l'Institution de l'Eucharistie. De l'autre côté, en redescendant vers l'entrée: la Vente de Joseph et la Trahison de Judas; le Sacrifice d'Abraham et la Mort de J.-C.; Jonas sortant du ventre de la baleine et la Résurrection de J.-C.; la Dispersion des hommes et la Dispersion des Apôtres; l'Ascension de J.-C. et les Préliminaires du jugement dernier. — Au-dessus de ces fresques, des figures de l'Ancien Testament, sur fond d'or.

Flandrin a commencé par exécuter dans le chœur, aussi sur fond d'or, à g., l'Entrée de J.-C. à Jérusalem; à dr., le Portement de croix; puis, au-dessus des arcades, les Prophètes et les Apôtres, ainsi que les symboles des quatre évangélistes: l'ange (St Mathieu), le lion (St Marc), le taureau (St Luc) et l'aigle (St Jean). Les verrières du chœur sont également modernes; elles représentent le Christ, la Vierge et les apôtres.

D'autres peintures enfin ont été exécutées plus récemment par *Cornu* (m. 1871) dans le bras N. du transept; elles représentent: à dr., N.-S. au milieu des enfants, la mission des apôtres, la transfiguration et la descente dans les limbes; à g., l'invention de la sainte croix. — Le bras mérid. du transept renferme le tombeau de la famille *Castellan*, de la seconde moitié du XVIIIe s. A g., au-dessus, une statue de marbre de Ste Marguerite. Dans la 2e chap. à dr. du chœur, à dr. de la sacristie, le tombeau du duc *Jacques Douglas* (m. 1645). Des plaques de marbre noir, dans la chapelle suivante, rappellent la mémoire de *Descartes* (m. 1650) et des deux savants bénédictins, *Mabillon* (m. 1707) et *Montfaucon* (m. 1641), qui y sont enterrés. — Derrière le maître autel, la chapelle Notre-Dame, construction moderne décorée de deux bas-reliefs peints, l'Adoration des mages et la Présentation au temple. — Dans la chapelle St-Pierre-et-St-Paul, le monument du poète *Boileau* (m. 1711), inhumé autrefois à la Ste-Chapelle. — Dans la chapelle suivante, un second monument de la famille *Douglas*.

Dans le bas côté de g., on remarque une statue de St François-Xavier, par *G. Coustou*, et le monument funéraire de *Casimir V* (m. 1672), roi de Pologne, qui, après avoir été jésuite, puis cardinal, succéda en 1648 à son frère sur le trône de Pologne, et abdiqua en 1668, pour reprendre l'habit religieux comme abbé de St-Germain-des-Prés. Au mur en face de la chaire, le monument d'*Hipp. Flandrin* (m. 1864).

On verra encore dans le collatéral de dr., près de la porte, une statue en marbre de la Vierge, Notre-Dame la Blanche, donnée en 1340 par la reine Jeanne d'Evreux à l'abbaye de St-Denis.

La place St-Germain-des-Prés est une station d'omnibus et de tramways très-importante. C'est d'ici que partent la ligne d'omnibus *L* et les tramways de Châtillon-Fontenay-aux-Roses et d'Issy-Vanves, et la place est en outre traversée par les lignes d'omnibus H, O, V, AD et par le tramway de la Bastille au pont de l'Alma.

La rue Bonaparte passe plus bas devant l'Ecole des Beaux-Arts (p. 266) et aboutit sur le quai Malaquais, non loin de l'Institut (p. 264), du pont des Arts (p. 264) et du Louvre (p. 86).

## 29. Hôtel des Monnaies. Institut.

Les salles du musée monétaire sont ouvertes au public le mardi et le vendredi de midi à 3 h. Les salles de travail et les laboratoires peuvent être visités les mêmes jours et aux mêmes heures, mais seulement avec une permission que délivre, sur demande écrite, M. le président de la commission des monnaies et médailles, à l'hôtel.

L'hôtel des Monnaies (pl. Bl. 20; *IV*), qui occupe la moitié de la longueur du quai Conti, entre le Pont-Neuf (p. 223) et le pont des Arts, a été construit de 1771 à 1775, par *Jacques-Denis Antoine*. La façade, qui a 120 m. de longueur, présente au milieu un avant-corps, composé d'un soubassement percé de cinq arcades à plein cintre, de six grandes colonnes ioniques et d'un attique avec six statues : la Paix, l'Abondance, le Commerce, la Force, la Prudence, la Loi, par *Mouchy*, *Pigalle* et *Lecomte*.

Musée. — L'escalier à dr. en entrant conduit aux salles du musée. Dans le vestibule, les matières premières pour la fabrication des monnaies. — A dr. du vestibule, dans un cabinet, une vitrine avec des monnaies antiques et des armoires avec des médailles. Le cabinet du côté opposé contient surtout des spécimens de timbres-poste.

Les nombreuses vitrines de la salle principale renferment, à dr. et à g., une collection de *monnaies* françaises, classées par ordre chronologique, depuis les temps les plus reculés jusqu'à nos jours, les plus nombreuses datant des règnes de Louis XIV et de Louis-Philippe; une collection de *monnaies étrangères* de tous les pays (une pièce chinoise de l'an 1700 av. J.-C.), et des *médailles* frappées en différentes circonstances.

Plus loin, dans un couloir, des *essais d'argent*; puis une salle avec des modèles d'*instruments* et de fourneaux pour le monnayage.

Dans la salle suivante, on remarque des *coins de monnaies*, et, dans des armoires, toutes les *médailles* du consulat et de l'empire. La même salle renferme un petit modèle (réduction de $1/24$) de la *colonne Vendôme*. Ce modèle et des reproductions en cire placées à côté permettent de voir en détail les bas-reliefs de la colonne. Le buste de Napoléon I$^{er}$ qui se trouve aussi là, a été sculpté en 1806 par *Canova*, et son masque, à côté, a été moulé 20 heures après sa mort.

Les étages supérieurs de la Monnaie renferment les vieux coins, des sceaux de rois de France et de vassaux de la couronne, les jetons particuliers, etc.; le public n'y est pas admis.

Le *laboratoire* et les *ateliers*, avec leurs machines à vapeur, leurs fourneaux et leur outillage, méritent réellement d'être vus. On ne voit que la partie où se fabriquent les pièces d'argent. Les machines, de l'invention de M. *Thonnelier*, sont fort ingénieuses; il ne faut pas une seconde pour frapper complètement une pièce de monnaie. Une machine seule en frappe 70 à la minute et toutes ensemble peuvent produire plus de 2 millions de francs en une journée. En 1875, l'hôtel des Monnaies a fabriqué pendant quelque temps 100,000 pièces de 20 fr. et 75,000 pièces de 5 fr. en argent par jour. Les six fourneaux où se fond l'argent peuvent contenir chacun de 800 à 1200 kilogr. de métal (160,000 à 240,000 fr. en argent). C'est aussi à la Monnaie que sont essayés et poinçonnés les articles d'orfèvrerie en or et en argent, et que sont frappés les médailles et les jetons.

Pour le *Pont-Neuf*, v. p. 223.

Le *pont des Arts* est une grande passerelle qui ne sert qu'aux piétons, entre le Louvre et l'Institut. C'est une construction légère en fer fondu, datant de 1801-1803. Il est plus haut que les quais, d'où l'on y monte par des degrés assez raides. Son nom lui vient du Louvre, qui fut appelé pour un temps le palais des Arts. On a de beaux coups d'œil de ce pont en amont et en aval. Sur la pointe de la Cité derrière la statue de Henri IV, où l'on voit à dr. une écluse, doit passer un nouveau pont reliant la rue du Louvre à une rue non encore percée, mais qui partira de la place St-Germain-des-Prés (p. 261) et aboutira entre la Monnaie et l'Institut.

**L'Institut** est cet édifice à coupole qui s'élève sur la rive g. en face du Louvre, à l'extrémité du pont des Arts. Sa façade en hémicycle est flanquée de pavillons à arcades s'avançant sur le quai, et présente un péristyle à colonnes d'ordre corinthien, que précède un perron orné de deux lions et de fontaines. Le cardinal *Mazarin* avait, dans son testament, destiné une somme considérable à l'établissement d'une maison d'éducation pour les jeunes gens des provinces nouvellement annexées à la France, c'est-à-dire du Roussillon, de Pignerol, des Flandres et de l'Alsace. L'édifice fut construit au milieu du XVII<sup>e</sup> s. à la place qu'avait autrefois occupée la fameuse *tour de Nesle*, où, selon une tradition, Marguerite de Bourgogne, femme de Louis X, attirait de jeunes étrangers, qu'elle faisait ensuite assassiner et jeter à la Seine, après avoir passé avec eux une nuit dans la débauche.

L'établissement fondé par Mazarin s'appela d'abord *collège Mazarin*, mais le peuple le nomma *collège des Quatre-Nations*. La Révolution en fit une prison; mais dès 1795 la Convention le donnait aux *Académies*, qui avaient jusqu'alors siégé au Louvre, et elle l'appela, de leur nom collectif, *palais de l'Institut*.

*L'Institut de France* se divise en cinq académies:

1° *L'Académie Française*, qui est surtout chargée de réviser le *Dictionnaire de la langue française*, dit de l'Académie, et de rédiger le *Dictionnaire historique de la langue française*, ainsi que de décerner un certain nombre de prix, fondés par diverses personnes dans le but d'encourager les lettres ou la vertu, par ex., les *prix Montyon*, fondés par le grand philanthrope de ce nom, l'un de 22,463 fr. pour le Français qui aura accompli dans l'année l'action la plus vertueuse, prix ordinairement partagé entre un grand nombre de personnes ; l'autre, de 21,940 fr. pour l'ouvrage littéraire le plus utile aux mœurs, publié au plus depuis deux ans ; le *prix Gobert* de 11,249 fr. pour l'ouvrage le plus éloquent sur l'histoire de France, etc. Le nombre de ses membres est fixé à 40. Séance annuelle de cette académie au mois de mai, séance hebdomadaire le jeudi de 3 h. à 4 h. 1/2. On n'est admis à ces séances qu'avec un billet spécial (v. ci-dessous).

2° *L'Académie des inscriptions et belles-lettres*, qui a pour objet l'étude des inscriptions, des médailles, des monuments, des antiquités, des langues anciennes et orientales, de celles du moyen âge, etc. Elle compte 40 membres ordinaires, 10 membres libres, 8 associés étrangers, 50 correspondants et 2 secrétaires. Cette académie public des *Mémoires*. Séance annuelle au mois de juillet; séance hebdomadaire le vendredi, de 3 h. à 5. *Prix Gobert* de 10,835 fr. pour l'ouvrage le plus savant sur l'histoire de France, etc.

3° *L'Académie des sciences*, c'est-à-dire des sciences mathématiques et des sciences physiques. Elle se compose de 65 membres titulaires, 10 membres libres, 8 associés étrangers et 92 correspondants. Publications : *Mémoires* et *Comptes-rendus des séances*. Séance annuelle en décembre, séance hebdomadaire publique le lundi, de 3 h. à 5. Prix Bréant, de 100,000 fr., à décerner pour la solution non encore trouvée des questions concernant le choléra asiatique.

4° *L'Académie des Beaux-Arts* ou de peinture, de sculpture, d'architecture et de musique. Elle a 40 membres ordinaires, 10 membres libres, 10 associés étrangers et 40 correspondants. Elle publie un *Dictionnaire de la langue des beaux-arts*. Séance annuelle le premier samedi d'octobre, séance hebdomadaire le samedi, de 3 h. à 5 (billets, v. ci-dessous).

5° *L'Académie des sciences morales et politiques* (philosophie, morale, législation, économie politique, statistique et histoire). Elle publie des *Mémoires* et compte 40 membres titulaires, 6 membres libres, 9 associés étrangers et 37 à 47 correspondants. Séance annuelle en avril, séance hebdomadaire le samedi, de midi à 2 h.

L'Institut a donc 225 membres élus à la majorité des voix dans chaque académie et avec l'approbation du chef de l'Etat, sans compter près de 300 membres libres, associés et correspondants. Il est alloué 1500 fr. de traitement à chacun des membres titulaires.

Le titre de « membre de l'Institut » est le plus élevé auquel aspirent en France l'homme de lettres et le savant, et les académies se composent par conséquent d'hommes éminents, de célébrités littéraires et scientifiques. C'est là ce qui prête un si haut intérêt à leurs séances, qu'elles tiennent toutes au palais de l'Institut même. La grande séance solennelle, qui réunit les cinq académies, a lieu au commencement d'août dans la salle publique, sous le dôme, qui est l'ancienne chapelle du collège. C'est alors que se fait la distribution des prix décernés par chacune d'elles. L'époque des séances particulières des 5 académies est fixée par le ministre de l'instruction publique.

Les savants étrangers n'ont qu'à en faire la demande par écrit au secrétaire, pour obtenir des cartes d'admission.

On ne peut visiter la *bibliothèque* importante et admirablement organisée de l'Institut, que si l'on est présenté par un académicien.

Mais le palais de l'Institut renferme encore, dans la première cour à g. de l'entrée, une autre bibliothèque, la *bibliothèque Mazarine*, ouverte à tout le monde les jours non fériés, de 10 h. à 4. Elle comprend 200,000 volumes et 4,000 manuscrits, et elle renferme en outre 80 modèles en relief des monuments pélasgiques de l'Italie, de la Grèce et de l'Asie-Mineure, ainsi que plusieurs œuvres d'art antiques. Vacances du 15 août au 1er novembre.

## 30. Ecole des Beaux-Arts.

L'Ecole des Beaux-Arts est ouverte gratuitement au public le dimanche de midi à 4 h., mais on peut aussi la visiter tous les jours de la semaine à partir de 10 h., ordinairement jusqu'à 4 h., jusqu'à 3 h. le samedi.

L'**Ecole des Beaux-Arts**, nommée aussi *palais des Beaux-Arts* (pl. Bl. 17, 20; *IV*), est située près de l'Institut, rue Bonaparte, 14. L'école proprement dite, fondée en 1648, a pour objet l'enseignement de la peinture, de la sculpture, de l'architecture et de la gravure. Les élèves qui obtiennent un grand prix dans leur section sont envoyés à Rome et pensionnés par l'Etat pendant quatre ans. Les œuvres qu'ils envoient de là sont exposées tous les ans au palais sous le nom de grands prix de Rome. Cette haute école compte 50 professeurs et plus de 500 élèves de toutes les nations.

L'édifice a été bâti en 1820-1838 et 1860-62 par *Debret*, puis par *Duban*, à la place qu'occupait autrefois le *couvent des Petits-Augustins*. La première cour est précédée d'une belle grille avec des bustes colossaux de P. Puget et N. Poussin, par *Mercier*.

Cette cour renferme de nombreux et beaux fragments d'architecture nationale, depuis l'époque gallo-romaine jusqu'au XVIe s., les restes du musée des Monuments, fondé à l'époque de la Révolution par le peintre *Alex. Lenoir* (m. 1839), qui avait réuni en cet endroit tout ce qu'on avait pu sauver des églises (tombeaux, bas-reliefs) et des châteaux détruits alors. Ce musée fut supprimé en 1816 par Louis XVIII, qui ordonna de restituer à leurs anciens propriétaires et aux églises les objets de cette précieuse collection, réunie avec tant de peine. Au milieu de la cour est une colonne corinthienne, en marbre rouge jaspé, surmontée d'une statue de l'Abondance, en bronze, du XVIe s. A ., au mur, une fresque inaltérable, peinte sur lave, l'Eternel bénissant le monde, d'après Raphaël, par les frères *Balze*. A dr., le célèbre portail du château d'Anet, que Henri II fit construire en 1552 pour Diane de Poitiers, par *Philibert Delorme*; il forme actuellement l'entrée de l'ancienne chapelle conventuelle (p. 268).

La deuxième cour est séparée de la précédente par l'une des façades du célèbre château de Gaillon, que le cardinal George d'Amboise, ministre de Louis XII, un des grands protecteurs des arts en France à la Renaissance, fit construire en 1507 à Rouen, par *Pierre Fain*. Lenoir l'a transférée ici pierre par pierre. Le mélange qu'elle présente des formes gothiques et de la Renaissance, en fait un spécimen caractéristique de ce château détruit par la Révolution. Dans la cour sont placés d'autres fragments d'architecture et de sculpture françaises ainsi que des statues d'après l'antique, exécutées à Rome par de jeunes artistes français.

La *façade principale, qui borde cette cour à l'O., construite par M. *Duban* en 1838, est la plus belle partie de l'édifice. Elle présente deux rangs d'arcades superposées, avec pilastres corinthiens, et elle est couronnée par un attique. C'est un des plus beaux spécimens de l'architecture française du XIXe s.

La grande porte du milieu donne entrée dans le MUSÉE DES ÉTUDES, dit aussi musée des Plâtres. La première partie, le vestibule renferme des fragments antiques en marbre et surtout des moulages des frontons du Parthénon et du temple de Minerve à Égine dont les originaux sont à Londres et à Munich. — La salle principale, une cour vitrée, contient une grande quantité de plâtres de statues célèbres de l'antiquité, la plupart d'originaux qui se trouvent à Rome : à dr., la galerie grecque ; à g., la galerie romaine (inscriptions). Aux extrémités, des restaurations de colonnes du Parthénon, avec l'entablement, et du temple de Jupiter Stator à Rome.

Un petit passage en face de l'entrée conduit dans l'AMPHITHÉÂTRE, décoré du célèbre *Hémicycle de Paul Delaroche* (m. 1856). Cette peinture à l'encaustique représente les artistes les plus célèbres de toutes les époques et de toutes les nations, 75 figures plus grandes que nature (7 m. de haut).

Au milieu, sur un trône élevé, les grands maîtres grecs : Phidias, sculpteur ; Ictinus, architecte (Parthénon), et Apelles, peintre. Sur le devant, 4 femmes représentant, à g., les arts grec et gothique ; à dr., l'art roman et celui de la renaissance. L'Art gothique, avec ses longs cheveux blonds, est le portrait de Mme Delaroche, fille d'Horace Vernet. A dr., à partir de l'extrémité, les peintres classiques, les architectes (sous les colonnes), et les maîtres de l'école française. A g., les sculpteurs, les peintres paysagistes, et vers le centre, les coloristes de toutes les écoles. Delaroche travailla trois ans et demi à cette œuvre, et en reçut 80,000 fr. Elle a failli être détruite par un incendie en 1855, mais elle a été habilement restaurée par Mercier et Robert Fleury.

En face de l'Hémicycle se voit une grande peinture d'*Ingres*, le Triomphe de Romulus vainqueur d'Acron. Il faut revenir sur ses pas pour monter, à dr. dans le vestibule, au

*Premier étage.* — Il y a autour de la cour vitrée des galeries décorées de 62 copies des «loges» de Raphaël au Vatican, par les frères *Balze*. La SALLE DES MODÈLES en face de l'escalier, renferme une riche collection de moulages de petites œuvres d'art antiques et de la Renaissance, des modèles en liège de constructions romaines, etc., et une partie du musée des copies (v. ci-dessous), surtout des copies de *Velasquez*, dont on peut admirer ici le talent, et de *Rembrandt*, représenté par ses plus belles pages. On y remarquera aussi de magnifiques *dessins de maîtres anciens.

D'autres salles du premier étage qui ne sont pas ouvertes le dimanche contiennent des portraits de membres de l'ancienne Académie et de professeurs de l'école, etc. L'une d'elles a une tribune d'où on voit l'Hémicycle de P. Delaroche.

Redescendus au réz-de-chaussée, nous traversons la deuxième cour et nous entrons à g. dans le VESTIBULE DES ECOLES, où se voit le monument d'Ingres, avec son buste en bronze, et les médaillons de Flandrin et Simart, par Guillaume.

Ensuite vient la COUR DU MÛRIER, entourée de galeries avec des sculptures faites à Rome par d'anciens élèves de l'école. Au fond, le monument élevé à Henri Regnault, jeune peintre plein de talent, et à d'autres élèves de l'école tués dans la défense de Paris en 1870-71. Entre des colonnes sur lesquelles se lisent les noms de ces derniers, sont placés un buste de Regnault et une statue de la Jeunesse lui tendant une branche d'olivier, par *Chapu*.

On entre de cette cour ou du quai Malaquais au MUSÉE DES COPIES, ou plutôt dans une partie de ce musée, composée d'un vestibule et d'une grande salle dite salle Melpomène, renfermant de bonnes copies de grands tableaux de maîtres dont les originaux ne sont pas à Paris.

A g. de ce musée, en arrivant par la cour, sont les salles d'EXPOSITION DES GRANDS PRIX de peinture et de sculpture.

L'ancienne CHAPELLE, aussi transformée en musée, renferme le reste des copies, notamment une copie du Jugement dernier de Michel-Ange, par Sigalon, et une quantité de moulages de sculptures de la Renaissance.

*St-Germain-des-Prés*, plus haut dans la rue Bonaparte, v. p. 261.

Les personnes qui en auront le loisir pourront s'en retourner en suivant les quais jusqu'au palais du Corps-Législatif (p. 270) et à la place de la Concorde (p. 154).

La première rue à g. est celle des Saints-Pères, sur laquelle donne, plus haut, *l'hôpital de la Charité*, fondé en 1607 (504 lits). Son nom lui vient de ce qu'il fut d'abord dirigé par des religieux de la congrégation de St-Jean-de-Dieu, dits frères de la Charité. Leur ancienne chapelle, plus haut, près du boul. St-Germain, est le siège de l'*Académie de médecine*, fondée en 1820. — En deçà, en face de l'hôpital, n° 28, l'*Ecole des Ponts-et-Chaussées*.

Le quai porte à partir de la rue des Sts-Pères le nom de *quai Voltaire*, en mémoire du célèbre écrivain, qui habita dans les derniers jours de sa vie au n° 23, où l'on a conservé sa chambre intacte. — A dr., le *pont du Carrousel* ou *des Saints-Pères*, un des plus élégants de Paris, qui conduit à la place du Carrousel (p. 148). Il a été construit de 1832 à 1834, par *Polonceau*, d'après un système qui porte son nom. Ses 3 arches en fonte ont plus de 47 m. d'ouverture, et il est orné de statues colossales en pierre: la Seine et la Ville de Paris, sur la rive g.; l'Abondance et l'Industrie, sur la rive dr. Ce pont doit être reconstruit en face des guichets de la place du Carrousel, et de nouvelles rues y aboutiront sur la rive gauche.

Le quai suivant est le *quai d'Orsay*, qui s'étend, sur une longueur d'environ 3,500 m., jusqu'au delà du Champ-de-Mars (p. 281). Il commence au vieux *Pont-Royal*, construit en 1685 sur les plans de Gabriel et de Mansart et qui aboutit aux Tuileries, en face du pavillon de Flore (p. 152), près de la nouvelle rue des Tuileries, dans l'axe de laquelle il doit être rebâti. Il n'y a eu pendant longtemps ici qu'un bac, qui a laissé son nom à la vieille *rue du Bac* (p. 271-72). Cette rue, la *rue de Lille*, parallèle à la Seine, et le quai d'Orsay ont souffert considérablement sous la Commune. Il y a eu, dans ce quartier, jusqu'à 34 maisons et édifices publics incendiés et détruits durant les journées du 22 au 28 mai 1871. C'est surtout contre les édifices publics que semble avoir été dirigé le plan de destruction, et les principaux d'entre eux qui subirent ce sort furent: le *Quartier (caserne) Bonaparte*, la *Cour des Comptes*, avec le *Conseil d'Etat*, et le *palais de la Légion d'honneur*, situés dans la rue de Lille, avec façades aussi sur le quai. La rage des gens de la Commune s'est ensuite attaquée aux propriétés des personnes notables, dans ce quartier aristocratique, le *quartier St-Germain*, de même que dans la rue Royale, la rue de Rivoli et d'autres rues riches et prospères.

Les édifices condamnés par eux à la destruction furent soigneusement préparés dans ce but par les sinistres opérations des «pétroleurs» et des «pétroleuses». Ces dernières surtout montrèrent un zèle diabolique et une habileté inouïe dans l'exécution de leur tâche, se glissant dans les maisons, pénétrant dans les magasins et dans les caves, etc., sans être jamais à bout de prétextes ni de ruses pour verser partout le liquide inflammable qu'elles portaient en cachette. Les bâtiments en question furent presque entièrement détruits ou du moins il n'en est guère resté debout que les murs calcinés, comme on peut toujours le voir au palais de la Cour des Comptes, qui n'est pas encore restauré.

Le *palais de la Légion d'honneur*, qui a souffert le moins à l'extérieur, a été construit en 1786 par le prince de Salm-Kyrbourg, et il a une certaine importance historique, comme ayant été le centre des réunions de Mme de Staël sous le Directoire. Il a été restauré avec le concours des membres de la Légion d'honneur.

Le palais du Corps-Législatif (v. p. 270) fut atteint à différents endroits par des projectiles durant les sièges de 1870-71, mais il n'a pas souffert d'autres dommages, tandis que le *Ministère des affaires étrangères*, qui se trouve à côté, fut en partie la proie des flammes: il est aujourd'hui complétement restauré, et c'est l'un des plus beaux édifices de ce genre.

Il y a dans le voisinage plusieurs Ministères, plusieurs Ambassades, etc.; v. p. 42 et le plan, Bl. 17.

## 31. Palais du Corps-Législatif. Sainte-Clotilde.
### St-Thomas-d'Aquin. Fontaine de Grenelle. Missions-Etrangères.

Le **palais du Corps-Législatif** (pl. Bl. 14; *II*) s'élève vis-à-vis de la place et du pont de la Concorde (p. 154), sur le quai, où il fait pour ainsi dire pendant à la Madeleine (p. 79). Il fut commencé en 1722 par la duchesse veuve de Bourbon et nommé pour cette raison *palais Bourbon*, nom sous lequel on le désigne encore maintenant que les chambres siègent à Versailles. Les architectes ont été *Girardini* et *Mansart*. Le prince de Condé y dépensa pour sa part 20 millions, jusqu'en 1789. Puis le Conseil des Cinq-Cents s'y établit en 1795, et plus tard, la Chambre des députés, dont le président y demeurait.

La façade primitive de l'édifice est du côté opposé à la Seine. Celle qui donne sur le fleuve, construite de 1804 à 1807, par *Poyet*, est dans le style d'un temple grec, avec péristyle corinthien de 12 colonnes et de 24 m. de largeur, précédé d'un perron que décorent les statues de la Justice et de la Prudence, de d'Aguesseau, Colbert, l'Hôpital et Sully. De chaque côté sont des bas-reliefs de *Rude* et de *Pradier* et au-dessus de la colonnade, un fronton par *Cortot*, la France tenant la Constitution, entre la Liberté et l'Ordre public, et appelant le Commerce, l'Agriculture, etc. La place qui précède l'autre façade, du côté de la rue de l'Université, la *place du Palais-Bourbon*, est décorée d'une statue en marbre de la Loi, par *Feuchères*, érigée en 1855.

Le palais n'est ouvert au public que dans certaines circonstances, comme durant l'exposition de 1878. Un employé vous en montre les salles principales, qui renferment diverses œuvres d'art. SALLE DES PAS-PERDUS: plafond par *H. Vernet*, la Paix, etc., et des reproductions de statues antiques. — La SALLE DES SÉANCES forme un hémicycle avec 20 colonnes de marbre derrière lesquelles sont les tribunes. Le mobilier actuel est provisoire, l'ancien mobilier et les tribunes ayant été transportés à Versailles. Les deux statues principales, la Liberté et l'Ordre public, sont de *Pradier*.

C'est là que la duchesse d'Orléans se présenta le 24 février 1848 avec ses deux fils, le comte de Paris et le duc de Chartres, et tenta en vain de conserver le trône à ses enfants. Le 15 mai de la même année, l'Assemblée nationale en fut expulsée par les socialistes, jusqu'à ce que la garde nationale fût parvenue à rétablir l'ordre. Le 4 sept. 1870, la foule commençant d'envahir la salle aux cris de «vive la république», l'assemblée se sépara et les chefs du parti républicain se rendirent à l'Hôtel-de-Ville pour y constituer le nouveau gouvernement.

SALLE DES CONFÉRENCES. Plafond par *Heim*, Histoire de la législation en France. Tableaux: le Président M. Molé arrêté par les factieux, pendant la Fronde, par *Vincent*, maître d'H. Vernet; Ouverture des Etats-Généraux par Philippe le Bel, du même; le \*Dévouement des bourgeois de Calais, par *Ary Scheffer*. — BIBLIOTHÈQUE: plafonds par *Eug. Delacroix*. C'est ici que sont les manuscrits de J.-J. Rousseau. — SALLE DES DISTRIBUTIONS: grisailles par *Ab. de Pujol*. — Salle Casimir-Périer : statues de Mirabeau et de Bailly, par *Jaley* ; de Périer, par *Duret* ; du général Foy, par *Desprez*. Bas-relief par *Triqueti*. — Salle du Trône : la Justice, la Guerre, l'Industrie, l'Agriculture, les Mers et les Fleuves de France, par *Eug. Delacroix*.

C'est à côté du Corps-Législatif qu'aboutit le nouveau boul. St-Germain (p. 226). A l'angle, le bel hôtel du *Cercle agricole*.

En remontant la rue de Bourgogne au S. du palais, et en prenant la deuxième à g., la rue St-Dominique, on arrive bientôt à \*Ste-Clotilde (pl. Bl. 14 ; *IV*), sur la place de Bellechasse, une des belles églises modernes de Paris. C'est une imitation assez bien réussie de l'architecture du xive s., et la première pour laquelle on soit revenu de nos jours dans cette ville au style ogival. Elle a été commencée par *Gau* en 1846 et achevée par *Ballu* en 1859 ; les frais se sont montés à 8 millions. Elle mesure 100 m. de long sur 32 de large et 26 de haut. La façade présente trois portails, richement décorés de sculptures avec frontons aigus, et deux tours à flèches un peu maigres, qui s'élèvent à 66 m.

L'intérieur est digne et sévère. Il est divisé en trois nefs avec déambulatoire et transept, mais sans portails latéraux. Toutes les fenêtres sont garnies de splendides vitraux, par *Maréchal*, ceux du chœur ; *Galimard* et *Jourdy*, ceux des bas côtés ; *Thibaut*, les roses ; *Amaury Duval* et *Lusson*, ceux des transepts ; *Hesse*, ceux des chapelles absidales. Les collatéraux n'ont que deux petites chapelles sombres de chaque côté de l'entrée, ornées de peintures par *H. Delaborde* (inscriptions). Sous les fenêtres de ces collatéraux et au transept se voient des bas-reliefs formant un chemin de croix, par *Duret* et *Pradier*. — La chapelle du bras dr. du transept, dédiée à Ste Valère, martyre du Limousin, qui avait ici auparavant une petite église, a de grandes peintures dont les sujets sont tirés de la vie de cette sainte, par *Lenepveu*. On remarquera ensuite la clôture du chœur, décorée de quatre bas-reliefs par *Guillaume*, les deux du côté dr., représentant aussi Ste Valère, ceux du côté g. Ste Clotilde. — Il y a également des peintures murales dans les chapelles de l'abside, dans la première de dr. (St-Remi), par *Pils* et *Lœmlein* ; dans la deuxième (St-Joseph), par *Bezard* ; dans la chap. de la Vierge, par *Lenepveu* ; dans la suiv. (Ste-Croix), par *Brissel*, et dans l'autre (St-Louis), par *Bouguereau*. — Enfin dans le bras g. du transept sont deux grandes compositions par *Laugée*, Ste Clotilde secourant les pauvres et le Baptême de Clovis. — Les stalles en bois sculpté dans le chœur et le maître autel, orné de pierreries et de verres niellés, dans le style du moyen âge, méritent aussi de fixer l'attention.

Le square qui précède Ste-Clotilde est décoré d'un beau groupe en marbre par *Delaplanche*, l'Éducation maternelle. — Il y a un petit restaurant à côté de ce square (p. 17).

A peu de distance sur la dr., derrière Ste-Clotilde se trouve l'hôtel des Invalides (p. 273).

La rue St-Dominique aboutit plus loin au boul. St-Germain en longeant le *Ministère de la guerre*, qui a depuis peu une belle façade sur le boulevard, avec une tour originale au coin de la rue de Solférino. Cette dernière rue conduit au pont du même nom et au jardin des Tuileries, dans la direction de la place Vendôme.

En remontant le boulevard, on passe, à g., devant le *Ministère des travaux publics*. Un peu plus loin est la *rue du Bac* mentionnée p. 269, dans laquelle se trouvent les grands magasins du *Petit-St-Thomas* (p. 35), destinés à être démolis lorsqu'on percera ici une rue devant mener au nouveau pont du Carrousel.

De petites rues latérales conduisent de la rue du Bac et du boulevard à **St-Thomas-d'Aquin**, église construite de 1682 à 1740, mais dont le portail n'a été achevé qu'en 1787. Son fronton représente la Religion. Il y a à l'intérieur des fresques de *Blondel*, un plafond de *Lemoine*, la Transfiguration; une Descente de croix, par *Guillemot*; St Thomas d'Aquin apaisant une tempête, par *Ary Scheffer*; le Christ au jardin des Oliviers, par *R. Bertin*.

De l'autre côté du boul. St-Germain est amorcé le *boul. d'Enfer*, qui ira jusqu'à la place du même nom (p. 259), distante d'environ 2,400 m. La rue du Bac est traversée plus haut par la rue de Grenelle, dans laquelle on tournera à g. pour voir, aux num. 57-59, la ***Fontaine de Grenelle** (pl. Bl. 17; *IV*), construite en 1739 sur les dessins de *Bouchardon*. C'est une des plus belles de Paris. Elle se compose d'une décoration d'architecture en hémicycle, de 29 m. de diamètre et près de 12 d'élévation. Au milieu, un petit portique, devant lequel est un groupe de marbre blanc, la Ville de Paris avec la Seine et la Marne. Sur les côtés, des pilastres doriques encadrant quatre niches avec les statues des Saisons et des bas-reliefs analogues, aussi par Bouchardon.

Vers l'extrémité supérieure de la même rue du Bac se trouvent les **Missions-Etrangères** (pl. Bl. 16; *IV*), séminaire où sont formés les missionnaires catholiques. On peut y voir, en le demandant à l'économe, la *chambre des Martyrs*, où sont conservés une foule d'instruments ayant servi au martyre de nombreux missionnaires et chrétiens, notamment en Chine; des vêtements teints de leur sang et d'autres objets leur ayant appartenu, etc. — L'église *St-François-Xavier*, qui dépend du séminaire, est fort simple.

Plus loin, au coin de la rue du Bac et de la rue de Sèvres, les vastes magasins du *Bon-Marché* (p. 35), qui donnent aussi sur la rue de Babylone et sur le *square des Ménages*, ainsi nommé parce qu'il a remplacé l'ancien hospice de ce nom. On voit dans ce square un groupe de marbre, le Sommeil, par *Mathurin Moreau*.

Au n° 63 de la rue de Sèvres, la maison principale des jésuites. Dans la cour s'élève l'*église du Jésus*, bel édifice gothique construit en 1866-68 sur les plans du P. *Tournesac*, dans le style du XIVe s. Elle est fort riche à l'intérieur; les chapelles sont décorées de fresques représentant des saints de la Compagnie de Jésus.

Il y aurait encore à signaler dans la rue de Sèvres un *hôpital temporaire*, l'*hôpital des Enfants-Malades* et l'*hospice Necker*. Elle croise en deçà de ces deux derniers établissements les anciens boulevards intérieurs de la rive gauche, près de l'institution des jeunes aveugles, etc. (v. p. 279).

## 32. Hôtel des Invalides.

### Musée d'artillerie. Tombeau de Napoléon Ier. Institution des jeunes aveugles.

L'intérieur de l'hôtel des Invalides est visible tous les jours de 11 h. à 4; — le musée d'artillerie, qui s'y trouve, les mardi, jeudi et dim. de midi à 3 h. en hiver et 4 h. en été; — le tombeau de Napoléon Ier, les lundi, mardi, jeudi et vendredi de midi à 3 h., l'un et l'autre gratuitement.

Pour se rendre aux Invalides, on a, comme voitures publiques, les *omnibus* des lignes Y et AD, ainsi que les *tramways* de la *Bastille* (T. L) et de la *gare d'Orléans* (T. M) au *pont de l'Alma*, et celui de l'*Etoile* à *Montparnasse*.

**Hôtel des Invalides** (pl. Bl. 14; *IV*). — Le dôme doré des Invalides s'élève majestueusement au-dessus des quartiers du S.-O. de la ville; il couronne la masse imposante de l'hôtel des Invalides, qui de loin semble en former le soubassement, bien que construit en réalité sur le devant. Louis XIV fonda en 1670 cet établissement qui occupe un quadrilatère de 126,985 m. de superficie, «pour assurer une existence heureuse aux militaires qui, vieillards mutilés ou infirmes, se trouveraient sans ressources après avoir blanchi sous les drapeaux ou versé leur sang pour la patrie». La construction commença en 1671, sous la direction de *Libéral Bruant* (m. 1671), et fut achevée en 1675, par *J.-H. Mansart* (m. 1708).

Trente ans de service ou des blessures graves donnent le droit d'entrer à l'hôtel des Invalides. L'édifice a été bâti pour loger 5,000 pensionnaires, mais leur nombre diminuant toujours, parce que les invalides préfèrent vivre indépendants avec leur pension, diverses parties ont été affectées à d'autres usages, et il n'y a plus maintenant que 470 à 480 lits. La solde est de 30 fr. par mois pour un colonel, de 2 fr. pour un simple soldat, et ils sont tous bien nourris. Le dimanche à midi, *messe militaire*, puis *revue des invalides* dans la cour d'honneur (p. 274).

Entre l'hôtel des Invalides et la Seine s'étend une belle place bordée de plusieurs allées d'arbres, dite l'*esplanade des Invalides*; elle a près de 500 m. de long et 250 de large. Une grille sépare cette place de la cour extérieure, qui est entourée de trois côtés de fossés maçonnés, ayant 3 m. de profondeur sur 6 de largeur. Les pavillons des deux côtés de la grille d'entrée servent de corps de garde.

Une «*batterie triomphale*» est établie le long de la grille; ce sont les célèbres «canons des Invalides», que l'on tire pour annoncer les événements importants. Il y en a 14 de chaque côté, la plupart provenant des guerres du premier empire, et l'on y voit de plus 11 pièces non montées, dont 6 canons algériens, avec inscriptions arabes.

Ceux de la batterie sont, à dr. en se tournant du côté de la Seine: d'abord deux pièces françaises de 24, qui servirent à battre en brèche les fortifications de Constantine, en 1837; puis deux canons autrichiens, l'un fondu à Vienne en 1681, l'autre en 1580; ensuite quatre canons prussiens, fondus à Berlin en 1708, pris dans cette ville par les Autrichiens durant la guerre de Sept-Ans, et rapportés de Vienne par Napoléon Ier, après la bataille d'Austerlitz, avec 2,333 autres canons; une pièce hollandaise de 24, prise dans la citadelle d'Anvers en 1832; quatre canons et deux mortiers russes de Sébastopol, et un mortier algérien. — Du côté gauche: d'abord un long pierrier wurtembergeois de 12, pièce rayée, chef-d'œuvre de fonderie, d'une élégance parfaite et décoré de statuettes allégoriques; un canon vénitien de 1708; puis quatre canons prussiens; une pièce hollandaise de 24; des canons et des mortiers russes, et un mortier algérien, comme de l'autre côté de la grille.

Le reste de la cour extérieure est transformé en jardin, cultivé par les invalides eux-mêmes. On y remarque la *statue du Prince Eugène*, bronze par Dumont, qui était auparavant sur le boul. du même nom, aujourd'hui boul. Voltaire (p. 68).

La *façade* du palais est longue de près de 200 m. Les trois étages en sont surmontés de trophées en pierre, et l'entrée principale d'une statue bas-relief de Louis XIV par *Coustou jeune*, avec l'inscription: «Ludovicus Magnus, militibus regali munificentiâ in perpetuum providens, has ædes posuit 1675», c.-à-d. Louis le Grand, dans sa munificence royale, a fondé cet édifice en 1675, pour assurer à jamais l'existence des soldats. De chaque côté de l'entrée des statues en bronze aussi par *Coustou*, Mars et Minerve. Aux pavillons des angles, quatre groupes de bronze par *Desjardins*, représentant quatre peuples vaincus; ils faisaient autrefois partie du monument de Louis XIV sur la place des Victoires (p. 85), et ils ont été transférés ici en 1800.

On peut circuler librement dans l'hôtel aux heures où il est ouvert aux visiteurs, de 11 h. à 4. Des écriteaux indiquent les parties dont l'entrée n'est pas permise. Les pourboires sont interdits.

La première cour, la *cour d'honneur*, est entourée d'arcades en partie décorées de peintures représentant des scènes de quatre époques de l'histoire de France, celles de Charlemagne, de St Louis, de Louis XIV et de Napoléon Ier, par B. Masson. En face de l'entrée est l'église (p. 277); à dr., le musée d'artillerie (p. 275); à g., les réfectoires et les cuisines; derrière, au premier, la bibliothèque et la salle du conseil. Les dortoirs occupent le reste du premier étage et le second.

Les salles du rez-de-chaussée, tant les réfectoires que les salles parallèles du musée, sont décorés de peintures allégoriques, qui se rapportent pour la plupart aux campagnes de Louis XIV dans les Pays-Bas (1672). Dans le réfectoire des officiers, on remarque, entre autres grands tableaux, ceux qui représentent les prises de Wesel, de Rees, d'Emmerich, de Zutphen et d'Utrecht (1672); la plupart sont de Martin, élève du fécond Van der Meulen. A côté sont les cuisines, dont les marmites sont plus célèbres que remarquables.

La *bibliothèque*, au premier, du côté N., se compose d'environ 30,000 volumes et de quelques manuscrits de Sully et de Colbert; elle n'est pas ouverte au public.

A côté, la SALLE DES MARÉCHAUX et la SALLE DU CONSEIL. Dans le vestibule, des souvenirs de Napoléon Ier et un grand nombre de tableaux représentant les pavillons des diverses nations et les armoiries d'une foule de villes. — Salle des Maréchaux. Au mur de l'entrée, en commençant

De l'autre côté, la *cour d'Angoulême*, dans laquelle sont exposées d'autres bouches à feu de tous les calibres, entre autres, le Griffon, coulevrine prise à Ehrenbreitstein près de Coblentz, en 1797; elle a été fondue en 1528 et pèse près de 13,000 kilog. On y voit aussi, au mur, la chaîne du Danube, ainsi appelée parce qu'elle servit aux Turcs, pendant le siège de Vienne en 1683, à soutenir et à garantir un pont de bateaux qu'ils avaient construit sur ce fleuve; elle a 180 m. de long et pèse 3,580 kilog. Ce trophée a été rapporté de Vienne en 1805. Il y en avait une seconde qui est encore au musée d'artillerie de Vienne. Enfin on remarquera sous la porte cochère, par où l'on peut sortir de l'hôtel, une chaîne garnie de 50 carcans, qui fut prise dans le camp marocain après la bataille d'Isly (1844); elle était destinée aux prisonniers.

**L'église des Invalides** se compose de deux parties distinctes, l'église St-Louis et le Dôme (v. ci-dessous).

L'ÉGLISE ST-LOUIS a son portail dans la cour d'honneur, au S. Elle se compose d'une haute nef flanquée de deux bas-côtés. Cette nef est décorée de deux rangées de drapeaux pris sur l'ennemi, surtout en Algérie, sous Louis-Philippe; en Crimée, en Italie, en Chine et au Mexique. Un des derniers à dr., un drapeau jaune avec l'aigle à deux têtes, vient de Sébastopol.

Près de 1500 drapeaux, trophées des victoires de Napoléon I$^{er}$, furent brûlés par ordre du ministre de la guerre Clarke (duc de Feltre), dans la cour des Invalides, le 30 mars 1814, la veille de l'entrée des alliés à Paris. L'épée de Frédéric le Grand, prise en 1806 sur son tombeau à Potsdam, par Napoléon I$^{er}$, fut également brisée et anéantie à cette occasion. Une autre partie des drapeaux pris pendant les guerres de la République et de l'Empire ont été brûlés par imprudence en 1851, lors de l'enterrement du maréchal Sébastiani.

Les piliers de l'église sont décorées d'un certain nombre de *plaques commémoratives* et de *monuments* érigés en l'honneur d'anciens gouverneurs des Invalides, entre autres, à dr., de *Mouton*, comte de Lobau (m. 1838); de *Moncey*, duc de Conegliano (m. 1842); de *Jourdan*, comte d'Ornano (m. 1833); à dr. en revenant, d'*Arrighi de Casanova*, duc de Padoue (m. 1853); du baron d'*Espagnac* (m. 1783); d'*Oudinot*, duc de Reggio (m. 1847). Sur deux plaques de cuivre se trouvent inscrits les noms de maréchaux et officiers supérieurs dont les dépouilles reposent dans les caveaux de l'église. Le dimanche à midi, il y a une messe militaire accompagnée de tout le cérémoniel d'usage, etc.

Derrière l'autel principal, une grande verrière et une porte de communication avec le Dôme, qui est ordinairement fermée.

Le DÔME DES INVALIDES a une entrée spéciale du côté du S., sur la place Vauban, derrière l'hôtel, dont il faut faire le tour (heures d'entrée, v. p. 273).

Cette seconde église, construite en 1706 par J.-H. Mansart, forme un carré régulier de près de 60 m. de côté, avec un portail à deux rangs de colonnes doriques et corinthiennes superposées, orné de statues. Sur cette base est assise une tour ronde, percée de 12 fenêtres et à colonnes corinthiennes engagées, accouplées par 2, au nombre de 24. Au-dessus règne un attique et plus haut s'élève la coupole, que couronne une lanterne terminée par une flèche avec une croix, à 105 m. de hauteur. Cette coupole, dorée sous le premier empire, a été redorée en 1861 d'après le procédé galvanoplastique. Elle est en charpente, couverte en plomb et ornée de bas-reliefs représentant des trophées militaires. Son diamètre extérieur est de près de 27 m.

Le *tombeau de Napoléon I$^{er}$ se trouve sous le Dôme. Il consiste en une crypte circulaire ouverte dans le haut, de 6 m. de profondeur et 11 m. de diamètre. Les parois en granit poli sont décorées de dix bas-reliefs de marbre sculptés par *Simart* (m. 1858): Rétablissement de l'ordre, Concordat, Réforme de l'administration, Conseil d'Etat, Code, Université, Cour des comptes, Développement du commerce et de l'industrie, Travaux publics, Légion d'honneur. Les douze figures colossales qui séparent ces bas-reliefs, comptent au nombre des plus beaux ouvrages de *Pradier;* elles symbolisent les principales victoires de l'Empereur. Les six trophées se composent de 60 drapeaux conquis, qui étaient longtemps restés cachés au Luxembourg. Le pavé est incrusté de noms de batailles: *Rivoli, Pyramides, Marengo, Austerlitz, Iéna, Friedland, Wagram, Moskowa*.

Au milieu d'une couronne de laurier en mosaïque, aussi incrustée dans le pavé, s'élève majestueusement un sarcophage en forme de cuve antique, long de 4 m., sur 2 m. de large et 4 m. 50 de haut, dans lequel sont déposées les cendres du grand homme. Ce sarcophage se compose d'un seul bloc d'une espèce de grès brun-rouge, pesant 135,000 livres, dont le transport seul, de Finlande à Paris, coûta 140,000 fr. Le dôme s'arrondit précisément au-dessus du tombeau et se compose de deux coupoles. La première, à une hauteur de près de 50 m., est divisée en douze compartiments où sont peints les apôtres, par *Jouvenet* (m. 1717). Elle est ouverte au milieu et laisse apercevoir la seconde, ornée d'une grande composition, St Louis offrant au Christ le glaive avec lequel il combattit les ennemis du christianisme, par *Ch. de Lafosse* (m. 1716), qui a peint aussi les Evangélistes des pendentifs. Le jour faible et bleuâtre qui tombe d'en haut, contribue encore beaucoup à l'impression de solennelle grandeur que produit ce tombeau.

L'entrée de la crypte (fermée) se trouve derrière le maître autel. Elle est flanquée de deux sarcophages qui portent deux noms pour unique décoration, ceux de *Duroc* et de *Bertrand*, les favoris de l'empereur, ses maréchaux du palais. Le premier fut tué en 1813 à la bataille de Bautzen, le second (m. 1844) accompagna Napoléon dans toutes ses campagnes, le suivit à l'île d'Elbe et à Sainte-Hélène, puis escorta ses cendres, rapportées par le prince de Joinville et solennellement transférées au Dôme des Invalides en 1840. Au-dessus de la porte de la crypte, on lit les mots suivants, empruntés au testament de l'empereur: « Je désire que mes cendres reposent sur les bords de la Seine, au milieu de ce peuple français que j'ai tant aimé». Il y a de chaque côté une figure de bronze colossale en forme de cariatide, par *Duret*, l'une porte sur un coussin le globe terrestre, l'autre un sceptre et une couronne.

Dans les deux chapelles hautes de chaque côté de la crypte sont les monuments de *Vauban* (m. 1707) et de *Turenne* (m. 1675), surmontés des statues couchées de ces généraux. Le premier a été érigé en 1807, le second a été apporté de St-Denis: à côté du majestueux tombeau de l'empereur, ils demeurent presque inaperçus.

Les chapelles plus près de l'entrée contiennent encore d'autres tombeaux. Dans celle de g., le monument de *Jérôme Bonaparte* (m. 1860), roi de Westphalie, un sarcophage avec la statue du prince, en bronze, par Guillaume; un sarcophage plus petit contenant les restes du fils aîné du même prince et un autre renfermant le cœur de la reine de Westphalie. Dans la chapelle de dr., un grand sarcophage en marbre noir et blanc sur un piédestal, celui de *Joseph Bonaparte* (m. 1844), roi d'Espagne.

La tour qu'on aperçoit de la place Vauban, dans l'avenue de Breteuil, est celle du puits de Grenelle (p. 280). En prenant à g. l'avenue de Villars, on arrive bientôt au boul. des Invalides, le long duquel s'étendent, plus bas, entre les rues de Babylone et de Varennes, les vastes jardins du *couvent du Sacré-Cœur*. — Plus loin, à dr., la nouvelle église *St-François-Xavier*, construite de 1861 à 1875, dans un style pseudo-renaissance, par Lusson et Uchard. Elle est décorée de peintures murales par Lameire, E. Delaunay, Cazes et Bouguereau, d'une Vierge de Bonassieux et de vitraux par Maréchal. Ordonnance originale à l'intérieur. — Ensuite, à g., la *maison des frères des Ecoles-Chrétiennes*, le *couvent des Oiseaux*, près de la rue de Sèvres (p. 272).

L'**Institution des jeunes aveugles** (pl. Bl. 13), à dr. à l'extrémité du boulevard, n'est visible que le mercredi de 1 h. $^1/_2$ à 4 ou 5 h. et le samedi de 2 à 4, en présentant son passe-port ou avec une permission du directeur (1 fr. au surveillant qui sert de guide). C'est un bel édifice, construit de 1839 à 1845. Le bas-relief du fronton, sculpté par *Jouffroy*, représente, au milieu d'enfants aveugles protégés par la Religion, *Valentin Haüy* (m. 1822), le fondateur de l'établissement, frère du célèbre minéralogiste. La cour renferme la statue du même fondateur avec une jeune fille aveugle à ses pieds.

Le but principal de cet intéressant établissement est d'élever et d'instruire de jeunes aveugles. La plupart y sont élevés aux frais de l'Etat ou de différentes communes. Ils y sont admis entre 9 et 14 ans, et ils y restent au besoin jusqu'à leur 21e année, selon les capacités dont ils sont doués. Les particuliers peuvent également y faire recevoir des enfants, en payant une pension de 1000 fr. par an; en ce cas, les restrictions relatives à l'âge ne sont point applicables. L'institution compte ordinairement 250 élèves, dont 75 filles. Leurs maîtres sont pour la plupart d'anciens élèves de l'établissement, c'est-à-dire aveugles eux-mêmes.

La partie la plus curieuse est l'*imprimerie*, dont les ouvriers sont tous aveugles. Elle ne fait que des livres à l'usage des aveugles, c'est-à-dire imprimés avec caractères en relief sur du papier d'une certaine épaisseur, caractères composés seulement de un à six points, groupés de différentes manières, et qui se lisent avec les doigts. Les aveugles écrivent de la même manière.

Les élèves font encore des *travaux manuels*, apprennent les professions de menuisier, de tourneur, de tisserand, de brossier, etc. Leurs ouvrages sont exposés dans une salle spéciale, où le visiteur est prié d'en acheter.

La *musique* est la branche la plus importante de l'éducation des jeunes aveugles, cet art étant surtout celui dans lequel ces infortunés peuvent trouver des moyens d'existence. Le mercredi, vers 4 h., a lieu dans la chapelle un petit *concert*, dont les exécutants sont 30 à 40 jeunes aveugles dirigés par des maîtres également privés de la vue. Des fresques de *H. Lehmann* décorent cette chapelle; elles représentent la participation des aveugles aux bienfaits du Sauveur, la lumière du monde.

Un examen public a lieu chaque dernier samedi du mois; pour y assister, il faut s'adresser par écrit au directeur. L'établissement est fermé durant les vacances, en août et en septembre.

En prenant la rue Duroc, à g. au sortir de cette institution, on arrive en quelques minutes à la *place de Breteuil* (pl. Bl. 13), traversée par l'avenue du même nom et par l'avenue de Saxe, qui partent de la place Vauban, derrière les Invalides, et de la place de Fontenoy, derrière l'Ecole-Militaire (v. ci-dessous). Le centre de cette place est occupé par la tour du **puits artésien de Grenelle**, haute d'environ 42 m. Ce puits, intéressant même pour ceux qui ne sont pas connaisseurs, mais qu'on ne peut visiter qu'avec une autorisation du service des eaux (Hôtel-de-Ville), a 547 m. de profondeur et donne environ 518 m. cubes d'eau par jour (modèle, v. p. 185). Il y a encore trois autres puits artésiens, dont celui de Passy est le plus considérable.

Le boulevard du Montparnasse (tramway, v. le supplém.) conduit au S.-E. à la gare (p. 31) et au cimetière du même nom (p. 257).

## 33. Ecole-Militaire. Champ-de-Mars.
### Pont d'Iéna. Palais du Trocadéro.

Non loin des Invalides, au S.-O., se trouve un autre édifice imposant, l'**Ecole-Militaire** (pl. Bl. 10; *I*), fondée en 1751 par Louis XV «pour y élever 500 gentilshommes dans toutes les sciences nécessaires et convenables à un officier», et construite par l'architecte *Gabriel*. Elle est transformée depuis 1792 en caserne pour 5,400 hommes et 1500 chevaux. Le tout occupe une superficie de 116,528 m. La partie principale, au N.-O., longue de 420 m., a la physionomie d'un palais. Au centre s'élève un portique de 8 colonnes corinthiennes cannelées d'environ 13 m. de hauteur, au-dessus duquel règne un attique surmonté d'un dôme quadrangulaire. Les bâtiments aux extrémités n'ont été construits qu'en 1855. Il faut une permission spéciale pour visiter l'intérieur de l'Ecole. Les cours sont entourées de colonnades. La chapelle est dans le genre de celle du palais de Versailles.

Le **Champ-de-Mars**, qui s'étend devant cet édifice, au N.-O., est une place longue de 1,000 m. et large de 500. Les deux longs côtés étaient bordés jusqu'en 1861 de remparts plantés d'arbres, hauts de 5 à 6 m. Ils avaient été construits en 1790, dans l'espace de quelques semaines, par 60,000 Parisiens et Parisiennes de toutes les classes de la société, et garnis de sièges pour servir d'amphithéâtre à la *fête de la Fédération*, célébrée en cet endroit le 14 juillet de la même année. Devant l'Ecole-Militaire était érigé l'*autel de la Patrie*, sur lequel le roi, l'Assemblée Nationale, les députés de l'armée, de la garde nationale et des provinces vinrent prêter serment à la nouvelle constitution. Talleyrand, en sa qualité d'évêque, y célébra l'office, assisté de 400 prêtres. Paris était au comble de la joie; tout le monde croyait la Révolution terminée. Une cérémonie analogue eut lieu au Champ-de-Mars le 1er juin 1815, le fameux «champ de Mai» de Napoléon; rien n'y manqua, ni l'autel érigé à la même place, ni la messe solennelle, ni le serment à la constitution, etc. En 1830, Louis-Philippe remit au même endroit les drapeaux tricolores à la garde nationale, et Napoléon III y distribua en 1852 les aigles destinées à remplacer les coqs gaulois. Depuis, le Champ-de-Mars a été choisi pour servir à d'autres fêtes d'une nature toute différente, aux fêtes pacifiques des *expositions universelles* de 1867 et 1878. Cette place, en temps ordinaire toute poudreuse et déserte, sauf pendant les heures d'exercices des troupes de l'Ecole-Militaire, a été pour ces circonstances transformée en une sorte de petite ville ou vaste bazar, réunissant les produits les plus curieux de l'art et de l'industrie dans ces derniers temps, et devenu chaque fois le rendez-vous du monde entier.

Le **pont d'Iéna** (pl. Bl. 8; *I*), construit de 1806 à 1813, en souvenir de la victoire du même nom, réunit le Champ-de-Mars à la rive droite de la Seine, en face de l'Ecole-Militaire. Il est décoré d'aigles et de quatre groupes de dimensions colossales: un Grec, un Romain, un Gaulois et un Arabe, domptant des chevaux. — En aval se trouve une île étroite et fort longue, nommée l'*allée des Cygnes*, qui s'étend jusqu'au pont de Grenelle; on a construit en 1877-78 une *passerelle* qui repose sur son extrémité de ce côté.

Le *parc du Trocadéro*, de l'autre côté du pont, a remplacé une esplanade de 250 m. de diamètre qui fut créée, avant la dernière exposition, dans des terrains vagues où il a fallu faire des travaux de nivellement considérables. Il avait été question sous Napoléon 1er d'y construire un palais de marbre pour le roi de Rome, puis une colonne avec la statue de ce roi éphémère; on y a enfin construit définitivement, à l'occasion de l'exposition de 1878, le **palais du Trocadéro** ou *palais des Fêtes*, dans le style oriental, sur les plans de *Davioud* et *Bourdais*. Il se compose surtout d'une rotonde de 58 m. de diamètre et 55 m. de hauteur, flanquée de deux minarets ou tours de 82 m., et de deux ailes en retour, des galeries de 200 m. de longueur, donnant à l'ensemble la forme d'un vaste hémicycle, et présentant un coup d'œil imposant sur cette hauteur d'où on l'aperçoit de fort loin. Du soubassement descend une grande *cascade* monumentale avec jets d'eau, terminée par un bassin qu'entourent quatre animaux de fonte dorée par *Cain, Rouillard, Frémiet* et *Jacquemart*: un taureau, un Cheval, un Eléphant et un Rhinocéros. Sous les arches de chaque côté de la cascade, les statues de l'Eau, par *Cavelier* et de l'air par *Thomas*. Sur le balcon au-dessus, l'Europe par *Schœneverk*; l'Asie, par *Falguières*; l'Afrique, par *Delaplanche*; l'Amérique du Nord, par *Hiolle*; l'Amérique du Sud, par *Millet*; l'Océanie, par M. *Moreau*. A la naissance du dôme de la rotonde, est un autre balcon circulaire garni de 30 statues représentant les arts, les sciences et diverses industries. Sur le dôme enfin, une statue colossale de la Renommée, par *Ant. Mercié*. On a des galeries et des balcons une vue superbe de Paris, surtout vers le soir. La salle des fêtes peut contenir 6000 personnes; un plancher mobile permet de placer 1000 exécutants sur la scène, et il y a pour les concerts un orgue colossal, dont les soufflets sont mus par la vapeur.

Derrière le palais se trouve la *place du Trocadéro*, d'où rayonnent diverses avenues, en particulier l'*avenue du Roi de Rome*, qui conduit directement à l'arc de triomphe de l'Etoile (p. 161); et l'*avenue du Trocadéro*, menant à l'O. au bois de Boulogne, par Passy; à l'E., à la place et au pont de l'Alma, en passant à g. près de l'*Hippodrome* et à dr. à côté de la *pompe à feu de Chaillot*, qui alimente d'eau de la Seine une partie des réservoirs de la ville (18,000 m. cubes par jour).

Pour les nombreux moyens de transport dans cette partie de la ville, *tramways* sur les deux rives et *bateaux-omnibus*, voir le plan spécial et les tableaux qui y sont annexés.

Pour le *pont de l'Alma*, en amont, v. p. 161.

Le *pont des Invalides*, plus loin, reconstruit à la même époque que le précédent et actuellement en restauration, est décoré aussi de deux statues par Dieboldt, la Victoire terrestre et la Victoire maritime.

Entre ces deux ponts, mais plus près du second, sur la rive g., se trouve la **manufacture des Tabacs**, occupant tout le quartier entre les rues Jean Nicot, de l'Université et de la Boucherie-des-Invalides. La visite de cet établissement, fort intéressante, à recommander aux personnes que ne gêne pas l'odeur de tabac dont les habits restent longtemps imprégnés, se fait sur une autorisation demandée par écrit au régisseur, le jeudi de 10 h. à midi et de 1 h. à 4 (sonner à la porte principale, où l'on voit un drapeau). Tout y est organisé sur une grande échelle; elle occupe 2175 personnes, dont plus de 1900 femmes. Cette manufacture, dite du *Gros-Caillou*, produit maintenant 5,652,000 kilos de tabac par an.

## 34. Catacombes. Egouts.

Les catacombes sont maintenant visibles deux fois par mois, ordinairement le 1er et le 3e samedi, avec une autorisation qu'il faut demander par écrit à M. le préfet de la Seine, au Luxembourg. Les égouts se visitent aussi sur une autorisation du même genre, d'habitude une fois par semaine, depuis quelque temps le mercredi.

Pour terminer notre description bien incomplète de Paris, nous devons dire encore un mot de ses catacombes, et surtout parler de ses égouts, qui en sont encore une des merveilles.

Les **Catacombes** sont d'anciennes carrières au S. de la Seine, qui fournissaient déjà du temps des Romains les matériaux pour la construction des maisons, une pierre calcaire à gros grains, qui durcit à l'air. Ces galeries souterraines, qui s'étendent sous une grande partie de la rive gauche, ont plus de soixante entrées dans différents faubourgs. Les principaux escaliers se trouvent à l'ancienne barrière d'Enfer (p. 259), dans la cour du pavillon occidental; dans la rue de la Tombe-Issoire, non loin de là, de l'autre côté de la gare de Sceaux, et dans la plaine de Montsouris.

En 1784 plusieurs rues dans la partie S. de Paris, sous lesquelles existent de ces carrières, ayant commencé à s'enfoncer, le gouvernement prit des mesures pour détourner le danger, en faisant construire des piliers et des contre-forts là où le sol n'était pas suffisamment soutenu. Vers le même temps, le conseil d'Etat ordonna qu'on y transporterait les ossements exhumés du cimetière des Innocents et d'autres cimetières qu'il supprimait alors. Les carrières furent donc transformées en charniers dès 1786, et c'est alors qu'on les a nommées *catacombes*. Durant la Révolution et sous le règne de la Terreur, un nombre immense de corps furent également jetés dans ces cavités, et les ossements qu'on y apportait de toutes parts y étaient entassés pêle-mêle. Mais en 1810, on se mit à suivre un système régulier et à les ranger d'une manière symétrique, de façon à donner à ce cimetière souterrain un aspect plus convenable. Depuis, on a élevé de nouveaux piliers, percé des soupiraux et creusé des rigoles pour l'écoulement de l'eau. Les parois des galeries sont garnies d'ossements humains, disposés avec beaucoup de soin et entremêlés de rangées de crânes. On a également construit plusieurs chapelles, faites avec ces lugubres matériaux et portant diverses inscriptions.

**Egouts.** — Les Catacombes ne sont cependant pas la partie la plus curieuse du Paris souterrain. Il y a sous les rues un autre réseau de galeries plus considérable, celui des égouts, qui peut bien être cité comme une des curiosités de la ville, car on y a organisé des promenades auxquelles des dames même prennent part.

La visite commence à la place du Châtelet et finit à la place de la Madeleine.

Le même esprit qui a présidé aux embellissements de Paris, a fait faire aussi des travaux gigantesques pour son assainissement; de l'*air pur* et de l'*eau pure* étaient encore plus nécessaires au milieu d'une telle agglomération de monde que partout ailleurs; en même temps que de grandes rues, des squares et des aqueducs, il fallait créer des canaux pour éloigner les éléments malsains qui auraient corrompu l'un et l'autre. Bien qu'il reste encore des améliorations à faire, les résultats obtenus sont déjà tels aujourd'hui, que, malgré l'augmentation énorme de la population, la mortalité, qui était de 1 habitant sur 28 du temps de Louis XIV, n'est plus même de 1 sur 38: Paris est actuellement la grande ville la plus saine du continent.

Il n'y a plus ici de ces rigoles à ciel ouvert qui sont une source d'exhalaisons fétides, de maladies épidémiques. Il y est interdit partout de répandre ou laisser couler sur la voie publique des eaux ménagères ou industrielles. Ces eaux et les eaux pluviales sont conduites et déversées dans des canaux souterrains, d'où elles s'écoulent vers la Seine, non pas toutefois directement en infectant un quartier au profit des autres, mais par un long tunnel qui aboutit en aval du pont d'Asnières (p. 287).

La longueur totale du réseau des égouts de Paris est aujourd'hui d'environ 800 kil., et il en reste encore 175 à construire pour le compléter. Il doit donc y en avoir à peu près 975 kil. ou 244 lieues. Il n'en existait encore que 67 kil. en 1837 et 160 en 1856. Ces travaux gigantesques et très-coûteux (en moyenne 100 fr. par m.) ont été surtout exécutés sous la direction de M. *Belgrand* (m. 1878). Le bassin de la ville est divisé en quatre parties par deux grands égouts perpendiculaires à la Seine, ceux du boul. de Sébastopol et du boul. St-Michel, qui aboutissent dans d'autres plus ou moins parallèles au fleuve. Ces maîtresses galeries sont nommées *égouts collecteurs*. Les premiers ont pour affluents 12 ou 15 galeries secondaires, recevant elles-mêmes les eaux d'une foule d'autres galeries moins grandes, creusées dans toutes les directions. Les collecteurs parallèles au fleuve sont au nombre de 7: 4 sur la rive dr. et 3 sur la rive g. Dans les 4 de la rive dr. n'est pas compris un collecteur spécial des parties les plus élevées, qui se dirige vers la plaine de St-Denis. Des 4 en question, l'un suit les coteaux à partir du cours de Vincennes jusqu'au boul. Malesherbes, le deuxième ne comprend guère que la rue Neuve-des-Petits-Champs, le troisième suit toute la rue de Rivoli et le quatrième les quais, à partir du boul. Bourdon jusqu'à la place de la Concorde. Des 3 de la rive g., l'un va de la Bièvre (p. 254), qu'il reçoit derrière le Jardin des Plantes, par diverses rues et par les quais au pont de l'Alma, le deuxième suit le boul. St-Germain jusqu'à sa jonction avec le précédent, et le troisième, qui aboutit au même pont, vient de Montrouge par les boul. du Montparnasse, des Invalides et de l'Alma.

Comme nous l'avons dit, les eaux des égouts ne se déversent dans la Seine qu'à Asnières. Les collecteurs de la rive droite les amènent à la place de la Concorde, dans un *collecteur général*. Ce collecteur mesure 4,600 m., et il est percé en ligne droite, du moins après avoir dépassé la place de la Madeleine. Il débite plus de 9,000 m. cubes d'eau à l'heure, ou environ 230,000 par jour, mais il peut en écouler au moins deux fois autant. Pour souder les collecteurs de la rive g. au reste du réseau, on a immergé, un peu en amont du pont de l'Alma, dans le lit du fleuve, un siphon composé de deux tuyaux en fer battu, de 1 m. de diamètre à l'intérieur et de 156 m. de long, et ces collecteurs se prolongent de l'autre côté, à une grande profondeur (30 m.), sous l'avenue Joséphine, la place de l'Étoile, l'avenue de Wagram et le village de Levallois-Perret, pour rejoindre le collecteur général de la rive droite, non loin de son embouchure.

Les dimensions de tous les égouts ont été calculées de façon à ce qu'ils absorbent même les eaux de pluie les plus abondantes. Les plus petits ont 2 m. 15 de haut sur 1 m. 15 de large; le plus grand, 5 m. sur 5 m. 60: il est donc facile de les nettoyer tous. Ils sont construits en pierre meulière et chaux hydraulique, avec enduits intérieurs en ciment romain; par dessus la voûte est une maçonnerie de blocage, puis encore une chape en ciment romain, qui la protège contre les infiltrations. Les collecteurs ont une sorte de trottoir ou banquette de chaque côté, et une cunette ou canal d'eau entre les deux. Au-dessus de chaque banquette ou de l'une d'elles seulement, contre la voûte, passe une conduite d'eau de fontaine de 1 m. ou plus de diamètre. Toutes les galeries communiquent avec les rues par de nombreuses échelles de fer, par lesquelles les égoutiers peuvent toujours remonter. Des signes de repère, les noms des rues, etc., y sont partout marqués.

Le curage de ces égouts se fait avec un grand soin et le système employé dans ceux qui ont une cunette est fort ingénieux. Dans le grand collecteur, il y a un bateau avec une vanne de même dimension que cette cunette et pouvant former écluse. Si l'on baisse cette vanne, l'eau qui vient la presser, la pousse en avant et chasse par là même les immondices vers l'ouverture de la galerie. Il faut 16 jours pour nettoyer ainsi tout le collecteur général et il y a 4 bateaux faisant ce service. Dans les autres collecteurs, le bateau est remplacé par un petit wagon roulant sur des rails au fond de la cunette, mais l'eau étant ordinairement insuffisante pour le faire descendre, les égoutiers le poussent en marchant sur les banquettes.

Ces quelques renseignements suffiront pour donner une idée des travaux gigantesques de ce Paris souterrain. La fameuse *Cloaque Maxime* de Rome est peu de chose en comparaison du collecteur général dont nous venons de parler, car sa longueur n'a pas dû dépasser 800 à 900 m. Elle est sans doute plus haute, ayant 10 m. à partir du fond, mais sa largeur n'est que de 4 m. 47, elle est complétement baignée, et il n'y a pas de banquette pour y pénétrer, ni rien pour en faciliter le curage, etc.

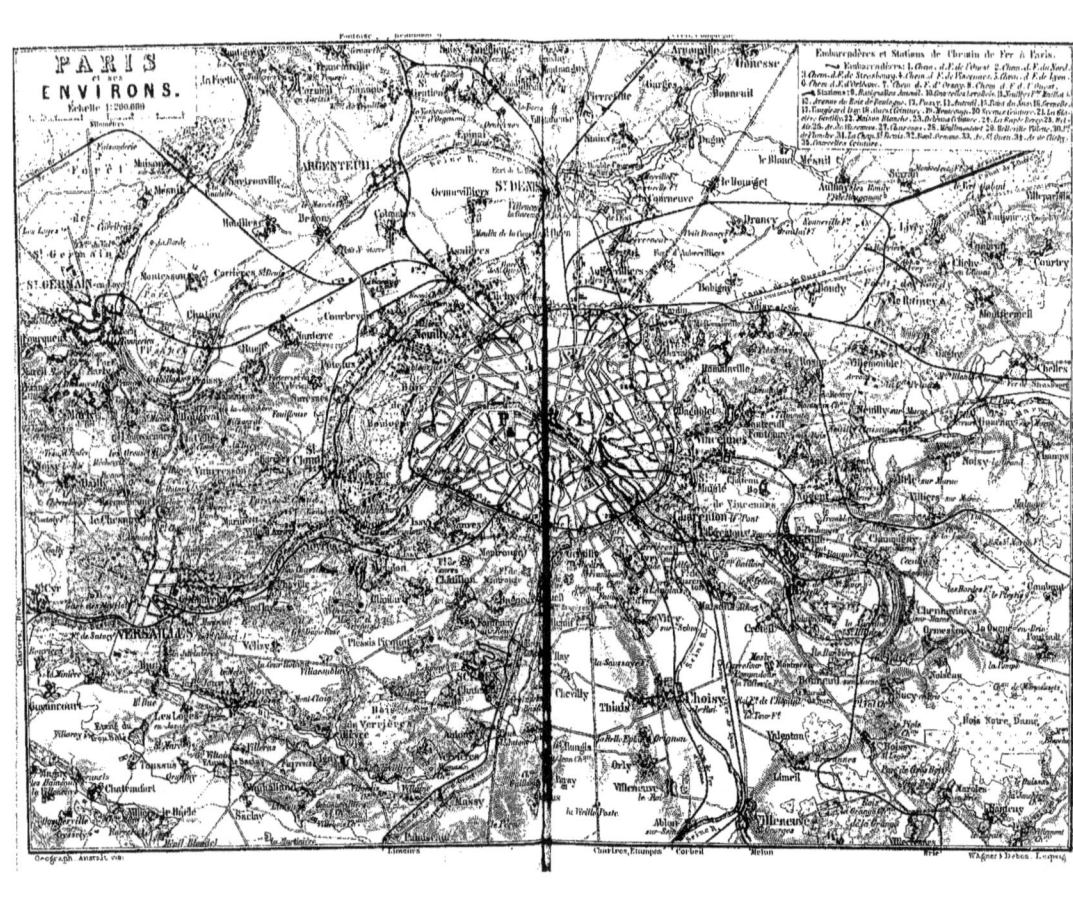

# ENVIRONS DE PARIS

## 35. De Paris à Versailles.

Versailles est à 18 kil. au S.-O. de Paris (23 par la ligne de la rive dr.). Il y a trois voies principales pour s'y rendre: chemins de fer de la rive droite et de la rive gauche et tramways. On pourra y aller par un chemin et en revenir par l'autre.

Comme une grande partie du musée de Versailles, et la plus intéressante, est maintenant fermée au public, on pourra encore voir le même jour St-Cloud et Sèvres. Pour cela, on ira par le chemin de fer de la rive dr. (gare St-Lazare) ou par le tramway (T.A) à *St-Cloud* (p. 307), puis on se rendra à *Sèvres* (p. 309) à travers le parc et l'on gagnera *Versailles* par le chemin de fer de la rive g. (p. 288). On pourrait aussi partir par la rive g., s'arrêter 1 h. à *Sèvres* (stat. de Bellevue), revenir de Versailles par la rive dr., descendre à Ville-d'Avray, puis par le parc à *St-Cloud*, et aller à pied jusqu'au pont de Boulogne, d'où l'on retournerait à Paris, soit par le tramway, soit par le bateau à vapeur, ou encore par le chemin de fer, qui a une station au-dessus de St-Cloud.

**Chemin de fer de la rive droite.** Gare, rue St-Lazare, 110. Guichets et côté du départ dans la galerie haute, à g. de la façade.

*Départs de Paris* toutes les heures, de 7 h. 30 du matin à minuit 30; *de Versailles*, également toutes les heures, à partir de 7 h., sauf le dernier train, qui est à 11 h. 30 au lieu de minuit. Il y a en outre durant la session des Chambres, dans la semaine, des trains intercalés, à Paris à l'heure, à Versailles à la demie, de sorte qu'il en part un toutes les 1/2 h. dans chaque direction. Trains supplémentaires les jours de fête (v. l'Indicateur). Trajet en 49 min. Prix des places: 1<sup>re</sup> cl., 1 fr. 65; 2<sup>e</sup> cl., 1 fr. 35; aller et retour, 3 fr. 30 ou 2 fr. 70; — les jours de grandes eaux, 2 fr. 20 et 1 fr. 65 ou 4 fr. 40 et 3 fr. 30. — Les billets de retour sont valables pour l'autre ligne (v. p. 288). — Les trains directs ne s'arrêtent qu'à St-Cloud et à Sèvres-Ville-d'Avray.

On passe sous la place de l'Europe et sous les fortifications, puis franchit la Seine entre les stat. de *Clichy* et d'*Asnières* (6 kil.). Asnières est un joli village sur la rive g. du fleuve, très-fréquenté dans la bonne saison comme lieu de divertissement. Il y a en été des régates, des concerts et des bals. Les embranchements qui se détachent à dr., conduisent à Argenteuil, St-Germain (p. 309) et Rouen. Le chemin de fer de Versailles décrit une grande courbe.

8 kil. *Courbevoie.* Le long bâtiment à g. de la station est une caserne d'infanterie que Louis XV fit construire pour sa garde suisse, et où fut aussi logée la garde sous les deux empires.

10 kil. *Puteaux.* L'élévation de la voie permet de jouir d'un vaste panorama de Paris, du bois de Boulogne et du cours de la Seine.

12 kil. *Suresnes.* On passe au pied du *mont Valérien*, dont le sommet, à 200 m. au-dessus du niveau de la mer, est occupé par la forteresse du même nom, le principal ouvrage extérieur de Paris

(v. p. 163). Autrefois il s'y trouvait un couvent appelé le Calvaire, construit sous Louis XIII, et un des pèlerinages les plus en vogue. Napoléon 1er le fit démolir et y établit une maison d'éducation pour les filles des membres de la Légion d'honneur. Sous la Restauration, la montagne devint la propriété des Pères de la foi, et les pèlerinages recommencèrent. La révolution de juillet en chassa les missionnaires, et l'on y construisit ensuite la forteresse actuelle, qui a été d'une grande importance durant les sièges de Paris en 1870-71.

15 kil. *Montretout* (p. 307) et *St-Cloud* (p. 308). La voie passe dans un petit tunnel, puis dans le parc de St-Cloud, où il y a un second tunnel. A dr. du chemin de fer s'étend un charmant village,

17 kil. *Ville-d'Avray*, la station pour *Sèvres* (p. 309) de ce côté. A 2 kil. 1/4 à l'O. d'ici se trouve le château de *la Marche*, dans le parc duquel ont lieu des courses de chevaux (steeple-chases; piste de 5 kil.; v. p. 52).

21 kil. *Viroflay*. Puis, à g., le viaduc qui passe sur la grande route et relie les deux chemins de fer. — 23 kil. *Versailles* (p. 289).

**Chemin de fer de la rive gauche.** Gare boul. Montparnasse, 44 (pl. B, 16). Côté du départ à g.

*Départs de Paris:* premier train à 6 h. 35 du matin, puis toutes les heures de 7 h. 5 à 11 h. 5 du soir et à minuit 40; *de Versailles*, aussi toutes les heures à partir de 6 h. 35 du matin jusqu'à 10 h. 35 du soir, puis à 11 h. 25. Trajet en 40 min. Prix, comme sur l'autre ligne; même remarque pour les trains supplémentaires et les billets d'aller et retour. — Pour jouir de la vue, on se placera à dr. au départ de Paris.

Cette ligne communique avec le chemin de fer de ceinture à la station d'*Ouest-Ceinture* (p. 29). Puis elle passe près de *Vanves*, où il y a un lycée, et près d'*Issy*, où sont les *hospices des Ménages* et *Dévillas*, pour les vieillards des deux sexes. A g. et à dr. étaient les forts de Vanves et d'Issy, qui ont été à peu près entièrement détruits durant les sièges de 1870-71 et qui sont aujourd'hui rasés.

6 kil. *Clamart*, la station pour *Vanves*, *Issy* et *Châtillon*. Tous ces villages ont considérablement souffert en 1870-71. La voie longe constamment le versant des collines du bord de la Seine, en offrant une vue charmante sur Paris et le cours du fleuve, surtout un peu avant Meudon.

8 kil. *Meudon*. Le château qui servit de résidence à l'impératrice Marie-Louise, au roi de Rome et, en dernier lieu, au prince Napoléon, a été incendié par des obus et totalement détruit aussi pendant le siège de la ville par les Allemands, en 1871. Ces derniers avaient construit là, sur la terrasse au-dessous du château, de vastes et formidables ouvrages en terre, d'où la canonnade la plus persistante du fort d'Issy et d'autres forts fut incapable de les déloger. Une puissante batterie de 20 pièces commandait entièrement Boulogne, Billancourt, le Point-du-Jour, Auteuil, Grenelle, Vaugirard et Issy. Les insurgés, ayant reconnu l'importance de cette position, essayèrent vainement de s'en emparer. Le *bois de Meudon* offre de jolies promenades.

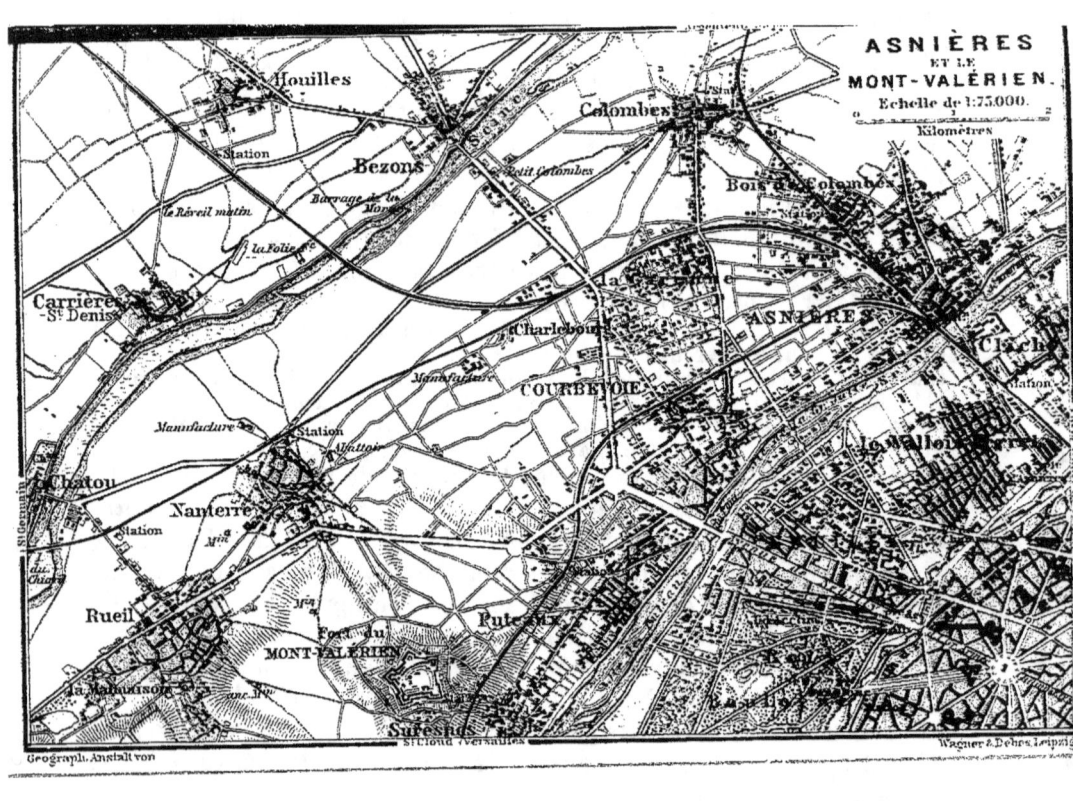

## 35. VERSAILLES.

9 kil. *Bellevue*, dans un site magnifique, sur le versant des hauteurs de Meudon. A dr. de la station la petite chapelle de *Notre-Dame-des-Flammes*, érigée en mémoire des victimes (plus de 200) d'un accident de chemin de fer en 1842. Belle vue à dr., sur les bords de la Seine et le parc de St-Cloud (p. 308).

10 kil. *Sèvres* (p. 309). — 13 kil. *Chaville*. — 14 kil. *Viroflay*. — 18 kil. *Versailles*.

**Tramway**, du quai du Louvre.

*Départs de Paris:* toutes les heures, de 8 h. du matin à 9 h. du soir; *de Versailles* de 7 h. du m. à 8 h. du s. On passe par Sèvres. Prix des places : intérieur et impériale, 1 fr. dans la semaine, 1 fr. 25 c. les dimanches et les jours de fête. Trajet de 1 h. 45, jusqu'à Versailles, 1 h. 20 jusqu'à Sèvres (p. 309). Il y a en outre une ligne de tramway spéciale pour Sèvres (50 c. la semaine, 75 le dim.); ses départs alternent avec ceux de la ligne de Versailles. Il est même question d'organiser leurs services de façon qu'il y ait des départs plus fréquents, et de réduire les prix.

Toute la route est fort intéressante. On suit pendant assez longtemps les bords de la Seine, en passant devant les différents ponts à l'O. de Paris, les ponts des Invalides (p. 282), de l'Alma (p. 161) et d'Iéna (p. 281); au pied du Trocadéro (p. 282), puis entre deux rangées de maisons, faisant partie des communes annexées de *Passy* et d'*Auteuil*, jadis séjour favori de Boileau, de la Fontaine, de Racine, de Molière, etc., et près du *\*pont-viaduc du Point-du-Jour*, large et beau pont à deux voies, entre lesquelles passe le viaduc du chemin de fer de ceinture (p. 28). On traverse ensuite les fortifications (la route à dr. conduit à St-Cloud, p. 308) et la Seine, en arrivant à Sèvres (p. 309). Le trajet de Sèvres à Versailles se fait en 25 min. On passe sous le viaduc du chemin de fer mentionné p. 288, et on s'engage enfin dans la longue avenue de Paris (p. 291).

### Versailles.

**Arrivée.** La gare de la rive droite est à environ $1/4$ d'h. du palais. Omnibus, 30 c. Fiacres au bureau situé à côté dans la rue du Plessis (mêmes prix qu'à Paris), rue de la Pompe, 45, et rue de l'Orangerie, 60. Des tramways conduisent également de cet endroit au palais et à l'autre gare (15 c.). — La Gare de la rive gauche n'est qu'à 10 min. du palais. — La station des tramways de Paris est sur la place Hoche (p. 291).

**Hôtels :** *\*des Réservoirs*, rue du même nom, 9 et 11, avec un bon restaur., très-fréquenté par les membres de l'Assemblée Nationale; *Petit Vatel*, même rue, 26 et 28; *de France*, rue Colbert, 5, à dr. de la place d'Armes en allant au palais; *du Sabot-d'Or* (restaur.), rue du Plessis, 23, près du marché.

**Restaurants:** *Gervais* (café), rue du Plessis, 49, à la gare de la rive droite; *du Globe* ou *Lourdault*, même rue, 47; *de Londres*, *du Rocher de Cancale*, *de Bourgogne*, rue Colbert, 7, 9 et 11, servant à prix fixe (déj., 2 fr.; dîn., 2 fr. 50 à 3 fr.); *du Coing-d'Or* (hôt.) à la gare de la rive gauche, avenue de Sceaux, 1; *de la Chasse et d'Elbeuf*, même avenue, 8.

**Cafés :** *de la Place d'Armes*, au coin de la rue Hoche; *Courteville*, rue de la Pompe, 44; *de la Comédie*, dans le parc, en face du bassin de Neptune (2e entrée rue des Réservoirs), etc.

*Versailles*, ville de 49,850 hab., aujourd'hui chef-lieu du département de Seine-et-Oise, est une création de Louis XIV. Pendant les premières années de son règne, il avait sa résidence d'été à

St-Germain (p. 310), comme ses prédécesseurs; mais il abandonna ce château, parce que, dit-on, la vue des tours de St-Denis, où se trouvaient les caveaux des rois (p. 316), lui était désagréable.

Versailles est bâti dans un lieu qui n'était guère fait pour y fonder une ville. Ce qui manquait le plus, là où l'on rêvait de créer de vastes pièces d'eau, c'était l'eau elle-même, qu'on n'a pu y amener qu'à grands frais. Voltaire appelait cette ville « l'abîme des dépenses », parce que son château, pour l'entretien duquel il a encore fallu dépenser depuis des sommes énormes, a coûté, dit-on, plus d'un milliard de livres au trésor de Louis XIV. On raconte, à propos de la construction de cette résidence fastueuse, des choses qui tiennent du fabuleux. Il y a eu jusqu'à 36,000 hommes et 6,000 chevaux occupés à la fois seulement aux travaux de terrassement pour les jardins, le parc, la route de Paris et l'aqueduc de Maintenon (50 kil. de Versailles). Cet aqueduc, par lequel il s'agissait de détourner la rivière d'Eure, est resté inachevé, parce que les soldats qu'on y employait mouraient comme dans une épidémie, et que de plus survint alors la guerre de 1688. On construisit ensuite la machine de Marly (p. 313), et enfin l'on a eu recours aux étangs du plateau situé entre Versailles et Rambouillet.

Versailles devint à peu près la résidence permanente de la cour à partir de 1682, et fut par conséquent lié intimement dès lors à l'histoire du temps, vit l'apogée du règne de Louis XIV et sa décadence. Sous Louis XV, le palais somptueux du grand roi ne fut plus qu'un boudoir où régnèrent les Pompadour et les du Barry, et c'est là que le châtiment mérité par ses ancêtres vint chercher l'infortuné Louis XVI, qui n'en avait pas les vices. Les Etats-Généraux avaient été convoqués, en 1689, pour délibérer sur la solution des difficultés dans lesquelles se trouvait engagé l'Etat, notamment pour obvier à la banqueroute qui le menaçait. Ils furent ouverts solennellement le 5 mai par le roi, mais ils ne purent s'entendre sur la manière dont se feraient les votes, la noblesse et le haut clergé voulant qu'ils eussent lieu comme précédemment par ordre et non par tête, ainsi que le demandait le Tiers-Etat. Celui-ci était particulièrement intéressé à donner le plus de valeur possible à ses votes, puisque c'était lui qui payait les impôts. Soutenu par l'opinion publique, il se constitua le 17 juin en Assemblée Nationale. C'était le commencement de la Révolution. La salle des séances du Tiers ayant été fermée le 20 par ordre du roi, les députés se rendirent, avec leur président Bailly, plus tard maire de Paris, dans une salle du *jeu de paume*, située au S.-O. du château (intéressante seulement au point de vue historique), et jurèrent de ne pas se séparer avant d'avoir donné une constitution à la France. On connaît le refus des députés du Tiers de se séparer malgré l'injonction du roi; l'Assemblée Nationale se change bientôt en Assemblée Constituante; survient la prise de la Bastille, le 14 juillet; un banquet imprudent des gardes du corps au théâtre du château, foulant aux pieds la nouvelle cocarde (tricolore), provoque un soulèvement à Paris; le 5 oct., Versailles est envahi, et le 6, la plèbe pénètre dans le château, force le roi de se rendre à Paris, au milieu d'un hideux cortège précédé de têtes de gardes du corps sur des piques. Le château abandonné faillit ensuite être vendu; Napoléon le négligea, effrayé des dépenses qu'aurait entraînées sa restauration, et les Bourbons à leur retour ne purent que veiller à son entretien et construire le pavillon du S. C'est Louis-Philippe qui lui a rendu sa splendeur en y créant un musée.

Durant la dernière guerre, du 19 sept. 1870 au 6 mars 1871, le palais fut le siège du quartier général du roi de Prusse, et une grande partie de l'édifice servit d'ambulance, les tableaux ayant été soigneusement couverts par crainte d'accident. C'est dans ce palais que le roi Guillaume a été proclamé empereur d'Allemagne, le 18 janvier 1871. Il faudrait tout un livre pour décrire les événements qui se sont passés à Versailles pendant la guerre franco-allemande. Il importe seulement de dire dans ce manuel que la ville, précédemment si paisible, cette ville, que ses grandes rues et le voisinage de Paris faisaient paraître déserte, avait pris une animation extraordinaire, était devenue le grand centre d'opération de

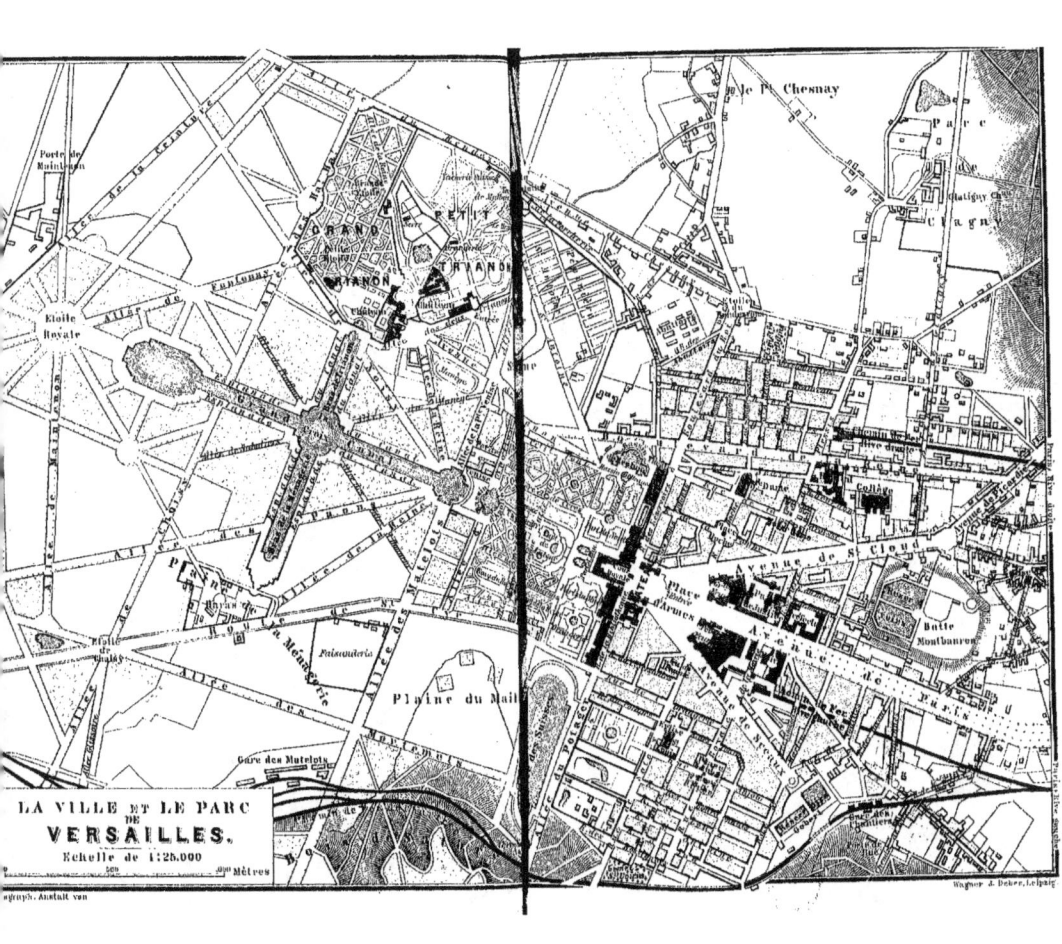

## 35. VERSAILLES.

cette guerre sans précédent. Et un peu plus tard, le palais devenait le siège du nouveau gouvernement français, qui avait à son tour à diriger de là des opérations militaires hérissées de difficultés, pour vaincre la plus terrible des révolutions que l'histoire ait jamais enregistrée. Une partie de l'administration s'est depuis transportée de nouveau à Paris, mais Versailles est resté le siège du gouvernement et des Chambres (v. ci-dessous).

En se rendant de la gare de la rive dr. au palais, par la rue du Plessis, on pourra tourner à dr., au milieu du marché Notre-Dame, dans la rue de la Paroisse, pour donner un coup d'œil à *Notre-Dame*, la cathédrale, construite en 1684 par J.-H. Mansart et qui renferme, dans la 2e chapelle à g., le monument du comte *de Vergennes* (m. 1787), ministre de Louis XVI.

Vis-à-vis de cette église se trouve la rue Hoche, qui mène directement au palais. Dans un square au milieu de cette rue s'élève la *statue du général Hoche*, « né à Versailles le 24 juin 1768, soldat à 16 ans, général en chef à 25, mort à 29, pacificateur de la Vendée »; elle est l'œuvre de Lemaire. La rue Hoche débouche sur la *place d'Armes*, à l'extrémité de la grande *avenue de St-Cloud*, où aboutissent encore deux autres voies non moins larges, l'*avenue de Paris* et l'*avenue de Sceaux*.

### Palais.

Le \*palais ou *château* de Versailles, vu de la vaste place d'Armes, présente un aspect moins imposant que du côté du jardin, où sa façade mesure 415 m. de longueur. Son ordonnance manque d'unité, les constructions datant de différentes époques. Le corps de bâtiment central est composé du château primitif de Louis XIII, en briques et en pierre, et des ailes que *J.-H. Mansart* (m. 1708) y ajouta sous Louis XIV. A dr. s'élève la chapelle, avec son toit aigu; à côté, un pavillon construit sous Louis XV, et à g. de la cour, un pavillon correspondant ajouté sous Louis XVIII. D'autres corps de bâtiments considérables situés de chaque côté sont cachés par les dépendances de la première cour, que Louis XIV avait destinées à ses ministres. Ceux qui sont à dr. de la chapelle, comprennent surtout le *théâtre*, construit sous Louis XV, salle de l'Assemblée Nationale de 1871 à 1876 et maintenant *salle du Sénat* (entrée du public par la rue des Réservoirs). L'aile de gauche, donnant sur la rue de la Bibliothèque, ou de la Surintendance, renferme la salle de la *Chambre des Députés* (p. 300).

La partie accessible au public compte cinq cours: la grande *cour d'honneur*, la première; la *cour Royale*, entre les pavillons; la *cour de Marbre*, dans le fond, devant le bâtiment central; la *cour de la Chapelle*, en deçà, entre le pavillon de dr. et la chapelle, et la *cour des Princes*, de l'autre côté du pavillon de g. C'est par ces cours latérales qu'on passe pour aller dans le jardins (p. 303).

La COUR D'HONNEUR est séparée de la place d'Armes par une grille. Sur les piliers, à droite et à g. de l'entrée, deux groupes en pierre, la France victorieuse de l'Empire (Allemagne), par *Marsy*, et de l'Espagne, par Girardon. Au milieu de la cour se trouve une *statue équestre de Louis XIV*, en bronze, dont le cheval a été modelé par *Cartellier* (m. 1831), et le cavalier par *Petitot* (m. 1862). Sur les côtés, 16 *statues* plus grandes que nature, dont une partie se trouvaient jusqu'en 1837 sur le pont de la Concorde, à Paris. A dr. : Richelieu (m. 1642), le célèbre ministre de Louis XIII, par *Ramey*; Bayard (m. 1524), le «chevalier sans peur et sans reproche», par *Montoni*; Colbert (m. 1683), l'habile ministre des finances sous Louis XIV, par *Milhomme*; les maréchaux Jourdan (m. 1833) et Masséna (m. 1817), par *Espercieux*; l'amiral Tourville (m. 1701), par *Marin*; l'amiral Duguay-Trouin (m. 1736), par *Dupasquier*; le maréchal de Turenne (m. 1675), par *Gois*. — A g. : Suger (m. 1152), abbé de St-Denis, régent du royaume sous Louis VII, par *Stouf*; B. du Guesclin (m. 1380), connétable de France, par *Bridan*; Sully (m. 1641), le célèbre ministre de Henri IV, par *Espercieux*; le maréchal Lannes (m. 1809), par *Callamard*; le maréchal Mortier (m. 1835), par *Callamatta*; l'amiral Suffren (m. 1788), par *Lesueur*; l'amiral Duquesne (m. 1687), par *Roguier*; le grand Condé (m. 1686), fameux général de Louis XIV, par *David d'Angers*.

Sur les frontispices des pavillons se lit l'inscription : «*A toutes les gloires de la France*».

### Musée.

Le *musée historique de Versailles, collection sans égale dans le monde entier, est, comme nous l'avons dit, une création de Louis-Philippe, qui fit restaurer les salles du château en 1832, pour y réunir tous les tableaux historiques du Louvre et d'autres collections, et fit combler les lacunes de cette galerie par les premiers artistes français. Les frais montèrent à 15 millions, tirés en majeure partie de la cassette du roi. Les gouvernements suivants, la république aussi bien que l'empire, ont laissé subsister sa création, en prenant soin de la développer et de la continuer. Tout ce qui avait une valeur historique y a été reçu, de sorte qu'on ne doit point s'étonner d'y rencontrer un grand nombre d'œuvres médiocres des deux siècles derniers, à côté des productions les plus brillantes de l'art moderne.

Malheureusement beaucoup de salles, des plus importantes, sont maintenant fermées au public, parce qu'elles sont converties en bureaux pour les ministères ou pour le service des Chambres.

Les sujets des tableaux et les noms des peintres sont inscrits sur les cadres, de sorte qu'on peut se passer de catalogue. Nous conseillons dans tous les cas de n'en acheter qu'à l'entrée du musée et non aux marchands dont on est assailli sur la place d'Armes.

*L'entrée* du musée est actuellement dans la cour Royale à g. (voir le plan, p. 293). Le musée est ouvert tous les jours de midi à 4 h., sauf le lundi. On dépose les parapluies lorsqu'ils sont mouillés (10 c.). Le rez-de-chaussée est aujourd'hui à peu près complètement fermé au public, et il y a aussi beaucoup de salles du pre-

Rez-de-chaussée.

Aile du Midi. — 1-13. *Galerie de l'Empire.*
Partie centrale. — I-IX. 1-8. *Salles des Amiraux, Connét. et Maréchaux de France.*
Aile du Nord. — 1-11. *Ire galerie de l'Histoire de France.* — I-V. *Salles des Croisades.*

Premier étage.

Partie centrale. A. *Escalier de Marbre.* — 1-5. *Appartements de Louis XIV.* — B. *Salon de la Guerre.* — C. *Salon de la Paix.* — I-VIII. (côté S.) *Appartements de la Reine.* — D. *Aquarelles.*

1er étage (suite).

E. *Escalier des Princes.* — I-IV (côté N.). *Salons d'Hercule, de l'Abondance,* etc. — V. *Salle des Etats-Généraux.* — VI-X. *Salons de Vénus, Diane, Mars, Mercure et Apollon.*
Aile du Nord. — I-VII. *Galerie de Constantine.* — 1-10. *2e galerie de l'Histoire de France.*

Second étage.

Partie centrale, côté S. — a-k. *Portraits.*
Aile du Nord. — 1-10. *Portraits.*

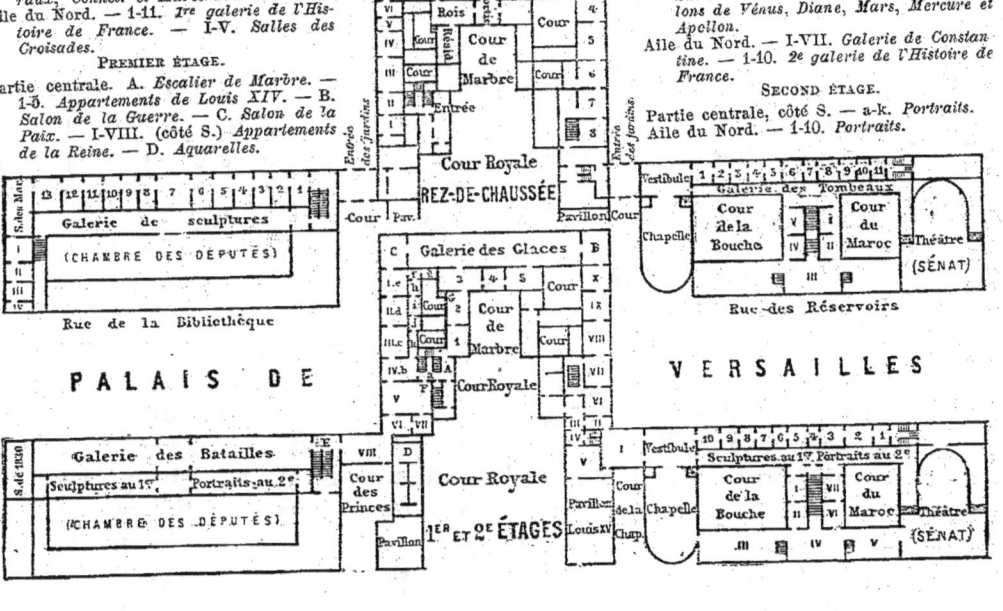

35. VERSAILLES.

mier étage qu'on ne peut plus voir. Dans l'espérance toutefois que les visiteurs ne seront pas toujours privés de la vue des chefs-d'œuvre qui s'y trouvent, nous indiquerons ces salles en terminant (p. 299), dans l'ordre dans lequel on les voyait autrefois.

Dans le vestibule par où l'on entre actuellement, se trouvent des bustes d'hommes célèbres des xviie et xviiie s.

### Aile du Midi et partie centrale.

**Premier étage.** — Nous montons le grand escalier dit «l'escalier de Marbre» (pl. A), et nous tournons dans le haut à dr. dans un vestibule, pour entrer de là à g. dans les APPARTEMENTS DE LOUIS XIV, ou les *petits appartements*. La visite commence par la salle des Gardes (pl. 1), une grande pièce carrée; puis la 1re antichambre (pl. 2), ornées l'une et l'autre de tableaux de batailles du même roi, par *Van der Meulen* et son élève *J.-B. Martin*. — Ensuite la 2e antichambre (pl. 3), la fameuse *salle de l'Œil-de-Bœuf*, qui tire son nom d'une fenêtre ovale qui s'y trouve. C'est dans cette pièce que les courtisans attendaient le lever du roi, et c'était le centre des cancans de Versailles. Dans le coin à g. (pl. G), un petit escalier conduisant aux salles du rez-de-chaussée (p. 299). — Puis la *chambre à coucher de Louis XIV*, dont l'ameublement et la décoration sont à peu près comme au xviie s. C'est du balcon de cette chambre que le premier chambellan annonça au peuple la mort du roi, le 1er sept. 1715, en s'écriant: «le Roi est mort» et brisant sa baguette, qu'il remplaça aussitôt par une autre, en ajoutant: «Vive le Roi!» — Enfin, la salle du Conseil, où l'on ne remarque guère qu'une pendule fort artistement travaillée, de 1706.

De là, on passe dans la \*GALERIE DES GLACES OU DE LOUIS XIV, superbe galerie de 73 m. de long, près de 10 m. 50 de large et 13 m. de haut, jouissant d'une vue magnifique sur les jardins et les pièces d'eau, par 17 grandes fenêtres en arcades, en face desquelles sont autant de glaces dans des arcades dorées. Le plafond a été décoré par *Lebrun* de peintures relatives au règne de Louis XIV. Aux extrémités de cette galerie, deux autres salles sur la même ligne.

La salle de dr., en se tournant du côté des fenêtres, dite le *salon de la Guerre* (pl. B), à cause de son plafond, aussi par *Lebrun*, communique avec les grands appartements du roi, les *salons d'Apollon, de Mercure, de Mars, de Diane et de Vénus* (pl. x-vi), désignés ainsi également d'après leurs plafonds, et qui renferment en outre des tableaux des campagnes du roi, par *Van der Meulen*.

Le salon à l'autre extrémité de la galerie des Glaces est le *salon de la Paix* (pl. C).

De ce côté sont les APPARTEMENTS DE LA REINE, une série de pièces remplies de grands tableaux. La 1re et la IIe salle, qui furent successivement la chambre à coucher et le salon de Marie-Thérèse, de Marie Leczinska et de Marie-Antoinette, ne contiennent rien de bien remarquable.

IIIe salle, antichambre de la Reine ou salon du Grand-Couvert : 2108, *Gérard (1834), Philippe de France, duc d'Anjou, proclamé roi d'Espagne (Philippe V) le 16 nov. 1700.

IVe salle, des Gardes de la reine, également fort riche et avec une série de bustes ainsi qu'une statue de Louis XV.

Ve salle, dite *salle du Sacre de Napoléon Ier*. Trois vastes toiles: *David (1808), le Couronnement de Napoléon et de Joséphine à Notre-Dame de Paris, le 2 déc. 1804; — *David (1810), Napoléon distribuant les aigles à l'armée, le 4 déc. 1804; — *Gros (1806), la Bataille d'Aboukir, le 25 juillet 1799. — Au milieu, les Derniers moments de Napoléon Ier, statue assise, en marbre, par V. Vela. — Nous passons par la porte de dr.

VIe salle (campagnes de 1792 et 1793). *Lami (1836), Bataille de Hondschoten; combat de Wattignies. — A g.

VIIe salle (1793 et 1794). *Bellangé (1836), la Bataille de Fleurus, gagnée par Jourdan sur les Autrichiens.

VIIIe salle (1792), à la suite de la VIe : portraits de guerriers illustres, représentés à l'âge et avec l'uniforme qu'ils avaient en 1792. Au-dessus de la porte : Bonaparte, alors lieutenant-colonel au 1er bataillon de Corse; Joachim Murat, sous-lieutenant; Charles Bernadotte, lieutenant; puis Gérard, volontaire; Maison, grenadier; Reynier, canonnier; Marceau, volontaire; Soult et Junot, sergents, etc. Parmi les grands tableaux de cette salle on remarque : la Canonnade de Valmy (1792), et la Bataille de Jemmapes (1792), l'une et l'autre d'après *H. Vernet*; le départ de la garde nationale pour l'armée, en 1792, par *Cogniet*. Au milieu de la salle, une colonne en porcelaine de Sèvres, ornée de peintures et surmontée d'une statue de la Victoire ; elle a été offerte par la ville de Paris à Napoléon Ier à l'occasion de son mariage avec Marie-Louise.

[Quelques marches à gauche conduisent aux *salles des aquarelles des campagnes de 1796 à 1814* (pl. D), actuellement fermées. Les peintures, exécutées par des officiers d'état-major, sont moins intéressantes sous le rapport de l'art que par les sujets qu'ils représentent.]

En sortant à dr. de la salle VIII, on traverse le palier de l'*Escalier des Princes* (pl. E), par où le public entre quelquefois au musée, et l'on arrive dans la principale salle du musée, la grande

***GALERIE DES BATAILLES. — C'est une superbe salle, de 120 m. de long sur 13 de large, divisée en deux parties et décorée de 33 grands et magnifiques tableaux d'égale grandeur, ainsi que de 80 bustes de princes, d'amiraux, de connétables, de généraux et d'autres guerriers français morts pour la patrie, dont les noms sont de plus inscrits sur des tableaux noirs dans les angles et aux embrasures des fenêtres. Il est difficile de passer sous silence l'un ou l'autre des nombreux chefs-d'œuvre de l'école de peinture moderne qui décorent cette galerie.

A g. *Ary Scheffer (1837). Bataille de Tolbiac, près de Cologne (496). — *Steuben (1836). Bataille de Poitiers (732).

A dr. \*\**H. Vernet*. Bataille de Wagram, seconde journée (1809).

A g. \**Ary Scheffer* (1836). Wittikind, chef des Saxons, se soumettant à Charlemagne (785).

A dr. *H. Vernet* (1836). Bataille de Friedland (1807).

A g. *Eug. Delacroix* (1841). Prise de Constantinople par les Croisés (1204).

A dr. *H. Vernet* (1836). Bataille d'Iéna (1806), ou plutôt Napoléon s'adressant à la garde avant le commencement de l'action.

A g. \*\**H. Vernet*. Philippe-Auguste vainqueur des grands feudataires à Bouvines (1214).

A dr. *Gérard* (1810). Bataille d'Austerlitz (1805).

A g. *Delacroix* (1837). Bataille de Taillebourg (1242). — *Henri Scheffer* (frère d'Ary, 1836). Bataille de Cassel en Flandre (1328).

A dr. *Philippoteaux*. Bataille de Rivoli (1797).

A g. *H. Scheffer*. Jeanne d'Arc délivrant Orléans (1429).

A dr. *Couder* (1837). Siège de Yorktown en Amérique, sous le général Rochambeau et Washington (1781). — *Couder* (1837). Bataille de Lawfeld (Laeffelt) près de Maestricht (1747).

A g. *Gérard* (1817). Entrée de Henri IV à Paris (1594).

A dr. \*\**H. Vernet* (1828). Bataille de Fontenoy, gagnée sur les Anglais par le maréchal de Saxe (1745).

A g. *Heim*. Bataille de Rocroi, gagnée par le Grand Condé sur les Espagnols (1643).

A dr. *Alaux*. Bataille de Denain, gagnée par le maréchal de Villars sur les Impériaux, commandés par Eugène de Savoie (1712). — *Alaux* (1837). Bataille de Villaviciosa, gagnée par le duc de Vendôme sur les Impériaux, commandés par Starhemberg (1710).

[Ensuite vient la \**salle de 1830*, actuellement fermée. Elle contient cinq grandes toiles représentant l'histoire de l'avènement de la royauté de Juillet. — *Larivière*, Arrivée du duc d'Orléans sur la place de l'Hôtel-de-Ville, où il est reçu par Lafayette, le 31 juillet 1830. — *Gérard*, Lecture de la déclaration des députés; le duc d'Orléans proclamé «lieutenant-général du royaume». — *A. Scheffer*, Louis-Philippe à la barrière du Trône, recevant son fils aîné, le duc de Chartres, plus tard duc d'Orléans, à la tête de son régiment de hussards, le 4 août 1830. — *Eugène Devéria*, Louis-Philippe, proclamé roi des Français, prête le serment sur la Charte, le 9 août 1830. — *Court*, le Roi distribuant les drapeaux à la garde nationale, au Champ-de-Mars. — On entrait autrefois de cette salle dans une galerie parallèle à celle des Batailles, contenant des sculptures. Un escalier à l'entrée conduit au second étage (v. ci-dessous).]

Il faut maintenant revenir par la galerie des Batailles et les précédentes jusque dans la salle du Sacre (p. 295), qu'on traverse de biais au lieu de retourner à la galerie des Glaces par la porte située en face (IVᵉ salle). En sortant là par la porte du coin (pl. F), on se retrouve à l'escalier de Marbre (p. 294), et l'on monte au second étage, par *l'escalier de la Reine*, à dr.

**Second étage.** — Il y a au-dessus des «appartements de la Reine» (p. 295), une série de salles et de cabinets contenant surtout des *portraits*.

1ʳᵉ salle (pl. a): Marines et Batailles navales, par *Gudin*, *Crépin* et *Eug. Isabey*. — Dans un cabinet voisin: *Vignaud*, Mort de

Lesueur; *Bergeret*, Honneurs rendus à Raphaël après sa mort; *Revoil*, Charles-Quint et François I<sup>er</sup> à Fontainebleau; *Philippoteaux*, Bayard au pont du Garigliano (1503); *Biard*, Bataille d'Aboukir (1798). — 2<sup>e</sup> salle (pl. b): portraits de la famille d'Orléans, dont plusieurs de *Winterhalter* et un d'*Ingres*. Nous passons par la porte près de la fenêtre. — 3<sup>e</sup> salle (pl. c.): *Philippoteaux*, le Combat de Montebello; *Charpentier* et *Langlois*, Scènes de la retraite de Russie; *Bellangé*, Bataille de la Mouzaïa (1840); Bataille de l'Alma. — 4<sup>e</sup> salle (pl. d, e): portraits de la famille Bonaparte, par *Gros, H. Scheffer, Hébert, Gérard, Robert-Lefèvre, Dubufe*. A la cheminée, \*Bonaparte au St-Bernard, par *David*. Au milieu de la salle, Bonaparte élève de l'école de Brienne, plâtre, par *Rochet*.

Ensuite une série de cabinets (f-k). — 1<sup>er</sup> cabinet, rien d'important. — 2<sup>e</sup> cab.: *R. Lefèvre*, Napoléon I<sup>er</sup>. — 3<sup>e</sup> cab.: *Jacquand*, Présentation de la loi de Régence en faveur du duc de Nemours, après la mort du duc d'Orléans (1842). — 4<sup>e</sup> cab.: *Lami*, Attentat de Fieschi (1833); *Menjaud*, Derniers moments du duc de Berri (1820). — 5<sup>e</sup> cab.: portraits des chefs de la Vendée: la Trémoille, Cathelineau, Bonchamp, d'Elbée, Charette, Précy, Lescure, Suzannet, Henri et Louis de la Rochejaquelein, Cadoudal, Frotté. — 6<sup>e</sup> cab.: *H. Vernet*, le Duc d'Orléans (Louis-Philippe) partant pour l'Hôtel-de-Ville (1830); *Biard*, paysage, le Duc d'Orléans traversant le Muonio, en Laponie.

Revenu aux premières salles et à l'escalier de la Reine, on tourne à dr. pour visiter une série de salles dans l'attique du Midi, où l'on montait autrefois de la salle de 1830 (p. 296); c'est la *galerie de portraits* de personnages célèbres depuis le XIII<sup>e</sup> s. Comme il faut revenir sur ses pas pour redescendre par l'escalier de la Reine et que les portraits sont placés à peu près dans l'ordre chronologique en partant de l'autre extrémité, on fera bien de commencer la visite par là, d'où partent aussi les indications suivantes.

1<sup>re</sup> salle. En commençant près de la porte latérale: Blanche de Castille, reine de France (m. 1252); le Dante (m. 1321); Jean sans Peur, duc de Bourgogne (m. 1419) et Marguerite de Bavière, sa femme (m. 1423); Jean VI de Bavière, évêque de Liège, puis duc de Luxembourg (m. 1425); Philippe le Hardi, duc de Bourgogne (m. 1404); Fisher, évêque de Rochester (m. 1535); Rabelais (m. 1553); Gustave Wasa (m. 1560); Anne de Clèves, reine d'Angleterre (m. 1547); Charles-Quint (m. 1558), 2 fois; Diane de Poitiers (m. 1566).

2<sup>e</sup> salle. A dr.: papes, souverains, princes et princesses à partir de la seconde moitié du XVI<sup>e</sup> s. Avant la 1<sup>re</sup> fenêtre, Diane de Poitiers. Après la fenêtre, dans le haut, St Vincent de Paul (m. 1660). Plus loin, Innocent X (m. 1655); M<sup>me</sup> de Sévigné (m. 1696); Boileau (m. 1721), près de la 2<sup>e</sup> fenêtre; Murillo (m. 1682); Sobieski (m. 1696); d'Aguesseau (m. 1716); le Père Lachaise (m. 1709); Louis de France, le Grand-Dauphin (m. 1711). Au mur transversal, Marlborough (m. 1722); Newton (m. 1727); Locke (m. 1704); M$^{me}$ de Maintenon (m. 1719).

En revenant vers la 1$^{re}$ salle : Malebranche (m. 1715); M$^{me}$ de Sévigné; Louis XIV recevant à Fontainebleau le prince électoral de Saxe; La Fontaine (m. 1695); Louis XIV à cheval; Marie-Thérèse d'Autriche, reine de France (m. 1683); Bernard, duc de Saxe-Weimar (m. 1639); le cardinal Baronius (m. 1607); Henri IV à cheval, par A. Scheffer; Elisabeth d'Angleterre (m. 1603); Sixte-Quint (m. 1590); Marie Stuart (m. 1587).

3$^e$ salle. A dr.: Fontenelle (m. 1757); Nic. Coustou (m. 1733); Frédéric-Auguste I$^{er}$ de Pologne (m. 1763). Au mur transversal, Marie Leczinska (m. 1768) et Louis XV (m. 1774). — En revenant, Charles VI, empereur d'Allemagne (m. 1740); Louis XV enfant.

4$^e$ salle. A dr. : M$^{me}$ de Pompadour (m. 1764); Marie Leczinska; Linnée (m. 1778); Washington (m. 1799), 2 fois; Marie-Antoinette (m. 1793), par M$^{me}$ Lebrun; Soufflot (m. 1781); Gros, le peintre (m. 1835); Moreau (m. 1813); Girodet-Trioson (m. 1824); Fabre d'Eglantine (m. 1794); Pichegru (m. 1804); Delille (m. 1813). Au mur transversal, Napoléon, premier consul, par Greuze (a l'air tout jeune); Lætitia, mère de Napoléon I$^{er}$ (m. 1836).

En retournant vers la 3$^e$ salle : Desaix (m. 1800); l'abbé Sicard (m. 1822); Lalande (m. 1807); Mirabeau (m. 1791); Barère (m. 1841); Camille Desmoulins (m. 1794); Charlotte Corday (m. 1793); Péthion (m. 1793); Mirabeau; Klopstock (m. 1803); Pie VI (m. 1799); Reynolds, peintre (m. 1792); Flaxman, sculpteur (m. 1826); M$^{me}$ Lebrun, peintre (m. 1832); le duc de Richelieu (m. 1788); Cagliostro (m. 1795); Louis-Philippe-Joseph d'Orléans, dit Philippe-Egalité (m. 1793); Joseph II, empereur (m. 1790); J.-J. Rousseau (m. 1778), 2 fois; Georges III d'Angleterre (m. 1820).

5$^e$ salle, des Anglais, entre autres la *reine Victoria et son époux, le *prince Albert (m. 1861), peints en 1842 par *Winterhalter*; le roi Auguste de Hanovre (m. 1851), Pitt, Fox, etc.

6$^e$ salle, divisée en deux par une cloison, la *salle des Résidences royales*, ainsi appelée à cause des vues de châteaux, de jardins, etc., qui s'y trouvent.

7$^e$ salle. A dr. : Cambacérès (m. 1824); l'impératrice Joséphine (m. 1814); Napoléon I$^{er}$, Marie-Louise et leur fils, le roi de Rome, par Menjaud; Napoléon I$^{er}$ présentant le roi de Rome aux grands dignitaires de l'empire, par Rouget; Pie VII (m. 1823), par David; M$^{me}$ de Staël (m. 1817); Gros, par lui-même; Marie-Louise (m. 1847); Monge (m. 1818); le duc de Talleyrand (m. 1838). Au milieu, la Reine Hortense et son fils, plus tard Napoléon III; groupe de marbre par Chartrouse.

8$^e$ salle. A dr.: Grégoire XVI (m. 1846), par P. Delaroche; Canova (m. 1822); Gérard, le peintre (m. 1837); le duc d'Angoulême (m. 1844), par P. Delaroche; le comte d'Artois, plus tard Charles X, par Gérard; le cardinal Talleyrand-Périgord, archevêque de Paris (m. 1821); au-dessus, Horace Vernet (m. 1863); Louis XVIII (m. 1824); Dumont-d'Urville. Au delà de l'entrée actuelle, Pie IX (m. 1878), par Galofre; Halévy (m. 1862); la duchesse de Berri, avec son fils, le duc de Bordeaux (comte de Chambord), et sa fille, plus tard princesse de Lucques; Charles X (m. 1836); le duc de Berri (m. 1820); Casimir Périer (m. 1832); à l'autre porte, Méhémet-Ali, vice-roi d'Egypte (m. 1849).

Enfin, un cabinet renfermant, entre autres, une Lecture du professeur Andrieux au Théâtre-Français, avec 46 portraits d'auteurs, d'acteurs et d'actrices, par Heim.

Nous redescendons maintenant par l'escalier de la Reine (p. 297), au premier étage, à l'escalier de Marbre (p. 294).

Il y a encore dans le vestibule à dr., trois petites pièces renfermant des tableaux des campagnes de 1794, 1795 et 1796. Nous retournons enfin dans les appartements de Louis XIV, jusqu'à la salle de l'Œil-de-Bœuf, la 3e, et nous descendons à g. par un petit escalier de service (pl. G) au

**Rez-de-chaussée.** — Nous arrivons dans la SALLE DES ROIS DE FRANCE qui renferme 67 portraits de souverains, depuis Clovis (m. 511) jusqu'à Napoléon III, tous modernes, peints par *Signol*, *Rouget*, *Blondel* et *Steuben*. — Nous entrons ensuite, du côté de l'escalier, dans une SALLE DES RÉSIDENCES, qui contient d'anciennes vues des châteaux et des jardins qui appartiennent à l'Etat.

La porte à dr. dans la salle des Rois, donne sur un vestibule à colonnes de marbre et décoré de statues de Fénelon, l'Hôpital, d'Aguesseau et Bossuet. — De l'autre côté, une salle avec des *tableaux-plans* de sièges de villes, etc., des années 1627-1632.

On revient au vestibule pour entrer à dr. dans la GALERIE LOUIS XIII, où se voient les statues de Louis XIII et d'Anne d'Autriche par *Guillain*, ainsi que des tableaux: Bataille de Rocroy (1643), par *Schnetz*; Reddition de Cambrai (1677), par *Mauzaisse*.

Les salles des Maréchaux, des Connétables et des Amiraux étant actuellement fermées au public, nous sortons par le vestibule dans le cour de Marbre. — On ne peut pas non plus visiter maintenant les autres parties du palais, si ce n'est encore, provisoirement, l'*attique du Nord* (2e étage), la \*chapelle (p. 301), gratuitement le dimanche à l'heure de la messe (10 h.) et à d'autres moments moyennant un pourboire, et peut-être aussi quelque autre partie à la même condition.

La visite des autres salles du rez-de-chaussée se faisait précédemment dans l'ordre suivant.

Ire et IIe salles: amiraux et connétables. — IIIe et IVe salles: premiers maréchaux. Ceux dont on n'a pu se procurer les portraits, sont honorés par des inscriptions. — Ve salle: Henri de Montmorency, duc de Luxembourg (m. 1695). — VIe salle: rien de saillant. — VIIe salle: \**Josias de Rantzau*, par Alaux (1854). Au service de la Suède jusqu'en 1635, il s'engagea à cette époque en France, et se distingua toujours par son courage inouï. Il fut souvent blessé et perdit à la guerre un œil, un bras et une jambe (m. 1650). — VIIIe salle: *Ch. de Cossé Brissac* (m. 1621), par Alaux; *Frédéric-Armand, comte de Schomberg*, compagnon d'armes de Rantzau, alternativement au service de la Hollande, de la France, de la Prusse et de l'Angleterre. Il fut tué en 1690 à la bataille de la Boyne en Irlande, où il battit Jacques II. — IX<sup>e</sup> salle, *Vauban* (m. 1707), le célèbre ingénieur militaire.

Puis la galerie Louis XIII (v. ci-dessus). — A l'extrémité opposée se trouvent d'autres SALLES DES MARÉCHAUX. — 1<sup>re</sup> salle: *Maurice de Saxe* (m. 1750), fils naturel d'Auguste le Fort, roi de Saxe, et de la belle comtesse Aurore de Kœnigsmark; à côté, le comte *Lœwendal* (m. 1750), fils naturel du roi de Danemark Frédéric III, compagnon d'armes du précédent, deux portraits par *Couder*. — 2<sup>e</sup> salle: *Charles de Rohan, prince de Soubise* (m. 1789), qui perdit en 1757 la bataille de Rosbach contre Frédéric le Grand. — 3<sup>e</sup> salle: *Luckner*, guillotiné en 1794, peint par *Couder*; *Murat* (m. 1815); *Gérard* (m. 1852). — 4<sup>e</sup>-6<sup>e</sup> salles: portraits des *maréchaux du premier Empire* et des années suivantes. — 7<sup>e</sup> et 8<sup>e</sup> salles: *guerriers célèbres* qui n'obtinrent pas le grade de maréchal, depuis Godefroy de Bouillon (m. 1190) jusqu'au prince Eugène Beauharnais, vice-roi d'Italie, plus tard duc de Leuchtenberg (m. 1824). — Enfin, dans une galerie, des *bustes d'officiers généraux tués en combattant pour la France*, entre autres, la statue du général de Bréa, tué à Paris le 25 juin, par les insurgés de juin. — De là, on sortait par la cour de la Chapelle.

Dans le rez-de-chaussée de l'aile du Midi, les GALERIES DE L'EMPIRE, une série de salles consacrées aux campagnes de 1796 à 1810, etc.

1<sup>re</sup> salle (1796). Petite statue, par *Meusnier*, représentant un enfant blessé à mort, une hache à la main, *Joseph Agricola Viala*, qui coupa en 1793 la corde du pont volant établi par les royalistes sur la Durance, et retarda ainsi leur marche vers Lyon.

2<sup>e</sup> salle (1797). *Lepaulle* (1835), Bataille de Rivoli, d'après *C. Vernet*. *Victor Adam* (1830), Bataille de Castiglione. — *V. Adam* (1835), Bataille de Neuwied sur le Rhin. — *Lethière* (1802), traité de paix de Léoben.

3<sup>e</sup> salle (1798). *Gros*, Bataille des Pyramides. — Mort de Kléber, groupe de marbre par *Bougron*.

4<sup>e</sup> salle (1802-1803). *Van Brée* (1802). Entrée de Bonaparte à Anvers.

5<sup>e</sup> salle (1804). *Serangeli*, Napoléon recevant au Louvre, après son couronnement, les députations de l'armée.

6<sup>e</sup> salle (1805). *Victor Adam* (1835), Capitulation de la brigade de cavalerie du général Werneck, à Nœrdlingen.

7<sup>e</sup> salle. Elle contenait autrefois des bustes et des statues de la famille impériale; c'est maintenant une salle des pas perdus de la Chambre des Députés (p. 301), et l'on y a placé des statues de Corneille et de Molière.

8<sup>e</sup> salle (1805). *Debret* (1806), « Napoléon rend hommage au courage malheureux ». Napoléon salue, en prononçant ces mots, un convoi de blessés autrichiens.

9<sup>e</sup> salle (1805). *Gros* (1812), Entrevue de Napoléon et de François 1<sup>er</sup> d'Autriche, le lendemain de la bataille d'Austerlitz (1805).

10<sup>e</sup> salle (1806 et 1807). *Meynier* (1810), Entrée de l'armée française à Berlin (1806). — *Berthon*, Napoléon recevant au château royal de Berlin les députés du Sénat.

11<sup>e</sup> salle (1807). *Gosse* (1810), Entrevue de Napoléon avec le roi et la reine de Prusse, à Tilsitt.

12<sup>e</sup> salle (1808). *Regnault* (1810), Mariage du prince Jérôme avec la princesse Frédérique du Wurtemberg.

13<sup>e</sup> salle (1809 et 1810). *Debret* (1810), Napoléon animant les troupes bavaroises et wurtembergeoises avant la bataille d'Abensberg. — *Rouget* (1836), Mariage de Napoléon I<sup>er</sup> avec l'archiduchesse Marie-Louise (1810).

*Salle de Marengo* (1800). *Thévenin* (1806), Passage du St-Bernard par l'armée française. — *C. Vernet* (1806), Bataille de Marengo (1800).

A l'entrée de la longue galerie de sculptures située à côté, près d'une statue du général Hoche, un escalier à dr. conduit à quatre petites salles isolées, renfermant des "marines, les plus belles par *Gudin*.

La GALERIE DE SCULPTURES du S. contient surtout des bustes et des statues de personnages célèbres de l'Empire et de la République, des généraux tués sur le champ de bataille. A l'entrée, la statue assise du général Hoche (p. 291), sculptée par *Milhomme*. Les bas-reliefs au mur représentent Hoche passant le Rhin à Neuwied et la bataille qui y fut livrée. Plus loin, à g., le naturaliste Cuvier (m. 1832); à dr., Champollion (m. 1831), le célèbre archéologue; au milieu de la galerie, deux bas-reliefs, la Reddition de Vienne et la Paix de Presbourg.

La salle de la CHAMBRE DES DÉPUTÉS construite en 1875, par M. de Jolly, est à dr. de cette galerie (entrée du public par la rue de la Bibliothèque). Elle est en hémicycle, avec colonnades derrière lesquelles sont les tribunes du public. Dans le fond, au-dessus du fauteuil du président, se voit un grand tableau, l'\*\*Ouverture des Etats-Généraux le 5 mai 1789, peint par *Couder* en 1840.

Au bout de la galerie, le vestibule et la cour des Princes.

### Aile du Nord.

**Rez-de-Chaussée.** — La CHAPELLE, construite par Mansart comme le château, et restaurée déjà plusieurs fois est ornée de peintures par *Coypel*, *Lafosse*, *Jouvenet* et les deux *Boullogne*. Le pavé est en mosaïque.

Après le vestibule de la Chapelle, une série de 11 salles, la 1re GALERIE DE L'HISTOIRE DE FRANCE, comprenant des tableaux historiques depuis Charlemagne jusqu'à Louis XVI inclusivement.

1re salle. *Ary Scheffer* (1827), Charlemagne soumettant les capitulaires (lois et ordonnances) aux Etats francs (779). — *Rouget*, St Louis (m. 1270) réconciliant le roi d'Angleterre et ses barons.

2e salle. *Brenet*, Prise de Châteauneuf-de-Randon, en Languedoc, et mort de B. du Guesclin (1380). — *Vinchon*, Sacre de Charles VI (1429). — *Barthélemy*, Entrée de l'armée française à Paris en 1436.

3e salle. *Jollivet*, Bataille d'Agnadel en Vénétie (1009). — *Larivière*, Prise de Brescia (1512).

4e salle. *Ary Scheffer* (1824), Mort de Gaston de Foix à la bataille de Ravenne (1512). — *Schnetz*, bataille de Cérisolles (1544).

5e salle. Grands tableaux qui offrent peu d'intérêt.

6e salle. Petits tableaux représentant des batailles des campagnes de Turenne dans le Palatinat (1644).

7e salle. Le passage du Rhin, en 1672, et d'autres scènes des campagnes de 1644-1645.

8e salle. Tableaux relatifs aux campagnes de 1672 à 1677. — \**Gallait*, Bataille de Cassel en Flandre. — Mannheim, Wesel, Emmerich, Sinzheim.

9e salle. Mêmes campagnes: Fribourg, Philippsbourg.

10e et 11e salles. Grands tableaux de la campagne des Pays-Bas.

11e salle. *Hersent*, Louis XVI et sa famille distribuant des aumônes (1788), peint en 1817.

La galerie parallèle, dite GALERIE DES TOMBEAUX, renferme des bustes, des statues et des monuments. Elle conduit au THÉÂTRE (p. 291), actuellement la *salle du Sénat*; toutefois le public n'entre pas de ce côté, mais par la rue des Réservoirs et la cour du Maroc.

Au milieu de la galerie, l'entrée des cinq \*\*SALLES DES CROISADES, remarquables par la richesse de leur décoration et leurs magnifiques tableaux modernes.

\*Ire salle. *Larivière*, Bataille d'Ascalon (1099). — \**Hesse*, Prise de Beyrouth (1197). — *Gallait* (1847), le Comte Baudouin de Flandre couronné empereur de Constantinople (1204).

\*IIe salle. *Rouget*, St Louis recevant les envoyés du Vieux de la Montagne (1251). — *Jacquand*, Prise de Jérusalem par Jacques Molay, grand-maître des Templiers (1299). — *Lepoittevin*, Bataille navale d'Embro (1346).

\*IIIe salle (grande salle). Les piliers sont décorés d'une foule d'armoiries de chefs des croisades. — Un mortier provenant de l'île de Rhodes et les portes de l'hôpital de St-Jean, à Rhodes, données en 1836 au prince de Joinville par le sultan Mahmoud. — \**Blondel*, Ptolémaïs rendue à Philippe-Auguste de France et à Richard Cœur-de-Lion. — *Larivière*, Levée du siège de Rhodes (1480). — *Larivière*, Levée du siège de Malte (1565). — *Horace Vernet*, Bataille de Toulouse (1212). — *Schnetz*, Procession des Croisés autour de Jérusalem.

IVe salle. *Schnetz*, Bataille d'Ascalon (1099). *Signol* (1840), St Bernard prêchant la 2e croisade à Vezelay, en Bourgogne (1146).

Ve salle. *Signol*, les Croisés passant le Bosphore sous les ordres de Godefroy de Bouillon (1097). — Vis-à-vis: *Signol*, Prise de Jérusalem (1099), les chrétiens remercient Dieu de cette victoire. — *Robert-Fleury*, Baudouin entrant à Edesse. — *Hesse*, Godefroy de Bouillon adopté par l'empereur grec Alex. Comnène (1097). — *Gallait*, Prise d'Antioche (1098).

**Premier étage.** — Un escalier tournant monte du vestibule de la chapelle au premier étage. — On entre d'abord dans une GALERIE DE SCULPTURES où l'on remarque deux belles statues, du général comte Damrémont, tué en 1837 à l'assaut de Constantine, et du duc de Montpensier (m. 1807), frère du roi Louis-Philippe, par *Pradier*; le *monument du duc d'Orléans (p. 163), statue assise, par *Pradier* (les bas-reliefs représentent des scènes du siège d'Anvers et de celui de Constantine); le maréchal Bugeaud, par *Dumont*, et le comte de Beaujolais (m. 1808), frère de Louis-Philippe, par *Pradier*, pendants des statues du commencement de la galerie. — A l'extrémité, une belle statue, Jeanne d'Arc, par la princesse *Marie d'Orléans* (m. 1839), fille de Louis-Philippe.

A dr. se trouvent sept salles dites la GALERIE DE CONSTANTINE, renfermant des toiles fort remarquables, surtout les grandes Batailles par *H. Vernet* (m. 1863).

1re salle. Mur principal: *Ch. Müller*, ouverture des chambres le 29 mars 1852. — *H. Vernet*, portraits des maréchaux Bosquet, Regnauld de St-Jean-d'Angely, Niel, Forey, Mac-Mahon, et de l'amiral Bruat. — *Rivoulon*, Bataille de l'Alma. — Plusieurs tableaux de *Jumel*, officier d'état-major français, sont suspendus dans cette salle (Balaclava, Magenta, Solferino) et dans les suivantes; ils se distinguent par la fidélité minutieuse avec laquelle le terrain et les positions des troupes sont représentés. *Dubufe*, le Congrès de Paris (1856).

IIe salle. *Yvon*, Retraite de Russie (1812). — *H. Vernet*, Prise du Mamelon Vert, près de Sébastopol.

*IIIe salle. *Horace Vernet* (1845), Prise de la Smalah d'Abd-el-Kader, en 1833, immense et superbe tableau rempli de groupes d'hommes et d'animaux, de scènes de bataille et de camp de la plus grande variété. Admirable dans ses détails comme dans son harmonieux ensemble, cette toile mesure 21 m. 39 de longueur et 5 m. de hauteur; elle couvre toute une muraille de la salle. Les nombreux portraits sont expliqués par l'esquisse qui se trouve au-dessous. La Smalah d'Abd-el-Kader, son camp principal, sa résidence ambulante, sa cour, avec son harem et son trésor, renfermait plus de 20,000 personnes, parmi lesquelles se trouvaient les chefs les plus considérés avec leurs familles. Elle fut surprise par le duc d'Aumale à la tête de deux régiments de cavalerie, les spahis sous Youssouf, et les chasseurs d'Aumale. Un butin énorme et 5,000 prisonniers furent le résultat de cette brillante affaire. Abd-el-Kader lui-même était absent. — *H. Vernet* (1846), Bataille d'Isly (1844), gagnée par le maréchal Bugeaud. — *Beaucé*, Prise du fort St-Xavier, près de Puébla, en 1863. — *H. Vernet* (1852), Siège de Rome en 1849, prise du bastion n° 8, qui eut pour suite la capitulation de la ville. — *Beaucé*, Entrée à Mexico (1864). — A dr., *Beaucé*, Assaut et ⸺e de Laghouat (1852). — *A. Tissier*, Napoléon III rendant la liberté à ⸺d-el-Kader. — *H. Vernet*, le maréchal Pélissier. — *A. Tissier*, Abd-el-Kader.

*IVe salle. *Horace Vernet*: Bataille d'Habrah (3 déc. 1835); — Siège de Constantine (10 oct. 1837); — Préparatifs de l'assaut (13 oct.); — Prise de Constantine (13 oct.); — Bombardement du fort mexicain de St-Jean-d'Ulloa par l'amiral Baudin (1838); — Prise du défilé de Ténia-Mouzaïa (1840); — Siège de la citadelle d'Anvers (1832).

*Ve salle. *Yvon*, Gorge du Malakoff; — Prise du Malakoff; — Courtine du Malakoff; — Bataille de l'Alma; — Bataille de Solferino; — Bataille de Magenta. — *Barrias*, l'Armée française débarquant en Crimée.

VIe salle. *Bouchot*, le 18 Brumaire (9 nov. 1799), dissolution du conseil des Cinq-Cents par le général Bonaparte. — *Vinchon*, Louis XVIII publiant la Charte et ouvrant la séance des Chambres, le 2 juin 1814. — *Couder*, la Fête de la fédération, sur le Champ-de-Mars, le 14 juillet 1790.

— *Couder*, le Serment du jeu de paume (p. 290). — *Couder*, Etablissement du conseil d'Etat (1799).

VIIe salle. *Steuben*, Bataille d'Ivry (1590); Henri IV disant à ses troupes: «Si les cornettes (étendards) vous manquent, ralliez-vous à mon panache blanc, il vous mènera toujours dans le chemin de l'honneur». — *Vinchon*, Départ de la garde nationale pour l'armée, en 1792.

Parallèle à la galerie de sculptures est la 2e GALERIE DE L'HISTOIRE DE FRANCE, dans dix salles, dont les tableaux représentent des scènes historiques des années 1800 à 1835.

1re salle (1830-1835). *Court*, Louis-Philippe, lieutenant-général du royaume, signe, le 31 juillet 1830, la fameuse proclamation finissant par les mots: «la Charte sera désormais une vérité»; tableau remarquable par ses portraits.

2e salle (1825-1830). *Gérard* (1829), Couronnement de Charles X à Reims (1825). — *H. Vernet* (1827), Charles X passant en revue la garde nationale au Champ-de-Mars (1825).

3e salle (1814-1823). *Paul Delaroche* (1827), Prise du Trocadéro, près de Cadix, sous le duc d'Angoulême (1824). — *Gros* (1816), Louis XVIII quittant les Tuileries dans la nuit du 19 au 20 mars 1815, à la nouvelle de l'approche de Napoléon.

4e salle (1813 et 1814). *Henri Scheffer* (frère d'Ary), d'après *H. Vernet* (1835), Bataille de Montmirail (1814), gagnée par Napoléon sur les Russes. — *Féron*, d'après *H. Vernet* (1835), Bataille de Hanau (30 oct. 1813), gagnée par Napoléon sur les Bavarois. — *Beaume* (1837), Bataille de Lutzen (1813), gagnée par Napoléon sur les Prussiens et les Russes.

5e salle (1810-1812). *Langlois* (1837), Bataille de la Moskowa (1812).

6e salle (1809). *Meynier* (1812), Retour de Napoléon à l'île de Lobau, après la bataille d'Essling (1809). — *Bellangé* (1837), Bataille de Wagram (1809). — *Gautherot*, Napoléon blessé à la bataille de Ratisbonne (1809).

7e salle (1807-1809). *Hersent* (1810), Prise de Landshut (1809). — *Thévenin* (1811), Prise de Ratisbonne (1809).

8e salle (1806 et 1807). *Camus* (1808), Napoléon au tombeau de Frédéric le Grand, à Potsdam (1806). — *Vafflard* (1810), l'Armée française démolissant le monument du champ de bataille de Rosbach, où les Français, sous le prince de Soubise, avaient été battus par Frédéric le Grand en 1757. — *Rœhn* (1808), Hôpital militaire au château de Marienbourg en Prusse, après la bataille de Friedland (1807).

9e salle (1800-1805). *Taunay*, Entrée des Français à Munich (1805).

10e salle (1800). Campagnes d'Egypte et d'Italie. — *Langlois*, Combat de Benouth.

**Second étage.** — La double galerie du 2e étage, dont l'escalier est vers l'extrémité de l'aile du N., comprend d'abord une salle des *Académiciens*, remplie des portraits d'hommes d'Etat, de savants et d'artistes, depuis le XVIe s. jusqu'à nos jours; puis une série de salles de *portraits historiques*, peu intéressants sous le rapport artistique, et des médailles.

### Jardins.

Les *jardins (v. le plan, p. 290), derrière le palais de Versailles, avec leur petit parc, leurs grandes pièces d'eau, etc., sont à peu près dans le même état que lors de leur établissement par *A. le Nôtre* (m. 1700), le plus célèbre architecte dessinateur de jardins de son temps. Rien de moins pittoresque, rien de plus artificiel que le genre qu'il mit à la mode; on ne goûte plus guère ce style qui prend à tâche de soumettre la nature aux lois de la symétrie, qui fait de la géométrie, de l'architecture et de la sculpture avec des pelouses, des étangs et des arbres; mais l'ensemble des jardins de Versailles ne laisse pas que d'avoir quelque chose de grand, de solennel, qui s'harmonise avec le palais et qui convenait surtout bien à la cour de Louis XIV. Ces jardins ne sont pas vastes; on peut en voir la plus grande partie de la terrasse du palais. Ils renferment un grand nombre de statues et d'urnes d'après l'antique, ainsi que des œuvres originales du XVII<sup>e</sup> s. Les principaux groupes sont ceux des *parterres du Nord* et *du Midi*.

Au milieu, entre ces parterres, sont deux grands bassins dit le *parterre d'eau*. Près des escaliers qui conduisent dans la partie inférieure des jardins, deux autres bassins, nommés, celui de dr., la *fontaine de Diane*; celui de g., la *fontaine du Point-du-Jour*. On y remarque des groupes d'animaux en bronze, fondus par les frères *Keller*: à dr., deux Lions combattant un sanglier et un loup; à g., un Ours et un tigre, un Cerf et un chien.

On a de cet endroit une vue d'ensemble de l'immense façade du palais, imposante par sa longueur (415 m. ; 375 fenêtres), mais beaucoup trop uniforme. L'édifice se présente sous un meilleur aspect lorsqu'on le voit du côté de la *pièce d'eau des Suisses*, au delà du parterre du Sud. Il y a de ce côté deux escaliers de 103 marches de marbre, ayant 20 m. de largeur, qui descendent à l'*Orangerie*. On remarque aussi là une belle statue en bronze du duc d'Orléans, fils de Louis-Philippe, par *Marochetti*, autrefois dans la cour du Louvre. Les orangers, au nombre d'environ 1200, sont dispersés dans les jardins durant la bonne saison ; l'un d'eux a, dit-on, plus de 450 ans d'existence. Au S. de la grande pièce des Suisses s'étendent le bois de Satory et la plaine de Satory, avec le camp du même nom.

Pour le parterre du Nord et les bassins du même côté, v. p. 305.

Au pied de l'escalier qui descend devant le parterre d'Eau se trouve le grand \**bassin de Latone*, par les frères *Marsy*. C'est un bassin circulaire, à gradins de marbre rouge, sur lesquels se trouvent des grenouilles, des lézards et des tortues, qui lancent des jets d'eau contre le groupe du milieu, représentant Latone et ses enfants, Apollon et Diane. La mythologie raconte que des paysans de Lycie, ayant refusé de l'eau à cette déesse, furent changés en grenouilles par Jupiter.

Les *statues* du *Pourtour de Latone* sont les meilleures de tout le jardin. A dr., la Mélancolie, singulière statue par *la Perdrix*; ensuite: Antinoüs, Tigrane, un Faune, Bacchus, Faustine, Commode en Hercule, Uranie, Jupiter et Ganymède, et, vis-à-vis, Vénus dans la conque marine. De l'autre côté, en remontant: le Gladiateur mourant, l'Apollon du Belvédère, Uranie, Mercure, Antinoüs, Silène, Vénus Callipyge, Tiridate, le Feu, la Poésie lyrique.

La longue pelouse, ou *Tapis-Vert*, qui commence au bassin de Latone, aboutit au *bassin d'Apollon*, dont le groupe représente le dieu du Soleil avec son quadrige, entouré de tritons et de dauphins. Les figures sont en plomb et ont été coulées par *Tubi*.

Un *canal* en forme de croix, long de 1568 m. et large de 62, s'étend à l'O. jusque près du *Grand-Trianon* (p. 306).

D'autres bassins, des groupes divers, etc., se trouvent dans les massifs du parc; ils méritent surtout d'être vus lorsque jouent les Grandes-Eaux (v. ci-dessous); les autres jours, ils sont fermés; il faut s'adresser au gardien, à g. du Tapis-Vert. Au S. ou du côté droit, en remontant: le *bosquet du Roi*, le *bassin du Miroir*, non loin duquel est le *bassin de l'Hiver*, dans l'allée du même nom; le *bosquet de la Reine*. A g. en redescendant: la *salle de Bal*, le *bassin de l'Automne*, le *quinconce du Midi* et la *Colonnade*, péristyle circulaire composé de 32 colonnes de marbre soutenant des arcades, au-dessus de petits bassins de marbre, et décoré au centre de l'Enlèvement de Proserpine, groupe de marbre par *Girardon*.

Du côté N. ou à g. du Tapis-Vert en remontant: le *bassin d'Encelade*, où le géant, à demi enseveli sous l'Etna, lance un jet d'eau de 23 m.; l'*Obélisque*, bassin qui doit son nom à la forme de ses jets d'eau, dits aussi les Cent-Tuyaux; le *bassin du Printemps*, dans l'allée transversale du milieu; le *bosquet des Dômes*, plus bas à dr., ainsi nommé d'après des constructions qui n'existent plus; le *quinconce du Nord*, le *bassin de l'Eté*, le *Rond-Vert* et le \**bosquet des Bains d'Apollon*. Ce dernier bosquet contient, dans une grotte, un groupe remarquable par *Girardon* et *Regnaudin*, la Toilette d'Apollon. De chaque côté se voient encore deux groupes de Coursiers d'Apollon, par *Guérin* et les frères *Marsy*.

Le *parterre du Nord* est à peu près comme celui du S. Il est suivi d'un autre parterre en pente, dont la partie principale est l'*Allée-d'Eau* ou *des Marmousets*, composée surtout de 22 groupes de trois enfants, dans des bassins et soutenant des cuvettes, d'où l'eau descend dans le *bassin du Dragon*, et de là dans le \**bassin de Neptune*, le plus grand des jardins. C'est celui dont les eaux jouent en dernier lieu lors des Grandes-Eaux et où se donnent les fêtes de nuit avec feux d'artifice. Il est orné de cinq groupes en métal: Neptune et Amphitrite, l'Océan, Protée gardant les troupeaux de Neptune, et deux Dragons montés chacun par un amour. — A g. ou à l'O., l'*avenue des Trianons*, menant aux deux Trianons (10 min.; v. p. 306).

Les GRANDES-EAUX attirent toujours une quantité de monde énorme à Versailles (trains toutes les 5 min. au milieu de la journée). Ce divertissement, qui coûte chaque fois 8 à 10,000 fr., a ordinairement lieu le premier dimanche de chaque mois, de mai à octobre. Elles sont du reste annoncées longtemps d'avance à Paris, dans les journaux, par des affiches dans les rues, sur les voitures, etc. Il est bon de s'y prendre d'avance pour le départ et encore plus pour le retour. Les eaux jouent entre 3 et 5 h., et elles ne jouent pas toutes en même temps, mais dans un certain ordre (suivre la foule). Ce sont d'abord les Petites-Eaux, c'est-à-dire celles du *bassin d'Apollon*, du *bassin de Latone*, de la *Salle de Bal*, du *bosquet de la Colonnade*, du *bosquet des Dômes*, du *bassin d'Encelade* et de l'*Obélisque*. Ensuite viennent les Grandes-Eaux, qui commencent à lancer leurs gerbes vers 5 h.; ce sont celles de l'*Allée-*

d'*Eau*, du *bassin du Dragon*, et du *bassin de Neptune*. Leurs jets s'élèvent jusqu'à 23 m. de hauteur, mais ne durent malheureusement que 20 min. ; on fera donc bien de s'assurer à temps une place convenable.

Le **Grand-Trianon**, qui est situé à 15 min. au N.-O. de la terrasse du palais de Versailles, est un élégant petit château en forme de fer à cheval, à un étage, que Louis XIV fit construire pour madame de Maintenon, sur les plans de *Mansart*. Il est visible pour le public les dimanche, mardi et jeudi, de midi à 4 h., les autres jours avec la permission du régisseur. La visite se fait sous la conduite d'un gardien, qui explique les curiosités. Le Grand-Trianon comprend quelques appartements richement meublés et renferme un certain nombre de sculptures d'après l'antique, des tableaux de *Vanloo, Monnoyer, Natoire, Desportes, Oudry, Lafosse, Rigaud, N. Coypel* et ses fils, etc., et des vases de Sèvres.

C'est dans la grande salle qu'a eu lieu, en 1873, le fameux procès Bazaine. — Dans l'un des salons, un groupe en marbre par *V. Vela* (1862), symbolisant l'union de la France et de l'Italie, offert par les dames de Milan à l'impératrice Eugénie. Dans un autre salon, de beaux vases en malachite, donnés à Napoléon Ier par l'empereur Alexandre Ier de Russie.

A côté se trouve un *musée des voitures*, visible les dimanche et jeudi. C'est une collection de carrosses, depuis les voitures de gala du premier empire jusqu'à celle du baptême du prince impérial, en 1856 ; des traîneaux de Louis XIV, des chaises à porteurs, des harnais, etc.

Le **Petit-Trianon**, à peu de distance au N.-E. du précédent, a été construit sous Louis XV, pour Mme du Barry, par *Gabriel*. On n'est admis à le visiter que sur présentation du passe-port ou avec une permission du régisseur. Il est meublé avec goût, mais ne contient rien de remarquable. Son jardin, au contraire, qui a de magnifiques arbres, un lac artificiel, etc., est ouvert au public et mérite une visite. Ce château était le séjour favori de Marie-Antoinette. L'impératrice Marie-Louise y a également demeuré.

## 36. De Paris à St-Cloud et Sèvres.

**Pour St-Cloud.** — CHEMIN DE FER, v. p. 287. Prix des places : dans la semaine, 80 ou 55 c. ; les dimanches et fêtes, 1 fr. 10 ou 80 c. ; aller et retour, 1 fr. 60 ou 1 fr. 10 et 2 fr. 20 ou 1 fr. 60. — BATEAUX À VAPEUR, particulièrement recommandables (p. 27), toutes les 1/2 h. de 5 h. 1/2 du matin à 9, puis toutes les 20 min. jusqu'à 9 h. 20 du soir. Les prix varient selon la distance ; maximum, 50 c. les dim. et jours de fête. — TRAMWAY du quai du Louvre à St-Cloud (T.A) départ toutes les 1/2 h., au 1/4 et aux 3/4 ; prix : intérieur et impériale, 50 c. dans la semaine, 75 les dim. et fêtes.

**Pour Sèvres.** — CHEMIN DE FER, v. p. 288. Les trains de la ligne de la rive gauche s'arrêtent à Sèvres, à la 1/2 en allant sur Versailles, et aux 50 min. en allant sur Paris. Ceux de la ligne de la rive droite passent aussi près de là, à la station de Ville-d'Avray (p. 288), dans le haut, à 1/2 ou au S. du parc de St-Cloud ; il y en a une toutes les heures dans chaque direction : pour Versailles, de 8 h. 7 du matin à 11 h. 7 du soir ; pour Paris, de 7 h. 12 à 11 h. 12, dernier train à

11 h. 42. Prix des places: dans la semaine, 80 ou 55 c.; les dimanches et fêtes, 1 fr. 10 ou 80 c.; aller et retour, 1 fr. 10 ou 80 et 1 fr. 65 ou 1 fr. 10. — BATEAUX À VAPEUR, comme pour St-Cloud. — TRAMWAY du quai du Louvre à Sèvres (T.B), menant directement à la manufacture de porcelaine. Le tramway de Versailles passe aussi à Sèvres, en suivant la même route (v. p. 289). Prix, comme pour St-Cloud.

EN CHEMIN DE FER, même route que pour Versailles (p. 287-88).

EN BATEAU A VAPEUR, on part ordinairement du *Pont-Royal* ou du *pont de la Concorde*. Stations, v. p. 27.

EN TRAMWAY. La ligne de St-Cloud se détache de la ligne de Sèvres et Versailles au delà d'Auteuil, après les fortifications (v. p. 289), et se dirige à dr. vers *Boulogne*, ville de 21,556 hab., qui possède une belle église du XIVe et du XVe s., restaurée de nos jours, avec une jolie flèche moderne au centre de la croisée. Boulogne a de nombreuses blanchisseries. — On traverse plus loin la Seine, sur la rive gauche de laquelle s'élève en amphithéâtre

**St-Cloud**, petite ville de 4,862 hab., dominée par son église. (*Restaurants* et *cafés* en face et à dr. du pont, dans la Grande-Avenue, à g., ainsi que chez le pâtissier de la Grande-Rue). St-Cloud doit son nom à St Clodoald, petit fils de Clovis, qui y fonda un monastère. La localité acquit surtout de l'importance grâce à sa situation dans le voisinage de Paris. Elle eut aussi pour la même raison beaucoup à souffrir des guerres du moyen âge et elle fut en particulier brûlée par les Anglais en 1346 et par les Armagnacs en 1411. Henri III faisant le siège de Paris, en 1589, y établit son camp et y fut assassiné par Jacques Clément.

Le *château*, aujourd'hui détruit, avait été bâti en 1572 par un simple bourgeois; il fut acheté et reconstruit en 1658 par Louis XIV et donné par lui à son frère, le duc d'Orléans. Louis XVI le racheta en 1782 pour la reine Marie-Antoinette. Le Conseil des Cinq-Cents tenait ses séances dans une des salles de ce château, dite la salle de l'Orangerie, lorsque Bonaparte le fit dissoudre par ses grenadiers, le 18 brumaire de l'an VIII (9 nov. 1799), pour se faire proclamer consul trois jours après. Ces souvenirs du commencement de sa puissance ont peut-être été la cause de la prédilection de Napoléon Ier pour St-Cloud. Le 3 juillet 1815, les conditions de la seconde capitulation de Paris furent signées à St-Cloud, et Blücher y établit son quartier-général. Charles X y donna le 25 juillet 1830 ses fameuses ordonnances qui abolissaient la liberté de la presse, dissolvaient les Chambres et modifiaient la loi électorale, et qui amenèrent la révolution de Juillet. Plus tard, le château devint la principale résidence d'été de Napoléon III.

Pendant le siège de Paris par les Allemands, en 1870-71, la ville de St-Cloud, qui avait été presque entièrement abandonnée par ses habitants, fut occupée par l'ennemi et bombardée quelquefois du mont Valérien. Le château, la vaste caserne qui l'avoisinait et beaucoup de maisons de la ville furent complétement brûlés le 12 oct. 1870. Aucune localité aux environs de Paris n'a du reste plus souffert que St-Cloud et ne présentait après la guerre un spectacle plus navrant. La plupart des maisons incendiées et la caserne sur le bord de la Seine, à g. en arrivant, sont maintenant reconstruites ; mais le château, la station spéciale dite la « grande gare » et plusieurs maisons près de l'église sont encore en ruine.

A ¼ d'h. au N.-O. du pont se trouve *Montretout* (stat., v. p. 288), connu par la dernière grande sortie de l'armée de Paris, le 19 janv. 1871. Les Allemands avaient établi sur le plateau de ce nom une redoute reliée avec les hauteurs de *Buzanval ;* cette redoute fut enlevée immédiatement d'assaut et même quelques maisons de St-Cloud occupées par les assaillants ; mais leurs mouvements furent mal dirigés et leurs efforts impuissants contre la principale position des Prussiens à *Garches* et *la Bergerie,* et ils durent même dès le soir abandonner la redoute, après avoir éprouvé des pertes énormes.

Le *parc de St-Cloud en est aujourd'hui la principale curiosité ; c'est une retraite paisible, loin du bruit de la grande ville, surtout dans la semaine. Pour s'y rendre du pont, tourner à g. et entrer par la grille dans l'avenue qui longe la Seine. On arrive bientôt à la *Grande Cascade*, divisée par une allée en Haute et Basse cascade. Elle est l'œuvre de *Lepautre* et de *Mansart*, et elle est décorée de statues par *Adam*, la Seine et la Marne. Les eaux jouent ordinairement en été de 4 à 5 h., le deuxième dimanche de chaque mois, ainsi que pendant la fête de St-Cloud, les trois derniers dimanches de septembre. Le grand jet d'eau, le *Jet Géant*, à g. des cascades, s'élève à une hauteur de 42 m.

En montant le long de ces cascades, on arrive dans le bas des ruines du château. L'allée qui part de cet endroit, à g., monte en 5 min. environ à un carrefour où s'élevait avant la guerre, sur une haute tour carrée, une imitation du monument de Lysicrate à Athènes, dit la lanterne de Démosthène et que le peuple avait nommé ici la *lanterne de Diogène*. Elle est remplacée par une baraque (25 c. d'entrée), d'où l'on a toujours une *vue magnifique, la plus belle du parc de St-Cloud. Du pied même de la baraque, le regard s'étend presque aussi loin. Dans le fond, la Seine ; à g., le pont de St-Cloud ; au-dessus, le bois de Boulogne ; plus bas, la petite ville de Boulogne ; plus loin, l'arc de triomphe de l'Etoile ; à l'arrière-plan, Montmartre ; au-dessus des innombrables maisons de Paris, le palais du Trocadéro, les tours de St-Vincent-de-Paul, le dôme des Invalides, St-Sulpice, le Panthéon, la coupole du Val-de-Grâce, etc.

La grande allée centrale qui part de l'esplanade de la lanterne, mène à *Ville-d'Avray*, station du chemin de fer de Versailles (p. 288). L'allée par laquelle on est venu du château, aboutit 5 min. plus loin à Sèvres. Si l'on veut aller directement à la manufacture de porcelaine, prendre le sentier qui descend à g. — Le *pavillon de Breteuil*, ancienne habitation de gardiens du parc, détruite pendant la dernière guerre, vient d'être reconstruit pour y installer les bureaux de la Commission internationale du mètre.

**Sèvres** (*café-restaur. du Berceau*, Grande Rue, 25; *café-restaur. du Nord*, plus près de la manufacture). Sèvres, petite ville de 6,552 hab., une des plus anciennes localités des environs de Paris, n'a d'intéressant que sa célèbre *MANUFACTURE DE PORCELAINE, propriété de l'Etat depuis 1756 et qui occupe environ 180 ouvriers. Elle est depuis 1876 dans de nouveaux bâtiments à l'angle S.-E. du parc de St-Cloud, près du pont.

Les *ateliers* sont visibles les lundi, jeudi et samedi, de midi à 4 ou 5 h., avec une permission de la Direction des Beaux-Arts, facile à obtenir, rue de Valois, 3, à Paris. Cependant il n'est pas impossible d'obtenir d'y entrer sans cela, si l'on est étranger, en présentant son passe-port ou en faisant valoir sa qualité d'étranger (pourb.). — Mais il y a en outre à la manufacture des *galeries d'exposition et de vente* de ses produits et un *musée céramique*, ouverts tous les jours gratuitement au public de midi à 4 ou 5 h. L'entrée est au milieu de la façade du côté de la Seine. Le musée, fondé en 1800 par Alexandre Brongniart (m. 1847) et agrandi par Rivereux, consiste en une collection des plus complètes de toutes sortes d'objets relatifs à l'histoire de la fabrication de la porcelaine en France, et d'échantillons de poterie, de faïence et de porcelaine modernes les plus variés, provenant de toutes les parties du monde.

Le vieux château où se trouvait précédemment la manufacture, était fort délabré et avait beaucoup souffert durant la guerre de 1870-71; il a été restauré depuis.

### 37. De Paris à Saint-Germain-en-Laye.

21 kil. *Chemin de fer de l'Ouest;* gare St-Lazare (p. 30); guichet et salle d'attente au milieu. Départs: de Paris toutes les heures, de 7 h. 35 du matin à minuit 35; de St-Germain également toutes les heures, de 6 h. 55 à 9 h. 55, plus un dernier train à 11 h. Trajet en 47 min. Prix des places: 1 fr. 65, ou 1 fr. 35; aller et retour, 3 fr. 30 ou 2 fr. 70.

Pour le trajet jusqu'à *Asnières*, où l'embranchement de Versailles se détache à g., v. p. 287. La ligne de St-Germain est bordée de jolis villages et d'innombrables villas.

12 kil. *Nanterre*, village où naquit, dit-on, en 422, Ste Geneviève, la patronne de Paris (p. 234). Le 15 mai de chaque année a lieu à Nanterre la célèbre fête du «couronnement de la rosière».

14 kil. *Rueil-Bougival*. Un tramway relie la station à Rueil même (8,087 hab.; v. ci-dessous), situé à 1 kil. de la stat., puis à *la Malmaison* (v. ci-dessous), à *Bougival* (3 kil. 1/2), jolie bourgade sur le bord de la Seine, et à Marly (8 kil.; v. p. 313).

Le château de *la Malmaison*, résidence de l'impératrice Joséphine après son divorce (1809), est sur la gauche de la station, au milieu du bois. Il n'a en lui-même rien d'intéressant; le domaine a été vendu et morcelé en 1877. Joséphine, qui y mourut en 1814, est enterrée dans l'église de Rueil, où ses enfants, Eugène de Beauharnais (m. 1824), et la reine Hortense (m. 1837), mère de Napoléon III, lui ont fait ériger par *Cartellier* un monument qui la représente à genoux devant un prie-Dieu. La reine Hortense est aussi inhumée dans cette église, où elle a un monument dans le même genre, par *Bartolini*.

Le train franchit la Seine, divisée ici en deux bras par une île.

15 kil. *Chatou*. — 17 kil. *Le Vésinet*, qui a un joli parc rempli de charmantes villas, dont la création est due à une compagnie

d'actionnaires. Il y a aussi un asile pour les ouvriers convalescents, comme à Vincennes (p. 214), et des courses y ont lieu comme à Longchamp (p. 166).

19 kil. *Le Pecq*. On traverse de nouveau la Seine. D'ici à St-Germain, une rampe assez considérable, avec un viaduc, un remblai et deux tunnels.

### St-Germain-en-Laye.

HÔTELS: *du pavillon Henri IV* (pl. 10), l'hôtel où est mort M. Thiers, le 3 sept. 1877; *du Prince de Galles*, à dr. de l'église; *de France*, rue de Paris, 63. — RESTAURANTS: au *Pavillon Henri IV* (vue magnifique); aux *hôtels de France* et du *Prince de Galles*; *Crenier*, à côté de la gare, en même temps un *café*. — VOITURES pour la forêt: à 1 chev., 2 fr. l'heure; à 2 chev., 2 fr. 50; le dim., 25 et 50 c. de plus.

*St-Germain* est une ville très-calme de 17,200 hab., redevable de son importance à son admirable situation, qui l'a fait choisir pour résidence par les rois de France dès le XIIe s. Sa situation saine et élevée et ses belles promenades en font un des séjours d'été les plus fréquentés des environs de Paris; il y vient beaucoup d'Anglais. Au sortir de la gare, on voit à g. le

**Château** (pl. BC 5). On le nommait autrefois le *Vieux Château*, par opposition à un autre moins ancien, le *Château Neuf*, dont il ne reste plus guère que le pavillon Henri IV (pl. 10). Dès les premiers temps du moyen âge, les rois de France ont eu ici un château fort commandant le cours de la Seine. C'est St Louis qui a construit la chapelle encore existante. Le château même fut détruit dans les guerres avec l'Angleterre. Charles V le reconstruisit, mais cependant l'édifice actuel ne date que du temps de François Ier, qui y célébra ses noces avec Claude de France, fille de Louis XII. Ce château diffère beaucoup, par son aspect sombre et sévère, des autres du même temps. Henri II bâtit à son tour le *Château Neuf*, qui devint la résidence favorite des rois de France jusqu'à Louis XIV, qu'il vit naître en 1638. Ce dernier ayant établi sa cour à Versailles (p. 290), St-Germain fut encore habité douze ans par Jacques II d'Angleterre, le dernier des Stuarts, qui y mourut en 1702 (tombeau dans l'église). Le Château Neuf fut en grande partie démoli en 1776. Napoléon Ier établit dans le Vieux Château une école d'officiers de cavalerie, et l'on en fit plus tard une caserne, puis un pénitencier militaire. Mais on a entrepris de nos jours de le restaurer complétement, et les travaux, dirigés par Eug. Millet, sur les anciens plans de Ducerceau, sont maintenant très-avancés.

Le \*MUSÉE GALLO-ROMAIN que renferme aujourd'hui ce château, est une collection considérable d'objets de toute nature destinés à montrer les progrès de la civilisation dans la Gaule, depuis les temps les plus reculés jusqu'à l'époque des Carlovingiens. Il est très-bien classé et des étiquettes explicatives y mettent ces antiquités à la portée de toutes les intelligences. Entrée publique les dimanche, mardi et jeudi de 11 h. ½ à 4 ou 5 h., les étrangers

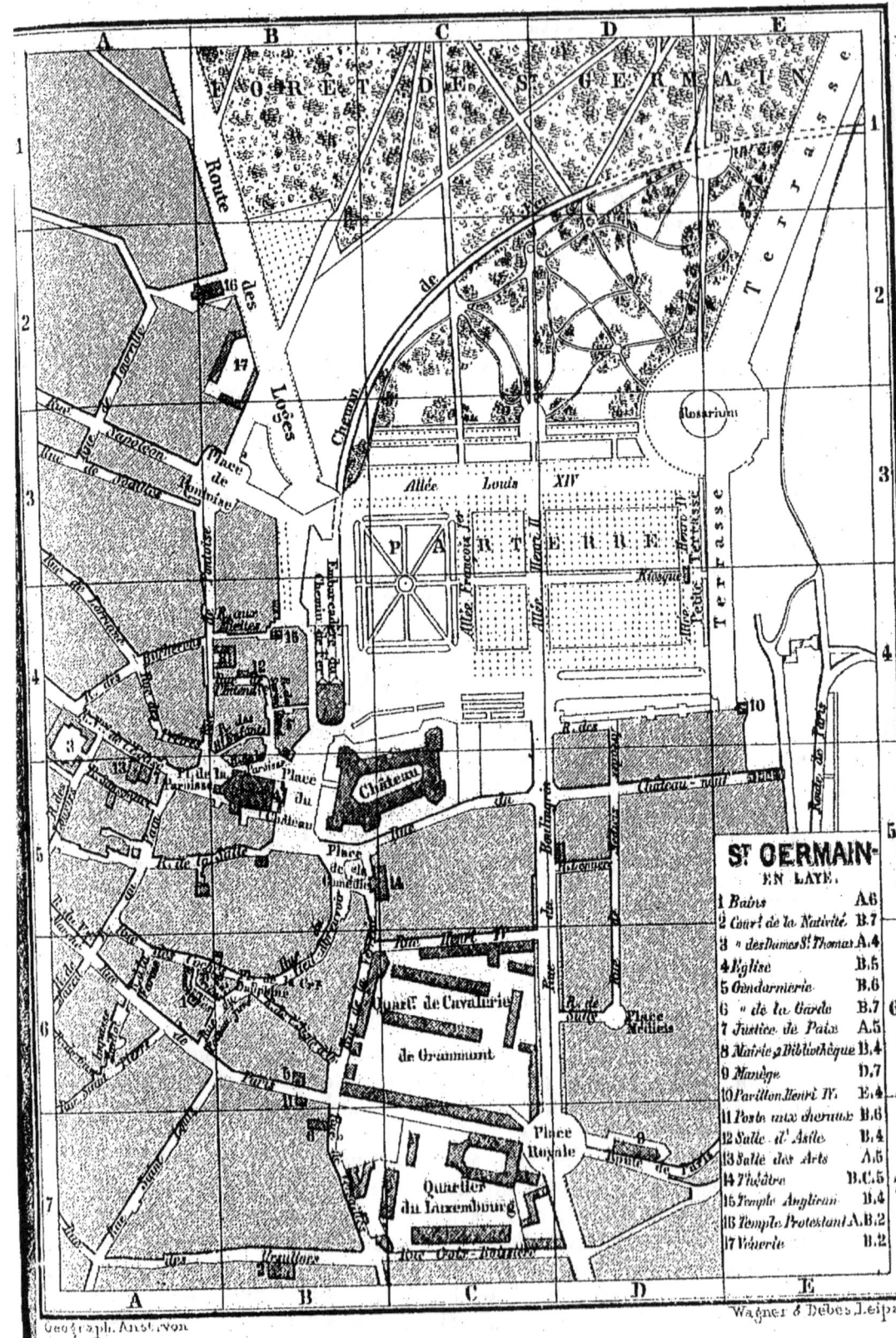

peuvent aussi le visiter les autres jours, sauf le lundi, moyennant un pourboire (1 fr.). — On remarquera déjà dans le fossé à g. de l'entrée un dolmen découvert en 1872 à Conflans-Ste-Honorine (Seine-et-Oise). L'entrée du musée est à g. dans la cour.

Rez-de-chaussée. — I<sup>re</sup> salle: moulages de médaillons et d'autres bas-reliefs encore plus grands, de l'arc de Constantin à Rome; modèles de machines de guerre; bas-reliefs tumulaires; autel de pierre à quatre faces, trouvé à Paris en 1704. — A côté, à g., un cabinet contenant des chapiteaux du théâtre antique de Vaison (Vaucluse) et à dr. un vestibule contenant des moulages bronzés de la colonne Trajane.

II<sup>e</sup> et III<sup>e</sup> salles: moulages divers; restes de constructions lacustres, etc.

Puis un second vestibule par lequel on arrive à l'escalier d'honneur, très-jolie construction en briques. On y remarque un autel de Bélus, provenant d'Apamée en Syrie, avec des inscriptions grecque et latine.

Entre-sol. — 1<sup>re</sup> salle: à g., tout autour, suite des moulages de la colonne Trajane, qui se continuent dans la 2<sup>e</sup> et la 3<sup>e</sup> salles; autels de divinités et pierres tumulaires gauloises; moulage de la statue d'un soldat gaulois du musée d'Avignon.

2<sup>e</sup> salle: une foule d'objets relatifs à la conquête des Gaules par César: plans d'Alise et de Bourges (Avaricum), avec ceux des camps romains, des engins de guerre, etc.; réduction du pont de César sur le Rhin; pierres de frondes, diplômes militaires, monnaies; une quantité d'armes de toute sorte, etc.

3<sup>e</sup> salle: castrum de Wiesbaden, de Saalbourg, près de Hombourg; de Tebessa, en Numidie; travaux des sièges de Bourges et d'Uxellodunum en Aquitaine; fruits divers trouvés dans des fouilles.

4<sup>e</sup> (installation provisoire): objets de l'époque mérovingienne, tels que vases, armes, colliers, bracelets, bagues, fibules ou fermails, etc. — On retourne sur ses pas pour monter au

Premier étage. — I<sup>re</sup> salle (à dr.), période paléolithique: objets et instruments en pierre travaillée par éclats, tels que haches, marteaux, scies, couteaux, pointes de lances, de flèches, etc. Au milieu, des débris d'animaux de la même époque: défense et molaire de mammouth, tête de rhinocéros à narines cloisonnées, hippopotame, ours, hyène, aurochs et cerf d'Irlande. Cette collection a été recueillie en grande partie dans les alluvions quaternaires du bassin de la Somme, par M. Boucher de Perthes (m. 1868; buste près de la cheminée), et dans des cavernes. Remarquer dans les armoires vitrées à la 9<sup>e</sup> fenêtre à g. et à la 3<sup>e</sup> à dr., des os de rennes sur lesquels sont toute sorte de dessins: homme, cheval et reptile, main et bras, chevaux, mammouth, vache, renne, poissons, cerf, etc. Au mur du côté de l'entrée, un tableau représentant des coupes des terrains quaternaires. Au mur opposé, une collection d'objets de l'âge de pierre provenant du Danemark, et une grande carte de la Gaule à l'époque des cavernes. A dr., aux fenêtres, des morceaux du sol d'une caverne du Périgord, avec des os fossiles, des débris de couteaux en silex et des restes de nourriture.

II<sup>e</sup> salle, période néolithique ou de la pierre polie et des dolmens: armes et instruments divers, non seulement en pierre mais en os et en ivoire, et des vases grossiers en terre; reproductions au 1/20 des dolmens, des menhirs et des allées couvertes les plus remarquables de France. Au mur du fond, une carte des peuples de la Gaule du temps de César. Au-dessous, des objets de la même époque. Au milieu, des objets provenant de dolmens.

III<sup>e</sup> salle: surtout le tumulus-dolmen de Gav'rinis (Morbihan) et, aux murailles, des moulages des dessins ou hiéroglyphes inexpliqués de ce tumulus. Objets en pierre et en terre cuite étrangers de la même époque. — Un escalier conduit d'ici au 2<sup>e</sup> étage. Nous allons d'abord tout droit dans la

IV<sup>e</sup> salle, la *galerie de Mars* ou *des Fêtes* du château de St-Germain, occupant toute la hauteur du premier et du second étage du côté de l'église. Elle renferme un nombre extraordinaire d'objets gallo-romains en terre cuite et en bronze, etc. En outre des moulages gigantesques de l'arc d'Orange et du tombeau des Jules à St-Remy, près d'Arles. Au milieu est une statue destinée à donner une idée exacte du costume et des armes d'un soldat romain sous Trajan. Pour permettre les rapprochements, il y a également ici, plus loin, dans une série de vitrines, une collection d'armes, de vêtements, d'ustensiles divers et d'idoles de peuples non civilisés existant aujourd'hui. De l'autre côté, en face de la porte, des armes de gladiateurs provenant d'Herculanum. — Nous retournons à l'escalier d'honneur pour monter au

SECOND ÉTAGE. — Une porte qu'on peut ouvrir, au premier palier, donne sur un balcon d'où l'on a une belle vue sur le parterre du château et sur la forêt. Le balcon est orné d'un Chef gaulois et d'un Cavalier romain, en bronze, par *Frémiet*.

1re salle, à partir de l'escalier: antiquités gauloises de toute espèce des temps préhistoriques, jusqu'à l'âge de bronze, depuis des objets de parure jusqu'aux objets les plus vulgaires, en fer, en bronze, et même en or, provenant surtout de cimetières. A dr. de l'entrée, le squelette d'un Gaulois gisant dans la tombe, un spécimen de mur gaulois.

2e salle (suite): objets de l'âge de bronze, en particulier, dans la vitrine du milieu, un millier de pièces diverses trouvées à Larnaud (Jura), dans un magasin souterrain.

3e salle (suite): objets provenant d'habitations lacustres de l'âge de pierre, armes et instruments en pierre, en os et en bois dur (roues, pilotis), et des tableaux représentant des habitations lacustres du lac du Bourget (Savoie).

4e salle, dite le *Trésor*, dans le donjon: bijoux de toute sorte, statuettes, jouets d'enfants, enseignes gauloises et surtout un vase d'argent ciselé trouvé dans les fossés d'Alise. Dans la vitrine du milieu, des monnaies gallo-romaines et mérovingiennes. Au mur, un tableau à l'huile, le Camp de César à Aps.

L'*église* de St-Germain, qui s'élève vis-à-vis du château, renferme le tombeau de Jacques II (v. p. 310), monument fort simple à dr. de l'entrée, érigé par George IV d'Angleterre et restauré par la reine Victoria.

Ce qui donne un grand charme à St-Germain, c'est sa belle *forêt* et sa \*TERRASSE, qui offrent de magnifiques promenades. La terrasse, longue de 2,400 m., s'étend à une grande hauteur au-dessus de la Seine, sur le versant oriental de la colline, le long de la lisière du bois; elle commande une vue superbe sur les rives sinueuses du fleuve et la vaste plaine si animée qu'il baigne. Le second plan ressemble à un immense parc rempli de maisons de campagne. Le village le plus rapproché, sur la rive gauche, est *le Pecq*; de l'autre côté, celui du *Vésinet*; en amont, à dr., *Marly*. Dans le lointain, les tours de St-Denis. Paris même est caché derrière le mont Valérien, on en voit seulement les hauteurs de Montmartre, à g.

La FORÊT de St-Germain se distingue à la fois par sa beauté, sa grandeur, le soin avec lequel elle est entretenue et ses promenades admirablement ombragées. On y rencontre une maison de campagne appelée *les Loges* (3 kil. $1/2$), construite par ordre d'Anne d'Autriche, femme de Louis XIII, et près de laquelle a lieu la joyeuse *fête des Loges*, qui commence le premier dimanche de septembre et dure trois jours. Le chemin de fer de Rouen traverse cette forêt, où il y a une station, *Conflans*, à 3 kil. $1/2$ environ des Loges, à l'extrémité de l'allée de droite.

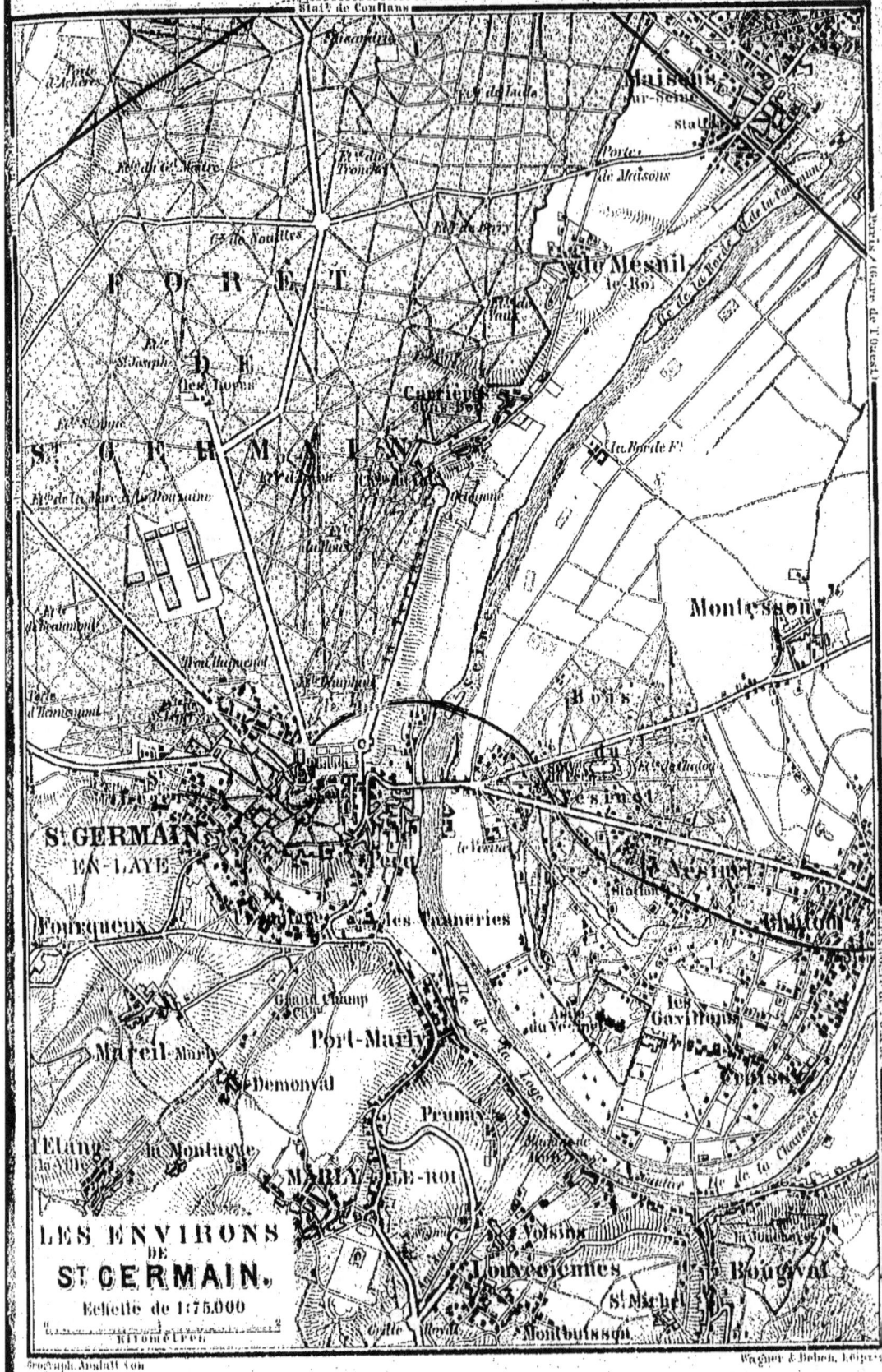

A 5 kil. de St-Germain sur la rive gauche de la Seine, se trouve **Marly**, jadis célèbre par son château, détruit durant la révolution, et par sa machine hydraulique, destinée à fournir de l'eau à Versailles. La machine primitive excita l'admiration générale, quoique ce ne fût qu'une conception de l'enfance de l'art. Elle avait certainement un aspect gigantesque, avec ses 14 roues à palettes de 12 m. de diamètre, ses 221 corps de pompe, sa charpente énorme, ses immenses tirants de fer, longs de 670 m., etc. On y avait dépensé environ 4 millions de livres. Cet appareil formidable a été remplacé en dernier lieu, de 1855 à 1859, par une digue en maçonnerie, 3 roues en fer et 12 corps de pompes aspirantes et foulantes, envoyant l'eau d'un seul jet à l'aqueduc, qui est à 154 m. au-dessus du niveau du fleuve et à une distance horizontale du 1236 m. La quantité d'eau fournie en 24 h. est de 25,000 m. cubes. Marly est relié à la station de Rueil-Bougival par une ligne de tramway (p. 309).

## 38. De Paris à Saint-Denis.
### Enghien. Montmorency.

7 kil. *Chemin de fer du Nord*, embarcadère place Roubaix (pl. R. 24). Départs de Paris toutes les heures, de 6 h. 55 du matin à 9 h. 55 du soir; de St-Denis, également toutes les heures, de 8 h. 7 à 11 h. 7. Trajet de 16 minutes. On peut aussi aller par la *ligne circulaire de la gare du Nord à la gare de l'Ouest* (29 kil.), qui passe à St-Denis, *Epinay, Enghien* (p. 322) et *Ermont*, pour revenir par *Sannois, Argenteuil, Colombes* et *Asnières* (p. 287) à Paris. Billets: pour St-Denis, 1re cl., 85 c.; 2e cl., 65; 3e cl., 40; aller et retour, 1 fr. 30, 85 ou 70 c.; pour tout le parcours, jusqu'à la gare St-Lazare et vice versâ, 1 fr. 95, 1 fr. 45 et 1 fr. 10. C'est une jolie excursion, et l'on peut s'arrêter à son choix à toutes les stations.

Deux lignes de *tramways* conduisent aussi à St-Denis, l'une de la place de la Chapelle (vgl. R. 23), l'autre de la place de Clichy (pl. R. 17), par St-Ouen. La première passe à St-Denis à la *rue Compoise*, à 2 min. de la cathédrale; la seconde aboutit à la *place aux Guelares*, d'où l'on tourne à g. dans la Grande Rue, qu'on suit jusqu'à la rue Compoise. Ces tramways sont très-commodes, parce qu'ils correspondent avec les omnibus de Paris, mais les routes qu'ils suivent sont dénuées d'intérêt.

La seule station de chemin de fer entre Paris et St-Denis est celle de *La-Chapelle-Nord-Ceinture*, pour la correspondance avec le chemin de fer de ceinture. Un peu au delà des fortifications se détache de la ligne du Nord, à dr., celle de Soissons, Laon, etc.

### St-Denis.

HÔTELS: *du Grand Balcon*, près de la cathédrale; *de l'Etoile*, près de la gare. — RESTAURANTS: *du Grand Balcon*, à l'hôtel; *de la Croix-Blanche*, place d'Armes.

La cathédrale est ouverte toute la journée. Les tombeaux sont visibles tous les jours, sauf les dimanches et fêtes durant les offices, toutes les 1/2 h. à partir de 10 h. 1/2 du matin. On paie 1 fr. par personne et un pourboire au guide (50 c.).

*St-Denis* est une ville de près de 34,908 hab. Néanmoins on se douterait à peine de son existence sans les sépultures royales qui l'ont rendue si célèbre.

La gare est à 15 min. de la basilique. On passe sous la voie et on suit d'abord la rue du Chemin-de-Fer, dans laquelle il y a quelques petits cafés et restaurants. A 5 min. de la gare, à g., s'élève la nouvelle *église paroissiale*, achevée en 1867, dans le style du XIIIe s. On prend ensuite la rue Compoise, qui conduit directement à la cathédrale.

## 38. SAINT-DENIS.

La *CATHÉDRALE, nommée officiellement *basilique*, occupe, selon la tradition, l'emplacement d'une chapelle construite vers l'an 275 sur le tombeau de *St Denis*, premier évêque de Paris, et de ses deux compagnons, martyrisés à Montmartre. De nombreux pèlerins affluèrent de toute part à cette chapelle. *Dagobert I<sup>er</sup>* (m. vers 638) la remplaça par une grande basilique qu'il confia aux bénédictins, en même temps qu'il leur construisait à côté une abbaye. Après maintes restaurations, entre autres sous *Pépin le Bref* (m. 768), le célèbre abbé *Suger* (1121-51), ami de Louis VI et de Louis VII, résolut d'élever un magnifique édifice dans lequel il conserva peu de chose de l'ancien : la crypte du milieu, quelques piliers, etc. La basilique de Suger inaugura le style gothique ; on y peut étudier sous bien des rapports la transition du roman au gothique. Le plein cintre et l'ogive alternent dans la façade, terminée en 1140 ; les autres parties ne présentent plus que l'ogive. Le chœur, consacré en 1144, a des chapelles rayonnantes dont le plan est emprunté au style roman, mais il montre aussi déjà un système bien arrêté de contre-forts. Néanmoins le défaut de solidité dans les fondations et un incendie forcèrent de penser, dès le siècle suivant, à une restauration générale de l'église, qui fut entreprise à partir de 1230, sous les abbés *Eudes-Clément* et *Mathieu de Vendôme*, et dans laquelle le caractère gothique fut encore plus accentué. Le haut du chœur, toute la nef et le transept furent refaits à nouveau. Plus tard, dans le courant du xiv<sup>e</sup> s., on ajouta des chapelles au bas côté du N. et dans la partie E. du bas côté du S. L'église subsista ainsi jusqu'aux ravages de la Révolution, en 1792, qui furent tels qu'un voyageur de l'époque l'appelle un « désert riche en décombres, habité seulement par des oiseaux de proie ». Les restaurations faites sous le premier empire et plus tard, bien que faites à grands frais, ne furent pas heureuses et faillirent même compromettre l'édifice. C'est seulement depuis que *Viollet-le-Duc*, architecte doué d'une intelligence toute particulière pour l'art gothique, a pris sous Napoléon III la direction des travaux, que le vénérable édifice se présente de nouveau dans son ancienne magnificence. L'intérieur est aujourd'hui complètement restauré ; il ne reste plus à refaire que certaines parties de l'extérieur.

L'abbaye de St-Denis a joué aussi un rôle politique sous les Carlovingiens. Lorsque *Pépin le Bref* monta sur le trône de France en 751, il envoya l'abbé *Fulrade* à Rome, pour obtenir l'assentiment du pape Zacharie. Le successeur de ce dernier, *Étienne II*, ne pouvant résister aux Lombards, se réfugia à St-Denis, et sacra Pépin et ses deux fils, *Charles* et *Carloman*. A sa mort, Pépin remit ici le pouvoir à ses fils, en présence des grands du royaume. L'abbaye eut aussi les faveurs des souverains de la dynastie suivante, celle des Capétiens. *Louis VI* (m. 1137), dont le plus fidèle et le meilleur conseiller fut l'abbé *Suger*, prit solennellement, pour le faire déployer à la tête de ses armées, l'étendard de St-Denis, l'*oriflamme* (flamme d'or, à cause de sa couleur rouge et or). Cet étendard était suspendu à l'autel de la basilique et on ne le prenait que lorsque le roi se mettait lui-même en campagne ; il ne reparut plus après la malheureuse bataille d'Azincourt (1415; p. xv). *Abélard* (p. 197) demeura aussi à l'abbaye de St-Denis au xii<sup>e</sup> s., avant de se retirer au Paraclet, près de Nogent-sur-Seine. Pendant la croisade de *Louis VII* (1147-49), Suger fut régent du royaume et contribua beaucoup à ramener la noblesse dans la dépendance de la couronne. Suger mourut en 1151, regretté de tout le pays. Cet homme habile et libéral, qu'on avait surnommé le Père de la Patrie, compte encore parmi ses mérites celui d'avoir recueilli et continué les Chroniques de St-Denis. En 1429, *Jeanne d'Arc* suspendait ses armes aux murs de la cathédrale de St-Denis; en 1593, *Henri IV* y abjurait le protestantisme; enfin *Napoléon Ier* épousa en 1810 l'archiduchesse Marie-Louise dans cette même église, sur laquelle avait passé la Révolution et qu'on avait restaurée provisoirement pour la circonstance.

Néanmoins la basilique de St-Denis est surtout importante comme sépulture des rois de France, qui y furent presque tous inhumés avec leurs familles à partir de *Dagobert Ier* (m. 638). Les nombreux monuments des premiers temps furent déjà détruits dans les transformations et reconstructions de l'église. *Louis IX* ou *St Louis* (1226-70), pour donner aux tombeaux de ses aïeux un aspect plus monumental, fit ériger dans le chœur des mausolées et d'autres monuments avec des figures couchées. Dans la suite, on y consacra un monument à chaque roi et même à des princes et à des personnages importants, jusqu'à *Henri IV* (m. 1610). Ensuite on se contenta de déposer les bières dans le caveau qui avait été achevé à la hâte après la mort subite de ce roi. Lorsque la Révolution éclata, la Convention, considérant que la Nation avait besoin de canons et de munitions, et que les tombes royales lui fourniraient du plomb et du bronze, vota la destruction des sépultures royales. Elle voulait aussi, selon la motion de Barère «effacer impitoyablement ces épitaphes superbes, et démolir ces mausolées qui rappelleraient des rois l'effrayant souvenir». Pour aller plus vite, on avait pratiqué une ouverture dans le mur de la crypte. Deux grandes fosses communes remplies de chaux reçurent les ossements et même les corps à moitié conservés de plusieurs générations de rois et de grands hommes.

*Napoléon Ier*, qui rendit l'église au culte, destina les caveaux des rois à sa propre sépulture et à celle de ses successeurs. Cependant un seul prince de sa famille y fut inhumé, le jeune *Charles Napoléon*, fils de son frère Louis, transféré plus tard à St-Leu-Taverny (p. 330), et placé à côté de Charles Bonaparte, père de Napoléon Ier (m. 1783).

En 1817, *Louis XVIII* fit retirer les cendres de ses aïeux des fosses communes, et les fit replacer dans la crypte (p. 821), ainsi que les restes de Louis XVI et de Marie-Antoinette, qui avaient été enterrés au cimetière de la Madeleine. Louis XVIII lui-même (m. 1821), le duc de Berri, assassiné en 1820 (p. 181), et quelques enfants de la famille royale, sont les seuls Bourbons qui furent inhumés à St-Denis après la Restauration, car Charles X (m. 1856) le fut à Goritz en Autriche et Louis-Philippe (m. 1850) à Weybridge, près de Claremont en Angleterre.

*Napoléon III* avait également désigné cette église pour les sépultures de la famille impériale; mais un décret supérieur en a ordonné autrement, et lui aussi n'a trouvé de tombeau qu'à l'étranger, en 1873.

La conservation des tombeaux qui existent encore est due au zèle infatigable d'*Alex. Lenoir* (p. 260), qui les fit transporter au musée des Petits-Augustins, aujourd'hui l'Ecole des Beaux-Arts.

Par malheur, tous les monuments en métal avaient été envoyés à la fonderie. Lorsque Louis XVIII fit restituer les autres à l'église, on les plaça dans la crypte. De plus on les modifia et les compléta arbitrairement, et l'on y ajouta nombre de monuments du musée Lenoir provenant d'autres églises. Depuis la restauration de l'église par *Viollet-le-Duc*, ils ont repris tous à peu près leurs anciennes places; mais on a conservé ceux qui sont d'une autre provenance.

La *façade* de l'église est encore celle de l'édifice de Suger, qui fut terminée en 1140; mais les sculptures des trois portails ont été en grande partie et assez mal refaites, de sorte que l'on a peine à y reconnaître le style primitif. Elles représentent, celles du portail S., les douze mois et, dans le tympan, le martyre de St Denis; celles du portail N., toutes nouvelles, les signes du zodiaque; celles du portail du milieu, le jugement dernier, les Vierges folles, etc. Des créneaux ont été ajoutés à cette façade au XIVe s., dans un but de défense, et derrière s'élève le fronton de la nef majeure, avec la statue de St Denis. Les portails latéraux de la façade N. sont percés dans des tours, celle du N. a encore deux étages au-dessus des créneaux et se termine par une haute toiture à quatre faces, celle de g., ne dépasse plus les créneaux; elle avait une flèche gothique très-élevée qui a été détruite par la foudre en 1837. — Il y a enfin au bras N. du transept un portail dont les sculptures, des statues de princes, sont mieux conservées que celles de la façade.

L'INTÉRIEUR, où l'on entre par l'une des trois portes modernes en bronze de la façade, est à trois nefs, avec un transept assez court flanqué de collatéraux. Sa longueur est de 108 m., sa largeur de 39 m. L'espèce de *porche* sombre aux lourds piliers dans lequel on se trouve d'abord, est du temps de Suger; il fait singulièrement ressortir la *nef* du XIIe s., d'une légèreté et d'une élégance admirables, avec ses piliers svelts, son beau triforium et les 37 fenêtres de 10 m. de hauteur qui l'éclairent abondamment. Les vitraux actuels ne datent que du règne de Louis-Philippe; ils représentent d'abord des rois et des reines de France jusqu'à St Louis; puis, dans le chœur, le martyre de St Denis et l'histoire de la construction de l'église; dans le croisillon N., des scènes des croisades et de la vie de St Louis; dans le croisillon S., Napoléon Ier, Louis XVIII et Louis-Philippe. Les vitraux des bas côtés sont plus dans le style de l'édifice, notamment ceux des chapelles de l'abside, faits sur les données de Viollet-le-Duc. Il n'est resté d'ancien, sous ce rapport, que la fenêtre de g. dans la chapelle de

---

TOMBEAUX: 1, *Frédégonde*; 2, *Dagobert Ier*; 3, *Pépin le Bref et Berthe*; 4, *Louis III et Carloman*; 5, *Philippe IV., le Bel*; 6, *Philippe III, le Hardi*; 7, *Isabelle d'Aragon*; 8, *Clovis II et Charles Martel*; 9, *Louis X, le Hutin, et Jean Ier*; 10, *Jeanne de Navarre*; 11, *Robert II, le Pieux, et Constance d'Arles*; 12, *Henri Ier et Louis VI, le Gros*; 13, *Philippe le Jeune et Constance de Castille*; 14, *Carloman et Hermentrude*; 15, 16, *Blanche et Jean*, enfants de St Louis; 17, *Clovis Ier*; 18, *Childebert Ier*; 19, personnages inconnus; 20, *Henri II et Catherine de Médicis*; 21, *Jean II et Philippe VI de Valois*; 22, *Charles IV, le Bel*; 23, *Jeanne d'Évreux*; 24, *Philippe V, le Long*; 25, *Blanche de France*; 26, *Henri II et Catherine de Médicis*; 27, *Guillaume Duchastel*; 28, *Louis XII et Anne de Bretagne*; 29, *Philippe*, frère de St Louis; 30, *Louis*, fils de St Louis; 31, *Charles d'Anjou*; 32, *Louis et Philippe d'Alençon*; 33, *Blanche de France*, fille de St Louis; 34, *Blanche d'Évreux et Jeanne de France*; 35, *Charles, comte de Valois*; 36, *Catherine de Courtenay*; 37, *Louis de France, comte d'Évreux et Marguerite d'Artois*; 38, *Clémence de Hongrie*; 39, *Charles, comte d'Étampes*; 40, *Philippe, comte de Vertus*; 41, *Louis d'Orléans et Valentine de Milan*; 42, *Charles d'Orléans*; 43, *Marguerite de Flandre*; 44, *François Ier et Claude de France*, sa femme; 45, *Renée d'Orléans-Longueville*; 46, *Charles VI et Isabelle de Bavière*; 47, *B. du Guesclin*; 48, *Charles V, le Sage et Jeanne de Bourbon*; 49, *Louis de Sancerre*.

## 38. SAINT-DENIS.

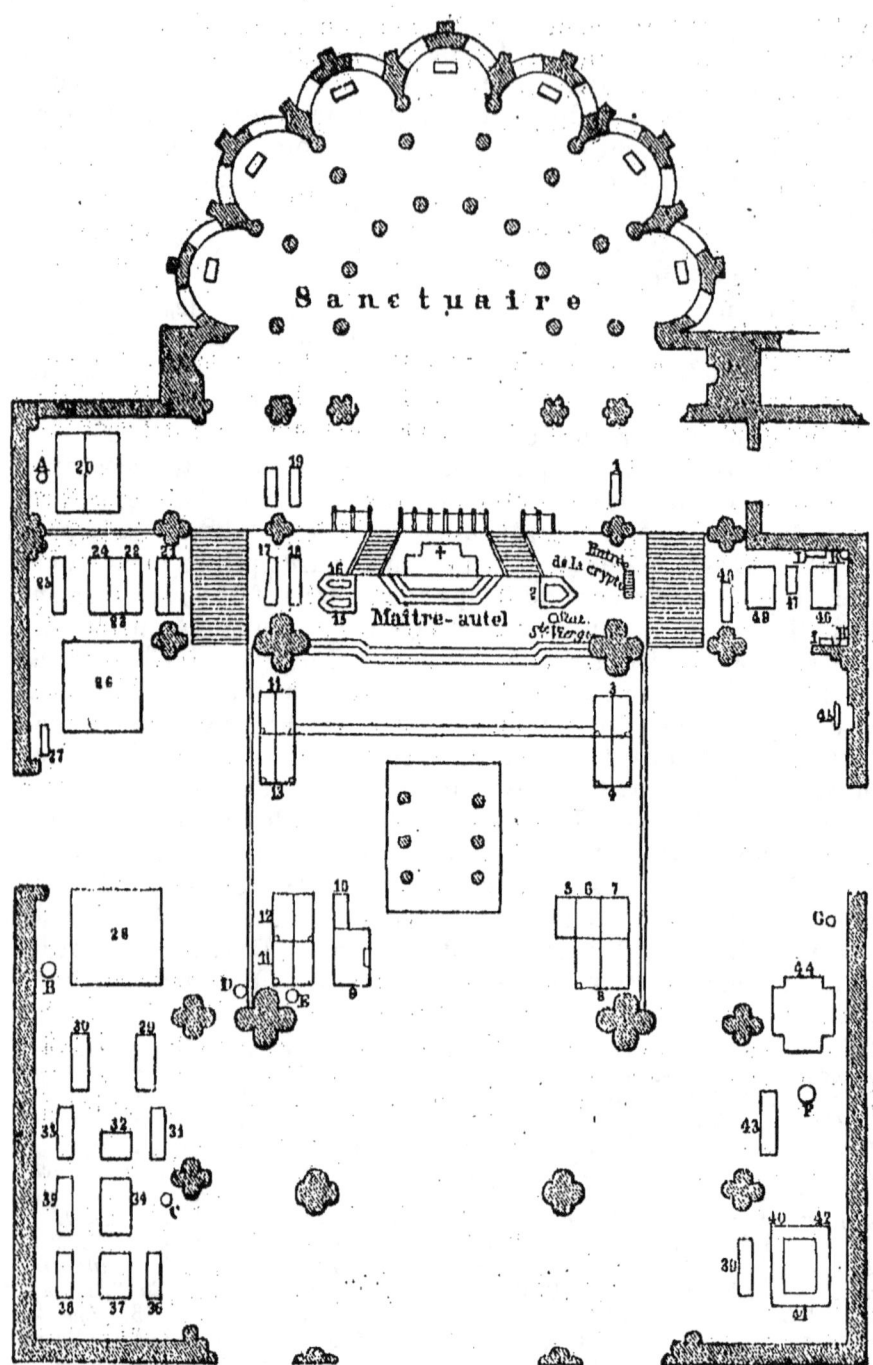

Statues, etc.: A, statue de *Marie de Bourbon*, tante de Henri IV;
B, colonne de *François II*; C, statue de *Marie de Bourbon*, prieure de
Poissy; D, colonne du *Cardinal de Bourbon*; E, colonne de *Henri III*;
F, urne de *François I*er; G, statue de *Béatrice de Bourbon*; H, statue de
*Charles V.*; I, bas-reliefs de *Bouvines*.

la Vierge, celle du fond, avec l'arbre généalogique de J.-C., et dans le bas de laquelle on voit, à g., l'abbé Suger. Il y a aussi là un pavé en mosaïque du XIIe s. et un autel du XIVe s., avec des sculptures représentant des scènes de la vie J.-C.

Le *maître autel* est moderne, mais dans le style du XIIIe s.; le rétable représente J.-C. et ses apôtres. Derrière cet autel, celui qui est dédié à St Denis et ses compagnons St Rustique et St Eleuthère, dit la *confession de St-Denis*, également moderne, avec des reliquaires. Sur le côté une reproduction de l'oriflamme de St-Denis (p. 314).

Voici maintenant quelques détails sur les tombeaux les plus remarquables. Voir pour le reste la légende des p. 316 et 317. Les numéros sont ceux du plan. Nous commençons par le croisillon N. ou de gauche.

CROISILLON N. — 29 et 30, tombeaux de *Philippe*, dit *Dagobert*, frère de St Louis, et de *Louis*, fils de St Louis, mort à l'âge de 16 ans. Sous les pieds de la figure couchée du jeune prince se voit un bas-relief où le roi d'Angleterre, en qualité de vassal du roi de France, est représenté portant le cercueil avec des barons français. Ces deux tombes proviennent de l'ancienne abbaye de Royaumont. — *28, *tombeau de Louis XII* (m. 1515) et d'*Anne de Bretagne*, sa femme (m. 1514), probablement exécuté vers la fin du XVIe s., par *Jean Juste* de Tours. Ce monument, qui a 6 m. de long, 2 m. 90 de large et 3 m. de haut, rappelle, comme plusieurs autres moins anciens, celui de Jean-Galéas Visconti à la chartreuse de Pavie. C'est une construction isolée du style de la Renaissance, avec des arcades. Le couple royal s'y trouve représenté deux fois, d'abord couché nu sur le sarcophage, puis agenouillé au-dessus. Les arcades élégamment sculptées qui l'entourent, sont ornées de statues assises des douze apôtres. De petits bas-reliefs décorent le socle: Entrée de Louis XII à Milan (1499); Passage des montagnes de Gênes (1507); Victoire d'Agnadel, près de Lodi, remportée sur les Vénitiens; Soumission de Venise. — *26, *tombeau de Henri II* (m. 1559) et de *Catherine de Médicis*, sa femme (m. 1589), de 4 m. 20 de haut, 2 m. 90 de large et 3 m. 75 de long, le chef-d'œuvre de *Germain Pilon*, exécuté de 1564 à 1583. Il est en marbre, orné de 12 colonnes composites et de 12 pilastres, des statues en bronze des 4 vertus cardinales, aux angles, et des statues des défunts, représentés aussi une première fois en marbre, gisant nus sur le tombeau, et une seconde fois en bronze, vivants, par des statues pleines d'expression à genoux au-dessus de l'entablement.

On monte à côté un escalier. A dr. de cet escalier ou à g. du maître autel: 15 et 16, *tombeaux de Blanche* et de *Jean*, enfants de St Louis, en cuivre émaillé, les figures en cuivre repoussé, probablement faits à Limoges. Le premier était autrefois à l'abbaye de Poissy, l'autre à l'abbaye de Royaumont.

CHŒUR. — A g., 20, un second monument de Henri II et de Catherine de Médicis, figures couchées, mais vêtues, en marbre, sur un lit de bronze. La reine, qui est représentée ici dans sa vieillesse, ayant trouvé inconvenantes les statues nues du grand monument, les avait fait remplacer par ces statues drapées. — Les chapelles du chœur ne renferment pas de tombeaux.

La sacristie, qui se trouve au S., est décorée de dix tableaux modernes, représentant des scènes de l'histoire de l'abbaye: *Monsiau*, Couronnement de Marie de Médicis; \**Gros*, Charles-Quint et François Iᵉʳ visitant l'abbaye de St-Denis; *Menjaud*, Mort de Louis VI; *Barbier*, St Louis recevant l'oriflamme; *Landon*, St Louis faisant réparer les sépultures royales; *Meynier*, Charlemagne assistant à la consécration de l'église; *Garnier*, Funérailles du roi Dagobert; *Monsiau*, Prédication de St Denis; *Heim*, les Cendres des rois retrouvées en 1817.

Le TRÉSOR, dans une pièce à g. de la sacristie, ne possède plus rien des objets précieux qui l'enrichissaient autrefois. Il y en a plusieurs au trésor de Notre-Dame de Paris, au cabinet des médailles et antiques de la Bibliothèque Nationale et dans la galerie d'Apollon au Louvre. Ce que l'on montre aujourd'hui, ce sont surtout des ouvrages modernes: calices, du temps de Louis XIII et de Henri II, ostensoirs (un de Napoléon Iᵉʳ), reliquaires avec des morceaux de la vraie croix et de la couronne d'épines, présents du pape Grégoire XVI; reliquaire de St Louis; burettes, encensoirs, garnitures d'autel, croix, candélabres, crosse et bâton de chantre; couronnes de Louis XVI et de Marie-Antoinette, de Louis XVII, Louis XVIII, d'Adélaïde et de Victoire de France, du duc de Berri, etc., et encore une couronne moderne dite de Charlemagne. Aux murs, une croix de cuivre doré, du XIIIᵉ s., partagée en deux dans le sens de la longueur. Les ciselures du pied représentent Jérusalem, celles des bras, les symboles des évangélistes et celles du sommet l'agneau divin. Au-dessus se voit un rétable en cuivre repoussé, du XIIᵉ s., provenant d'une église allemande.

Au sortir de la sacristie, on a à dr. (1) le *tombeau de Frédégonde* (m. 597), curieux monument autrefois à l'église St-Germain-des-Prés. La reine est représentée par une espèce de mosaïque composée de petits morceaux de marbre de diverses couleurs entremêlés de baguettes de cuivre. Les mains et les pieds sont de la couleur de la pierre et ne sont indiquées que par les lignes de la mosaïque, mais elles paraissent avoir été peintes. Ce monument est considéré par les uns comme remontant à l'époque où vécut la reine (VIᵉ s.), par les autres, sans doute avec plus de raison, comme datant seulement du XIᵉ ou du XIIᵉ s. — On redescend du chœur par un escalier. — A g. en descendant ou à dr. du maître autel (2), le *tombeau de Dagobert Iᵉʳ* (m. 638), monument remarquable du XIIIᵉ s., avec de curieux bas-reliefs allégoriques figurant la délivrance de l'âme du roi et sa réception au ciel, plus une statue couchée du roi, refaite de nos jours, et les statues debout de Sigebert, fils de Dagobert, aussi moderne, et de la reine Nantilde, du XIIIᵉ s.

La statue en bois de la Vierge avec l'enfant Jésus, provient de St-Martin-des-Champs de Paris. — A côté de l'escalier se trouve l'entrée de la crypte (v. ci-dessous).

CROISILLON S. — 47, *tombeau de B. du Guesclin* (m. 1380), un des plus braves héros de la France dans ses guerres contre les Anglais, la fleur de la chevalerie française. L'œil gauche de la statue montre la cicatrice du coup de lance dont il fut blessé dans une de ses batailles. 49, le *connétable Louis de Sancerre* (m. 1402), compagnon d'armes de du Guesclin, qui, selon un vieil ouvrage, disait toujours à ses hommes avant une bataille: « Enfants gaignies bel et verdés bel, c'est à dire que, en quelque estat que un homme se trouve, il doit toujours faire son honneur. » — *I*, deux *bas-reliefs représentant des scènes de la bataille de Bouvines*, sculptures intéressantes, autrefois à l'église Ste-Catherine-du-Val-des-Ecoliers. Inscription : « A la prière des sergens d'armes Mr Saint Loys fonda ceste église et y mist la première pierre et fu pour la joie de la vittoire, qui fu au mont de Bouines l'an mil cc et XIII. Les sergens d'armes pour le temps gardaient le dit pont et vouerent que si dieu leur donnait vittoire, ils fonderoient une église en lonneur de madame Sainte Katherine et ainsi fu il. » Ces bas-reliefs datent probablement du temps de Charles V, qui confirma l'existence de la corporation des sergents d'armes. — *H, statue de Charles V*, autrefois dans l'église des Célestins, chef-d'œuvre du XIVe s. 45, *tombeau de Renée de Longueville*, fille du prince François de Longueville, morte à l'âge de sept ans, aussi de l'église des Célestins. — A dr., 6, le *tombeau de Philippe III, le Hardi* (m. 1285). — A g., *44, le *tombeau de François I$^{er}$* (m. 1547), avec cinq figures agenouillées, François I$^{er}$ lui-même, Claude de France, sa femme (m. 1524), fille de Louis XII, et leurs enfants; plus, au soubassement, des bas-reliefs représentant des scènes des batailles de Cérisolles et de Marignan. Ce tombeau est dans le genre de celui de Louis XII, mais encore plus grandiose; on croit que *Philibert Delorme, Germain Pilon* et *Jean Goujon* y ont travaillé. — *F*, une *urne* avec le cœur de François I$^{er}$, primitivement destinée à l'abbaye des Hautes-Bruyères, près de Rambouillet, chef-d'œuvre de la Renaissance dû à un sculpteur du reste peu connu, *Pierre Bontemps*. — 41, *tombeau de Louis d'Orléans* (m. 1407) et de *Valentine de Milan* (m. 1408), érigé par Louis XII, leur petit-fils, dans l'église des Célestins. — 39, *tombeau de Charles d'Etampes* (m. 1336), chef-d'œuvre du XIVe s.

La CRYPTE, dont l'entrée est à dr. du maître autel, a été construite par *Suger*, pour y déposer les reliques de St Denis et de ses compagnons. Elle est immédiatement au-dessous de l'abside de la cathédrale et elle en reproduit le plan. Le milieu, sous le sanctuaire, est occupé par le caveau des Bourbons, construit par Henri II et contenant actuellement les cercueils de *Louis XVI* et de *Marie Antoinette*, de *Louis XVIII*, d'*Adélaïde* et de *Victoire de France*, du *duc de Berri* et de deux de ses enfants, de *Louis-Joseph* et de *Louis-Henri-Joseph de Condé*, les derniers de la famille, enfin de *Louis VII* et de *Louise de Lorraine*, femme de Henri III. De ces deux derniers cercueils, l'un était autrefois à l'abbaye de Barbeau, près de Melun, l'autre dans l'église des capucins, à la place Vendôme de Paris. — Les chapelles et le pourtour de la crypte contiennent des sculptures d'une valeur douteuse, entre autres quatre figures colossales faites pour un monument du duc de Berri qui n'a pas été exécuté, des statues des apôtres d'après celles de la Ste-Chapelle de Paris, des monuments composés de pièces et de morceaux sous la Restauration en l'honneur de *Henri IV*,

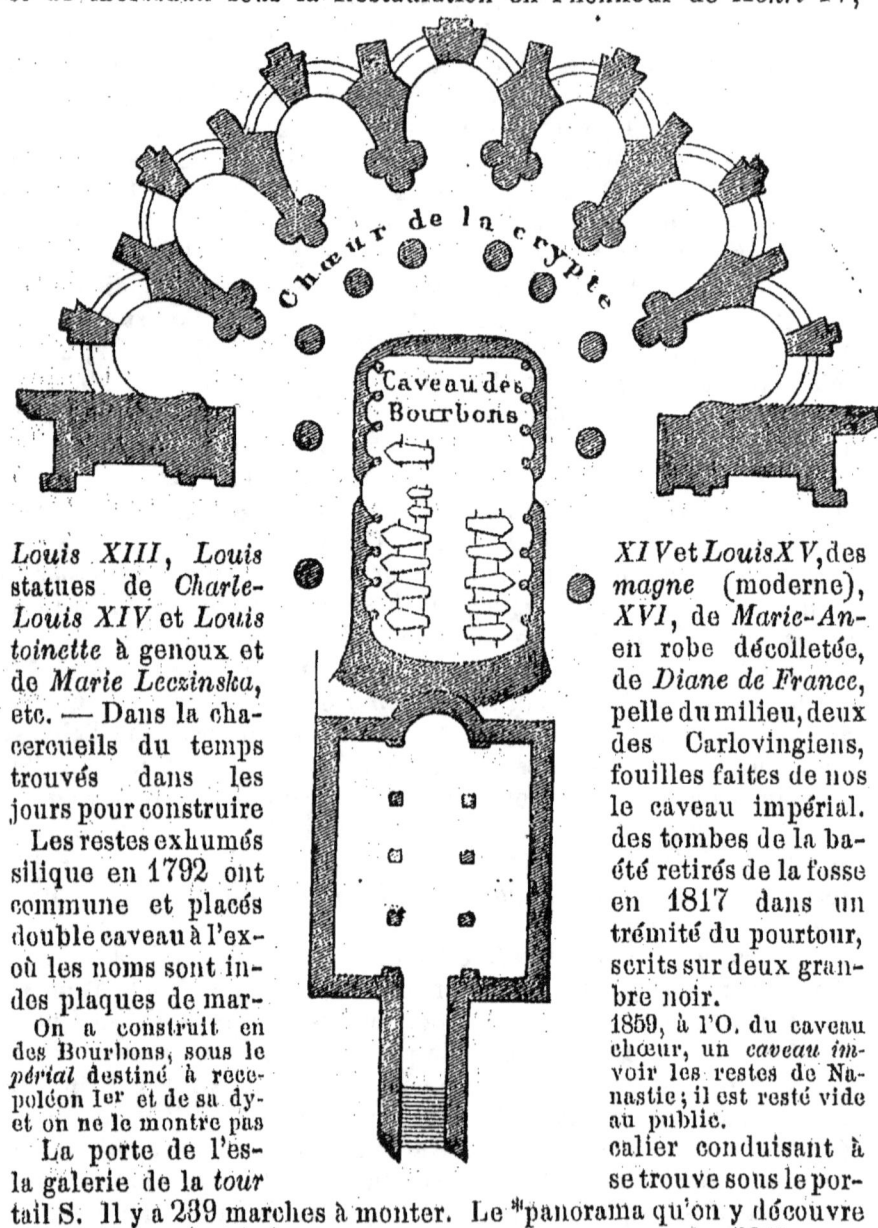

statues de *Charles Louis XIII, Louis XIV* et *Louis XV*, de *Charlemagne* (moderne), *Louis XVI*, de *Marie-Antoinette* à genoux et de *Marie Leczinska*, etc. — Dans la chapelle du milieu, deux cercueils du temps des Carlovingiens, trouvés dans les fouilles faites de nos jours pour construire le caveau impérial.

Les restes exhumés des tombes de la basilique en 1792 ont été retirés de la fosse commune et placés en 1817 dans un double caveau à l'extrémité du pourtour, où les noms sont inscrits sur deux grandes plaques de marbre noir.

On a construit en 1859, à l'O. du caveau des Bourbons, sous le chœur, un *caveau impérial* destiné à recevoir les restes de Napoléon Ier et de sa dynastie; il est resté vide et on ne le montre pas au public.

La porte de l'escalier conduisant à la galerie de la *tour* se trouve sous le portail S. Il y a 239 marches à monter. Le *panorama qu'on y découvre est magnifique: au N.-O., Enghien et Montmorency (p. 322), avec sa forêt, sur une hauteur; au S.-E., le village d'Aubervilliers avec son fort; à côté, le *canal de St-Denis*, qui débouche non loin de là dans la Seine. Ce canal communique avec le bassin de la Villette, formé par le canal de l'Ourcq (p. 29). Au S., le regard découvre tout Paris, notamment le Panthéon, Montmartre, le dôme des Invalides, l'arc de triomphe de l'Etoile. Au S.-O., au premier plan, St-Ouen, au-dessus duquel s'élève le Mont-Valérien.

Les vastes constructions qui avoisinent l'église sont celles de l'abbaye transformée par Louis XIV et Louis XV, aujourd'hui *maison d'éducation de la Légion d'honneur*, fondée par Napoléon I<sup>er</sup>, pour les filles, les sœurs et les nièces des membres de l'ordre, et qui a conservé sa destination. Le nombre des élèves dépasse cinq cents; elles y restent pour la plupart jusqu'à leur 18<sup>e</sup> année et reçoivent une éducation des plus soignées. Leur costume est uniformément noir; la discipline y rappelle celle de l'armée. Pour visiter cette maison, il faut une permission du grand-chancelier de la Légion d'honneur, rue de Lille, 64. Il y en a une autre à Ecouen (p. 330).

En continuant en chemin de fer le trajet dans la direction d'Enghien, on laisse à dr. la grande ligne du Nord, par Chantilly (v. p. 330). — 10 kil. (de Paris) *Epinay*, village bien situé à g., sur la rive dr. de la Seine, et station où s'embranche une nouvelle ligne sur Amiens (p. 351) par Beauvais (p. 332).

12 kil. **Enghien** (hôtels: *des Bains*; *Bellevue*, en face du Lac; *de la Paix*, près de là, Grande Rue, 50, tous avec restaur.; *café-restaurant du Kiosque chinois*, au bord du lac). Cette localité, dite aussi *Enghien-les-Bains*, à cause de ses eaux sulfureuses froides assez importantes, est un joli village situé au bord d'un *lac* d'environ 1 kil. de long sur 500 m. de large, et entouré de promenades agréables, qui attirent beaucoup de Parisiens en été, surtout les dimanches et jours de fête.

Un embranchement de 6 kil. (55 et 35 c.), avec station à *Soisy*, conduit d'Enghien à Montmorency. Belle vue sur la gauche.

**Montmorency** (hôtels-restaur.: *de France et de l'Etranger*, à la gare; *du Cheval-Blanc*, dans la ville, place du Marché), petite ville de 4,088 hab., sur une colline couverte d'arbres fruitiers (cerisiers), qui est encore comme Enghien l'une des promenades favorites des Parisiens. La ville elle-même est mal bâtie; elle a des rues tortueuses qui montent et descendent continuellement, et elle n'a rien de remarquable, si ce n'est peut-être son église, du XIV<sup>e</sup> s., qui contient les monuments des généraux polonais Niemcewicz (m. 1841) et Kniaziewicz (m. 1842), et du prince Czartoryski (m. 1861). Mais il s'est construit de nos jours à l'O. une quantité de jolies maisons de campagne, le long de belles avenues ombragées, et l'on y vient particulièrement à cause de sa magnifique *forêt* de châtaigniers, qui a 2,000 hect. de superficie, et dans laquelle les excursions se font surtout à âne (à la gare; débattre les prix). Le chemin de fer conduit presque à l'entrée, derrière la ville.

Montmorency est surtout connu par son *ermitage de Jean-Jacques Rousseau*, que ce philosophe habita de 1756 à 1758, et où il écrivit sa

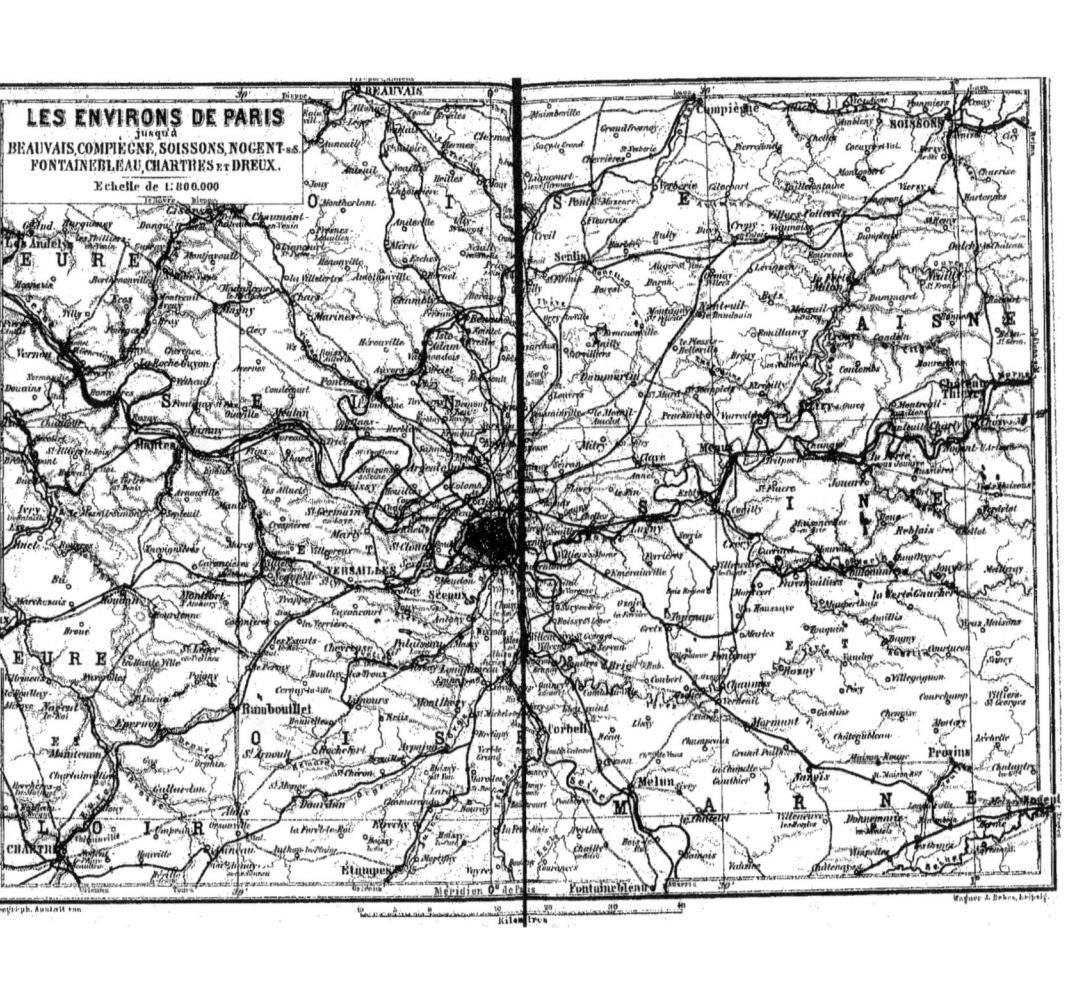

«Nouvelle Héloïse». Il est situé au N.-E., à l'extrémité de la rue de Grétry, se détachant à g. de celle qui commence en face de l'hôtel du Cheval-Blanc. Outre qu'il n'y a plus rien de remarquable et que l'entrée n'en est pas permise, le chemin est difficile à trouver de ce côté et demande près de ½ h. Il est plus facile et beaucoup plus court d'y aller de la gare (reliée au marché par l'avenue Emilie); on n'a qu'à suivre le boulevard de l'Ermitage, qui conduit à la rue Grétry. La maison, complétement transformée est au bout, à la grille. La comtesse d'Epinay avait offert l'Ermitage à son ami Rousseau, dans le but de l'empêcher de retourner à Genève. La révolution en fit une propriété nationale; il appartint un instant à Robespierre, et il fut acheté en 1798 par *Grétry*. Le compositeur y mourut en 1813 et son cœur fut enterré dans le jardin sous un monument décoré de son buste; mais il a été rendu depuis, à la suite d'un procès, à la ville de Liège, où Grétry est né. C'est là ce que rappelle l'inscription: «Grétry, ton génie est partout, mais ton cœur n'est qu'ici; les Liégeois n'en ont enlevé que la poussière».

Pour retourner à pied de Montmorency à la station d'Enghien (2 ou 3 kil.), il n'y a qu'à descendre tout droit de la place du Marché en passant devant l'église. Dans le bas, rue du Temple, 18, une maison en partie de la Renaissance, avec de belles sculptures.

## 39. De Paris à Fontainebleau.

59 kil. *Chemin de fer de Lyon*. Gare (pl. Bl. 25, 28) boulevard Mazas, rive droite de la Seine, à l'E. de Paris, non loin du pont d'Austerlitz. Omnibus spéciaux, v. p. 31; ils partent de leurs stations environ 30 min. avant le départ des trains, et conduisent à la gare en 15 à 20 minutes. Trajet en 1 h. 30 à 2 h.; 16 ou 17 convois par jour dans chaque direction. Prix de places: 7 fr. 25, 5 fr. 40 et 4 fr.; billets d'aller et de retour à prix réduits les samedis et les dimanches, les veilles et les jours de fête: 9 fr., 6 fr. 80 et 4 fr. 95; mais ils ne sont pas valables pour les trains express.

Une excursion à Fontainebleau demande au moins une journée, en partant de Paris par le premier train (se placer à g. pour jouir de la vue). 1 h. suffira probablement pour voir le château et les jardins. On fera ensuite une promenade, en voiture ou à pied, aux gorges de Franchard, ce qui prendra 2 à 3 h., puis une visite au Fort-l'Empereur, en y consacrant 1 h., et l'on aura encore le temps de dîner avant de repartir.

Bientôt après le départ de Paris, on passe dans *Charenton* (p. 214), où il y a une station, et on traverse la *Marne* non loin de son embouchure dans la Seine. A g., à l'E. de Charenton, son hospice d'aliénés (p. 214); en deçà, sur la rive g. de la Marne,

7 kil. *Maisons-Alfort*, avec son école vétérinaire. A g. s'élève le fort de *Charenton*, qui commande la Seine et la Marne.

15 kil. *Villeneuve-St-Georges*, à g., dans un fort joli site, au milieu d'un bois, sur le versant d'une colline où se construit un nouveau fort. C'est un endroit assez important (1758 hab.), avec un pont suspendu sur la Seine.

Bientôt on voit s'ouvrir une charmante vallée verdoyante, parsemée de moulins, de maisons de campagne et de parcs, et baignée par l'*Yères*, petite rivière très-profonde (3 à 4 m.), dont les bords sont plantés de saules et de peupliers.

18 kil. *Montgeron*. — 22 kil. *Brunoy*. On traverse l'Yères avant

d'y arriver. Une infinité de maisons de campagne animent les collines et la plaine. Ce village est surtout habité par des rentiers de Paris; il s'étend fort loin au milieu d'agréables promenades.

Le train passe ensuite sur un viaduc de 376 m. de long et plus de 32 m. de haut, d'où l'on découvre une vue magnifique. Puis la voie s'engage dans une plaine appelée le plateau de la *Brie*.

26 kil. *Combs-la-Ville*. — 31 kil. *Lieusaint*. — 38 kil. *Cesson*. On se rapproche ensuite de la Seine, qu'on franchit avant Melun sur un beau pont en fonte, à trois arches de 40 m. d'ouverture.

45 kil. **Melun** (hôt.: *du Grand-Monarque*), à 1/4 d'h. de la station, le *Methalum* ou *Melodunum* des Romains. C'est une ville de 11,240 hab. et le chef-lieu du département de Seine-et-Marne. Elle s'élève pittoresquement en amphithéâtre au bord du fleuve et elle possède quelques monuments: une église Notre-Dame, du XIe s.; une église St-Aspais, du XIVe s.; un hôtel de ville moderne du style gothique.

On jouit encore de quelques jolies échappées sur les rives du fleuve, puis on entre dans la forêt de Fontainebleau. La dernière station est *Bois-le-Roi* (51 kil.).

### Fontainebleau.

La GARE est à 1/2 h. de marche du palais (omnibus, 30 ou 50 c.).

HÔTELS: *hôt. de France et d'Angleterre, Gr.-Hôt. de l'Europe, hôt. de la Chancellerie*, tous en face du palais. Puis les hôt.: *de Londres, de l'Aigle-Noir, du Cadran-Bleu, du Lion-d'Or, du Nord et de la Poste*, près du palais, à dr. en y arrivant; *Hôt. de la Ville-de-Lyon*, rue Royale, 21, etc.

RESTAURANTS: dans la plupart des hôtels; *Gros*, place aux Charbons, près du palais (déj., 2 fr.; dîn., 2 fr. 50).

CAFÉS: *Bouland*, place aux Charbons; *Souchet, Rocher*, Grand-Rue; *Lez*, rue de France.

VOITURES. Fiacres pris à la gare ou en ville, la course 2 fr. 50; pour une promenade dans la forêt, à 2 chevaux, la première heure, 4 fr.; chaque heure suivante, 3 fr.; à 1 cheval, 3 fr., puis 2 fr. 35 par heure. — On devra toutefois avoir soin de s'entendre sur les prix; cette remarque s'applique également aux hôtels. — Il y a des *loueurs de voitures, de chevaux et d'ânes* dans la rue de France.

*Fontainebleau*, de même origine que Versailles, est une petite ville bien calme, d'environ 11,650 hab., avec de larges et longues rues fort propres et de petites maisons. En dehors du palais, on y remarquera tout au plus comme édifices l'*église* et l'*hôtel de ville*, constructions d'origine récente dans la Grand-Rue, un peu avant le palais. La place du Palais-de-Justice, derrière l'église, est décorée de la *statue du général Damesme*, natif de Fontainebleau, qui fut tué par les insurgés en juin 1848.

\*Palais. — Le palais ou château de Fontainebleau, au S.-O. de la ville, est, dit-on, redevable de sa fondation à Louis VII, qui bâtit un château fort à cet endroit en 1162. Mais c'est *François Ier* qui fit de l'édifice du moyen âge un palais sans rival pour les dimensions et la magnificence. Comme ensemble cependant, il est inférieur aux autres châteaux de l'époque. Sauf quelques pavillons, toutes les parties en sont à un seul étage. Ce qu'il a de plus remarquable, c'est sa décoration intérieure, dans le style de Jules Romain. Des artistes français et italiens y ont travaillé (école de Fontainebleau, p. 89). Après François I<sup>er</sup>, ce fut surtout *Henri IV* (m. 1610) qui y fit des additions considérables, mais ensuite il subit peu de changements. *Napoléon I<sup>er</sup>* en fit sa résidence favorite. Sous la Restauration, le château tomba en ruine, mais *Louis-Philippe* et *Napoléon III* l'ont restauré à grands frais.

Parmi les souvenirs historiques qui se rattachent au château de Fontainebleau, outre les événements dont il est question ci-après (abdication de Napoléon I<sup>er</sup>, ses adieux à la garde, captivité de Pie VII, séjour de la reine Christine de Suède et assassinat de Monaldeschi, etc.), nous mentionnerons encore les suivants: *François I<sup>er</sup>* y reçut Charles-Quint en 1539; *Henri IV* y fit arrêter en 1602 le maréchal *de Biron*, son ami et son compagnon d'armes devenu conspirateur, pour le faire décapiter quatre semaines après à la Bastille; *Louis XIII* y était né l'année précédente; *Louis XIV* y signa en 1685 la révocation de l'édit de Nantes; le *Grand Condé* y mourut en 1686; enfin le divorce de *Napoléon I<sup>er</sup>* et de Joséphine y fut prononcé en 1809.

Le palais est visible tous les jours de midi à 4 h., excepté le mardi. Eviter cependant d'y aller un dimanche, parce qu'il y a trop de monde. On le visite sous la conduite d'un gardien (1 fr.), qu'on trouve à l'entrée, au fond de la cour principale, ou dans les dépendances à g. de la grille. Il faut une autorisation pour voir les salles des Chasses de Louis XV, après la galerie de Diane, l'appartement de M<sup>me</sup> de Maintenon, après l'escalier du Roi, et quelques autres pièces, qui offrent du reste peu d'intérêt.

Les vastes constructions de ce palais comprennent cinq cours: la *cour du Cheval-Blanc*, la *cour de la Fontaine*, la *cour Ovale* ou *du Donjon*, la *cour des Princes* et la *cour d'Henri IV* ou *des Offices*. La *cour du Cheval-Blanc*, par où l'on entre, est la plus grande; elle a 152 m. de long sur 112 de large, et elle est séparée par une grille de la rue et de la place de Ferrare ou de Solferino. Son nom lui vient d'une statue de plâtre qui s'y trouvait anciennement. On l'appelle aussi la *cour des Adieux*, depuis que Napoléon I<sup>er</sup> y a fait ses adieux aux grenadiers de sa vieille garde, le 20 avril 1814. A son retour de l'île d'Elbe, l'empereur y passa en revue ces mêmes grenadiers, le 20 mars 1815, et les conduisit de là sur Paris.

Le pavillon central du palais est précédé d'un escalier monumental un peu massif, nommé, à cause de sa forme, l'*escalier du Fer-à-Cheval*. C'est là, à g., que se trouve l'entrée des visiteurs. L'itinéraire suivi par les gardiens est d'ordinaire celui que nous allons indiquer sommairement.

La *chapelle de la Trinité*, à g. au rez-de-chaussée, est surtout remarquable par son plafond, œuvre de *Fréminet* (m. 1619), imitateur de Michel-Ange et du Parmesan. C'est dans cette chapelle qu'eurent lieu le mariage de Louis XV, en 1725; le baptême de Napoléon III, en 1810, et le mariage du duc d'Orléans, en 1837.

On monte de là un grand escalier d'où l'on visite les appartements dits de Napoléon Ier ou la galerie de François Ier (p. 327), ou bien la galerie des Assiettes (p. 327) et les autres appartements du côté de la façade, en passant par le vestibule du Fer-à-Cheval (p. 327).

*Appartements de Napoléon Ier*, du côté du jardin de l'Orangerie : antichambre, cabinet des secrétaires, salle des bains, avec glaces ornées de peintures provenant, dit-on, de celle de Marie-Antoinette au Trianon ; — cabinet où Napoléon signa son abdication, le 4 avril 1814, sur le petit guéridon placé au milieu ; — cabinet de travail, avec plafond par J.-B. Regnault (m. 1829), la Loi et la Justice ; — chambre à coucher, avec une belle cheminée du temps de Louis XVI, une pendule ornée de camées antiques, donnée à Napoléon par Pie VII, etc.

A g., la *salle du Conseil*, de l'époque de Louis XV, décorée par Boucher (m. 1770), et dont les meubles sont en tapisserie de Beauvais. — Puis la *salle du Trône*, qui a un magnifique plafond, un lustre en cristal de roche, et des boiseries faites sous Louis XIII et Louis XIV. — Ensuite le boudoir de Marie-Antoinette, sa chambre à coucher, décorée de tentures données par la ville de Lyon, et deux salons, où l'on remarque une table et des vases de Sèvres.

Nous arrivons ainsi dans la *galerie de Diane* ou *de la Bibliothèque*, longue de plus de 80 m., construite sous Henri IV et restaurée sous Napoléon Ier et sous Louis XVIII. Elle est décorée de peintures représentant des scènes mythologiques, par *Blondel* et *A. de Pujol*. On y remarque aussi, outre la bibliothèque, l'épée et la cotte de mailles de Monaldeschi.

Au-dessous de cette même galerie de Diane se trouve l'ancienne *galerie des Cerfs*, transformée aujourd'hui en garde-meuble et qu'on ne peut plus visiter. C'est là que Christine de Suède, qui recevait l'hospitalité à la cour de France et demeurait à Fontainebleau depuis son abdication (1654), fit tuer par jalousie et par vengeance, en 1657, le comte italien Monaldeschi, son grand écuyer, après l'avoir soumis à un simulacre de jugement et lui avoir donné un confesseur. Une plaque de marbre dans le pavé de la petite église d'*Avon*, village situé à l'E. du parc, à environ 20 min. du château, marque l'endroit où il fut inhumé. Louis XIV se contenta de blâmer ce meurtre, et Christine séjourna encore tranquillement pendant deux ans à Fontainebleau.

De là nous passons dans les *salons de réception* du côté de la cour Ovale. L'antichambre est ornée de tapisseries des Gobelins, le salon suivant, de tapisseries de Flandre (Psyché), de même que celui de François Ier, où l'on voit aussi une belle cheminée du XVIe s. — Le *salon Louis XIII* est la pièce où est né ce roi. Il a été décoré par Ambroise Dubois (m. 1615) de peintures tirées du roman de Théagène et Chariclée. Dans les *salles de St Louis* se voient 15 tableaux dont les scènes sont tirées de la vie de Henri IV, et, sur la cheminée, une statue et un portrait de ce prince, etc. La *salle des Gardes*, la dernière de cette série, donne sur la cour de la Fontaine (p. 327). Il y a une belle cheminée, avec un buste de Henri IV, et deux statues de la Force et de la Paix.

Puis l'*escalier du Roi* ou escalier d'honneur, décoré de peintures d'après Primatice, par *Nic. dell' Abbate* et restaurées ou refaites entièrement par *A. de Pujol*. Le sujets sont tirés de la vie d'Alexandre. On voit bien du palier la cour Ovale (p. 328). — Un couloir obscur derrière l'*appartement de M^me de Maintenon*, situé au-dessus de la porte Dorée (p. 328), conduit à la

*Galerie de Henri II*, ou *salle des Fêtes*, qui a 30 m. de long sur 10 de large. Elle a été construite par François I^er et richement décorée sous Henri II. On y remarque, avec l'initiale de ce prince, un H, les emblèmes de Diane de Poitiers, surtout un croissant et un D. Les fresques, représentant exclusivement des sujets mythologiques, sont du *Primatice* (m. 1570) et de son élève *Nic. dell'Abbate* (m.1571); mais elles ont été restaurées par *Alaux* et elles ont perdu une grande partie de leur originalité. Il y a à l'extrémité une cheminée monumentale. Cette salle offre un beau coup d'œil sur les jardins (v. ci-dessous).

Nous revenons maintenant sur nos pas jusqu'au salon St Louis et nous entrons à g. dans la *galerie de François I^er*, longue de 64 m. et large de 6 m., qui s'étend du côté de la cour de la Fontaine (v. ci-dessous) jusqu'au vestibule près de l'escalier du Fer-à-Cheval (p. 325). Elle est décorée de 14 grandes compositions du *Rosso* (m. 1541), représentant des scènes allégoriques et mythologiques ayant rapport à l'histoire et aux aventures de François I^er. Ces tableaux sont séparés par des bas-reliefs, des cariatides, des trophées et des médaillons. La salamandre ailée et le chiffre de François I^er s'y répètent souvent.

Le *vestibule*, dit du Fer-à-Cheval, a de belles portes en chêne du temps de Louis XIII.

A g. sont les *appartements des Reines Mères* et de *Pie VII*. Ils ont été habités par Catherine de Médicis (m. 1588), qui fut mère de trois rois de France: François II, Charles IX et Henri III, puis par Anne d'Autriche (m. 1666), mère de Louis XIV, et par Pie VII captif, du mois de juin 1812 au 24 janvier 1814.

D'abord 2 antichambres, puis le *salon des Officiers*, avec des Gobelins et des meubles en tapisseries de Beauvais; la chambre à coucher d'Anne d'Autriche, également ornée de Gobelins (Batailles d'Alexandre d'après Lebrun); 2 cabinets, la chambre à coucher du pape et encore un salon avec des Gobelins. On est là près de l'étang des carpes (p. 328). Ensuite un nouveau salon comme le précédent, une antichambre et une salle dite galerie des Fastes, parce qu'on y devait peindre l'histoire de Fontainebleau. Il y a des tableaux de Lucas de Leyde (m. 1533), représentant les Saisons.

Vient enfin une dernière galerie, par laquelle on entre quelquefois, la *galerie des Assiettes*, ainsi nommée à cause de sa décoration bizarre due à Louis-Philippe: des assiettes en porcelaine où sont représentées les résidences royales. On l'appelle aussi *galerie des Fresques*, parce qu'on y a transporté des fresques de la galerie de Diane, par A. Dubois.

Pour terminer la visite, le gardien vous conduit au *théâtre*, à l'extrémité de l'aile méridionale. Comme il n'offre rien de curieux, on peut descendre immédiatement aux jardins.

**Jardins.** — En passant par une grande porte sur la droite de l'escalier du Fer-à-Cheval (p. 325), on arrive d'abord dans la *cour de la Fontaine*, à dr. de laquelle se trouve un *étang* avec un pavillon. Cet étang est célèbre par ses vieilles et nombreuses carpes, dont les ébats et la gloutonnerie amusent bien des visiteurs, qui leur jettent des morceaux de pain achetés à une vieille femme dans la cour même.

A dr. s'étend le *jardin anglais*, planté sous Napoléon 1er.

A g., à l'extrémité de l'*avenue de Maintenon*, qui conduit à la forêt, s'élève la *porte Dorée*, datant du règne de François 1er, comme on le voit à la salamandre de l'écusson. Elle est décorée de fresques, qui ont été restaurées. C'est une des entrées de la *cour Ovale* ou *du Donjon*, de 73 m. de long sur 31 de large, la plus ancienne du palais, qui a subi plusieurs modifications et perdu sa forme primitive, mais qui n'en est pas moins remarquable par son architecture de la Renaissance, notamment par son péristyle, dont les colonnes ont des chapiteaux charmants. Elle n'est ouverte au public que le dimanche. A l'E. se voit une porte curieuse surmontée d'un dôme, dite la porte Dauphine ou le Baptistère, parce que c'est là que fut baptisé Louis XIII.

Au delà de l'étang se trouve le second jardin public, le *parterre*, dessiné sous Louis XIV par le Nôtre, avec une pièce d'eau carrée et une ronde. Plus loin, un *canal* (1200 m.), creusé sous Henri IV. Il est précédé de statues et de groupes en bronze et en marbre. A g., le *parc*, avec un labyrinthe. La célèbre *treille du Roi* qui le borne au N., a été replantée il y a quelques années.

La \***forêt de Fontainebleau**, qui a 80 kil. de tour et recouvre une superficie de 17,000 hectares, est regardée avec raison comme la plus belle de France. Elle est bornée au N.-E. par le cours sinueux de la Seine. Le sol en est très-accidenté; il se compose surtout de sable et de grès, et il fournit la plupart des pavés de Paris (800,000 par an). Ses magnifiques futaies et ses gorges sauvages offrent une multitude de promenades aussi variées que pittoresques. Des chemins sans nombre la sillonnent dans toutes les directions.

Pour s'orienter parfaitement, on ne saurait guère se passer de l'excellente carte de la forêt (1 fr. 50 ou 2 fr., à la gare, chez le libraire de la place aux Charbons, etc.), par *Denecourt*, homme intrépide (m. 1874) qui a consacré une grande partie de son patrimoine et de sa vie à étudier cette forêt, à en rechercher les plus beaux sites et à les rendre accessibles par des sentiers: on l'appelait communément le Sylvain. Notre carte est une réduction de la sienne.

Il y a des poteaux indicateurs à tous les carrefours. On remarquera de plus, pour s'orienter, qu'il y a des signes et des chiffres *bleus*, faits sur des arbres et des rochers par M. Denecourt, pour signaler les endroits les plus pittoresques de la forêt, tandis que des marques *rouges* sur les arbres et les poteaux, dues à l'administration des eaux et forêts, indiquent toujours la direction de la ville.

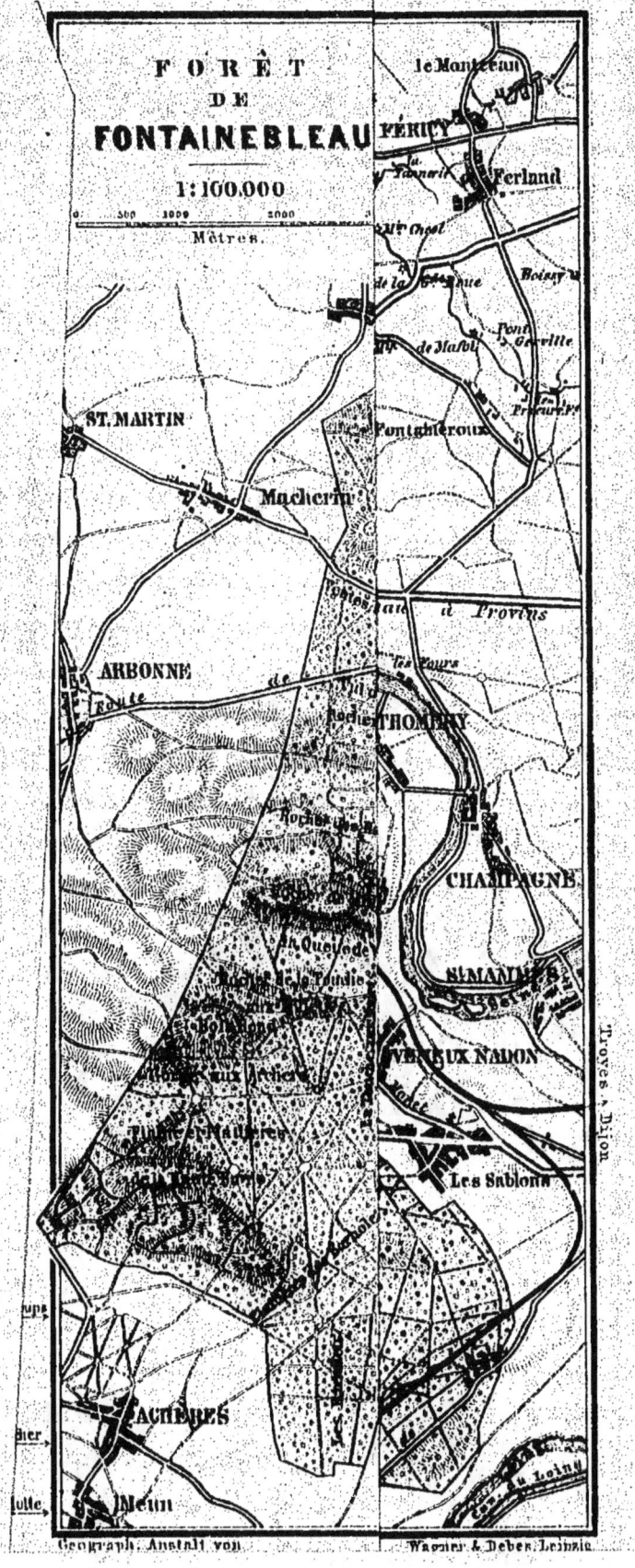

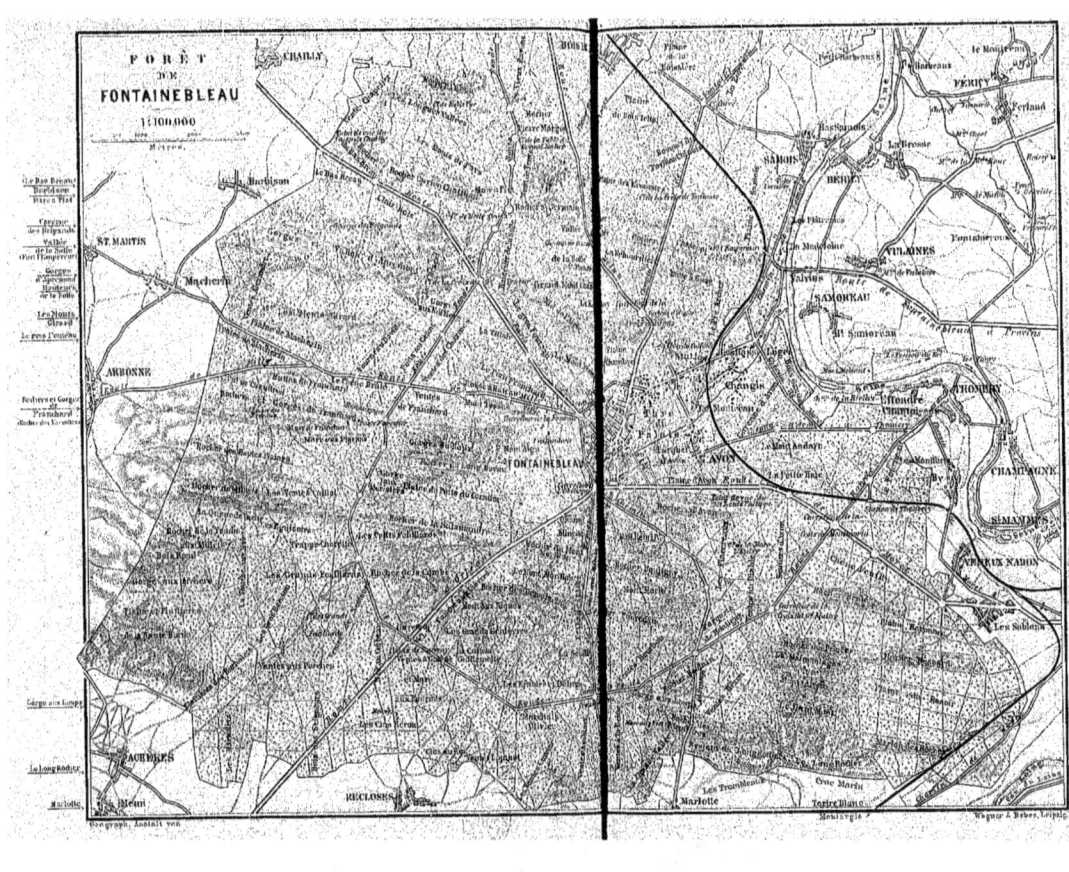

Si l'on n'a que peu de temps à consacrer à Fontainebleau, on se contentera de la visite des *gorges et rochers de Franchard*, situés à 1 h. environ; il suffira de 2 h. 1/2 en comptant l'arrêt et le retour.

De la barrière de Paris, située à l'angle N.-O. de la ville, à l'extrémité de la rue de France, on entre dans le large chemin qui se détache à g. de la grande route de Paris, et qui monte insensiblement; 35 min. de marche conduisent à un carrefour où l'on prend à g.; à 5 min. du carrefour, on s'engage dans le sentier qui se détache à dr. pour pénétrer dans la forêt, et 5 min. de marche sur ce sentier vous mènent au *restaurant de Franchard*, lieu de divertissement le plus fréquenté des environs de Fontainebleau, où l'on peut avoir des rafraîchissements de toute sorte.

Les célèbres *gorges et rochers de Franchard* consistent en un chaos de rochers de grès blanc et très-dur, où croissent toutes sortes d'arbres et de broussailles. Le bassin, qui mesure environ une lieue de tour, commence à 5 min. à l'O. (on passe devant les ruines d'un vieux couvent, servant actuellement d'habitation à un garde-forestier), près du *rocher des Ermites* et de la *Roche qui pleure*, bloc de rocher d'où suintent des gouttes d'eau, que les paysans des environs considèrent comme un remède efficace contre les maux d'yeux. Du haut de cette roche, on découvre un beau panorama de toute la gorge, et on aperçoit au N., dans le lointain, une autre série de rochers fort connus, les *gorges d'Apremont* (v. ci-dessous). On retournera à Fontainebleau par le même chemin.

Les *rochers et gorges d'Apremont* et la haute futaie du *Bas-Bréau*, qui les avoisine, sont également une promenade fort intéressante. Ils offrent une foule de jolis motifs aux peintres, dont toute une colonie est établie à *Barbison*, village situé sur la lisière de la forêt, non loin des gorges: une colonie du même genre se trouve à *Marlotte*, au S. de la forêt.

Dans le Bas-Bréau, comme dans d'autres parties de la forêt, les plus beaux arbres ont des noms particuliers. On y rencontre le Henri IV, le Sully, la Reine-Blanche, etc. Entre les rochers d'Apremont, et une autre chaîne de collines appelées *Monts-Girard*, s'étend le *Dormoir*, plaine en partie couverte de bois et parsemée de touffes de fougère et de blocs de rochers; c'est un des plus beaux endroits de la forêt, le rendez-vous des chasses. Au sommet des gorges d'Apremont se trouve la *caverne des Brigands*, grotte souterraine qui, dit-on, servait autrefois de repaire à des brigands. Aujourd'hui, un industriel y habite une cabane de mousse, où il débite de la bière, de la limonade et de l'eau-de-vie à des prix fort élevés, mais rien à manger, le restaurant de Franchard ayant acheté pour toute l'étendue de la forêt le privilège de donner à manger. L'ermite de la caverne fait aussi un petit commerce de cannes de houx de sa propre fabrication et d'autres objets en bois, de couleuvres et de lézards vivants, etc.

Parmi les autres belles promenades de la forêt, nous citerons encore le *Gros-Fouteau*, magnifique bois de haute futaie, situé à 2 kil. de la ville, à dr. de la route de Paris; puis le *Rendez-vous des Artistes*, qui en est tout proche; plus loin, la *Belle-Croix*, avec ses nombreuses mares, surtout la *mare à Piat*; la *vallée de la Solle*, où ont lieu des courses en été; la *gorge aux Loups* et le *Long-Rocher*, voisins de *Marlotte* (au S.), etc.

Le *\*Fort-l'Empereur*, le plus beau point de vue des environs de Fontainebleau, et en même temps un des endroits les plus intéressants, est situé à 25 min. du chemin de fer. On prend à g. (N.) près des petits restaurants voisins de la gare, et on monte la route. Après 10 min. de marche, à l'endroit où commence la forêt, on entre à g. dans le bois, et on continue toujours à suivre le large chemin sablonneux, jusqu'au pied d'une colline de sable, au sommet de laquelle s'élevait un belvédère en forme de forteresse aujourd'hui en ruine. Le panorama qu'on y découvre est aussi surprenant que vaste; il embrasse, dit-on, une circonférence de 60 lieues, s'étendant sur une grande partie de la forêt, bornée au N. et à l'E. par une chaîne de collines couvertes de villages et au pied de laquelle la Seine déroule son brillant filet d'argent. On voit très-bien Melun et même Paris.

## 40. De Paris à Compiègne, par Chantilly.
### Pierrefonds.

84. kil. *Chemin de fer du Nord* (gare, pl. R. 24; p. 30). Jusqu'à Compiègne, en 1 h. 30 par l'express (1re cl.) et les trains directs (1re et 2e cl.), 3 h. par les convois ordinaires. Prix des places: 10 fr. 30, 7 fr. 75, 5 fr. 65; aller et retour: 15 fr. 50, 11 fr. 65, 9 fr. 60. Il y a en été des trains de plaisir à prix réduits. — Jusqu'à Chantilly, 22 trains par jour, en 40 min. ou 1 h. 15. Prix: 5 fr. 05, 3 fr. 75, 2 fr. 80; aller et retour, 7 fr. 50, 5 fr. 70, 4 fr. 75.

7 kil. *Saint-Denis*, v. p. 313.

A g. se détache la *ligne de Pontoise*; elle est de 17 kil. plus longue que celle qui passe par Chantilly. C'est la même qui conduit à Enghien (p. 322). Après cette station viennent celles d'*Ermont*, *Franconville* (à 2 kil., *St-Leu-Taverny*, dont l'église moderne renferme plusieurs tombeaux de la famille Bonaparte); *Herblay*.

30 kil. **Pontoise** (*hôt. de Pontoise*), ville de 6,480 hab., que domine une église de St-Maclou, édifice des XIIe et XVIe s., bâtie sur un rocher. — Une ligne secondaire va directement de Pontoise à *Dieppe* par *Gisors* et *Gournay*.

Viennent ensuite, dans la vallée de l'Oise: *St-Ouen-l'Aumône*, qui a un beau château; *Auvers*, avec une église remarquable; *l'Isle-Adam*, un des plus beaux points de la ligne; *Beaumont*, où l'on voit une tour gothique; *Boran*, *Précy* et *St-Leu*, qui a une très-belle église du style de transition. On rejoint l'autre ligne un peu avant *Creil* (p. 332).

Après le canal de St-Denis (p. 321), les forts de la Briche et du Nord. — 11 kil. *Pierrefitte-Stains*. — 15 kil. *Villiers-le-Bel*, station pour *Gonesse* (4 kil.), qui a une église remarquable des XIIe et XIIIe s., et pour *Ecouen* (6 kil.), dont le château, du XVIe s., a été transformé en maison d'éducation de la Légion d'honneur (v. p. 322); ces deux localités sont desservies par un tramway (30 et 60 c.).

## 40. CHANTILLY.

— 20 kil. *Goussainville*. — 24 kil. *Louvres*. — 30 kil. *Luzarches*. On entre ensuite dans la forêt de Coye. — 36 kil. *Orry-Coye*.

Puis un beau *viaduc* sur la vallée de la *Thève*, ayant 15 arches, 330 m. de long et 40 m. de haut, d'où l'on découvre une belle vue. A dr., les *étangs de Commelle*, sur le bord desquels s'élève une petite construction moderne du style gothique, dite le *château de la Reine-Blanche*, parce qu'il y eut effectivement à cet endroit un château habité par St Louis et la reine Blanche. — Passé ce viaduc, on est dans la forêt de Chantilly, qui touche à la précédente.

41 kil. **Chantilly**. — Hôtels: *des Bains*, avec une pâtisserie-restaur., à côté des écuries et de la pelouse; *du Cygne*; *du Lion d'Or*; *d'Angleterre*. — Café au commencement de la grande Rue.

*Chantilly* est une petite ville d'environ 3,500 hab., ordinairement fort calme, mais où le monde des boulevards de Paris afflue lors des courses de chevaux en mai, en septembre et en octobre. On pourra s'y arrêter entre deux trains au retour de Compiègne.

En sortant de la station, on se trouve en face de la forêt par laquelle on pourra revenir quand on se sera orienté. A g., la ville, qui n'a rien de remarquable, et la *pelouse*. A une certaine distance se trouvent, à dr., les tribunes; à g., les *écuries* monumentales (XVIII$^e$ s.) des Condés, dont Chantilly est l'ancienne résidence.

Plus loin sont deux châteaux. Dans le bas, le *château de Chantilly*, construit par Jean Bullant sous le connétable Anne de Montmorency et qui a des jardins dessinés par le Nôtre. Plus haut, à dr., le *château d'Enghien*, bâti par l'avant-dernier prince de Condé, peu de temps avant la Révolution, et près duquel est un beau parc. Les jardins ne peuvent être visités qu'avec l'un des jardiniers; le parc est ouvert au public les dim. et jeudi de midi à 4 h. Tout cela n'est plus que l'ombre de la magnificence d'autrefois, du Chantilly où furent données à Louis XIV les fêtes célèbres dont parle Mme de Sévigné, lorsqu'elle raconte la mort de Vatel; mais on dit que M. le duc d'Aumale, héritier des Condés, que le second empire avait exproprié et qui a été réintégré dans ses biens par l'Assemblée Nationale, en 1872, va y entreprendre de grands travaux de reconstruction.

La *forêt* de Chantilly a environ 2,450 hectares de superficie. Une grande avenue à g. de la pelouse, la route du Connétable, à l'entrée de laquelle sont deux lions, y conduit aux étangs de Commelle (5 à 6 kil.), qui en sont la plus belle partie (v. ci-dessus).

De la station de Chantilly part un embranchement qui passe à Senlis (13 min.) et va rejoindre la ligne de Soissons à *Crépy-en-Valois*.

**Senlis** (hôt. *du Grand-Cerf*), la «civitas Sylvanectensium» des Romains, sur la *Nonette*, est une petite ville riante, d'un peu plus de 6,000 hab., dont le nom figure assez souvent dans l'histoire du moyen âge. On y admire une belle *cathédrale gothique, construite du XII$^e$ au XVI$^e$ s., avec un portail à bas-reliefs et à statues, et deux tours carrées dont l'une est surmontée d'une magnifique flèche s'élevant à 78 m. du sol. Il y a encore plusieurs autres monuments remarquables, en particulier l'église de l'abbaye de *St-Vincent*, de 1130. — Le pain d'épice de Senlis est très-célèbre.

En quittant Chantilly, on traverse la vallée de la *Nonette* sur un second *viaduc*, de 440 m. de longueur et 24 de hauteur, comptant 36 arches; on y jouit également d'une assez belle vue. Puis une tranchée, dans les carrières de *St-Maximin*, qui fournissent depuis le moyen âge une excellente pierre à bâtir. On franchit bientôt l'*Oise*, sur les bords de laquelle se voit encore le remblai que les Allemands ont fait pendant la guerre pour se construire un pont. A g., la ligne de Pontoise (p. 330), les usines et le village de *Montataire* (4,500 hab.), dominé par une belle église des XIIe et XIIIe s. et un château du XVe s.; la ligne de Beauvais (37 kil.) et, à dr.

51 kil. **Creil** *(buffet)*, une des stations les plus importantes du chemin de fer du Nord sous le rapport de la circulation. C'est le point de raccordement de 5 lignes, deux venant de Paris, une de Dieppe et de Rouen, du Tréport et d'Amiens par Beauvais, une d'Angleterre par Calais, Boulogne et Amiens (p. 351), et la nôtre, celle de Belgique et d'Allemagne par Compiègne; il y passe ou il y arrive 75 à 80 trains de voyageurs par jour et environ autant de trains de marchandises. La localité même (5,000 hab.), dans un beau site sur l'Oise, offre peu d'intérêt; il faut cependant citer son église, des XIIe-XV[e] s., ses ruines de St-Evremont, église canoniale du XIIe s., et sa grande manufacture de porcelaine opaque, dont dépendent les ruines.

**Beauvais** *(hôt. du Cygne)*, ville de 16,600 hab., chef-lieu du département de l'Oise, possède une \*\**cathédrale* gothique très-remarquable. Le chœur et le transept sont, il est vrai, les seules parties achevées; mais ils se distinguent par leurs dimensions, surtout par la hauteur: la nef centrale a 47 m. 50 de haut et 14 m. 50 de large; elle est donc plus élevée que la cathédrale de Cologne. *St-Étienne* et le *Palais-de-Justice* sont aussi à voir, ainsi que la *manufacture* nationale de tapisseries, succursale des Gobelins.

Le train longe ensuite l'Oise, laissant à g. la ligne d'Amiens. — 62 kil. *Pont-Ste-Maxence*, petite ville de 2,400 hab., avec un beau pont sur la rivière. — 72 kil. *Verberie*.

## Compiègne.

HÔTELS: *de la Cloche*, à côté de l'hôtel de ville; *de France*, dans une rue voisine; *de Flandre*, près de la gare, à côté du pont. — RESTAURANT *du Pont-Neuf*, après le pont. — CAFÉS sur la place de l'Hôtel-de-Ville. — OMNIBUS pour Pierrefonds à la gare et à l'hôtel de la Cloche (le même), à 10 h. 30 et à 3 h. 30, trajet en 1 h. 30; prix: 2 fr. ou 1 fr. 75. — VOITURE PARTICULIÈRE, 10 à 12 fr., plus ou moins selon l'affluence des visiteurs.

*Compiègne* est une ville de près de 13,400 hab., qui a toujours été le séjour favori des souverains de France, et à laquelle se rattachent par conséquent bien des souvenirs historiques. Elle est connue aussi comme le lieu où Jeanne d'Arc fut faite prisonnière par les Bourguignons, en 1430, au pont St-Louis.

La rue à dr. au sortir de la gare traverse l'Oise et conduit à l'*hôtel de ville*, du commencement du XVIe s., dont la belle façade, autrefois décorée de statues, est surmontée d'un beffroi de 47 m. de hauteur. L'aile de dr. a été reconstruite et agrandie dans les derniers temps.

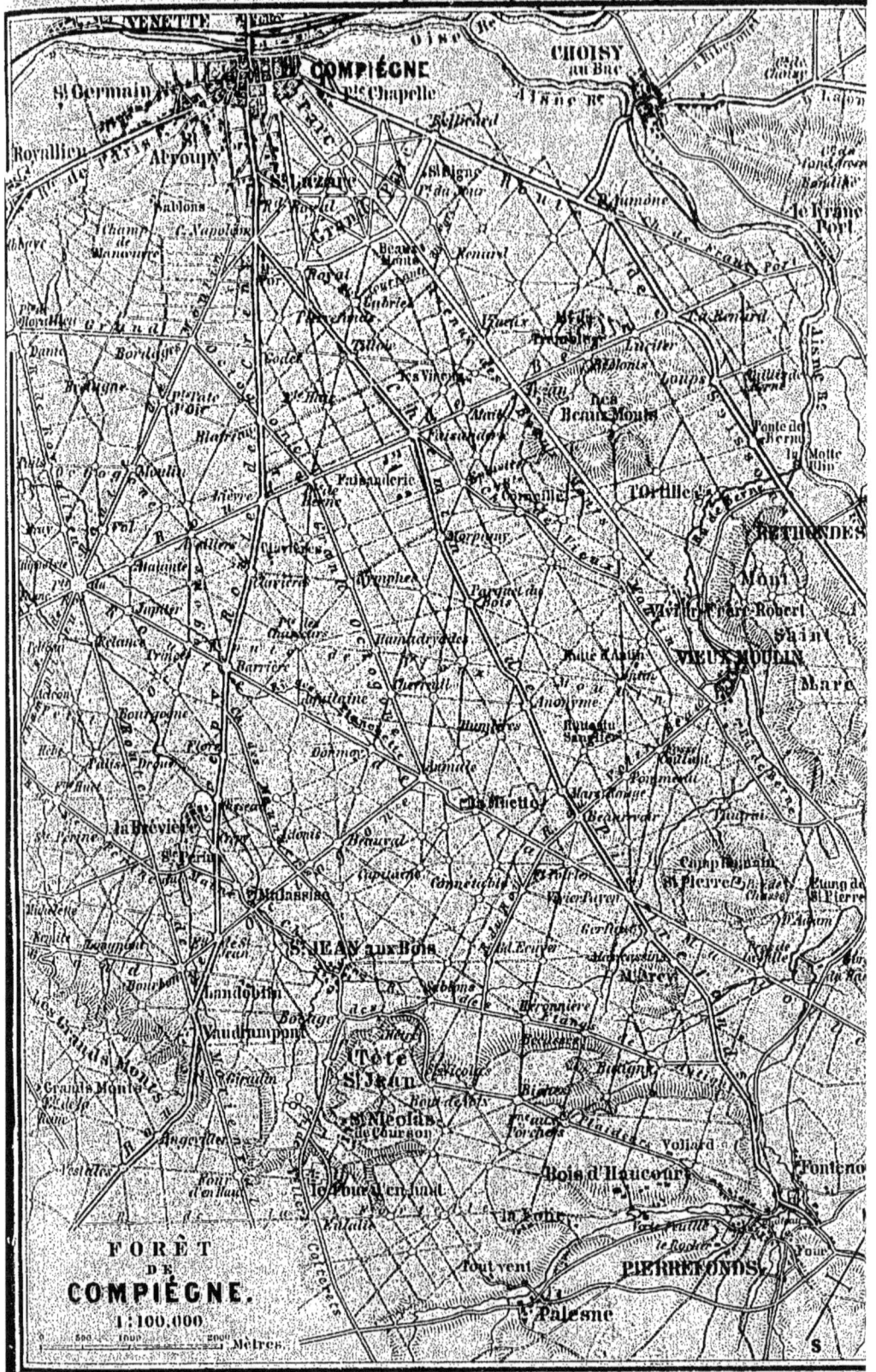

## 40. COMPIÈGNE.

On y voit un MUSÉE formé par l'architecte *Vivenel* et légué à la ville en 1843. Il est ouvert au public les dim. et jeudi de 2 h. à 4 ou 5 h. et les autres jours aussi aux étrangers moyennant pourboire.

Rez-de-chaussée, 1re salle, des tableaux : 2, 3, *Panini*, Arc de triomphe de Constantin à Rome; la Vierge et l'enfant Jésus; 13, *Murillo*, Petits mendiants jouant aux boules; 15, *Champaigne*, portrait de Descartes; 20-23, *Mich. Wohlgemuth*, 4 panneaux dont les sujets sont tirés de la Passion de J.-C.; 33, *Jean Cousin*, Allégorie; 46, *Papeti*, Un rêve de bonheur. — 2e salle, des dessins de *Bronzino*, *Raphaël* (?), *Rembrandt*, *Van der Meulen*, *Alb. Durer*, *Boucher*, *Jacques Callot*, etc.

Premier étage, trois salles contenant des sculptures antiques, du moyen âge et de la Renaissance, des meubles, des armes et des inscriptions : *208 et 216, deux torses grecs. — 4e salle : sculptures modernes, pierres gravées, faïences, émaux et une petite collection ethnographique.

Un peu plus loin, l'église *St-Jacques*, du style ogival primitif, mais beaucoup défigurée au XVe s. Il y a sur la façade, du XVe s., une tour avec un dôme de la Renaissance, haute de 39 m. A l'intérieur, un bénitier du XIIe s., de belles verrières, etc.

L'église *St-Antoine*, de l'autre côté de la ville, date du XIIe et du XVIe s.; on en remarque surtout le chœur et les fonts, du XIIe s.

Le **château** de Compiègne, son édifice le plus considérable, mais non le plus beau, est situé un peu plus loin derrière St-Jacques. Il a été construit sous Louis XV, par *Gabriel*. La façade du côté de la ville est précédée d'une double colonnade, formant une galerie de 43 m. de long. Il y a une seconde façade de 193 m. de développement du côté du parc, avec une terrasse d'où l'on jouit d'une belle vue, grâce à une avenue de plus de 6 kil. de long dans la forêt. Un berceau en fer, de 1400 m. de longueur, conduit de cette terrasse à la forêt; il a été construit pour l'impératrice Marie-Louise, afin de lui rappeler sa treille de Schœnbrunn.

Le palais de Compiègne renferme depuis peu un musée cambodgien. Il est ouvert au public les mardi, jeudi, samedi et dimanche de 10 h. à 4 h., mais les étrangers sont aussi admis à le visiter les autres jours aux mêmes heures en donnant un pourboire.

Le **musée cambodgien** ou *musée khmer*, dans le grand vestibule du rez-de-chaussée ou la salle des Colonnes, en face de l'entrée, se compose de sculptures fort remarquables provenant du Cambodge, contrée du fond des Indes sous la protection de la France. Elles proviennent de ruines d'édifices gigantesques construits par les Khmers, peuple à peu près complètement oublié. Un certain nombre de ces édifices ont été retrouvés au fond de forêts vierges, d'après les récits de quelques voyageurs du XVIIIe s. Ces objets ont été rapportés à la suite d'expéditions entreprises en 1874 par M. *Delaporte*, lieutenant de vaisseau, et en 1875 par M. *Filor*, capitaine d'infanterie de marine. Des photographies et une carte des ruines permettront de se rendre compte de leurs positions et de leurs formes.

A dr. et à g. de l'entrée principale, un Bouddha assis sur les replis d'un serpent à sept têtes, qui se dressent derrière la sienne. — Du côté droit, au milieu : extrémité de balustre en forme de dragon à sept têtes; borne sacrée ornée de beaucoup de figurines à quatre bras; éléphant paré de clochettes et de bijoux; autre extrémité de balustre; lion personnifiant la guerre; géants portant un serpent, qui ornaient un pont. — En retournant vers l'entrée, à dr. : une gargouille, deux frontons, le second avec un groupe de danseuses, une petite borne sacrée, etc. — Du côté des fenêtres sont des estampages de sculptures et d'inscriptions.

Du côté gauche, derrière le premier Bouddha, au milieu : Bouddha à huits bras (extrémités cassées) et revêtu d'une cuirasse; *lion; pilastre d'angle avec deux déesses dans une niche; \*statue de danseuse; statue accroupie; tête à quatre faces; statue de géant. — A l'extrémité, deux divinités de la danse; sur les côtés, des moulages de bas-reliefs, représentant, à g., \*la mort du roi des singes; à dr., une reine dans son palanquin. — Puis, le long du mur, un fronton orné de feuillages; des têtes; des fragments de frises, etc. — Du même côté, entre deux colonnes, un Bouddha en bronze, etc.

Intérieur du palais. — Dans l'escalier d'honneur: un sarcophage antique, en marbre blanc; deux amphores gallo-romaines.

Premier étage. *Salle des Gardes*, décorée de sculptures par *Beauvallet;* dix panoplies; musée gallo-romain, composé d'objets provenant de fouilles faites dans la forêt; une vitrine contenant des objets du temps des Mérovingiens.

*Salle des Huissiers:* peintures d'*Oudry* et de *Desportes;* petits groupes en bronze et en marbre.

*Grands appartements*, du côté du parc. — 1re salle: meubles et tapisseries de Beauvais, une tapisserie des Gobelins; grisailles par Sauvage. — 2e salle, salle à manger: vases de Sèvres, Gobelins. — Chambre à coucher: surtout un vase de Sèvres sur pivot, représentant le mariage du doge de Venise avec l'Adriatique.

*Appartements de l'Empereur.* — Petite salle à manger: deux Faunes en noyer servant de candélabres; grisailles de Sauvage. — Salon des Aides-de-camp, meubles de Beauvais, vases de Sèvres. — Salon de famille: ameublement du même genre; deux beaux candélabres en bronze doré. — Salle du conseil: meubles dans le style Louis XV; table en mosaïque de Florence; tapisseries des Gobelins, le Printemps, l'Eté et l'Automne. — Chambre à coucher avec plafond par *Girodet:* la Guerre, la Justice, la Force, l'Eloquence. — Bibliothèque: plafond par le même: Minerve, Apollon et Mercure.

*Appartements de l'Impératrice.* — Salon de musique: ameublement Louis XVI; Gobelins. — Chambre à coucher: plafond par *Girodet*, l'Aurore; panneaux par le même, les Saisons. — Boudoir: vase de Sèvres sur un support en marbre noir orné de camées. — Salon des Fleurs, ainsi nommé d'après ses panneaux, par Dubois; magnifique meuble en palissandre. — Salon de repos, ordinairement fermé, plafonds de *Girodet:* le Départ d'un guerrier, le Combat, la Victoire et le Retour.

Les deux pièces suivantes, la *salle de Stuc* et la *galerie des Fêtes*, ainsi que l'escalier d'honneur, renferment une collection d'environ 200 tableaux de valeur secondaire provenant du Louvre (catal., 15 c.), entre autres: 8 à 38, *Ch. Coypel*, Histoire de Don Quichotte; 55, *Gros*, Napoléon Ier à cheval; 63, *Lagrenée*, la Fin du combat; 70, *Lebrun* et *Van der Meulen*, Louis XIV à cheval; 78 à 87, *Natoire*, Scènes de la vie de Don Quichotte, modèles de tapisseries pour les Gobelins (elles sont dans la galerie menant au théâtre); 136, *d'après le Corrège*, une Nymphe; 148, *Luca Giordano*, la Présentation de Jésus au temple; 173, *Rubens*, Jeune homme; 178, *Van der Meulen*, Bataille de Cassel.

La galerie des Fêtes a en outre un plafond remarquable par *Girodet* et renferme encore des statues de Napoléon Ier et de sa mère Lætitia, par *Canova*. — Dans un vestibule, une composition inspirée par Zedlitz, la Revue des Champs-Elysées, par *F. Dietz*.

*Salon de la Chapelle:* tapisseries des Gobelins d'après Raphaël, vases de Sèvres. — La *chapelle*, qu'on voit de la tribune, renferme une Ste Famille attribuée à *Léonard de Vinci*, Jésus chez Simon le Pharisien, par *Paul Véronèse*, etc.

Dans le *parc* (v. ci-dessus), où l'on entre de la cour d'honneur, par une grille à dr., diverses statues, entre autres, à dr. en arrivant: Mucius Scævola, par *Gruyère;* Cérès et Flore, par *Droz;* Caïn par *Jouffroy;* à g., Argus, par *Debay;* Ulysse, par *Barré fils*. En outre, çà et là des copies en marbre et en bronze d'après l'antique.

La *forêt* a 14,509 hectares de superficie et plus de 94 kil. de tour; elle est sillonnée par 354 routes. Il y a partout des poteaux indicateurs et, comme dans la forêt de Fontainebleau, des marques rouges donnant la direction de la ville. On peut y faire bien des excursions intéressantes, mais on devra visiter avant tout Pierrefonds, situé à 14 kil. au S.-E. de Compiègne (voitures, v. p. 332). Le *chemin de Pierrefonds* traverse toute la forêt. Au carrefour de la *route de Berne*, on a en face le chemin de Vieux-Moulin (v. ci-dessous), sur lequel se trouve St-Corneille, avec les ruines d'une église abbatiale du XIIe s. En allant par là, c'est un détour de 1/2 h. La route qui y conduit traverse toute la forêt.

**Pierrefonds.** — HÔTELS: *des Bains*, à l'établissement thermal, ouvert seulement en été; *du Château*, à g., dans le bas du château, recommandable. — CAFÉ-RESTAURANT en face du lac.

Pierrefonds est un village de 1900 hab., au bord d'un petit lac, avec une source d'eau minérale et dans un beau site, mais surtout célèbre par son magnifique

*château féodal*. — Ce château, bâti en 1390, par Louis d'Orléans, frère de Charles VI, un des plus forts et des plus remarquables de cette époque, fut assiégé quatre fois par les troupes royales et démantelé en 1617. Vendu sous la Révolution, il a été acheté pour l'Etat par Napoléon Ier et parfaitement restauré dans ces derniers temps par M. *Viollet-le-Duc*, mais l'intérieur n'est pas tout à fait terminé. Les personnes qui voudront se rendre compte des savantes dispositions de ce château fort modèle, y trouveront une Notice historique et descriptive due à l'architecte lui-même (1 fr. 50).

C'est un édifice imposant, sur une éminence escarpée au-dessus du village. Huit grosses tours à mâchecoulis, de 35 m. de hauteur, et dont les murs ont jusqu'à 5 et 6 m. d'épaisseur, s'élèvent aux angles et au milieu de chaque face, dont celle du S. est séparée du reste du plateau par un fossé. C'est là que se trouve l'entrée. On monte pour y arriver la petite rue à g. de la place, jusqu'à la 2e porte (par la 1re, on ferait un grand détour; v. ci-dessous). Il y a deux ponts fixes et un pont levis à traverser, à g. des deux plus grosses tours.

La partie la plus curieuse est le *donjon*, à dr.; c'est là qu'habitait le châtelain; on y trouve le gardien qui conduit les visiteurs (pourb.).

Au 1er étage: salle de réception avec son ancienne cheminée; cabinet de travail, chambre à coucher ornée de fresques représentant la vie d'un chevalier et les chevaliers de la Table ronde. — Au 2e étage: une belle chambre hexagone, d'où l'on peut monter sur une des tours, qui offre une vue très-étendue.

Après le donjon, à dr., vient la chapelle, qui n'est pas encore terminée à l'intérieur. A côté est une cour, qui était séparée de l'autre par une herse et qui communiquait avec le dehors par une porte placée à 10 m. du pied de la muraille.

Plus loin, dans la cour principale, se voit une statue moderne en bronze, par *Frémiet*, représentant le fondateur du château, Louis d'Orléans. Le rez-de-chaussée de ce côté, dont l'intérieur n'est pas non plus achevé, était occupé par les hommes d'armes.

On visite ensuite le premier étage du bâtiment de gauche, qui comprend surtout une vaste salle (52 m. sur 9 m. 50). C'est l'ancienne salle de justice; on y remarque une cheminée double avec les statues de 9 «preuses», d'après les romans du moyen âge. A l'autre extrémité sont les statues de Turpin, de Roland, de Charlemagne et d'Olivier de Clisson, etc.

Les souterrains, les cachots et les oubliettes du château ne sont pas visibles.

Les personnes qui en auront le loisir visiteront le petit *parc* de l'établissement thermal, à g. du lac; l'*église* et, s'il est possible (pourb.), la jolie propriété voisine, appartenant à un M. Sabatier; il y a de belles serres chaudes.

En retournant à Compiègne, on devra passer par *St-Pierre*, qui a une église en ruine, et par *Vieux-Moulin*. Dans le voisinage est le *mont St-Marc*, qui offre six différents points de vue, désignés par des poteaux. Le trajet prend ainsi 5 à 6 h.

# PRINCIPAUX ITINÉRAIRES

entre les

## Pays limitrophes de la France et Paris †.

...................

### 41. De Bruxelles à Paris,
#### par Mons et Maubeuge.

310 kil. Départ de la *station du Midi*. C'est la ligne directe et la route suivie par les trains de grande vitesse, qui effectuent le trajet en 7 à 8 h. Prix des places : 34 fr. 40, 25 fr. 85, 18 fr. 70 c.

Les *bagages* enregistrés pour Paris ne sont visités par la douane qu'à l'arrivée dans cette ville (v. p. 1); ceux que l'on garde avec soi, le sont à Feignies, à la frontière française.

Le convoi parcourt de riches prairies, où serpente la *Senne*, qu'on franchit à *Forest* (4 kil.). Au delà de *Ruysbroek*, le chemin de fer côtoie le canal de Charleroi, qui est quelquefois plus élevé que la voie ferrée; contrée accidentée.

14 kil. *Hal*, petite ville sur la Senne et le canal de Charleroi, avec le pèlerinage célèbre de *Notre-Dame*, église du style gothique le plus pur, de la fin du XIVe s., où l'on voit un magnifique autel en albâtre, de 1583, de beaux fonts baptismaux en bronze, de 1446, et un monument du dauphin fils de Louis XI, roi de France.

30 kil. *Braine-le-Comte*, petite ville très-ancienne, à quelque distance de la gare. La ligne de Paris se détache ici de celle de Namur (p. 340), et il y a quelquefois changement de voiture.

36 kil. *Soignies*, ville de 6,750 hab., dont l'église abbatiale de *St-Vincent* date de 965. — 49 kil. *Jurbise*, où se détache l'embranchement pour Tournai et Courtrai.

61 kil. **Mons**, chef-lieu du Hainaut, ville de 24,350 hab., sur la *Trouille*, occupant l'emplacement d'un château construit par César. — L'édifice le plus curieux de Mons est sa cathédrale gothique, *Ste-Waudru*, des XVe et XVIe s. Le chœur, qui a de fort beaux vitraux, en est la partie la plus ancienne. L'intérieur est un modèle

† Cette partie de notre guide n'a pour but que de donner aux voyageurs se rendant directement à Paris, quelques renseignements concernant les pays parcourus par les grandes lignes de chemins de fer qui y conduisent, leurs principales stations et les curiosités les plus importantes qui se rencontrent sur ces routes.

BÆDEKER, Paris, 5e édition.

d'élégance. — La ville est dominée par un *beffroi*, bâti en 1662. — L'*hôtel de ville* est un bel édifice du xv° s., avec une tour de 1718.

Les houillères des environs sont les plus productives de la Belgique. — Près de Mons se trouvent les champs de bataille de *Malplaquet* (1709 et 1794) et de *Jemmapes* (1792). — 64 kil. *Cuesmes* (houillères). — 68 kil. *Frameries*. — 76 kil. *Quévy*. — 82 kil. *Feignies*, première station française, où se trouve la douane (v. p. 337).

On rejoint ensuite, non loin de Hautmont, la ligne de Cologne par Liége, etc. (p. 340), qu'on remonte (1 kil.) jusqu'à

84 kil. **Maubeuge**, ville de 14,400 hab., place de guerre importante sur la *Sambre*, et jadis capitale du Hainaut. — 86 kil. *Hautmont*. — 94 kil. *Aulnoye* (buffet). On traverse la Sambre, puis la ligne de Valenciennes à Mézières et une forêt. — 108 kil. *Landrecies*, petite ville forte, sur la Sambre. — 120 kil. *Le Cateau-Cambrésis*, connu par un traité de paix entre la France et l'Espagne, en 1559. Puis un beau viaduc de 24 m. de haut et 235 de long sur la *Selle*. Plus loin, à dr., s'embranche la ligne de *Cambrai*. — 129 kil. *Busigny*. — 135 kil. *Bohain*.

156 kil. **St-Quentin** *(hôtel du Cygne)*, ancienne ville forte, de 39,000 hab., sur la rive dr. de la *Somme* et à la tête du canal de St-Quentin, une des villes les plus industrielles de France (tissus). St-Quentin est célèbre par la bataille gagnée le 10 août 1557 par les Espagnols et leurs alliés, commandés par Emmanuel-Philibert de Savoie, sur l'amiral Coligny et le connétable Anne de Montmorency. Dans la dernière guerre, le 19 janv. 1871, l'armée française du Nord, sous les ordres du général Faidherbe, fut aussi défaite en cet endroit par les Prussiens du général Gœben et rejetée sur Lille: ainsi échouait une tentative suprême pour secourir Paris. — La ville est dominée par une belle *\*église collégiale* gothique, à deux transepts, dont le chœur est de 1257 et la nef, haute de 40 m. sous voûte, de 1456. — On en remarque aussi l'*hôtel de ville*, des xiv° et xv° s., avec sa belle façade du style ogival flamboyant.

179 kil. *Tergnier* (buffet), dont les ateliers de la compagnie du chemin de fer du Nord ont fait une petite ville. — A dr., un embranchement sur Amiens (p. 351) et Rouen. — 186 kil. *Chauny*, ville de 9,200 hab., sur l'*Oise*, renommée pour ses blanchisseries de toile.

202 kil. *Noyon* (hôt. du Nord), ville riante et paisible d'environ 6,440 hab., patrie de Calvin (1509-1564). — Sa *\*cathédrale* est un des plus beaux monuments de l'époque de transition (xi° et xii° s.).

La ligne franchit la Verre et suit la vallée de l'Oise.

226 kil. **Compiègne**. Pour cette ville, ainsi que pour le reste du parcours, v. p. 332 et précédentes.

## 42. De Cologne à Paris,
### par Verviers, Liège, Namur, Charleroi et Erquelines.

494 kil. 11 h. 3/4 par les trains express et de 17 à 18 par les autres. Prix de Cologne: 47 marcs 80 et 35 M. 60 ou 58 fr. 25 et 43 fr. 85; — de Verviers, express: 44 fr. 30, 33 fr. 35; train ordinaire: 41 fr. 40, 31 fr., 22 fr. 15; — de Liège: 42 fr. 05, 31 fr. 65, ou 39 fr. 60, 29 fr. 75, 21 fr. 25; — de Namur: 35 fr. 85, 26 fr. 95, ou 34 fr. 60, 29 fr. 95, 18 fr. 75; — de Charleroi: 32 fr. 70; 24 fr. 55, ou 32 fr. 10, 24 fr. 05, 17 fr. 50. — Les personnes partant de Cologne par l'express (9 h. 5 du m.; 10 h. 30 du s.) ne peuvent avoir de billets directs que pour la 1re classe.

Les *bagages* enregistrés pour Paris ne sont visités par la douane qu'à l'arrivée dans cette ville (p. 1); ceux que l'on garde avec soi, le sont à Verviers par les employés belges, et à Jeumont par les employés français.

La ligne suivie jusqu'à la frontière belge, le chemin de fer Rhénan (Cologne-Herbesthal) traverse le fertile duché de Juliers. 40 kil. *Düren*, petite ville. — 55 kil. *Eschweiler*. Contrée riante et très-industrielle. — 58 kil. *Stolberg*. Avant d'arriver à Aix-la-Chapelle, à dr. dans un fond, le *Frankenbourg*, château qui fut jadis le séjour de prédilection de Charlemagne.

69 kil. **Aix-la-Chapelle**, en all. *Aachen*. L'ancienne ville impériale (74,150 hab.), à dr., dans une plaine fertile entourée de collines. Elle n'est séparée que par la voie ferrée de la petite ville de *Borcette* (Burtscheid), célèbre comme elle-même par ses eaux thermales sulfureuses. Malgré son ancienneté, Aix-la-Chapelle présente un aspect moderne. La *cathédrale* et l'*hôtel de ville* en sont les monuments les plus remarquables. V. *l'Allemagne* ou *les Bords du Rhin*, par K. Bædeker.

Pour plus de détails sur le parcours jusqu'à la frontière française, v. aussi notre guide pour *la Belgique et la Hollande*.

85 kil. *Herbesthal*, dernière localité prussienne.

93 kil. *Dolhain*, station belge. Sur la hauteur, à g., *Limbourg*, jadis capitale d'un duché et qui n'est plus qu'un village.

La ligne parcourt ensuite la riante et verte vallée de la *Vesdre*, petite rivière qu'elle franchit à plusieurs reprises. Elle traverse jusqu'à Liège 19 tunnels, au sortir de chacun desquels un nouveau paysage s'offre aux yeux du voyageur. Cette partie du trajet est la plus intéressante de la route de Cologne à Paris.

101 kil. **Verviers** (*buffet* à la station), ville manufacturière de 40,000 hab. Tout le monde descend de voiture pour la visite de la douane belge, à laquelle il faut présenter les petits colis qu'on a pris avec soi dans le coupé. Pour le reste des bagages, voir la remarque au commencement de cet article. Il y a un temps d'arrêt assez long. Le train se trouve ensuite de l'autre côté de la gare; on aura soin à l'express du soir de ne pas monter dans un wagon allant sur Bruxelles.

106 kil. *Pépinster*. A g., un embranchement sur *Spa* (1/2 h.).

Le train franchit à *Chênée* (122 kil.) l'*Ourthe*, grossie de la Vesdre; il passe à côté des grandes fonderies de zinc de la Vieille-Montagne, traverse la *Meuse* et arrive à

129 kil. **Liège** (*hôt. de Suède*, etc.; *buffet* à la gare), ville très-industrielle (armes, machines) de 117,600 hab., chef-lieu de la province du même nom. Elle présente un aspect des plus pittoresques, grâce à la beauté du site qu'elle occupe sur les bords de la Meuse et sur une hauteur de la rive g. de cette rivière. Le *palais de justice* et les églises *St-Jacques* et *St-Paul* sont les principales curiosités de cette ville. Elle est dominée par une *citadelle*.

La contrée que notre ligne traverse après Liège est aussi très-industrielle et très-pittoresque. Nous restons sur la rive g. de la Meuse jusqu'à Namur. — 135 kil. *Flémalle*, d'où part un embranchement desservant les grandes usines métallurgiques de *Seraing* (9,500 employés et ouvriers). — A dr. et à g., plusieurs châteaux anciens et modernes. — 155 kil. *Huy*, ville forte de 11,000 hab., bâtie en amphithéâtre au bord de la Meuse, avec un beau pont et une église gothique.

Puis un tunnel et des collines couvertes de vignes.

184 kil. **Namur** (*hôt. d'Harscamp*), ville de 27,000 hab., chef-lieu de province, et place forte au confluent de la Meuse et de la *Sambre*.

Le chemin de fer reste peu de temps au bord de la Sambre, dont il traverse souvent le cours sinueux avant Charleroi.

216 kil. **Charleroi**, ville fort industrielle, de 16,700 hab., fondée en 1666 par Charles II, roi d'Espagne, auquel elle doit son nom.

On monte un peu et l'on entre dans un pays charmant, baigné par la Sambre, que l'on passe encore plusieurs fois. — 226 kil. *Thuin*, petite ville fort bien située sur la croupe d'une montagne. 245 kil. *Erquelines*, où se fait la visite de la douane belge lorsqu'on vient de France.

248 kil. **Jeumont** (*buffet*), première station française. On descend pour passer à la douane comme à Verviers (v. p. 339).

La contrée est ensuite généralement plate; on traverse des plaines fertiles, en suivant encore la vallée de la Sambre jusqu'au delà de Landrecies, à 36 kil. de Jeumont.

257 kil. **Maubeuge**, etc. (v. p. 338).

## 43. De Metz à Paris,
### par Pagny et Frouard.

392 kil. 9 h. 30, 11 h. ou 12 h. 30 environ. Prix: 47 fr. 95, 35 fr. 90, 26 fr. 20 c.

Les *bagages* enregistrés pour Paris ne sont visités par la douane qu'à l'arrivée dans cette ville (v. p. 1); ceux que l'on garde avec soi, le sont à la frontière, à Pagny-sur-Moselle.

**Metz** (hôt.: *de l'Europe* et *de Metz*, rue des Clercs), ville d'environ 38,000 hab., dans une vallée encaissée, sur la *Moselle*, qui y forme plusieurs bras, ancien chef-lieu du départ. français de la Moselle et capitale de la Lorraine allemande depuis 1871. Cette ville a toujours été bien fortifiée, et les Allemands en ont de nouveau étendu les ouvrages, qui sont le fort double de *St-Quentin*, à l'O.; les forts de *Plappeville*, aussi à l'O.; *St-Julien* et *les Bottes*, au N-E.; *Queuleu*, au S-E.; *St-Privat, Bellecroix* et la *Moselle*, au S. On remarque surtout à Metz la \*cathédrale, magnifique monument gothique construit du xiiie au xvie s. Sur la place voisine s'élève la statue du *maréchal Fabert* (m. 1662), qui se distingua dans les campagnes de Louis XIV. Au S-O. s'étend l'esplanade, jolie promenade avec la *statue du maréchal Ney*, en bronze. D'un côté se trouve une grande *caserne*, et de l'autre le *palais de justice*, édifice remarquable du siècle dernier.

Au sortir de la gare de Metz, on voit se détacher successivement de la ligne de Paris, à g., celle de Sarrebruck, à dr., celle qui se bifurque un peu plus loin sur Thionville et Verdun. La voie s'engage dans la jolie vallée de la Moselle et la suit jusqu'à Frouard. A dr., après le pont qui franchit la rivière, un des restes les plus importants de l'architecture romaine, les ruines d'un \*aqueduc, haut de 18 m. sur 112 m. de long, que Drusus fit construire pour amener l'eau de la Moselle à Metz; on en voit 7 arches tout près de la voie, au delà d'*Ars-sur-Moselle* (9 kil.), et 11 autres, parfaitement conservées, près de *Jouy-les-Arches*.

14 kil. *Novéant*, avec un pont suspendu sur la Moselle.

20 kil. *Pagny-sur-Moselle*, première station française depuis l'annexion (douane, v. p. 340; heure française, 25 min. de retard).

29 kil. **Pont-à-Mousson**, ville de 10,970 hab., dans un site pittoresque, dominée par les flèches goth. de son église St-Martin.

47 kil. *Frouard* (p. 343), où l'embranchement de Metz rejoint la grande ligne de Strasbourg à Paris (v. ci-dessous; en sens inverse).

## 44. De Paris à Nancy et à Strasbourg.

*Chemin de fer de l'Est* (pl. R. 24; p. 30). 353 kil. jusqu'à Nancy. 7 h. 15 ou 7 h. 30 par trains express, en 11 h. 15 ou 11 h. 30 par les autres trains. Prix: 43 fr. 50, 32 fr. 60, 23 fr. 90 c. — 503 kil. jusqu'à Strasbourg. 12 h. par la grande vitesse, en 16 h. environ par les trains ordinaires. Prix: express et trains poste: 61 fr. 30, 45 fr. 50; billet mixte (1re en France, 2e en All.), 58 fr. 20; trains omnibus: 60 fr., 44 fr. 20, 31 fr. 35 c. — *N.B.* L'express de l'après-midi a des 1res et des 2es classes; celui du matin et le train poste du soir n'ont que des 1res en France. — La visite de la *douane* se fait à Avricourt.

Passé la gare aux marchandises, on croise le chemin de fer de ceinture, le canal de St-Denis, les fortifications et le canal de l'Ourcq, laisse à dr. la ligne de Mulhouse (p. 345), et s'approche, après *Lagny-Thorigny* (28 kil.), de la *Marne*, qu'on franchit plusieurs fois jusqu'à Vitry-le-François.

45 kil. **Meaux** (*buffet*), ville de 11,740 hab., sur la Marne, avec une belle *cathédrale* gothique, des xiie-xvie s. — Outre la Marne, on traverse encore le canal de l'Ourcq et un tunnel avant

66 kil. *La Ferté-sous-Jouarre*, petite ville (4,775 hab.) fort bien située sur la Marne. — La vallée de cette rivière offre main-

tenant un aspect des plus riants; c'est une contrée riche et bien cultivée, avec des collines boisées ou couvertes de vignes. On passe encore trois ponts et deux tunnels.

**95 kil. Château-Thierry** *(buffet)*, jolie petite ville de 6,900 hab., patrie de la Fontaine. Les alliés y furent battus en 1814.

Ensuite les vignobles de la Champagne. A dr., près de *Damery* (135 kil.), le \**château de Boursault*, de la Renaissance.

**142 kil. Epernay** *(buffet*, arrêt pour le déj. et le dîn.*)*, ville de 13,560 hab., dans un très-joli site sur la rive g. de la Marne, au milieu de vignobles des plus célèbres, et le centre du commerce de vin de Champagne. Embranch. sur Reims, à g., et Nogent-sur-Seine, à dr. (p. 347). — Les coteaux s'abaissent et le paysage commence à prendre un aspect monotone, qu'il conservera pendant longtemps.

**173 kil. Châlons-sur-Marne**, chef-lieu de département, ville de 20,200 hab., faisant aussi un grand commerce de vin de Champagne. C'est près de là qu'eut lieu, en 471, la célèbre bataille où les Huns furent défaits par les Romains et leurs alliés les Francs et les Visigoths. Le camp de Châlons se trouve à 27 kil. de cette ville (embranchement). — Chemins de fer pour Reims, Metz, et Troyes.

La voie longe des coteaux crayeux, à dr. de la Marne, dans l'immense plaine de la «Champagne pouilleuse».

**205 kil. Vitry-le-François**, ville de 7,600 hab., dont on aperçoit la belle église du style de la Renaissance.

Le chemin de fer traverse la Marne pour la dernière fois, puis il suit ou côtoie pendant longtemps le *canal de la Marne au Rhin*.

218 kil. *Blesme* (buffet). Embranchement sur Chaumont (p. 346).

231 kil. *Sermaize*, sur la *Saulx*, que le chemin de fer traverse, ainsi que le canal de la Marne au Rhin et l'*Ornain*.

**254 kil. Bar-le-Duc** *(buffet)*, ancienne capitale du duché de Bar, charmante ville de 16,700 hab., sur l'Ornain, et chef-lieu du département de la Meuse. Confitures célèbres. — On laisse sur la droite le canal, qui fait plus loin un immense circuit et traverse à *Demange* un souterrain de 4 kil. de long, tandis que le chemin de fer tourne lui-même à l'opposé. — 265 kil. *Nançois-le-Petit*. Avant et après *Loxéville* (276 kil.), on passe dans des tranchées profondes (jusqu'à 22 m.), creusées à travers les hauteurs qui séparent les bassins de la Seine et de la Meuse.

**295 kil. Commercy**, petite ville de 5,150 hab., avec un grand château sur le bord de la Meuse. Pâtisserie renommée, les «madeleines». — La voie franchit deux bras de la *Meuse*. Plus loin, un tunnel de 570 m. — 308 kil. *Pagny-sur-Meuse*, avec un autre embranchement sur Chaumont (p. 346). — On passe dans la vallée de la Moselle par un tunnel de 1120 m., et on rejoint le canal de la Marne au Rhin, qui a aussi traversé un nouveau souterrain.

**320 kil. Toul**, place forte, ville de près de 10,100 hab., une des plus anciennes de la Lorraine. On ne voit guère que les tours de ses belles églises gothiques, à dr., à une certaine distance.

La ligne décrit des courbes très-prononcées, en croisant le canal, puis la *Moselle*, qui coulent ensuite parallèlement à g. Le canal présente des particularités de construction et des ouvrages extrêmement curieux, surtout un tunnel (500 m.) sous Liverdun, précédé et suivi de tranchées très-profondes et un *pont-canal* sur la Moselle. Les travaux ont coûté 3,500,000 fr.

338 kil. *Liverdun*, bâti sur une colline, dans un site pittoresque. La contrée qu'on parcourt maintenant est du reste une des plus charmantes de tout le trajet de Paris à Strasbourg.

345 kil. *Frouard* (buffet), village bâti également dans une belle position, un peu en amont du confluent de la Moselle et de la *Meurthe*, et sur la rive g. de cette dernière. C'est la station près de laquelle s'embranche la ligne de Metz (v. p. 340). Le train pour Nancy quitte la vallée de la Moselle pour remonter celle de la Meurthe, et laisse enfin apercevoir, à g., la jolie ville de Nancy.

353 kil. **Nancy**. — Hôtels: *du Commerce* et *de l'Europe*, rue des Carmes, 4 et 5; *de France*, rue de la Poissonnerie; *de Paris*, rue de St-Dizier; *d'Angleterre* et *de Metz*, ces deux derniers près de la gare. — Cafés: les principaux sur la place Stanislas. — Buffet à la gare.

*Nancy*, chef-lieu du département de Meurthe-et-Moselle, sur la Meurthe, compte 66,300 hab. C'était autrefois la capitale et la résidence des ducs de Lorraine, dont le dernier fut l'ancien roi de Pologne Stanislas Leczinski (m. 1766). C'est lui et surtout son prédécesseur, Léopold (m. 1720), qui en ont fait une jolie ville, en y créant de belles places et de larges rues, et en y élevant de magnifiques constructions. On y entre par la porte Stanislas, une des sept portes en forme d'arc de triomphe que possède la ville. A dr., devant le lycée est la statue de l'agronome *Mathieu de Dombasle* (m. 1843). Sur le *Cours Léopold*, près de là, à g., celle du \*maréchal *Drouot* (m. 1847), l'une et l'autre par David d'Angers.

En redescendant la rue Stanislas, on arrive à la \**place Stanislas*, au centre de Nancy, dont elle est aussi la partie la plus brillante. Au milieu s'élève la *statue de Stanislas Leczinski*, en bronze, d'après Jacquot. La place est entourée d'édifices remarquables: l'*hôtel de ville* (musée), le *théâtre*, l'*évêché*, etc. Derrière l'hôtel de ville est située la *préfecture*. En passant à g. sous l'*arc de triomphe*, on arrive à la belle *place Carrière*, où sont l'ancienne résidence du roi Stanislas, aujourd'hui le *palais du Gouvernement*, et les tribunaux. Sur la droite, la belle promenade de la *Pépinière*. A g. de la place Carrière, la magnifique église neuve de *St-Epvre*, du style gothique.

Dans la Grande Rue, à g. du palais du Gouvernement, une aile de l'ancien *palais ducal*, dont le reste a été détruit par un incendie en 1871; on y remarque surtout une belle porte, du XV$^e$ s. Derrière se trouve l'*église des Cordeliers*, qui contient des tombeaux remarquables, entre autres, à g., celui du célèbre peintre et graveur Jacques Callot (m. 1635), né à Nancy, et, dans la \**chapelle ronde*, le mausolée des ducs de Lorraine, achevé en 1744. Enfin à l'extrémité de la Grande Rue, une ancienne porte de la ville, la *porte de la Craffe*, du XVe s.

La ligne de Strasbourg suit la vallée et traverse plus loin la Meurthe et le canal de la Marne au Rhin. — 137 kil. *Blainville-la-Grande*, d'où part un embranchement sur Epinal et Vesoul (p. 346).

386 kil. **Lunéville,** jolie ville de 16,000 hab., à l'embouchure de la *Vezouze* dans la Meurthe. Elle est connue par la paix qui y fut conclue en 1801 entre l'Autriche et la France.

410 kil. *Avricourt*, dernière station française, et *Deutsch-Avricourt*, où se trouve la douane allemande. Il sera bon de noter que l'heure est ici de 25 min. en avance sur l'heure française.

432 kil. *Sarrebourg*, petite ville sur la rive dr. de la *Sarre*.

Vient ensuite le grand *tunnel d'Archwiller*, long de 2,950 m., que le train met 4 min. à traverser; il sert à conduire le canal de la Marne au Rhin et le chemin de fer à travers les premiers contreforts des *Vosges*. Puis un beau pont sur le canal et sur la *Zorn*. Le chemin de fer, le canal, la rivière et la grande route courent l'un à côté de l'autre dans la charmante et pittoresque vallée de cette rivière; les ponts, les remblais, les viaducs et les tunnels (6) alternent sans cesse sur le court trajet de 45 min. qui sépare Sarrebourg de Saverne. Sur la rive dr., le château de *Lutzelstein*; plus loin, ceux de *Geroldseck*; à dr., au sommet d'une autre montagne, les ruines de celui de *Haut-Barr*, qui semblent sortir des rochers de grès rouge sur lesquels elles se trouvent, et à g., aussi sur une montagne boisée, les ruines de *Greifenstein*.

459 kil. **Saverne**, en all. *Zabern*, petite ville très-tranquille d'environ 6,000 hab., dont on remarque de loin le *château* grandiose. Saverne est bâtie dans un beau site près des *Vosges*, et l'on peut faire de jolies excursions dans les environs (v. *les Bords du Rhin*, par K. Bædeker). La contrée redevient assez uniforme.

493 kil. *Vendenheim*, station d'où part la ligne de Haguenau, Wissembourg et Sarreguemines (v. *les Bords du Rhin*).

501 kil. **Strasbourg.** — HÔTELS: \*de la *Ville de Paris*, près du Broglie; \*de la *Maison-Rouge*, place Kléber; de l'*Europe*, rue de la Nuée-Bleue; d'*Angleterre*, en face de la gare; de la *Vignette*, Grand'Rue (Langestrasse); de *France*, place St-Pierre; de la *Ville de Lyon*, Kinderspielgasse; de la *Ville de Vienne*, près de la gare. — RESTAURANTS: *Valentin*, Vieux-Marché-aux-Vins; de la *Pomme de Pin*, place Kléber. — CAFÉS: du *Broglie* et du *Globe*, sur le Broglie, avec restaur. — CITADINES: la course, 75 c.; bagages, au-dessus de 5 kilogr., 20 c.; 1/4 d'h., 75 c.; 1/2 h., 1 fr. 20; 1 h., 2 fr.; 1/3 de plus le soir, le double après minuit.

*Strasbourg*, ville d'environ 94,300 hab., chef-lieu de l'Alsace-Lorraine allemande depuis 1871, est située sur l'*Ill*, à 1 h. du Rhin, avec lequel elle communique par deux canaux.

Sa magnifique \*\**cathédrale* (fermée de midi à 2 h.) présente l'architecture gothique dans ses différentes transformations, de 1176 à

1439. On en admire surtout la façade, la flèche, haute de 142 m., le portail S., la chaire, l'horloge astronomique et les fonts baptismaux.

L'ancien *palais épiscopal*, situé en face du portail S., sert actuellement à l'*université*.

Non loin de la cathédrale, du côté de la façade, sur une place, se trouve le *monument de Gutenberg*, par David d'Angers.

Le temple \*St-Thomas (visible avec une carte de 30 c. qu'on se procure à la papeterie de la place voisine), édifice gothique construit de 1031 à 1330, renferme le \*monument du maréchal de Saxe, par Pigalle, achevé en 1776, après 20 ans de travail.

Une des places les plus animées est le *Broglie*, au N-O., près de la cathédrale, transformé par le maréchal de Broglie en 1470.

Sur la place qui porte son nom, plus à l'O., s'élève la \*statue de *Kléber*, (m. 1800), en bronze, par Grass.

Pour les bords du Rhin et l'Allemagne, v. nos guides spéciaux.

## 45. De Bâle à Paris.

525 kil. Trajet en 12 h. environ par le train direct, le matin (1re et 2e cl.), et par le train poste, vers le soir (1re cl. seulement); en 18 h. par les trains semi-directs. Prix des places, par train express et train poste: 64 fr. 25, 47 fr. 88; par train omnibus: 63 fr. 10, 46 fr. 75, 33 fr. 95.

Les *bagages* enregistrés pour Paris ne sont visités qu'en arrivant dans cette ville (v. p. 1), les autres, le sont à Bâle même, par la douane allemande, et à Montreux-Vieux, sur la frontière française.

On part de la gare centrale, sur la rive g. du Rhin. A 3 kil. de là, on passe la frontière entre la Suisse et l'Alsace. A dr., sur la rive g., *Huningue*, où le général Barbahègre tint tête aux Autrichiens en 1815, pendant 12 jours, avec 135 hommes contre 25,000. On voit aussi de ce côté la Forêt-Noire. — 5 kil. *St-Louis* (douane allemande).

32 kil. **Mulhouse**, en all. *Mülhausen* (buffet à la gare), ville de 57,000 hab., aujourd'hui à l'Allemagne, et centre manufacturier le plus important de l'Alsace (tissus), sur l'*Ill* et le *canal du Rhône au Rhin*. Embranchement sur Strasbourg (p. 344), à dr.

On remonte la vallée de l'Ill en longeant le canal. — 48 kil. *Altkirch*, petite ville, dans un beau site. On franchit de nouveau l'Ill et on passe sur un viaduc courbe de 35 arches, puis, après *Dannemarie*, en all. *Dammerkirch* (58 kil.), trois autres viaducs, dont le premier a près de 500 m. de longueur et 24 m. de hauteur. Les Vosges se montrent à dr. de la voie.

66 kil. *Montreux-Vieux*, en all. *Altmünsterol*, sur la nouvelle frontière entre l'Alsace et la France (douane, v. ci-dessus).

82 kil. **Belfort** ou *Béfort (buffet)*, ville d'environ 15,175 hab. et place forte très-importante; défendant le passage entre les Vosges et le Jura nommé *trouée de Belfort*. Elle a maintes fois résisté avec succès à des sièges en règle, notamment dans la dernière guerre, où elle ne s'est rendue qu'à la conclusion de la paix. Embranchement sur Besançon et Dijon (p. 348).

Paysage magnifique. Dans le lointain, à dr., le *ballon d'Alsace*

(1257 m.). A 13 kil. environ, un tunnel de 1250 m. sous un contrefort des Vosges. — 97 kil. *Champagney*, sur le *Rahin*, affluent de la Saône. — 104 kil. *Lure*, petite ville. — 122 kil. *Genevreuille*.

144 kil. **Vesoul** *(buffet)*, chef-lieu du départ. de la Haute-Saône et ville de 9,200 hab., bien située dans la vallée du *Durgeon*. Embranch. sur Besançon, sur Nancy (p. 343) et sur Dijon (p. 348).

La voie se dirige au N.-O. vers la vallée de la Saône. — 148 kil. *Vaivre*. — 155 kil. *Port-sur-Saône*. — 164 kil. *Port-d'Atelier* (buffet), d'où part un embranch. sur Nancy (p. 343). — On remonte la rive g. de la Saône et traverse cette rivière. — 178 kil. *Jussey*. — 197 kil. *La Ferté-Bourbonne*, sur l'*Amance*, dont le chemin de fer parcourt la riante vallée. Après *Hortes* (208 kil.), un long tunnel et un beau viaduc sur le *Salon*. — 217 kil. *Chalindrey* (buffet), avec embranch. pour Gray et Auxonne (p. 348). — Puis, entre cette station et Langres, un tunnel de 1380 m. et un pont sur la *Marne*. La ville se voit à g., à 2 kil. de la station.

228 kil. **Langres**, place forte et ville très-ancienne, de 10,375 hab., sur un plateau de 473 m. d'altitude, le plus haut de France après celui du Briançon (1206 m.). On y remarque surtout la cathédrale, du style de transition, et une porte gallo-romaine.

De Langres à Chaumont, le train suit la jolie vallée de la Marne, en traversant deux tunnels et deux ponts.

263 kil. **Chaumont** *(buffet)*, chef-lieu du départ. de la Haute-Marne, ville de 9,225 hab., sur une montagne aride *(Calvus Mons)*, entre la Marne et la *Suize*. Edifice principal, l'église St-Jean-Baptiste, du xiiie s., dont les deux flèches s'aperçoivent de fort loin. Embranch. sur Blesme (p. 342) et sur Nuits-sous-Ravières (p. 349).

Au delà de Chaumont, sur la Suize, un gigantesque *viaduc* de 600 m. de long et 50 de haut, à 2 et 3 étages, avec 50 arches et des galeries sous la voie ferrée. — 275 kil. *Bricon*. — 285 kil. *Maranville*. — 291 kil. *Clairvaux*. Le village, où fut fondée, par St Bernard, en 1115, la célèbre abbaye de ce nom, est à 2 kil. sur la g. Reconstruit au xviiie s., il n'offre plus rien d'intéressant ; on l'a transformé en prison. Paysage très-pittoresque aux environs de Clairvaux et dans la vallée où serpente l'*Aube*, que le train franchit 6 fois jusqu'à la station suivante.

304 kil. *Bar-sur-Aube*, petite ville fort ancienne. — 315 kil. *Jessains*, où le chemin de fer quitte la vallée de l'Aube. — 326. *Vendeuvre*. Puis un viaduc considérable sur la *Barse*. A environ 4 kil. de Troyes, le train franchit pour la première fois la *Seine*.

358 kil. **Troyes** *(buffet)*, jolie ville très-ancienne, autrefois capitale de la Champagne et maintenant chef-lieu du département de l'Aube, sur la rive g. de la Seine, avec une population de plus de 41,275 hab. Elle a de beaux monuments qui méritent qu'on s'y arrête : *St-Urbain* (xiiie s.), *St-Pierre* (xiiie-xv[e] s.) ; des *hôtels* particuliers des xve et xvie s., son *hôtel de ville*, etc. Embranchements pour Châtillon-sur-Seine et pour Sens (p. 349).

La ligne de Paris continue de suivre la vallée de la Seine. — 384 kil. *Mesgrigny*. — 396 kil. *Romilly*, d'où se détache, à dr., une ligne sur Épernay (p. 342). — 406 kil. *Pont-sur-Seine*. On traverse la Seine et de grandes prairies.

414 kil. *Nogent-sur-Seine*, petite ville d'environ 3,435 hab. — 430. *Flamboin-Gouaix* (buffet), avec embranch. sur Montereau (p. 349). — Le train quitte la vallée pour monter, par une tranchée de 2,400 m. de long, au plateau de *la Brie*, dont il parcourt ensuite les plaines fertiles mais uniformes. — 436 kil. *Longueville*, après une grande tranchée. Puis un viaduc de 486 m. de long et 20 m. de haut, un petit tunnel et plusieurs tranchées. — 455 kil. *Nangis*, petite ville. — 466 kil. *Mormant*. — 472 kil. *Verneuil*. Une tranchée de 2,300 m. et un viaduc sur l'*Yères*, affluent de la Seine. — 486 kil. *Gretz-Armainvillers*, avec embranch. sur Coulommiers. — Une tranchée de 4,400 m. de long. — 504 kil. *Villiers-sur-Marne*. A g., *Champigny*, célèbre par les batailles des 30 nov. et 2 déc. 1870. La voie franchit la *Marne* sur un très-beau viaduc courbe de 827 m. de long et 28 m. de haut. A g. encore, le *bois de Vincennes* (p. 212).

508 kil. *Nogent-sur-Marne*, village relié à Paris par un second chemin de fer, celui de Vincennes, le long de la rivière, à g. (v. p. 210). On rejoint à *Noisy-le-Sec* (517 kil.) la ligne de Strasbourg, qui débouche à dr. (R. 44). Pour le reste du parcours (9 kil.) et l'arrivée à Paris, v. p. 341 et p. 1.

## 46. De Neuchâtel à Paris,
### par Pontarlier, Dôle et Dijon.

507 kil. Trajet en 13 h. environ. Prix : 61 fr. 95, 46 fr. 55, 34 fr. 25.

Les *bagages* enregistrés pour Paris ne sont visités qu'en arrivant dans cette ville (p. 1), les autres le sont à Pontarlier.

On traverse bientôt le *Seyon* et un petit tunnel, à la sortie duquel on jouit d'un superbe coup d'œil sur le lac de Neuchâtel et les Alpes. La voie suit les versants plantés de vignes du Jura, à une grande hauteur, et passe sur un viaduc fort élevé ; puis elle s'engage dans la vallée étroite et boisée de la *Reuse*. A g., le grand viaduc de la ligne d'Yverdon. Dernier coup d'œil magnifique sur le lac de Neuchâtel. Ensuite viennent 5 tunnels dans des rochers escarpés.

18 kil. *Noiraigue*, où la vallée s'élargit et prend le nom de *Val de Travers*. — 26 kil. *Couvet*, jolie petite ville. — 30 kil. *Boveresse*. Le paysage redevient très-pittoresque. Un tunnel, deux viaducs et un autre tunnel. La voie atteint son point le plus élevé (895 m.).

38 kil. *Les Verrières Suisses*, où l'armée française de l'Est, commandée par le général Bourbaki, passa la frontière le 1er févr. 1871.

40 kil. *Les Verrières Françaises* ou *de Joux*. On passe ensuite par le défilé de *la Cluse*, qui est fortifié. A dr., sur un rocher haut de 200 m., le *fort de Joux* ; à g., sur un rocher encore plus élevé, un

autre fort construit de nos jours. Le chemin de fer franchit le *Doubs* et en suit la rive g. jusqu'à la station suivante.

51 kil. **Pontarlier** *(buffet* à la gare), petite ville de 5,700 hab., où se trouve le bureau de la douane. L'heure française retarde de 26 min. sur l'heure de Berne.

63 kil. *La Rivière.* — 67 kil. *Frasne.* — 75 kil. *Boujailles.* — 82 kil. *La Joux* (forêt et tunnel). — 88 kil. *Andelot.* — 93 kil. *Pont-d'Héry* (autre forêt et 4 tunnels). — 102 kil. *Mesnay-Arbois*, sur la *Cuisance.* — 113 kil. *Mouchard*, d'où partent, à dr., une ligne sur Besançon; à g., une autre sur Bourg (p. 350) et Lyon. On traverse la *Loue*, affluent du Doubs. — 119 kil. *Arc-Senans.* — 125 kil. *Châteley.* — 130 kil. *Montbarrey.* — 135 kil. *Grand-Contour.* Ponts sur le Doubs et le *canal du Rhône au Rhin*; embranch. à dr. sur Besançon.

145 kil. **Dôle** *(buffet)*, ville de 12,900 hab., dans un joli site. Il part encore de Dôle un embranchement vers le S., allant rejoindre la ligne de Lyon à Châlon-sur-Saône (p. 350). — On entre dans une longue tranchée et passe par un tunnel de 600 m. — 149 kil. *Champvans.* Puis un pont sur la *Saône.*

160 kil. **Auxonne** *(buffet)*, petite ville bien bâtie, de 6,530 hab. A dr., un embranchement sur Gray et Chalindrey (p. 346). — 173 kil. *Genlis.* Plus loin, la voie est établie entre l'*Ouche* (à dr.) et le *canal de Bourgogne*, qui relie la Saône à la Seine. Du même côté débouche la ligne de Genève et Lyon (v. p. 351).

192 kil. **Dijon** *(buffet)*, jolie ville de 47,940 hab., ancienne capitale de la Bourgogne et aujourd'hui chef-lieu du département de la Côte-d'Or, au confluent de l'Ouche et du *Suzon*, sur le canal de Bourgogne et au pied d'une chaine de montagnes que domine le mont Affrique (v. ci-dessous). Les ducs de Bourgogne y résidèrent pendant 4 siècles (1179-1477), jusqu'à la mort de Charles le Téméraire, et les monuments de ce temps lui donnent un intérêt considérable. Dijon est la patrie de Bossuet, de Crébillon, etc. Ses principaux édifices sont le *palais des ducs de Bourgogne* (hôtel de ville), renfermant les magnifiques tombeaux de Philippe le Hardi et de Jean sans Peur, ainsi qu'un musée; l'église *Notre-Dame*, du XIIIe s., dont le portail est précédé d'un joli et vaste porche, et *St-Bénigne*, la cathédrale, aussi du XIIIe s.

Le chemin de fer monte pendant quelque temps la jolie vallée de l'Ouche, où il passe par un grand nombre de viaducs (un de 22 et un de 38 m. de haut), de tunnels et de tranchées, ayant à sa g. les montagnes de la Côte-d'Or. Après *Velars* (203 kil.), non loin du *mont Affrique* (584 m.), le viaduc de la *Combe-de-Fain*, de 44 m. de haut et 220 m. de long; deux tranchées et un nouveau viaduc moins important. Après *Mâlain* (211 kil.), un tunnel et encore un viaduc suivi du grand tunnel de *Blaisy*, à travers les monts de la Côte-d'Or, qui séparent le bassin du Rhône de celui de la Seine. Ce tunnel a plus de 4,000 m. de longueur (2 min. ½); on voit les ruines d'un château au-dessus de la sortie. — 242 kil. *Darcey*. Une plaine, plusieurs cours d'eau et le canal de Bourgogne.

264 kil. *Montbard* (2,650 hab.), patrie de Buffon. Le train franchit l'*Armançon* et en suit la vallée. — 274 kil. *Aisy*. — 282 kil. *Nuits-sous-Ravières*, avec embranch. sur Chaumont (p. 346). Au delà d'*Ancy-le-Franc* (288 kil.) un tunnel de 1 kil. de longueur, une tranchée, le canal, l'Armançon et un nouveau tunnel, de 532 m.

311 kil. **Tonnerre** *(buffet)*, petite ville d'environ 5,530 hab., sur le versant d'une colline et dominée par son église *St-Pierre*, des XII$^e$-XVI$^e$ s., bâtie sur des rochers escarpés. — Le chemin de fer longe la rive g. de l'Armançon et le canal de Bourgogne, parallèle à la rivière. — 352 kil. *Laroche*, au confluent de l'*Yonne* et de l'Armançon et sur le canal de Bourgogne. Embranch. sur Auxerre.
— On traverse l'Yonne pour en suivre la belle et fertile vallée jusqu'à Montereau (76 kil.). Les localités voisines de cette rivière font la plupart un grand commerce de bois flotté pour Paris. —
— 363 kil. *Joigny*, ville de 6,300 hab., sur la rive dr. et sur la côte St-Jacques, qui produit de bons vins.

393 kil. **Sens**, ville de 11,900 hab., l'ancienne capitale des *Sénons* ou *Sénonais*. Sa \*cathédrale, qui date surtout du XIII$^e$ s., est une des églises célèbres de France; elle est riche en œuvres d'art (trésor). Embranch. sur Troyes (p. 346).

428 kil. **Montereau** *(buffet)*, ville de 7,040 hab., bâtie dans un joli site, au confluent de la *Seine* et de l'Yonne. C'est sur le pont de Montereau que Jean sans Peur, duc de Bourgogne, fut assassiné en 1419 par les partisans du Dauphin, plus tard Charles VII. Embranchement sur Flamboin (p. 347).

Passé *St-Mammès* (438 kil.), on franchit le *Loing* sur un viaduc courbe de 30 arches et de 20 m. de hauteur. A g., la grande ligne du Bourbonnais, menant à Lyon par Nevers, Roanne et St-Etienne, etc.

440 kil. *Moret* (buffet), sur le Loing, petite ville dans un site pittoresque. Vient ensuite *Thomery* (443 k.), célèbre par ses raisins, dits chasselas de Fontainebleau; puis un viaduc aussi grand que celui de St-Mammès ou de Moret.

448 kil. **Fontainebleau** *(buffet)*. Pour cette ville, v. p. 343; pour le reste du parcours, p. 343-342, et pour l'arrivée, p. 1.

## 47. De Genève à Paris,
### par Culoz, Bourg, Mâcon et Dijon.

626 kil. 15 h. 30 par trains express; 19 à 20 h. par trains omnibus. Prix: 77 fr. 05, 58 fr. 85, 42 fr. 35 c.

Les *bagages* enregistrés pour Paris ne sont visités qu'à l'arrivée dans cette ville, les autres le sont à Bellegarde.

On suit d'abord la vallée du Rhône, sur la rive dr., jusqu'à

Culoz, entre les masses puissantes de l'extrémité de la chaîne du *Jura* à dr., et les flancs escarpés du *mont Vouache* (1049 m.) à g.

21 kil. *Collonges*, première station française. A dr. apparaît, au sommet d'un rocher (425 m.), le *fort de l'Ecluse*, qui commande complétement le défilé, l'entrée de la France par la vallée du Rhône. Le train passe en dessous par un petit tunnel, puis il traverse le grand *tunnel du Crédo*, long de 3,940 m., et un viaduc sur le vallon profondément encaissé de la Valserine.

32 kil. **Bellegarde** (*buffet* à la gare), où se trouve le bureau de la douane française (v. ci-dessus). Viennent ensuite 4 tunnels, le premier de plus de 1 kil., et un beau viaduc sur la Vézeronce.

66 kil. **Culoz** (*buffet*), où la ligne d'Italie par le mont Cenis vient rejoindre le chemin de fer de Genève à Paris. Il y a souvent changement de voiture et un long arrêt. Au-dessus de Culoz, au N., s'élève le *mont Colombier* (1534 m.).

Notre ligne quitte la vallée du Rhône, pour tourner à l'O. A près *Virieu-le-Grand* (78 kil.), à g., les *lacs de Pugieu* et un tunnel. — 86 kil. *Rossillon*. Le train s'engage dans une vallée déserte. A g., le *Molard de Don* (1218 m.). Puis la *vallée de l'Albarine*, dont la première partie présente un aspect sauvage et majestueux.

115 kil. *Ambérieu* (buffet), jolie petite ville (3,425 hab.), sur l'Albarine et au pied du Jura. — A dr., un embranch. sur Lyon.

128 kil. *Pont-d'Ain*, station avant laquelle on franchit l'*Ain*.

147 kil. **Bourg** *(buffet)*, ancienne capitale de la Bresse, ville de 15,700 hab., chef-lieu du départ. de l'Ain, sur la rive g. de la *Reyssouse*. A 10 min. de la ville est la célèbre \*église de Brou, du style gothique, construite de 1511 à 1536; elle renferme de magnifiques monuments funèbres.

Avant Mâcon, on longe la *Veyle*, traverse la *Saône*, remonte la vallée de cette rivière, et rencontre à g. la ligne de Lyon.

185 kil. **Mâcon** *(buffet)*, sur la rive g. de la Saône, ville d'environ 17,570 hab., chef-lieu du départ. de Saône-et-Loire, et centre d'un grand commerce de vins. C'est la patrie de Lamartine. Outre la ligne de Lyon, il s'en détache une à g. sur Moulins, par Cluny.

207 kil. *Uchizy*. — 217 kil. *Tournus* (buffet), ville de 5,640 hab. sur la Saône, avec une église remarquable, \*St-Philibert.

243 kil. **Châlon-sur-Saône**, ville d'environ 20,900 hab., sur la Saône, à l'embouchure du *canal du Centre*, qui unit cette rivière à la Loire. Les trains express ne touchent pas à la ville, mais s'arrêtent seulement à la station de *Châlon-St-Cosme*, d'où se détache un petit embranchement pour celle de *Châlon-Ville*. — Embranch. pour Lons-le-Saulnier et pour Dôle (p. 348).

De Châlon-sur-Saône à Dijon (67 kil.) s'étendent les vignobles fertiles de la *Côte-d'Or*, qui produisent les vins de Bourgogne les plus exquis, dont les principaux sont ceux de Thorins, Moulin-à-Vent, Chambertin, Nuits, Pomard, Clos-Vougeot, Volnay, Romanée, la Tâche, St-Georges, Corton, Beaune, Mercurey et Richebourg, tous rouges, et ceux de Meursault, Montrachet, Pouilly et Chablis, quatre sortes de vin blanc.

Le train qui a suivi la vallée de la Thalie, en sort par le *col de Chagny*, en traversant une tranchée de 2 kil. et deux tunnels, dont l'un est creusé sous le canal du Centre.

259 kil. *Chagny* (buffet), petite ville, avec embranch. sur Autun, sur le Creuzot (37 kil.), célèbre par ses grandes usines métallurgiques, etc. — 266 kil. *Meursault*, renommé pour ses vins blancs. Plus loin, un viaduc au-dessus de la *Bouzoise*, avant

274 kil. **Beaune**, ville de 11,420 hab., sur cette rivière, et centre d'un commerce important de vins de toute la Bourgogne.

288 kil. *Nuits-sous-Beaune* (3,600 hab.), bien connu par ses vins. Un combat eut lieu à Nuits au mois de décembre 1870, entre les Français et les Allemands.

On traverse ensuite le *canal de Bourgogne*, rejoint la ligne de Neuchâtel-Pontarlier (R. 46), franchit l'*Ouche* et arrive à

310 kil. **Dijon**. Voir p. 348 et suivante.

## 48. De Paris à Boulogne et à Calais,
### par Amiens.

*Chemin de fer du Nord* (pl. R. 24; p. 30). 254 kil. jusqu'à Boulogne. 4 h. 45 par les trains express, 6 h. à 7 h. 15 par les autres trains. Prix : 31 fr. 25, 23 fr. 45, 17 fr. 20 c. — 297 kil. jusqu'à Calais. 5 h. 45, par les trains express; 7 h. 30 à 9 h. par les autres trains. Prix : 36 fr. 55, 27 fr. 40, 20 fr. 10 c. C'est la ligne directe pour l'Angleterre.

De Paris à *Creil*, v. R. 40.

On laisse à dr. la ligne se dirigeant sur la Belgique et sur l'Allemagne par Compiègne (R. 41 et 42).

66 kil. *Clermont-de-l'Oise*, ville de 6,100 hab., gracieusement assise sur un coteau et dominée par un ancien donjon, transformé en maison de détention pour femmes.

95 kil. *Breteuil-Montdidier*. — On longe ensuite la rive dr. de la *Noye*, sur les bords de laquelle s'exploitent des tourbières. — 127 kil. *Longueau*. Puis, à dr., la ligne d'Arras. On traverse l'*Arve* et des jardins maraîchers, et l'on est à

131 kil. **Amiens** (*buffet*), sur la *Somme*, ville de 66,900 hab., ancienne capitale de la Picardie, aujourd'hui chef-lieu du départ. de la Somme et l'un des principaux centres manufacturiers de France. Amiens, où fut signé en 1802 la paix du même nom, entre la France et l'Angleterre, occupe aussi une page assez importante dans l'histoire de la dernière guerre; l'armée française du Nord y fut défaite le 20 nov. 1870. Sa \*\*\**cathédrale*, construite de 1220 à 1288, est un des plus belles églises gothiques de l'Europe; on en admire surtout la façade, dont les riches sculptures sont bien con-

servées; la nef, la clôture du chœur et les \*stalles. — *Musée* de tableaux modernes.

Le convoi traverse ensuite deux petits tunnels sous les rues de la ville, puis il suit la large et jolie vallée de la Somme, avec ses pâturages parsemés de bosquets, presque jusqu'à l'embouchure de la rivière dans la mer. A g. se détache la ligne d'Amiens à Rouen.

176 kil. **Abbeville,** ville manufacturière (draps) d'environ 19,400 hab., sur la Somme, dominée par l'église gothique inachevée de *St-Vulfran*. La marée se fait sentir jusqu'à Abbeville, qui est du reste un petit port maritime, grâce à son canal.

Le train passe la Somme; la contrée devient stérile et sablonneuse. — 216 kil. *Montreuil-Verton*. — On aperçoit à g. les collines jaunâtres des dunes, où on voit luire le soir plusieurs phares. Une dépression du rivage, après *Etaples* (227 kil.), laisse découvrir la mer. Le chemin de fer franchit la Cauche sur un pont de 500 m. de long. Pendant la marée haute, tout le bas fond sablonneux à g. de la voie se couvre d'eau. Ensuite on traverse les dunes; la contrée s'embellit; on aperçoit de loin la ville de Boulogne, bâtie en amphithéâtre sur une colline; à dr., le pont viaduc de la ligne de Calais. La gare est sur la rive g. de la *Liane*, tout près du port.

254 kil. **Boulogne-sur-Mer.** — Hôtels: \**des Bains*, \**d'Angleterre*, *Meurice*, rue de l'Ecu, non loin du port; *de Londres, de Folkstone*, sur le quai. — Voitures de place: de 6 h. du m. à minuit, la course, 1 fr. 50; l'heure, 2 fr.; de minuit à 6 h., 2 fr. ou 2 fr. 50. — Omnibus du chemin de fer aux bateaux à vapeur et vice versâ, gratuit si l'on a un billet direct de 1re ou de 2e cl. — Bateaux à vapeur pour l'Angleterre. Service entre Boulogne et *Folkstone*, traversée en 2 h. 15 (3 h. de Folkstone à Londres), 2 départs par jour, à heures variables suivant la marée, le 1er de jour, pour le trajet direct entre Paris et Londres par trains rapides (10 h.; prix de Paris: 75 fr. ou 56 fr. 25), ayant seulement des 1res et des 2es classes; le 2e de nuit (2e et 3e cl.) pour les trains ordinaires. Billets d'aller et retour à prix réduits. — Entre Boulogne et *Londres* directement, *par la Tamise*, 1 fois par jour, également à heures variables; trajet en 9 h. à 10 h. Pour *Londres et l'Angleterre*, v. notre guide spécial.

*Boulogne-sur-Mer* est une belle ville de 50,075 hab., située sur la *Liane*, dont l'embouchure forme un port de mer d'une certaine importance. On y rencontre beaucoup d'Anglais. Son extérieur témoigne d'une aisance générale. La *basse-ville* est située sur le versant d'une colline de la rive dr. Une large rue conduit du *pont de l'Ecluse* à la *haute ville*. Elle est croisée, dans la direction du N.-E. au S.-O., par une autre grande artère, les *rues de l'Ecu* et *Royale*. C'est dans ces rues que se concentre le mouvement industriel de la ville, c'est là que se trouvent les plus beaux magasins. Le *musée* de Boulogne, situé dans la Grande-Rue, à dr., renferme une collection ethnographique fort intéressante.

Au bout de la Grande-Rue, à g., devant la sous-préfecture, une petite place plantée d'arbres, l'*Esplanade*, décorée d'un buste colossal en bronze de Henri II, roi de France, d'après David d'Angers.

Vis-à-vis, on voit les remparts qui entourent encore la haute ville, où se trouve *l'hôtel de ville*, de 1734, et où naquit, en 1065, le célèbre chef de la première croisade, Godefroy de Bouillon, troisième fils du comte Eustache III de Boulogne.

Près de l'hôtel de ville, la nouvelle église *Notre-Dame*, construite de 1827 à 1866, dans un style gréco-romain d'assez mauvais goût, et surmontée d'un dôme (belle vue), avec une statue colossale de la Vierge; on y vient de fort loin en pèlerinage.

C'est au *port* que se concentre la vie de cette ville, surtout dans sa partie occidentale, près de la *douane* et du débarcadère des bateaux à vapeur, où sont situés les grands hôtels. Il y a près de là un *établissement de bains* très-fréquenté. La *jetée* du N. ou de dr. est la principale promenade du soir; elle s'étend dans la mer à une distance de 600 m. La jetée de l'O., de l'autre côté du chenal (70 m. de largeur), est encore plus longue de 180 m. Elle sont toutes deux pourvues de *phares*. Le port de Boulogne est assez important pour la pêche et pour le commerce. C'est aussi par là que passaient autrefois la plupart des voyageurs se rendant en Angleterre, environ 100,000 par an; mais le prolongement du chemin de fer jusqu'à Calais (v. ci-dessous) en a réduit un peu le nombre.

En 1804, *Napoléon I$^{er}$* concentra sur le plateau au N. de cette ville une armée d'environ 180,000 hommes, pour faire une descente en Angleterre, mais la victoire de Trafalgar, remportée par *Nelson* le 22 oct. 1805, fit échouer toute l'entreprise. La *colonne de la Grande-Armée*, qui s'élève au milieu de la campagne, à 3 kil. de la ville, rappelle le souvenir du camp de Boulogne. C'est une colonne d'ordre dorique, en marbre, haute de 53 m.

---

La ligne de Calais laisse à dr. celle d'Amiens, décrit une grande courbe pour franchir la Liane sur un pont viaduc long de 362 m., traverse un petit tunnel, une tranchée, un petit viaduc, un autre tunnel de 880 m., et arrive sur le plateau du camp, où l'on aperçoit la colonne de la Grande-Armée à dr., et la mer à g.

297 kil. **Calais** (hôt.: *Meurice*, rue de Guise; *Dessin*, rue Neuve; hôt. et restaur. à *la gare*, etc.), ville de 12,575 hab. et place forte sur le détroit du même nom. Elle n'a guère d'importance que grâce à son port de mer, le plus rapproché des côtes de l'Angleterre, Douvres n'en étant qu'à 28 kil. Le monument le plus remarquable de Calais est son hôtel de ville du XVIII$^e$ s., restauré de nos jours; il se trouve à peu près au centre.

Le *port* a de longues jetées, comme celui de Boulogne; l'une d'elles s'étend à plus de 1,000 m. dans la mer. On aperçoit de là, par un temps clair, les falaises et le château de Douvres. Il y a au commencement de la grande jetée une *colonne* de marbre érigée en mémoire du retour de Louis XVIII en France. De l'autre côté du chenal se trouve un *établissement de bains* très-fréquenté.

**Bateaux à vapeur** pour *Douvres* (traversée en 1 h. 45), 3 départs par jour, à heure fixe, à 1 h. 10 du soir (1re et 2e cl.), 1 h. 20 (1re cl.) et 1 h. 30 du matin (2e et 3e cl.). Le trajet de Paris à Londres, par les 2 trains rapides dure environ 10 h. 30 et les prix sont: 1re cl., 75 fr.; 2e cl., 56 fr. 25, les mêmes que par Boulogne. Au second train de nuit, à prix réduits, la 2e cl. coûte 39 fr. 35 et la 3e 26 fr. 25, comme par Boulogne. Il y a un service *par la Tamise* au mois de juillet. On peut avoir des billets d'aller et retour de Paris à Londres, valables pour un mois, avec une notable réduction. Pour *Londres et l'Angleterre*, v. notre guide spécial.

# TABLE ALPHABÉTIQUE

*(Tout ce qui concerne Paris forme une série spéciale, p. 357-362.)*

Abbeville, 352.
Affrique (mont), 348.
Ain (l'), 350.
Aisy, 349.
Aix-la-Chapelle, 339.
Albarine (l'), 350.
Alfort, 323.
Altkirch, 345.
Altmünsterol, 345.
Amance (l'), 346.
Ambérieu, 350.
Amiens, 351.
Ancy-le-Franc, 349.
Andelot, 348.
Apremont, 329.
Arbois, 348.
Arc-Senans, 348.
Archwiller, 344.
Argenteuil, 313.
Armainvilliers, 347.
Armançon (l'), 349.
Arras, 351.
Ars-sur-Moselle, 341.
Asnières, 287.
Aube (l'), 346.
Aulnoye, 338.
Auteuil, 29, 165, 289.
Auvers, 330.
Auxonne, 348.
Avon 326.
Avricourt, 344.

Bagatelle, 166.
Bâle, 345.
Ballon d'Alsace, 345.
Bar-le-Duc, 342.
Bar-sur-Aube, 346.
Barbison, 329.
Barse (la), 346.
Bas-Bréau, 329.
Batignolles, 328.
Beaumont, 330.
Beaune, 351.

Beauté (route de), 213.
Beauvais, 332.
Bel-Air, 329.
Belfort, 345.
Bellegarde, 350.
Bellevue, 289.
Bergerie (la), 308.
Besançon, 346.
Bièvre (la), 254.
Blainville - la - Grande, 344.
Blaisy, 348.
Blesme, 342.
Bohain, 338.
Bois-le-Roi, 324.
Boran, 330.
Borcette, 339.
Bougival, 309.
Boujailles, 348.
Boulogne-sur-Mer, 352.
Boulogne-sur-Seine, 307.
Bourg, 350.
Boursault (chât.), 342.
Bouzoise (la), 351.
Boveresse, 347.
Braine-le-Comte, 337.
Bresse (la), 350.
Breteuil, 351.
— (pav. de), 308.
Briçon, 346.
Brie (la), 324, 347.
Brou (église de), 350.
Brunoy, 323.
Bruxelles, 337.
Busigny, 338.
Buzanval, 308.

Calais, 353.
Cambrai, 338.
Canal de Bourgogne, 348, 351.
— du Centre, 350.
— de l'Ourcq, 29.

Canal de la Marne au Rhin, 342.
— du Rhône au Rhin, 345, 348.
— St-Denis, 321.
— St-Martin, 66, 29.
— de St-Maur, 213.
Cateau - Cambrésis (le), 338.
Cesson, 324.
Chagny, 351.
Chalindrey, 346.
Châlon-sur-Saône, 350.
Châlons-sur-Marne, 342.
Champagney, 346.
Champigny, 347, 214.
Champvans, 348.
Chantilly, 331.
Chapelle (la), 30.
Charenton, 214, 323.
Charleroi, 340.
Charonne, 29.
Château-Thierry, 342.
Chateley, 348.
Châtillon, 288.
Chatou, 309.
Chaumont, 346.
Chauny, 338.
Chaville, 289.
Chênée, 339.
Clairvaux, 346.
Clamart, 288.
Clermont-de-l'Oise, 351.
Clichy, 287.
Cluse (la), 347.
Collonges, 350.
Colombes, 313.
Colombier (mont), 350.
Combe-de-Fain, 348.
Combs-la-Ville, 324.
Commelle (étangs de), 330.
Commercy, 342.

Compiègne, 332.
Conflans, 312, 214.
Côte-d'Or (la), 348, 350.
Coulommiers, 347.
Courbevoie, 287.
Courcelles, 28.
Couvet, 347.
Crédo (tunnel du), 350.
Creil, 332.
Crépy-en-Valois, 331.
Creuzot (le), 351.
Cuesmes, 338.
Cuisance (la), 348.
Culoz, 350.

Damery, 342.
Dannemarie, 345.
Darcey, 349.
Daumesnil (lac de), 214.
Demange, 342.
Dijon, 348.
Dôle, 348.
Dollhain, 339.
Dormoir (le), 329.
Doubs (le), 348.
Douvres, 354.
Düren, 339.
Durgeon (le), 346.

Écluse (fort de l'), 350.
Écouen, 330.
Enghien-les-Bains, 322.
Épernay, 342.
Épinay, 313, 322.
Ermont, 313, 330.
Erquelines, 340.
Eschweiler, 339.
Étaples, 352.

Feignies, 338.
Ferté-Bourbonne (la), 346.
— sous-Jouarre (la), 341.
Flamboin, 347.
Flémalle, 340.
Fontainebleau, 324.
— (forêt de), 328.
Fontenay-sous-Bois, 213.
Forest, 337.
Frameries, 338.
Franchard, 328.
Franconville, 330.
Frasne, 348.
Frouard, 341, 343.

Garches, 308.
Genève, 349.
Genevreuille, 346.
Genlis, 348.
Gentilly, 29.
Geroldseck, 344.
Girard (monts), 329.
Gisors, 330.

Glacière (la), 29.
Gonesse, 330.
Gouaix, 347.
Gournay, 330.
Goussainville, 330.
Grand-Contour, 348.
Gravelle (lac de), 214.
— (plaine et redoute de), 213.
Greifenstein, 344.
Grenelle, 229.
Gretz, 347.

Hal, 337.
Haut-Barr, 344.
Hautmont, 338.
Herbesthal, 339.
Herblay, 330.
Hortes, 346.
Huningue, 345.
Huy, 340.

Ill (l'), 345.
Isle-Adam (l'), 330.
Issy, 288.
Ivry, 323.

Jemmapes, 338.
Jessains, 346.
Jeumont, 340.
Joigny, 349.
Joinville-le-Pont, 213.
Joux (fort de), 347.
Joux (la), 348.
Jouy-les-Arches, 341.
Jura (le), 350.
Jurbise, 337.
Jussey, 346.

La Chapelle, 30.
— Cluse, 347.
— Ferté-Bourbonne, 346.
— Ferté-sous-Jouarre, 341.
— Glacière, 29.
— Joux, 348.
— Maison-Blanche, 29.
— Malmaison, 309.
— Marche, 288.
— Rapée-Bercy, 229.
— Rivière, 348.
Lagny, 341.
Landrecies, 338.
Langres, 346.
Lanterne de Diogène, 308.
Laroche, 349.
Le Cateau-Cambr., 338.
— Creuzot, 351.
— Pecq, 310.
— Vésinet, 309.
Les Carrières, 214.
— Loges, 312.
— Verrières, 347.

Levallois, 28.
Liane (la), 352.
Liège, 340.
Lieusaint, 324.
Limbourg, 339.
L'Isle-Adam, 330.
Liverdun, 343.
Loges (les), 312.
Loing (le), 349.
Londres, 354.
Longueau, 351.
Longueville, 347.
Louvres, 330.
Loxéville, 342.
Lunéville, 344.
Lure, 346.
Lutzelstein, 344.
Luzarches, 330.

Mâcon, 350.
Maison-Blanche (la), 29.
Maisons-Alfort, 323.
Mâlain, 348.
Malmaison (la), 309.
Malplaquet, 338.
Maranville, 346.
Marche (la), 288.
Marlotte, 329.
Marly, 313.
Marne (la), 328, 341, 346.
Maubeuge, 338, 340.
Meaux, 341.
Melun, 324.
Ménilmontant, 29.
Mesgrigny, 347.
Mesnay, 348.
Metz, 340.
Meudon, 288.
Meursault, 351.
Meurthe (la), 343.
Meuse (la), 339, 342.
Minimes (lac des), 212.
Molard de Don (le), 350.
Mons, 337.
Mont-Valérien (le), 163, 287.
Montataire, 332.
Montbard, 349.
Montbarrey, 348.
Montdidier, 351.
Montereau, 349.
Montgeron, 323.
Montmorency, 322.
Montretout, 288, 308.
Montreuil, 352.
Montreux-Vieux, 345.
Montrouge, 29.
Moret, 349.
Mormant, 347.
Moselle (la), 340, 341, 343.
Mouchard, 348.
Mulhouse, 345.

# TABLE ALPHABÉTIQUE.

Namur, 340.
Nançois-le-Petit, 342.
Nancy, 343.
Nangis, 347.
Nanterre, 309.
Neuilly, 28, 163.
Nogent-sur-Marne, 213, 347.
— -sur-Seine, 347.
Noiraigue, 347.
Noisy-le-Sec, 347.
Nonette (la), 331.
Notre-Dame-des-Flammes, 289.
Novéant, 341.
Noye (la), 351.
Noyon, 338.
Nuits-sous-Beaune, 351.
Nuits-sous-Ravières, 349.

Oise (l'), 331, 338.
Ornain (l'), 342.
Orry-Coye, 330.
Ouche (l'), 348, 351.
Ourcq (canal de l'), 29.
Ourthe (l'), 339.

Pagny-sur-Moselle, 341.
Pagny-sur-Meuse, 342.

**PARIS, 1.**
  Abattoirs, 29, 204.
  Académies 264.
  Adresses, v. Bottin.
  Alcazar d'Eté, 20, 51, 158.
  — d'Hiver, 20, 51.
  Allée des Cygnes, 281.
  — des Veuves, 160.
  Aliénés (asile des), 259, 214.
  Ambassades, 42.
  Ambigu-Comique (l'), 48, 68.
  Anatomie (amphithéâtre d'), 248.
  Arc de l'Etoile, 161.
  — du Carrousel, 149.
  Archives Nationales, 191.
  Arrivée à Paris, 1.
  Arrondissements, xxi.
  Arts et Métiers (conservatoire des), 184.
  — (square des), 69, 186.
  Asile des aliénés, 259.
  Assomption (égl. de l'), 81.
  Auteuil, 29, 165, 289.
  Avenue des Amandiers, 68.
  — d'Antin, 160.
  — du Bois-de-Boulogne, 29, 162, 164.

**PARIS;**
  Avenue de Clichy, 30.
  — des Gobelins, 254.
  — de la Grande-Armée, 163.
  — d'Italie, 256.
  — Montaigne, 160.
  — de Montsouris, 259.
  — de Neuilly, 163.
  — de l'Observatoire, 234.
  — de l'Opéra, 73.
  — de la Reine-Hortense, 162.
  — du Roi-de-Rome, 263, 282.
  — de St-Ouen, 30.
  — du Trocadéro, 29, 282.
  — Victoria, 171.
  — de Vincennes, 29.
  — de Wagram, 162.
  Bagatelle, 166.
  Bains, 40.
  Banque de France, 85.
  Bals publics, 51.
  Bastille (pl. de la), 64.
  Bateaux-omnibus, 26.
  Batignolles (les), 28.
  Bazars, 35.
  Beaumarchais (boul. et théâtre), 67.
  Beaux-Arts (palais des), 266.
  Bel-Air 29.
  Belleville, 29, 203.
  Bercy, 29.
  Bibliothèque de l'Arsenal, 176.
  — Mazarine, 266.
  — Nationale, 176.
  — Ste-Geneviève, 237.
  — de la Ville, 195.
  Billettes (Temple des), 43.
  Bois de Boulogne, 164.
  — de Vincennes, 212.
  Bonne-Nouvelle (boulev.), 70.
  Bottin, 3.
  Bouffes-Parisiens, 47.
  Bouillons (les), 17.
  Boulevards (les), 61.
  Boul. Beaumarchais, 67.
  — Bonne-Nouvelle, 70.
  — des Capucines, 73.
  — du Crime, 67.
  — d'Enfer 259.
  — des Filles-du-Calvaire, 67.
  — Haussmann, 187.
  — Henri IV, 66, 176.

**PARIS;**
  Boul. de l'Hôpital, 254.
  — des Italiens, 72.
  — de la Madeleine, 79.
  — de Madrid, 166.
  — de Magenta, 68.
  — Malesherbes, 81, 187.
  — Montmartre, 70.
  — de Montparnasse, 257.
  — Ornano, 30.
  — Poissonnière, 70.
  — de Port-Royal, 233, 257.
  — Richard-Lenoir, 66.
  — St-Denis, 69.
  — St-Germain, 226.
  — St-Martin, 68.
  — St-Michel, 245.
  — de Sébastopol, 69, 171.
  — de Strasbourg, 69.
  — du Temple, 67.
  — Voltaire, 68.
  Boulogne (bois de), 164.
  Bourse (la), 71.
  Bullier (bal), 52.
  Butte Mortemart, 165.
  Buttes-Chaumont, 203.
  Cabinet des médailles et des antiques, 178.
  Cabinets inodores, 41.
  Cabinets de lecture, 39.
  Cafés, 18.
  Cafés-chantants, 20, 51.
  Canal St-Martin, 66.
  — de l'Ourcq, 29.
  Carnavalet (musée), 194.
  Carrousel (arc de triomphe du), 149.
  — (place du), 149.
  — (pont du), 268.
  Caserne du Château d'Eau, 68.
  — de la Pépinière, 188.
  — des Célestins, 176.
  — Lobau, 175.
  — Napoléon, 175.
  Casino Cadet, 52.
  Catacombes, 283.
  Cercle agricole, 270.
  Chalet des îles, 165.
  Champ-de-Mars, 281.
  Champs-Elysées, 157.
  — (concert des), 50, 160.
  Chapelle (la), 30.
  Changeurs, 35.
  Chapelle américaine, 43.
  — Congrégationnaliste, 43.
  — de l'ambassade de Russie, 43.

**PARIS:**
Chapelle expiatoire, 187.
— Marbeuf, 43.
— (Sainte), 221.
— St-Ferdinand, 163.
— Wesleyenne, 43.
Charité (la), 268.
Charlemagne (lycée), 176.
Charonne, 29.
Château-d'Eau (le), 68.
— (théâtre du), 49, 68.
Château des Fleurs, 51.
Château-Rouge, 52.
Châtelet (pl. du), 171.
— (théâtre du), 48, 172.
Chaussée-d'Antin (rue de la), 73.
Chemins de fer, 30.
— de ceinture, 28.
— américains, v. tramways.
Cigares 37.
Cimetières, 195.
Cimetière du Père-Lachaise, 195.
— Montmartre, 206.
— du Montparnasse, 257.
— du Nord, 206.
— de Picpus, 211.
— du Sud, 257.
Cirque américain, 49, 68.
— d'Eté, 49, 160.
— d'Hiver, 49, 67.
— Fernando, 50.
Cité (la), 215.
Closerie des Lilas, 52.
Cluny (hôt. et musée de), 239.
Coco (march. de), 158.
Cochin (hospice), 284.
Coiffeurs, 37.
Collection d'estampes, 177.
Collections, v. musées.
Collège de France, 247.
— Mazarin, 264.
— des 4 Nations, 264.
— Rollin, 257.
— Ste-Barbe, 238.
— Ste-Geneviève, 257.
Colonne de Juillet, 65.
— Vendôme, 78.
Concerts, 50.
— Arban, 51.
— Besselièvre ou des Champs-Elysées, 50, 160.
— Pasdeloup ou populaires, 50.

**PARIS:**
Conciergerie (la), 222.
Concorde (place de la), 154.
Confiseurs, 36.
Conservatoire des Arts et Métiers, 184.
— de Musique, 50.
Consulats, 42.
Corps-Législatif, 270.
Cour d'appel, 220.
— d'assises, 220.
— de cassation, 220.
Courcelles, 28.
Cours-la-Reine, 157, 160.
Course d'orientat., 53.
Courses de chevaux, 52, 165, 166.
Crédit Foncier, 77.
— Lyonnais, 73.
Crèmeries, 17.
Cris de Paris, 52.
Cuvier (font.), 252.
Dentistes, 41.
Devillas (hosp.), 288.
Dîners à prix fixe, 15.
Douane, 1.
Droit (école de), 237.
Dupuytren (musée), 248.
Duval (établ.), 17.
Ecole des Beaux Arts, 266.
— des Chartes, 192.
— de Droit, 237.
— de Médecine, 248.
— Militaire, 280.
— des mines, 226.
— normale supérieure, 257.
— de pharmacie, 248.
— polytechnique, 239.
— des Ponts-et-Chaussées, 268.
Ecoles de natation, 41.
Eglise anglaise, 43.
— de la Rédemption, 43.
— de l'Assomption, 81.
— des Billettes, 43.
— écossaise, 43.
— épiscopale, 43.
— américaine, 43.
— grecque, 43.
— des Invalides, 277.
— du Jésus, 272.
— de la Madeleine, 79.
— Notre-Dame, 216.
— — de Lorette, 188.
— — des Victoires, 86.
— de l'Oratoire, 43, 169.
— de Pentemont, 43.

**PARIS:**
Eglise russe 209.
— du Sacré-Cœur, 205.
— St-Augustin, 187.
— St-Bernard, 190.
— du St-Esprit, 43.
— St-Etienne-du-Mont, 238.
— St-Eustache, 181.
— St-François-Xavier, 272, 279.
— St-Germain-des-Prés, 261.
— — l'Auxerrois, 170.
— St-Gervais, 175.
— St-Jacques-du-Haut-Pas, 257.
— St-Jean-Baptiste, 204.
— St-Julien-le-Pauvre, 249.
— St-Laurent, 191.
— St-Louis des Inval., 277.
— St-Médard, 256.
— St-Merri, 172.
— St-Nicolas-des-Champs, 186.
— St-Paul-St-Louis, 176.
— St-Philippe-du-Roule, 187.
— St-Pierre de Montmartre, 205.
— St-Roch, 181.
— St-Séverin, 248.
— St-Sulpice, 259.
— St-Thomas-d'Aquin, 271.
— St-Vincent-de-Paul, 189.
— Ste-Clotilde, 271.
— Ste-Geneviève (Panthéon), 284.
— Ste-Marie, 43.
— de la Sorbonne, 247.
— de la Trinité, 188.
— du Val-de-Grâce, 257.
Egouts, 284.
Eldorado, 20, 51.
Elysée (Pal. de l'), 158.
Emploi du temps, 55.
Enceinte continue (l'), 163.
Enfants trouvés (hosp. des), 284.
Est-Ceinture, 30.
Etablissements de bouillon, 17.
Expéditeurs, 38.
Exposition universelle, 281.

**PARIS :**
Faubourg-Montmartre (rue du), 70.
— Poissonnière (rue du), 70.
— St-Antoine (rue du), 65.
— St-Denis (rue du), 70.
— du Temple (rue du), 68.
Fêtes champêtres, 52.
Fiacres, 21.
Figaro (hôtel du), 72.
Folies-Bergères, 51.
— Dramatiques, 49, 68.
Fontaine du Château-d'Eau, 68.
— Cuvier, 252.
— Gaillon, 85.
— de Grenelle, 272.
— des Innocents, 183.
— Louvois, 181.
— de Médicis, 232.
— Molière, 181.
— Notre-Dame, 219.
— de l'Observatoire, 233.
— de la place de la Concorde, 157.
— Richelieu, 181.
— St-Michel, 225.
— St-Sulpice, 261.
— de la Victoire, 171.
Fontanes (lycée), 81.
Fortifications, 163.
Frascati, 52.
Fruits confits, 36.
— à l'eau de vie, 21.
Gaillon (font.), 85.
Gaîté (la), 48, 186.
Galerie Colbert, 85.
— Vivienne, 85.
Garde-meubles, 81, 154.
Gardiens de la paix, 3.
Gares, 30.
Gare de l'Arsenal, 66.
— de l'Est, 30, 190.
— de Lyon, 31.
— Montparnasse, 31.
— du Nord, 30, 190.
— d'Orléans, 31, 254.
— St-Lazare, 30, 28, 188.
— de Sceaux, 31, 234.
— de Vincennes, 30, 66.
Glacière-Gentilly (la), 29.
Glaciers, 21.
Gobelins (les), 254.
Grenelle, 229.
— (fontaine de), 272.
— (puits de), 280.
Grève (place de), 175.

**PARIS :**
Guignol (théâtres de), 158.
Gymnase (théâtre du), 47, 70.
Halle au blé, 188.
Halle aux vins, 38.
Halles Centrales, 38, 183.
Haussmann (boul.), 187.
Henri IV (statue), 223.
Heures d'admiss., 57.
Hippodrome, 49, 282.
Hirondelles, 26.
Hôpital Beaujon, 210.
— de la Charité, 268.
— des Enfants-malades, 272.
— Lariboisière, 190.
— de Lourcine, 256.
— du Midi, 234.
— de la Pitié, 254.
— du Val-de-Grâce, 257.
Hospice Cochin, 234.
— Devillas, 288.
— des Enfants trouvés, 234.
— Marie-Thérèse, 234.
— des Ménages, 288.
— Necker, 272.
— de la vieillesse, 254.
Hôtels, 3.
Hôtel de Cluny, 239.
— Dieu, 219.
— du Figaro, 72.
— des Invalides, 273.
— des Monnaies, 263.
— de Sens, 176.
— Soltikoff, 161.
— du Timbre, 85.
— la Valette, 176.
— des Ventes mobilières, 72.
— de Ville, 172.
Imprimerie Nationale, 193.
Industrie (pal. de l'), 158.
Innocents (font. des), 183.
Institut (l'), 264.
Institution des jeunes aveugles, 279.
— des sourds-muets, 257.
Invalides (hôtel des), 273.
— (église des), 277.
Italien (théâtre), 46.
Italiens (boulev. des), 72.

**PARIS :**
Jardin d'acclimatation, 167.
— botanique, 248, 254.
— Bullier, 52.
— du Luxembourg, 232.
— Mabille, 51, 161.
— des Plantes, 249.
— des Tuileries, 152.
Jésus (égl. du), 272.
Jeunes aveugles (instit. des), 279.
Journaux, 40.
Juillet (colonne de), 65.
Kiosques, 63.
La Caze (collect.), 137.
La Valette (hôtel), 176.
Légations, 42.
Légion d'honneur (pal. de la), 269.
Lenoir (collect.), 141.
Librairies, 39.
Longchamp (abbaye de), 166.
— (hippodrome de), 166.
Louis-le-Grand (lycée), 247.
Louis XIII (stat.), 66.
Louis XIV (stat.), 86.
Lourcine (hôpital de), 256.
Louvois (font.), 181.
Louvre (le), 86.
Antiquités de l'Asie mineure, 94.
— grecques, 142.
Bronzes antiques, 138.
Collection la Caze 137.
— Lenoir, 141.
Galerie d'Apollon, 133.
— des Sept-Mètres, 119.
Grande Galerie, 120.
Musée assyrien, 93.
— Campana, 142.
— de Chalcographie, 105.
— chinois, 148.
— des dessins, 139.
— égyptien, 90.
— ethnographique, 147.
— des marbres antiques, 95.
— de marine, 146.
— du Moyen-Age et de la Renaissance, 140.

## TABLE ALPHABÉTIQUE.

**PARIS :**
Louvre :
 Musée de peinture, 106.
 — des sculptures modernes, 104.
 — — du Moyen-Age et de la Renaissance, 101.
 Salle des Bijoux, 135.
 — des Boîtes, 148.
 — des Fresques, 118.
 — Henri II, 137.
 — Ronde, 133.
 — des Sept-Cheminées, 136.
 Salles Françaises, 130.
 — supplémentaires de peinture, 144.
 Salon carré, 114.
Luxembourg (pal. du), 226.
— (le Petit), 227.
— (musée du), 228.
— (jardin du), 232.
Lycée Bonaparte, 81.
— Charlemagne, 176.
— Fontanes, 81.
— Henri IV, 239.
— Louis-le-Grand, 247.
— St-Louis, 226.
Mabille (bal), 51, 161.
Madeleine (la), 79.
Madrid, 166.
Magasins, 34.
Maison-Blanche (la), 29.
Maison d'éducat. de la légion d'honneur, 322.
Maison de François Ier, 160.
— de Ninon de Lenclos, 67.
— Pompéienne, 160.
Maisons meublées, 10.
— de santé, 41, 190.
Marais (quart. du), 67.
Marchands de vin, 18, 38.
Marchés, 38.
Marché aux bestiaux, 29, 38, 204.
— aux chevaux, 39.
— aux chiens, 39.
— aux fleurs, 39, 68, 219.
— aux oiseaux, 39.
Marché du Temple, 68.
— St-Germain, 261.
Marie-Thérèse (hospice), 234.
Maternité (la), 234.

**PARIS :**
Mazas (prison), 31.
Médecine (école de), 248.
Médecins, 41.
Médicis (font. de), 232.
Ménages (hospice des), 288.
Ménilmontant, 29.
Messageries Nationales, 32.
Mines (école des), 226.
Ministères, 42.
— des affaires étrangères, 269.
— des finances, 169.
— de la guerre, 271.
— de l'intérieur, 210.
— de la justice, 78.
— de la marine, 154.
— des travaux-publics, 271.
Missions-Etrangères, 272.
Molière (font.), 181.
Monceaux (parc), 208.
Moncey (monum.), 208.
Monnaie (la), 263.
Mont-de-Piété, 194.
Montfaucon, 203.
Montmartre, 205.
— (boulevard), 70.
— (faubourg), 70.
Montmartre (cimetière), 206.
Montparnasse (cimetière du), 257.
Montrouge, 29.
Montsouris (parc), 259.
Morgue, 219.
Mouches, 26.
Muette (la), 29.
Musée d'anatomie, 248, 252.
— des antiquités grecques, 142.
— des Archives, 192.
— d'artillerie, 275.
— assyrien, 93.
— des bronzes antiq., 138.
— cambodgien, 333.
— Carnavalet, 194.
— céramique, 309.
— chinois, 148.
— de Cluny, 240.
— des dessins, 139.
— Dupuytren, 248.
— égyptien, 90.
— ethnographiq., 147.
— gallo-romain, 310.
— géologique, 226.
— des gravures, 105.

**PARIS :**
Musée khmer, 333.
— du Louvre, 89.
— du Luxembourg, 228.
— de marine, 146.
— minéralogique, 226.
— des monnaies, 263.
— municipal, 194.
— Orfila (anat.), 248.
— paléographique, 192.
— de peinture, 106, 130, 144, 228, 292.
— des plâtres, 268.
— de la Renaissance, 101, 140.
— des sculpt. antiq., 95.
— — modernes, 104.
— sigillographique, 193.
— des Thermes, 240.
— des voitures, 306.
Muséum d'histoire naturelle, 249.
Napoléon (tombeau de), 278.
Neuilly, 28, 163.
Ney (statue de), 233.
Notre-Dame, 216.
N.-D.-de-Bonne-Nouvelle, 70.
— — de-Lorette, 188.
— — des Victoires, 86.
Obélisque de Louqsor, 156.
Observatoire, 234.
— (font. de l'), 233.
Octroi, 1.
Odéon, 46, 232.
Offices des théâtres, 44.
Omnibus, 1, 24.
Opéra (l'), 45, 73.
Opéra-Comique, 46, 73.
Oratoire (l'), 43, 169.
Orléans-Ceinture, 29.
Ouest-Ceinture, 29.
Palais des Beaux-Arts, 266.
— Bourbon, 270.
— de la Bourse, 71.
— du Corps-Législatif, 270.
— de l'Elysée, 158.
— de l'Industrie, 158.
— de l'Institut, 264.
— de Justice, 219.
— de la Légion d'honneur, 269.
— du Louvre, 86.
— du Luxembourg, 226.

# TABLE ALPHABÉTIQUE.

**PARIS:**
Palais Royal, 83.
— — (Théâtre du), 47.
— des Tournelles, 67.
— du Trocadéro, 282.
— des Tuileries, 148.
Panorama, 160.
Panthéon, 234.
Parc de Monceaux, 208.
Parc Montsouris, 259.
Parc du Trocadéro, 281.
Pasdeloup (conc.), 50.
Passage Choiseul, 85.
— Jouffroy, 70.
— de l'Opéra, 72.
— des Panoramas, 70.
Passy, 29, 167, 289.
Patinage, 52.
Pâtisseries, 21.
Père-Lachaise (cimetière du), 195.
Petite-Provence, 154.
Petit-Luxembourg (le) 227.
Pharmacies, 37.
Photographes, 37.
Picpus (cimetière), 211.
Place de la Bastille, 64.
— de la Bourse, 71.
— de Breteuil, 280.
— du Carrousel, 149.
— du Château-d'Eau, 68.
— du Châtelet, 171.
— de Clichy, 223.
— de la Concorde, 154.
— Dauphine, 223.
— d'Enfer, 259.
— de l'Etoile, 162.
— de Grève, 175.
— de l'Hôtel-de-Ville, 175.
— d'Italie, 256.
— Lafayette, 189.
— de la Madeleine, 79.
— de l'Opéra, 73.
— du Parvis Notre-Dame, 219.
— des Pyramides, 169.
— Royale, 66.
— St-Georges, 189.
— St-Germain-des-Prés, 262.
— St-Sulpice, 261.
— du Théâtre-Franç., 83.
— du Trocadéro, 282.
— du Trône, 210.
— Vendôme, 77.
— des Victoires, 85.
— des Vosges, 66.
— Walhubert, 250.

**PARIS:**
Point-du-Jour, 29, 289.
Poissonnière (boulev.), 70.
Police, 3, 224.
Pompéien (Palais), 160.
Pont de l'Alma, 161, 282.
— des Arts, 264.
— d'Austerlitz, 249.
— du Carrousel, 268.
— au Change, 172.
— de Flandre, 30.
— d'Iéna, 281.
— des Invalides, 282.
— Neuf, 223.
— Royal, 269.
— St-Michel, 225.
— des Sts-Pères, 268.
— Sully, 176.
Porte d'Auteuil, 165.
— Dauphine, 165.
— de Madrid, 166.
— Maillot, 165, 167.
— des Sablons, 167.
— St-Denis, 69.
— St-Martin, 68.
— — (théâtre de la), 48, 68.
Poste, 31.
Prado, 52.
Pré Catelan, 51, 166.
Préfecture de Police, 224.
— de la Seine, 173, 227.
Prison de la Conciergerie, 222.
— disciplinaire, 256.
— des jeunes détenus, 202.
— des Madelonnettes, 234.
— Mazas, 31.
— de la Roquette, 203.
— St-Lazare, 191.
— Ste-Pélagie, 254.
Puits artésien de Grenelle, 280.
Quai d'Orsay, 269.
Quartier du Marais, 67.
— François Ier, 160.
— latin, 10, 17.
Rapée-Bercy (la), 29.
Renaissance (théâtre de la), 48, 68.
Restaurants, 10.
Richelieu (font.), 181.
Robert-Houdin, 50.
Roquette (la), 203.
Ruches (les), 68.
Rue du Bac, 269.

**PARIS:**
Rue Castiglione, 81.
— des Ecoles, 246.
— Laffitte, 73.
— de Lille, 269.
— Mouffetard, 256.
— Neuve-des-Petits-Champs, 85.
— de la Paix, 77.
— du 4 Septembre, 73.
— de Richelieu, 72.
— de Rivoli, 169.
— Royale, 81.
— St-Denis, 70.
— St-Honoré, 81.
— Sévigné, 176, 194.
— Soufflot, 226.
— du Temple, 68.
— de Turbigo, 68, 184.
— Vivienne, 72, 85.
Sacré-Cœur (église du) 205.
— (couv. du), 279.
St-Augustin, 187.
St-Bernard, 190.
St-Etienne-du-Mont, 238.
St-Eustache, 181.
St-Ferdinand, 163.
St-Franç.-Xavier, 272, 279.
St-Germain (boulev.), 226.
— (marché), 261.
— l'Auxerrois, 170.
— des-Prés, 261.
St-Gervais, 175.
St-Jacques (tour), 171.
— du Haut-Pas, 257.
St-Jean-Baptiste, 204.
St-Julien-le-Pauvre, 249.
St-Laurent, 191.
St-Lazare (gare), 28, 30.
— (prison), 191.
St-Louis (église), 277.
— (île), 215.
St-Mandé, 211.
St-Martin (boul.), 68.
— (porte), 68.
St-Médard, 256.
St-Merri, 172.
St-Michel (boul.), 215.
— (fontaine), 225.
— (pont), 225.
St-Nicolas-des-Champs 186.
St-Paul-St-Louis, 176.
St-Philippe-du-Roule, 210.
St-Pierre de Montmartre, 205.
St-Roch, 81.

# TABLE ALPHABÉTIQUE.

**PARIS :**
St-Séverin, 248.
St-Sulpice (égl.), 259.
— (font.), 261.
St-Thomas d'Aquin, 271.
St-Vincent-de-Paul, 189.
Ste-Barbe (collège), 238.
Ste-Clotilde, 271.
Ste-Chapelle, 221.
Ste-Geneviève (église), 234.
— (bibliothèque), 237.
— (collège), 257.
Salle Érard, 51.
— Herz, 50.
— Pleyel, 51.
Salon (le), 159.
Salpêtrière (la), 254.
Savonnerie (la), 254.
Sébastopol (boul.), 69, 171.
Séminaire de St-Sulpice, 261.
Sens (hôtel de), 176.
Sergents de ville, 8.
Skating Rinks, 52.
Soltikoff (palais), 161.
Sorbonne (la), 246.
Sourds-muets (instit. des), 257.
Square des Arts-et-Métiers, 69, 186.
— Cluny, 24.
— des Ménages, 272.
— Montholon, 189.
Statistique, xxi, 183.
Statue de Henri IV, 223.
— de Louis XIII, 66.
— de Louis XIV, 86.
— de Jeanne d'Arc, 169.
— de Daubenton, 168.
— de Moncey, 208.
— de Ney, 233.
— de Pascal, 171.
Strasbourg (boul. de), 69.
Suresnes, 167, 287.
Synagogues, 43.
Tabac, 37.
Tabacs (manufact. des), 282.
Tattersall Français, 39.
Télégraphe, 33.
Temple (boul. du), 67.
— (rue du), 68.
— (marché du), 68.
Temples protest., 43.

**PARIS :**
Ternes (les), 163.
Théâtres 43.
de l'Ambigu-Com., 48, 68.
— de l'Athénée-Comique, 49.
— Beaumarchais, 49, 67.
— des Bouffes-Paris., 47.
— du Château-d'Eau, 49.
— du Châtelet, 48, 172.
— de Cluny, 49.
— Déjazet, 49, 68.
— des Folies-Dramatiques, 49, 68.
— des Folies-Marigny, 49.
— Français, 45, 84.
— — (Troisième) 49, 68.
— de la Gaîté, 48, 186.
— du Gymnase, 47, 70.
— Historique, 48, 172.
— Italien, 46.
— Lyrique, 48.
— des Menus-Plaisirs, 49.
— Miniature, 50.
— des Nouveautés 49.
— de l'Odéon, 46, 232.
— de l'Opéra, 45, 73.
— de l'Opéra-Comiq., 46, 73.
— du Palais-Royal, 47.
— de la Porte-St-Martin, 48, 68.
— de la Renaissance, 48, 68.
— Robert-Houdin, 50.
— des Variétés, 47, 70.
— du Vaudeville, 47, 73.
Thermes (les), 245.
Thiers (maison de), 189.
Tour de Jean-sans-Peur, 184.
— de Nesle, 264.
— St-Jacques, 171.
Tivoli-Wauxhall, 52.
Tour St-Jacques, 171.
Tournelles (pal. des) 67.
Tramways, 26.
Triat (gymnase), 161.
Tribunal de commerce 222.
Trinité (la), 188.
Trinkhalles, 63.
Trocadéro (palais et place du), 282.
Trône (place du), 210.

**PARIS :**
Tuileries (les), 148.
— (jardin des), 152.
— (rue des), 149, 152.
Université, 246.
— catholique, 233.
Val-de-Grâce (le), 257
Valentino (salle), 52.
Vanne (réservoir de la), 259.
Variétés (les), 47, 70.
Vaudeville (le), 47, 73.
Vaugirard, 229.
Vendôme (colon.), 78.
Ventadour (théâtre), 46.
Vespasiennes (les), 63.
Villette (la), 269.
Vins, 38.
Vincennes (bois de), 212.
— (château de), 211.
Visitation (couv. de la), 234.
Voitures, 21.
Voltaire (boul.), 68.
— (place), 73.
Walhubert (place), 250.
Water-Closets, 41.

Passy, 29, 167, 289.
Pecq (le), 310.
Pépinster, 339.
Pierrefitte, 330.
Pierrefonds, 335.
Pont-à-Mousson, 341.
— d'Ain, 350.
— d'Héry, 348.
— Ste-Maxence, 332.
— sur-Seine, 347.
Pontarlier, 348.
Pontoise, 330.
Port-d'Atelier, 346.
— sur-Saône, 346.
Précy, 330.
Pugieu (lacs de), 350.
Puteaux, 287.

Quévy, 338.

Rahin (le), 346.
Rapée-Bercy (la), 259.
Reuse (la), 347.
Reyssouse (la), 350.
Rhin (le), 345.
Rhône (le), 349.
Rivière (la), 348.
Romilly, 347.
Rossillon, 350.
Rueil, 309.
Ruysbroek, 337.

# TABLE ALPHABÉTIQUE. 363

Saint-Cloud, 207.
St-Denis, 313.
— (canal de), 321.
St-Germain-en-Laye, 310.
St-Leu, 330.
St-Leu-Taverny, 330.
St-Louis, 345.
St-Mammès, 349.
St-Mandé 211.
St-Maur, 214.
— (canal de), 213.
St-Maximin, 331.
St-Ouen-l'Aumône, 330.
St-Pierre, 336.
St-Quentin, 338.
Salon (le), 346.
Sambre (la), 338, 340.
Sannois, 313.
Saône (la), 348, 350.
Sarre (la), 344.
Sarrebourg, 344.
Saulx (la), 342.
Saverne, 344.
Seine (la), 26, etc.
Senlis, 331.
Senne (la), 337.
Sens, 349.
Seraing, 340.
Sermaize, 342.
Sèvres, 309.
Seyon (le), 347.
Soignies, 337.

Soisy, 322.
Somme (la), 338, 351.
Stains, 330.
Stolberg, 339.
Strasbourg, 344.
Suize (la), 346.
Suresnes 167, 287.
Suzon (le), 348.

Tergnier, 338.
Thève (la), 330.
Thomery, 349.
Thorigny, 341.
Thuin, 340.
Tonnerre, 349.
Toul, 342.
Tournus, 320.
Travers (val de), 347.
Trianons (les), 306.
Trouille (la), 337.
Troyes, 346.

Uchizy, 350.

Vaivre, 346.
Val de Travers, 347.
Valérien (mont), 163, 287.
Vanves, 288.
Vaugirard, 229.
Velars, 348.
Vendenheim, 344.
Vendeuvre, 346.

Verberie, 332.
Verneuil, 347.
Versailles, 289.
— (palais de), 291.
— (musée de), 292.
— (jardins de), 303.
Verton, 352.
Verrières (les), 347.
Verviers, 339.
Vesdre (la), 339.
Vésinet (le), 309.
Vesoul, 346.
Veyle (la), 350.
Vezouze (la), 344.
Vieux-Moulin, 336.
Ville-d'Avray, 288, 303.
Villeneuve-St-Georges, 323.
Villiers-le-Bel, 330.
— -sur-Marne, 347.
Vincennes, 211.
— (bois de), 212.
— (château de), 211.
Virieu-le-Grand, 350.
Viroflay 288.
Vitry-le-Français, 342.
Vosges (les), 344.
Vouache (mont), 350.

Yères (l'), 323, 347.
Yonne (l'), 349.

Zabern, 344.
Zorn (la), 344.

Leipsic, imprimerie de Breitkopf & Härtel.

# INDICATEUR DES RUES

ET

# PLANS DE PARIS

## CONTENU

1. RUES ET PLACES PRINCIPALES DE PARIS, ÉDIFICES PUBLICS, ETC.
2. PLAN GÉNÉRAL DE PARIS, AVEC LES CHEMINS DE FER, LES TRAMWAYS ET LES LIMITES DES PLANS SPÉCIAUX.
3. GRAND PLAN DE PARIS, EN TROIS BANDES.
4. CINQ PLANS SPÉCIAUX DES QUARTIERS LES PLUS IMPORTANTS.
5. PLAN-ITINÉRAIRE DES OMNIBUS ET DES TRAMWAYS, ACCOMPAGNÉ DES TABLEAUX DES DIFFÉRENTES LIGNES.

POUR DÉTACHER CE CAHIER, COUPER LE FIL JAUNE ENTRE LES PLANS SPÉCIAUX I ET II.

# Rues et places principales de Paris, édifices publics, etc.

*avec renvois aux plans ci-joints.*

Le grand plan de Paris, à l'échelle de 1/20,000ᵉ, est coupé en trois bandes, bordées, celle du haut de *rouge*, celle du milieu de *blanc* (sans couleur), celle du bas de *bleu*, et chaque bande est divisée en 36 carrés numérotés. Ces divisions sont désignées dans le tableau suivant par les lettres **R.**, **Bl.**, **B.**, et par les numéros correspondants des carrés. Si donc l'on désire trouver sur le plan la *rue Abbatucci*, il suffit, comme l'indique le tableau, d'ouvrir la bande rouge et de chercher dans le carré 15. Quand le nom en question se trouve aussi sur l'un des plans spéciaux (au 1/12,500ᵉ), il y a de plus dans le tableau un chiffre romain qui désigne ce plan; la rue Abbatucci, par ex., se trouve aussi sur le plan spécial II.

On notera que lorsqu'un nom de rue commence par *Ancienne*, *Neuve*, *Petite*, *Saint*, etc., il faut le chercher dans les A, les N, les P, les S, etc.; ainsi *rue Neuve-des-Capucines* se trouve parmi les N et non dans les C.

Le passage d'une bande du grand plan à la bande voisine est facilité par ce fait que les numéros s'y correspondent; par ex. le carré 18 de la bande du haut (R.) touche au carré 18 de celle du milieu (Bl.), le 16 de celle du milieu au 16 de celle du bas (B.).

Les DISTANCES dans Paris sont faciles à évaluer avec les plans ci-joints, car les côtés des carrés correspondent à *1 kilomètre* (diagonale, 1²/₅ ou 1400 m).

| | | R. | Bl. | B. | | | R. | Bl. | B. |
|---|---|---|---|---|---|---|---|---|---|
| Abbatucci † | II | 15 | | | Albouy | III | 27 | | |
| Abbaye (de l') | IV | | 19 | | Alembert (d') | | | | 17 |
| Abbé de La Salle (avenue) | IV | | 13 | | Alésia (d') | | | | 14 |
| Abbé de l'Épée (de l') | IV, V | | | 19 | Alexandre Dumas | | | 31 | |
| Abbé Groult (de l') | | | | 10 | Alger (d') | II | | 18 | |
| Abbesses (des) | | 20 | | | Alibert | III | | 27 | |
| Abbeville (d') | | 24 | | | Aliénés (asile clin. d') | | | | 20 |
| Abel-Leblanc (passage) | | | 28 | | Aligre (cour d') | III | | 20 | |
| Aboukir (d') | III | | 24 | | Aligre (rue et place d') | | | 28 | |
| Acacias (des) | | | 9 | | Allemagne (d') | | 29 | | |
| Acclimatation (jardin d') | | | 3 | | Alleray (rue et place d') | | | | 10 |
| Adam | V | | | | Alma (place, avenue et pont | | | | |
| Affre | | | 23 | | de l') | I | | 12 | |
| Aguesseau (d') | II | | 15 | | Alma (passage de l') | I | | 11 | |
| Alain Chartier | | | | 10 | Alouettes (des) | | | 30 | |
| Albe (d') | I | | 12 | | Alphand (passage) | | | | 23 |

† Pour abréger, on a omis ici le mot *rue*. Les autres abréviations seront faciles à comprendre.

## RUES ET PLACES PRINCIPALES,

| | R. | Bl. | B. |
|---|---|---|---|
| Alphonse | | 4 | 4 |
| Alsace (d') | 24 | | |
| Amandiers (avenue des) *III* | | 27 | |
| Ambassade d'Allemagne *II* | | 17 | |
| — d'Angleterre *II* | | 15 | |
| — d'Autriche *II* | | 17 | |
| — de Russie *II* | | 17 | |
| Amboise (d') *III* | | 21 | |
| Ambroise-Paré | 23 | | |
| Amélie (rue et passage) *IV* | | 14 | |
| Amelot *III, V* | | 27 | |
| Ampère | 11 | | |
| Amsterdam (d') | 18 | | |
| Amyot *V* | | | 22 |
| Anatomie (amphithéâtre d') | | | 22 |
| Ancienne-Comédie (de l') *IV, V* | | | 19 |
| Ancre (passage de l') *III* | | | 24 |
| Anglais (passage des) | 29 | | |
| Anglais (des) *V* | | | 22 |
| Angoulême (d') *III* | | 27 | |
| Anjou (quai d') *V* | | | 22 |
| Anjou Saint-Honoré (d') *II* | 18 | 18 | |
| Annam (d') | | | 33 |
| Annelets (des) | 33 | | |
| Annonciation (de l') | | 5 | |
| Annonciation de Passy (égl. de l') | | | 8 |
| Antin (avenue d') *II* | | 15 | |
| Antin (cité d') *II* | 21 | | |
| Antin (d') *II* | | 21 | |
| Antoine-Dubois *IV, V* | | | 19 |
| Anvers (place d') | 20 | | |
| Apennins (des) | 16 | | |
| Appert | | 6 | |
| Aqueduc (de l') | 26 | | |
| Arago (boulevard) | | | 20 |
| Arbalète (de l') | | | 22 |
| Arbre-Sec (de l') *III* | | 20 | |
| Arc de Triomphe du Carrousel *II* | | 17 | |
| — de l'Étoile *I* | 12 | | |
| Arc-de-Triomphe (de l') | 12 | | |
| Arcade (de l') *II* | 18 | 18 | |
| Arcet (d') | 17 | | |
| Archevêché (quai et pont de l') *V* | | 22 | |
| Archives Nationales *III* | | 23 | |
| Archives (des) *III* | | 23 | |
| Arcole (pont et rue d') *V* | | 23 | |
| Arcueil (porte d') | | | 21 |
| Arcueil (d') | | | 21 |
| Ardennes (des) | 29 | | |
| Argenson (d') *II* | 15 | | |
| Argenteuil (d') *II* | | 21 | |
| Argonne (rue et place de l') | 28 | | |
| Argout (d') *III* | | 21 | |
| Armaillé (d') | 9 | | |
| Armorique (de l') | | | 13 |
| Arras (d') *V* | | | 22 |
| Arrivée (de l') | | | 16 |

| | R. | Bl. | B. |
|---|---|---|---|
| Arsenal (gare de l') | | 25 | |
| Arsenal (rue et place de l') *V* | | 25 | |
| Artistes (des) | | | 21 |
| Arts (pont des) *IV* | | 20 | |
| Arts-et-Métiers (square des) *III* | | 24 | |
| Asile-Popincourt (rue et passage de l') | | | 26 |
| Asnières (porte d') | 11 | | |
| Asnières (route, rue d') | 14 | | |
| Assas (rue d') *IV* | | 16 | 19 |
| Assomption (église de l') *II* | | 18 | |
| Assomption (de l') | | 5 | |
| Astorg (d') *II* | 15 | | |
| Atlas (de l') | 30 | | |
| Auber *II* | | 18 | |
| Aubervilliers (porte d') | | 25 | |
| Aubervilliers (d') | 26 | | |
| Aubigné (d') *V* | | 25 | |
| Aubriot *III* | | 23 | |
| Aubry-le-Boucher *III* | | 23 | |
| Aude (de l') | | | 18 |
| Aumaire *III* | | 24 | |
| Aumale (d') | 21 | | |
| Austerlitz (quai et pont d') *V* | | 25 | |
| Auteuil (gare d') | | 1 | |
| Auteuil (place d') | | 4 | |
| Auteuil (porte et rue d') | | 1 | |
| Avron (d') | | 34 | |
| Babile *III* | | 20 | |
| Babylone (de) *IV* | | 16 | |
| Bac (du) *IV* | | 17 | |
| Bagneux (de) *IV* | | 16 | |
| Bagnolet (porte et route de) | | | 36 |
| Bagnolet (de) | | 32 | |
| Baillet *III* | | 20 | |
| Bailleul *III* | | 20 | |
| Baillif *II, III* | | 21 | |
| Bailly *III* | | 24 | |
| Balagny | 16 | | |
| Balkans (des) | | 35 | |
| Balzac *I* | 12 | | |
| Banque (de la) *III* | | 21 | |
| Banque de France *II, III* | | 21 | |
| Banquier (du) | | | 23 |
| Barbet-de-Jouy *IV* | | 18 | |
| Barbette *III* | | 26 | |
| Bargue (rue et passage) | | | 18 |
| Baron | 16 | | |
| Barouillère (de la) *IV* | | 19 | |
| Barrault (pas.) | | | 23 |
| Barrault | | | 21 |
| Barres (des) *V* | | 23 | |
| Barthélemy *IV* | | 18 | |
| Basfour (passage) *III* | | 24 | |
| Basfroi | | | 29 |
| Bas-Meudon (porte du) | | | 4 |
| Bassano *I* | | 12 | |
| Basse-des-Carmes *V* | | 22 | |
| Basse-des-Ursins *V* | | 23 | |

# ÉDIFICES PUBLICS, ETC.

| | R. | Bl. | B. | | R. | Bl. | E. |
|---|---|---|---|---|---|---|---|
| Basse-du-Rempart | II | . | 18 | Bercy (quai, port et porte de) | . | . | 29 |
| Basses-Gatines (des) | . | . | 33 | Bercy (de) | V | . | 25 | 28 |
| Bassins (des) | I | . | 12 | Berger | III | . | 20 |
| Bassompierre | V | . | 25 | Bergère (cité) | III | . | 21 |
| Bastille (place et rue de la) | V | . | 25 | Bergère | III | 21 | 21 |
| Batignolles (boulevard des) | 17 | | | Bergers (des) | . | . | 7 |
| Batignolles (place des) | . | 14 | | Bérite | IV | . | 16 |
| Batignolles (des) | 17 | | | Berlin (de) | . | 18 | |
| Battoir (du) | V | . | 22 | Bernardins (des) | V | . | 22 |
| Bauches (des) | . | 5 | | Bernard-Palissy | IV | . | 16 |
| Baudelique | . | 22 | | Berry (de) | I | 15 | 12 |
| Baudin | . | 24 | | Berthe | . | 20 | |
| Baudoyer (place) | V | . | 23 | Berthier (boulevard) | . | 13 | |
| Baudricourt | . | . | 27 | Berthollet | . | . | 19 |
| Baume (de la) | II | 15 | | Bertin-Poirée | III | . | 20 |
| Bausset | . | . | 10 | Berton | I | . | 8 |
| Bayard | II | . | 15 | Bertrand (cité) | . | . | 30 |
| Bayen | . | 12 | | Bertrand | IV | . | 13 |
| Béarn (rue et impasse de) | V | . | 26 | Berzélius | . | 13 | |
| Beaubourg | III | . | 23 | Bessières (boulevard) | . | 16 | |
| Beauce (de) | III | . | 23 | Bestiaux (marché aux) | . | . | 31 |
| Beau-Grenelle (place) | . | . | 7 | Béthune (quai de) | V | . | 22 |
| Beauharnais (cité) | . | . | 31 | Beudant | . | 14 | |
| Beaujolais (de) | II, III | . | 21 | Beuret | . | . | 10 |
| Beaujon (rue et hôpital) | . | 12 | | Bezout | . | . | 17 |
| Beaulieu (ruelle) | . | . | 31 | Bibliothèque Mazarine | . | 20 | |
| Beaumarchais (boulevard) III, V | . | 26 | | — Nationale | II, III | . | 21 |
| | | | | Bicêtre (porte de) | . | . | 24 |
| Beaune (de) | IV | . | 17 | Bichat | III | 27 | 27 |
| Beaunier | . | . | 18 | Bienfaisance (de la) | . | 15 | |
| Beauregard | III | . | 24 | Bièvre (de) | V | . | 22 |
| Beauséjour (boulevard) | . | . | 5 | Billancourt (porte de) | . | . | 1 |
| Beautreillis | V | . | 25 | Billancourt (de) | . | . | 1 |
| Beauveau (place) | II | . | 15 | Billault | I | 12 | 12 |
| Beaux-Arts (des) | IV | . | 20 | Billettes | III, V | . | 23 |
| Becquerel | . | 20 | | Billy (quai de) | I | . | 12 |
| Beethoven | I | . | 8 | Biot | . | 17 | |
| Bel-Air (avenue du) | . | 31 | | Birague (de) | V | . | 26 |
| Bel-Air (station du) | . | . | 34 | Biscornet | V | . | 25 |
| Belfort (de) | . | 20 | | Bisson | . | 30 | |
| Bellart | IV | . | 13 | Bitche (place de) | I | . | 9 |
| Bellay (du) | V | . | 22 | Bizet | I | . | 12 |
| Bellechasse (place de) | . | 14 | | Blainville | V | . | 22 |
| Bellechasse (rue de) | II, IV | . | 17 | Blaise | . | . | 29 |
| Bellefond | . | 21 | | Blanche (cité) | . | . | 14 |
| Belles-Feuilles (des) | I | . | 9 | Blanche (rue et place) | . | 17 | |
| Belleville (boulevard de) | . | . | 30 | Blancs-Manteaux (des) | . | . | 23 |
| Belleville (de) | . | 33 | | Bleue | . | 21 | |
| Bellevue (de) | . | 33 | | Bleus (cour des) | III | . | 24 |
| Belliard | . | 22 | | Blomet | IV | . | 10 |
| Bellièvre | . | . | 25 | Blondel | III | . | 24 |
| Bellini | I | . | 8 | Blottière | . | . | 14 |
| Bellot | . | 26 | | Bochart de Saron | . | 20 | |
| Belloy (de) | I | . | 12 | Bœufs (ancien chemin des) | . | . | 14 |
| Bénard | . | . | 17 | Boïeldieu (place) | II | . | 21 |
| Bel-Respiro (du) | . | 12 | | Boileau | . | 1 | 1 |
| Belzunce | . | 24 | | Bois (des) | . | 33 | |
| Benouville | . | . | 6 | Bois de Boulogne (avenue du) | I | 9 | 9 |
| Béranger | III | . | 27 | |
| Bercy (boulevard de) | . | . | 28 | Bois de Boulogne (passage du) | III | . | 24 |
| Bercy (pont de) | . | . | 28 | |

## RUES ET PLACES PRINCIPALES,

| | R. | Bl. | B. | | | R. | Bl. | B. |
|---|---|---|---|---|---|---|---|---|
| Bois-le-Vent | | 5 | | Bréguet | V | | 26 | |
| Boissière | I | 9 | | Brémontier | | 11 | | |
| Boissonnade | | | 16 | Bretagne (de) | III | | 26 | |
| Boissy d'Anglas | II | 18 | | Breteuil (avenue et place de) | IV | | 13 | |
| Boiton (passage) | | | 24 | Bretonvilliers | III | | 22 | |
| Bonaparte (quartier) | II | 17 | | Brey | | 12 | | |
| Bonaparte | IV | 20 | | Brézin | | | | 17 |
| Bondy (de) | III | 24 | | Bridaine | | 14 | | |
| Bonne-Nouvelle (boul.) | III | 24 | | Brismiche | III | | 23 | |
| Bons-Enfants (des) | II, III | 21 | | Brissac | V | | 25 | |
| Borda | III | 24 | | Brochant | | 14 | | |
| Bordeaux (de) | | | 28 | Broussais | | | 20 | |
| Borrégo (du) | | 36 | | Bruant | | | 26 | |
| Borromée | | 10 | | Brune (boulevard) | | | 15 | |
| Bosquet (avenue) | I | 11 | | Brunel | | 9 | | |
| Bossuet | 24 | | | Bruxelles (de) | | 17 | | |
| Bouchardon | III | 24 | | Bucherie (de la) | V | | 22 | |
| Boucher | III | 20 | | Buci (de) | IV | | 19 | |
| Boudon (avenue) | | 4 | | Budé | V | | 22 | |
| Boudreau | II | 18 | | Buffon | V | | 22 | |
| Boufflers (avenue) | | 1 | | Bugeaud (avenue) | I | | 6 | |
| Bougainville | IV | 14 | | Buisson Saint-Louis (du) | 27 | 27 | | |
| Bouillé | | 5 | | Buot | | | 24 | |
| Boulainvilliers (de) | | 4 | | Burq | | 20 | | |
| Boulangers (des) | V | 22 | | Butte-Chaumont (de la) | 27 | | | |
| Boulard | | 17 | | Buttes (des) | | | 31 | 31 |
| Boulay (rue et passage) | 13 | | | Buttes-aux-cailles | | | 23 | |
| Boule | 26 | | | Buttes-Chaumont (parc des) | 30 | | | |
| Boule-Rouge (de la) | III | 21 | | | | | | |
| Boulets (des) | | 31 | | Cabanis | | | 20 | |
| Boulogne (de) | 17 | | | Cadet | III | 21 | | |
| Bouloi (du) | III | 21 | | Cafarelli | III | | 27 | |
| Bouquet-de-Longchamp (du) I | 9 | | | Cail | | 23 | | |
| Bourbon (passage) | | 10 | | Caillaux (impasse) | | | 27 | |
| Bourbon (quai) | V | 22 | | Caire (pl. et rue du) | III | | 24 | |
| Bourbon-le-Château | IV | 19 | | Caisse des Dépôts | II | | 17 | |
| Bourdon (boulevard) | V | 25 | | Calais (de) | 17 | | | |
| Bourdonnais (des) | III | 20 | | Cambacérès | II | 15 | | |
| Bouret | 26 | | | Cambrai (de) | | 28 | | |
| Bourg-l'Abbé (passage) | III | 24 | | Cambronne (rue et place) | | 10 | 10 | |
| Bourgogne (de) | II, IV | 14 | | Camou | I | 11 | | |
| Bourgogne (de) (Bercy) | | 28 | | Campagne-Première | | | 16 | |
| Bourgon | | 24 | | Campo-Formio (de) | | | 23 | |
| Bourtibourg (du) | V | 23 | | Canal St-Denis | | 28 | | |
| Boursault | 14 | | | — St-Martin | | 27 | 27 | |
| Bourse (palais de la) | III | 21 | | — St-Martin (du) | | 27 | | |
| Bourse (rue et place de la) | II, III | 21 | | — de l'Ourcq | | 29 | | |
| | | | | Canettes (des) | IV | | 19 | |
| Boutarel | V | 22 | | Canivet (du) | IV | | 19 | |
| Boutebrie | V | 19 | | Caplat | | 23 | | |
| Bouvines (avenue et rue de) | 31 | | | Capron | | 17 | | |
| Boyer | | 33 | | Capucines (boulevard des) | II | | 18 | |
| Brady (passage) | III | 24 | | Cardinale | IV | | 19 | |
| Brancion | | 11 | | Cardinal-Lemoine | V | | 22 | |
| Brantôme | III | 23 | | Cardinet | | 14 | | |
| Braque (de) | III | 23 | | Carmes (des) | V | | 22 | |
| Béca | IV | 16 | | Carmes Billettes (temple des) | | | 23 | |
| Brèche aux loups (ruelle de la) | | 31 | | Carnavalet (musée) | V | | 26 | |
| Bréda (rue et place) | 21 | | | Carnot | | | 16 | |

# ÉDIFICES PUBLICS, ETC.

| | R. | Bl. | B. | | | R. | Bl. | B. |
|---|---|---|---|---|---|---|---|---|
| Caroline | | 17 | | Charenton (de) | V | . | 28 | 28 |
| Caron | V | . | 26 | | Charité (hôpital de la) | IV | . | 17 | |
| Carpentier | IV | . | 16 | | Charlemagne (lycée) | V | . | 23 | |
| Carrousel (place et pont du) | | | | Charlemagne (rue et passage) | | | | |
| | II, IV | . | 20 | | | V | . | 23 | |
| Cascades (des) | | . | 33 | | Charles V | V | . | 25 | |
| Casimir-Delavigne | IV | . | 19 | | Charlot | III | . | 26 | |
| Casimir-Périer | IV | . | 14 | | Charolais (du) | | . | | 28 |
| Cassette | IV | . | 16 | | Charonne (boul. de) | | . | 31 | |
| Castellane | II | . | 18 | | Charonne (de) | | . | 32 | |
| Castex | V | . | 25 | | Charretière | V | . | 19 | |
| Castiglione (de) | II | . | 18 | | Chartres (de) | | 23 | | |
| Catinat | III | . | 21 | | Chasseloup-Laubat | | 20 | | |
| Caulaincourt | | 20 | | | Château (du) | | . | . | 17 |
| Caumartin | II | 18 | 18 | | Château-des-Rentiers (du) | | . | . | 26 |
| Cavé | | 28 | | | Chateaubriand | I | 12 | | |
| Célestins (quai des) | V | . | 22 | | Château-d'Eau (place du) | III | . | 27 | |
| Cels | | . | 16 | | Château-d'Eau (du) | III | 24 | 24 | |
| Cendriers (des) | | | 30 | | Châteaudun (de) | | 21 | | |
| Censier | | . | 22 | | Château-Landon (de) | | 26 | | |
| Cerisaie (de la) | V | . | 25 | | Châtelain | | . | . | 14 |
| Cévennes (des) | | . | 7 | | Châtelet (place du) | V | . | 20 | |
| Chabanais | II | . | 21 | | Châtillon (avenue de) | | . | . | 18 |
| Chabrol (de) | | 24 | | | Châtillon (porte de) | | . | . | 15 |
| Chaillot (de) | I | . | 12 | | Chauchat | II, III | 21 | | |
| Chaise (de la) | IV | . | 16 | | Chaudron | | . | 26 | |
| Châlet (du) | | 27 | | | Chaufourniers (des) | | . | 27 | |
| Chalgrin | I | 9 | | | Chaume (du) | III | . | 23 | |
| Chaligny | | . | 28 | | Chaussée d'Antin (de la) | II | 18 | 21 | |
| Chalon (de) | | . | 28 | | Chausson (passage) | III | . | 24 | |
| Chamaillards (des) | | . | 27 | | Chauveau-Lagarde | II | . | 18 | |
| Chambéry (de) | | . | 11 | | Chauvelot | | . | . | 11 |
| Champagny | IV | . | 14 | | Chazelles | | 12 | | |
| Champ de l'Alouette (du) | | . | 20 | | Chemin-Vert (du) | V | . | 29 | |
| Champ-d'Asile (du) | | . | 17 | | Chemin-Vicinal (du) | | . | 31 | |
| Champ de Mars | I | . | 11 | | Chénier | | . | 24 | |
| Champ de Mars (du) | I | . | 11 | | Cherche-Midi (du) | IV | . | 16 | 13 |
| Champerret (porte de) | | 8 | | | Cherroy | | 14 | | |
| Championnet | | 19 | | | Chérubini | II | . | 21 | |
| Champollion | V | . | 19 | | Cheval-Blanc (passage du) | V | . | 25 | |
| Champs-Elysées (avenue des) | | | | | Chevaleret (rue et chemin du) | | | | |
| | I, II | . | 15 | | | | . | . | 29 |
| Chanaleilles (de) | IV | . | 16 | | Chevert | IV | . | 14 | |
| Chanez | | . | 1 | | Chine (de la) | | . | 33 | |
| Change (pont au) | V | . | 20 | | Choiseul (rue et passage) | II | . | 21 | |
| Chanoinesse | V | . | 22 | | Choisy (avenue et porte de) | | . | . | 27 |
| Chantiers (des) | V | . | 22 | | Chomel | IV | . | 16 | |
| Chapelle (boulevard de la) | | 23 | | | Choron | | 21 | | |
| Chapelle (cité de la) | | 23 | | | Christiani | | 23 | | |
| Chapelle (place de la) | | 23 | | | Christine | IV, V | . | 20 | |
| Chapelle (rue de la) | | 22 | | | Christophe-Colomb | I | . | 12 | |
| Chapelle (station de la) | | 22 | | | Cimarosa | I | . | 9 | |
| Chapelle Expiatoire | II | 18 | | | Cimetière Montmartre | | 17 | | |
| Chapon | III | . | 24 | | Cimetière Montmartre (av. du) | | 17 | | |
| Chaptal | | 18 | | | | | | | |
| Chaptal (collège) | | 15 | | | Cimetière du Mont-Parnasse | | . | . | 16 |
| Charbonnière (de la) | | 23 | | | Cimetière du Père-Lachaise | | . | 32 | |
| Charente (quai de la) | | 23 | | | Cinq-Diamants (des) | | . | . | 28 |
| Charenton | | . | 36 | | Cirque (du) | II | . | 15 | |
| Charenton (lac de) | | . | 35 | | Ciseaux (des) | IV | . | 19 | |
| Charenton (porte de) | | . | 32 | | Cité (île de la) | V | . | 20 | |

# RUES ET PLACES PRINCIPALES,

| | R. | Bl. | B. |
|---|---|---|---|
| Cité (rue et quai de la) V | | . 23 | |
| Cîteaux (de) | | . 28 | |
| Civry (de) | | . | 1 |
| Clairault | 17 | | |
| Clapeyron | 17 | | |
| Clary II | 18 | | |
| Claude-Decaen | | . | 31 |
| Claude-Lorrain | | . | 1 |
| Claude-Pouillet | 14 | | |
| Claude-Vellefaux III | 27 | | |
| Clausel | 21 | | |
| Clavel | 30 | | |
| Clef (de la) V | | . | 22 |
| Clément IV | | . 19 | |
| Cler I | | . 11 | |
| Cléry (de) III | | . 24 | |
| Clichy | 18 | | |
| Clichy (avenue de) | 17 | | |
| Clichy (boulevard de) | 20 | | |
| Clichy (porte de) | 18 | | |
| Clichy (rue et place de) | 17 | | |
| Clignancourt (porte de) | 19 | | |
| Clignancourt (de) | 28 | | |
| Clisson | | . | 26 |
| Cloche-Perce V | | . 28 | |
| Cloître-Notre-Dame (du) V | | . 22 | |
| Cloître-Saint-Merry (du) III | | . 28 | |
| Clopin V | | . 22 | |
| Clos (du) | | . 35 | |
| Clotilde V | | . 19 | |
| Clovis V | | . 22 | |
| Cloys (des) | 19 | | |
| Cluny (musée de) V | | . 19 | |
| Cochin V | | . 22 | |
| Coëtlogon IV | | . 16 | |
| Colbert (rue et pass.) II, III | | . 21 | |
| Coligny (de) V | | . 25 | |
| Colisée (du) II | | . 15 | |
| Collège de France V | | . 19 | |
| Colombe (de la) V | | . 28 | |
| Colonnes (des) II, III | | . 21 | |
| Combes I | | . 11 | |
| Comète (de la) IV | | . 14 | |
| Commandeur (avenue du) | | . | 17 |
| Commerce (place du) | | . | 7 |
| Commerce (du) | | . 10 | 10 |
| Commerce (tribunal de) V | | . 20 | |
| Commines III | | . 26 | |
| Compans (rue et impasse) | | . | 33 |
| Conciergerie V | | . 20 | |
| Concorde (place et pont de la) II | | . 18 | |
| Condamine (de la) | 17 | | |
| Condé (de) IV, V | | . 19 | |
| Condorcet | 21 | | |
| Conférence (quai de la) I, II | | . 15 | |
| Conflans | | . | 36 |
| Conseil d'État II | | . 21 | |
| Conseil de Guerre IV | | . 16 | |
| Conservatoire des Arts et Métiers III | | . 24 | |

| | R. | Bl. | B. |
|---|---|---|---|
| Conservatoire de Musique III | | . 24 | |
| Conservatoire (du) III | | . 21 | |
| Constantine (avenue de) V | | . 20 | |
| Constantinople (de) | 15 | | |
| Conti (quai) IV, V | | . 20 | |
| Contrescarpe (boulevard) V | | . 25 | |
| Contrescarpe (place) V | | . | 22 |
| Copernic I | | . 9 | |
| Copreau | | . | 13 |
| Coq (du) V | | . 28 | |
| Coq-Héron III | | . 21 | |
| Coquillière III | | . 21 | |
| Corbeau III | | . 27 | |
| Corbes (passage) III | | . | 32 |
| Corbineau | | . | 28 |
| Cordelières (des) | | . | 28 |
| Cordiers (des) V | | . 19 | |
| Corneille IV, V | | . 19 | |
| Cornes (des) | | . | 22 |
| Corps-Législatif (pal. du) II | | . 14 | |
| Cortot | 20 | | |
| Corvisart | | . | 20 |
| Cossonnerie (de la) III | | . 28 | |
| Côte-d'Or (de la) V | | . 22 | |
| Cotentin (du) | | . | 13 |
| Cotte | | . 28 | |
| Cottin (passage) | 20 | | |
| Coucous (des) | | . | 34 |
| Couesnon | | . | 17 |
| Courat | | . 35 | |
| Courbevoie | 1 | | |
| Courcelles (boulevard de) | 15 | | |
| Courcelles (porte de) | 11 | | |
| Courcelles (de) II | 11 | | |
| Cour-des-Noues (de la) | | . | 32 |
| Couronnes (rue et impasse des) | | . | 30 |
| Cours-la-Reine I, II | | . 15 | |
| Courty (de) II | | . 17 | |
| Coutellerie (de la) V | | . 28 | |
| Coutures-St-Gervais (des) III | | . 26 | |
| Crébillon IV, V | | . 19 | |
| Crédit Foncier II | | . 18 | |
| Crillon V | | . 25 | |
| Crimée (de) | 20 | | |
| Croisades (des) | | . | 14 |
| Croissant (du) III | | . 21 | |
| Croix-des-Petits-Champs II, III | | . 21 | |
| Croix-Nivert | | . 10 | 7 |
| Croix-Rouge (place de la) IV | | . 16 | |
| Crouin (passage) | | . | 26 |
| Croulebarbe | | . | 28 |
| Crozatier | | . 28 | |
| Crussol (rue et pass. de) III | | . 27 | |
| Cugnot | 25 | | |
| Cujas V | | . 19 | |
| Curial | 25 | | |
| Cuvier V | | . 22 | 22 |
| Cygne (du) III | | . 28 | |

# ÉDIFICES PUBLICS, ETC.

| | R. | Bl.B. | | | R. | Bl.B. |
|---|---|---|---|---|---|---|
| Cygnes (allée des) | *I* | 7 | Didot | | | 17 |
| Daguerre | | 17 | Dier (passage) | | 18 | |
| Dalayrac | *II* | 21 | Dieu | *III* | | 27 |
| Dames (des) | | 17 | Domat | *V* | | 22 |
| Damesme | | 24 | Dombasle | | | 11 |
| Damiette (de) | *III* | 24 | Dôme (du) | *I* | | 9 |
| Damoy (passage) | *V* | 26 | Domrémy (de) | | | 26 |
| Damrémont | | 19 | Doré (cité) | | | 26 |
| Dancourt (place et rue) | | 20 | Dosne | | | 9 |
| Dangeau | | 4 | Douai (de) | | 20 | |
| Dante (du) | *V* | 19 | Douane (hôtel de la) | *III* | | 27 |
| Dantzig (de) | | 11 | Douane (de la) | *III* | | 27 |
| Danube (place du) | | 32 | Doubles (pont aux) | *V* | | 22 |
| Darboy | | 27 | Doudeauville (rue et passage) | | 28 | |
| Darcy | | 36 | Douze-Maisons (passage des) | *I* | | 12 |
| Dareau | | 20 | Dragon (rue et cour du) | *IV* | | 16 |
| Daru | | 12 | Dressage (du) | | | 21 |
| Daubenton | | 22 | Drevet | | 20 | |
| Daumesnil (avenue et place) | | 31 | Drouot | *II, III* | 21 | |
| Dauphin (du) | *II* | 18 | Dubail (passage) | *III* | 24 | |
| Dauphine (place, rue et pass.) | *IV, V* | 20 | Dubois (passage) | | 29 | |
| | | | Ducange | | | 14 |
| Dauphine (porte) | | 6 | Duée (de la) | | | 17 |
| Daval | *V* | 26 | Dufrénoy | | | 6 |
| David | | 8 | Dugommier | | | 31 |
| Davoust (boulevard) | | 34 | Duguay-Trouin | *IV* | | 16 |
| Davy | | 16 | Duguesclin | *I* | | 10 |
| Débarcadère (du) | | 9 | Duhesme | | 19 | |
| Debelleyme | *III* | 26 | Dulac (passage) | | | 13 |
| Debrousse | *I* | 12 | Dulaure | | 20 | |
| Decamps | | 9 | Dulong | | 14 | |
| Déchargeurs (des) | *III* | 20 | Dumas (passage) | | | 31 |
| Decrès | | 14 | Duméril | | | 22 |
| Deguerry | | 27 | Dumont-d'Urville | *I* | | 12 |
| Delambre | | 16 | Dunkerque (de) | | 24 | |
| Delessert | *I* | 8 | Dunois | | | 26 |
| Delorme (passage) | *II* | 18 | Duperré | | 20 | |
| Delta (du) | | 23 | Dupetit-Thouars | *III* | | 27 |
| Demours | | 11 | Duphot | *II* | | 18 |
| Denain (boulevard de) | | 24 | Dupin | *IV* | | 16 |
| Denfert-Rochereau, d'Enfer | *V* | 19 | Dupleix (place et rue) | *I* | | 10 |
| Denoyez | | 30 | Dupont (cité) | | | 29 |
| Deparcieux | | 17 | Dupuis | *III* | | 27 |
| Départ (du) | | 16 | Dupuytren | *IV, V,* | | 19 |
| Département (du) | | 26 | Duquesne (avenue) | *IV* | | 13 |
| Dépotoir (du) | | 32 | Durance (de la) | | | 31 |
| Desaix | *I* | 10 | Duranti | | | 29 |
| Desbordes-Valmore | | 5 | Durantin | | 20 | |
| Descartes | *V* | 22 | Duranton | | | 7 |
| Descombes | | 8 | Duras (de) | *II* | | 15 |
| Desgenettes | *II* | 14 | Duret | *I* | 9 | |
| Désir (passage du) | *III* | 24 | Duris | | | 33 |
| Desnouettes | | 8 | Duroc | *IV* | | 13 |
| Desprez | | 14 | Du... | | | 13 |
| Desrenaudes | | 12 | Duvivier | *I, IV* | | 14 |
| Deux-Écus (des) | *III* | 20 | Eaux (passage des) | *I* | | 8 |
| Deux-Gares (des) | | 24 | Éblé | *IV* | | 13 |
| Deux-Ponts (des) | *V* | 22 | Échaudé (de l') | *IV* | | 19 |
| Deux-Portes (des) | *III, V* | 24 | Échelle (de l') | *II* | | 21 |
| Dhuys (de la) | | 30 | Échiquier (de l') | *III* | | 24 |

| | R. | Bl. | B. | | R. | Bl. | B. |
|---|---|---|---|---|---|---|---|
| Ecluses-Saint-Martin (des) | | 27 | | Eylau (avenue et place d') *I* | . | 6 | |
| Ecole des Beaux-Arts . *IV* | . | 17 | | Fabert . . . . . . . . *II* | . | 14 | |
| — de Droit . . . . . . *V* | . | 19 | | Fagon . . . . . . . . . | . | | 23 |
| — d'Etat-Major . . . *IV* | . | 14 | | Faisanderie (de la) . . . . | . | 6 | |
| — de Médecine . . . . *V* | . | 19 | | Fallempin (passage) . . . | . | 7 | |
| — de Médecine (rue et place de l') . . . . . . . . *V* | . | 19 | | Faub.-Montmartre (du) *III* | 21 | 21 | |
| — Militaire . . . . . *IV* | . | 10 | | Faub.-Poissonnière (du) *III* | 24 | 24 | |
| — des Mines . . . . *IV* | . | | 19 | Faub.-St-Antoine (du) . *V* | . | 28 | |
| — Polytechnique . . . *V* | . | 22 | | Faub.-St-Denis (du) . . *III* | 24 | 24 | |
| — Polytechnique (de l') *V* | . | 22 | | Faub.-St-Honoré (du) . *II* | 15 | 15 | |
| — des Ponts-et-Chaussées *IV* | . | 17 | | Faub.-St-Jacques (du) . . | . | | |
| Ecoles (des) . . . . . . *V* | . | 22 | | Faub.-St-Martin (du) . . . | . | 27 | 24 19 |
| Ecosse (d') . . . . . . *V* | . | 19 | | Faubourg-du-Temple (du) *III* | . | 27 | |
| Ecouffes (des) . . . . . *V* | . | 23 | | Fauconnier (du) . . . *V* | . | 22 | |
| Ecuries-d'Artois (des) . *II* | 12 | | | Favart . . . . . *II*, *III* | . | 21 | |
| Edimbourg (d') . . . . . | 15 | | | Favorites (des) . . . . . | . | | 10 |
| Eginhard . . . . . . . *V* | . | 26 | | Fécamp (de) . . . . . . | . | | 32 |
| Eglise (de l') . . . . . . | . | 7 | | Félicité (de la) . . . . | 14 | | |
| Elysée (palais de l') . *II* | . | 15 | | Fénelon (cité) . . . . . | 24 | | |
| Elysée (passage de l') . . | 20 | | | Fer-à-Moulin (du) . . . | . | | 22 |
| Elysée (de l') . . . . *II* | . | 15 | | Ferdinand-Berthoud . *III* | . | 24 | |
| Elzévir . . . . . . . *III* | . | 26 | | Fermat . . . . . . . . | . | | 17 |
| Emeriau . . . . . . . *I* | . | 7 | | Ferme-des-Mathurins (de la) *II* | . | 18 | |
| Enfants Malades (hôp. des) *IV* | . | 13 18 | | Fermiers (des) . . . . . | 14 | | |
| Enfants-Rouges (marché des) *III* | . | 26 | | Ferou . . . . . . . *IV* | . | 19 | |
| Enfer (boul. d') . . . *IV* | . | 16 | | Ferronnerie (de la) . . *III* | . | 23 | |
| Enfer (passage d') . . . . | . | 16 | | Ferrus . . . . . . . . | . | | 20 |
| Enfer (place d') . . . . . | . | 17 | | Fessard (rue et impasse) . | 30 | | |
| Enfer (d'), Denfert-Rochereau . . . . . . . *V* | . | 19 | | Fêtes (rue et place des) . . | 33 | | |
| Enghien (hospice d') . . . | . | 31 | | Feuillade (de la) . . . *III* | . | 21 | |
| Enghien (d') . . . . *III* | 24 | 24 | | Feuillantines (des) . . . *V* | . | | 19 |
| Entrepôt (de l') . . . *III* | . | 27 | | Feuillants (des) . . . *II* | . | 18 | |
| Entrepreneurs (des) . . . | 7 | 7 | | Feuillet (passage) . . . . | 27 | | |
| Envierges (r., cité et pass. des) . . . . . . . . . | . | 30 | | Feutrier . . . . . . . . | 20 | | |
| Epée-de-Bois (de l') . . . | . | 22 | | Feydeau . . . . . . *III* | . | 21 | |
| Eperon (de l') . . . . *V* | . | 19 | | Fidélité (de la) . . . *III* | 24 | | |
| Epinettes (des) . . . . . | 16 | | | Figuier (du) . . . . . *V* | . | 22 | |
| Erard . . . . . . . . . | . | 28 | | Filles-du-Calvaire (rue et boul. des) . . . . . *III* | . | 26 | |
| Erlanger . . . . . . . . | 1 | 1 | | Filles-Dieu (des) . . . *III* | . | 24 | |
| Ermitage (rue et villa de l') | . | 33 | | Filles-St-Thomas (des) *II*, *III* | . | 21 | |
| Ernestine . . . . . . . | 28 | | | Fillettes (des) . . . . . | 25 | | |
| Escaut (de l') . . . . . | 25 | | | Flandre (pont de) . . . . | 28 | | |
| Espérance (de l') . . . . | . | 24 | | Flandre (route de) . . . . | 28 | | |
| Esquirol . . . . . . . . | . | 23 | | Flandre (de) . . . . . . | 26 | | |
| Essling (avenue d') . . . | 12 | | | Flandrin (boulevard) . . . | . | 6 | |
| Est (de l') . . . . . . . | . | 33 | | Fleurus (de) . . . . *IV* | . | 16 | |
| Estrapade (place de l') . . | . | 19 | | Florence (de) . . . . . | 17 | | |
| Estrées (d') . . . . . *IV* | . | 13 | | Foin (du) . . . . . . *V* | . | 26 | |
| Etoile (rond-point de l') *I* | 12 | | | Folie-Méricourt (de la) *III* | . | 27 | |
| Etoile (de l') . . . . . . | 12 | | | Folie-Regnault (de la) . . | . | 29 | |
| Eugène-Delacroix . . . . | . | 5 | | Fontaine-du-But (de la) . | 19 | | |
| Euler . . . . . . . . *I* | . | 12 | | Fontaine-aux-Clercs (de la) | . | | 24 |
| Eupatoria (d') . . . . . | . | 30 | | Fontaine-Mulard (de la) . | . | | 24 |
| Europe (place de l') . . . | 18 | | | Fontaine-au-Roi . . *III* | . | 27 | |
| Evangile (de l') . . . . | 25 | | | Fontaine-St-Georges . . . | 20 | | |
| Excelmans (boulevard) . . | . | | 1 | Fontaines (des) . . . *III* | . | 24 | |
| | | | | Fontanes (lycée) . . . . | 18 | | |
| | | | | Fontanes (de) . . . . *V* | . | 19 | |
| | | | | Fontarabie (de) . . . . . | . | | 32 |

## ÉDIFICES PUBLICS, ETC.

| | R. | Bl. | B. | | | R. | Bl. | B. |
|---|---|---|---|---|---|---|---|---|
| Fontary . . . . . . . . . . . . | | | 10 | Gare de Vincennes . . . . | | | 25 | |
| Fontenelle (de la) . . . . . | | 20 | | Gare (boulevard de la) . . | | | | 26 |
| Fontenoy (place de) . . . . | | . | 10 | Gare (porte de la) . . . . | | | | 30 |
| Fontis (chemin des) . . . . | | . | 1 | Gare (quai de la) . . . . . | | | | 29 |
| Forest . . . . . . . . . . . . | | 17 | | Gare (de la) . . . . . . . . | | | 4 | 25 |
| Forez (du) . . . . . . *III* | | 23 | | Gares (des Deux-) . . . . | | 24 | | |
| Forge-Royale (impasse de la) | | . | 28 | Gaston de St-Paul . . . *I* | | . | 12 | |
| Forges (des) . . . . . *III* | | . | 24 | Gatbois (passage) . . . . | | | | 28 |
| Fortin (avenue) . . . . . . | | | 23 | Gaudon (ruelle) . . . . . | | | . | 27 |
| Fortin . . . . . . . . . . *I* | | 12 | | Gauthey . . . . . . . . . . | | . | 10 | |
| Fosses-St-Bernard (des) . *V* | | 22 | | Gavarni . . . . . . . . *I* | | . | 8 | |
| Fosses-St-Jacques (des) . *V* | | 19 | 19 | Gay-Lussac . . . . . . *V* | | . | 19 | 19 |
| Fouarre (du) . . . . . . *V* | | 22 | | Gaz (rue et impasse du) . | | | . | 26 |
| Fougeat (passage) . . . . . | | . | 10 | Gazan . . . . . . . . . . . | | | . | 21 |
| Four (du) . . . . *IV, V* | | . | 19 | Genève (de) . . . . . . . . | | | 28 | |
| Fourcy (de) . . . . . . *V* | | . | 23 | Gentilly . . . . . . . . . . | | | | 24 |
| Fourneaux (rue et chemin | | | | Gentilly (porte de) . . . . | | | . | 21 |
|   des) . . . . . . . . *IV* | | . | 18 | Gentilly (de) . . . . . . . | | | | 23 |
| Foyatier . . . . . . . . . . | | 20 | | Gentilly (station de) . . . | | | . | 21 |
| Française . . . . . . . *III* | | 24 | | Geoffroy-Didelot . . . . . | | . | 14 | |
| Francœur . . . . . . . . . . | | 19 | | Geoffroy-Langevin . . *III* | | | 23 | |
| François-Gérard . . . . . . | | . | 4 | Geoffroy-Lasnier . . . *V* | | | 23 | |
| François-Miron . . . . . *V* | | . | 23 | Geoffroy-Marie . . . *III* | | 21 | | |
| François Ier (maison de) *II* | | . | 15 | Geoffroy-St-Hilaire . . *V* | | . | . | 22 |
| François Ier (rue et place) | | | | Géorama (du) . . . . . . . | | | . | 17 |
|   *I, II* | | 15 | | Gérando . . . . . . . . . . | | 20 | | |
| Francs-Bourgeois (des) *III, V* | | 23 | | Gérard . . . . . . . . . . . | | | 23 | |
| Franklin . . . . . . . . *I* | | 8 | | Gerbert . . . . . . . . . . | | | . | 23 |
| Frémicourt . . . . . . . . . | | . | 10 | Gerbier . . . . . . . . . . | | | 29 | |
| Frère-Philippe (du) . . *IV* | | . | 13 | Gerbillon . . . . . . . *IV* | | . | 16 | |
| Freycinet . . . . . . . . *I* | | 12 | | Gergovie (de) . . . . . . . | | | . | 14 |
| Friedland (avenue de) . . | | 12 | | Germain-Pilon . . . . . . | | 20 | | |
| Frochot . . . . . . . . . . | | 20 | | Gerson (place et rue) . *V* | | . | 19 | |
| Froissart . . . . . . . *III* | | . | 26 | Gesvres (quai de) . . . *V* | | . | 23 | |
| Froment . . . . . . . . . . | | . | 26 | Ginoux . . . . . . . . . . | | | . | 7 |
| Fromentel . . . . . . . *V* | | 19 | | Girardon . . . . . . . . . | | 20 | | |
| Fulton . . . . . . . . . . . | | . | 25 | Gironde (quai de la) . . . | | . | 28 | |
| Furstenberg (rue et place) *IV* | | 20 | | Gît-le-Cœur . . . . . . *V* | | . | 19 | |
| | | | | Glacière (de la) . . . . . . | | | . | 20 |
| Gabon (du) . . . . . . . . | | . | 34 | Gluck . . . . . . . . . *II* | | 18 | | |
| Gabriel (avenue) . . . *II* | | . | 15 | Gobelins (avenue et rue des) | | | . | 23 |
| Gabrielle . . . . . . . . . | | 20 | | Gobelins (manufacture des) | | | . | 23 |
| Gaillard . . . . . . . . . . | | 18 | | Godot-de-Mauroy . . . *II* | | 18 | 18 | |
| Gaillon . . . . . . . . *II* | | . | 21 | Gomboust . . . . . . . *II* | | . | 18 | |
| Gaîté (rue et impasse de la) | | . | 16 | Gourgaud (avenue) . . . . | | 11 | | |
| Galande . . . . . . . . *V* | | . | 22 | Goutte-d'Or (de la) . . . . | | | 23 | |
| Galilée . . . . . . . . *I* | | . | 12 | Gouvion-St-Cyr (boulevard) | | 8 | | |
| Gallois . . . . . . . . . . | | . | 29 | Gozlin (rue et place) . *IV* | | . | 19 | |
| Galvani . . . . . . . . . . | | 8 | | Gracieuse . . . . . . . *V* | | | . | 22 |
| Gambey . . . . . . . . *III* | | . | 27 | Grammont (de) . . . . *II* | | . | 21 | |
| Garancière . . . . . . *IV* | | . | 19 | Grand-Cerf (passage du) *III* | | . | 24 | |
| Gardes (des) . . . . . . . | | 23 | | Grand-Prieuré (du) . . *III* | | . | 27 | |
| Gare de l'Est . . . . . . . | | 24 | | Grande-Armée (avenue de la) | | 9 | | |
| — de Lyon . . . . . . . . | | . | 23 | Grande-Chaumière (de la) | | | . | 16 |
| — Montparnasse (de l'Ouest, | | | | Grande-Truanderie (de la) | | | | |
|   rive gauche) . . . . . . | | . | 16 |   *III* | | . | 23 | |
| — du Nord . . . . . . . . | | 24 | | Grandes-Carrières (ch. des) | | 16 | | |
| — d'Orléans . . . . . . . | | . | 25 | Grands-Augustins (rue et quai | | | | |
| — de Sceaux . . . . . . . | | . | 20 |   des) . . . . . . . . . *V* | | . | 20 | |
| — St-Lazare (de l'Ouest, | | | | Grands-Champs (des) . . . | | | . | 34 |
|   rive droite) . . . . . . | | 18 | | Grands-Degrés (des) . . *V* | | . | 22 | |

| | R. Bl. B. | | | R. Bl. B. |
|---|---|---|---|---|
| Grange-Batelière (de la) *III* | 12 | | Hélène . . . . . . . | 17 |
| Grange-aux-Belles . . *III* | 72 | | Henri-Chevreau . . . | . 33 |
| Gravelle (avenue de) . . | . . 36 | | Henri IV (boul. et quai) *V* | . 25 |
| Gravilliers (des). . . *III* | . 24 | | Henri IV (lycée) . . . | . 22 |
| Greffulhe . . . . . . *II* | 18 | | Henri-Regnault . . . . | . . 18 |
| Grégoire-de-Tours . . . *IV* | . . 19 | | Héricart . . . . . . | . 7 |
| Grenelle (boulevard de). *I* | . 10 | | Hérold . . . . . . | . 4 |
| Grenelle (gare de). . . . | . 7 7 | | Herr . . . . . . . | . . 7 |
| Grenelle (pont de) . . . | . 4 | | Heymès (avenue) . . . | . 4 |
| Grenelle (quai de) . . *I* | . 7 | | Hippodrome . . . *I* | . 12 |
| Grenelle (de) . . *I, IV* | . 14 | | Hirondelle (de l') . . *V* | . 19 |
| Grenelle (station de) . . | . . 4 | | Hoche . . . . . . *I* | . 10 |
| Grenéta . . . . . . *III* | . 24 | | Homme-Armé (de l') . *III* | . 23 |
| Grenier-sur-l'Eau . . . *V* | . 23 | | Honoré-Chevalier . . *IV* | . 16 |
| Grenier-St-Lazare . . *III* | . 23 | | Hôpital (boulevard et place | |
| Grétry . . . . . . *II* | . 21 | | de l') . . . . . *V* | . 25 |
| Greuze . . . . . . *I* | . 9 | | Hôpital Saint-Louis (de l') | 27 |
| Gribeauval . . . . *IV* | . 17 | | Horloge (quai de l') . . *V* | . 20 |
| Gros . . . . . . . | . 4 | | Hospices (des). . . . . | . . 27 |
| Grosse-Tête (imp. de la) *III* | . 24 | | Hospitalières-Saint-Gervais | |
| Grotte (de la) . . . . | . 8 | | (des) . . . . . *III* | . 23 |
| Guadeloupe (de la) . . . | 25 | | Hôtel-Colbert (de l') . . *V* | . 22 |
| Gudin . . . . . . . | . 1 | | Hôtel-Dieu . . . . *V* | . 23 |
| Guénégaud . . . . *IV, V* | . 20 | | Hôtel-de-Ville . . . *V* | . 23 |
| Guénot (cité) . . . . . | . 31 | | Hôtel-de-Ville (rue, quai et | |
| Guérin-Boisseau . . . *III* | . 24 | | place de l') . . . *V* | . 23 |
| Guichard . . . . . . | . 5 | | Houdart (passage) . . . | . 30 |
| Guilhem . . . . . . | . 29 | | Houdon . . . . . . | 20 |
| Guillaume-Tell . . . . | 11 | | Huchette (de la) . . . *V* | . 19 |
| Guillemites (des) . . . *III* | . 23 | | | |
| Guisarde . . . . . *IV* | . 19 | | Iéna (avenue d'). . . . | . 12 |
| Guy-Labrosse . . . *V* | . . 22 | | Iéna (pont d') . . . . *I* | . 8 |
| Guyot . . . . . . . | 11 | | Iéna (d') . . . . . *II* | . 14 |
| Guy-Patin . . . . . . | 23 | | Immaculée Conception (col- | |
| | | | lège de l') . . . . . | . 8 |
| Haies (des) . . . . . . | . 35 | | Immeubles Industriels (des) | . 31 |
| Hainaut (du) . . . . . | 32 | | Imprimerie Nationale . *III* | . 23 |
| Halévy . . . . . . *II* | . 18 | | Industrie (palais de l') *II* | . 15 |
| Hallé . . . . . . . | . . 17 | | Ingres (avenue) . . . . | . 5 |
| Halle-au-Blé . . . . *III* | . 20 | | Innocents (des) . . . *II* | . 20 |
| Halle-aux-Vins . . . *V* | . 22 | | Institut de France . . *IV* | . 20 |
| Halles Centrales . . *III* | . 20 | | Institut (place de l'). . *IV* | . 20 |
| Halles (des) . . . . *III* | . 20 | | Invalides (boulevard des) *IV* | . 13 |
| Hambourg (de) . . . . | 18 | | Invalides (hôtel des) . *IV* | . 14 |
| Hameau (du) . . . . . | . . 8 | | Invalides (pont et esplanade | |
| Hamelin . . . . . *I* | . 9 | | des) . . . . . *II, IV* | . 14 |
| Hanovre (de) . . . . *II* | . 21 | | Irlandais (des) . . . *V* | . 10 |
| Harlay (de) . . . . *III* | . 26 | | Islettes (des) . . . . . | 23 |
| Harlay-au-Palais (de) . . *V* | . 20 | | Isly (de l') . . . . *II* | 18 |
| Harpe (de la) . . . . *V* | . 19 | | Issy (porte d') . . . . | . 8 |
| Harvey . . . . . . . | . . 26 | | Issy . . . . . . . | . 6 |
| Hasard (du) . . . . *II* | . 21 | | Italie (avenue et porte d') | . 24 |
| Haussmann (boulevard) *II* | 18 | | Italie (boulevard et place d') | . 23 |
| Hautefeuille. . . . *V* | . 19 | | Italiens (boulevard des) | |
| Hauteville (d') . . . *III* | 24 24 | | . . . . . . *II, III* | . 21 |
| Haut-Pavé (du) . . . *V* | . 22 | | Ivry . . . . . . . | . 30 |
| Hautpoul (d') . . . . . | 29 | | Ivry (avenue et porte d') . | . 27 |
| Hâvre (du) . . . . *II* | 18 | | | |
| Haxo . . . . . . . | 36 36 | | Jabach (passage) . . *III* | . 23 |
| Hébert (place). . . . . | 25 | | Jacinthe . . . . . *V* | . 22 |
| Helder (du) . . . . *II* | . 21 | | | |

## ÉDIFICES PUBLICS, ETC.

| | R. | Bl. | B. | | | R. | Bl. | B. |
|---|---|---|---|---|---|---|---|---|
| Jacob | IV | . | 20 | Képler | I | . | 12 | |
| Jacquemont | | 17 | | Kléber | I | . | 10 | |
| Jacques-Cœur | IV | . | 25 | | | | | |
| Jacques-Debrosse | V | . | 23 | Laborde (de) | II | 18 | | |
| Jardin d'Acclimatation | | 3 | | La Bourdonnaye (av. de) | I | . | 11 | |
| Jardin des Plantes | V | . | 22 | La Bruyère | | . | 21 | |
| Jardinet (du) | IV, V | . | 19 | Lacaze | | . | | 18 |
| Jardiniers (des) | | . | 32 | Lacépède | V | . | | 22 |
| Jardins-Saint-Paul (des) | V | . | 22 | Lacharrière | | . | 29 | |
| Jarente (de) | V | . | 26 | Lacordaire | | . | | 7 |
| Javel (quai de) | | 4 | 4 | Lacroix | | 16 | | |
| Javel (de) | | 7 | 7 | Lacuée (avenue) | V | . | 25 | |
| Jean-Bart | IV | . | 16 | La Fayette (place de) | | . | 24 | |
| Jean-Beausire (rue et imp.) V | | . | 26 | La Fayette (de) | II | . | 21 | |
| | | | | Laferrière (passage) | | . | 21 | |
| Jean-de-Beauvais | V | . | 19 | La Feuillade (de) | III | . | 21 | |
| Jean-Bologne | | . | 5 | Laffitte | II, III | 21 | 21 | |
| Jean-Cottin | | 25 | | La Fontaine (de) | | . | 4 | |
| Jean-Dijon | | 19 | | Laghouat (de) | | . | 23 | |
| Jean-Goujon | I, II | . | 15 | Lagny (de) | | . | 34 | |
| Jean-Jacques-Rousseau | III | . | 21 | Lahire | | . | | 26 |
| Jean-Lantier | II | . | 20 | Lalande | | . | | 17 |
| Jean-Nicot | II | . | 14 | Lamarck | | . | 20 | |
| Jeanne | | . | 14 | Lamartine | | . | 21 | |
| Jeanne-d'Arc (rue et place) | | . | 26 | Lamblardie | | . | | 31 |
| Jean-Robert | | 23 | | La Michodière (de) | II | . | 21 | |
| Jean-Tison | III | . | 20 | La Motte-Piquet (avenue de) | I | . | 10 | |
| Jemmapes (quai de) | III | 27 | 27 | | | | | |
| Jenner | | . | 26 | Lancry (de) | III | 27 | 27 | |
| Jessaint (rue et place) | | 23 | | Landrieu (passage) | I | . | 11 | |
| Jeu-de-Boule (passage du) III | | . | 27 | Languedoc (de) | | . | 22 | |
| | | | | Lannes (boulevard) | | 9 | 6 | |
| Jeu-de-Paume | II | . | 18 | Lantier | | . | 16 | |
| Jeunes Aveugles (institution des) | IV | . | 13 | La Pérouse | I | . | 12 | |
| | | | | Laplace | V | . | 22 | |
| Jeunes Détenus (prison des) | | . | 29 | Lippe (de) | | . | 25 | |
| Jeûneurs (des) | III | . | 21 | La Quintinie | | . | | 10 |
| Joinville (de) | | 29 | | Lard (au) | III | . | 20 | |
| Joquelet | III | . | 21 | La Reine (cours) | I, II | . | 15 | |
| Joséphine (avenue) | I | . | 12 | La Reynie (de) | III | . | 28 | |
| Joubert | II | 18 | | Lariboisière (hôpital) | | 23 | | |
| Jouffroy (passage) | III | 21 | | Laroche | | . | | 29 |
| Jouffroy | | 11 | | La Rochefoucauld (hospice) | | . | | 17 |
| Jour (du) | III | . | 21 | La Rochefoucauld (de) | | . | 21 | |
| Jourdan (boulevard) | | . | 21 | Laromiguière | V | . | | 19 |
| Jouvenet | | . | 1 | Las Cases (de) | IV | . | 17 | |
| Jouy (de) | V | . | 23 | Latour-Maubourg (boulev.) II, IV | | . | 14 | |
| Juge | | . | 7 | | | | | |
| Juifs (des) | V | . | 23 | Latran (de) | V | . | 19 | |
| Juigné (de) | I | . | 12 | Laugier | | . | 11 | |
| Juillet (colonne de) | | . | 25 | Laumière (avenue) | | . | 29 | |
| Jules-César | V | . | 25 | Lauriston | I | . | 9 | |
| Julien-Lacroix | | . | 30 | Lauzun | | . | 30 | |
| Jura (du) | | . | 22 | Laval | | . | 21 | |
| Jussienne (rue de la) | III | . | 21 | Lavandières (des) | III | . | 20 | |
| Jussieu (rue et place de) | V | . | 22 | Lavoisier | II | 18 | | |
| Justice (palais de) | V | . | 20 | La Vrillière (de) | II, III | . | 21 | |
| Justice (de la) | | . | 36 | Leblanc | | . | | 4 |
| | | | | Lebouis | | . | | 13 |
| Keller | | . | 29 | Lebouteux | | 14 | | |
| Kellermann (boulevard) | | . | 24 | Lebrun | | . | | 22 |

## RUES ET PLACES PRINCIPALES.

| | R. | Bl. | B. |
|---|---|---|---|
| Lécluse | | 17 | |
| Lecourbe . . . IV | | . | 10 |
| Lefèvre (boulevard) | | . | 11 |
| Lefort | 19 | | |
| Legendre | 14 | | |
| Légion d'Honneur (palais de la) . . . II | | 17 | |
| Legrand | 30 | | |
| Lemaignan | | 21 | |
| Lemaire | | 7 | |
| Lemarrois | | | 1 |
| Lemercier | 17 | | |
| Lemoine (passage) . III | | 24 | |
| Lemoult | | 7 | |
| Léon | 28 | | |
| Léonard-de-Vinci . I | | 9 | |
| Léopold | | 29 | |
| Lepage (cité) | 27 | | |
| Le Peletier . . II, III | 21 | 21 | |
| Lepic | 20 | | |
| Le Pré-St-Gervais | 35 | | |
| Leregrattier . . . V | | 22 | |
| Leroux . . . . I | 9 | 9 | |
| Lesage | 30 | | |
| Lesdiguières . . V | | 25 | |
| Lesueur | 9 | | |
| Letellier | | | 10 |
| Levallois-Perret | 7 | | |
| Levert | 33 | | |
| Lévis (rue et place de) | 14 | | |
| Lhomond . . . V | | | 19 |
| Liancourt | | | 17 |
| Libert | | | 31 |
| Lilas (des) | 33 | | |
| Lille (de) . . II, IV | | 17 | |
| Lingerie (de la) . . II | | 20 | |
| Linné . . . . V | | | 22 |
| Linois | | 7 | |
| Lions (des) . . . V | | 25 | |
| Lisbonne (de) | 15 | | |
| Loban (place) . . . V | | 23 | |
| Lobineau . . . IV | | 19 | |
| Loire (quai de la) | 29 | | |
| Lombards (des) . . III | | 28 | |
| Londres (de) | 18 | | |
| Longchamp (allée de) | | 3 | |
| Longchamp (de) . . I | | 9 | |
| Loos (de) . . . III | 27 | | |
| Lord-Byron . . . I | 12 | | |
| Lorraine (de) | 29 | | |
| Louis-le-Grand (lycée) V | | 19 | |
| Louis-le-Grand . . II | | 18 | |
| Louis-Philippe (pont) V | | 22 | |
| Lourcine (de) | | | 20 |
| Lourmel | | 7 | 7 |
| Louvain (de) | 33 | | |
| Louvois . . . II, III | | 21 | |
| Louvre (palais du) II, III | | 20 | |
| Louvre (quai et rue du) II, III | | 20 | |
| Lowendal (avenue de) IV | | 13 | |

| | R. | Bl. | B. |
|---|---|---|---|
| Lubeck (de) . . . I | | 9 | |
| Lully . . . . II | | 21 | |
| Lune (de la) . . III | | 24 | |
| Lunéville (de) | 29 | | |
| Luxembourg (palais et jardin du) . . IV | | 19 | 19 |
| Luxembourg (de) . II | | 18 | |
| Lyannes (des) | | 36 | |
| Lyon (de) | | 25 | |
| **Mabille** (jardin) . . II | | 15 | |
| Mabillon . . . IV | | 19 | |
| Macdonald (boulevard) | 31 | | |
| Mâcon (de) | | | 28 |
| Madame . . . . IV | | 16 | |
| Madeleine (boulevard de la) II | | 18 | |
| Madeleine (marché de la) II | | 18 | |
| Madeleine (place et église de la) . . II | | 18 | |
| Madelonnettes (prison des) | | | 20 |
| Mademoiselle | | | 10 |
| Madone (de la) | 25 | | |
| Madrid (av., boul. et porte de) | 3 | | |
| Madrid (de) | 15 | | |
| Magdebourg (de) | | 8 | |
| Magellan . . . . I | | 12 | |
| Magenta (boulevard de) III | 24 | 27 | |
| Magnan . . . III | | 27 | |
| Mail (du) . . . III | | 21 | |
| Maillot (boulevard) | | 6 | |
| Maillot (porte) | | 9 | |
| Main-d'Or (cour de la) | | | 28 |
| Maine (avenue du) IV | | | 17 |
| Maine (pl. et rue du) | | | 16 |
| Maison-Dieu (de la) | | | 17 |
| Maison pompéienne | | | 12 |
| Maistre (de) . . . V | 17 | | |
| Maître-Albert . . . V | | 22 | |
| Malakoff (avenue de) I | 9 | 9 | |
| Malaquais (quai) . IV | | 20 | |
| Malar . . . . I | | 11 | |
| Malebranche . . V | | 19 | |
| Malesherbes (boulevard) II | | 18 | |
| Malesherbes | 15 | | |
| Malher . . . . V | | 20 | |
| Malmaisons (des) | | | 27 |
| Malte (de) . . . III | | 27 | |
| Mandar . . . . III | | 21 | |
| Mansart | 17 | | |
| Manutention (de la) . I | | 12 | |
| Maraîchers (des) | | 34 | |
| Marais (rue et impasse des) III | | | 27 |
| Marbeau | 9 | | |
| Marbeuf (avenue) . . I | | 12 | |
| Marbeuf . . . . I | | 12 | |
| Marcadet | 16 | | |
| Marceau | | | 32 |
| Marché-aux-Bestiaux | 31 | | |

## ÉDIFICES PUBLICS, ETC. 13

| | R. | Bl. | B. | | | R. | Bl. | B. |
|---|---|---|---|---|---|---|---|---|
| Marché-des-Blancs-Manteaux (place et rue du) . . . *III* | | . | 23 | Mercier . . . . . . . . *III* | | . | 20 | |
| Marché-de-Montrouge (place du) . . . . . . . . . . . . | | . | . | 17 | Mercœur . . . . . . . . . . | | . | 29 | |
| | | | | | Merlin . . . . . . . . . . . | | . | 29 | |
| | | | | | Meslay . . . . . . . . *III* | | . | 24 | |
| Marché-Neuf (quai du) . . | | . | 19 | | Mesnil . . . . . . . . . . *I* | | . | 9 | |
| Marché-Saint-Honoré (du) *II* | | . | 18 | | Messageries (des) . . . . | | . | 24 | |
| Mare (de la) . . . . . . . | | . | 33 | | Messine (avenue de) . . . | | . | 15 | |
| Marengo (de) . . . *II, III* | | . | 20 | | Metz (de) . . . . . . . . . | | . | 24 | |
| Marguettes (des) . . . . | | . | . | 34 | Meuniers (ruelle des) . . . | | . | . | 32 |
| Marie (pont) . . . . . *V* | | . | 22 | | Mexico (de) . . . . . . . | | . | 29 | |
| Marie-Antoinette . . . . | 20 | | | | Meyerbeer . . . . . . *II* | | . | 18 | |
| Marie-Louise . . . . . *III* | | . | 27 | | Mézières (de) . . . . *IV* | | . | 16 | |
| Marie-Stuart . . . . . *III* | | . | 24 | | Michel-Ange . . . . . . . . | | . | 1 | 1 |
| Marignan (de) . . . . . *I* | | . | 12 | | Michel-Bizot . . . . . . . | | . | 34 | 32 |
| Marigny (avenue) . . . *II* | | . | 15 | | Michel-le-Comte . . . *III* | | . | 23 | |
| Mariniers (sentier des) . . | | . | . | 14 | Midi (hôpital du) . . . . . | | . | . | 19 |
| Marivaux . . . . . . *II* | | . | 21 | | Mignottes (des) . . . . . | | 33 | | |
| Maroc (rue et place du) . . | 26 | | | | Mignon . . . . . . . . *V* | | . | 19 | |
| Maronites (des) . . . . . | | . | 30 | | Milan (de) . . . . . . . . | | 18 | | |
| Maronniers (des) . . . . . | | . | 5 | | Millaud (avenue) . . . *V* | | . | 25 | |
| Marseille (de) . . . . *III* | | . | 27 | | Milton . . . . . . . . . . | | 21 | | |
| Marsollier . . . . . . *II* | | . | 21 | | Minimes (des) . . . . *V* | | . | 26 | |
| Martel . . . . . . . . *III* | 24 | | | | Ministère des Affaires Etrangères . . . . . . . . *II* | | . | 14 | |
| Martignac (rue et cité) *IV* | | . | 14 | | — des Finances . . . . *II* | | . | 20 | |
| Martin . . . . . . . . . . | 8 | | | | — de la Guerre . . . . *II* | | . | 17 | |
| Martyrs (des) . . . . . . | 20 | | | | — de l'Instruction Publique *IV* | | . | 17 | |
| Masséna (boulevard) . . . | | . | . | 30 | | | | | |
| Masseran . . . . . . *IV* | | . | 13 | | — de l'Intérieur . . . *II* | | . | 15 | |
| Massillon . . . . . . . *V* | | . | 22 | | — de la Justice . . . . *II* | | . | 18 | |
| Masson . . . . . . . . . | 20 | | | | — de la Marine . . . . *II* | | . | 18 | |
| Maternité (hospice de la) . | | . | . | 19 | — des Travaux Publ. . *IV* | | . | 17 | |
| Mathis . . . . . . . . . | 28 | | | | Miollis . . . . . . . . . . | | . | 10 | |
| Matignon (rue et avenue) *II* | | . | 13 | | Mirabeau . . . . . . . . . | | . | 4 | |
| Maubert (place) . . . . *V* | | . | 22 | | Miracles (cour des) . *III* | | . | 24 | |
| Maubeuge (de) . . . . . | 24 | | | | Miroménil (de) . . . . *II* | 15 | 15 | | |
| Maublanc . . . . . . . . | | . | . | 10 | Missions (des) . . . . *IV* | | . | 16 | |
| Maubuée . . . . . . *III* | | . | 23 | | Missions-Etrangères . *IV* | | . | 16 | |
| Mauconseil . . . . . *III* | | . | 21 | | Mogador . . . . . . . *II* | | 18 | | |
| Maure (du) . . . . . *III* | | . | 23 | | Moines (des) . . . . . . | | 16 | | |
| Maurice (passage) . . . . | | . | 29 | | Molière (fontaine) . . *II* | | . | 21 | |
| Mauvais-Garçons (des) . *V* | | . | 23 | | Molière . . . . . . . . *II* | | . | 21 | |
| Mayet . . . . . . . . *IV* | | . | 13 | | Molitor . . . . . . . . . | | . | . | 1 |
| Mayran . . . . . . . . . | 21 | | | | Monceaux (rue et parc de) | 15 | . | | |
| Mazagran (rue et impasse) *III* | | . | 24 | | Moncey . . . . . . . . . | | 18 | | |
| Mazarine . . . . . . . *IV* | | . | 20 | | Mondétour . . . . . *III* | | . | 23 | |
| Mazas (boulev. et place) *V* | | . | 25 | | Mondovi . . . . . . . *II* | | . | 18 | |
| Mazet . . . . . . . . *V* | | . | 19 | | Monge (école) . . . . . . | | 14 | | |
| Meaux (de) . . . . . . . | 29 | | | | Monge (rue et place) . *V* | | . | . | 22 |
| Méchain . . . . . . . . . | | . | 20 | | Monjol . . . . . . . . . | | 27 | | |
| Médéah (de) . . . . . . . | | . | 13 | | Monnaie (de la) . . . *III* | | . | 20 | |
| Médicis (de) . . . . *IV, V* | | . | 19 | | Monnaies (hôtel des) *IV, V* | | . | 20 | |
| Médoc (du) . . . . . . . | | . | 29 | | Monsieur . . . . . . . *IV* | | . | 18 | |
| Mégisserie (quai de la) *III, V* | | . | 20 | | Monsieur-le-Prince . *IV, V* | | . | 19 | |
| Méhul . . . . . . . . *II* | | . | 21 | | Montagne-Sainte-Geneviève (de la) . . . . . . . . *V* | | . | 22 | |
| Meinadier . . . . . . . . | 29 | | | | Montaigne (avenue) . *I, II* | | . | 12 | |
| Ménars . . . . . . *II, III* | | . | 21 | | Montaigne . . . . . . *II* | | . | 15 | |
| Ménilmontant (boulev. de) | | . | 30 | | Montalivet . . . . . . *II* | | . | 15 | |
| Ménilmontant (porte de) . | | . | 30 | | Montbrun . . . . . . . . | | . | . | 17 |
| Ménilmontant (de) . . . . | | . | 33 | | Montcalm . . . . . . . . | | 19 | | |

## RUES ET PLACES PRINCIPALES,

| | R. | Bl. | B. |
|---|---|---|---|
| Mont-Cenis (du) | | 19 | |
| Mont-Doré (du) | | 17 | |
| Mont-de-Piété | III | | 23 |
| Montebello (quai de) | V | | 22 |
| Montempoivre (rue et porte de) | | | 34 |
| Montenotte (de) | | 12 | |
| Montera | | | 34 |
| Montesquieu | II, III | | 20 |
| Montessuy (de) | I | | 11 |
| Montfaucon | IV | 19 | |
| Montgallet | | | 31 |
| Montgolfier | III | | 24 |
| Montholon (rue et square) | | 21 | |
| Montibœufs (des) | | | 36 |
| Montlouis | | | 32 |
| Montmartre (boulevard et rue) | III | | 21 |
| Montmartre (cimetière) | | 17 | |
| Montmorency (avenue de) | | | 1 |
| Montmorency (boulevard) | | | 1 |
| Montmorency (de) | III | | 23 |
| Montorgueil | III | | 21 |
| Mont-Parnasse (boulevard et rue du) | IV | 13 | 16 |
| Montreuil (porte de) | | | 34 |
| Montreuil (rue de) | | | 31 |
| Montrouge | | | 15 |
| Montrouge (boulevard de) | | | 16 |
| Montrouge (porte de) | | | 18 |
| Montrouge (station de) | | | 18 |
| Montsouris (avenue et parc) | | | 21 |
| Mont-Thabor (du) | II | 18 | |
| Montyon (de) | III | 21 | |
| Morand | | | 30 |
| Moreau | V | | 25 |
| Morée (de) | | 21 | |
| Moret | | | 30 |
| Morgue (la) | | | 22 |
| Morillons (des) | | | 11 |
| Morland (boulevard) | V | | 25 |
| Mornay | V | | 25 |
| Morny (de) | I | | 12 |
| Morse | | | 28 |
| Mortier (boulevard) | | 36 | 36 |
| Moscou (de) | | 18 | |
| Moselle (de la) | | 29 | |
| Mosnier | | 18 | |
| Mouffetard | V | | 22 |
| Moulin-de-Beurre (du) | | | 13 |
| Moulin-de-la-Pointe (du) | | | 24 |
| Moulin-des-Prés (du) | | | 23 |
| Moulinet (du) | | | 24 |
| Moulins (des) | II | | 21 |
| Moulin-Vert (rue et impasse du) | | | 17 |
| Moussy (des) | III, V | | 23 |
| Mouton-Duvernet | | | 17 |
| Mouzaïa (de) | | 33 | |
| Moyencourt (de) | | | 10 |
| Mozart | | 5 | |

| | R. | Bl. | B. |
|---|---|---|---|
| Muette (château de la) | | | 5 |
| Muette (chemin de la) | | | 5 |
| Muette (porte de la) | | | 5 |
| Mulhouse (de) | III | | 21 |
| Muller | | 20 | |
| Municipalité (de la) | | 4 | 1 |
| Murat (boulevard) | | 1 | 1 |
| Murillo | | 15 | |
| Murs-de-la-Roquette (des) | | | 29 |
| Myrrha | | 23 | |
| Nansouty | | | 21 |
| Nantes (de) | | 28 | |
| Naples (de) | | 15 | |
| Napoléon (quai) | V | | 23 |
| Nation (de la) | | 23 | |
| National (pont) | | | 29 |
| Nationale | | | 26 |
| Nativité (rue, place et église de la) | | | 29 |
| Navarin (de) | | 21 | |
| Navarre (de) | V | | 22 |
| Necker (hospice) | | | 13 |
| Necker | V | 20 | |
| Nemours (de) | | | 27 |
| Nesle (de) | IV, V | | 20 |
| Neuf (Pont) | III, V | | 20 |
| Neuilly | | 5 | |
| Neuilly (avenue de) | | 2 | |
| Neuilly (porte de) | | 3 | |
| Neuve-Bourg-l'Abbé | III | | 24 |
| Neuve-des-Boulets | | | 31 |
| Neuve-des-Capucines | II | | 18 |
| Neuve-Désirée | | | 24 |
| Neuve-des-Mathurins | II | 18 | |
| Neuve-des-Petits-Champs | II, III | | 21 |
| Neuve-Fontaine-Saint-Georges | | 20 | |
| Neuve-Saint-Augustin | | | 18 |
| Neuve-Saint-Merry | III | | 23 |
| Nevers (de) | IV, V | | 20 |
| Newton | I | | 12 |
| Ney (boulevard) | | 22 | |
| Nice (de) | | 32 | 11 |
| Nicolaï | | | 32 |
| Nicolas-Flamel | III | | 23 |
| Nicolet | | 20 | |
| Nicolo | | | 5 |
| Niel | | 11 | |
| Nil (du) | III | | 24 |
| Nitot | I | | 12 |
| Nollet | | 17 | |
| Nonnains-d'Hyères (des) | V | | 22 |
| Normandie (de) | III | | 23 |
| Norvins | | 20 | |
| Notre-Dame (église métropolitaine) | V | | 22 |
| Notre-Dame (pont) | V | | 23 |
| Notre-Dame-de-Bonne-Nouvelle | III | | 24 |

## ÉDIFICES PUBLICS, ETC.

| | R. | Bl. | B. |
|---|---|---|---|
| Notre-Dame-de-Clignancourt (église) | | 19 | |
| Notre-Dame-de-la-Croix (église) | | . 30 | |
| Notre-Dame-de-la-Gare (église) | | . 26 | |
| Notre-Dame-de-Lorette (rue et église) | 21 | | |
| Notre-Dame-de-Nazareth | III | 24 | |
| Notre-Dame-de-Recouvrance | III | 24 | |
| Notre-Dame-des-Blancs-Manteaux | III | . 23 | |
| Notre-Dame-des-Champs (église) | IV | . 16 | |
| Notre-Dame-des-Champs | IV | 16 | 16 |
| Notre-Dame-des-Victoires (rue et église) | III | . 21 | |
| Nouvelle-Californie | | . 12 | |
| Nys | | . 30 | |
| Oberkampf | III | . 30 | |
| Oblin | III | . 20 | |
| Observatoire | | . 19 | |
| Observatoire (avenue et carrefour de l') | | . 19 | |
| Odéon (rue, place et carref. de l') | IV, V | . 19 | |
| Odessa (d') | IV | . 16 | |
| Odiot (cité) | I | 12 | |
| Offémont (d') | | 14 | |
| Olier | | . 8 | |
| Olive (l') | | 25 | |
| Olivet (d') | IV | . 16 | |
| Olivier-de-Serres | | . 11 | |
| Omer-Talon | | . 29 | |
| Opéra (avenue de l') | II | . 21 | |
| Opéra (passage de l') | II | 21 | |
| Opéra (théâtre et place de l') | II | 18 | |
| Oran (d') | | 23 | |
| Oratoire (de l') | II, III | . 20 | |
| Ordener | | 19 | |
| Orfèvres (quai des) | V | . 20 | |
| Orfila | | . 33 | |
| Orillon (rue et impasse de l') | | . 30 | |
| Orléans (avenue d') | | . 17 | |
| Orléans (porte d') | | . 18 | |
| Orléans (quai d') | V | . 22 | |
| Orléans-Bercy (d') | | . 29 | |
| Orléans-Saint-Honoré (d') | III | . 20 | |
| Orme (de l') | | . 14 | |
| Ormeaux (des) | | . 31 | |
| Ormesson (d') | V | . 26 | |
| Ornano (boulevard) | | 19 | |
| Orsay (quai d') | I, II | . 11 | |
| Orsel (d') | | 20 | |
| Orteaux (des) | | . 35 | |
| Oudinot | IV | . 18 | |

| | R. | Bl. | B. |
|---|---|---|---|
| Ouest (rue et impasse de l') | | . | 13 |
| Ourcq (canal de l') | | 29 | |
| Ourcq (de l') | | 28 | |
| Ours (aux) | III | . 24 | |
| Pagevin | III | . 21 | |
| Paix (de la) | | . 18 | |
| Pajol | | 26 | |
| Pajou | | . 5 | |
| Palais (boulevard du) | V | 20 | |
| Palais-Bourbon (place du) | II | . 14 | |
| Palais-Royal | II | . 21 | |
| Palais-Royal (place du) | II | . 20 | |
| Palatine | IV | . 19 | |
| Palestine (de) | | 33 | |
| Palestro (de) | III | . 24 | |
| Pali-kao (de) | | . 30 | |
| Palmyre | | . | 20 |
| Panorama (Champs-Elysées) | II | . 15 | |
| Panoramas (rue et passage des) | III | . 21 | |
| Panoyaux (des) | | . 30 | |
| Panthéon (égl. Ste-Geneviève) | V | . 19 | |
| Panthéon (place du) | V | . 19 | |
| Pantin | | 31 | |
| Pantin (porte de) | | 32 | |
| Paon-Blanc (du) | V | . 23 | |
| Papillon | | 21 | |
| Paradis-Poissonnière (de) | III | 24 | |
| Parcheminerie (de la) | V | . 19 | |
| Parc-Royal (du) | III | . 26 | |
| Paris (de) | | 34 | |
| Parme (de) | | . 18 | |
| Parmentier (avenue) | III | . 30 | |
| Partants (chemin des) | | . 33 | |
| Parvis-Notre-Dame (place du) | V | . 22 | |
| Pascal | | | 23 |
| Pasquier | | 18 | 18 |
| Passy (quai de) | I | . 8 | |
| Passy (rue et place de) | I | . 5 | |
| Passy (station de) | | . 5 | |
| Pastourel | III | . 23 | |
| Patay (de) | | . | 27 |
| Paul-Lelong | III | . 21 | |
| Pauquet | I | . 12 | |
| Pavée | V | . 23 | |
| Payen (impasse) | | . 4 | |
| Payenne | III | . 26 | |
| Péchoin | | 27 | |
| Péclet | | . | 10 |
| Pelée (ruelle) | III | . 26 | |
| Pélican (du) | II, III | . 20 | |
| Pelleport | | 33 | 36 |
| Penthièvre (de) | II | 15 | |
| Pépinière (de la) | II | 18 | |
| Perceval | | . | 13 |
| Perchamps (rue et place des) | | . 4 | |

| | R. | Bl. | B. | | R. | Bl. | B. |
|---|---|---|---|---|---|---|---|
| Perche (du) . . . . . . *III* | | . | 26 | Poissonnière (rue et boulevard) . . . . . . . . *III* | | . | 21 |
| Percier (avenue) . . . *II* | 15 | | | Poissonniers (des) . . . . | | 21 | |
| Perdonnet . . . . . . . . . | 23 | | | Poissy (de) . . . . . . *V* | | . | 22 |
| Pereire (boulevard) . . . . | 8 | | | Poitevins (des) . . . . . *V* | | . | 19 |
| Pergolèse . . . . . . . . . | 9 | | | Poitiers (de) . . . . . . . | | . | 17 |
| Pérignon . . . . . . . *IV* | | . | 13 | Poitou (de) . . . . . . *III* | | . | 26 |
| Perle (de la) . . . . . *III* | | . | 26 | Poliveau (de) . . . . . . . | | . | 22 |
| Pernelle . . . . . . . *III* | | 23 | | Polonceau . . . . . . . . . | | 23 | |
| Pernetty . . . . . . . . . | | . | 14 | Pompe-Passy (de la) . . *I* | | . | 5 |
| Perrault . . . . . . . *III* | | 20 | | Ponceau (rue et pass. du) *III* | | . | 24 |
| Perré . . . . . . . . *III* | | 27 | | Poncelet . . . . . . . . . | | 12 | |
| Perronet . . . . . . . *IV* | | 17 | | Poniatowski (boulevard) . | | . | 32 |
| Petel . . . . . . . . . . . | | . | 10 | Pont-aux-Choux (du) . *III* | | . | 26 |
| Petit . . . . . . . . . . . | 29 | | | Pont-de-Lodi (du) . . . *V* | | . | 20 |
| Petit-Château (avenue du) . | | . | 29 | Ponthieu (de) . . . . *I, II* | | . | 15 |
| Petit-Musc (du) . . . . *V* | | 25 | | Pont-Louis-Philippe (du) *V* | | . | 23 |
| Petit-Pont (rue et pont du) *V* | | 22 | | Pont-Neuf (du) . . . . *III* | | . | 20 |
| Petite-Pierre (de la) . . . | | 32 | | Pontoise (de) . . . . . *V* | | . | 22 |
| Petites-Ecuries (rue et pass. des) . . . . . . . *III* | 24 | | | Popincourt . . . . . . . . | | . | 29 |
| Petits-Carreaux (des) . *III* | | . | 21 | Portalis (avenue) . . . *II* | 15 | | |
| Petits-Hôtels (des) . . . . | 24 | | | Porte-Foin . . . . . . *III* | | 24 | |
| Petits-Pères (rue et place des) . . . . . . *II, III* | | 21 | | Port-Mahon (du) . . . *II* | | 21 | |
| Pétrarque . . . . . . . *I* | | 8 | | Port-Royal (boulevard de) . | | . | 19 |
| Petrelle . . . . . . . . . | 24 | | | Possoz (place) . . . . . . | | . | 5 |
| Peupliers (avenue des) . . | | . | 1 | Postes (administr. des) *III* | | 21 | |
| Peupliers (poterne des) . . | | . | 24 | Pot-au-Lait (du) . . . . . | | . | 21 |
| Philippe-Auguste (aven.) . | | 31 | | Pot-de-Fer (du) . . . . *V* | | . | 22 |
| Philippe-de-Girard . . . . | 26 | | | Poteau (du) . . . . . . . | 19 | | |
| Piat . . . . . . . . . . . | 30 | 30 | | Poterie (de la) . . . . *III* | | 20 | |
| Picard . . . . . . . . . . | | . | 29 | Pouchet . . . . . . . . . | 13 | | |
| Picardie (de) . . . . . *III* | | 27 | | Poulet . . . . . . . . . . | 28 | | |
| Piccini . . . . . . . . . . | 9 | | | Poultier . . . . . . . *V* | | . | 22 |
| Picot . . . . . . . . . . . | | 9 | | Pourtalès . . . . . . *III* | | . | 24 |
| Picpus (boulevard de) . . . | | 31 | 34 | Poussin . . . . . . . . . | | . | 1 |
| Picpus (porte de) . . . . . | | | 35 | Pradier . . . . . . . . . | 80 | | |
| Picpus (de) . . . . . . . . | | 31 | 31 | Prairies (des) . . . . . . | | . | 33 |
| Pierre-au-Lard . . . . *III* | | 23 | | Pré-aux-Clercs (du) . . *IV* | | . | 17 |
| Pierre-Guérin . . . . . . . | | . | 1 | Prêcheurs (des) . . . . *III* | | . | 23 |
| Pierre-Lescot . . . . . *III* | | 23 | | Préfecture de la Seine *IV* | | . | 19 |
| Pierre-Levée . . . . . *III* | | 27 | | Prés-Saint-Gervais (porte des) . . . . . . . . . . | | 36 | |
| Pierre-Picard . . . . . . . | | 20 | | | | | |
| Pierre-Sarrazin . . . . *V* | | 19 | | Prés-Saint-Gervais (poterne des) . . . . . . . . . . | | 32 | |
| Pigalle (rue et place) . . . | 20 | | | | | | |
| Pinel (rue et place) . . . . | | . | 26 | Presbourg (de) . . . . *I* | 12 | | |
| Pitié (hôpital de la) . *V* | | . | 22 | Présentation (de la) . . . | | . | 30 |
| Pitié (de la) . . . . . *V* | | . | 22 | Prêtres-St-Germain-l'Aux. (des) . . . . . . . . *III* | | . | 20 |
| Pixérécourt . . . . . . . . | 33 | 33 | | | | | |
| Plaine (poterne de la) . . | | . | 8 | Prêtres-St-Séverin (des) *V* | 33 | | |
| Plaine-Ternes (de la) . . . | | 34 | | Prévost (passage) . . . . | | . | 20 |
| Plaisance (porte de) . . . | | . | 11 | Prévôt . . . . . . . *V* | | . | 23 |
| Planchat . . . . . . . . . | | 31 | | Princes (passage des) *II, III* | | . | 21 |
| Plantes (des) . . . . . . . | | . | 17 | Princesse . . . . . . . *IV* | | . | 19 |
| Plat-d'Etain (du) . . . *III* | | 20 | | Prison des Jeunes Détenus . | | . | 29 |
| Plâtre (du) . . . . . . *III* | | 23 | | — de la Roquette . . . . | | . | 29 |
| Plumet . . . . . . . . . . | | . | 18 | Procession (de la) . . . . | 11 | | 13 |
| Point-du-Jour (rue et porte du) . . . . . . . . . . | | . | 1 | Prony . . . . . . . . . . | 11 | | |
| | | | | Prouvaires (des) . . . *III* | | 20 | |
| Point-du-Jour (station du) | | . | 1 | Provence (de) . . *II, III* | 18 | | |
| Pointe-d'Ivry (de la) . . . | | . | 27 | Providence (de la) . . . . | | . | 24 |
| | | | | Prud'hon (avenue) . . . . | | 5 | |

## ÉDIFICES PUBLICS, ETC.

|  | R. | Bl. | B. |
|---|---|---|---|
| Puebla (de) | | 30 | |
| Puits-de-l'Ermite (du) | V | | 22 |
| Puteaux | 17 | | |
| Py (de la) | | 36 | |
| Pyramides (rue et place des) II | | 18 | |
| Pyrénées (place des) | | 33 | |
| Pyrénées (des) | | 33 | 33 |
| Quatre-Chemins (des) | | | 31 |
| Quatre-Fils (des) | III | 23 | |
| Quatre-Septembre (du) | II | 21 | |
| Quatre-Vents (des) | IV | | 19 |
| Quinault | | | 10 |
| Quincampoix | III | 23 | |
| Quintinie (de la) | | | 10 |
| Quinze-Vingts (hospice des) | | 25 | |
| Rabelais | II | 15 | |
| Racine | IV, V | 19 | |
| Radzivill | II, III | 21 | |
| Raffet | | 1 | |
| Raguinot (passage) | | | 28 |
| Rambouillet (de) | | | 28 |
| Rambuteau (de) | III | 23 | |
| Rameau | II | 21 | |
| Ramey | 20 | | |
| Rampon | III | 27 | |
| Ramponneau | | 30 | |
| Ranelagh (avenue du) | | 5 | |
| Ranelagh (du) | | 5 | |
| Raoul (passage) | | 29 | |
| Rapée (quai de la) | V | | 25 |
| Raphaël (avenue) | | 5 | |
| Rapp (avenue) | I | 11 | |
| Rataud | V | | 19 |
| Ravignan | 20 | | |
| Raynouard | I | 8 | |
| Réaumur | III | 24 | |
| Rébeval | | 30 | |
| Récollets (des) | III | 27 | |
| Reculettes (ruelle des) | | | 28 |
| Regard (du) | IV | 16 | |
| Régis | IV | 16 | |
| Regnault | | 30 | |
| Régnier | | 13 | |
| Reille (avenue) | | 21 | |
| Reims (de) | V | 19 | |
| Reine (Cours la) | I, II | 15 | |
| Reine-Blanche (de la) | | | 22 |
| Reine-de-Hongrie (pass. de la) | III | 21 | |
| Reine-Hortense (avenue de la) | 12 | | |
| Rembrandt | 15 | | |
| Renard (du) | III | 23 | |
| Renault (cité) | | | 14 |
| Rendez-vous (du) | | 34 | |
| Rennequin | 11 | | |
| Rennes (de) | IV | 16 | 16 |
| Réservoirs (des) | I | 8 | |

|  | R. | Bl. | B. |
|---|---|---|---|
| Restaud | V | 10 | |
| Retrait (du) | | 33 | |
| Reuilly (boulevard de) | | | 31 |
| Reuilly (porte de) | | | 35 |
| Reuilly (de) | | 28 | 31 |
| Réunion (passage de la) III | | 23 | |
| Réunion (rue et place de la) (Charonne) | | | 32 |
| Réunion (villa de la) (Auteuil) | | | 4 |
| Reynie (de la) | III | 23 | |
| Rhin (du) | | 29 | |
| Ribera | | 4 | |
| Riblette | | | 35 |
| Richard-Lenoir (boulevard) III, V | | | 26 |
| Richard-Lenoir | | | 29 |
| Richelieu (square) | II | 21 | |
| Richelieu (de) | II, III | 21 | |
| Richepanse | II | 18 | |
| Richer | III | 21 | |
| Richerand (avenue) | III | 27 | |
| Richomme | | 23 | |
| Rigaud | I | 9 | |
| Rigny (de) | II | 18 | |
| Rigolles (rue et cité des) | | 33 | 33 |
| Rimbaut | | | 17 |
| Riquet | 26 | | |
| Riverin (cité) | III | | 24 |
| Rivoli (de) | II, III, V | | 20 |
| Rochebrune | | 29 | |
| Rochechouart (boulevard de) | 20 | | |
| Rochechouart | 21 | | |
| Rocher (du) | 15 | | |
| Rocroy (de) | 24 | | |
| Rodier | 21 | | |
| Roger | | | 17 |
| Rohan (de) | II | | 20 |
| Roi-de-Rome (avenue du) | I | 9 | |
| Roi-de-Sicile (du) | V | | 23 |
| Roi-Doré (du) | III | | 26 |
| Rollin (collège) | 20 | | |
| Rollin | V | | 22 |
| Romainville (porte de) | | 36 | |
| Romainville (de) | | 36 | |
| Rome (passage de) | III | 24 | |
| Rome (de) | II | 18 | |
| Ronce (passage) | | 30 | |
| Rondeaux (des) | | 33 | |
| Rondelet | | | 28 |
| Roquépine | II | 15 | |
| Roquette (avenue de la) | | | 29 |
| Roquette (prison de la) | | | 29 |
| Roquette (de la) | | | 29 |
| Roses (des) | | 25 | |
| Rosiers (des) | V | | 23 |
| Rossini | II, III | 21 | |
| Rotrou | V | 19 | |
| Rottembourg | | | 34 |
| Roubaix (place de) | | 24 | |

BÆDEKER, Paris, 5e édition.   II

# RUES ET PLACES PRINCIPALES,

| | R. | Bl. | B. |
|---|---|---|---|
| Rouelle | *I* | . | 7 |
| Rougemont | *III* | . | 21 |
| Roule (du) | *III* | . | 20 |
| Rousselet | *IV* | . | 13 |
| Roussin | | . | 10 |
| Rouvet | | 28 | |
| Rovigo | | 15 | |
| Royal | *II* | 18 | |
| Royal (pont) | *II* | . | 17 |
| Royale | *II* | . | 18 |
| Royer-Collard (rue et imp.) | *V* | . | 19 |
| Rubens | | . | 23 |
| Ruisseau (du) | | 19 | |
| Ruty | | . | 34 |
| Ruysdaël (avenue) | | 15 | |
| **Sablière** (de la) | | . | 17 |
| Sablonnière (ruelle de la) | | . | 10 |
| Sablons (porte des) | | 6 | |
| Sablons (des) | *I* | . | 9 |
| Sabot (du) | *IV* | . | 16 |
| Sacré-Cœur (église du) | | 20 | |
| Saïda (de la) | | . | 11 |
| Saint-Amand | | . | 14 |
| Saint-Ambroise (égl. et rue) | | . | 29 |
| Saint-Anastase | *III* | . | 26 |
| St-André-des-Arts (rue et place) | *IV, V* | . | 19 |
| Saint-Antoine (hôpital) | | . | 28 |
| Saint-Antoine | *V* | . | 25 |
| Saint-Arnaud | | . | 18 |
| Saint-Augustin (église) | | 15 | |
| Saint-Benoît | *IV* | . | 17 |
| Saint-Bernard (église) | | 23 | |
| Saint-Bernard (quai) | *V* | . | 25 |
| Saint-Bernard (rue, passage et impasse) | | . | 28 |
| Saint-Blaise | | . | 35 |
| Saint-Bon | *III* | . | 23 |
| Saint-Bruno | | 23 | |
| Saint-Charles (pont) | *V* | . | 22 |
| Saint-Charles | *I* | . 7 | 7 |
| Saint-Claude | *III* | . | 26 |
| Saint-Cloud (avenue de) | | . | 2 |
| Saint-Cloud (porte de) | | . | 1 |
| Saint-Denis (boulevard et porte) | *III* | . | 24 |
| Saint-Denis (canal) | | . | 28 |
| Saint-Denis | *III* | . | 24 |
| Saint-Denis-du-Saint-Sacrement (église) | *III* | . | 26 |
| Saint-Didier | *I* | . | 9 |
| Saint-Dominique (passage) | *I* | . | 11 |
| Saint-Dominique | *I, II* | . | 14 |
| Saint-Etienne-du-Mont (rue et église) | *V* | . | 22 |
| Saint-Eugène (église) | *III* | 21 | |
| Saint-Eustache (église, place et impasse) | *III* | . | 21 |
| Saint-Fargeau | | 36 | 36 |

| | R. | Bl. | B. |
|---|---|---|---|
| Saint-Ferdinand (chapelle) | | 9 | |
| Saint-Ferdinand (rue et place) | | 9 | |
| Saint-Fiacre | *III* | . | 21 |
| Saint-Florentin | *II* | . | 18 |
| St-François-de-Salles (égl.) | | . | 11 |
| Saint-François-de-Salles | | . | 20 |
| Saint-François-Xavier (avenue et église) | *IV* | . | 13 |
| Saint-Georges (église) | | 30 | |
| Saint-Georges (rue et place) | *II* | 21 | |
| St-Germain (boul.) | *II, IV, V* | . | 19 |
| St-Germain (île) | | . | 3 |
| St-Germain (place) | | . | 16 |
| St-Germain (marché) | *IV* | . | 19 |
| St-Germain-de-Charonne (égl.) | | . | 35 |
| Saint-Germain-des-Prés (église et place) | *IV* | . | 19 |
| Saint-Germain-l'Auxerrois (église et rue) | *III* | . | 20 |
| Saint-Gervais (église) | | . | 23 |
| Saint-Gilles | *III* | . | 26 |
| St-Gothardt (du) | | . | 20 |
| Saint-Guillaume | *IV* | . | 17 |
| Saint-Hilaire | *V* | . | 19 |
| St-Honoré (cloître) | *II, III* | . | 20 |
| Saint-Honoré (marché) | *II* | . | 18 |
| Saint-Honoré | *II* | . | 18 |
| Saint-Hyacinthe | *V* | . | 22 |
| Saint-Irénée | | . | 29 |
| Saint-Jacques (boulevard) | | . | 20 |
| Saint-Jacques | *V* | . 19 | 19 |
| Saint-Jacques (square et tour) | *III* | . | 23 |
| St-Jacques-du-Haut-Pas (église) | *V* | . | 19 |
| St-Jacques-l'Hôpital | *III* | . | 24 |
| Saint-Jean-Baptiste de Belleville (église) | | 33 | |
| Saint-Jean-Baptiste de Grenelle (église) | | . | 7 |
| Saint-Joseph (chapelle) | | . | 27 |
| Saint-Joseph (église) | | . | 27 |
| Saint-Joseph | *III* | . | 21 |
| Saint-Julien-le-Pauvre | *V* | . | 22 |
| Saint-Lambert | | . | 7 |
| Saint-Laurent (église) | | . | 10 |
| Saint-Laurent (passage) | *III* | . | 24 |
| Saint-Lazare (prison) | | 24 | |
| Saint-Lazare | *II* | 18 | |
| Saint-Leu (église) | *III* | . | 23 |
| Saint-Louis (hôpital) | *III* | 27 | |
| Saint-Louis (île) | *V* | . | 22 |
| Saint-Louis (lycée) | *V* | . | 19 |
| Saint-Louis (pont) | *V* | . | 22 |
| Saint-Louis-aux-Invalides (église) | *IV* | . | 14 |
| St-Louis-en-l'Ile (rue et église) | *V* | . | 22 |

# ÉDIFICES PUBLICS, ETC.

| | R. | Bl. | B. | | R. | Bl. | B. |
|---|---|---|---|---|---|---|---|
| Saint-Mandé (avenue et porte de) | | | 34 | Saint-Vincent-de-Paul (sœurs de) | | | 16 |
| Saint-Mandé | | | 34 | Saint-Yves | | | 18 |
| Saint-Marc . . . *II, III* | | 21 | | Sainte-Alice | | | 17 |
| Saint-Marcel (boulevard) | | | 22 | Ste-Anne (rue et pass.) *II* | | 21 | |
| St-Marcel-de-la-Maison-Blanche (église) | | | 22 | Ste-Anne-Richard-Lenoir (pass.) | | | 27 |
| Saint-Martin (boul. et porte) *III* | | 24 | | Sainte-Apolline . . . *III* | | 24 | |
| Saint-Martin (canal) | 27 | 27 | | Sainte-Avoye (passage) *III* | | 23 | |
| Saint-Martin (marché) *III* | | 24 | | Sainte-Barbe (collège) . . *V* | | 19 | |
| Saint-Martin | | 23 | | Sainte-Catherine . . . *V* | | 19 | |
| Saint-Maur-Popincourt *III* | 27 | 39 | | Sainte-Cécile . . . . *III* | | 24 | |
| Saint-Médard (église) | | | 22 | Sainte-Chapelle . . . . *V* | | 20 | |
| Saint-Médard . . . . *V* | | | 22 | Sainte-Claire | | | 5 |
| Saint-Merry (église) . . *III* | | 23 | | Sainte-Clotilde (église) . *IV* | | 14 | |
| Saint-Michel (boulevard) *IV, V* | | 19 | 19 | Sainte-Croix-de-la-Bretonnerie (rue et pass.) *III, V* | | 23 | |
| Saint-Michel (hospice) | | | 34 | Sainte-Elisabeth (rue et église) . . . . *III* | | 27 | |
| St-Michel (pont, place et quai) . . . . *V* | | 19 | | Sainte-Eugénie (hôpital) | | 28 | |
| Saint-Nicolas (port) . . *II* | | 20 | | Sainte-Eugénie-Montrouge | | | 17 |
| St-Nicolas-des-Champs (église) . . . *III* | | 24 | | Sainte-Euphrasie | 19 | | |
| St-Nicolas-du-Chardonnet (église) . . . *V* | | 22 | | Sainte-Félicité (impasse) | | | 10 |
| Saint-Ouen (avenue de) | 16 | | | Sainte-Foy (rue et pass.) *III* | | 24 | |
| Saint-Ouen (porte de) | 16 | | | Sainte-Geneviève (église) *V* | | 19 | |
| Saint-Paul (passage) . . *V* | | 25 | | Sainte-Geneviève (place) *V* | | 22 | |
| Saint-Paul . . . . . *V* | | 25 | | Sainte-Marguerite (rue et église) | | 28 | |
| Saint-Paul-Saint-Louis (église) . . . *V* | | 25 | | Ste-Marie-des-Batignolles (église) | 14 | | |
| Saint-Pétersbourg (de) | 17 | | | Ste-Marie-Roquette (cour et passage) | | 27 | |
| Saint-Philibert (avenue) | | 5 | | Sainte-Marthe . . . *III* | 27 | | |
| Saint-Philippe . . . *III* | | 24 | | Sainte-Opportune (rue et place) . . . *III* | | 20 | |
| Saint-Philippe du Roule (église) . . . *II* | 15 | | | Sainte-Pélagie (prison) . *V* | | | 22 |
| Saint-Pierre-du-Temple (passage) . . *III* | | 26 | | Ste-Périne (institution de) | | 4 | |
| St-Pierre de Montmartre (place et église) | 20 | | | Saintonge (de) . . . *III* | | 26 | |
| St-Pierre de Montrouge (égl.) | | | 17 | Saints-Pères (des) . . . *IV* | | 17 | |
| St-Pierre-St-Antoine (pas.) *V* | | 25 | | Salneuve | 14 | | |
| Saint-Placide . . . . *IV* | | 16 | | Salomon-de-Caus . . . *III* | | 24 | |
| Saint-Roch (église et rue) *II* | | 18 | | Salpêtrière (hôpital de la) | | | 25 |
| Saint-Romain . . . . *IV* | | 16 | | Salpêtrière (de la) | | | 26 |
| Saint-Sabin (rue et passage) . . . *III, V* | | 26 | | Sambre-et-Meuse (de) | 27 | | |
| Saint-Sauveur (rue et pas.) *III* | | 21 | | Samson | | | 23 |
| Saint-Sébastien (rue et imp.) . . . *III* | | 26 | | Santé (impasse de la) | | | 19 |
| Saint-Séverin (rue et égl.) *V* | | 19 | | Santé (rue de la) | | | 20 |
| St-Sulpice (rue, pl. et égl.) *IV* | | 19 | | Santeuil | | | 22 |
| Saint-Thomas-d'Aquin (église, rue et place) *IV* | | 17 | | Sartine . . . . *III* | | 21 | |
| Saint-Victor . . . . *V* | | 22 | | Saules (des) | 20 | | |
| Saint-Vincent-Montmartre | 20 | | | Saulnier (passage) . . . *III* | 21 | | |
| Saint-Vincent-de-Paul (égl.) | | 24 | | Saumon (passage du) *III* | | 21 | |
| | | | | Saussayes (des) . . . *II* | | 15 | |
| | | | | Saussure | 14 | | |
| | | | | Sauvage-La-Gare | | | 25 |
| | | | | Sauval . . . . *III* | | 21 | |
| | | | | Savoie (de) . . . . *V* | | 20 | |
| | | | | Saxe (avenue de) . . *IV* | | 18 | |
| | | | | Sceaux-Ceinture (station de) | | | 24 |
| | | | | Scheffer . . . . *I* | | 8 | |
| | | | | Schomberg . . . . *V* | | | 25 |

## RUES ET PLACES PRINCIPALES,

| | R. | Bl. | B. | | | R. | Bl. | B. |
|---|---|---|---|---|---|---|---|---|
| Schomer | | | 13 | Sully (pont) | V | | 22 | |
| Scipion (rue et place) | | | 22 | Sully (de) | V | | 25 | |
| Scribe | II | 18 | | Surcouf | II | | 14 | |
| Sébastopol (boulev. de) | III | 24 | | Suresne (de) | II | | 18 | |
| Secrétant | | 30 | | Surmelin (du) | | | 36 | |
| Sedaine | V | 29 | | Sycomores (avenue des) | | | 1 | |
| Séguier | V | 19 | | | | | | |
| Séguin | | 25 | | Tabacs (manufacture des) | II | | 14 | |
| Ségur (avenue de) | IV | 13 | | Tacherie (de la) | V | | 23 | |
| Seine (quai de la) | | 29 | | Tage (du) | | | | 24 |
| Seine (de) | IV | 20 | | Taillandiers (des) | | | 29 | |
| Sénégal (du) | | 30 | | Taillebourg (avenue de) | | | 31 | |
| Sentier (du) | III | 21 | | Taillepain | III | | 23 | |
| Sept-Voies (des) | V | 19 | | Taitbout | II | 21 | 21 | |
| Serpente | V | 19 | | Talma (cité) | | | | 13 |
| Sérurier (boulevard) | | 32 | | Talma | | | 5 | |
| Servan | | 29 | | Tanger (de) | | 26 | | |
| Servandoni | IV | 19 | | Tanneries (des) | | | | 20 |
| Sevestre | 20 | | | Tarbé | | 14 | | |
| Sévigné | V | 26 | | Tardieu | | 20 | | |
| Sèvres (porte de) | | | 5 | Téhéran (de) | II | 15 | | |
| Sèvres (de) | IV | 16 | | Télégraphe (du) | | 33 | 33 | |
| Sèze (de) | II | 18 | | Télégraphes (administra- | | | | |
| Sibuet | | | 34 | tion des) | | | 14 | |
| Simon-le-Franc | III | 23 | | Temple (boulevard du) | III | | 27 | |
| Simonet (passage) | | | 23 | Temple (marché du) | III | | 27 | |
| Simplon (du) | 21 | | | Temple (du) | III | | 23 | |
| Singer | | 5 | | Temple (square du) | III | | 24 | |
| Smala (de la) | | | 7 | Téniers | | | | 1 |
| Sœur-Rosalie (avenue) | | | 23 | Ternaux | | | 27 | |
| Soffroy | 16 | | | Ternes (avenue des) | | 9 | | |
| Solférino (rue et pont de) | II | 17 | | Ternes (porte des) | | 9 | | |
| Soli | III | 21 | | Terrage (du) | | 27 | | |
| Solitaires (des) | 33 | | | Terrasse (de la) | | 14 | | |
| Sommerard (du) | V | 19 | | Terre-Neuve (de) | | | 32 | |
| Sorbier | | 36 | | Terres-au-Curé (des) | | | | 27 |
| Sorbonne | V | 19 | | Terres-Fortes (des) | V | | 25 | |
| Sorbonne (place, rue et passage de la) | V | 19 | | Tertre (place du) | | 20 | | |
| Soufflot | V | 19 | | Texel (du) | | | 13 | |
| Soulages | | | 29 | Théâtre (du) | | | 7 | |
| Soult (boulevard) | | 34 | 34 | Théâtre-Français (pl. du) | II | | 21 | |
| Source-Auteuil (de la) | | 4 | | Théâtre-Grenelle (pass. du) | | | 21 | |
| Sourdière (de la) | II | 18 | | Théâtre de l'Ambigu Com. | III | | 24 | |
| Sourdis | III | 28 | | — Beaumarchais | V | | 26 | |
| Sourds-Muets (institution des) | V | 19 | | — des Bouffes-Parisiens | II | | 21 | |
| | | | | — du Château-d'Eau | III | | 27 | |
| Spontini | | 6 | | — du Châtelet | V | | 20 | |
| Stanislas (rue et passage) | IV | 16 | | — Déjazet (Trois Th. Franç.) | III | | 27 | |
| Steinkerque (de) | 20 | | | — des Folies-Dramat. | III | | 27 | |
| Stendhal | | 32 | | — Français | II | | 21 | |
| Stender (cité) | 30 | | | — de la Gaîté | III | | 23 | |
| Stéphenson | 28 | | | — du Gymnase | III | | 24 | |
| Stinville (passage) | | 28 | 31 | — Historique | V | | 28 | |
| Strasbourg (boulev. de) | III | 24 | 24 | — des Italiens | II | | 21 | |
| Strasbourg (de) | 24 | | | — de l'Opéra | II | | 18 | |
| Suchet (boulevard) | | 2 | | — de l'Opéra-Comique | II | | 21 | |
| Sud (passage du) | | 29 | | — de la Porte St-Martin | III | | 24 | |
| Suffren (avenue de) | I | 10 | | — de la Renaissance | III | | 24 | |
| Suger | V | 19 | | — des Variétés | III | | 21 | |
| Suisses (pas. des) | | | 14 | | | | | |

## ÉDIFICES PUBLICS, ETC.

| | R. | Bl. | B. | | R. | Bl. | B. |
|---|---|---|---|---|---|---|---|
| Théâtre du Vaudeville *II* | . | 21 | | Troyon | 12 | | |
| Thénard . . . . . . . . *V* | . | 19 | | Tuileries (jardin et quai des) | | | |
| Thérèse . . . . . . . . *II* | . | 21 | | *II* | . | 17 | |
| Thermopyles (passage des) | . | . | 17 | Tuileries (pal. et rue des) *II* | . | 17 | |
| Théry . . . . . . . . . | . | 6 | | Turbigo (de) . . . . . *III* | . | 24 | |
| Thévenot . . . . . . *III* | . | 24 | | Turenne . . . . . *III, V* | . | 26 | |
| Thibaud . . . . . . . . | . | . | 17 | Turgot (rue et place) . . . | 21 | | |
| Thiboumery . . . . . . | . | . | 11 | Turin (de) . . . . . . . . | 18 | | |
| Thierré (passage) . . . . | . | . | 25 | | | | |
| Thiers . . . . . . . . . | . | . | 23 | Ulm (d') . . . . . . . *V* | . | . | 19 |
| Tholozé . . . . . . . . | 20 | | | Université (de l') *I, II, IV* | . | 17 | |
| Thorigny (de) . . . . *III* | . | 26 | | Ursulines (des) . . . . . *V* | . | . | 19 |
| Thouin . . . . . . . . *V* | . | . | 22 | Usines (des) . . . . . . . | . | . | 7 |
| Tilleuls (avenue des) . . . | . | 1 | | Uzès (d') . . . . . . . *III* | . | 21 | |
| Tilsitt (de) . . . . . . . | . | 12 | | | | | |
| Timbre (hôtel du) *II, III* | . | 21 | | Val-de-Grâce (hôpital du) . | . | . | 19 |
| Tiphaine . . . . . . . . | . | 10 | | Valence (de) . . . . . . . | . | . | 22 |
| Tiquetonne . . . . . *III* | . | 24 | | Valmy (quai de) . . . *III* | 27 | 27 | |
| Tiron . . . . . . . . . *V* | . | 23 | | Valois (rue et place de) | | | |
| Titon . . . . . . . . . . | . | 28 | | *II, III* | . | 21 | |
| Tivoli (rue et place de) . | 18 | | | Vandal . . . . . . . . . . | . | . | 14 |
| Tlemcen . . . . . . . . | . | 30 | | Vandamme . . . . . . . | . | . | 13 |
| Tocanier (passage) . . . . | . | 31 | | Van-Dyck (avenue) . . . | 12 | | |
| Tolbiac (de) . . . . . . . | . | . | 24 | Vaneau . . . . . . . *IV* | . | 13 | |
| Tombe-Issoire (de la) . . . | . | . | 18 | Vanne (de la) . . . . . . | . | . | 21 |
| Torcy (rue et place) . . . | 25 | | | Vannes (de) . . . . . *III* | . | 20 | |
| Toullier . . . . . . . . *V* | . | 19 | | Vanves . . . . . . . . . | . | . | 9 |
| Tour-d'Auvergne (de la) . | 21 | | | Vanves (porte de) . . . . | . | . | 11 |
| Tour-des-Dames (de la) . | 18 | | | Vanves (de) . . . . . . . | . | . | 14 |
| Tour-Passy (de la) . . . *I* | . | 6 | | Varenne (de) . . . . . *IV* | . | 16 | |
| Tourelles (des) . . . . . | 36 | | | Vauban (place) . . . . *IV* | . | 13 | |
| Tourlaque . . . . . . . . | 17 | | | Vaucanson (Arts-et-Métiers) | | | |
| Tournefort . . . . . . . *V* | . | . | 22 | *III* | . | 24 | |
| Tournelle (quai et pont de | | | | Vaucanson (Roquette) . . . | . | 29 | |
| la) . . . . . . . . . . *V* | . | 22 | | Vaucouleurs (passage) . . | . | 30 | |
| Tournelles (des) . . *III, V* | . | 26 | | Vaugelas . . . . . . . . | . | . | 8 |
| Tournon (de) . . . . . *IV* | . | 19 | | Vaugirard (boulevard de) *IV* | . | . | 13 |
| Tourtille (de) . . . . . . | . | 30 | | Vaugirard (place de) . . . | . | . | 10 |
| Tourville (avenue de) *I, IV* | . | 13 | | Vaugirard (de) . . . *IV, V* | . | 16 | 13 |
| Toussaint-Féron . . . . . | . | . | 24 | Vaugirard (station de) . . . | . | . | 4 |
| Tracy (de) . . . . . . *III* | . | 24 | | Vauquelin . . . . . . . . | . | . | 19 |
| Traktir (de) . . . . . . *I* | 9 | | | Vauvilliers . . . . . . *III* | . | 20 | |
| Traversière-Saint-Antoine *V* | . | 25 | | Vavin . . . . . . . . *IV* | . | . | 16 |
| Treilhard . . . . . . . . | 15 | | | Vélasquez (avenue) . . . | 15 | | |
| Trévise (cité) . . . . . *III* | 21 | | | Velpeau . . . . . . . *IV* | . | 16 | |
| Trévise (de) . . . . . . . | 21 | | | Vendôme (passage) . . *III* | . | 27 | |
| Trézel . . . . . . . . . | 16 | | | Vendôme (place) . . . . *II* | . | 18 | |
| Trinité (passage de la) *III* | . | 24 | | Vendrezanne . . . . . . | . | . | 23 |
| Trinité (rue et église de la) | 18 | | | Venise (de) . . . . . . *III* | . | 23 | |
| Trocadéro (avenue du) . *I* | . | 9 | | Ventadour . . . . . . *II* | . | 21 | |
| Trocadéro (place et pal. du)*I* | . | 8 | | Vera-Cruz (de) . . . . . | 30 | | |
| Trois-Bornes (des) . . *III* | . | 27 | | Vercingétorix . . . . . . | . | . | 13 |
| Trois-Chandelles (ruelle des) | . | . | 31 | Vernet . . . . . . . . *I* | 12 | | |
| Trois-Couronnes (des) . . . | . | 30 | | Verneuil (de) . . . . . *IV* | . | 17 | |
| Trois-Frères (des) . . . . | 20 | | | Vernier . . . . . . . . | 8 | | |
| Trois-Portes (des) . . . *V* | . | 22 | | Véro-Dodat (passage)*II, III* | . | 20 | |
| Tronchet . . . . . . . *II* | 18 | 18 | | Véron . . . . . . . . . | 20 | | |
| Tronçon-Ducoudray . . *II* | 18 | | | Verrerie (de la) . . . *III, V* | . | 23 | |
| Trudaine (avenue) . . . . | 20 | | | Versailles (avenue de) . . | . | 4 | 4 |
| Truffault . . . . . . . . | 14 | | | Versailles (porte de) . . . | . | . | 8 |
| Trône (place et avenue du) | . | 31 | | Versigny . . . . . . . . | 19 | | |

# RUES ET PLACES PRINCIPALES, ETC.

| | R. | Bl. | B. | | R. | Bl. | B. |
|---|---|---|---|---|---|---|---|
| Vertbois (du) . . . . . *III* | . | 24 | | Vincennes (bois de) . . . . | . | . | 35 |
| Verte (allée) . . . . . *III* | . | 26 | | Vincennes (cours et porte de) | . | 34 | |
| Vertus (des) . . . . . *III* | . | 24 | | Vincent . . . . . . . . | . | 30 | |
| Viala . . . . . . . . . | . | 7 | | Vineuse . . . . . . *I* | . | 8 | |
| Viarmes (de) . . . . . *III* | . | 21 | | Vingt-Neuf-Juillet (du) *II* | . | 18 | |
| Vicq-d'Azir . . . . . . | 27 | | | Vintimille (rue et place) | 17 | | |
| Victoire (de la) . . . *II* | 21 | | | Violet (passage) . . . *III* | 24 | | |
| Victoires (place des) . *III* | . | 21 | | Violet-Grenelle (rue et place) | . | 7 | 7 |
| Victor (boulevard) . . . . | . | . | 8 | Virginie-Grenelle . . . . . | . | . | 7 |
| Victor-Cousin . . . . . *V* | . | 19 | | Visconti . . . . . . *IV* | . | 20 | |
| Victoria (avenue) . . *II*, *V* | . | 23 | | Visitation (de la) . . . *IV* | . | 17 | |
| Vieille-du-Temple *III*, *V* | . | 23 | | Vistule (de la) . . . . . . | . | . | 24 |
| Vieille-Estrapade (de la) *V* | . | . | 19 | Vital . . . . . . . . . | . | 5 | |
| Vieilles-Etuves (des) . *III* | . | 23 | | Vitruve . . . . . . . . | . | 35 | |
| Vieilles-Haudriettes (des) | | | | Vitry (porte de) . . . . . | . | . | 30 |
| *III* | . | 23 | | Vivienne (passage) *II*, *III* | . | 21 | |
| Vienne (de) . . . . . . | 18 | | | Vivienne . . . . . *II*, *III* | . | 21 | |
| Vieux-Colombier (du) . *IV* | . | 16 | | Voie-Verte (de la) . . . . | . | . | 18 |
| Vigan (passage du) . . *III* | . | 21 | | Volontaire (ruelle) . . . . | . | . | 18 |
| Vignes (des) . . . . . . | . | 5 | | Volta . . . . . . . *III* | . | 24 | |
| Vignolles (des) . . . . . | . | 35 | | Voltaire (boul. et place) *III* | . | 29 | |
| Vignon (de) . . . . . . | . | . | 4 | Voltaire (quai) . . . . *IV* | . | 17 | |
| Vilins . . . . . . . . | . | 30 | | Vosges (place et rue des) *V* | . | 26 | |
| Villa-des-Fleurs (cité) . . | 16 | | | Vouillé (de) . . . . . . | . | . | 11 |
| Villars (avenue de) . . *IV* | . | 13 | | Voûte (de la) . . . . . . | . | 34 | |
| Villedo . . . . . . *II* | . | 21 | | Vrillère (de la) . . *II*, *III* | . | 21 | |
| Ville-Hardouin . . . . *III* | . | 26 | | | | | |
| Villejuif (de) . . . . . . | . | 23 | | Wagram (avenue de) . . . | 11 | | |
| Villejust (de) . . . . . *I* | . | 9 | | Wagram (place) . . . . . | 11 | | |
| Ville-l'Evêque (rue et place | | | | Walhubert (place) . . . *V* | . | . | 25 |
| de la) . . . . . . *II* | . | 15 | | Watt . . . . . . . . . | . | 29 | |
| Villeneuve (de la) . . *III* | . | 24 | | Watteau . . . . . . . . | . | . | 23 |
| Villette (bassin de la) . . | 29 | | | Wattiaux (passage) . . . . | 28 | | |
| Villette (boulevard de la) . | 27 | | | Wilhem . . . . . . . . | . | 4 | |
| Villette (porte de la) . . . | 28 | | | | | | |
| Villette (de la) . . . . . | 39 | | | Xaintrailles . . . . . . . | . | 26 | |
| Villiers (avenue de) . . . | 14 | | | | | | |
| Villiers (porte de) . . . . | 8 | | | Yonne (de l') . . . . . . | . | 29 | |
| Villiers (de) . . . . . . | 9 | | | Yvette (de l') . . . . . . | 1 | | |
| Villiot . . . . . . . . | . | 28 | | Zacharie . . . . . . *V* | . | 19 | |
| Vinaigriers (des) . . . *III* | 27 | | | Zangiacomi . . . . . . . | . | . | 14 |

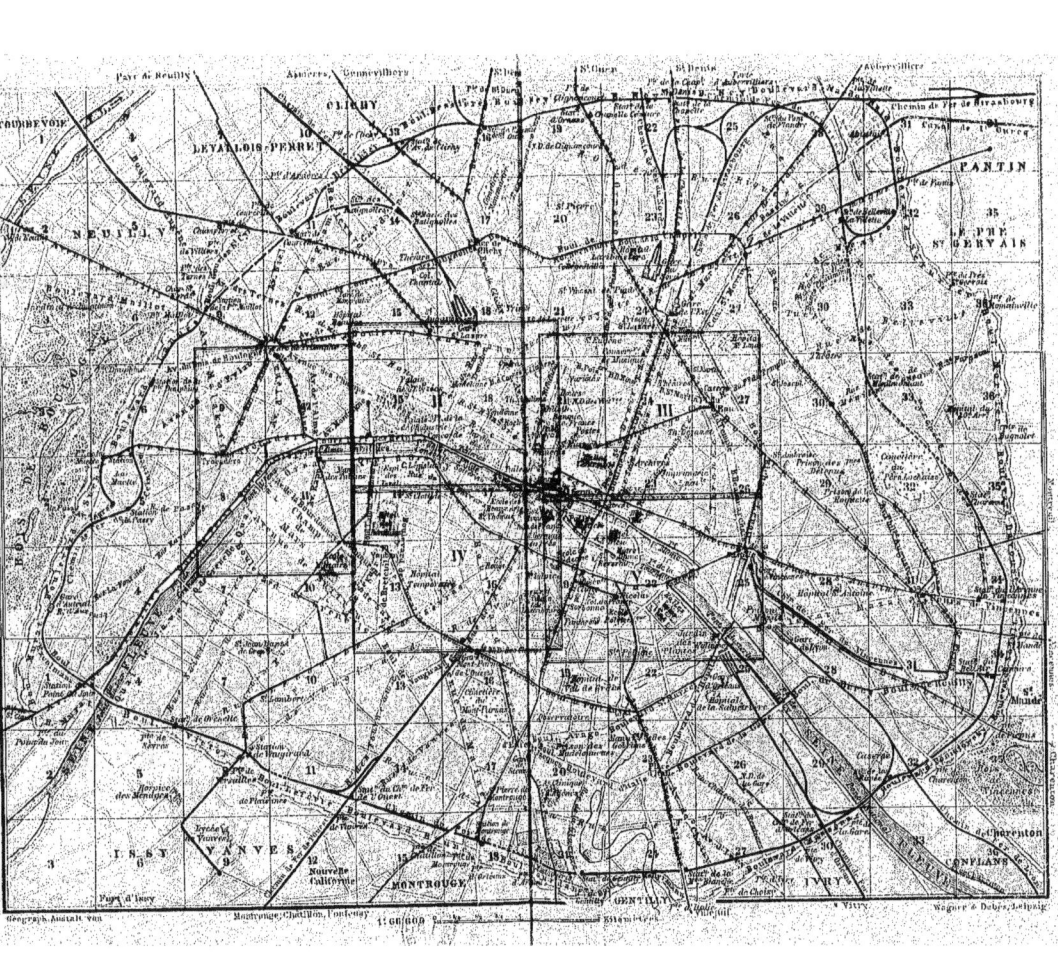

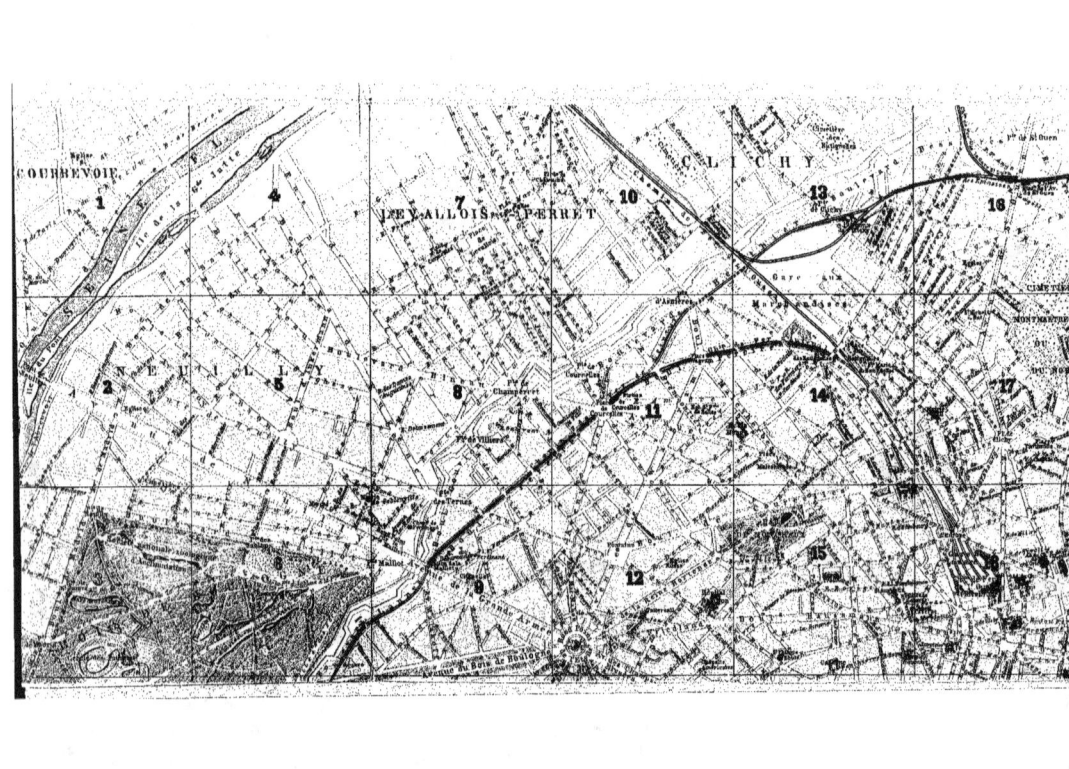

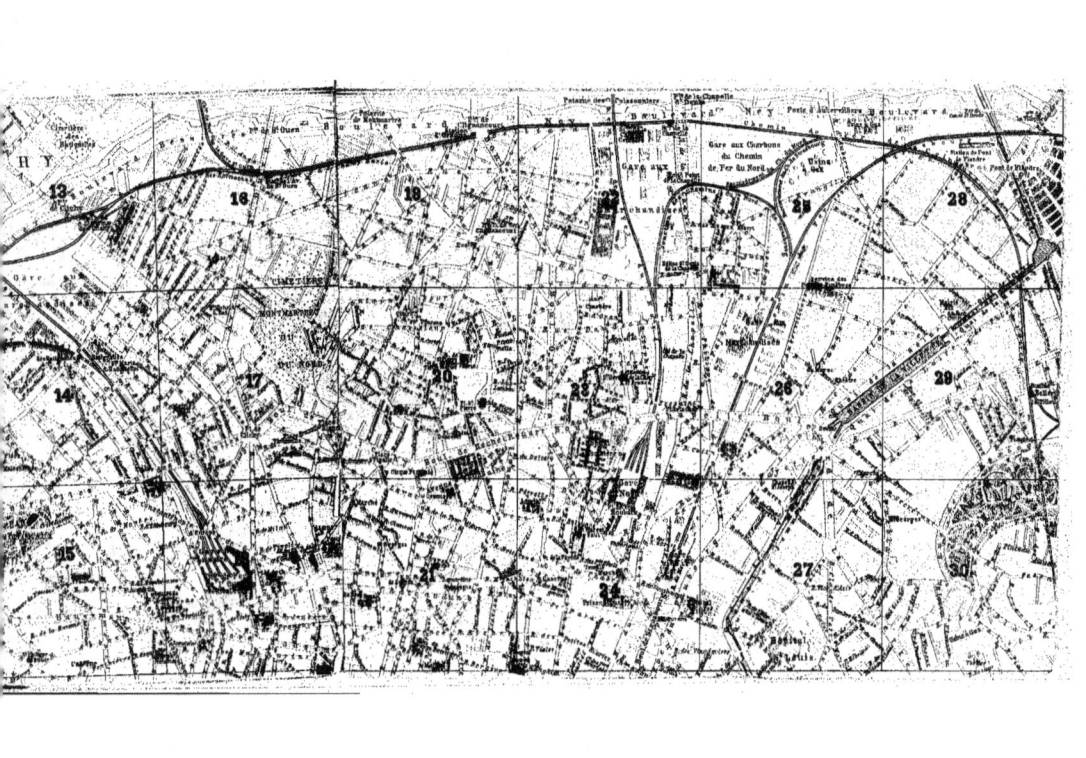

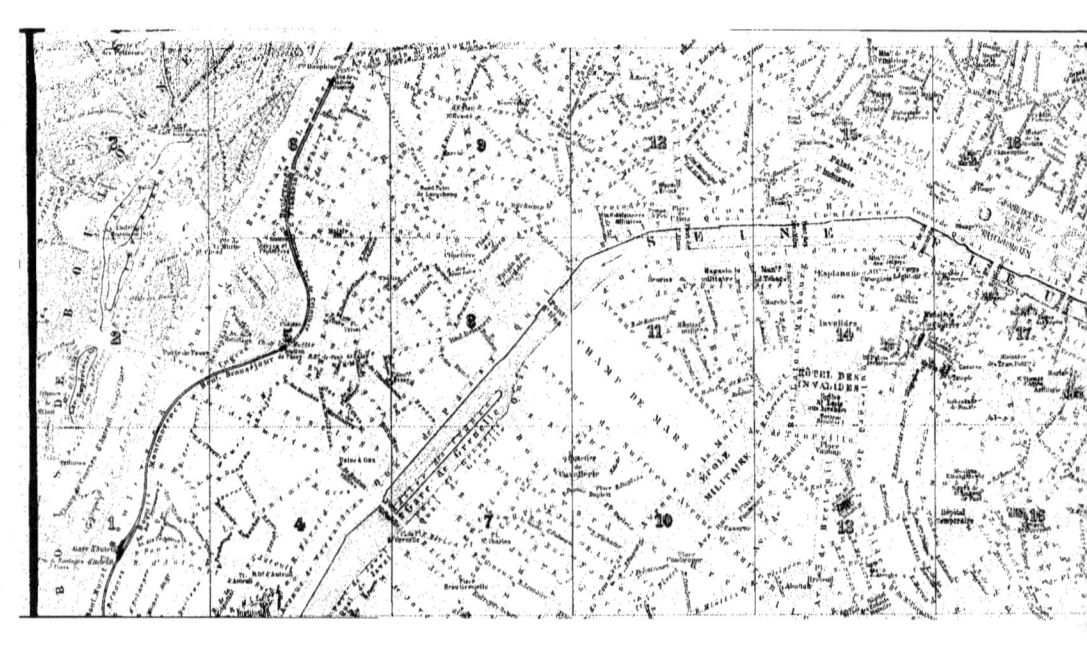

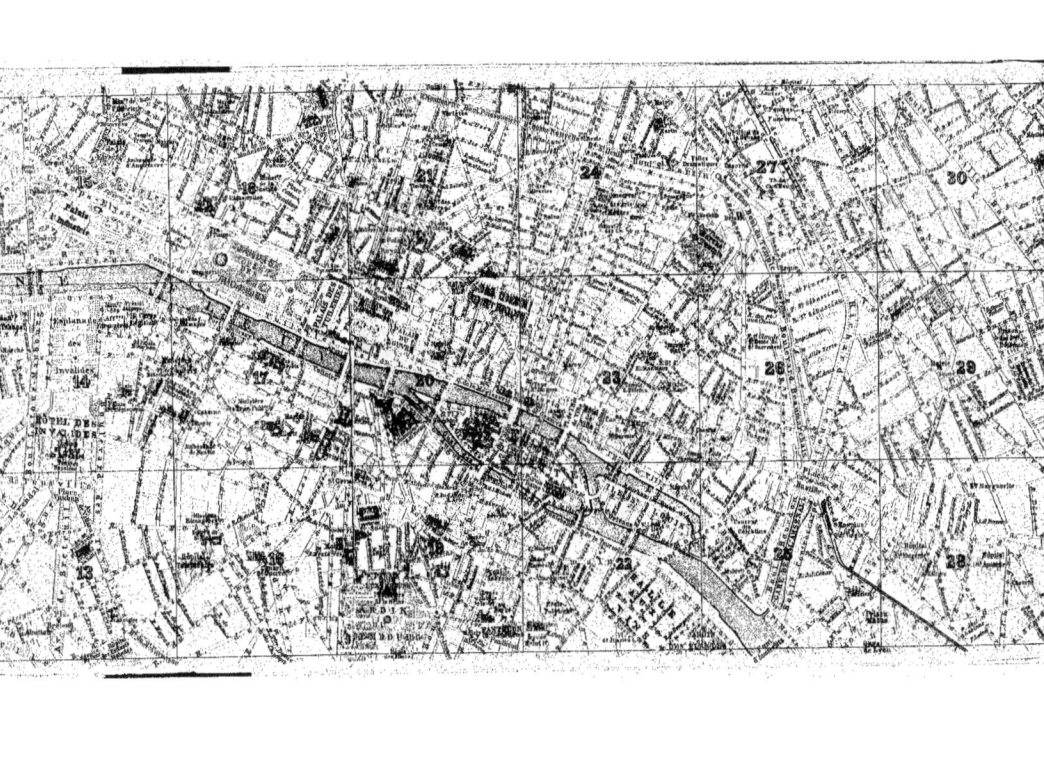

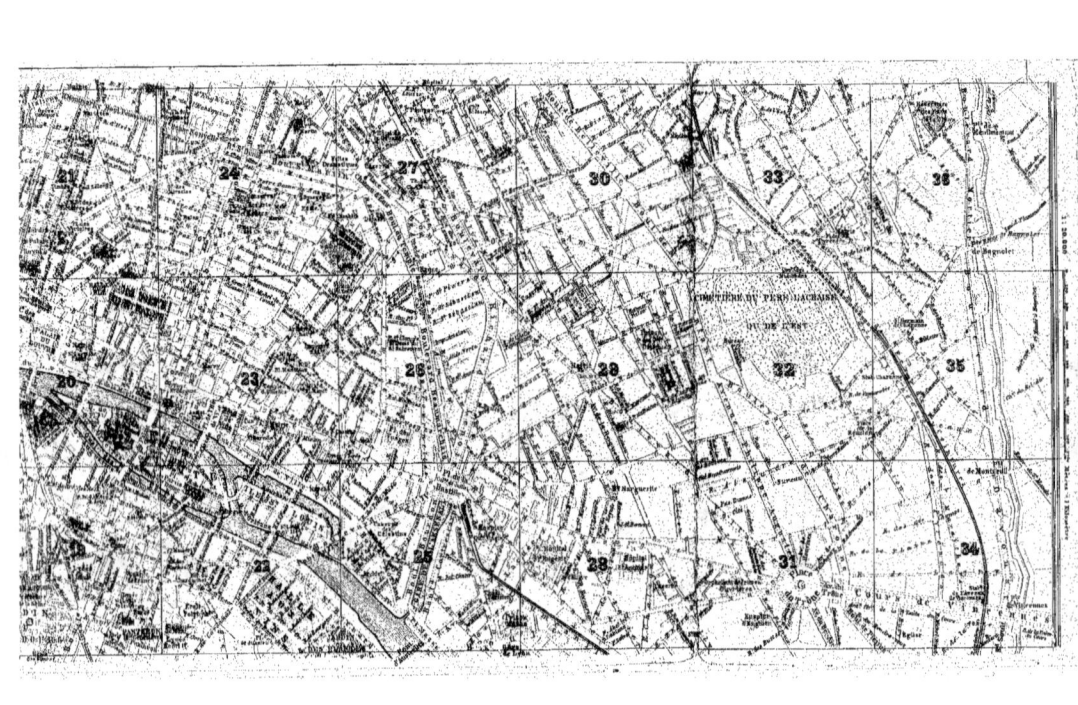

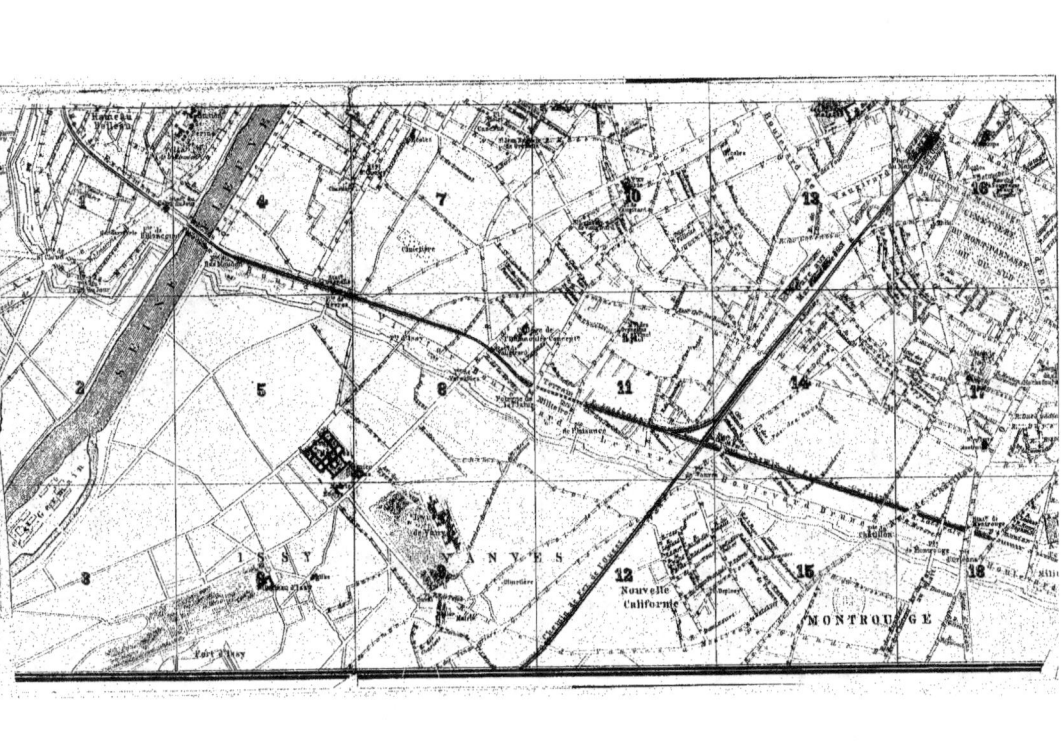

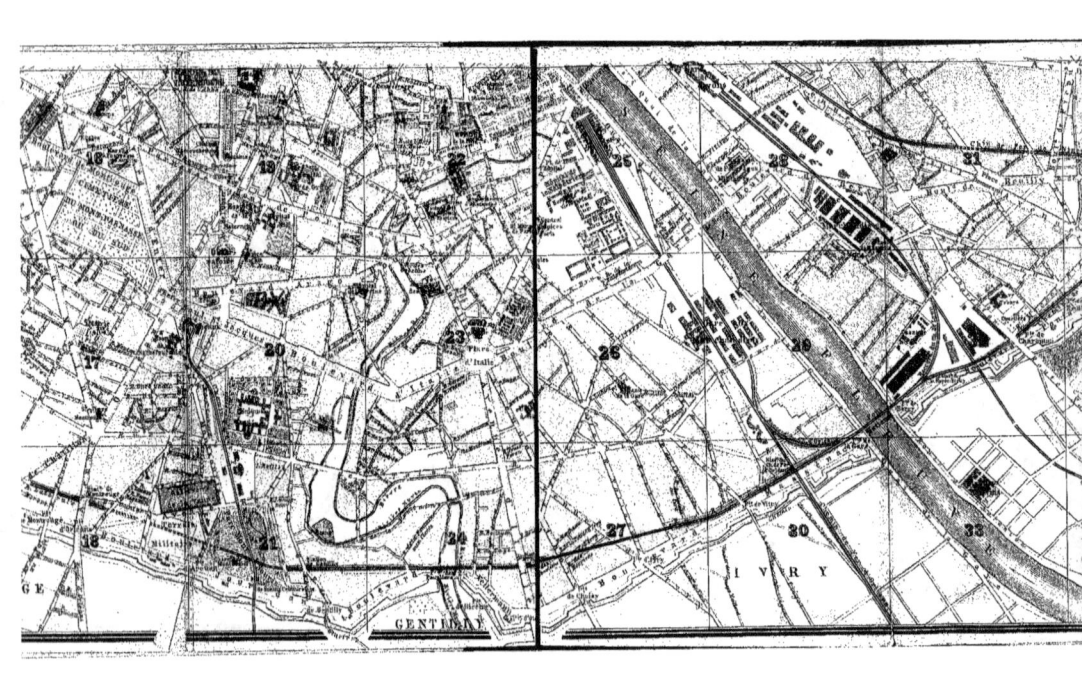

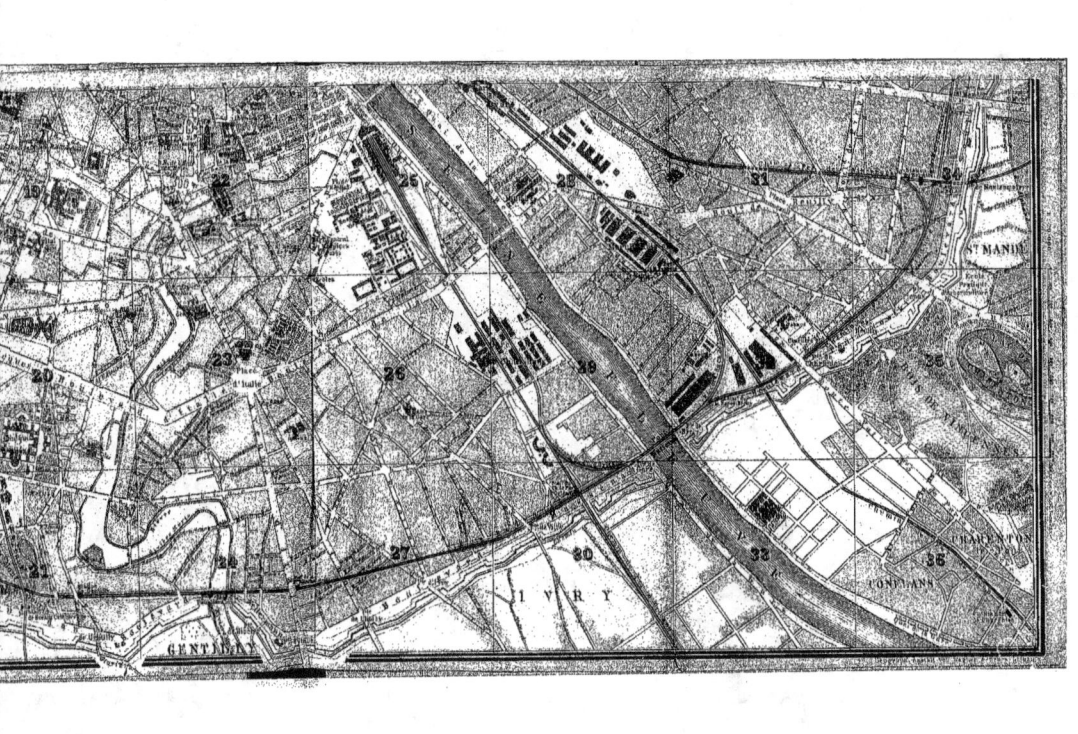

# I. ARC DE L'ÉTOILE – CHAMP DE MARS.

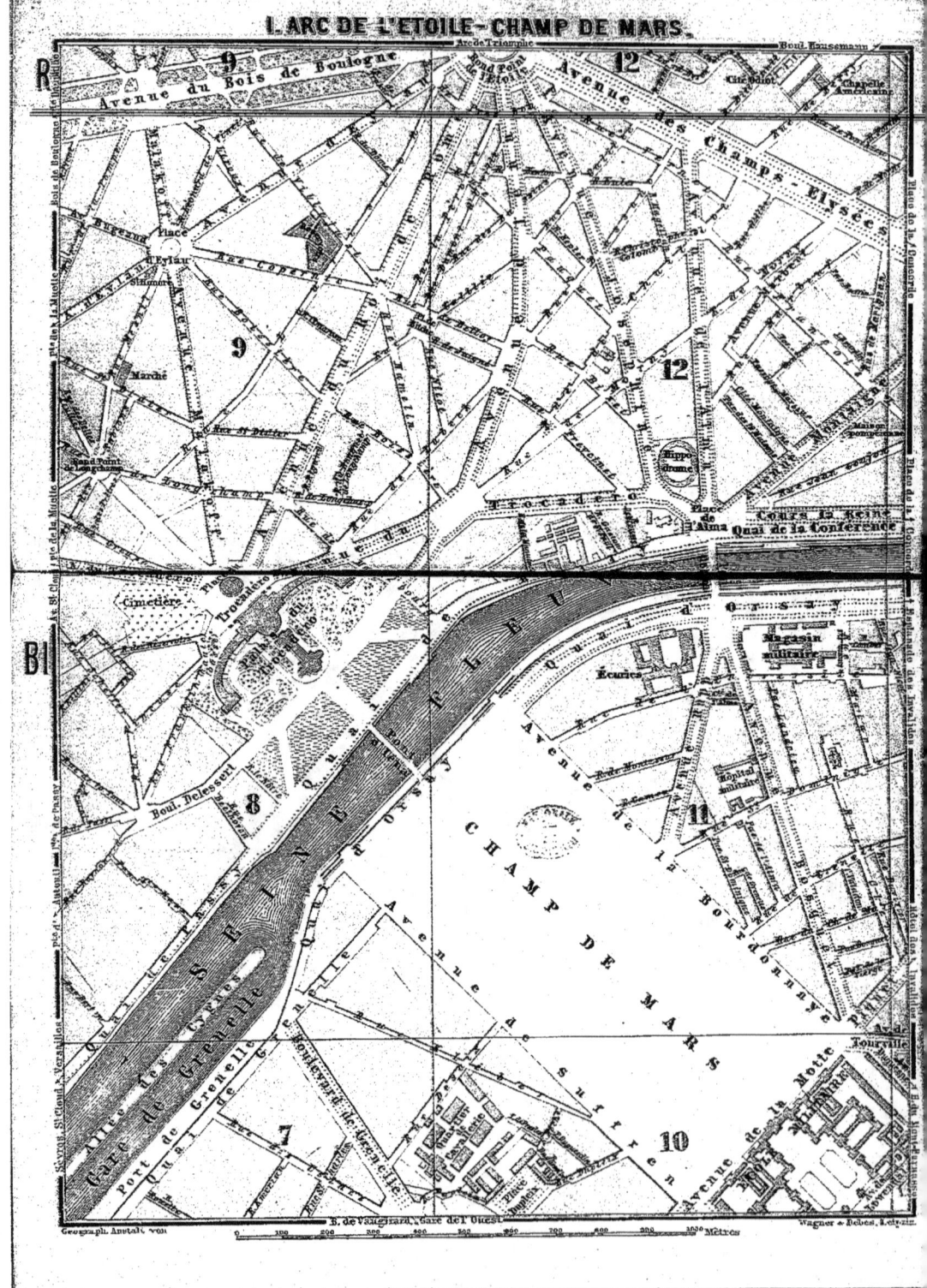

## II. BOULEVARDS (OUEST) - CHAMPS ELYSÉES - LOUVRE.

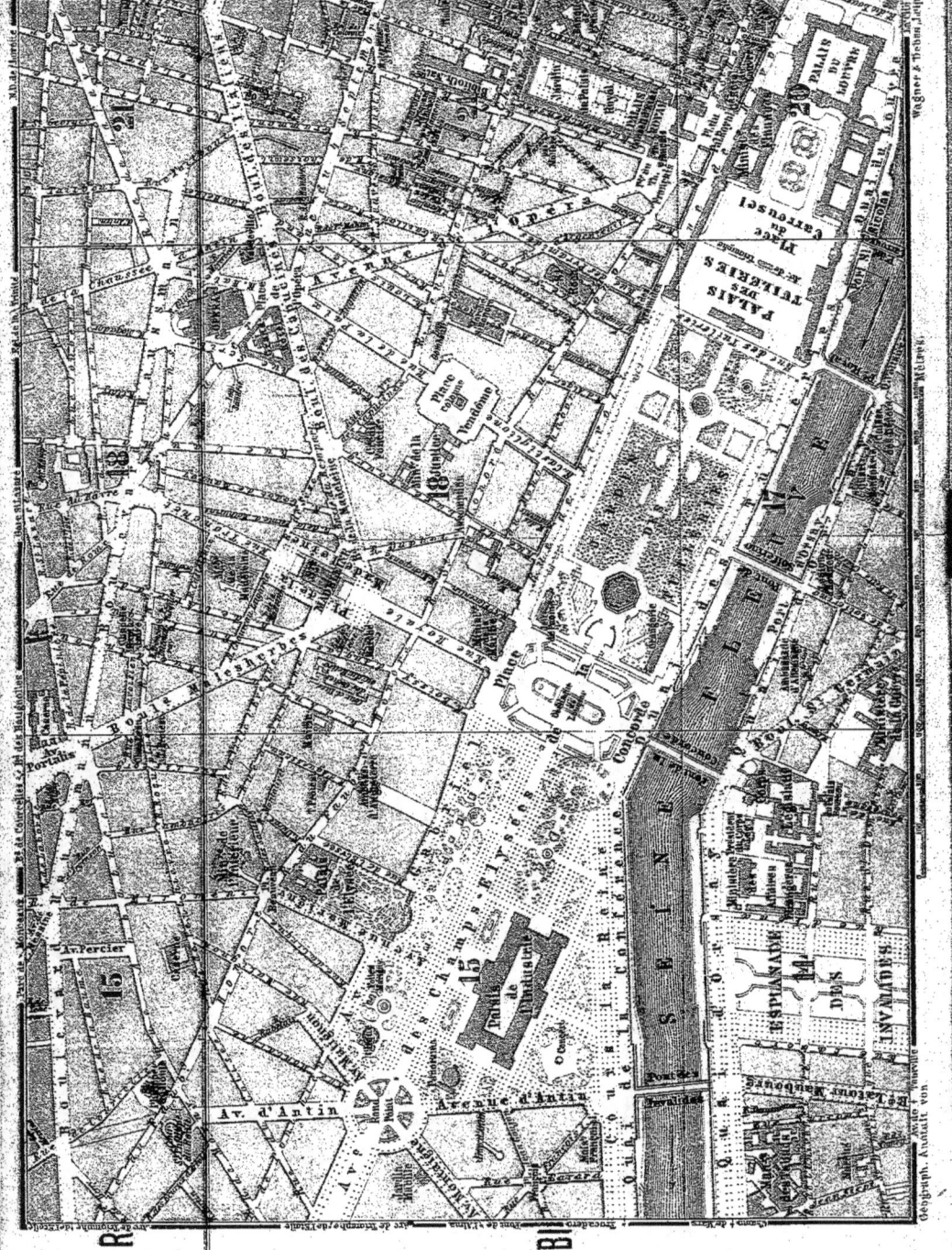

# III. LES GRANDS BOULEVARDS (EST).

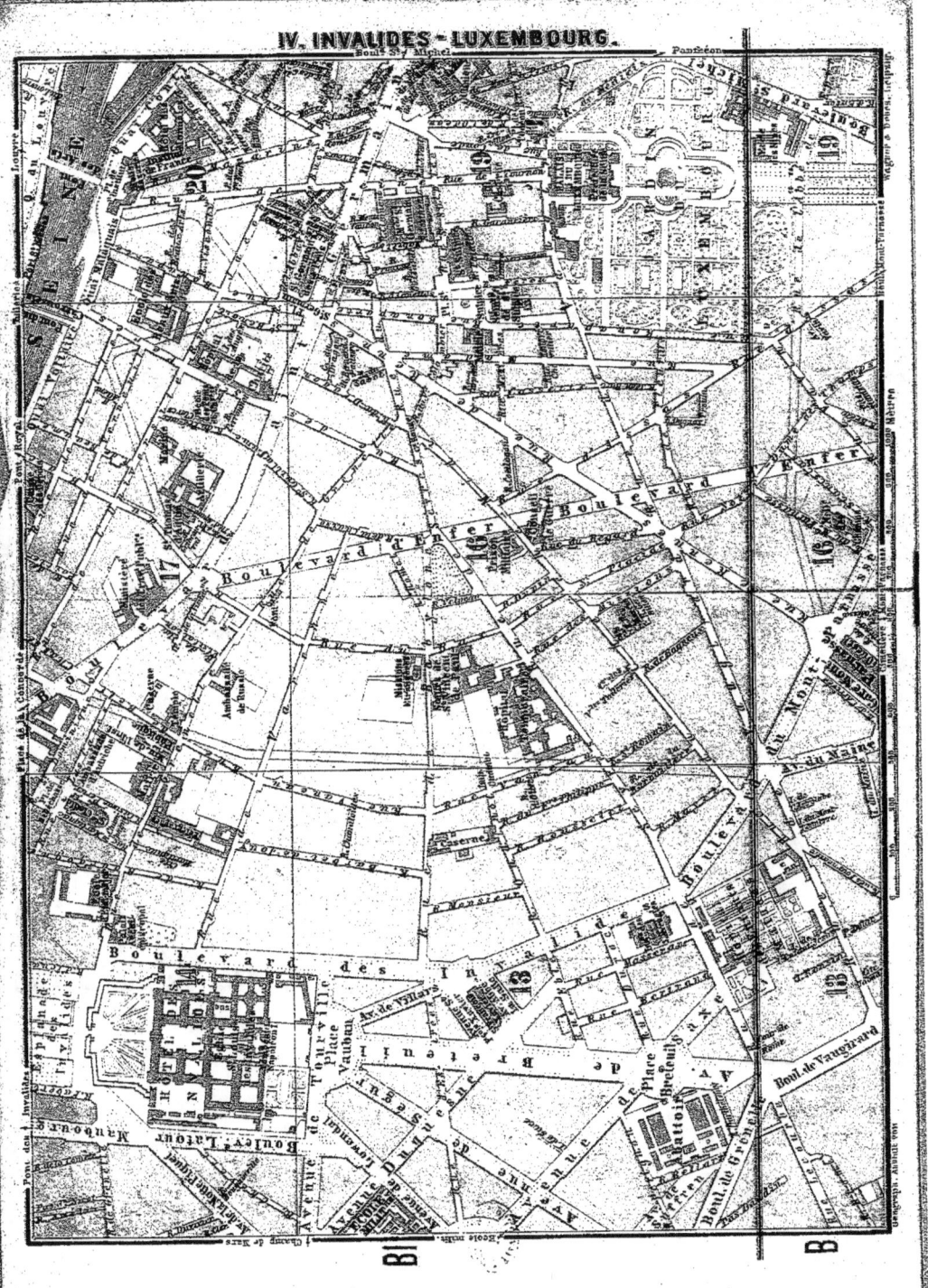

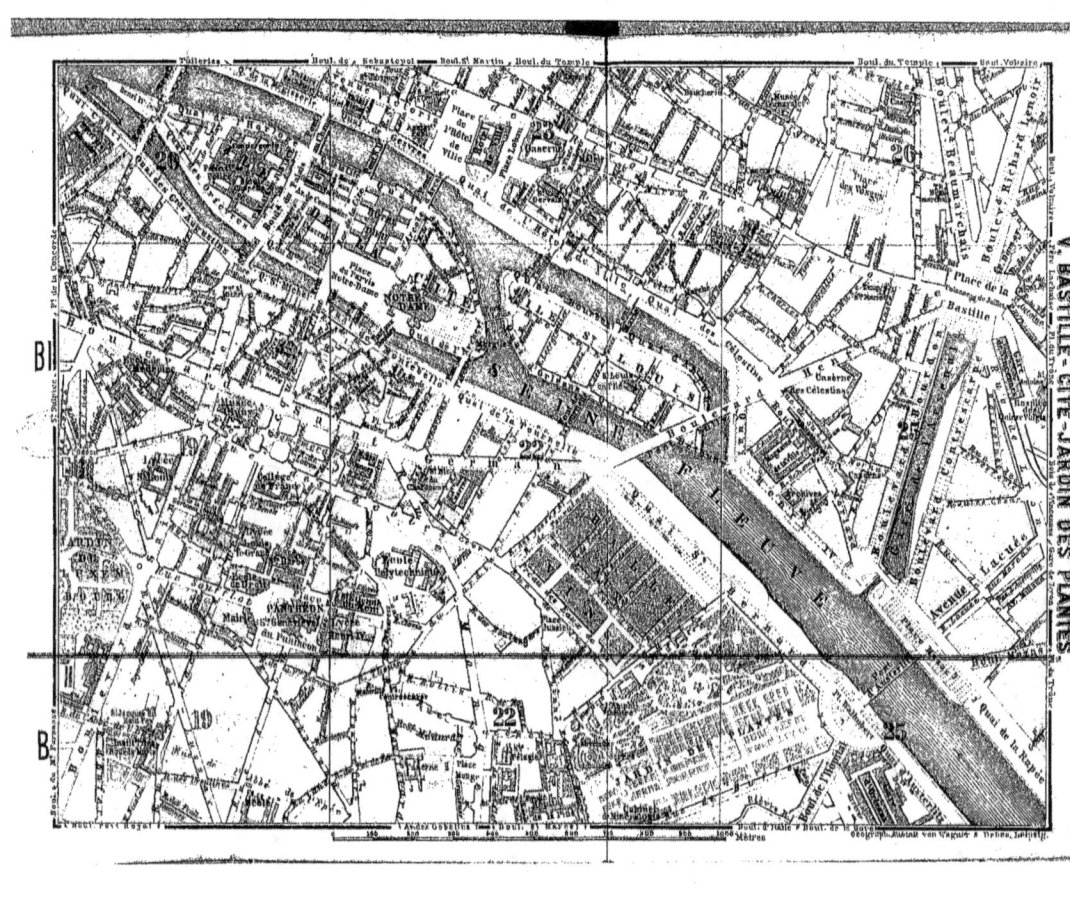

# TABLEAU
des
## lignes de tramways et d'omnibus.

### A. Tramways.
(Voir le plan général de Paris et p. 26.)

| Point de départ | Point final | Prix Intér. | Prix Extér. |
|---|---|---|---|
| Louvre (D 4) | Versailles | 1 fr. † | 1 fr. † |
| **T.A.** Louvre (D, 4) | St-Cloud (à l'O. de A, 4) | 50 c.† | 50 c.† |
| **T.B.** Louvre (D, 4) | Sèvres (à l'O. de A, 4) | 50 c.† | 50 c.† |
| **T.C.** Louvre (D, 4) | Vincennes (à l'E. de H, 5) | 40 c. | 20 c. |
| **T.D.** Trocadéro (A, 3) | La Villette (G, 2) | 30 c. | 15 c. |
| **T.E.** La Villette (G, 2) | Place du Trône (H, 5) | 30 c. | 15 c. |
| **T.F.** Halles Centrales (E, 3) | Vincennes (à l'E. de H, 5) | 30 c. | 15 c. |
| **T.G.** Montrouge (au S. de C, D, 6) | Gare de l'Est (E, 2) | 30 c. | 15 c. |
| **T.H.** La Chapelle (B, 1) | Square Monge (E, 5) | 30 c. | 15 c. |
| **T.I.** St-Ouen (E, 1) | La Bastille (F, 4) | 40 c. | 20 c. |
| **T.J.** Louvre (D, 4) | Passy (A, 4) | 30 c. | 15 c. |
| **T.K.** Louvre (D, 4) | Charenton (G, 6) | 40 c. | 20 c. |
| **T.L.** Bastille (F, 4) | Pont de l'Alma, rive gauche (B, 3) | 30 c. | 15 c. |
| **T.M.** Gare d'Orléans (F, 5) | Place de l'Alma, rive droite (A, B, 3) | 30 c. | 15 c. |
| **T.N.** Rue Tronchet ou boul. Haussmann (C, 2) | La Muette ou Passy (A, 4) | 30 c. | 15 c. |
| Louvre (D, 4) | Pont d'Iéna (A, 3, 4) | 30 c. | 15 c. |
| **T.O.** Gare d'Auteuil (au S.-O. de A, 3) | Rond-point de Boulogne (pl. p. 310-311) | 15 c. | 10 c. |
| 1. Étoile (A, 2) | Suresnes (à l'O. de A, 2) | 45 c. | 30 c. |
| 2. St-Augustin (C, 2) | Neuilly (à l'O. de A, 1) | 30 c. | 20 c. |
| 3. Château-d'Eau (F, 3) | Pantin (à l'E. de G, 1) | 40 c. | 20 c. |
| 4. Château-d'Eau (F, 3) | Aubervilliers (au N. de F, G, 1) | 40 c. | 20 c. |
| 5. St-Augustin (C, 2) | Courbevoie (à l'O. de A, 3) | 55 c. | 30 c. |
| 6. Étoile (A, 2) | Courbevoie (à l'O. de A, 3) | 30 c. | 20 c. |
| 7. Pl. Clichy ou Moncey (C, 1) | St-Denis | 50 c. | 25 c. |
| 8. La Chapelle (E, F, 1) | St-Denis | 50 c. | 35 c. |
| 9. Pl. Clichy ou Moncey (C, 1) | Genevilliers-Asnières (B, 1) | 50 c. | 25 c. |
| 10. St. Augustin (C, 2) | Levallois-Perret (au N.-O. de A, 1) | 30 c. | 20 c. |
| 11. Étoile (A, 2) | Montparnasse (C, 5) | 30 c. | 15 c. |
| 12. St-Germain-des-Prés (D, 4) | Fontenay (Châtillon; C, 6) | 60 c. | 30 c. |
| 13. Montparnasse (C, 5) | Bastille (F, 4) | 30 c. | 15 c. |
| 14. Bastille (F, 4) | Charenton (G, 6) | 50 c. | 25 c. |
| 15. St-Germain-des-Prés (D, 4) | Vanves, Issy (A, 6) | 40 c. c. | 20 c. |
| 16. Square Cluny (E, 4) | Ivry, Vitry (E, F, 6) | 40, 60 | 20, 30 c. |
| 17. Place Walhubert (F, 5) | Villejuif (au S. de E, 6) | 50 c. | 25 c. |
| 18. Place du Trône (H, 5) | Montreuil (à l'E. de H, 4) | 40 c. | 20 c. |
| 19. Place Walhubert (F, 5) | Place du Trône (H, 5) | 30 c. | 15 c. |
| 20. Vanves (A, 6) | Avenue d'Antin (B, 3) | | |

(Left margin groupings: Compagnie Générale des Omnibus — lignes T.A.–T.O.; Tramways Nord — 1–10; Tramways Sud — 11–20.)

† 25 c. de plus les dimanches et fêtes.

## B. Omnibus.
(Voir p. 24 et 25).

| Point de départ | Point final | Voitures | Feux (lanternes) |
|---|---|---|---|
| Auteuil (au S.-O. de A, 3) † | Madeleine (C, 2, 3) | jaunes | rouges |
| Trocadéro (A, 3) † | Gare de l'Est (E, 2) | jaunes | rouge et vert |
| Porte Maillot (A, 2) † | Hôtel de Ville (E, 4) | jaunes | rouges |
| Les Ternes (A, 1) | Boul. des Filles-du-Calvaire (F, 3) | jaunes | rouges |
| Madeleine (C, 2, 3) | Bastille (F, 4) | jaunes | rouges |
| Place Wagram (B, 2) | Bastille (F, 4) | brun-foncé | rouges |
| Batignolles (C, 2) | Jardin des Plantes (E, 5) | brun-clair | verts |
| Clichy (C, 1) | Odéon (D, 5) | jaunes | rouges |
| Place Pigalle (D, 1) | Halle aux Vins (E, 5) | vertes | rouges |
| Montmartre, boul. de Rochechouart (E, 1) | Boulevard de Port-Royal (D, 6) | jaunes | rouges |
| Parc de Montsouris (au S. de D, E, 6) | Gare du Nord (C, 1) | jaunes | vert et rouge |
| La Villette (F, 1) | St-Germain-des-Prés (D, 4) | jaunes | rouges |
| Lac St-Fargeau (Belleville; G, 2) | Arts-et-Métiers (E, 3) | brun-foncé | vert et rouge |
| Belleville (G, 2) | Louvre (rue du Louvre; D, 3) | vertes | rouges |
| Ménilmontant (G, 3) | Gare Montparnasse (C, 5) | vertes | rouge et vert |
| Charonne (à l'E. de H, 3) | Place d'Italie (E, 6) | jaunes | rouges |
| Plaisance (B 6) | Hôtel de Ville (E, 4) | vert-foncé | rouges |
| Avenue de Wagram (A, 2) | Bastille (F, 4) | vertes | violet et rouge |
| Porte de Charenton (G, H, 6) | Château-d'Eau (F, 3) | jaunes | rouge et bl. |
| Gare d'Orléans (F, 6) | Square Montholon (D, E, 2) | jaunes | oranges |
| Porte d'Ivry (au S. de E, 6) | Halles Centrales (D, E, 3) | jaunes | vert et rouge |
| Place du Maine (E, 5, 4) | Chemin de Fer du Nord (E, 1) | brun-clair | vert et rouge |
| Vaugirard (rue Gerbert; B, 6) | Gare St-Lazare (C, 2) | jaunes | vert et rouge |
| Grenelle (rue du Théâtre; A, 5) | Porte St-Martin (E, 2, 3) | brun-clair | rouge et blanc |
| Grenelle (A, 5) | Bastille (F, 4) | brun-clair | verts |
| Passy (à l'O. de A, 2) | La Bourse (D, 3) | vertes | verts |
| Petite Villette (G, H, 1) | Champs-Elysées (C, 3) | vertes | rouge et vert |
| Ecole Militaire (B, 4) | Château-d'Eau (F, 3) | vertes | verts |
| Forges d'Ivry (au S.-E. de G, 6) | Pont St-Michel (D, E, 4) | vertes | verts |
| Panthéon (D, 5) | Courcelles (A, 1) | vertes | rouges |
| Vaugirard (au S. A, 6) | Louvre (D, 3) | brun-foncé | rouges |
| Auteuil (au N.-O. de A, 5) | Place St-Sulpice (D, 4) | vertes | oranges |

† De 8 h. à 6 dans la semaine et de 2 à 7 les dimanches et fêtes, les Champs-Elysées sont interdits aux voitures des lignes A et C, qui suivent alors, les premières, l'avenue Gabriel, la rue du Cirque et la rue du Faubourg-St-Honoré; les secondes, l'avenue de Friedland, la rue du Faubourg-St-Honoré et la rue Royale.

Leipsic, imprimerie de Breitkopf & Härtel.

## B. Omnibus.
(Voir p. 24 et 25).

| | Point de départ | Point final | Voitures | Feux (lanternes) |
|---|---|---|---|---|
| A. | Auteuil (au S.-O. de A, 3) † | Madeleine (C, 2, 3) | jaunes | rouges |
| B. | Trocadéro (A, 3) | Gare de l'Est (E, 2) | jaunes | rouge et vert |
| C. | Porte Maillot (A, 2) † | Hôtel de Ville (E, 4) | jaunes | rouges |
| D. | Les Ternes (A, 1) | Boul. des Filles-du-Calvaire (F, 3) | jaunes | rouges |
| E. | Madeleine (C, 2, 3) | Bastille (F, 4) | jaunes | rouges |
| F. | Place Wagram (B, 2) | Bastille (F, 4) | brun-foncé | rouges |
| G. | Batignolles (C, 2) | Jardin des Plantes (E, 5) | brun-clair | verts |
| H. | Clichy (C, 1) | Odéon (D, 5) | jaunes | rouges |
| I. | Place Pigalle (D, 1) | Halle aux Vins (E, 5) | vertes | rouges |
| J. | Montmartre, boul. de Rochechouart (E, 1) | Boulevard de Port-Royal (D, 6) | jaunes | rouges |
| K. | Parc de Montsouris (au S. de D, E, 6) | Gare du Nord (C, 1) | jaunes | vert et rouge |
| L. | La Villette (F, 1) | St-Germain-des-Prés (D, 4) | jaunes | rouges |
| M. | Lac St-Fargeau (Belleville; G, 2) | Arts-et-Métiers (E, 3) | brun-foncé | vert et rouge |
| N. | Belleville (G, 2) | Louvre (rue du Louvre; D, 3) | vertes | rouges |
| O. | Ménilmontant (G, 3) | Gare Montparnasse (C, 5) | vertes | rouge et vert |
| P. | Charonne (à l'E. de H, 3) | Place d'Italie (E, 6) | jaunes | rouges |
| Q. | Plaisance (B 6) | Hôtel de Ville (E, 4) | vert-foncé | rouges |
| R. | Avenue de Wagram (A, 2) | Bastille (F, 4) | vertes | violet et rouge |
| S. | Porte de Charenton (G, H, 6) | Château-d'Eau (F, 3) | jaunes | rouge et bl. |
| T. | Gare d'Orléans (F, 6) | Square Montholon (D, E, 2) | jaunes | oranges |
| U. | Porte d'Ivry (au S. de E, 6) | Halles Centrales (D, E, 3) | jaunes | vert et rouge |
| V. | Place du Maine (E, 5, 4) | Chemin de Fer du Nord (E, 1) | brun-clair | vert et rouge |
| X. | Vaugirard (rue Gerbert; B, 6) | Gare St-Lazare (C, 2) | jaunes | vert et rouge |
| Y. | Grenelle (rue du Théâtre; A, 5) | Porte St-Martin (E, 2, 3) | brun-clair | rouge et blanc |
| Z. | Grenelle (A, 5) | Bastille (F, 4) | brun-clair | verts |
| AB. | Passy (à l'O. de A, 2) | La Bourse (D, 3) | vertes | verts |
| AC. | Petite Villette (G, H, 1) | Champs-Elysées (C, 3) | vertes | rouge et vert |
| AD. | Ecole Militaire (B, 4) | Château-d'Eau (F, 3) | vertes | verts |
| AE. | Forges d'Ivry (au S.-E. de G, 6) | Pont St-Michel (D, E, 4) | vertes | verts |
| AF. | Panthéon (D, 5) | Courcelles (A, 1) | vertes | rouges |
| AG. | Vaugirard (au S. A, 6) | Louvre (D, 3) | brun-foncé | rouges |
| AH. | Auteuil (au N.-O. de A, 5) | Place St-Sulpice (D, 4) | vertes | oranges |

† De 8 h. à 6 dans la semaine et de 2 à 7 les dimanches et fêtes, les Champs-Elysées sont interdits aux voitures des lignes A et C, qui suivent alors, les premières, l'avenue Gabriel, la rue du Cirque et la rue du Faubourg-St-Honoré; les secondes, l'avenue de Friedland, la rue du Faubourg-St-Honoré et la rue Royale.

Leipsic, imprimerie de Breitkopf & Härtel.

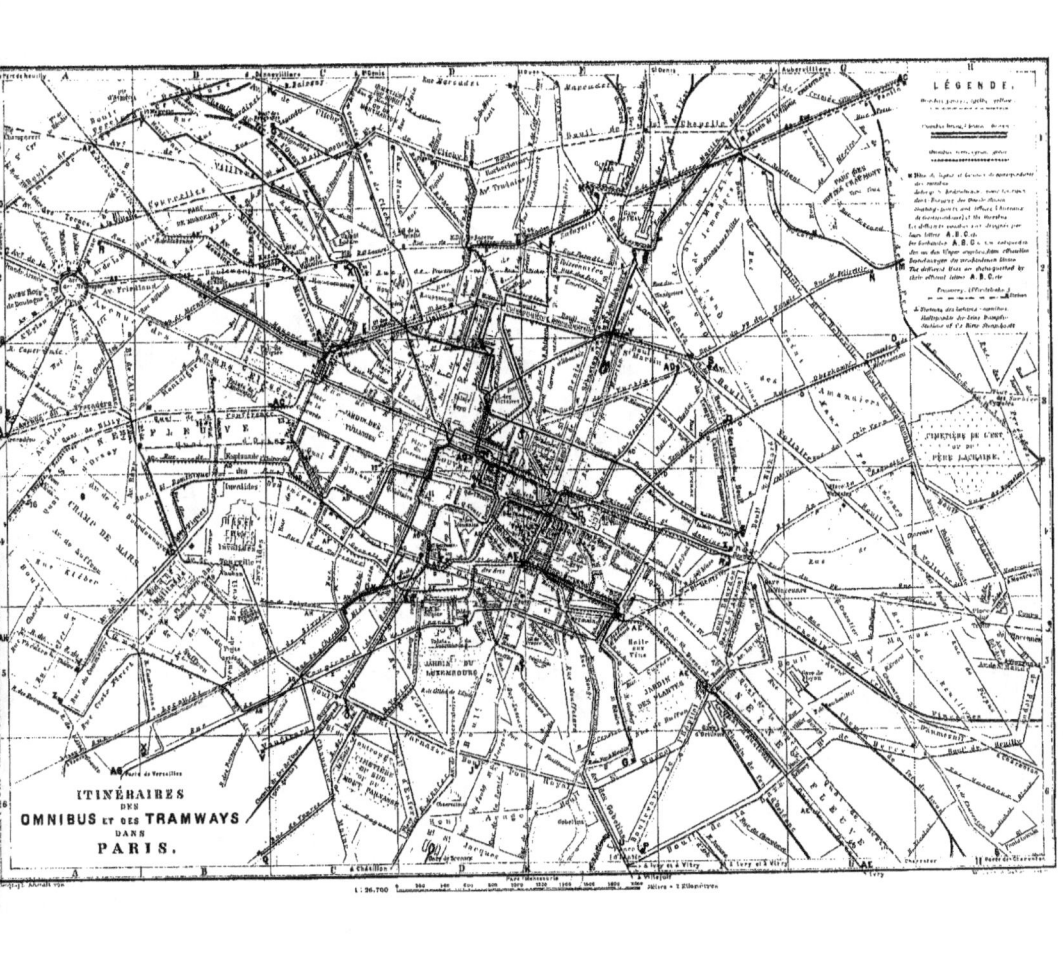

36

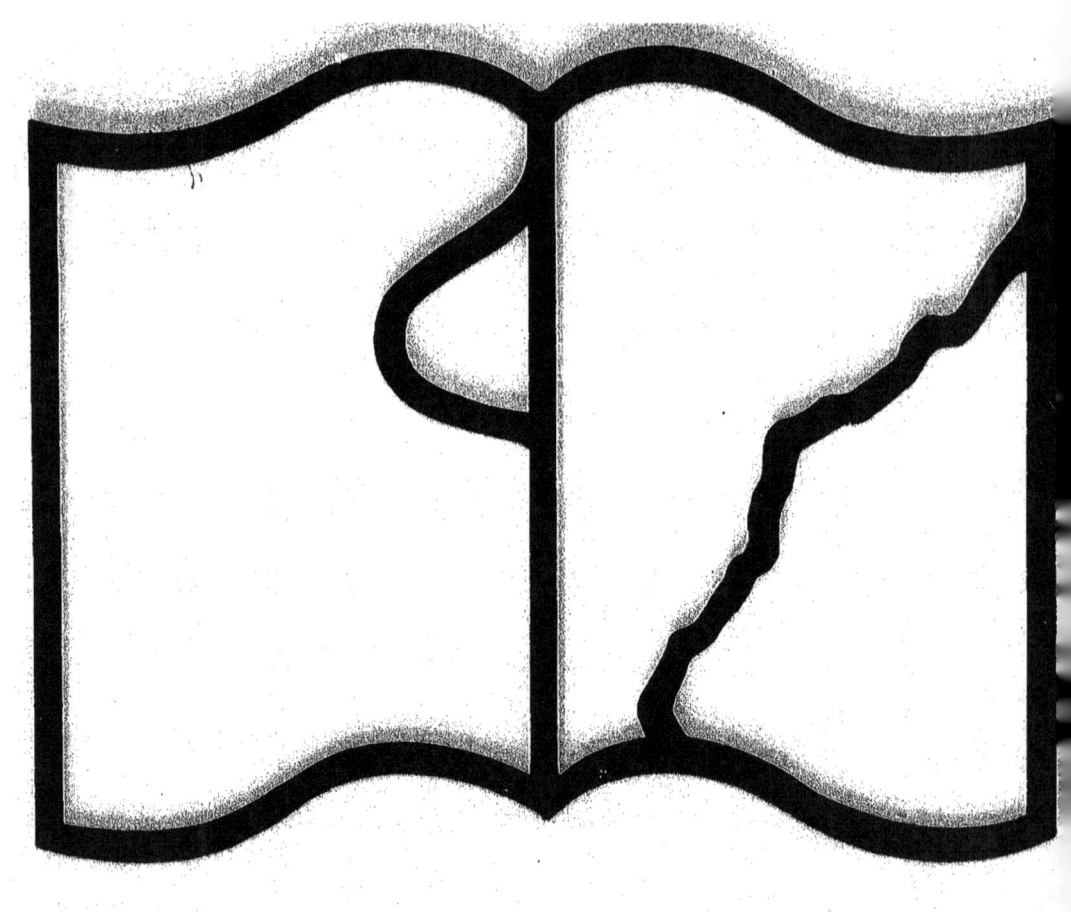

Texte détérioré — reliure défectueuse
NF Z 43-120-11

Reliure serrée

0  1  2  3  4  5  6     8  9  10

www.ingramcontent.com/pod-product-compliance
Lightning Source LLC
Chambersburg PA
CBHW072110220426

43664CB00013B/2063